Gault&Millau
ÖSTERREICH

HERAUSGEBER & CHEFREDAKTION

Martina & Karl Hohenlohe

2023

www.gaultmillau.at

Inhalt

Einleitung & Bewertungssystem 4

Rankings 11

Auszeichnungen 25

Bewertungen

Wien 54

Burgenland 128

Kärnten 144

Niederösterreich 176

Oberösterreich 234

Salzburg 268

Steiermark 314

Tirol 372

Vorarlberg 442

Index A–Z 481

Impressum, Symbole & Landkarte 48

Vorwort

© Philipp Lipiarski

Corona hat die Gastronomie reichlich durcheinandergewirbelt, Inflation und Energiekrise noch nicht eingerechnet. Was kommt auf uns zu? Der Versuch eines Blicks in die Kristallkugel.

So manches Lokal gab mit den Lockdowns auf, Service und Köche sattelten um und fehlen jetzt, Wirte reduzieren Öffnungszeiten, kürzen Speisekarten und/oder kochen selbst. Gleichzeitig aber drängen die Gäste in die Restaurants, die Pandemie hat uns offensichtlich völlig ausgehungert. In der oberen Haubenliga scheinen die erzwungenen Pausen starke Veränderungswünsche ausgelöst zu haben, es scheint eine Art Gründerzeit zu herrschen.

In Wahrheit ist der eingangs angekündigte Blick in die Zukunft bereits gescheitert: Die Kristallkugel zeigt derartig unterschiedliche Bilder, dass man einfach keine ernst zu nehmende Prognose wagen kann. Eines ist jedoch sicher: Die Energiekrise zwingt uns in die Knie. Es erreichten uns unzählige Verzweiflungsmeldungen von Gastronomen, von denen Energienachzahlungen in Höhe von € 30.000,– bis € 600.000,– eingefordert werden. Wovon soll man das bezahlen? Und wie soll man das je wieder erwirtschaften?

Die Preise für uns Gäste werden also unweigerlich steigen, egal, ob wir ein Wirtshaus oder ein Avantgarde-Restaurant besuchen. Das Spitzenrestaurant ist seit jeher ein Kosmos in einem Paralleluniversum, eine eigene Welt für Menschen, die es sich leisten, € 200,–, € 400,– oder mehr Euro für ein Vier-, Sechs- oder Noch-mehr-Gänge-Menü pro Person auszugeben und dafür extra anzureisen – oft von weither. Ob die Hinwendung zu einer mehr alltagstauglichen, aber hochklassigen Art der Gastronomie den Untergang der High-End-Gastronomie einläutet? Steht uns die Spitzengastronomie als Mikrokosmos bevor? Das ist zu bezweifeln. Für uns als Gault&Millau-Herausgeber ist die Kulinarik ein Kulturgut, das wir pflegen und bewahren müssen. Die Politik ist gefordert, neue Konzepte angesichts steigender Kosten und veränderter Bedürfnisse zu finden. Und zwar möglichst rasch.

In Europa besteht durchaus noch Nachfrage nach Restaurants mit elegant gedeckten Tischen, vielköpfigem Service- und Küchenteam, kreativen und extrem aufwendig arrangierten Speisen – obwohl sich die Essgewohnheiten überall ändern. Das Ganze darf allerdings, es muss sogar einiges kosten. Die Preise für Mitarbeiter lassen jeden Unternehmer in Österreich ohnehin in Schnappatmung verfallen, nun kommen noch die astronomischen Erhöhungen für Energie und Zutaten hinzu.

In so manchem besuchten Restaurant kamen wir mit dem Menü samt Weinbegleitung auf knapp € 300,– pro Person. Legt man daneben den durchschnittlichen Verdienst auf die Waage, kommt man zu dem Schluss, dass sich die Schere zwischen großer und bodenständiger Gastronomie besonders schnell öffnet. Die Gastronomie ist in den vergangenen 20 Jahren explodiert – und mit ihr die Qualität der Lokale. Spannende Restaurants schmücken sich mit Hauben, ihre Speisen werden immer differenzierter und innovativer. Restaurantkritiken erscheinen überall, ob gedruckt oder im Internet. Die Szene wächst, wird immer breiter, jeder hat eine Meinung. Doch was den Gault&Millau noch immer von vielen anderen Kritiken unterscheidet, ist vor allem eines: die Anonymität der Tester. Kein Testbesuch kann gelingen, wenn Gastgeber, Köche und Service in eine Art Prüfungsstress verfallen und noch dazu jede Reaktion des Gasts beobachten.

Abseits von den größten Baustellen, die im Moment das Gesprächsthema mit jedem Gastronomen beherrschen, konnten wir in den vergangenen Monaten auch einige spannende Trends und Neuigkeiten entdecken.

Neoklassik

In einer Testsaison haben wir mehr Ballottines und Galantines serviert bekommen als in den letzten zehn Jahren zusammen. So mancher verkauft die Retro-Schätze als Hommage an seine Lehrer. Uns soll es recht sein, gut ausgeführte Klassiker wurden nicht umsonst zu Legenden. Gleichzeitig haben wir den Eindruck gewonnen, dass Showeffekte an Bedeutung verlieren. Wir waren ohnehin nie große Fans der schäumenden, rauchenden, explodierenden Effekteküche. Wenn Substanz gewinnt und Spektakel verliert, stimmt für uns die Gleichung.

Bio forever

Eigentlich könnten wir den Absatz über das steigende Bio-Bewusstsein von den letzten Jahren hier hineinkopieren. Der Trend hält nicht nur an, er wächst stetig. Was früher eine Sache für Öko-Freaks war, ist jetzt im Mainstream angekommen. Immer mehr Gastronomen bekennen sich zur biologischen Landwirtschaft, einige (was bis vor wenigen Jahren völlig undenkbar war) lassen sich von Bio-Kontrollstellen prüfen und sind damit zertifizierte Bio-Betriebe. Jüngstes Beispiel dafür ist Albert Neumeister und seine Saziani Stub'n in der Steiermark.

Da bin i her

Herkunft ist immer noch ein heißes Thema. Während sich Handel und Landwirtschaft dabei auf keine einheitliche Regelung einigen können, gibt es Projekte wie *www.dakommtsher.at* in Tirol. Wirtschafts- und Landwirtschaftskammer forcieren mit gemeinsamen Kräften eine freiwillige Kennzeichnung der Lebensmittel. Die Zahl der teilnehmenden Wirtshäuser und Restaurants steigt stetig. Ein Projekt mit Potenzial zur Strahlkraft auf nationaler Ebene.

Meat me

Der Umgang mit Fleisch beschäftigt uns alle nach wie vor. Die Zahl jener Köche, die vermehrt auf pflanzenbasierte Küche setzen, steigt. Das trifft auf den gehobenen Haubenbereich noch stärker zu als auf die Basis. Aber auch dort ist der Trend wahrnehmbar, nur noch etwas schaumgebremst. Trotzdem beschäftigen sich viele Köche intensiv mit dem Thema Fleisch – mit Qualität, Tierwohl, Aufzucht, Schlachtung und Fütterung.

Es sind uns in der vergangenen Testsaison überdurchschnittlich viele Degustationsmenüs mit hohem Gemüseanteil angeboten worden. Das Erstaunliche daran: Die Gänge, in denen mit Pflanzen gearbeitet wird, sprühen vor Kreativität und Innovation, sowohl sensorisch als auch optisch. Das Fleischgericht zum Hauptgang ist dann qualitativ zwar meist höchstwertig – oft ein kurz gebratener Cut vom Rind, Lamm oder Wild –, aber vergleichsweise brav. Statt das Menü auf den Höhepunkt zu katapultieren, stürzt der Spannungsbogen häufig ab. Was lernen wir daraus? Entweder es kehrt mehr Kreativität in den Fleischgängen ein oder wir werfen den klassischen Menüaufbau über Bord und ihr gebt uns Gemüse zum Hauptgang.

Sichere Reservierungen

Was international längst Usus ist, probieren immer mehr österreichische Betriebe aus: Sicherheiten für No-Shows. Immer öfter verlangen Restaurants das Hinterlegen der Kreditkartendaten. Wir befürworten das. Wenn wir in London oder Kopenhagen reservieren, bezahlen wir das komplette Menü oft schon bei Reservierung, also drei bis vier Monate im Voraus. Für unsere Reservierungskultur mag das noch etwas überspitzt erscheinen, aber die Richtung stimmt.

Wir wünschen Ihnen viel Vergnügen beim Lesen, Entdecken und natürlich vor allem beim Essen und Trinken!

Herzlichst

Martina & Karl Hohenlohe

Fünf Hauben für Österreich

Im Jahr 2019 hat Gault&Millau Österreich sein Haubenspektrum nach oben erweitert und vergibt seitdem erstmals fünf Hauben.

Mit der neuen Bewertungsskala folgt Gault&Millau Österreich dem französischen Vorbild und trägt zu einer besseren internationalen Vergleichbarkeit bei.

Die neue Bewertung von Gault&Millau:

Bewertet werden:

- Frische (Saison) und Qualität der verwendeten Produkte
- Kreativität (zeitgemäße Zubereitung der Landesküche) beziehungsweise Einfallsreichtum in Bezug auf neue Gerichte
- Harmonie der Zubereitung (Erhaltung des Eigengeschmacks)
- Beschaffenheit der Suppen und Saucen, Exaktheit der Garung

Alles unter Berücksichtigung unseres persönlichen Geschmacks.

Die Benotung erfolgt nach dem Gault&Millau-Punktesystem: 20 von 20 ist die Idealnote, bis dato noch nie vergeben. Die Noten beziehen sich nur auf die Küche, nicht aber auf Ausstattung und Service.

19 bis 19,5 von 20 Punkten
Höchstnote für die weltbesten Restaurants.

17 bis 18,5 von 20 Punkten
Prägende Küche, führend in Kreativität, Qualität und Zubereitung.

15 bis 16,5 von 20 Punkten
Hoher Grad an Kochkunst, Kreativität und Qualität.

13 bis 14,5 von 20 Punkten
Sehr gute Küche, die mehr als das Alltägliche bietet.

11 bis 12,5 von 20 Punkten
Ambitionierte Küche.

10 bis 10,5 von 20 Punkten
Gute Küche, wie man sie in jedem gutbürgerlichen Haus voraussetzen kann.

Mein
BERGER
Schinken
NEU
Verpackung
recyclingfähig
Handwerk
vielfach ausgezeichnet
ohne Zusatz von Geschmacksverstärkern
Gluten
ohne
Laktose
Serviervorschlag
Mein
BERGER
Schinken
Traditions
Beinschinken
Verpackung
recyclingfähig
Fleisch
zu 100%
aus Österreich
Da
schmeckt
mehr dahinter.
Wir vertrauen
auf Handarbeit.
Fleisch
zu 100%
aus Österreich

Die Besten
mit 19 Punkten

1 **Konstantin Filippou**
Konstantin Filippou, Wien

2 **Silvio Nickol**
Silvio Nickol Gourmet Restaurant, Wien

3 **Martin Klein**
Ikarus, Salzburg

4 **Karl & Rudolf Obauer**
Obauer, Werfen

5 **Benjamin Parth**
Stüva, Ischgl

6 **Heinz Reitbauer**
Steirereck im Stadtpark, Wien

1

2

3

4

5

6

phy, [6] Marija Kanizaj

Schärdinger

Affineur

ERLESENE KÄSESPEZIALITÄTEN

aus Österreich

Österreichische Käsekultur in höchster Vollendung

Herrlich feine Geschmacksnuancen von mild bis würzig und ein harmonisch abgestimmtes Sortiment an Schärdinger Affineur Käsesorten prägen das umfangreiche Angebot der Affineur Sortimentkartons, wie dem Weichkäsekarton, Käsesortimentskarton oder auch dem Affineur Bio Karton. Ideal für Käseliebhaber, die die Vielseitigkeit von Käse schätzen.

AFFINEUR KÄSESORTIMENT
Gesamtgewicht ca. 6,2 kg

www.affineur.at

Die Besten
mit 18,5 Punkten

1 Juan Amador
Amador, Wien

2 Andreas Döllerer
Döllerer, Golling

3 Thomas Dorfer
Landhaus Bacher, Mautern

4 Fabian Günzel
ænd, Wien

5 Harald Irka
Am Pfarrhof, Sankt Andrä

6 Markus
7 & Lukas Mraz
Mraz & Sohn, Wien

8 Lukas Nagl
Bootshaus, Traunkirchen

9 Philipp Rachinger
OIS im Mühltalhof, Neufelden

10 Andreas Senn & Christian Geisler
SENNS.Restaurant, Salzburg

11 Hubert Wallner
Gourmet Restaurant Hubert Wallner, Dellach/Maria Wörth

12 Alain Weissgerber
Taubenkobel, Schützen am Gebirge

1

2

3

4

5

6

7

8

9

10

Christian Geisler & Andreas Senn
11

12

(11) Gourmet Restaurant Hubert Wallner, (12) Taubenkobel

Die Besten Österreichs

von bis

MIT 19 VON 20 PUNKTEN

IKARUS
Salzburg (S)

KONSTANTIN FILIPPOU
Wien

OBAUER
Werfen (S)

SILVIO NICKOL GOURMET RESTAURANT
Wien

STEIRERECK IM STADTPARK
Wien

STÜVA
Ischgl (T)

MIT 18,5 VON 20 PUNKTEN

AEND
Wien

AM PFARRHOF
Sankt Andrä im Sausal (ST)

AMADOR
Wien

BOOTSHAUS
Traunkirchen (OÖ)

DÖLLERER
Golling (S)

GOURMET RESTAURANT HUBERT WALLNER
Dellach/Maria Wörth (K)

LANDHAUS BACHER
Mautern (NÖ)

MRAZ & SOHN
Wien

OIS
Neufelden (OÖ)

SENNS.RESTAURANT
Salzburg (S)

TAUBENKOBEL
Schützen am Gebirge (B)

MIT 18 VON 20 PUNKTEN

DIE FORELLE
Weissensee (K)

DIE WEINBANK – RESTAURANT
Ehrenhausen (ST)

GESCHWISTER RAUCH – RESTAURANT
Bad Gleichenberg (ST)

GOURMETRESTAURANT KRÄUTERREICH BY VITUS WINKLER
St. Veit im Pongau (S)

GRIGGELER STUBA
Lech am Arlberg (V)

KILIAN STUBA
Hirschegg/Kleinwalsertal (V)

PAZNAUNERSTUBE
Ischgl (T)

TIAN RESTAURANT WIEN
Wien

MIT 17,5 VON 20 PUNKTEN

GLASS GARDEN
Salzburg (S)

INTERALPEN-CHEF'S TABLE
Telfs-Buchen/Seefeld (T)

MÖRWALD „TONI M."
Feuersbrunn (NÖ)

ONIRIQ
Innsbruck (T)

PRAMERL & THE WOLF
Wien

SICHER RESTAURANT
Tainach (K)

STIAR
Ischgl (T)

TANNENHOF
St. Anton am Arlberg (T)

MIT 17 VON 20 PUNKTEN

APRON
Wien

BERGGERICHT
Kitzbühel (T)

CARAMÉ
Velden am Wörthersee (K)

DER GANNERHOF
Innervillgraten (T)

EDVARD
Wien

ESSLOKAL
Hadersdorf am Kamp (NÖ)

GRÜNDLER'S GOURMETSTÜBERL
Achenkirch (T)

GUT PURBACH
Purbach (B)

HUBERTUSSTUBE
Neustift im Stubaital (T)

KIRCHENWIRT
Leogang (S)

KRAINER
Langenwang (ST)

LUKAS RESTAURANT
Schärding (OÖ)

MESNERHAUS
Mauterndorf (S)

RESTAURANT IM ALMHOF SCHNEIDER
Lech am Arlberg (V)

ROSSBARTH
Linz an der Donau (OÖ)

SAZIANI STUB'N
Straden (ST)

SCHLOSSHERRNSTUBE
Ischgl (T)

SCHWARZER ADLER
Hall in Tirol (T)

SIGWART'S TIROLER WEINSTUBEN
Brixlegg (T)

TANGLBERG
Vorchdorf (OÖ)

TANNHEIMER STUBE
Tannheim (T)

WEYRINGER WALLERSEE
Henndorf am Wallersee (S)

MIT 16,5 VON 20 PUNKTEN

DAHOAM
Leogang (S)

DER HOLZPOLDL
Lichtenberg (OÖ)

DER LUIS
Anger (ST)

DIDI DORNER IM MAGNOLIA
Graz (ST)

DOLCE VITA
Klagenfurt (K)

ESSZIMMER
Salzburg (S)

FLOH
Langenlebarn (NÖ)

FUHRMANN
Wien

GRACE
Wien

HERZIG
Wien

HOFMEISTEREI HIRTZBERGER
Wösendorf (NÖ)

JAKOB & ETHEL IM KLÖSTERLE
Lech am Arlberg (V)

KAMMERLI
Nauders (T)

LIEPERTS
Leutschach (ST)

MAYER'S RESTAURANT
Zell am See (S)

MORITZ
Grafenstein (K)

NIBELUNGENHOF
Traismauer (NÖ)

RAU
Großraming (OÖ)

RESTAURANT STEIRERSCHLÖSSL
Zeltweg (ST)

SCHLOSS-TAVERNE
Zeltweg (ST)

SHIKI JAPANESE FINE DINING
Wien

WALDSCHÄNKE
Grieskirchen (OÖ)

GOURMETRESTAURANT ALPS & OCEAN
Grän (T)

HEUNISCH & ERBEN
Wien

JOHANNS LIVING
Bruck an der Mur (ST)

JOLA
Wien

KIM KOCHT
Wien

MANGOLD
Lochau (V)

NÄHRER
Rassing (NÖ)

OPUS
Wien

PARADOXON
Salzburg (S)

PFEFFERSCHIFF ZU SÖLLHEIM
Hallwang/Salzburg (S)

RATSCHEN
Deutsch Schützen (B)

SATTLERHOF
Gamlitz (ST)

SCHILLER
Sommerein (NÖ)

THALLER
St. Veit am Vogau (ST)

VERDI
Linz an der Donau (OÖ)

WEISS
Bregenz (V)

WEYERHOF
Bramberg am Wildkogel (S)

ZEITRAUM
St. Kathrein am Offenegg (ST)

© Shutterstock/David Ryo

Aufsteiger
des Jahres 2022

AUFWERTUNG UM 2 PUNKTE

KIRCHENWIRT
Leogang (S), 17/20

DAS KÖHLE
Serfaus (T), 15/20

BERGHOF CRYSTAL
Hintertux (T), 14,5/20

ALPIN RESORT SACHER SEEFELD-TIROL
Seefeld (T), 14/20

AUFWERTUNG UM 1,5 PUNKTE

SAZIANI STUB'N
Straden (ST), 17/20

DAHOAM
Leogang (S), 16,5/20

WALDSCHÄNKE
Grieskirchen (OÖ), 16,5/20

SCHULHAUS TIROL
Zellberg (T), 14/20

FLOS RESTAURANT
Zell am See (S), 12,5/20

AUFWERTUNG UM 1 PUNKT

TIAN RESTAURANT WIEN
Wien, 18/20

GRÜNDLER'S GOURMETSTÜBERL
Achenkirch (T), 17/20

LUKAS RESTAURANT
Schärding (OÖ), 17/20

DAS WOLF
Langenlebarn (NÖ), 16/20

NÄHRER
Rassing (NÖ), 16/20

VERDI
Linz an der Donau (OÖ), 16/20

BERGFRIED CHEFS TABLE
Tux (T), 15,5/20

FORTHUBER
Munderfing (OÖ), 15/20

© Shutterstock/Semen Kuzmin

GEIGER ALM
Altaussee (ST), 15/20

RAUTERSTUBE
Matrei in Osttirol (T), 15/20

HUBINGER
Thörl (ST), 14/20

SCHLOSS DÜRNSTEIN
Dürnstein (NÖ), 14/20

BRASSERIE CASINO ZÖGERNITZ
Wien, 13,5/20

MONTANA OBERLECH
Lech am Arlberg (V), 13,5/20

CHIZZO
Kitzbühel (T), 13/20

DAS KLEINE PARADIES
Wien, 13/20

DIE STUBE IM MAXIMILIANHOF
Altmünster (OÖ), 13/20

FOGGY MIX
Waidhofen an der Thaya (NÖ), 13/20

KALTEIS
Kirchberg an der Pielach (NÖ), 13/20

GASTHOF MOHREN
Rankweil (V), 12,5/20

SEEBICHL
Kitzbühel (T), 12,5/20

BISTRO HÖLL
Pfaffenhofen (T), 12/20

DAS VOGL
Zell am See (S), 12/20

GENUSSTREFFPUNKT HÖFER
Weinitzen (ST), 12/20

HEINZLE
Weißenkirchen in der Wachau (NÖ), 12/20

LITERWIRT
Gleinstätten (ST), 12/20

SEESUSHI
Strobl (S), 12/20

WIRTSHAUS IM STAINZERHOF
Stainz (ST), 12/20

Neue Haubenlokale

Terra, Stainz

MIT 17 VON 20 PUNKTEN

BERGGERICHT
Kitzbühel (T)

SCHWARZER ADLER
Hall in Tirol (T)

MIT 16,5 VON 20 PUNKTEN

KAMMERLI
Nauders (T)

MIT 16 VON 20 PUNKTEN

JOLA
Wien

ZEITRAUM
St. Kathrein am Offenegg (ST)

MIT 15,5 VON 20 PUNKTEN

TERRA
Stainz (ST)

MIT 15 VON 20 PUNKTEN

DAS KRAUS
Wien

&FLORA
Wien

GENUSSTHEATER
Straden (ST)

HIMMELREICH
Zaußenberg am Wagram (NÖ)

HUEBER DER WIRT IN BRÜNDL
St. Georgen an der Leys (NÖ)

KAMMER5
Ort im Innkreis (OÖ)

MÜHLBACHER
Salzburg (S)

TIAN
Zürs am Arlberg (V)

Z'SOM
Wien

MIT 14,5 VON 20 PUNKTEN

A'FRISELLA
Wien

DIE ENTE VON ZÜRS
Zürs am Arlberg (V)

NESSLERHOF
Großarl (S)

NEUSACHERHOF
Weissensee (K)

ROCKY 7
Mayrhofen (T)

MIT 14 VON 20 PUNKTEN

FEDERLEICHT
Völkermarkt (K)

MONTE DINNERCLUB
Matrei in Osttirol (T)

STADLER & THOMAS
Wien

STAMMTISCH AM PAULUSTOR
Graz (ST)

WILDLING
Wien

MIT 13,5 VON 20 PUNKTEN

ERNELE
Hittisau (V)

GASTHAUS LÖWEN
Au im Bregenzerwald (V)

LOCA
Wien

MÖNICHWALDERHOF
Mönichwald (ST)

ROSSO DI ACQUA E SOLE
Linz an der Donau (OÖ)

SHANGHAI
Wien

ZUM REZNICEK
Wien

MIT 13 VON 20 PUNKTEN

AELIUM
St. Pölten (NÖ)

BRASSERIE POLDIE
Wien

CRYSTAL
St. Johann in Tirol (T)

DAS KOHLMAYR
Obertauern (S)

FEIN7
Dornbirn (V)

GASTHOF ZUR ARCHE
Rinn (T)

MADE IN SUD
Wien

PROSECCO BY AIGNER
Salzburg (S)

THOMAS IM JOHANNESHOF
Tattendorf (NÖ)

ZAZATAM
Wien

MIT 12,5 VON 20 PUNKTEN

DIE GERSBERG ALM
Salzburg (S)

ESSDUR
Wien

GOLDADER
Tamsweg (S)

Kurz & bündig

1 FRIERSS FEINES HAUS

Frierss Feines Haus gilt seit knapp zehn Jahren als Kompetenzzentrum für Kulinarik, Fleisch und Charcuterie. Aktuell mit drei Hauben bewertet, zählt es zu den besten Restaurants in Kärnten. Ein wesentlicher Teil der Erfolgsgeschichte ist der Spitzenkoch Stefan Lastin, der mit Sommer 2022 zu neuen Ufern aufgebrochen ist. Drei Hauben hat auch schon Lastins Nachfolger Patrick Pass erkocht, im „Fritz & Friedrich" in Obertauern. Sein Küchenstil zeichnet sich durch seine Leidenschaft für lokale und traditionelle Zutaten, gepaart mit kulinarischer Weltoffenheit, aus.

Gewerbezeile 2, 9500 Villach

2 RESTAURANT BACHLER

40 Jahre lang war das Restaurant Bachler in Althofen ein Ort zum Zusammenkommen und für feinste gutbürgerliche Küche. Heuer haben Ingrid und Gottfried Bachler schweren Herzens entschieden, den 3-Hauben-Betrieb mit Ende Juni 2022 zu schließen. Die Greißlerei und Vinothek bleiben jedoch bestehen. Auch private Veranstaltungen, Kochkurse, Weinseminare und das Catering werden weiter ausgerichtet. Neu hinzu kommen kulinarische Reisen und Genussfeste. Das Bachler hat einen wesentlichen Beitrag zur Mittelkärntner Wirtshauskultur geleistet – dafür möchten wir uns bei Ingrid und Gottfried Bachler bedanken.

Silberegger Straße 1, 9330 Althofen

3 STANKO + TITO

Sechs Jahre lang hat Harald Brunner das beliebte Szenelokal Das Spittelberg mit seiner großen Rotisserie-Küche auf drei Hauben gehoben. Im Sommer 2022 wurde bekannt, dass Ausnahmekoch Max Stiegl und Hotelière Helena Ramsbacher, die gemeinsam auch den Knappenhof auf der Rax betreiben, das Restaurant übernehmen. Unter dem neuen Namen Stanko + Tito dürfen sich die Gäste nun auf klassische Balkanküche inklusive Ćevapčići und Pleskavica freuen. Die Gerichte folgen dabei einem Sharing-Konzept: Empfohlen wird, dass einmal alles für den ganzen Tisch bestellt und anschließend geteilt wird. Als Speisebegleitung gibt es Naturwein.

Spittelberggasse 12, 1070 Wien

4 ROTE WAND CHEF'S TABLE

Dass der beschauliche Ort Zug am Arlberg immer wieder das Interesse von Gourmets aus aller Welt auf sich zieht, liegt unter anderem am Gastronomen und Hotelier Joschi Walch, der neben seinem Hotel das 4-Hauben-Restaurant Rote Wand Chef's Table betreibt. Fünf Jahre lang war hier Ausnahmekoch Max Natmessnig, der 2020 von Gault&Millau zum „Koch des Jahres" gekürt wurde, für die Kulinarik zuständig. Ihm folgt nun der gebürtige Oberösterreicher Julian Stieger, der auf hochkarätige Stationen wie das Kopenhagener Geranium, das Steirereck und das Landhaus Bacher zurückblickt.

Zug 5, 6764 Lech

© Martin Hofmann

Patrick Pass (Mitte) im Kreise der Familie Frierss 1

© Martin Hofmann

Stefan Lastin 1

© Jeff Mangione

Helena Ramsbacher & Max Stiegl 3

Goffried & Ingrid Bachler 2

© Angela Lamprecht

Julian Stieger 4

LOHBERGER

Mit Feuer und Flamme

Koch des Jahres 2023
Lukas Nagl
Bootshaus, Traunkirchen

© Jürgen Schmücking

Das Restaurant Bootshaus im Seehotel „Das Traunsee" in Traunkirchen ist ein bemerkenswerter Ort. Hohe Fensterfronten gewähren einen ungetrübten Blick auf den See und auf den gegenüberliegenden Traunstein. Die Möbel im Restaurant spiegeln das satte Blau des Sees wider.

In diesem außergewöhnlichen Ambiente gelingt es Lukas Nagl, die Region und vor allem den See in seinen Gerichten abzubilden.

In dieser Disziplin, dem Fokus auf den See, hat es Lukas Nagl in den letzten zehn Jahren zu wahrer Meisterschaft gebracht.

Nehmen wir – beispielhaft – nur ein paar Gerichte heraus, mit denen das Bootshaus im Moment seine Gäste verblüfft. Gleich zum Start des Menüs schickt Nagl Grüße aus der Küche, die von Beginn an zeigen, wo der Barthel den Most holt. Eine oberösterreichische Seeigel-Variante, serviert in einer stacheligen Kastanienschale mit einer intensiven, herrlichen Creme, in der auch Fischgonaden verwendet wurden, und als Topping ein Löffel Kaviar. Jodige „Austern", die sich als ganz etwas anderes entpuppen, aber über die Maßen köstlich sind. Eine kleine „Pizza", die ebenfalls nicht das ist, was sie auf den ersten Blick zu sein scheint. Später im Menü kommt ein Gang, den der Meister schlicht „Spinatsalat" nennt. Was eigentlich aber mit Gerstenkoji gebeizter Saibling mit Ditta-Kartoffeln ist. Aber auch das ist stark vereinfacht. Auf dem Teller ist es ein hochgradig komplexes, geschmacklich unglaublich präzises und erfrischendes Gericht, das zeigt, auf welchem Level Lukas Nagl bereits angekommen ist. Auch international.

In der Familie von Lukas Nagl gab es zwar keine Gastronomen, Esskultur spielte aber immer eine große Rolle. Lukas hat früh gekocht und wollte als Kind eigentlich Bauer werden. Es wurde die Tourismusschule – mit einem hohen Anteil an Selbststudium. Heute noch sagt er, dass er eigentlich Autodidakt sei. Prägende Stationen gab es natürlich trotzdem. Die wichtigste darunter: bei Heinz Reitbauer im Steirereck. Dann hat ihn der Zufall nach Afrika verschlagen. Nach Sansibar, um genau zu sein. Es folgte eine Zeit, die ihn mit seiner Partnerin zusammenschweißte und als Mensch und auch als Küchenchef reifer werden ließ.

Heute, mit 34, wirkt Lukas Nagl angekommen. Ein entspannter, sympathischer und fokussierter Küchenchef, der weiß, was er kann, und kompromisslos seinen Weg geht.

Hochzeit am Hohenlohe-Hof

Der historische Hof und die zugehörige Kapelle wurden liebevoll und authentisch restauriert und mit geschichtsträchtigen Kunstgegenständen ausgestattet. Sie bieten eine unvergleichliche Kulisse für die Zeremonie und für wunderschöne Hochzeitsfotos.

Der inmitten des sanft hügeligen Weinviertels gelegene Hohenlohe-Hof bietet alle Möglichkeiten, Ihre Hochzeit zu einem einzigartigen Erlebnis in einer besonderen Atmosphäre zu machen.

Mit seinen uralten, von Efeu umrankten Mauern, dem Teich und dem Taubenkobel hat der Hochzeitshof einen ganz eigenen Zauber.

Hohenlohe-Hochzeitshof
Guntersdorf 283, 2042 Guntersdorf
+43 1/712 43 84 37
www.hohenlohehof.at
hochzeitamhof

Fotos © KMH Media Consulting GmbH, Everly Pictures

2023 LUKAS NAGL
„Bootshaus", Traunkirchen

2022 MAX NATMESSNIG
„Rote Wand Chef's Table Im Schualhus", Lech

2021 MAX STIEGL
„Gut Purbach", Purbach

2020 HUBERT WALLNER
„See Restaurant Saag", Techelsberg am Wörthersee

2019 BENJAMIN PARTH
„Restaurant Stüva", Ischgl

2018 MARKUS MRAZ
„Mraz & Sohn", Wien

2006–2016 KOCH DES JAHRZEHNTS
Heinz Reitbauer, „Restaurant Steirereck", Wien

2016 KONSTANTIN FILIPPOU
„Restaurant Konstantin Filippou", Wien

2015 RICHARD RAUCH
„Steira Wirt", Trautmannsdorf

2014 SILVIO NICKOL
„Silvio Nickol Gourmet Restaurant", Wien

2004–2014 KÖCHE DES JAHRZEHNTS
Karl und Rudi Obauer, „Obauer", Werfen

2012 BOBBY BRÄUER
„Petit Tirolia", Kitzbühel

2010 ANDREAS DÖLLERER
„Döllerer's Genusswelten", Golling

2009 THOMAS DORFER
„Landhaus Bacher", Mautern

2008 THORSTEN PROBOST
„Griggeler Stuba", Lech

2007 JOACHIM GRADWOHL
„Meinl am Graben", Wien

2006 LEONARD CERNKO
„Mörwald Kloster UND", Krems

2005 ALEXANDER FANKHAUSER
„Alexander" (Hotel Lamark), Hochfügen

2004 GERHARD FUCHS
„Saziani Stub'n", Straden

2003 JOSEF TRIPPOLT SEN. (†) UND JUN.
„Zum Bären", Bad St. Leonhard

Patronanz: LOHBERGER METRO

seit 2018 Verleihung durch: Lohberger Küchen Competence Center GmbH

2002 CHRISTIAN PETZ
„Meinl am Graben", Wien

2001 KLAUS FLEISCHHAKER
„Pfefferschiff", Salzburg-Söllheim

2000 KOCH DES JAHRZEHNTS
Helmut Österreicher, „Steirereck", Wien

2000 MARTIN SIEBERER
„Trofana Royal", Ischgl

1999 JÖRG WÖRTHER (†)
„Schloss Prielau", Zell am See

1998 HEINO HUBER
„Deuring-Schlössle", Bregenz

1997 HEINZ V. HANNER
„Kronprinz", Mayerling

1996 JOHANNA MAIER
„Hubertus", Filzmoos

1995 WALTER ESELBÖCK
„Taubenkobel", Schützen am Gebirge

1994 FRANZ FUIKO
„Mesnerhaus", Mauterndorf

1993 REINHARD GERER
„Korso" (Bristol), Wien

1992 HARALD FRITZER
„Ex-À la Carte", Klagenfurt

1991 EWALD PLACHUTTA
„Zu den 3 Husaren", Wien

1990 SISSY SONNLEITNER
„Kellerwand", Kötschach-Mauthen

1980–1990 KOCH DES JAHRZEHNTS
Jörg Wörther (†), „Villa Hiss", Bad Gastein

1989 KARL UND RUDI OBAUER
„Obauer", Werfen

1988 HELMUT ÖSTERREICHER
„Steirereck", Wien

1987 HASI UNTERBERGER (†)
„Unterberger Stuben", Kitzbühel

1986 ALFRED SÜSSENBACHER (†)
„Bleibergerhof", Bad Bleiberg

1985 WERNER MATT
„Hilton", Wien

1984 ERNST HUBER (†)
„Ex-Zoll", Bregenz

1983 LISL WAGNER
„Bacher", Mautern

© Alle Fotos: Jürgen Schmücking

Patissière des Jahres 2023
Lisa Krispel

In den meisten Restaurants, in denen nach dem Dessert (oder den Desserts) Petits Fours beziehungsweise Pralinen serviert werden, kann man sich ein kleines Stück vom süßen Glück mit nach Hause nehmen. Aber wie gesagt: ein kleines Stück. Am Weingut Krispel mit seinem Genusstheater ist das – zum Glück – anders.

Hier kommt man beim Hinausgehen an einer Vitrine vorbei und kann nach Lust und Laune die verführerischen Köstlichkeiten einkaufen.

Im Betrieb ist Lisa Krispel für gleich drei Dinge verantwortlich: zum einen für den Weinverkauf, zum anderen aber, und darum geht es hier, für die großartigen Desserts, die das nicht weniger großartige Menü von Daniel Weißer abschließen. Und für die Marke „made by Lisa". Feinste Kuchen, Torten und Tartelettes, die man vor Ort genießen, mitnehmen oder auch online bestellen kann.

Unsere Highlights im süßen Angebot: die Haselnuss-Nougat-Schnitte mit Passionsfrucht, die Zitronentartelette oder die geniale Kombination (ebenfalls ein kleines Törtchen) aus Heidelbeer, Limette, Kakao. Die Desserts im Genusstheatermenü sprühen jedenfalls vor Kreativität und Charme.

Sie sind präzise und harmonisch und trotzdem unglaublich spannend im eigentlichen Wortsinn. Begonnen hat alles mit Blechkuchen für die Buschenschank. Aber das Interesse war geweckt. Falsch: Das Feuer war entfacht! Nach Stationen bei Eveline Wild, im Hangar-7, im CODA, der legendären Berliner Patisserie-Hochburg, und im JUBEL am Prenzlauer Berg hat sich Lisa Krispel einen fixen Platz im Spitzenfeld der Patisserie erarbeitet. Wir gratulieren herzlich und freuen uns auf den nächsten Besuch in der Südoststeiermark.

Genusstheater im Weingut Krispel **15/20**
8345 Straden, Neusetz 29

© Adler & Wald

Service Award 2023
Judith Knittelfelder

Judith Knittelfelder fiel uns das erste Mal bei einer Veranstaltung von Sonja und Richard Rauch auf. Jede Menge Gäste, ein komplexer Zeitplan und ein kulinarischer Ablauf, der sowohl den Garten als auch den inneren Bereich des Restaurants umfasste.

Mittendrin in diesem lebhaften Event war Judith ein Pol der Ruhe.

Professionell, hoch aufmerksam, konzentriert und stets freundlich und zuvorkommend. Beispielhaft. Dann, einige Monate später, haben wir erfahren, dass Sonja Rauch sie zur stellvertretenden Restaurantleiterin gemacht hat. Unser erster Eindruck dürfte also keine Momentaufnahme gewesen sein. Judith Knittelfelder ist jung, blickt aber mit ihren 22 Jahren auf eine solide und zielorientierte Ausbildung zurück.

Bei den Geschwistern Rauch war sie Praktikantin, kehrte nach einem Jahr als Chef de Rang zurück und wurde schließlich zur stellvertretenden Restaurantleiterin befördert. Im diesjährigen Sommer war sie für ein weiteres Projekt verantwortlich: für die „Tafelfreundschaft", das Weingartenbistro, das die Geschwister Rauch gemeinsam mit dem Weingut Tement in der Südsteiermark auf die Beine stellten. Schlüssig, denn Wein ist ohnehin ein zentrales Thema in Judith Knittelfelders Tun.

Sowohl die Ausbildung zur Jungsommelière als auch die zur Sommelière Österreich absolvierte sie mit Auszeichnung.

Wir gratulieren und wünschen das Allerbeste für die Zukunft.

Geschwister Rauch Restaurant & Wirtshaus
8343 Bad Gleichenberg, Trautmannsdorf 6

© Alle Fotos: Michaelkoenigshofer

Newcomerin des Jahres 2023

Parvin Razavi

Es stimmt schon, Parvin Razavi ist echt kein Neuling in der Szene. Dass wir sie trotzdem als „Newcomerin des Jahres" präsentieren, hat damit zu tun, dass sie mit dem Restaurant &flora erstmals allein in der Verantwortung steht und gleich vom Start weg bewiesen hat, dass sie ihr Handwerk versteht und über Führungsqualität ebenso verfügt wie über Kreativität und Innovationskraft. Letzteres hat Parvin Razavi schon früher gezeigt.

Ein erfolgreicher Foodblog (thx4cooking), lässige Kochshows in Zusammenarbeit mit dem Magazin BIORAMA und Auftritte im ORF. Dazu drei Bücher, die sich bestens verkaufen. Das letzte über die Küche ihrer Heimat. Fast.

Parvin ist Wienerin, hat aber persische Wurzeln. Sie ist in Teheran geboren (so auch der Titel ihres jüngsten Kochbuchs). Seit 1985 lebt sie in Österreich, seit 2012 folgt sie ihrer Leidenschaft, dem Kochen.

Im Dogenhof stand sie mit Lukas Stagl am Feuer – und an Oliver Mohls Seite, als die Hausbar im Künstlerhaus drei Hauben erkochte. Jetzt sind es ihre eigenen drei Hauben.

Das &flora, Parvins vorwiegend weibliches Küchenteam und die von Kräutern und Gemüse geprägte Küche beschreiben wir auf Seite 78. Hier wünschen wir alles Gute. Oder eben تبریک می گویم.

&flora **15/20**
1070 Wien, Breite Gasse 9

Sommelier-Team
des Jahres 2023

V. l. n. r.: André Drechsel und Nico Hammerl.

© TIAN

André Drechsel und Nico Hammerl sind seit fünf Jahren das unschlagbare Sommelier-Team im TIAN. Sie vereinen Jugend und Erfahrung, Weltoffenheit, Experimentierfreude und vor allem großes Einfühlungsvermögen für jeden einzelnen Gast.

Entspannte Atmosphäre zu erzeugen, ist den beiden viel wichtiger als das Herunterbeten von Weingesetzen.

Sie ergänzen sich perfekt, ziehen an einem Strang. Allgegenwärtig ist ihr unbändiger Spaß an der Arbeit. Drechsel und Hammerl brennen für die Sommellerie, Stillstand kennen sie nicht. Ihre Weinbegleitungen zu den vegetarischen Menüs von Paul Ivić sind immer herrlich intuitiv. Die Gerichte auf Gemüsebasis erweisen sich dabei als breite Spielwiese, Naturwein ist oft ein genialer Partner. Dabei sind die beiden aber niemals dogmatisch, ihr Fokus ist und bleibt: eine gute und genussvolle Zeit für den Gast.

Team André Drechsel & Nico Hammerl

TIAN 18/20
Himmelpfortgasse 23, 1010 Wien

ACQUA PANNA S.PELLEGRINO
THE FINE DINING WATERS

Patronanz: San Pellegrino

2022	Daniel Schicker, Mühltalhof, Neufelden
2021	Christian Zach, Die Weinbank – Restaurant, Ehrenhausen
2020	Simon Schubert, Restaurant Aend, Wien
2019	René Antrag, Restaurant Steirereck, Wien
2018	Josef Neulinger, Almhof Schneider, Lech am Arlberg
2017	Steve Breitzke, Das Loft, Wien
2016	Hermann Botolen, Dombeisl, Wien
2015	Alexander Koblinger, Restaurant Obauer, Werfen

GROSSE KUNST.
OHNE ALLÜREN.
WINEinMODERATION
CHOOSE | SHARE | CARE
Österreichs Weine sind daheim im Herzen Europas, wo kontinentale Wärme mit kühler Nordluft tanzt. In diesem einzigartigen Klima wachsen edle Weine mit geschützter Ursprungsbezeichnung – zu erkennen an der rotweißroten Banderole auf der Kapsel und der staatlichen Prüfnummer auf dem Etikett.
österreichwein.at
ÖSTERREICH WEIN
Große Kunst. Ohne Allüren.

Weinkarte des Jahres 2023

V. l. n. r.: Matthias Pitra und Steve Breitzke.

© Michael Gruber

Matthias Pitra und Steve Breitzke haben in den letzten fünf Jahren mit viel Gespür eine Weinkarte aufgebaut, von der sie jeden einzelnen Wein selbst gerne trinken. Gelistet sind nur Winzer, die sie kennen und schätzen. So weit, so sympathisch.

Bio ist Grundvoraussetzung, was anderes schenken sie ihren Gästen nicht ein.

Auf beeindruckende und doch uneitle 1.200 Positionen ist der Umfang mittlerweile gewachsen. Gestartet haben die beiden Top-Sommeliers ihr Bistro hauptsächlich mit Weinen, die aus ihren privaten Kellern stammten. Heute kaufen sie von den spannendsten Händlern in ganz Europa. Ihre Karte rangiert wohltuend weit abseits des Üblichen. Das hat viele Fans. Bordeaux wird gerade mal einer gelistet, dafür umso mehr Handverlesenes aus den aktuell angesagten Regionen der Welt. Brillantes aus Österreich ist sowieso Pflicht. Und: Wer gescheit ist, lässt sich im MAST immer auf eine Empfehlung ein.

MAST Weinbistro **15,5/20**
Porzellangasse 53, 1090 Wien

2022	Sonnenhof, Grän
2021	Restaurant Fuhrmann, Wien
2020	Burg Vital Resort, Lech am Arlberg
2019	Palais Coburg Residenz, Wien
2018	Amador, Wien
2017	Pub Klemo, Wien
2016	Die Weinbank, Ehrenhausen
2015	Restaurant Floh, Langenlebarn

#VIELFALTBYMETRO
WENN BIO GANZ LOGISCH IST.
• METRO bietet Ihnen über 1.400 Bio-Artikel
• Umfangreiches Sortiment
• Biologischer Anbau einer großen Auswahl an Lebensmittel
• Nachhaltige Erzeugung
• Umweltschonend von Anfang bis Ende
metro.at
METRO
IHR ERFOLG IST UNSER BUSINESS

Wirtshaus des Jahres 2023
Sternberg
Gasthaus Messnerei

© Martin Gfrerer, mg-projects.at

Der Sternberg ist einer der schönsten Orte des Landes, der Ausblick atemberaubend. Es gibt schon einen Grund, wieso sich unsere Vorfahren die Mühe angetan haben, hier oben eine kleine Kirche zu errichten. Zu einer derart abgelegenen Kirche gehört natürlich auch eine Messnerei, in der man sich nach beschwerlichem Aufstieg laben konnte.

Vor sechs Jahren führten Dani und Stefan Sternad noch ein Restaurant, ein Café und eine Bar in Velden und waren eigentlich ausgelastet. Einen weiteren gastronomischen Betrieb zu übernehmen, stand nicht auf dem Programm.

Dann kam Dani durch ein Facebook-Posting erstmals auf den Sternberg und war auf Anhieb in diesen magischen Ort verliebt, ihr Mann Stefan war zunächst noch skeptisch.

Sie aber wusste: „So etwas passiert nur einmal im Leben." Kurzum: Dani überzeugte ihren Mann, die Messnerei zu pachten und behutsam zu entwickeln. Allerdings nicht weiter, sondern tiefer.

„Es kommt immer darauf an, mit welchen Produkten man kocht. In der Einfachheit liegt die Schönheit. Wir setzen auf ehrliche, bodenständige Gerichte mit frischen, regionalen Produkten", erklärt Dani Sternad ihren Zugang zur Philosophie. Kreativität nicht ausgeschlossen, wie man etwa beim köstlichen Saibling in Saor sieht.

In einem typischen Kärntner Wirtshaus wird vor allem Bier und Most getrunken. Am Sternberg hat sich das in den letzten Jahren schrittweise geändert. Das hat mit der Leidenschaft von Stefan Sternad zu tun, der Schritt für Schritt einen Weinkeller aufgebaut hat, um den ihn viele anspruchsvolle Restaurants beneiden würden. „Die Weinkarte ist mit unseren Gästen gewachsen. Zuerst hatten wir nur ein paar außergewöhnliche Flaschen im Angebot, aber die waren immer zuerst ausgetrunken", erklärt der Patron.

Von ihren vorherigen Betrieben hat sich das engagierte Wirtepaar mittlerweile getrennt. Ihr ganzer Fokus gilt momentan der Messnerei am Sternberg. Aber ein weiteres gastronomisches Herzensprojekt ist gerade – mit der Pastamama in Villach – in der Umsetzung. Man darf gespannt sein.

Sternberg **12,5/20**
9241 Wernberg, Sternberger Straße 19

Patronanz: Metro

DAS VERSPRECHEN
EINER JEDERZEIT
PERFEKTEN
TASSE KAFFEE.
NESPRESSO
PROFESSIONAL
www.nespresso.com/pro

Hotel des Jahres 2023 Biohotel Schwanen

Das Biohotel Schwanen im Bregenzerwald ist ein Glücksfall von einem Hotel. Es liegt in Bizau, und man erreicht es, wenn man über den Arlberg in den Bregenzerwald fährt, etwa auf halber Strecke zwischen Arlbergpass und Bodensee.

Die Familie Moosbrugger, tief in der Region verwurzelt, hat 2009 das Hotel umgestaltet.

Das Haus besticht durch eine klare und reduzierte Ästhetik ebenso wie durch sein typisches Bregenzerwälder Erscheinungsbild.

Hermann Kaufmann, der Architekt, hat hier gemeinsam mit der Familie Moosbrugger ganze Arbeit geleistet. Trotz aller Modernität fügt sich das Schwanen organisch und vor allem harmonisch in seine Umgebung ein. Ein Gefühl, das sich vom ersten Moment an auch auf die Gäste überträgt. Antonia und Wolfgang Moosbrugger haben das Zepter im Hotel mittlerweile an ihren Sohn Emanuel übergeben, der nun das Biohotel in fünfter Generation führt.

Die Zimmer im Schwanen sind ein Traum. Solide Weißtannenwände, von Handwerkern gezimmert, das Parkett aus Eichenholz, eine klare Linienführung und der bewusste Verzicht auf alles, was man nicht braucht. Und das ist in vielen Hotelzimmern sehr viel. „Reduce to the max" nennt Emanuel Moosbrugger dieses Konzept. So setzen die Zimmer beim Betreten einen Entschleunigungsprozess in Gang, der mit Geist und Seele das Gleiche macht: die Reduktion aufs Wesentliche. Am Herd stand lange Antonia Moosbrugger Seite an Seite mit Franziska Hiller. Gemeinsam prägten sie die Küche des Schwanen und den Begriff der „wilden Weiber" – mit dabei auch die Ideen der Mystikerin Hildegard von Bingen. Antonia hat die Regie in der Küche bereits an Franziska Hiller weitergegeben und zum „wilden Weib" kam noch ein „tougher Typ": Thorsten Probost, „Gault&Millau-Koch des Jahres 2008", heuerte heuer beim Schwanen an. Die Küchenlinie verspricht Leichtigkeit, filigranen Genuss und 100 Prozent Bio.

Biohotel Schwanen
6874 Bizau, Kirchdorf 77

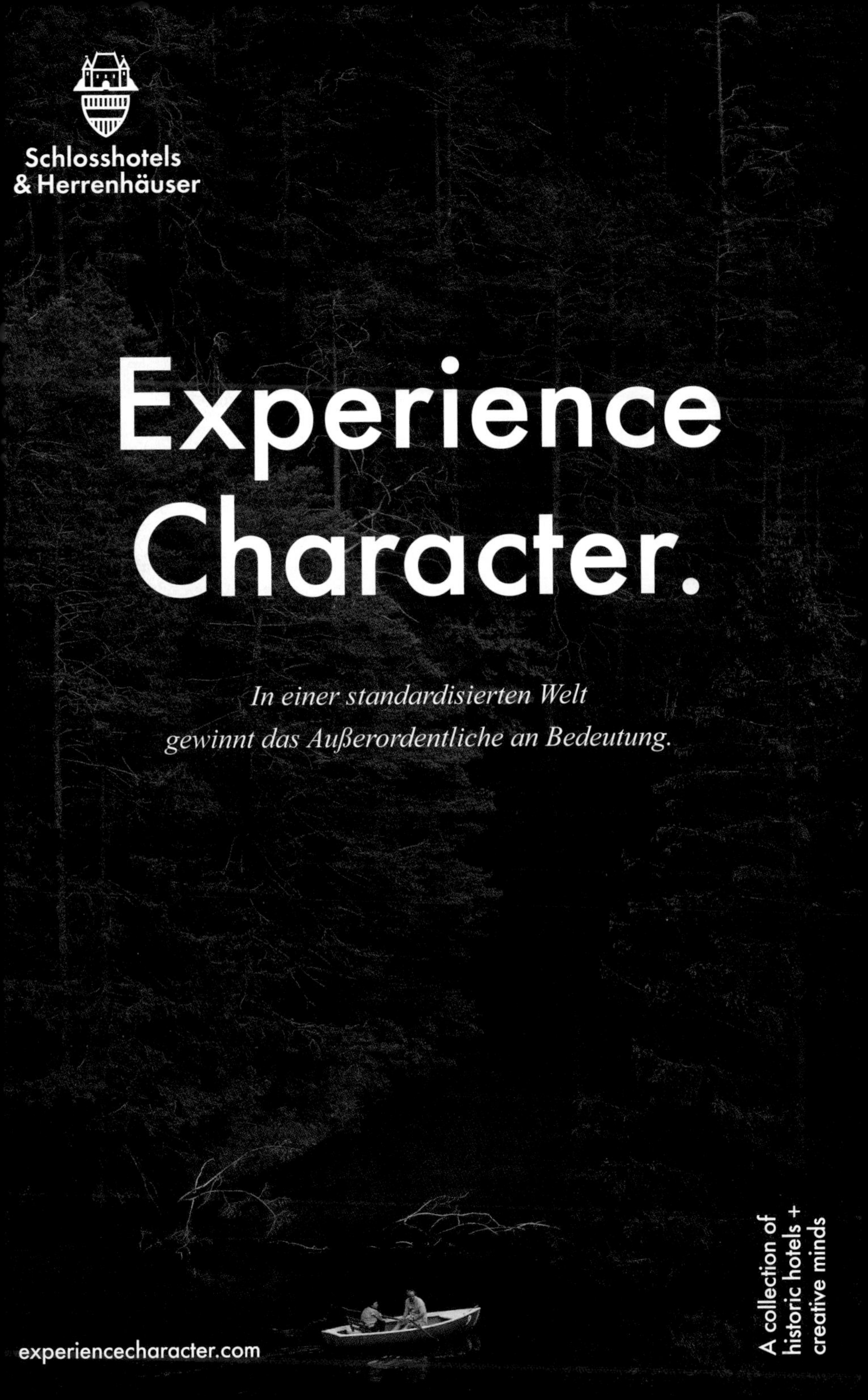
Schlosshotels
& Herrenhäuser
Experience
Character.
In einer standardisierten Welt
gewinnt das Außerordentliche an Bedeutung.
experiencecharacter.com
A collection of
historic hotels +
creative minds

© Alle Fotos: Süddeck TLN GmbH

Ambiente Award 2023 Süddeck

Tulln hatten wir bislang nicht auf dem Radar, wenn wir an eine stimmungsvolle Beachbar mit Restaurant dachten. Den Gastronomen Markus Artner und Florian Schagerl ist es zu verdanken, dass wir das niederösterreichische Städtchen neu einordnen dürfen.

Direkt am Donauufer gelegen, eröffneten die beiden das „Süddeck" mit mediterraner Meublage auf zum Wasser hin abgestuften Terrassen.

Wenn sich der sommerliche Abendhimmel orange bis rosa färbt, passende Loungemusik erklingt und das Getränk im Glas sprudelt, dann könnte man sich auch an den Wörthersee oder gar nach Mykonos denken. Selbst im Winter strahlt der moderne Bau mit großzügigen Glasfronten und einer offenen Feuerstelle Behaglichkeit aus. Großzügige Weinkühlschränke mit ansprechendem Inhalt, eine lange Bar und viel Holz machen einen Aufenthalt auch in der kalten Jahreszeit zu einem kulinarischen Kurzurlaub. Das stimmige Beleuchtungskonzept, das eine Hommage an den Donaulauf darstellt, tut das Übrige. Die Speisekarte mit überwiegend mediterranen Gerichten und das Getränkeangebot mit entsprechenden Weinen und Drinks unterstreichen das einladende Ambiente und lassen uns ob der erfreulichen Bereicherung dankbar zurück.

Süddeck **11/20**
3430 Tulln, Donaulände 3

© Alle Fotos: Manfred Klimek

Lebenswerk 2023
Hedi Klinger

Wenn man jemanden für sein Lebenswerk auszeichnet, kann man schon weit zurück ins Leben dieses Menschen schauen. Hedwig, liebevoll „Hedi" genannt, wurde als Hedwig Huber im oberösterreichischen Hausruckviertel geboren. In Aistersheim, um genau zu sein, einer kleinen Gemeinde westlich von Wels. Das Kochen, nein, die Gastronomie an sich wurde Hedi bereits in die Wiege gelegt.

Als Tochter einer Bauernfamilie musste sie bereits früh im Betrieb mit anpacken – auf dem Hof ebenso wie im angeschlossenen Wirtshaus.

Das Küchenhandwerk hat Hedwig bei ihrer Großmutter gelernt: Josefa Liedauer, die damals bereits im legendären Linzer Wirtshaus „Grüner Baum" gekocht hatte. Und was für junge Köchinnen und Köche heute als modernes Konzept gilt und mit Bezeichnungen wie „from farm to table" durch die Medien geht, war für Hedi Klinger stets eine Selbstverständlichkeit und immer Teil ihres Schaffens.

Anfang der 50er-Jahre lernte sie an der ländlichen Hauswirtschaftsschule die Grundlagen der bäuerlichen Landwirtschaft. Hedi Klingers Küche ist mehr als nur „bodenständig". Ihr Name steht für die Seele der österreichischen Hausmannskost. Das scharfe Klinger-Gulasch ist mindestens so legendär wie die vom sonst stets grantelnden Thomas Bernhard gelobte Frittatensuppe – und für die großen Braten samt der dazugehörigen Saftln war man bereit, einiges an Umweg auf sich zu nehmen. „War" ist hier allerdings ein wesentliches Stichwort.

Die Nachricht, dass der Gasthof Klinger schließt, hat uns sehr berührt. Mit dem Klinger schließt eines der besten Wirtshäuser des Landes und seine Geschichte ist untrennbar mit Hedi Klinger verbunden. Wir verneigen uns, gratulieren herzlich und wünschen das Allerbeste.

Herausgeber	Karl Hohenlohe, Mag. Martina Hohenlohe
Chefredakteurin	Mag. Martina Hohenlohe
Produktionsleitung	Paul Golger, *paul.golger@gaultmillau.at*
Mitarbeiter der Redaktion	Kathrin Biffl, B. A., *kathrin.biffl@gaultmillau.at;* Bernhard Degen, *bernhard.degen@gaultmillau.at;* Derya Metzler, B. A., *derya.metzler@gaultmillau.at,* Jürgen Schmücking, M. A., *juergen.schmuecking@gaultmillau.at*
Technische Umsetzung	i-security, 1050 Wien Blacksheep Productions
Lektorat	Das Textatelier, Mag. Sandra Bak, *office@das-textatelier.at*
Landkarten	ARGE KARTO, Mag. Herwig Moser, 3152 St. Georgen, *arge.karto@aon.at*
Leserservice Österreich	*leserservice@gaultmillau.at,* Gault&Millau, Strohgasse 21A, A-1030 Wien, Tel.: +43 (0)1/7124384-25
Internet	www.gaultmillau.at
Vertrieb A	Mohr-Morawa, Wien, Tel.: +43 (0)1/680140
Vertrieb D/CH	Libri GmbH, Friedensallee 273, 22763 Hamburg, Tel.: +49 (0)40/85 39 80, *libri@libri.de*
Leitung Marketing & Sales	Josef Jungmann, *josef.jungmann@gaultmillau.at*
Marketing & Sales	Sebastian Bock, B. A., *sebastian.bock@gaultmillau.at;* Oliver Gattringer, M. A., *oliver.gattringer@gaultmillau.at;* Stefanie Haring, B. A., *stefanie.haring@gaultmillau.at;* Jennifer Rahberger, B. Ed., *jennifer.rahberger@gaultmillau.at*
Layout & Satz	Sophie Wurnig, B. A., *sophie.wurnig@gaultmillau.at*
Herstellung/Herstellungsort	Druck Styria GmbH & Co KG, A-8042 Graz, www.styriaprintgroup.com
Verlag	KMH Media-Consulting GesmbH, Strohgasse 21A, A-1030 Wien, Tel: +43/(0)1/7124384-29 © by GaultMillau S. A. © by KMH Media Consulting GesmbH Registered Trademark
ISBN	978-3-9505094-2-7

Symbole

H4	Koordinaten: siehe Klapp-Landkarte auf der nächsten Seite
Tipp	Empfehlungen außerhalb der Haubenwelt
?	Bewertung ausgesetzt
N	Neu im Guide
↗	Aufstieg in der Punktewertung
	Carte blanche
	Rollstuhlgerecht

Bewertungen:

11 bis 12,5 Punkte von 20 Punkten: 1 Haube

13 bis 14,5 Punkte von 20 Punkten: 2 Hauben

15 bis 16,5 Punkte von 20 Punkten: 3 Hauben

17 bis 18,5 Punkte von 20 Punkten: 4 Hauben

19 bis 19,5 Punkte von 20 Punkten: 5 Hauben

LEGENDE

○ Orte allgemein

● Orte mit

● Orte mit

● Orte mit

● Orte mit

● Orte mit

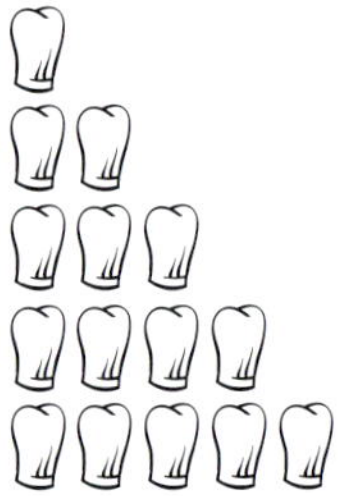

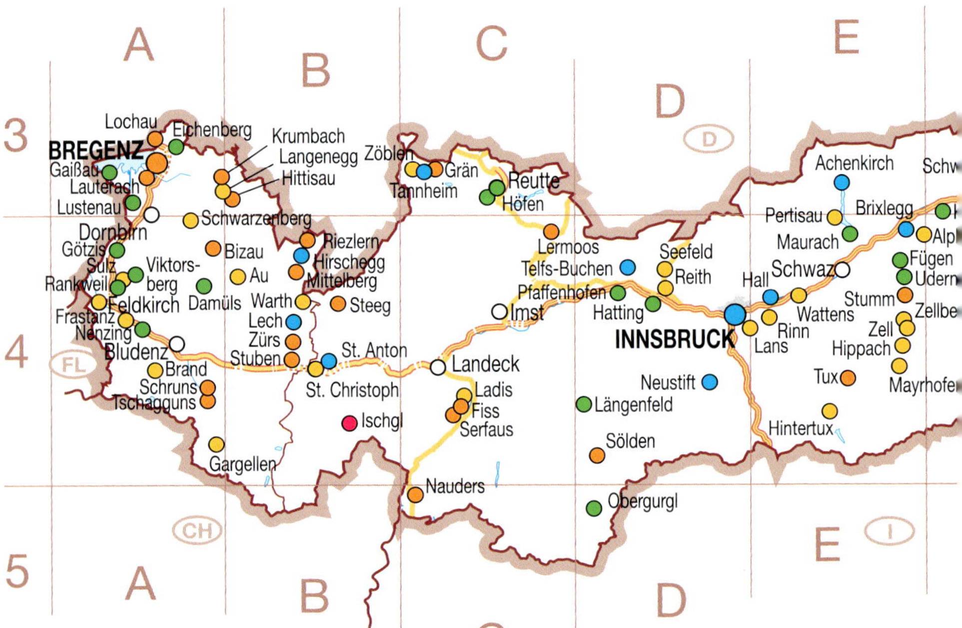

Gault&Millau
Weinguide Österreich
Die besten
Winzer aus Österreich
ab 5. November 2022 im Handel
2023
www.gaultmillau.at
Gault.Millau.Oesterreich
gaultmillau_austria

V. l. n. r.: Martina Hohenlohe, HM King Charles III., Karl Hohenlohe.

© Gault&Millau, Ferdinand Steininger FSTFILM

Gourmet des Jahres 2023
HM King Charles III.

Nach Julia und Tobias Moretti, den „Gourmets des Jahres 2021", wurde nun der wahrscheinlich berühmteste Bio-Landwirt der Welt ausgezeichnet – HM King Charles III. Der Monarch hat durch sein frühes Engagement und Durchhaltevermögen in allen Belangen der biologischen Landwirtschaft seine Vision einer gesünderen und nachhaltigeren Lösung umgesetzt.

Trotz des Gegenwindes hat King Charles III. seinen Weg fortgesetzt und die Entwicklung des biologischen Anbaus maßgeblich beeinflusst.

Die nachhaltige Nutzung von Ressourcen sowie sein Engagement und Einsatz für die Umwelt führten schlussendlich zu der Entscheidung, His Majesty King Charles als „Gourmet des Jahres 2023" auszuzeichnen.

saintstephens | Foto: Monika Saulich
tele
WER DIE NATUR SCHÜTZT, SCHÜTZT SICH SELBST.
Nina Hartmann
Schauspielerin, Kabarettistin und Klimaaktivistin

Ein Rückblick: Gault&Millau Feinschmecker des Jahres

2023 HM KING CHARLES III.

2021 TOBIAS MORETTI
Schauspieler

2020 MICHAEL SCHADE
Opernsänger

2019 ANDREAS VITÁSEK
Kabarettist

2018 WILLI KLINGER
Geschäftsführer der Österreich Wein Marketing

2017 FLORIAN SCHEUBA
Kabarettist, Autor, Schauspieler

2016 BERNHARD PAUL
Zirkusdirektor, Regisseur

2014 HEINZ MARECEK
Schauspieler

2012 ERWIN STEINHAUER
Schauspieler und Kabarettist

2011 SARAH WIENER
TV-Köchin

2010 DOMINIQUE MEYER
Direktor der Wiener Staatsoper

2009 DR. MICHAEL HÄUPL
Bürgermeister der Stadt Wien

2008 IRMI UND HANNO SORAVIA
Unternehmer

2007 HANS-PETER HASELSTEINER
Industrieller

2006 PETER SIMONISCHEK
Schauspieler

2005 DI JOSEF PRÖLL
Bundesminister

2004 PROF. RUDOLF KLINGOHR
TV-Produzent

2003 AGNES UND RUDOLF BUCHBINDER
Gastgeberin/Pianist

2002 DR. WERNER SCHNEYDER (†)
Schriftsteller

2001 LOUISE MARTINI (†)
Schauspielerin und Autorin

2000 WOLFGANG ROSAM
Lobbyist und Connaisseur

1999 GERHARD TÖTSCHINGER (†)
Intendant und Autor

1998 HERBERT SCHIMETSCHEK
Präsident Aufsichtsrat Uniqa,
Generalrat Österreichische Nationalbank

1996 HANS MAHR
RTL-Redaktionsdirektor

1994 DI FRIEDRICH UND CATHERINA STICKLER
Vorstandsdirektor/TV-Dame

1993 PROF. PETER WECK
Intendant und Schauspieler

1992 EVA DEISSEN (†)
Journalistin

WIEN

DIE BESTEN

19/20	**KONSTANTIN FILIPPOU** Wien	Seite 85
19/20	**SILVIO NICKOL GOURMET RESTAURANT** Wien	Seite 103
19/20	**STEIRERECK IM STADTPARK** Wien	Seite 105
18,5/20	**AEND** Wien	Seite 56
18,5/20	**AMADOR** Wien	Seite 57
18,5/20	**MRAZ & SOHN** Wien	Seite 92
18/20	**TIAN RESTAURANT WIEN** Wien	Seite 108
17,5/20	**PRAMERL & THE WOLF** Wien	Seite 98
17/20	**APRON** Wien	Seite 58
17/20	**EDVARD** Wien	Seite 75

A BARRACA

12/20

Café-Restaurant-Pastelaria

Koch: Kurt Aberl

Fado! Melancholische Lieder aus Portugal begleiten die Gäste während ihres Aufenthalts im Restaurant A Barraca. Das ist aber schon der einzige Grund für Traurigkeit, im Gegenteil, die Speisen heitern auf. Egal, ob es sich um Sardinen mit Salat, die Artischocken mit gegrillten Tintenfischen oder das in Rotwein geschmorte Zicklein handelt: Alle Gerichte sind herzhaft und schmecken ausgezeichnet. Zum Finale dürfen es dann auch ein Brandy und ein paar der herrlichen hausgemachten Schokotrüffeln sein. Achtung: Es wird nur Bargeld akzeptiert.

à la carte: 5,90–26,90 €

Tel.: 0660 346 57 37

1010 Wien
Hohenstaufengasse 7

www.abarraca.at
schoeneressen@abarraca.at

Mo–Fr 11.30–15 und 18–22.30, Sa 18–22.30 Uhr
Fei, variabel

A'FRISELLA Ⓝ

14,5/20

Von Apulien bis zur Lombardei reicht der kulinarische Streifzug, zu dem Mino Zaccharia seine Gäste in seinem eleganten Ristorante in der Wiener Innenstadt einlädt. Die apulische Heimat des Patrons steht beim kulinarischen Angebot im Vordergrund. Schließlich kommt auch der Name „A'Frisella" aus Apulien und bezeichnet das dortige Trockengebäck, das den Fischern bei ihren nächtlichen Ausfahrten als Proviant dient. In Wien gibt es diese kleinen Brötchen mit allerlei köstlicher Belegung. Sie eignen sich perfekt als kleiner Imbiss – etwa wenn man an der Bar etwas trinken will. Roher und gebratener Fisch ist eine der großen Stärken der Küche, die moderne Interpretation traditioneller apulischer Gerichte eine andere. Und dann wird hier der wohl beste Risotto der Stadt zubereitet. Rispetto! So gut bekommt man ihn selbst in der Lombardei nur selten. Die typisch italienischen Desserts (Tiramisu, Pannacotta) werden mit besonderer Hingabe zubereitet. Die Weinkarte bietet das Beste aus Italien und Interessantes aus Österreich. Die Gastfreundschaft des Patrons ist legendär, das engagierte Serviceteam agiert mit der gleichen Herzlichkeit.

Tel.: 01 51243 61

1010 Wien
Johannesgasse 2

www.afrisella.at
office@afrisella.at

Di–Fr 11.30–14.30 und 17–22.30, Sa 11.30–22.30 Uhr

AEND

18,5/20

Koch: Fabian Günzel

Küchenchef Fabian Günzel bietet den Gästen mit seinem Team im ænd Tag für Tag ein kulinarisches Erlebnis, das mit einer Vielfalt an Aromen, Texturen und Geschmäckern überzeugt. Zum Menü gibt es auf Wunsch eine exklusive Weinbegleitung, die Genießer auf eine Weltreise mitnimmt, die von Südafrika nach Deutschland beziehungsweise Spanien führt. Und während man der Küchenmannschaft beim Braten, Pochieren und Anrichten zusieht, genießt man im modern-schlichten Ambiente des Restaurants etwa eine lauwarme Cancale-Auster aus der Bretagne mit Judasohr, die durch eine pikante Sauce verfeinert wird. Oder Kaviar vom Osietra-Stör mit Räucheraal oder confierten Wittling mit Vanille und Radicchio. Die Kombination aus Hummer, Kumquats und Karotte würde man am liebsten schon wieder morgen genießen. Es ist ohne Zweifel ein luxuriöses Menü auf Basis extravaganter und hochwertiger Zutaten, aber es lohnt. Absolut überzeugend ist übrigens auch der Hauptgang. Die rosa gebratene Miéral-Taube besticht mit wunderbar zart gebratenem Fleisch, die Sauce, dank der besonders süßen Amela-Tomaten, ist ein Gedicht. Die Nachspeisen überzeugen ebenso. Besonders in Erinnerung bleibt eine kleine Roulade, mit Sauerrahm gefüllt und mit reichlich Safran verfeinert. Ein leicht exotischer, jedenfalls aber krönender Abschluss eines herausragenden Menüs und eines wundervollen Abends.

Tel.: 01 595 34 16

1060 Wien
Mollardgasse 76

www.aend.at
hello@aend.at

Mo 19–20.30, Di–Fr 12–13.30 und 19–20.30 Uhr
23. Jänner bis 5. Februar und 7. bis 27. August 2023

ALBERT

14/20

Koch: Mario Bernatovic

Wer im Albert den einen oder anderen Drink zu sich nimmt, der kann den dabei aufkommenden Hunger adäquat stillen. So gibt es würzige Hühnerflügel beziehungsweise Ziegenkäse mit Wassermelone als Einstieg, daneben offeriert die Küche Lammbratwürstel mit Hummus, Waldpilz-Risotto, Wiener Schnitzel oder rosa gebratene Rehkeule. Bei den Desserts stehen Cheesecake oder flüssiges

Tel.: 01 956 71 14

1080 Wien
Albertgasse 39/16

www.albert.bar
reservierung@albert.bar

Mo–Sa 17–24 Uhr

Schokoladensoufflé zur Wahl. Auf Vorbestellung werden Meeresfische im Ganzen beziehungsweise bretonischer Hummer zubereitet. Die Gerichte gelingen durchwegs sehr ordentlich. Solides Handwerk, Spaß am Genuss garantiert.

à la carte: 4–45 €

ALMA GASTROTHÈQUE

12,5/20

Natural Wine Bar & Restaurant

Köchin: Christina Maria Nasr

In der Alma Gastrothèque haben Gäste die Möglichkeit, ein Menü mit zwei oder drei Gängen zu wählen. Gut so. Denn damit passt das Preis-Leistungs-Verhältnis und auch der Lebensmittelverschwendung wird ein Riegel vorgeschoben. Dass dazu auch noch die Qualität stimmt, erfreut zusätzlich. Gurken-Melonen-Gazpacho mit Räucherforelle und Tajine vom Bio-Huhn mit Pflaumen und Pistazien schmecken. Ausgezeichnet auch die Feigenblatt-Pannacotta mit Heidelbeeren. Leider hat das Restaurant in der Großen Neugasse nur abends geöffnet.

Tel.: 01 997 44 46
1040 Wien
Große Neugasse 31
www.alma-gastrotheque.at
alma@alma-gastrotheque.at
Di–Fr 17–23 Uhr

AMADOR

18,5/20

Koch: Juan Amador

NEWCOMER DES JAHRES 2017

Die besten Produkte, perfektes Handwerk und sehr viel Poesie! Ein Menü bei Juan Amador weiß auf verschiedenen Ebenen zu begeistern. So sehr wir die Renaissance heimischer Produkte in der Top-Gastronomie begrüßen – es darf in Österreich auch ein paar Restaurants geben, in denen man Hummer, Königskrabben, Jakobsmuschel, Steinbutt und Thunfisch in allerbester Qualität genießen kann. Auch Kaviar sei nicht zu vergessen. Regional-bodenständig geht es bei Amador nur ganz zu Beginn des Menüs zu. Beim Tapas-Reigen mit Tafelspitz-Apfelkren-Beeftea zum Beispiel. Eine große Küche zeichnet sich auch dadurch aus, dass sie mit einem Aufwand betrieben wird, der in normalen Häusern übertrieben und absurd erscheinen mag. Die Miniaturen zu Beginn des Mahls, wo ein kleines Kunstwerk auf das nächste folgt, machen fast sprachlos. Zuerst weiten sich die Pupillen, um die Schönheit des Dargebotenen wahrzunehmen, dann schließt man die Augen, um sich ganz dem Geschmack zu widmen. Champagner oder Jahrgangscava liefern die passende Begleitmusik. Diese bleibt übrigens den ganzen Abend lang im Takt, wobei man, sofern das Budget keine Rolle spielt, noch einen Gang zulegen könnte. Auf der Weinkarte findet man von Jahrgangschampagner über Bordeaux und Burgund vieles, was man sich zumindest einmal im Leben gönnen möchte. Ein Menü von Juan Amador wäre zweifellos eine opportune Begleitung für solche Eskapaden. Seine große Stärke ist, feingliedrig-Filigranes aus den Produkten herauszukitzeln und gleichzeitig mit souveränem Elan Vollgas zu geben. Amadors „Geschmacksbomben" sind nicht nur laut und mächtig, sie sind auch komplex und fantasievoll. Dabei greift der Meister mit spanischen Wurzeln gerne auf Klassiker zurück, für die er schon länger bekannt ist. Und doch sind sie dann wieder ein bisschen anders, als man sie in Erinnerung hatte. So verleiht Amador seiner berühmten Taube das Attribut „The next Chapter", weil er sie jetzt mit Mango und Kokos exotisch fliegen lässt. Wenn Amador mit Gegensätzen spielt (Steinbutt mit Krautfleckerl und Speck beziehungsweise Kaisergranat mit Kalbskopf), wirkt dies nie bemüht. Im Gegenteil: Es schmeckt so stimmig, dass man sich fragt, wieso man es nicht überall genauso macht. Oder schon immer so. Doch gerade das macht den Reiz eines großen Restaurants aus. Die Tischkultur ist vorbildlich, der Service so, wie man es sich wünscht: zuvorkommend, flott und freundlich. Wer unbedingt ein Haar in der Suppe finden will, wird am ehesten über das Preisniveau diskutieren. Ja, das Amador ist wohl das teuerste Restaurant des Landes. Aber man bekommt für sein Geld auch wirklich viel geboten.

Tel.: 0660 907 05 00
1190 Wien
Grinzinger Straße 86
www.restaurant-amador.com
reservation@
restaurant-amador.com
Mi–Fr 18–20, Sa 12–13 und 19–20 Uhr

APRON

17/20

im Hotel am Konzerthaus

Koch: Stefan Speiser

SERVICE AWARD 2020

In einem Ranking der besten Hotelrestaurants der Stadt würde das Restaurant des Hotels am Konzerthaus die meisten Konkurrenten in luxuriöseren Häusern locker hinter sich lassen. Hauptgrund dafür ist der spannende, von routinierter Hotelküche Lichtjahre entfernte Kochstil von Stefan Speiser. Nach sautierten Venusmuscheln mit gegrilltem Carabinero und Sauce Rouille sowie Paradeisern mit Preiselbeer-kombucha und Zitronenmarmeladebuchtel ist die Artischocke mit Ziegenkäse-gnocchi, Bohnenragout und Trüffelschaum ein erster Höhepunkt. Ebenso gelungen das Kalbsbries mit Spitzkraut und Tabouleh-Ravioli oder der Waller mit Zucchini und Yuzu-Beurre-blanc. Einziger Einwand: Die Vielzahl an guten Ideen würde bei weniger minimalistischen Portionen auf dem Teller besser zur Geltung kommen. Sowohl beim Bressehuhn-Ragout mit Eierschwammerln, Radicchio und Entenlebersauce als auch beim Mangalitza-Karree mit Chorizo, Fenchel, Erbsencreme und Polenta hätten wir gerne noch mehr Möglichkeiten gehabt, die einzelnen Geschmackskomponenten zu kombinieren. Für die ausgezeichneten Desserts haben wir trotzdem noch Platz gehabt.

Tel.: 01 9074747
1030 Wien
Am Heumarkt 35–37
www.restaurant-apron.at
welcome@restaurant-apron.at
Di–Sa 12–13.30 und 17.30–20.30 Uhr

ARTNER

12,5/20

am Franziskanerplatz

Das Artner am Franziskanerplatz ist eine Institution für hohe Qualität bei heimischen Rindfleischprodukten. Auf der Karte finden sich herrliche Steaks und Rostbraten von Simmentaler Kalbinnen und alten Kühen, verfeinert mit Gänseleber und Trüffeln. Zudem darf auch selbstverständlich à la carte aus Fisch, Ente und auch Vegetarischem gewählt werden. Das hausgemachte Matjes aus Saiblingsfilets war sehr fein mariniert, von Saiblingskaviar umgeben, geschmacklich ganz wunderbar. Die Artner-Weine sowie andere österreichische Tropfen bestreiten die Weinkarte, ergänzt von wenigen ausländischen Namen.

Tel.: 01 50350 34
1010 Wien
Franziskanerplatz 5
www.artner.co.at
franziskanerplatz@artner.co.at
Mo–Sa 12–22.30 Uhr

BEAULIEU

11/20

Typische Bistro-Gerichte erwarten die Gäste im Beaulieu. Und so genießt man an den kleinen Tischen, die eng beieinanderstehen, Zwiebelsuppe, Austern, Wildschweinterrine, Miesmuscheln mit Baguette oder Ratatouille. Dazu gibt es eine Karaffe Rosé oder einen der aus Frankreich stammenden Weiß- oder Rotweine. Zum Dessert darf es dann ein Eclair oder eine Crème brulée sein. Wegen des guten Preis-Leistungs-Verhältnisses ist das kleine Lokal gut besucht, deswegen sollte man vorsichtshalber rechtzeitig reservieren.

Tel.: 01 5321103
1010 Wien
Herrengasse 14, Palais Ferstel
www.beaulieu-wien.at
office@beaulieu-wien.at

BEEF & GLORY

12/20

Köche: Richard Stoklassa & Oliver Geyer

Das Restaurant in der Josefstadt hat sich als anspruchsvolles Steakhouse etabliert. Dafür sorgen – neben dem Dry-Aging-Kühlschrank – die hohe Qualität bei den Ausgangsprodukten sowie das beherrschte Handwerk, das bei unterschiedlichen Cuts und Garstufen zum Ausdruck gebracht wird. Zu Porterhouse, T-Bone oder Rib-Eye-Steak gibt es einige Add-ons, Beilagen und Sides auf der Karte. Immer eine gute Wahl sind da die Süßkartoffel-Pommes-frites, die knusprige Avocado oder die hausgemachte Sriracha (eine scharfe Chilisauce). Für jene, die zwar im Steaklokal gelandet sind, jedoch auf Fleisch verzichten möchten, stehen Pastagerichte oder Salat zur Auswahl. Auch zum Sonntagsbrunch lässt es sich hier gut einkehren: Beef Tatar, Pancakes und Rib-Eye-Sandwich bieten eine ordentliche Unterlage für den restlichen Tag. Die Innenräume mit der Holzfassade, den nordischen Barhockern und den Wandmalereien sind elegant.

à la carte: 40–150 €

Tel.: 01 997 41 55
1080 Wien
Florianigasse 35
www.beefandglory.at
steak@beefandglory.at
Mo–Sa 17–23, So 11–24,
So 11–23 und Brunch bis 15 Uhr

BENKEI

12,5/20

Man verstehe sich als Fischrestaurant, erklärt der Inhaber gleich zu Beginn. Tatsächlich sollte, wer hier ankert, ein Freund von Fisch und Meeresfrüchten sein. Seit mehreren Jahrzehnten steht das Benkei für traditionelle japanische Küche. Kühl und etwas spartanisch präsentiert sich die neue Location, reduziert und schnörkellos sind auch die Gerichte. Spannend die „Kobachi", diverse kleine Vorspeisen. Neben Sashimi, Sushi und Maki überzeugen auch die Hauptgerichte wie Miso Yaki oder Tori Don. Auch am Sake sollte man sich versuchen – der Patron plaudert gerne aus seinem Erfahrungsschatz.

Tel.: 01 71818 88

1030 Wien
Ungargasse 65

benkei@aon.at

Mo–Fr 11.30–14 und 18–22,
Sa 18–22 Uhr
✱ Fei; variabel

BOLENA

12/20

Restaurant & Weinbar

Koch: Domenic Rief

Die am Schanigarten vorbeiratternde Straßenbahn ist leider unvermeidlich, nach der dritten, vierten „Bim", wie die Wiener ihre Straßenbahn liebevoll nennen, und einem Prosecco hat man sich daran gewöhnt. Speziell ist hier so manches – etwa wundert man sich über das für eine Weinbar nicht wirklich spannende Weinsortiment. Da sollte man sich mehr als brave heimische Standardweine erwarten dürfen. Wiewohl die ausgezeichnete Küche einiges wieder gutmacht – die Karte ist klein, mit einer Mischung klassischer Gerichte mit internationalem Touch wie die Alpen-Gyoza mit Rind oder Calamari fritti mit einer erfrischenden Limettenmayo.

à la carte: 12–25 €

Tel.: 01 4050 370
0664 210 85 18

1080 Wien
Lange Gasse 61

www.bolena.at
bolena@bolena.at

Di–Sa 17.30–22 Uhr

BOXWOOD

12/20

Koch: Florian Götz

Zeitgeistig, bunt, mit rustikalen Akzenten. Das Boxwood, jugendlich flotte Dependance des Buxbaum im Heiligenkreuzerhof, punktet mit frisch interpretierten, modernisierten Klassikern, von getrüffelten Eiernockerl über Fish and Chips bis Bowl und Burrata, Langos und Wiener Schnitzel. Auf der gar nicht so großen Karte ist vieles vertreten, was Erfolg am Gästegaumen verspricht. Und ja, die Qualität passt. Flos Eiernockerl sind gut „betrüffelt", die Lachsforelle zwar etwas kunterbunt präsentiert, aber schön saftig-knusprig gebraten, das Wiener Schnitzel ganz ordentlich. Netter, schneller Service.

à la carte: 7–34 €

Tel.: 01 295 88 99
1010 Wien
Grashofgasse 1
www.boxwood.at
reservierung@boxwood.at
Mo–Fr 12–22, Sa, So 10–22 Uhr

BRASSERIE CASINO ZÖGERNITZ

13,5/20

Koch: Marian Link

Das Ambiente ist genauso außergewöhnlich wie die Menschen, die hier agieren. Während über Ersteres leidenschaftlich diskutiert wird (Sind die Möbel zu bunt? Sind die Neoninstallationen an der Decke Kunst?), herrscht über die Protagonisten und deren Fähigkeiten Einigkeit. Der Feinkostspezialist Marco Simonis und Spitzenkoch Marian Link garantieren für kulinarische Höchstleistungen, die mitunter auch sehr einfach ausfallen können. Schließlich führt man ganz bewusst die Bezeichnung „Brasserie" und nicht „Restaurant". Der 48 Monate gereifte Jamon Ibérico erfordert kein aufwendiges Kochen, aber er zeugt vom kulinarischen Anspruch und der hohen Wertschätzung von Lebensmitteln. Auch Moules-frites ist kein komplexes Gericht. Doch die Pommes frites gehören zu den besten des Landes – die dazu gereichte Chili-Mayonnaise ebenfalls. Standards wie Beef Tatar, Steak frites oder Vitello tonnato überzeugen durch die Bank. Es macht auch durchaus Sinn, den Tagesempfehlungen zu folgen, bei denen der Küchenchef einen Einblick in sein kreatives Potenzial zeigt. Bemerkenswert auch das Angebot an offenen Weinen. Eine echte Bereicherung für die Stadt!

Tel.: 01 934 61 90
1190 Wien
Döblinger Hauptstraße 76
www.brasserie-zoegernitz.com
welcome@brasserie-zoegernitz.com
Mi–Sa 17–23, So 10–15 Uhr

BRASSERIE POLDIE Ⓝ

13/20

Koch: Sebastian Slavicek

Der Name der Brasserie Poldie, die abends die „Mittagskantine" einer Seniorenresidenz bespielt, ist eine Verbeugung vor der Leopoldstadt und erfreut mit einem wunderschönen, liebevoll gestalteten Gastgarten und gediegenen Gasträumen. Geboten werden neben einer abwechslungsreichen, nicht allzu großen Karte, drei 3- oder 4-gängige Überraschungsmenüs, die Gemüse, Fisch oder Fleisch in den Mittelpunkt stellen. Höhepunkte waren Calamars farcis – gefüllte Tintenfische mit Paradeisern, Erbsen und Pinienkernen –, Zucchiniblüten, gefüllt mit luftigem Ziegenkäse und Salzzitrone, und gerollter Lammbauch mit Linsen-Kapern-Ragout und Selleriecreme. Die Qualität der liebevoll zubereiteten Speisen lag generell erfreulich hoch. Unsere junge Kellnerin war gewitzt und mehr als aufmerksam und der kundige Sommelier hatte neben bekanntem Österreichischem auch kostengünstige Geheimtipps aus Frankreich zusammengetragen, denen wir eifrig zusprachen.

Tel.: 01 356 350 015
1020 Wien
Taborstraße 81
www.poldie.wien
salut@poldie.wien
Di–Sa 17–23.30 Uhr

BRISTOL LOUNGE

12,5/20

im Hotel Bristol

Koch: René Molnar

In der Bristol Lounge scheint die Uhr stehen geblieben. Gediegenes Interieur, Luster, schwere Fauteuils, Kellner im Frack. Alles wirkt irgendwie aus der Zeit gefallen. Es ist eine Tradition, die nur mehr selten und in wenigen der altehrwürdigen Ringstraßen-Hotels hochgehalten wird. Ebenso hält die Karte für Weitgereiste alle traditionellen Klassiker bereit, wir hielten uns allerdings an den moderneren Teil von Küchenchef Molnar, der uns mit einem kleinen Salat vorneweg durchaus erfreute. Das Tataki vom Thunfisch war schön gelungen, allerdings war die Überfülle an Karotten-Beigaben samt Kroepoek nicht wirklich stimmig. Der Lammrücken sowie ein Stück Geschmortes waren qualitativ sensationell, auch in Zubereitung und Würzung – jedoch kam dazu eine Fülle an schwer verständlichen Beilagen wie gebratener Mini-Maiskolben und Scheiben verschiedener Rüben auf kaum definierbarer Sauce. Das abschließende Dessert, die offenen Weine sowie den bemühten Service fanden wir so wie gewohnt, aber insgesamt kam dieses Jahr bei unseren Besuchen im Bristol keine Freude auf.

Tel.: 01 515 165 46
1010 Wien
Kärntner Ring 1
www.bristol-lounge.at
restaurant.bristol@
luxurycollection.com

BRÖSL

12/20

Köchin: Aleksandra Szwarc

In diesem renovierten Eckbeisl sorgen, der Gastroszene nicht Unbekannte für eine solide und hippe Anlaufstelle im Stuwerviertel. Die Küche wird von Aleksandra Szwarc bespielt, die jeweils herrschende Saison gibt ihr Küchenrepertoire vor. So darf eine junge Regionalküche mit Fokus auf Nachhaltigkeit erwartet werden. Nach dem Sharing-Prinzip wählt man die Speisen, die allesamt ungekünstelt, aber mit stimmigen Aromen an den Tisch gelangen. Da gibt es beispielsweise würzig-pikante Käferbohnen mit Salsa verde oder eine vermeintlich einfache Ofenkartoffel mit eingelegten Zwiebeln und Sauerrahm. Klingt simpel, kann aber deutlich mehr am Gaumen. Bewusste Produktreduktion und Verständnis zum Handwerk zeigen sich auch bei frischer Burrata an Blutorangen und Radicchio – es braucht eben nicht zig Komponenten. Dazu erfreut eine kleines, aber gut bedachtes Weinsortiment und natürlich auch die Bierauswahl. Hier herrscht ungekünsteltes Ambiente mit typischem Beisl-Charme.

à la carte: 2,70–20 €

Tel.: 0676 394 91 05
1020 Wien
Wohlmutstraße 23
www.broesl.at
hallo@broesl.at
Mo–Sa 17–21.30 Uhr

BRUDER

14/20

Küche & Bar

Koch: Lucas Steindorfer

Wenn im Bruder auf den Tischen getanzt wird, was zu späterer Stunde schon einmal vorkommen kann, dann hat das in der Regel mehrere Gründe: zum einen das Gastgebertalent von Chef-Bruder Hubert Peter, einem anerkannten Getränkezauberer (der unerhörte Cocktailkreationen und Naturwein-Entdeckungen auf Lager hat, aber auch gern ein Achterl aus dem Doppler einschenkt). Zum anderen an der hochfliegend-bodenständigen Küche von Lucas Steindorfer, der den Trend zur Fermentation schon zur Blüte gebracht hat, als anderswo noch skeptisch am Miso-Tiegel geschnuppert wurde. Heute ist Steindorfer längst drei Schritte weiter, spielt sich mit Aromen und Konsistenzen und lässt beste Produkte über sich selbst hinauswachsen: Wiener Schnecken, akzentuiert von einer nicht zu scharfen Bärlauchsauce; schillernde Fenchel-Safran-Suppe mit Räucherfischravioli; im Hauptgang ein konfiertes Forellenfilet mit Artischocke und Estragon oder – ganz große Schule – ewig geschmortes Rindfleisch mit Erbsenpüree und eingelegtem Stangensellerie. Die Desserts tendieren in Richtung Völlerei (Rhabarberragout mit weißer Schokolade), die Stimmung grenzt an Ausschweifung. In diesem Sinne: hoch die Tassen!

à la carte: 9–25 €

Tel.: 0664 135 13 20

1060 Wien
Windmühlgasse 20

www.bruder.xyz
hallo@bruder.xyz

Mi–Sa ab 17 Uhr

BUCHECKER & SOHN IM GUSSHAUS

12,5/20

Die Zeit scheint stillzustehen im Buchecker & Sohn im Gußhaus. Das ist gut so, denn damit ist es ein ganz besonderer Platz, an dem die Wiener Küche originalgetreu zelebriert wird. Unser heuriger Besuch fiel auf den Innereientag – immer dienstags. (Am Mittwoch gibt es Braten und Donnerstag ist Backhendltag.) Für uns gab es geröstete Nierndln, Hirn mit Ei und gebackenes Kalbsbries. Es stehen – für Skeptiker innerer Werte – auch einige Alternativen wie Grammelknödel, Butterschnitzel oder Mohnnudeln auf der Karte. Die Bierkultur ist erwähnenswert und wenn die Weinkarte nicht gerade – wie bei unserem Besuch – in Arbeit ist, finden sich auch hier kongeniale Speisebegleiter. Eine Empfehlung!

Tel.: 01 929 56 74

1040 Wien
Gußhausstraße 23

www.gasthaus-bucheckerundsohn.at
franzbuchecker.wien@gmail.com

Mo–Fr 12–22 Uhr

BUXBAUM

13,5/20

Im Heiligenkreuzerhof

Koch: Martin Zeissl

In der Aura des Heiligenkreuzerhofs steckt eine Menge Ruhe und Gelassenheit – und sie wirkt offenbar auf Gäste wie auf Gastronomen. In Benjamin Buxbaums Stammhaus steuert man jedenfalls sehr entspannt in Richtung verspielter Hochküche. Wobei wir an dieser Stelle – also auf hohem Niveau! – doch mäkeln müssen: Einige Gerichte strecken sich gar angestrengt zur Decke und verlieren dabei leicht die Balance: Eine an sich famose, klare, gekühlte Erbsensuppe wird mit Buttermilcheis und Holundergeleewürfeln gepaart, was partout kein Ganzes ergeben will; die Maishendlbrust bekam neben Maiscreme und Morcheln leider auch eine Fülle verpasst, die an Trüffel erinnern sollte, aber doch eher Powidl war. Dass Kreativität auch eleganter funktioniert, beweist eine Vorspeise aus Schneekrabbenfleisch mit Stangensellerie, Granny Smith und Rettich in einem herzhaften Dashi – da teilen sich die Hauptdarsteller die Bühne ganz souverän bis zum Szenenapplaus. Ganz klassisch kann man aber auch: Kalbswiener vortrefflich soufflíert, Marillenknödel königlich flaumig. Die Weinkarte wiederum traut sich über die ausgetretenen Pfade hinaus. Man folgt ihr gern und ruht, gelassen, in sich.

à la carte: 9–34 €

Tel.: 01 276 82 26
1010 Wien
Grashofgasse 3
www.buxbaumrestaurant.at
reservierung@buxbaumrestaurant.at
Mo–Sa 12–14.30 und 17–22 Uhr

CAFE KANDL

12,5/20

Koch: Georg Böhm

Der ultimative Tipp für einen tiefenentspannten, extralässigen Abend ist ein Besuch im Café Kandl. Schön ist auch, wenn man zumindest zu dritt oder viert dort aufschlägt, denn dann kann man – so wie wir – die Karte rauf und runter bestellen und dem „Sharing-Prinzip" frönen. All die Köstlichkeiten gelingen wunderbar – und um einen Eindruck zu vermitteln, wollen wir die falsche Gänseleber „Faux Gras", aus Champignons mit Radicchio und Rotweingelee auf Brioche, die Melanzani mit Pilzdashi, Sumachcreme und Wildkräutern – Achtung, Suchtgefahr! – und die „Oriental BBQ Short Ribs" mit frittierten Kapern auf römischem Salat – das Gericht des Abends – exemplarisch anführen, die die meiste Freude bereiteten. Die Weinkarte mit vielen innovativen Gewächsen zu fair kalkulierten Preisen und ein bei aller Lässigkeit sehr aufmerksamer Service tun ihr Übriges zu einem äußerst gelungenen Abend.

Tel.: 01 890 893 815
1070 Wien
Kandlgasse 12/2
cafekandl.at
mail@cafekandl.at
Di–Sa 18–24 Uhr

CANTINETTA ANTINORI

13,5/20

Ein Italiener würde glauben, dass er in Italien sei, würde er nicht vor wenigen Minuten noch über den Stephansplatz spaziert sein. Die Familie Antinori betreibt hier seit mehr als 20 Jahren ein entzückend dem italienischen Stil verbundenes und mit toskanischem Glanz eingerichtetes Lokal. Ob man mit einer klassischen süß-würzigen Minestrone oder einem hauchzarten Rindscarpaccio startet, ist eine persönliche Vorliebe. Bei den „Primi Piatti" empfehlen sich jedenfalls die hausgemachte Pasta, verfeinert mit Ricotta oder Kalbsragù. Eine Leidenschaft sind hier vor allem Trüffelgerichte in allen Variationen. Hervorzuheben dabei der dünn geschnittene Kalbsrücken mit getrüffeltem Kartoffelpüree oder das mit Schaumwein verfeinerte Risotto „Ferron". Auf der Weinkarte finden sich ausschließlich italienische Weine – halt: Bei genauerer Betrachtung kann man auch ein Gläschen Champagner entdecken. Abschließend sollte noch Platz sein für ein ausgezeichnetes klassisches Tiramisu oder man entscheidet sich doch für einen delikaten „formaggio".

à la carte: 8,50–99 €

Tel.: 01 5337722
1010 Wien
Jasomirgottstraße 3–5
www.cantinettaantinori-vienna.at
office@cantinetta-antinori.at
täglich 11.30–23 Uhr

CHAMPA ⓝ

11,5/20

Das inmitten der zahllos entstandenen Neubauten in Atzgersdorf eröffnete Champa – mit kambodschanischer/vietnamesischer Küche samt japanischen Einsprenkelungen und voll Frische und Produktqualität bespielt – ist ein wahrer Lichtblick in der kulinarischen Wüste des 23. Wiener Gemeindebezirks. Unprätentiös, schnell und freundlich werden Klassiker der Landesküchen wie etwa Laksa – eine Khmer Currysuppe mit Reisnudeln, Kräutern, Garnele, Sulmtaler Huhn und Limette – oder Tori Teriyaki Don – Keule vom Sulmtaler Huhn (oder auch mit Tofu sehr zu empfehlen!) mit geröstetem Seetang, Gurke, Reis und dem namensgebenden Teriyaki serviert. Und auch die Getränkekarte, die klein sein mag, deckt Wünsche – so sie nicht ausgefallen sind – perfekt ab. Schön!

Tel.: 0680 158 91 79
1230 Wien
Scherbangasse 9
www.champa.at

CLEMENTINE IM GLASHAUS

14/20

im Palais Coburg

Koch: Fabian Philler

In Wiener Hotels kann man sehr gut essen. Im Palais Coburg nicht nur in Silvio Nickols Nobelrestaurant, sondern auch bei der Clementine im Glashaus. Frischer Endiviensalat mit Quitten und Fenchel, Garnele mit Barbecuesauce, Wolfsbarsch mit Pak Choi oder Schwarzfederhuhn mit Pimientos ... Jeder Gang ist sehr harmonisch und zugänglich, aber gleichzeitig nicht alltäglich.

Tel.: 01 518 181 30
1010 Wien
Coburgbastei 4
www.palais-coburg.com
reservierung@palais-coburg.com
tgl. 12–14 und 18–24 Uhr

CUCINA CIPRIANO

13/20

Koch: Andrea Cipriano

Mit italienischen Restaurants in Wien ist das so eine Sache. Da findet man einige wenige, recht teure Nobelklassiker und ansonsten eine Vielzahl an Betrieben, die weder von Italienern geführt werden noch Speisen in akzeptabler Qualität bieten. Zum Glück gibt es aber auch die geschmackvoll eingerichtete, eine unbeschwerte mediterrane Leichtigkeit verströmende Cucina Cipriano nahe dem Raimundtheater. Camela (Service) und Andrea (Küche) Cipriano überzeugen mit einer schönen Auswahl sorgsam zubereiteter, typisch italienischer Gerichte. Zum Hauptgang lockt der zu Beginn appetitlich im Rohzustand präsentierte frische Fisch. So stellt man sich die gute Küche unseres Lieblingsurlaubslandes vor.

à la carte: 15–60 €

Tel.: 0660 164 76 08
1060 Wien
Aegidigasse 15
www.cucinacipriano.at
info@cucinacipriano.at
Mo–Do 18–22.30,
Fr und Sa 12–14.30 und 18–22.30 Uhr
3 Wochen im August 2023

CUISINO WIEN

12,5/20

das Restaurant im Casino Wien

In etwas anderem Ambiente sitzt es sich im Restaurant des Wiener Casinos mit seinen eleganten, in Rot, Grau und Beige eingerichteten Räumlichkeiten durchaus gediegen. Die Speisekarte hält – passend dazu – zwei mit der Saison wechselnde Mehr-Gänge-Menüs bereit: Menü Noir (zeitgemäße Österreich-Küche) und Menü Rouge (die vegetarische Variante). Daneben bieten allseits beliebte Gerichte wie Falafel, Beef Tatar, Pasta oder Wiener Schnitzel À-la-carte-Alternativen und Optionen für die breite Masse. Zudem gibt es Steaks mit unterschiedlichen Beilagen und Toppings. Die Getränkekarte ist mit Schaumwein, Digestif, Cocktails und Weinen (Fokus Österreich) gut bestückt. Der Service agiert freundlich und zuvorkommend, auch bei der Beratung. Auf Glücksspiel wird sich hier demnach nicht verlassen.

Tel.: 01 512 483 621500
1010 Wien
Kärntner Straße 41
www.wien.casinos.at
cuisino.wien@casinos.at
täglich 17–23.30 Uhr

DA MORITZ

12/20

Koch: Thomas Bös

Die zentral gelegenen Restaurants der Familie Huth versprechen seit Jahren zuverlässige Küche und sympathisches Ambiente. Im italienischen Ableger Da Moritz – unweit des Stadtparks und des Hauptrestaurants – hat man die Möglichkeit, gelebte Gastfreundschaft gemeinsam mit authentischen Speisen und Dolce Vita zu erfahren. Mit Antipasti-Variationen, Focaccia della Nonna und hausgemachter Pasta lässt es sich hervorragend starten. Als Secondi stehen neben Fisch im Ganzen Gerichte wie Garnelen Aglio e Olio oder Kalbsrücken mit Zitronen-Jus bereit. Auch Pizzaliebhaber kommen selbstverständlich mit einer ansprechenden Auswahl an Sorten auf ihre Kosten. Naschkatzen wählen zwischen beliebten Klassikern wie Pannacotta oder Tiramisu. Die Getränke- und Weinkarte ist umfangreich und bietet beste Begleitung. Die Innenräume des Lokals sind lichtdurchflutet. Besonderes Highlight ist der Weinkeller, der für private Feiern gebucht werden kann.

à la carte: 5,80–24,90 €

Tel.: 01 512 44 44
0699 116 903 53
1010 Wien
Schellinggasse 6
www.zum-huth.at
tisch@damoritz.at
Mo, Mi 12–22, Di 12–2,
Do, Fr und Sa 12–22.30 Uhr
♿

DAS KLEINE PARADIES

13/20

Koch: Tomaz Fink

Selbstverständlich zählen die inneren Werte, das Auge darf aber ruhig mitessen. Im „Kleinen Paradies" wird es dabei seine Freude haben, sowohl beim Blick aufs historisch wertvolle Ambiente als auch auf die Teller. Letztere kommen mit zeitgemäßem Belag zu Tisch, also mit leichten, aber kraftvollen Gerichten, etwa einem confierten Welsfilet mit Kohlsprossen, Beurre blanc und Shiso-Öl. Vegan ist hier auch kein Schimpfwort: Der geröstete Karfiol mit grüner Currysauce und süßsauer geschmortem Lauch macht alles richtig. Die Weinkarte ist überschaubar, aber kundig kuratiert – und das Paradies tatsächlich ziemlich himmlisch.

à la carte: 7,50–21 €

Tel.: 0664 388 23 87
1080 Wien
Blindengasse 3
www.daskleineparadies.at
office@daskleineparadies.at
Mo und Sa 18–22.15,
Di–Fr 11.30–22.15 Uhr
♿

DAS KRAUS Ⓝ

15/20

Koch: Johannes Schartner

„Guads Essen, guads Lem!" – so schreibt der so experimentierfreudige wie talentierte Koch Johannes Schartner – Hausherr und Küchenchef im neu eröffneten „das kraus" – auf seiner Menükarte unter die sechsgängige „Tour the Force" für Aufgeschlossene und die, die es noch werden wollen. Die Begeisterung für Bio und Herkunft und das Darüber-Fabulieren war groß, sodass wir über jedes Produkt alles und mehr erfuhren, aber sie war auch ansteckend. Die Weinkarte befand sich bei unserem frühen Besuch noch im Aufbau, aber Service und Küchenteam harmonierten schon blendend und beglückten uns mit Gängen wie Erbse (Erbsenschalen-Kimchi) mit Kohlrabi und Favabohne oder Spargel mit Senfkörnern, Curry und Zirben-Amino-Staub – beides wunderbare, vegetarische Gerichte voll Leichtigkeit und Tiefe – sowie auch mit der Komposition aus laktofermentiertem Rhabarber, Fenchel und Mandel-Miso. So schräg und doch harmonisch geht es zu bei enzymatischen Süßkartoffeln mit Minze und fermentierter Rohmilch und dem handwerklich so perfekten Fleischgang Taube mit Roter Rübe, fermentierter Sauerkirsche und Gersten-Kōji. Mit einem wunderschön leichten, ja schwebenden Paarlauf von Rose und Lavendel mit Sauerrahm fand das Menü seinen würdigen Abschluss. Das Essen war eine Bombe, Herr Schartner!

Tel.: 01 890 34 11
1020 Wien
Große Pfarrgasse 7
www.daskraus.at
info@daskraus.at

DAS LOFT Ⓝ

11,5/20

Koch: Peter Duransky

Was sich am Loft nicht verändert hat, ist der atemberaubende Ausblick auf das nächtliche Wien nebst nicht weniger atemberaubender Spiegelung der Decke in den nächtlichen Himmel hinein. Gastronomisch ist es eine Mischung aus Bar, Lounge und Restaurant – und dieser Spagat gelingt eben nicht immer. Vor allem die Musik (und ihre Lautstärke) ist nicht jedermanns Sache. Das Menü ist solide, arbeitet sich aber an Standards ab. Saibling zum Start, Schweinebauch. Überraschend – und richtig gut – hingegen der Hauptgang, der schlicht „Kalbsfilet" heißt. Mit Morcheln, grünem Spargel, heurigen Erdäpfeln und Madeirasauce.

à la carte: 18–45 €

Tel.: 01 906 168 110
1020 Wien
Praterstraße 1
www.dasloftwien.at
dasloft@so-hotels.com
täglich 18–22.30 Uhr
♿

DAS LOKAL IM HOF ⊘

11,5/20

Koch: Gerald Rose

Man muss durch die wenig einladende Einfahrt, um über den Innenhof zu diesem Kleinod zu gelangen. Wo einst eine Molkerei beheimatet war, findet man nun eine hippe Location für urbane Genießer. Charmant und ambitioniert, ist hier ein junges Team zugange, in lockerer Atmosphäre tut sich auch die Küche keinen Zwang an, überrascht mit originellen, zuweilen erfrischend mutigen, saisonalen Kombinationen. Die Mittagskarte beschränkt sich auf drei einfache Gerichte, während abends ein größeres Programm gefahren wird. Die Karte variiert im Wochentakt, erfreulich ist die kleine spannende Auswahl an Weinen.

à la carte: 9–35 €

Tel.: 01 971 91 41
1040 Wien
Weyringergasse 36
www.daslokal.at
office@daslokal.at
Mo–Fr 11–22 Uhr
♿

DAS SCHICK

im Hotel Am Parkring

Koch: Gerasimos Kavalieris

15,5/20

Das zwischen Marriott und Palais Coburg gelegene, eher unscheinbare Hotel Am Parkring verfügt über eine besondere Perle. Im 12. Stock, mit herrlichem Blick auf Wien, liegt „Das Schick", ein Restaurant, das unter dem griechisch-österreichischen Küchenchef Gerasimos Kavalieris Haute Cuisine bietet. Ein bestens disponiertes Serviceteam empfängt mit Freundlichkeit und Grandezza und serviert köstliche Gerichte aus den beiden Menüs „Eindrücke" und „Ausdrücke". Nach umfangreichem Gedeck begeisterte uns zunächst eine zurückhaltend gewürzte Entenleberpraline im Rote-Rüben-Kleid mit Berberitze und Macadamia. Traumhaft zart der Gebirgssaibling aus Oberösterreich mit seinem Kaviar und Kohlrabi, ebenso wie die fleischige Brust und die knusprigen Haxerl von der Taube. Die ordentliche Weinbegleitung kann man mit Feinem flaschenweise aus der gut bestückten Weinkarte upgraden. Bloß dem Schokoriegel im Lego-Bauklötze-Format mangelte es ein wenig an Geschmacksintensität. Zum Abschluss feine Naschereien und sehr guter Kaffee – nicht nur des Ausblicks wegen lohnt sich hier ein Besuch.

Tel.: 01 514 804 17
1010 Wien
Parkring 12
www.das-schick.at
hochgenuss@das-schick.at
Mi–Sa 18–23 Uhr

DER RINGSMUTH

11,5/20

Koch: René Ringsmuth

Der unweit des Hauptbahnhofs gelegene „Ringsmuth" ist ein klassisches Gasthaus mit gehobener Küche. Angeboten werden von freundlich wuselnden Kellnern neben einem ansprechenden Getränkeangebot Wirtshausklassiker wie gebackener Amurkarpfen, zartes Kalbsbutterschnitzel – mit intensivem Jus – oder Rindsgulasch, die allesamt beispielhaft gelingen, und Innovatives wie der Rollmops vom Schottischen Räucherlachs mit Kaviar, das Karfiolsteak mit Zitronen-Couscous und Kräuterpesto, das Stubenküken, gefüllt, gebacken und begleitet von cremigen Nudelteigkugeln und Shiitakepilzen, oder der so originelle wie mundende Spargelpudding mit geeisten Erdbeeren. Hier wird gezeigt, dass Wirtshausküche nicht unbedingt verstaubt sein muss.

à la carte: 9–28 €

Tel.: 01 603 18 35
1100 Wien
Johannitergasse 1
www.der-ringsmuth.at
restaurant@der-ringsmuth.at
Di–Sa 11.30–22 Uhr

DEVAL

14,5/20

Koch: Daan de Val

„Bei uns gibt es nur Speisen und Getränke – bis hin zu den Spirituosen – aus Österreich … mit Ausnahme von mir“, erklärte uns Daan de Val, als er uns zum Abschluss eines gelungenen Abends auf einen Wachauer „Cognac“ einlädt. Der Niederländer betreibt mit seiner Partnerin Evelyn Schranz, die sich aufs Beste um die Gäste und den Wein kümmert, das geschmackvolle, kleine, auf zwei Ebenen spielende Lokal unweit von Parlament und Rathaus. Geboten wird ein 6-Gänge-Menü, aber auch eine lobenswerte vegetarische Variante – beide wussten zu überzeugen. Als Highlights möchten wir vor allem den Dialog zwischen Lachsforelle und Apfel mit Haselnuss und Ingwer und den über Tage geschmorten Mangalitza-Bauch mit Lauch, Kürbis und Chorizo hervorheben. Ebenso die Pilzvariation mit Gurke, Herbsttrüffel und Burgunder (das Gericht des Abends!) und Ziegenkäse mit Zucchini, Chili und Melone machten den Vegetariern unter uns besonders viel Spaß. Alles mit großem Aufwand zubereitet, den man zumeist in ein großes Geschmackserlebnis umzumünzen weiß.

Tel.: 01 890 8797

1010 Wien
Doblhoffgasse 5

www.devalrestaurant.at
info@devalrestaurant.at

Mi–Sa 18–23 Uhr
24. Dezember 2022 bis 12. Jänner 2023; variabel

Bewertungen:

11 bis 12,5 Punkte von 20 Punkten: 1 Haube
13 bis 14,5 Punkte von 20 Punkten: 2 Hauben
15 bis 16,5 Punkte von 20 Punkten: 3 Hauben
17 bis 18,5 Punkte von 20 Punkten: 4 Hauben
19 bis 19,5 Punkte von 20 Punkten: 5 Hauben

DIE SATTLEREI

15/20

Koch: Lewis Emerson

Es ist kein Zufall, hier spontan keinen Tisch zu bekommen. Das elegante Design ist ein Gegenentwurf zum nahen Wurstelprater, in der Küche wird das kreative Potenzial wunderbar genutzt. Als Zwischengericht wird sogar eine Zwiebel-Sherry-Essenz serviert – bitte, wo gibt's das noch? Danke dafür! Davor ist der Lachs mit Lachskaviar und Erbsen eine ebenso gelungene Kombi wie die Ententerrine mit Kirschen. Auch die Teigtasche mit Haselnuss und Brunnenkresse ist originell und überzeugend. Saibling und Dry-Aged-Beef geraten einfach und sind doch raffiniert begleitet. Und Natural-Weine sind auch im Sortiment.

à la carte: 14–33 €

Tel.: 0676 774 12 34
1020 Wien
Heinestraße 25/2
www.diesattlerei.at
office@diesattlerei.at
Di–Fr 9–14 und 18–22,
Sa 9–22 Uhr

DINGELSTEDT 3

12,5/20

Der beste Schmäh nützt im Wirtshaus nix, wenn in der Küche keine Leichtigkeit herrscht. Aber das tut sie hier, wo die frittierten Ährenfische knusprig und mit toller Knoblauch-Limetten-Mayonnaise belebt und die gut gewürzten Blunzen-Wan-Tan eine originelle Interpretation von Klassik sind. Das Stundenei (drei Stunden im Dampf gegart) mit Grammel-Erdäpfel-Espuma hat dann nicht den erwarteten Effekt, da fehlte wiederum die würzige Raffinesse. Die glacierte Rinderleber mit Kräuterpüree und Röstzwiebel wird dann aber wie das Hirschbutterschnitzel mit Petersilienkarotten zur echten Lokalempfehlung.

Tel.: 01 8908732
1150 Wien
Dingelstedtgasse 3
www.dingelstedt3.at
restaurant@dingelstedt3.at
Mo–Fr 17–24 Uhr

DININGRUHM

14,5/20

Koch: Marcel Ruhm

In diesem Jahr haben wir das Gourmetmenü mit den beliebtesten Produkten im DiningRuhm gewählt. Begrüßt wurden wir mit Austern und einigen Mini-Tacos mit Lachs und Thunfisch, die hübsch angerichtet auf den Tisch kamen – lediglich die Cocktailsauce gefiel uns weniger. Die Foie gras mit „Crispy Rice“ war ansprechend, jedoch begleitet von einer etwas süßlich-klebrigen Sauce. Das Sashimi vom Yellowfin-Thunfisch war in Ceviche-Art angerichtet, das Rinder-Sashimi mit Trüffel konnte da nicht mithalten. Die Nigiri waren zum Teil experimentell und interessant, teilweise auch nicht so treffsicher wie bei der Variante „Hummer-Nigiri mit Creamy Spicy Sauce“. Ein wirkliches Highlight war der mit Yuzu-Butter gratinierte Hummerschwanz. Dann leider der schwarze Heilbutt wieder bedeckt mit süß-klebriger Sauce, gefolgt von einer guten Entenbrust Toban Yaki. Die Dessertvariation kam mit einem kleinen Mochi und einer gelungenen Crème brulée.

à la carte: 7–39 €

Tel.: 01 945 22 24
1040 Wien
Lambrechtgasse 9
www.diningruhm.at
office@diningruhm.at
Di–Sa 11–14 und 17–22 Uhr
variabel

© Derenko Innenarchitektur

DO & CO ALBERTINA

12,5/20

SERVICE AWARD 2016

Im Museum gut essen? Warum denn nicht! Das Nerua im Guggenheim Bilbao oder The Modern im MoMA in Manhattan machen vor, wie es gehen kann. Noch nicht ganz auf diesem Niveau ist man in Wien, aber man merkt, dass es im DO & CO Albertina aufwärts geht. Hier wird eine sehr vielseitige Küche mit mediterranen Schwerpunkten geboten. So ist für jeden Gaumen und jeden Anlass etwas Passendes dabei: Lachscarpaccio, Popcorn-Shrimps, Köfte (orientalische Fleischbällchen), Broccolini mit Mandeln und Pecorino oder großartige Cappellacci (ähnlich Tortellini), gefüllt mit einer Ochsenschlepp-Farce auf ebensolchem Ragout. Der Service war bei unserem Besuch sehr aufmerksam und wirklich gut drauf. Das imposante Ambiente zählte ja schon in der Vergangenheit zu den Stärken dieses Lokals.

Tel.: 01 5329669
1010 Wien
Albertinaplatz 1
www.doco.com
albertina@doco.com

DO & CO STEPHANSPLATZ

13/20

Gute Nachricht aus dem Tower: keine Turbulenzen am Himmel über Wien. Das Stammhaus des Do-&-Co-Konzerns hält stabil die Flughöhe. Der Service ist perfekt eingespielt, das Repertoire sorgfältig austariert, es gibt, wie eh und je, ein Potpourri aus aller Welt mit Tendenz in Richtung Fernost. Die Bandbreite changiert zwischen leicht-modern (Spinatsalat mit Edamame, Miso-Dressing und karamellisierter Aubergine) und herzhaft-klassisch (getrüffeltes Grillhendl), zwischen Oldschool (Seezunge meunière) und New Age (Thunfisch-Mango-Tatar). Das Team in der offenen Schauküche agiert schnörkellos und souverän. Man könnte fast zum Vielflieger werden.

Tel.: 01 5353969

1010 Wien
Stephansplatz 12 (Haas-Haus)

www.doco.com
stephansplatz@doco.com

DOOR NO. 8

12/20

Steakhouse

Koch: Philipp Herndl

Das Steakhaus liegt in einem ruhigen Hinterhof und gefällt mit seiner modernen Inneneinrichtung im Industrial-Chic. Eine gemütliche Gartenoase und ein aufmerksamer Service sorgen für eine angenehme Wohlfühlatmosphäre. Aus der Steakkarte wählt man unterschiedliche Cuts (Chateaubriand, Flat Iron, Tomahawk). Als Highlight kann auch jedes Steak am Tisch flambiert werden. Dazu ordert man klassische Sides wie French fries, Ofenerdäpfel oder eine handgemachte Sauce. Zusätzlich findet man auch Burger sowie einige saisonale Gerichte auf der Karte.

à la carte: 15–45 €

Tel.: 01 522 03 92

1070 Wien
Neubaugasse 8

www.door8.at
contact@door8.at

Mo–Sa 17–22 Uhr

♿

DOTS ESTABLISHMENT 11/20

Koch: Demir Babali

Erster Eindruck: eine lässige, betont coole Location für die Boomer-Generation. Zweiter Eindruck: Das Personal ist sich – bei unserem Besuch – der coolen Lässigkeit sehr bewusst und mehr mit sich und der Wahl der Musikberieselung beschäftigt. Dritter Eindruck: Eine beachtliche Auswahl an Dim-Sum, Sushi und Maki wartet hier auf Entdeckung. Die Misosuppe schmeckt dann eher durchschnittlich, an den Experimental-Maki-Rolls ist nichts auszusetzen, aber das große Aha-Erlebnis bleibt – diesmal – aus. Sehr gut dagegen die Dim-Sum mit Roter Bete, vorbildlich die Auswahl an Drinks und Cocktails.

Tel.: 01 920 9980
1060 Wien
Mariahilfer Straße 36
www.dotsgroup.eu
info@dotsgroup.eu
tgl. 11.30–1 Uhr
♿

DOTS PALAIS 13/20

Koch: Demir Babali

Die unscheinbare Haustüre gegenüber dem Ronacher führt in eine üppig-skurile Gastrowelt. Auf zwei Etagen befinden sich unterschiedlichst eingerichtete Räumlichkeiten, zentral der mit unpraktisch kleinen Kaffeehaustischchen bestückte Restaurantbereich. Vor allem, wenn man das Signature Dish, die Peking-Ente, mit Salat, Gemüse, Teigfladen etc. ordert, wäre ein größerer Tisch angenehm. Neben ordentlichen Frühlingsrollen und Dim-Sum gibt es Luxusprodukte wie Wolfsbarsch, Wagyu Beef, Kaviar und Trüffel. Zum Nachtisch erfreute uns ein optisch und geschmacklich gelungenes „Golden Century Egg“, die Yuzu-Profiteroles mit intensiver Schokoladensauce waren etwas weich geraten. Zweckdienlicher Hinweis: Die ausschließlich englische Speisekarte ist nur per QR-Code mittels Smartphone einzusehen und mit einem Teil des Personals kann man sich auch nur auf Englisch verständigen.

Tel.: 01 512 34 88
1010 Wien
Seilerstätte 16
www.dotsgroup.eu
reservierung@oneofone.at
Di–Sa 12–24 Uhr

DSTRIKT 13,5/20

im Hotel The Ritz-Carlton, Vienna

Koch: Lukas Wieser

Schön, wenn ein Abend mit einem Staunen beginnt: Die Weinkarte ist ein wahrer Weinschmöker, sehr erlesen, sehr international. Bei den Vorspeisen bekommt die Begeisterung leider einen kleinen Dämpfer. Dem Rindercarpaccio fehlt der würzige Pfiff und auch der Oktopus fällt (trotz guter Konsistenz) – wie die Schwammerl mit Ei – nur in die Kategorie „Jo, eh“. Aber gekommen sind wir ja wegen der Steaks. Und die sind auf höchstem Niveau. Die Fleischqualität ist exzellent, das Filetsteak ist perfekt „medium rare“, das Chateaubriand mit Rotweinsauce saftig und mit dem kräftigen Trüffelpüree fein arrangiert. Top!

Tel.: 01 311 886 16
1010 Wien
Schubertring 5–7
www.dstrikt.com
vienna.restaurant@ritzcarlton.com

DUSPARA 13/20

Koch: Danijel Duspara

Dass im Duspara an der Wiedner Hauptstraße mit Leib und Seele gearbeitet wird, sieht man schon beim Betreten des kleinen, sehr charmant eingerichteten Restaurants. Mit Glück erhascht man nämlich einen Blick in die umtriebige Küche von Danijel Duspara, in der Gerichte herausragender Qualität zubereitet werden. Zu Mittag wird je ein vegetarisches und ein Menü mit Fleisch angeboten – zum Genuss vor Ort oder als Take-away. Auch die Abendkarte wechselt täglich – Überraschungseffekt also garantiert, auch wenn man Stammgast ist. Die knusprigen Fenchel-Pinien-Röllchen mit Topinamburcreme, klassisch wienerische Grammelknödel mit Schmorkraut, ein ausgezeichnetes Entrecote und die sündhafte Zartbitterschokotorte sind nur ein kleiner Ausschnitt aus dem umfangreichen Portfolio des Kochs. Spannende Weine und ein noch besserer Service machen den Abend perfekt.

à la carte: 5–28,80 €

Tel.: 01 945 71 20
1050 Wien
Wiedner Hauptstraße 115
www.duspara.at
info@duspara.at
Mo–Fr 11.30–15 und 17.30–22 Uhr
✻ variabel

ECKEL

14/20

Köchin: Maria Zarl-Eckel

Der Eckel in der Sieveringer Straße ist eine kulinarische Institution in Wien. Ein Traditionsgasthaus seit 1952, in dem sich langjährige Stammgäste ebenso treffen wie immer wieder neue Gäste und Feinspitze, die Fans der österreichischen Küche sind. Im Sommer lässt es sich in dem berühmten Gastgarten wunderbar sitzen und genießen. Neben ausgesprochenen Klassikern wie Backhuhn mit Salat, Kalbsgulasch mit Eiernockerln oder Tafelspitz mit Rösterdäpfel, gibt es eine Tageskarte, die sich nach saisonalem Angebot richtet und einige Gerichte mit mediterranem Anklang offeriert wie den lauwarmen Artischockensalat mit gegrillten Garnelen. Die Bouchon-Muscheln werden in einem feinen Weißweinsud mit reschem Baguette gereicht. Für Liebhaber gibt es Kalbsbries natur mit Steinpilz-Tagliolini, die jedoch eine Spur mehr Würze verdient hätten. Die gebackenen Hollerblüten mit Rhabarber-Erdbeeren sind hingegen köstlich und versüßen den Sommertag nachhaltig.

à la carte: 6–39 €

Tel.: 01 320 32 18
1190 Wien
Sieveringer Straße 46
www.restauranteckel.at
gast@restauranteckel.at
Di–Fr 11.30–14.30 und 18–22,
Sa 11.30–15.30 und 18–22 Uhr

EDVARD

17/20

im Palais Hansen Kempinski

Koch: Thomas Pedevilla

Chef Pedevilla offeriert eine moderne, alpin-mediterrane Küche, die uns nun schon mehrfach überzeugte. Am Start steht ein zartes Saiblingsfilet mit entsprechendem Senfeis, ein ebenfalls zarter Gang mit Spitzkraut und Peterwurzel ist ebenso überzeugend. Pedevilla versteht es aber auch, Kontrapunkte zu setzen wie etwa bei der Kombination Kalbszunge und Kaisergranat. Die bretonische Sardine erwies sich als zarter, typischer Genuss im dunklen Gewand. Auch das zarte Kalbsfilet, in einer Art Tonnato-Interpretation, konnte überzeugen. Ein Wort zur Weinbegleitung, die uns vom heimischen Ausgangspunkt durch europäische Gefilde führte: Wir folgten ihr mit Genuss – und würden es wieder tun. Das Hauptdessert offerierte einen jahreszeitlich angepassten, zarten Aspekt von Erdbeeren mit etwas Minzbegleitung. So zog sich ein Thema durch unseren kulinarischen Besuch hindurch: den unserer Meinung nach gelungenen Versuch, zarte Aromen in Einklang miteinander zu bringen.

Tel.: 01 236 10 00
1010 Wien
Schottenring 24
www.kempinski.com/wien
edvard.vienna@
kempinski.com

EL GAUCHO

11,5/20

im Design Tower

Koch: Christian Hermann

Das erste El Gaucho in Wien hat in gewisser Weise den Boom von Steakrestaurants eingeläutet. Trotz der gestiegenen Konkurrenz (auch aus dem eigenen Haus: am Rochusmarkt) ist es immer noch die Benchmark. Eine breite Auswahl an Cuts und Herkünften des Fleischs, perfekte Garung und köstliche Beilagen – das ist es, was die meisten Gäste von einem Steakhouse erwarten. Wer mehr will, kann sich sein Steak noch mit gebratener Gänseleber oder Soft-Shell-Krabbe obendrauf aufmotzen lassen. Daneben bietet die Karte abwechslungsreiche Länderküche und Specials: Tom Kha Gai, gegrilltes Maishendl, Risotto und Burger sind immer eine gute Wahl. Mittags wird ein preiswertes 3-Gänge-Menü geboten. Die Weinkarte ist umfangreich und international aufgestellt, für noch mehr Auswahl sorgt die ansprechende Barkarte.

Tel.: 01 2121210
1020 Wien
Praterstraße 1
www.elgaucho.at
designtower@elgaucho.at
Mo–Fr 11.30–1, Sa 12–1,
Fei 12–1 Uhr
♿

EL GAUCHO AM ROCHUSMARKT

11,5/20

Mit mittlerweile insgesamt fünf Standorten in Österreich und Bayern, zwei davon in Wien, erfreut sich El Gaucho nicht unbegründet großer Beliebtheit. Das gilt auch für die lässige Dependance am Rochusmarkt. Hier kehren all jene ein, die bei Fleischqualität und Garpunkt keine Kompromisse eingehen möchten. Tomahawk-Steak, eine Surf-and-Turf-Variante, Rib Eye und weitere Cuts sowie verschiedene Herkunftsländer stehen zur Auswahl. Regionale und saisonale Beilagen wie Karfiol in Butterbröseln oder Fisolen mit Speck sind dazu die ideale Begleitung. Wer über den Steak-Tellerrand hinausblicken will, ist mit Vorspeisen wie dem hausgebeizten Lachs oder kräftiger Ochsenschleppsuppe gut beraten. Zeitgemäße Zusatzgerichte wie Trüffelrisotto mit Belper Knolle, gebratener Wildschweinrücken an Pastinaken oder der Hausburger sorgen für weitere Alternativen. Auch beim Wein setzt man auf ein breites Spektrum: Internationales geht mit Heimischem Hand in Hand.

Tel.: 01 381000

1030 Wien
Rochusplatz 1 (Zugang über Erdbergstraße 4)

www.elgaucho.at
rochusmarkt@elgaucho.at

♿

ELLA'S BAR. RESTAURANT

11,5/20

Am Wiener Judenplatz sitzt man abseits vom wirren Innenstadttreiben im sympathischen Gastgarten und lässt sich von der mediterranen, griechischen Küche verwöhnen. Denn diese wird im Ella's seit vielen Jahren mit Qualitätsanspruch gelebt. Und nicht nur das. Der eine oder andere Gast wird auch in puncto Vorurteil der Länderküche eines Besseren belehrt. Denn: Griechische Gerichte funktionieren auch wunderbar in dieser leichten und bekömmlichen Umsetzung wie hier. So schmücken zeitgemäße Speisen die Karte: Ceviche vom Lachs, Fischsuppe, gratinierte Ofen-Melanzani mit Halloumi oder gegrilltes Goldbrassenfilet mit einer Tahine aus Roten Rüben. Zum Abschluss gibt es gefrorenen griechischen Joghurt mit Marille und Honig oder Schokoladenmousse mit Mastiha-Kirschen und Crumble. Reisen ohne Länderwechsel funktioniert demnach wunderbar. Noch besser mit der gebotenen und interessanten Weinauswahl.

Tel.: 01 5351577
0676 599 66 55

1010 Wien
Judenplatz 9

www.ellas.at
office@ellas.at

Mo–Sa 11–22 Uhr

ÉMILE

11/20

im Hotel Hilton Vienna Plaza

Koch: Stefan Wödl

Nicht nur Touristen, auch Einheimische wissen die solide Bistroküche im Hotelrestaurant nahe des Schottentors zu schätzen. Das kulinarische Repertoire umfasst hier beliebte Klassiker wie Caesar-Salat, Wiener Schnitzel, angesagte Bowls, Pasta- oder Fischgerichte. Außerdem stehen zwei stetig wechselnde 3-Gänge-Menüs zur Auswahl: Eines hat den Fokus auf Wiener Tradition, das andere überzeugt mit internationalen Einflüssen wie zum Beispiel mit französischer Bouillabaisse und Crème brulée. Die Weinkarte bietet einen guten Streifzug durch Österreich. Die Bar hält zudem eine gute Auswahl an Cocktails bereit. Das Interieur in den Innenräumen ist klassisch und elegant zugleich.

Tel.: 01 313 900 224 03
0664 857 22 39

1010 Wien
Schottenring 11

www.emile-plaza.at
viepw.emile@hilton.com

ESSDUR Ⓝ

12,5/20

Restaurant im Konzerthaus

Koch: Christian Wallner

Das Essdur im Konzerthaus bietet Musikliebhabern die Möglichkeit, vor oder nach einem Konzert den Hunger mit gutem Essen zu stillen. Die Gerichte werden hier schnell serviert, für Genießer sogar zu schnell. Aber die Hektik hat natürlich auch einen Grund: Keiner will etwas von seiner gebuchten Vorstellung versäumen. Und so lässt man sich vor Mozart oder Jazz Spargelsalat, Altwiener Backfleisch mit Petersilienerdäpfeln oder Reinanke mit Polenta schmecken. Und wer noch Süßes schafft, der sollte das gefrorene Birchermüsli probieren.

à la carte: 12–28 €

Tel.: 01 512 55 50

1030 Wien
Am Heumarkt 6

www.essdur.wien
restaurant@essdur.wien

Juli und August 2023

♿

EUGEN21

14/20

im Hotel Andaz Vienna am Belvedere

Koch: Richard Leitner

Wieder eines der vielen austauschbaren Hotelrestaurants? Doch Halt, der erste Eindruck täuscht, wie ein Blick in die Speisekarte zeigt. Trotz internationaler Atmosphäre bietet man hier eine Palette von wienerischen Gerichten, die jedem hochgelobten, typischen Wiener Wirtshaus zur Ehre gereichten. Denn Küchenchef Richard Leitner (früher unter anderem im Sacher tätig) gelingt es nicht nur, den Wiener Schnecken, der gerösteten Kalbsleber oder dem Schweinsbraten die klassischen Geschmackskomponenten bestens zu entlocken, sondern auch innovative Beigaben (Wacholderbier-Kraut und Marillen-Jus zum Schwein, Bärlauch-Paradeiser zu den Schnecken) zu kreieren. Seesaibling in Bärlauch-Aspik, quasi ein Gabelbissen de luxe, und feiner Wolfsbarsch im Miesmuschelsud beweisen Sattelfestigkeit auch jenseits der regionalen Schiene. Der engagierte Service benötigt zur adäquaten Gästebetreuung allerdings dringend einer Aufstockung.

à la carte: 12–35 €

Tel.: 01 205 774 444 66

1100 Wien
Arsenalstraße 10

www.restaurant-eugen21.at
eugen21@andaz.com

Mo–Fr 12–14 und 18–22,
Sa 18–22 Uhr

♿

FABIOS

16/20

Koch: Christoph Brunnhuber

CHRISTOPH BRUNNHUBER, KOCH DES JAHRZEHNTS

Freilich, wer im Fabios reserviert, muss es sich vielleicht gefallen lassen, Seitenblicker zu sein. Hier treffen sich bekanntermaßen nicht nur die Granden aus Politik und Wirtschaft, sondern auch Promis und Sternchen jedweder Couleur. Und der Laden brummt. Klar, das Schaulaufen von Reichen und Schönen ist ein amüsantes Schauspiel. Für uns aber viel wichtiger: die herausragende Küche von Christoph Brunnhuber, der mit seinem Team hier bereits seit 20 Jahren authentisch-italienisches Soulfood auf den Tisch bringt. Eine cremige apulische Burrata serviert er auf würziger Melanzanicreme mit Grillgemüse. Selbstverständlich wird die Pasta hausgemacht, in der Saison wird sündhaft teurer Trüffel darüber gehobelt. Herrlich bei unserem Besuch: saftige Ricotta-Spanferkel-Tortellini in einer Rotwein-Balsamico-Sauce, die das Prädikat „genial" verdient. Auch die Kalbsleber alla Venezia gibt es in Wien kaum irgendwo besser. Etwas einfallslos wirkt der halbflüssige Schokoladenkuchen, die Qualität stimmt jedoch. Der Service passt mit seinem südländischen Charme eins zu eins zur Küchenlinie.

à la carte: 12–36 €

Tel.: 01 532 22 22

1010 Wien
Tuchlauben 6

www.fabios.at
fabios@fabios.at

Mo–Sa 12–23 Uhr

FAT GEORGE Ⓝ

11/20

Obwohl der Name etwas anderes erhoffen lässt, war der Wiener Vorort Essling bislang kein Ort, der für besonders gutes Essen bekannt war. Mit Stefan Krennmayer ist nun ein ambitionierter Gastronom angetreten, um das mit seinem Restaurant Fat George zu ändern. Tatsächlich hätte der Namensgeber – Jazz-Legende Fatty George war ein Spross Esslings – seine Freude an dem modernen Restaurant gehabt. Das gut gewürzte Beef Tatar wird in Carpaccio gewickelt und als Rolle serviert, lauwarm marinierte Eierschwammerl sind knackig-frisch und mit Petersilie und Jungzwiebel fein abgeschmeckt. Das Flank-Steak ist handwerklich ordentlich gebraten, wird auf Fisolen gebettet und mit Mais dekoriert. Auf der Haut gegarter Kabeljau ist auf den Punkt gegart und teilt sich den Teller mit üppigen Begleitern wie Sous-vide-Pilzen, Cashewnüssen und Salsa verde. Das als Himbeer-Mascarpone-Parfait angepriesene Dessert entpuppt sich als hart gefrorenes Vanilleeis in Himbeerform, wird aber mit frischen Beeren hübsch arrangiert. Die Weinauswahl ist klein, aber fein und das freundliche und kompetente Team macht den Besuch zu einem Vergnügen.

Tel.: 0660 625 41 63

1220 Wien
Gartenheimstraße 1

www.fat-george.com
office@fat-george.at

&FLORA®

15/20

Parvin Razavi ist ein lebensfroher Wirbelwind. Die Wienerin mit persischen Wurzeln kocht im &flora zwar nicht persisch, aber hin und wieder sitzt ihr sichtlich der orientalische Schalk im Nacken. Parvins Küche ist frisch und elegant, frech und trotzdem ernsthaft. Der Fokus liegt auf Gemüse, aber dogmatisch ist sie nicht. Im Gegenteil. Wer das Beiried (vom XO-Beef) „blue rare" bestellt, erntet anerkennenden Applaus aus der Küche. Und es kommt tatsächlich so „rare" wie möglich. Aber wie gesagt, eigentlich sind es die federleichten, perfekt komponierten und filigran angerichteten Gemüsegänge, die uns im &flora begeistern.

Tel.: 01 523 134 51 00
1070 Wien
Breite Gasse 9
www.undflora.at
foodlovers@undflora.at

FUHRMANN

16,5/20

Koch: Walter Leidenfrost

Das Fuhrmann ist mittlerweile eine Institution und die Zusammenarbeit zwischen Hermann Botolen als Sommelier und Gastgeber Walter Leidenfrost am Herd eine gute Sache. Um in den vollen Genuss von Leidenfrosts Leidenschaft zu kommen, wählt man am besten sein Abendmenü. In unserem Fall kam zuerst eine lauwarme Forelle mit Paradeiser, Rouille und Petersilie, dann ein intensiver Pilzsud mit Pilzravioli und Hanföl, als Zwischengang geröstete Leber vom Kitz (ein Traum!) mit Erdäpfelpüree und dann der im Ganzen geschmorte Ochsenschlepp – noch besser – mit frischen Erbsen und Dotterpüree. Am Ende wurde noch der legendäre Sauerrahmschmarren mit Zwetschkenröster serviert – in der Pfanne und gleich für zwei (eigentlich drei) Personen bemessen. Himmlisch gut und von Hermann Botolen perfekt mit reifem Eiswein begleitet. Überhaupt sollte man sich beim Wein vertrauensvoll in die Hände des Patrons und erfahrenen Sommeliers begeben. Sein Keller ist so tief und umfassend wie sein Wissen über Wein. Das spürt man.

à la carte: 15–30 €

Tel.: 01 944 43 24
0660 575 9310
1080 Wien
Fuhrmannsgasse 9
www.restaurantfuhrmann.com
info@
restaurantfuhrmann.com
Mo–Fr 12–13.30 und 18–21.30 Uhr

GASTHAUS PÖSCHL

11/20

Wir hatten das Glück, einen Tisch zu bekommen, von dem aus uns der Blick in die Küche zum Staunen brachte. Welch Leidenschaft und Liebe hier in die Gerichte gesteckt werden, lässt sich nicht nur schmecken, sondern auch sehen und erleben. Der Wiener Schmäh des Serviceteams und die gemütliche Gaststube mit ihren kleinen Tischen machen das besondere Flair dieses Lokals aus. Geschmacklich findet man eine bodenständige Wirtshausküche, welche heute zu selten zu finden ist. Nicht fehlen dürfen hier sowohl eine kräftige Rindssuppe als auch das Altwiener Backhendl und der Kaiserschmarren. Ein tolles Wirtshauserlebnis im Zentrum von Wien.

Tel.: 01 513 52 88
1010 Wien
Weihburggasse 17
www.gasthauspöschl.com
Mo–Sa 12–22 Uhr

GASTHAUS SEIDL

14/20

Koch: Alexander Michlfeit

Der neue Küchenchef in der Gasthausinstitution in der Ungargasse heißt Alexander Michlfeit und hat, was Gasthausinstitutionen betrifft, trotz seiner jugendlichen Ausstrahlung schon jede Menge Erfahrung zu bieten: Fadinger, Steirereck, Artner, Meixner – die Liste seiner bisherigen Stationen regt den Appetit ernsthaft an. Einen ähnlichen Effekt hat der Blick in seine Karte, die – auch das macht wohl die Erfahrung – nicht gleich alle Bäume ausreißt, sondern auf Bewährtem aufbaut, sprich: einer unverkrampft gutbürgerlichen Basis, bei der sich doch immer wieder ein Schlenker in Richtung Zeitgeist ausgeht. Das geschieht zum beidseitigen Vorteil, etwa wenn Michlfeit lauwarme Goldrüben mit Salat, Himbeeren und Caesar-Dressing zu einer schillernden Vorspeise kombiniert oder wenn er seinem mit Dill marinierten Lachs ein knackiges Potpourri aus eingelegtem Rettich und Gurke zur Seite legt. Schulbeispielhaft dann die Standards wie Rindsroulade und Backhendl, vorbildlich pfiffig die Salbei-Rosinen-Sauce zur gebratenen Lammleber. Die Weinauswahl bleibt, wie sie immer war (gut und groß), das Gasthaus, was es ist: eine Institution.

à la carte: 6–22 €

Tel.: 01 713 1781
0699 196 906 02
1030 Wien
Ungargasse 63
www.gasthaus-seidl.at
info@gasthaus-seidl.at
Mo–Fr 11.30–14 und 17.30–22 Uhr
24. Dez. 2022–6. Jän. 2023

GASTHAUS WOLF

12,5/20

Köchin: Dani Huber

Das Gasthaus Wolf bietet seinen Gästen – in einem typischen Wirtshausambiente – eine interessante Auswahl an Gerichten, die in hervorragender Qualität auf den Tisch kommen. Gebackene Ährenfische mit Mayonnaise, Kalbskutteln mit einer kräftigen Portion Curry oder sautierte Steinpilze mit gemischtem Salat schmecken. Die Weinauswahl – besonders bei den offen ausgeschenkten Weiß- und Rotweinen – ist interessant, bei den Desserts stehen flambierte Pfirsiche oder ein Feigenkuchen zur Wahl. Eine Reservierung kann nicht schaden.

à la carte: 6,80–30 €

Tel.: 01 58115 44
1040 Wien
Große Neugasse 20
www.gasthauswolf.at
tisch@gasthauswolf.at
Mo–Fr 18–22 Uhr

GESCHMACKS-TEMPEL

12,5/20

Koch: Thomas Edlinger

Trüffelsalami, Kräuterseitlinge mit BBQ-Sauce und Asiasalat – oder doch lieber gebackener Kalbskopf mit Krenschaum als Vorspeise? Im Geschmacks-Tempel stehen zahlreiche interessant klingende Vorspeisen auf der Karte und auch die Hauptspeisen – Hühnerbrust, gefüllt mit Bärlauchkäse, oder Filetsteak mit Gänseleberravioli – verführen zum Genuss. Wer nach den üppigen Portionen noch Lust auf etwas Süßes hat, der sollte die Schokolade-Amaretto-Schnitte probieren. Die Weinkarte bietet alles Notwendige und dies zu durchaus fairen Preisen.

à la carte: 4,50–28 €

Tel.: 01 214 0179
1020 Wien
Praterstraße 56/12
www.geschmacks-tempel.at
office@
geschmacks-tempel.at
Di–Fr, So 11–15 und 18–23,
Sa 18–23 Uhr

GMOAKELLER

11/20

Koch: Roland Wondrak

Der Gmoakeller verspricht traditionelle Wiener Wirtshausküche mit einem kräftigen Schuss Moderne – und genau das haben wir erlebt. Das geschichtsträchtige Lokal lädt zum Verweilen und Genießen ein. Saisonale Schwerpunkte wie Bärlauch oder Eierschwammerl finden hier genauso ihren Platz auf der Karte wie der Klassiker: das Wiener Schnitzel. Eine klassische, traditionelle Präsentation der Speisen lässt auf den ersten Blick die Raffinesse der Gerichte nur erahnen. Ein Sidestep aus der Wiener Küche – wie zum Beispiel Oktopusrisotto mit Pancetta und Artischocken – ist eine willkommene Abwechslung. Und somit gibt es hier immer etwas Neues zu entdecken.

Tel.: 01 7125310
1030 Wien
Am Heumarkt 25
www.gmoakeller.at
reservierung@gmoakeller.at
Mo–Sa 11–23.30, So 11–15 Uhr

GOLDFISCH

12/20

Koch: Sven Wenig

Das Goldfisch der so sympathischen wie engagierten Petra Götz-Frisch ist nicht nur Fischrestaurant mit zwei Wochenmenüs mittags und einer kleinen, aber auch feinen Karte und einem darauf bestens abgestimmten Weinangebot, sondern auch Fischgeschäft mit schönem Angebot. Bei unserem heurigen Besuch erfreuten wir uns an einem gut abgeschmeckten Oktopus-Carpaccio mit Grapefruit und Tomaten-Vinaigrette und einer etwas uninspirierten Fischsuppe mit lobenswerter Einlage, weiters an mit Garnelen gefüllten Calamari mit gegrillten Zucchini, Zitronenthymian und Erdäpfelküchlein – einem optischen Hingucker – beziehungsweise an wunderbar saftigem Seesaibling mit Blunzenstrudel, jungem Fenchel und Risolées-Erdäpfeln. Zum Abschluss eines gelungenen Abends gab's Millefeuille von roten Beeren mit Mascarpone-Amaretto-Mousse. Wir waren im Glück!

à la carte: 5–35 €

Tel.: 0664 254 95 96
1080 Wien
Lerchenfelder Straße 16
www.goldfisch.wien
ahoi@goldfisch.wien
Di–Fr 12–15 und 17.30–22,
Sa 12–15 Uhr

GOURMET GASTHAUS FREYENSTEIN

15/20

Koch: Jakob Kaineder

Schon seit den Zeiten des – leider viel zu früh verstorbenen – Meinrad Neunkirchner erspart das Freyenstein seinen Gästen die Qual der Wahl, um sie mit einem Menü aus 12 Kleingerichten zu erfreuen. Heuer gelang das zum Beispiel mit lauwarmer Kaninchenschulter mit Cime di Rapa, Poveraden mit weißer Bohnencreme und Sauce barigoule oder der Wachtelbrust im Kohlrabiblatt ausnehmend gut, aber bei der geschmorten Lammstelze mit Kürbisraviolo oder dem winterlichen Salat mit Entenpofesen fehlte es ein wenig an der hier doch absolut notwendigen Liebe zum Detail – wie überhaupt die Präsentation verbessert werden könnte. Aber all das ist Jammern auf hohem Niveau. Apropos hohes Niveau: Die Weinkarte ist liebevoll zusammengestellt und die Servicecrew ist nicht nur auf Zack, sondern erklärt auch jedem Gast geduldig das Konzept.

Tel.: 0664 439 08 37
1180 Wien
Thimiggasse 11
www.freyenstein.at
info@freyenstein.at
Di–So 18–22 Uhr

GRACE

16,5/20

Koch: Oliver Charles Lucas

Der Vorteil einer sehr kleinen Speisekarte ist, dass man nicht lange überlegen muss. Die schwierigste Entscheidung ist es, aus den zwei Vor-, zwei Zwischen-, zwei Haupt- und zwei Nachspeisen die Größenordnung des Menüs zu definieren. Gleich vorweg: Es lohnt sich, in diesem charmant adaptierten alten Wirtshaus in die Vollen zu gehen, also acht Gänge zu genießen. Die Puntarelle mit Kumquat, Chicorée und Koriander ist erfrischend und leicht, die Périgord-Trüffel mit Ei, Erdäpfel und Schnittlauch unaufdringlich intensiv. Die Rotgarnele mit Süßkartoffeln und Kokos wird in einem Limettensud zu einem Erlebnis, der Seesaibling in Tempura mit Wasserkastanien und Cashewkernen ist auch bissmäßig auf dem Punkt. Chefkoch Oliver Lucas hat bei Heinz Reitbauer gelernt und ist im eigenen Lokal längst aus dessen Schatten getreten. Das Kalb mit Haferwurzel, Kohlsprossen und Safran ist zart aromatisch, das Lamm mit Shiitakepilzen, Radicchio und Estragon wird durch einen komplexen Kräuterjus zum Gesamtkunstwerk. Das gilt übrigens auch für die Weinbegleitung: Die ist voller Überraschungen.

à la carte: 11–30 €

Tel.: 01 50310 22
1040 Wien
Danhausergasse 3
www.grace-restaurant.at
office@grace-restaurant.at
Di–Fr 18.30–24, Sa 12–15 und 18.30–24 Uhr

GRÜNAUER

14/20

Frühlingsrolle von der Chiliblunze, Szegediner Krautfleisch, geröstete Kalbsnierndln, Krautfleckerl und gebackene Apfelradeln: Gusto bekommen? Verständlich. In dieser Art liest sich die Speisekarte der Grünauers seit Jahren. Das Lokal ist stets ausgebucht. Ohne Reservierung geht kaum was. Hier sitzen Weinfreaks, Spitzenpolitiker, Nachbarn aus dem Grätzel und Touristen ganz ohne Berührungsängste Seite an Seite. Was aus der Küche kommt, hat Kultstatus. Jeder einzelne Teller bietet in Sachen Zubereitung und Würzung das Maximale. Mehr Wiener Beisl geht kaum. Plus: herrliche Weinkarte.

Tel.: 01 526 40 80
1070 Wien
Hermanngasse 32
www.gasthaus-gruenauer.com
Mo–Fr 18–24 Uhr
Fei

HANSEN

13,5/20

Das Restaurant im Börsegebäude

Koch: Daniel Fischer

Etwas versteckt im Souterrain der Wiener Börse befindet sich das Hansen, das seine Gäste von früh bis spät verwöhnt! Geschäftsleute lieben das reichhaltige Frühstücksangebot und auch zu Mittag und am Abend ist die Karte gespickt mit einer bunten Mischung aus heimischen und internationalen Gerichten. Das Ambiente mit dem angrenzenden Blumengeschäft hat seinen ganz eigenen Charme. Die an sich traditionelle Küche wird inspiriert von orientalischen, asiatischen und mediterranen Geschmackswelten.

à la carte: 7–28 €

Tel.: 01 5320542
0676 750 17 53
1010 Wien
Wipplingerstraße 34
www.hansen.co.at
restaurant@hansen.co.at
Mo–Fr 9–23, Sa 9–17 Uhr

HAUSBAR

15/20

Die Hausbar, im Souterrain an der Ostseite des Künstlerhauses, gegenüber des Bösendorfer Salons, gelegen, ist ein gastronomisches Unikat. Nicht des Menüs wegen. Das ist ohne Tadel – und wir gehen auch später noch einmal darauf ein. Was wirklich herausragend ist, ist die Cocktailbegleitung zu ebendiesem. Wie der Name schon verrät, war (oder ist) die Hausbar (auch) eine Bar. Ergo gibt es zu jedem Gang einen passenden Cocktail, der nach allen Regeln der Barkeeperkunst gemixt, geshaked und angerichtet wird. Der Reigen ist bunt. Das gilt im eigentlich Sinn, also rein farblich betrachtet, ebenso wie für die verwendeten Zutaten und folglich die Geschmäcker. Die Gänge liegen von der Größe her etwas über Barfood, und das ist gut so. „Fenchel, Physalis, Dinkel" ist zum Beispiel ein wunderbar frischer und eleganter Auftakt, zu dem das Hausbarteam einen mit Ingwer, Vanille und Kirsche aromatisierten Cocktail reicht. Eine ausgezeichnete Kombination! Wer will, kann natürlich auch auf die Weinkarte zurückgreifen. Die ist sauber und solide. Aber wer will das schon bei diesen Drinks?

Tel.: 0664 750 104 17
1010 Wien
Karlsplatz 5
www.hausbar-wien.at
reservierung@hausbar-wien.at

HERZIG

16,5/20

Koch: Sören Herzig

Das beeindruckende Ambiente in der einstigen Filiale des Dorotheums, die zuvorkommende Schar von Kellnerinnen und Kellnern, die an Lockerheit gewonnen hat, und eine Weinkarte, die alle Stücke spielt, sind der Rahmen für ein Fine-Dining-Spektakel à la Sören Herzig. Nach zahllosen Grüßen aus der Küche – unter ihnen auch die immer wieder gern gegessene Carbonara, Signature Dish des ehemaligen Amador-Souschefs – ging es los mit Kaviar in Begleitung von Karfiol, Kürbis und Aal-Bouillon und hochqualitativen, höchst artgerecht behandelten Kaisergranaten mit Karotte, Paprika und Zitronengras. Auch die Bachforelle im Zusammenspiel mit Spinat, Brandade und Yuzu – herrlich erfrischend – und das Seezungen-Sandwich mit Grünkohl, Parmesan und Röstzwiebel waren fein ziseliert, wie von Herzig gewohnt, gewinnen aber mehr und mehr an Harmonie. So überzeugt auch der ultrazarte Rehrücken mit Mandeln, Shiitake und Calvados restlos. Ebenso wie die beiden süßen Ausklänge: perfektes Soufflé mit Ingwer und Kakao und das herrliche Zusammenspiel von Mandarine, Zimt und Heumilch.

Tel.: 0664 115 03 00
1150 Wien
Schanzstraße 14
www.restaurant-herzig.at
servus@restaurant-herzig.at
Mi–Sa 18–21 Uhr
1. Jänner bis 18. Jänner 2023

HEUER AM KARLSPLATZ

14,5/20

So wie auf der Terrasse, gehen hier auch auf der Speisekarte Restaurant- und Barbereich ineinander über. Es gibt schmackhafte „Bargerichte" wie Huhn mit Spitzkraut und Ananas oder Wildschwein-Chili mit Koriander und es gibt ambitioniertere „Restaurantgerichte" wie eine sehr gute Lachsforellen-Ceviche mit Rauch-Aioli, ein nicht ganz so spannendes mariniertes Reh mit Buchenpilzen, eine perfekt gebratene, aber leider ziemlich erkaltet servierte Entenbrust mit Lavendel oder einen feinen Saibling mit Zuckermelone und Rettich. Die Küche deutet an, dass sie noch viel mehr könnte, der freundlich-bemühte Service scheint jetzt schon am Limit zu sein.

à la carte: 14–38 €

Tel.: 01 890 05 90
1040 Wien
Treitlstraße 2
www.heuer-amkarlsplatz.com
info@heuer-amkarlsplatz.com
Mo–Sa 12–14 und 18–22 Uhr

HEUNISCH & ERBEN

16/20

Koch: Michael Gubik

Das Heunisch & Erben (Heunisch ist eine der wichtigsten Urrebsorten) ist nicht Wiens einziges vinophiles, niederschwelliges Fine-Dining-Restaurant, das dem edlen Tropfen mindestens so viel Aufmerksamkeit zuerkennt wie den äußert gelungenen Kompositionen auf dem Teller, aber sicher eines der herausragenden. Heuer zeigten sich die Sommeliers (ja, Mehrzahl!) wie auch die Küchengarde bestens gelaunt und in Höchstform, was uns – zu wunderbaren Tropfen aus beinahe aller Herren Länder – Köstlichkeiten wie die vegetarischen Vorzeigegerichte – knackige Austernseitlinge mit Rosa-Bianca-Melanzani, rotem Paprika und Kichererbse und Häuptelsalat mit Kohlrabi, Schnittlauch und gebeiztem Dotter – bescherte. Dem stand die Gebirgsforelle mit Deep-Purple-Karotte um Nichts nach. Im Gegenteil, sie rockte! Leindotter und Blunzenbrot oder der mehr als zarte Kalbstafelspitz mit Fisolen, Macademia und Salzananas – was für ein Spiel der Kontraste! – wurden nur getoppt vom Höhepunkt des Abends: dem schlichten, aber perfekten Kalbsrahmgulasch mit Butternockerln. Das Menü schloss dann mit Himbeere mit weißer Schokolade, Chiasamen und Sauerampfer würdig ab. Legendär!

à la carte: 9–31 €

Tel.: 01 286 85 63
1030 Wien
Landstraßer Hauptstraße 17, Seidlgasse 36
www.heunisch.at
erben@heunisch.at
Mo–Sa 18–22 Uhr

HUTH GASTWIRTSCHAFT 11,5/20

Koch: Karl Spenger

Die Huth Gastwirtschaft ist seit über 20 Jahren ein sicherer Hafen für authentische Wiener Küche, Qualität und Gemütlichkeit – und das mitten in der Innenstadt zu moderaten Preisen. Täglich frisch gebackenes Brot mit Verhackertem, Gerichte wie Grammelknödel, Altwiener Suppentopf und Rostbraten wirken vermeintlich einfach, sind aber immer gut. Zeitgeistig zeigt man sich bei den Tagesgerichten oder mit vegetarischen Alternativen. Und beim Dessert? Da widmet man sich mit Kaiserschmarren, Powidltascherl & Co wieder ganz der alten Liebe: Wien. Der Service agiert stets flott und freundlich. Auf der Weinkarte findet man Klassisches aus Österreich.

à la carte: 8,90–22,90 €

Tel.: 01 513 56 44
0699 116 903 53

1010 Wien
Schellinggasse 5/3

www.zum-huth.at
tisch@zum-huth.at

täglich 12–22 Uhr

IL MELOGRANO 14/20

Es gibt zwei Hauptdarsteller in dem kulinarischen Theaterstück, das Roberto D'Atri Tag für Tag in seinem nobel-italienischen Lokal in der Blumenstockgasse aufführt. Der eine sind die ausgesuchten Grundprodukte, die im Zentrum seiner Küche stehen, der zweite ist der Patron himself, der diese Produkte mit unvergleichlicher Verve präsentiert. Der Mann zeigt halt gern, was er hat: die frischeste Burrata, die süßesten Tropeazwiebeln, die feinsten Garnelen. Immer wieder wird da am Tisch filetiert, finalisiert oder vorgelegt. Das Spektakel lässt sich D'Atri auch gut bezahlen, was sicher berechtigt ist. Außer, es ist es nicht. So waren die Cozze im – scharf abgeschmeckten – Weißweinsud zwar von erkennbar erstklassiger Grundqualität, aber halt auch schon deutlich über ihrem Zenit. Das ist, in einer derart produktfokussierten Küche, doch kein unbedeutender Lapsus. Es blieb freilich der einzige. Das Vitello tonnato war erwartungsgemäß schulbeispielhaft, die hausgemachten Orecchiette mit Ragù vom Chianina-Rinderfilet ein echtes Eichmaß, die Scaloppine mit Trüffelbutter und Zitrone gar ein Fenster ins Paradies. Und das Tiramisu? Ein Spektakel, handverlegt.

Tel.: 01 512 77 84

1010 Wien
Blumenstockgasse 5

www.ilmelograno.at
office@ilmelograno.at

JOLA Ⓝ 16/20

Koch: Jonathan Wittenbrink

Ja, es ist neu und ganz jung. Sehr neu und jung sogar. Das Jola hat seine Tür Anfang 2022 aufgesperrt. Wobei Jonathan Wittenbrink, der Mann am Herd, nicht wirklich ein Neuling ist. Die ersten Sporen hat er sich in der Schwarzwaldstube und im TIAN verdient. Zuletzt war er Küchenchef im TIAN Bistro. Dass im Jola auf erfreulich hohem Niveau gekocht wird, war also zu erwarten. Dass es aber so gut wird, hat viele erstaunt. Im aktuellen Menü geht es gleich mit einem kleinen Paukenschlag los. Die hauchdünne Tartelette aus Buchweizenteig ist mit geräucherter Melanzani, fermentierter Zitrone und gepopptem Buchweizen gefüllt – oder besser belegt. Ein paar Gänge später, nach einigen echten Heulern, überrascht dann der Dessert-Reigen. Eingeleitet von einer Art Gulasch aus Himbeeren, gelbem Paprika und einem ebenso würzigen wie knackigen Chip mit Paprika- und Himbeernoten. Umwerfend. Entspanntes Ambiente, professioneller Service, lässige Weine.

Tel.: 01 276 09 48

1010 Wien
Salzgries 15

www.jola.wien
contact@jola.wien

Mi–Sa 17.30–23 Uhr

KANZLERAMT 11/20

Nahe des Ballhausplatzes hat man sich im Kanzleramt, unweit des „echten“ Kanzleramts, ganz der Wiener Küche verschrieben. So hält die Speisekarte ein Potpourri aus traditionellen Gerichten bereit. Cordon bleu, Wiener Schnitzel, Zwiebelrostbraten und geröstete Kalbsleber sind immer eine gute Wahl. Bei den Tagesempfehlungen darf es dann auch etwas internationaler sein: Kichererbsenpuffer gibt es da beispielsweise mit Rote-Rüben-Creme und Räucherforelle. Saisonale Ergänzungen wie geröstete Eierschwammerl oder hausgemachte Marillenknödel runden das Angebot ab. Mittags steht außerdem ein täglich wechselndes Menü bereit, das eine preiswerte Alternative bietet. Besonders gut sitzt es sich sommers im schattigen Gastgarten, die Innenräume haben typischen Beisl-Charme.

Tel.: 01 533 13 09

1010 Wien
Schauflergasse 6

www.kanzleramt.wien
office@kanzleramt.wien

KIKKO BA

12/20

Koch: Florian Vit

Ein lässiger Abend ist mit der Tischreservierung in einem weiteren gelungenen Lokal der Mochi-Familie so gut wie garantiert. Eine so kleine wie feine Getränkeauswahl und eine so charmant wie agil agierende Crew kooperieren mit einer Karte die japanisch inspirierte Tapas und einige wenige Hauptspeisen anbietet, die allesamt bestens munden. An diesem Abend waren das unter anderem Tempura vom weißen Spargel mit Miso-Hollandaise, ein Santo vom Portobello-Pilz und ein Rochenflügel mit Kapern, Yuzu und einer wunderbar abgeschmeckten Beurre blanc, um drei von den höchst erfreulichen Kreationen hier zu erwähnen.

1040 Wien
Schleifmühlgasse 8
www.kikko.at
manager@kikko.at
Di–Fr 17–22, Sa 16–22 Uhr

KIM KOCHT

16/20

Restaurant/Shop

Köchin: Kim Sohyi

Wer Fan der koreanischen Küche ist, kulinarische Experimente liebt und das Glück hat, einen Tisch bei der legendären Kim Sohyi zu bekommen, sollte ohne zu zögern zugreifen. Das kleine Restaurant in der Währinger Straße hat nämlich nur rund 20 Plätze – und die sind heiß begehrt. Während man zu Beginn des Abends noch nicht weiß, was einen erwartet, erkundigt sich Kim persönlich nach Unverträglichkeiten und stellt lediglich das Hauptgericht zur Auswahl – kurz gebratenen Thunfisch auf Kimchi-Reis, Rindfleisch mit schwarzen Bohnen oder hausgemachte Nudeln. Die restlichen Gänge des Degustationsmenüs sind Überraschungen. Den Start machen Banchan, koreanische Tapas sozusagen, in zahlreichen kleinen Schälchen – gut gewürzt, manche fermentiert, andere gebraten oder gebacken: koreanische Bergwurzel, geräucherter Tofu, Seetang, Rettich, Seespargel, Anchovis, Bulgogi-Fleischlaibchen. Von den Tapas geht es zu Streetfood, wie der aufmerksame Service erklärt: bunte Pancakes, belegt mit knusprigem Oktopus, Avocado-Chimichurri on top, gerollt und laut Empfehlung mit den Fingern zu essen. Wunderbar. Nach Thunfisch-Sashimi mit Harissasauce und Garnelen in Würzöl, garniert mit einem Nest aus gebackenen schwarzen Nudeln, folgt die oben erwähnte delikate Hauptspeise. Da gut Ding bekanntermaßen Weile braucht, kommt zu durchaus später Stunde der süße Abschluss: Lemongras-Crème-brulée, Bananeneis, Schokomousse und -kuchen. Begleitet von feinen Weinen ein wirkliches Erlebnis.

Tel.: 0664 425 88 66
1090 Wien
Währinger Straße 46
www.kimkocht.at
restaurant@kimkocht.at

KLEE AM HANSLTEICH

11/20

Koch: Zoltan Jambor

In Ranglisten mit dem Titel „Essen am Wasser in Wien" ist das Klee am Hanslteich ein Fixstarter. Um dieses Erlebnis auch so richtig auskosten zu können, empfiehlt es sich, den Tisch auf der Terrasse nahe dem Wasser zu reservieren, um dann aus einer bunt gemischten Karte mit mediterranen und Wiener Anklängen mit modernem Twist Gerichte wie knusprige Calamari mit Chili-Basilikum-Sauce, Bohnensuppe, Thunfisch in Sesam-Mohn-Kruste mit Erdäpfelpüree, Teriyaki-Sauce, Chili und Koriander oder Wiener Tafelspitz mit Rösti, Apfelkren und Schnittlauchsauce genießen zu können. Mascarponecreme mit Ananasragout und Piña-Colada-Eis ist dann perfekter Abschluss eines Abends, an dem man von einem aufmerksamen Service bestens betreut wurde.

Tel.: 01 480 5150
1170 Wien
Amundsenstraße 10
www.klee.wien
office@klee.wien
Mo–Sa 11.30–22.30,
So 11.30–21.30 Uhr
♿

KOMMOD

15/20

Koch: Stephan Stahl

Fein schmausen hat mitunter was Verspanntes, das fällt hier weg. Es ist, als käme man ins eigene Wohnzimmer und jemand serviert ein 6-Gänge-Menü. Ankommen, hinsetzen, genießen, glücklich sein bei luftig-kreativer Küche und origineller Weinbegleitung. Der gebeizte Lachs mit Kumquat überzeugt als anregender Auftakt. Ein intensives Geschmackserlebnis schenken uns Erdäpfel, Eidotter und Liebstöckel und danach eine klassische Consommé mit Wurzelgemüse. Grenzgenial wird's bei den karamellisierten Zwiebeltascherln mit Krautjus. Alles in allem ein gelungenes Essen, das sättigt, aber nicht voll macht.

Tel.: 01 4021 398
1080 Wien
Strozzigasse 40
www.kommod-essen.at
anfrage@kommod-essen.at
Mi–Fr 18–24, Sa 10–14 und 18–24 Uhr
✻ Weihnachten 2022, Karwoche und August 2023
♿

KONSTANTIN FILIPPOU

19/20

Koch: Konstantin Filippou

KONSTANTIN FILIPPOU, KOCH DES JAHRES 2016

Eines vorweg: Der oft leichtfertig verwendete Ausdruck „mit allen Sinnen genießen“ ist selten so gerechtfertigt wie bei Konstantin Filippou. Das Erlebnis beginnt bereits beim Betreten des Restaurants. Der Style ist von Präzision und klaren Linien geprägt – und das sind auch die Attribute, die sich weiter, bis hin zu den Schüsseln und Tellern, durchziehen. Mit dem Zander vom Neusiedler See in Kombination mit Sellerie, Herzmuschel und einem reduzierten Fond aus Rind, Roggenbrot und Garum (dafür verwendet Filippou übrigens die Karkassen und Abschnitte seiner Zander) beginnt eine Reihe von Gerichten, bei denen die fünfte Dimension des Geschmacks – umami – greifbar wird. Konstantin Filippous Signature Dish ist die Brandade vom Amurkarpfen. Unfassbar cremig. Unfassbar gut. Getoppt mit einer beachtlichen Portion Kaviar, dessen leichter Salzgeschmack die Brandade zur Höchstform auflaufen lässt. Die Lachsforelle samt Crisp aus der Forellenhaut hat einen Kern aus Entenleber und ist bedeckt mit hauchfeinen Scheiben Spargel. Sie liegt in einem Jus aus selbst gemachtem Pflaumen-Umeboshi. Garum und Umeboshi selbst herzustellen, ist übrigens Corona geschuldet. Einer Phase, in der der Koch viel Zeit und Muße hatte, um kreative Ideen umzusetzen. Und davon hat Filippou bekanntlich unzählige. Der schönste Teller des Menüs kommt mit der norwegischen Jakobsmuschel und dem geschmorten Kraut mit Wildreis. Bedeckt mit einem Gelee aus fünf Jahre altem Balsamicoessig, gekrönt mit Dillspitzen. Auch hier macht das versierte Spiel mit Texturen und überraschenden Geschmacksmomenten richtig Spaß. Die letzte Vorspeise ist ein kroatischer Langostino, dessen intensiv erhaltener Eigengeschmack unglaublich beeindruckt. Die Cochayuyo, eine chilenische Alge, deren gekonnter Einsatz vieler Experimente der Köche bedurfte, und die intensive Hühner-XO bilden quasi das Podest für die edle Meeresfrucht. Und dann – Trommelwirbel für den Hauptgang! – der schottische Loch-Duart-Lachs im Pilzjus, mit dem letzten schwarzen Trüffel der Saison on top und Orangen-Sherry. Was soll man sagen? Außer vielleicht: „Mehr davon, bitte ...“ Als Käsegang kommt eine intensiv-würzige Creme aus 13 Monate gereiftem Vorarlberger Bergkäse, die perfekt mit der Süße der Gute-Graue-Birne harmoniert, dazu frisches Brot und die Vorfreude auf den süßen Abschluss. Exakt geometrisch präsentiert, emotional und sonnig im Geschmack ist die cremige Komposition aus Ananas, Kokos und aromatischem Safran. Zu guter Letzt eine Art Crème brulée mit Quittenkern. Die knackige Schokoladenkruste ist der letzte Kracher des Menüs. Jedes einzelne Gericht für sich ist ein genau durchdachtes, akribisch ausgeführtes und optisch hochattraktives Kunstwerk. Unbedingt zu erwähnen ist noch die sensibel und treffgenau ausgewählte Weinbegleitung. Fazit: höchste Kompetenz. Beste Qualität. Atemberaubend gut essen und trinken. Mit allen Sinnen genießen eben.

Tel.: 01 512 22 29

1010 Wien
Dominikanerbastei 17

www.konstantinfilippou.com
reservation@
konstantinfilippou.com

Lunch: Mi–Sa 12–14,
Dinner: Mi–Sa 18–22 Uhr

KULINARIUM 7

12/20

Koch: Paolo Ugazio

Klassische kroatische Küche, wie man sie von guten Fischrestaurants in Istrien gewohnt ist. Bei Toni Bjelančić im Kulinarium 7, unweit des Spittelbergs, wird die puristische, geradlinige Fischküche gepflegt, auch die Weine lassen Urlaubsgefühle aufkommen. An Chefs tomatisierter Fischsuppe hat man lange meeresfruchtige Freude, die schwarzen Spaghetti kommen in Begleitung einer betörend intensiven Sauce auf die Teller, am Branzino gibt es nichts auszusetzen. Den Service haben wir schon aufmerksamer erlebt, die Preise sind ambitioniert. Aber: Frischer Fisch hat seinen Preis.

à la carte: 14–44 €

Tel.: 01 522 05 30
0664 882 639 70

1070 Wien
Sigmundsgasse 1

www.kulinarium7.com
office@kulinarium7.com

Di–Sa 17–23, So 12–22 Uhr
✱ August 2023

L'ORIENT

11/20

Koch: Mustapha Khattat

Vom Fernweh geplagt, empfiehlt es sich, das gemütliche und stilvolle Lokal im zweiten Bezirk aufzusuchen. Dort wird nicht nur die Kunst der gewürzintensiven marokkanischen Küche beherrscht, sondern auch für passendes Interieur, Geschirr und authentische Getränkebegleitung gesorgt. Neben Mocktails, Milchgetränken und hausgemachten Eistees stehen ausgewählte Weine zur Verfügung. Die Speisekarte verspricht bunte Vielfalt – so, wie man sie aus der orientalischen Küche kennt. Hummus darf da ebenso wenig fehlen wie der gekochte Karfiol mit Koriander und Teigtaschen (Briouats), gefüllt mit Spinat, Käse und Erdäpfel. Beim Hauptgang entscheidet man sich zwischen Tajine- oder Tellergericht: sanft gegarte Rindfleischbällchen im Paradeisersud oder geschmortes Lamm an Kardamom-Gewürzreis? Genauso gut ist die fleischlose Kombi aus karamellisierten Rosinen, Couscous und Gemüse. Das süße Ende ist ein Muss: Wer kann dem Traum aus Dattel und Mandel schon widerstehen?

à la carte: 15–25 €

Tel.: 01 890 39 22
0676 302 12 30

1020 Wien
Rotensterngasse 22

www.lorient.at
office@lorient.at

Di, Do Fr 17–23, Mi 17–3,
Sa und So 10–23 Uhr

♿

LABSTELLE

15/20

Koch: Matthias Hausburg

Ein bisschen abseits des Touristen-Mainstreams, in Hoflage zwischen Lugeck und Wollzeile, soll die Natur vom Teller – über Mund und Bauch – in der Seele landen. Die Produkte sind, so wie es sich gehört, regional – Slow Food vom Feinsten. So die Idee der Labstelle, so das Versprechen. Wunderbar, sehr gut, setzen, gelungen. Was als kulinarischer Frühlingsauftakt im Freien gedacht war, schmeckte genau danach: frisch und luftig. Wie etwa das Carpaccio vom Alpenrind Schlossberger jung, mit einer unglaublich intensiven Sonnenblumencreme, dazu Senfsalate sowie eine spannende Focaccia-Kreation mit Bergkäse. Das hatte durchaus Wow-Charakter. Sehr okay: Short Ribs und Denver Cut vom Höllerschmid mit Spitzkraut-Roulade, das Fleisch vielleicht einen Hauch zu trocken. Beim veganen Gericht „Winterspargel, eingelegte und fermentierte Pilz-Brot-Erde & Hollandaise" könnte man geschmacklich etwas beherzter sein, da fehlte es ein wenig an Fantasie. Dafür wurden wir zum Schluss, beim „Auf-Co-Dessert", mit Milch und Honig beglückt: Milcheis & Brombeer, Haferstreusel & Honigkrokant. Passt.

à la carte: 15–36 €

Tel.: 01 2362122

1010 Wien
Lugeck 6

www.labstelle.at
office@labstelle.at

Mo–Fr 12–14.30 und 18–22,
Sa 10–14 und 18–22 Uhr

♿

LE SALZGRIES PARIS

14/20

Koch: Denis König

Es biegen sich die Tische und es schweben die Gäste, denn sie wissen: Eine leichtfüßige Völlerei ist möglich. Die Meeresfrüchteplatte in Denis Königs Le Salzgries hat Legendenstatus, und wer sich über die große Oper aus Hummer, Fines de Claire und Strandschnecken nicht drübertraut, versucht sich ja vielleicht an den fein knofeligen Burgunderschnecken oder den hochnoblen Jahrgangssardinen. Natürlich wird im Le Salzgries auch ein Bilderbuch-Steak-frites serviert und eine souveräne Sole Meunière vorgelegt. Und ja, das ist dann nicht mehr ganz so leicht. Aber die Tarte Tatin muss trotzdem sein.

à la carte: 8–37 €

Tel.: 01 5334030

1010 Wien
Marc-Aurel-Straße 6

www.le-salzgries.at
reservierungt@
le-salzgries.at

Di–Sa 12–22 Uhr

LENZ SOCIAL DINING

12,5/20

Koch: David Kindler

Beim LENZ Social Dining handelt es sich um das zentral gelegene Restaurant im Hotel Hilton Vienna Park, direkt am Verkehrsknotenpunkt Wien-Mitte. Da mag man aufs Erste wenig Ambitioniertes vermuten. Bei der Einkehr wird man aber eines Besseren belehrt. Küchenchef David Kindler ist bei der Speisezubereitung der Bezug von regionalen und saisonalen Produkten wichtig. Aus diesen kreiert er abwechslungsreiche und zeitgemäße Gerichte. So hält das Menü neben beliebten Landesklassikern wie Wiener Schnitzel, Altwiener Backfleisch oder Kaiserschmarren auch leichte Speisen wie ein Dinkelrisotto mit Schwammerl und Ziegenkäse oder gerösteten Karfiol bereit. Mittags gibt es zudem günstige Tagesteller. Die Weinkarte ist gut sortiert und schafft einen Streifzug durch das Weinland Österreich.

1030 Wien
Am Stadtpark 1
www.lenz-socialdining.at
Di–Sa 18–22 Uhr

LÉONTINE

15/20

Koch: Nicolas Scandella

Mit der Wiener S-Bahn nahezu emissionsfrei auf Frankreich-Kurztrip gehen, so könnte man das Léontine, die Brasserie in Wiens drittem Bezirk, wohl bezeichnen. Die Gasträume sind schlicht, geschmackvoll und mit viel Kunst gestaltet, das Personal zuvorkommend, flink und äußerst freundlich, die Weinkarte – wie könnte es anders sein: mit Schwerpunkt Frankreich – fair kalkuliert und durchaus interessant. Aber nun zum spannendsten Teil: den wunderbar frankophilen Speisen des Léontine. Schon die Schwarzwurzeln mit Pecorino, Trüffel, Buchweizen und Rauke und die äußerst intensive marmorierte Entenleber mit Gewürzbrot und Birne in Rotwein gelingen hervorragend. Es folgen ein perfekt gebratener Zander in Begleitung von Flusskrebsen, Pastinake, Kohlröschen und überaus aromatischer Hummerbutter und ein saftiges Perlhuhn mit Sellerie, Kumquat, Speck und Medjoul-Datteln. Der gelungene Abend findet mit einer Schokokugel, Gianduja-Krokant und Haselnuss aus dem Piemont – nicht nur optisch ein Genuss – und Vacherin glacé mit Birne, Mostbeere und Spekulatius seinen gebührenden Abschluss. Vive la France!

à la carte: 19–33 €

Tel.: 0650 856 999
1030 Wien
Reisnerstraße 39
www.leontine.at
reservierung@leontine.at
Di, Mi 11.30–14, Do–Sa
11.30–14 und 18.30–21 Uhr

LIEBSTEINSKY

14,5/20

Koch: Felix Albiez

Das Liebsteinsky – Bistro.Wein.Bar. liegt direkt am Schubertring mitten in Wien und bietet dem Gast stylishes Wohlfühlambiente nach New Yorker Vorbild. Chef Andreas Mikulits und sein Team servieren köstliche Cross-over-Küche unter Verwendung von frischen und nachhaltig produzierten Lebensmitteln – täglich von dem inspiriert, was an den Marktständen gerade erhältlich ist. Businesslunch und Tageskarte sind ein unbedingter Tipp. Abends kann man mit verschiedenen „small bites“ einsteigen und sich dann à la carte weiter verwöhnen lassen oder für die Liebsteinsky-Rallye – das Degustationsmenü – entscheiden. Der Start mit einer frischen Ceviche von der Gelbschwanzmakrele und einem roh marinierten Tafelspitz ist sehr gelungen. Uovo&Tartufo – Ei, schwarzer Trüffel und Karfiol – beeindrucken durch die Vielfalt der Geschmacksnuancen. Mit dem Piña-Colada-Dessert findet das Menü einen stimmigen Ausklang.

à la carte: 9–38 €

Tel.: 01 2088976
1010 Wien
Schubertring 6
www.liebsteinsky.at
reservierung@liebsteinsky.at
Mo–Fr 12–14.30 und 18–22 Uhr
1 Woche im Jänner und 2 Wochen Ende Juli/Anfang August 2023

LOBO Y LUNA

11/20

Koch: Felix Becker

Es gibt Restaurants, die man verlässt und kaum danach – oder schon während der Einkehr – tut sich ein gewisses Urlaubsgefühl auf. So ist das auch in diesem spanischen Tapaslokal im Neubauviertel der Fall, wo man seit vielen Jahren authentische Landesküche in unkonventionellem Ambiente kredenzt. Da gehören beliebte Klassiker wie marinierte Sardellen, Patatas bravas, gereifter Manchego-Käse und Serrano-Schinken natürlich genauso dazu wie die gebackenen Kroketten, die Garnelen in Chili-Knoblauch-Sauce oder der Kabeljau. Ab zwei Personen empfiehlt sich die „Reise durch Spanien", die diverse Tapasvariationen verspricht. Zum Abschluss ist die Crema catalana quasi obligat, ebenso wie ein begleitender Streifzug durch die Weinkarte.

Tel.: 01 9449966
0699 194 499 66

1070 Wien
Mondscheingasse 2

www.loboyluna.at
office@loboyluna.at

Di–Sa 18–23 Uhr
variabel

LOCA Ⓝ

13,5/20

Better eat better

Es ist ein kleines Lokal. Die Küche ist noch kleiner. Aber es ist ein Riesengewinn für die Wiener Szene. Das Motto lautet „Casual Fine Dining", und der Name ist Programm. Entspannter Service, sechs Gänge (für die, die vor dem Besuch im Ronacher oder im Porgy & Bess vorbeischauen, gibt es auch ein dreigängiges Menü), solide Weinbegleitung. Die Teller haben Pfiff, hin und wieder einen leicht südostasiatischen Einschlag und sind durch die Bank gelungen und gut. Herausragend: der Schweinebauch, der gleich zum Start serviert wird. Mit einer Marinade, die des Chefkochs Thailand-Faible zeigt.

Tel.: 01 5121172

1010 Wien
Stubenbastei 10

www.bettereatbetter.com
office@bettereatbetter.com

Di–Sa 17–23 Uhr

LUDWIG VAN

15,5/20

Koch: Andreas Spindler

„Freude, schöner Götterfunken, das macht aber Spaß!": So etwas in der Art hätte vielleicht Ludwig van Beethoven gesagt, der in dem denkmalgeschützten Haus in Mariahilf einst eine Hofwohnung bewohnte und an seiner 9. Sinfonie gearbeitet haben soll. Seit Herbst 2021 steht im Ludwig van ein neuer Mann am Herd: Andreas Spindler wirkte davor im Gaumenspiel, im Selina oder im The Ritz-Carlton und kann auf internationale Erfahrung zurückgreifen. Und das merkt man bei allem, was aufgetischt wird. Vor allem aber an seinem Degustationsmenü, das so manche Überraschung parat hält und perfekt mit der Gastfreundschaft von Patron Oliver Jauk harmoniert. Wie etwa, als Auftakt, die Kerbelknolle mit Kräuterseitling, Spinat und Eidotter. Eine geniale Kombination, die „elysische" Geschmackseindrücke erzeugt, wenn wir schon bei Beethovens „Ode an die Freude" sind. Auch beim Zander (mit Roggenbrot, Grammeln, roter Paprika) kommt Freude auf, weil: saftig-aromatisch. Die Weinkarte ist nicht minder spannend. Wer Innereien mag, sollte keineswegs die Innereien-Abende versäumen. Außerdem: Mittagstisch-Empfehlung!

à la carte: 13–32 €

Tel.: 01 5871320
0676 551 41 43

1060 Wien
Laimgrubengasse 22

www.ludwigvan.wien
info@ludwigvan.wien

Mo 11.30–14.30, Di–Fr 11.30–14.30 und 18–24 Uhr

LUGECK

12/20

Koch: Martin Leb

In den historischen Gemäuern des Regensburger Hofs in der Wiener Innenstadt residiert das Lugeck. Es ist modern und hochwertig eingerichtet. Vor allem die Klassiker der Wiener Küche geben dem Restaurant seine Identität, aber auch Steaks und „Bekanntes" aus aller Welt haben einen Fixplatz auf der Speisekarte. Die standardisierten Speisen und Getränke sind modern inszeniert und durchgestylt und treffen den Geschmack eines breiten Publikums. Das Lugeck bietet Systemgastronomie auf hohem Niveau zu einem fairen Preis. Wer allerdings auf der Suche nach Individualität ist, wird hier nicht fündig werden.

Tel.: 01 5125060

1010 Wien
Lugeck 4

www.lugeck.com
info@lugeck.com

täglich 11.30–22 Uhr

MADE IN SUD®

13/20

Als Gruß aus der Küche wird ein kleiner Teller Mortadella serviert. Spätestens da wird klar, wohin die Reise geht: süditalienisches Pasta-Glück, der Geist Apuliens und bester Fisch aus Split. Nach der Wurst zum Start sollte es – ohne Wenn und Aber – die Fischplatte sein. Crudo. Und in wechselhafter Besetzung, was der Fischhändler eben gerade hat. Fast immer dabei: der Kaisergranat und die Rotbarbe. Wer Glück hat, darf sich über Riccio di mare freuen – Seeigel. Den gibt es hin und wieder auch zu den handgemachten Linguine. Francesco Tedesco ist ein leidenschaftlicher und lustiger Gastgeber. Va lì! Geht hin!

1040 Wien
Margaretenstraße 36
www.madeinsud.at
Di–Sa 11–22 Uhr

MAST WEINBISTRO

15,5/20

Koch: Lukas Lacina

In diesem schicken kleinen Lokal kann man hervorragend zeitgemäß essen und insbesondere Wein trinken und genießen. Wir haben das „Chef's Choice Menü" samt Weinbegleitung gewählt und starteten deliziös mit einer Kürbis-Tartelette mit Grapefruit; der „Happen" mit Karfiol und Haselnuss konnte uns ebenfalls überzeugen. Weiters war der Lauch mit Räucherforelle etwas blass, während der Rohschinken mit Chicorée und stoffiger Reduktion überzeugte. Die roh marinierte Lachsforelle mit Fenchelstücken konnte mit Grüntee-Sud und Mandarinenstücken wieder einen Zwischenhöhepunkt markieren. Die Rote Rübe mit Paprika konnte da nicht mithalten – das Erdäpfelrisotto mit Peterwurzel, wenngleich spannend vorgetragen, ebenfalls nicht. Den Waller auf herrlichem Selleriepüree samt Kohlsprossenblättern fanden wir fantastisch, das Secreto vom Ötscherschwein war mehr als bissfest, wurde aber durch das mürbe Schulterscherzel mit Süßkartoffel und Mole ausgeglichen. Mit den Desserts kehrte wieder eine Beruhigung ein, jedoch wünschen wir uns mehr Kontinuität in der Küche des Mast – so, wie wir es gewohnt waren.

à la carte: 6–21 €

Tel.: 01 9226679
1090 Wien
Porzellangasse 53
www.mast.wine
contact@mast.wine
Mi–Fr 12–14 und 18–22,
Sa, So 18–22 Uhr

MATERIA

13/20

Koch: Stefano Patelli

Patron Stefano Patelli aus Apulien beweist mit seinem kleinen Ristorante Materia, was die „cucina italiana" kann. Zwei 4-Gänge-Menüs, erweiterbar auf sechs Gänge, werden angeboten, aufgeteilt in „Materia Pesce" und „Terra", aber auch beliebig kombinierbar. Die authentisch-sorgfältige Zubereitung bereitet Freude. Besonders begeistert hat uns die seit Langem beste (Rinds-)Bruschetta mit Thunfischsauce, fermentierten Radieschen, Puntarelle und Ziegenkäse, ebenso wie die mit Lamm gefüllten Tortelli in köstlichem Parmesanschaum mit Trüffeln. Mit der Hühnerroulade mit Artischocken und der Rotweinbirne zum Dessert zeigt Patelli solides Küchenhandwerk. Angenehm, entspannte Atmosphäre, perfekte glasweise Weinbegleitung.

à la carte: 39–80 €

Tel.: 01 4026916
0681 842 064 01

1080 Wien
Tigergasse 31

www.materia.restaurant
info@materia.restaurant

Di–Sa 18–23 Uhr

MEIEREI IM STADTPARK

15/20

Koch: Heinz Reitbauer

In den Wiener Räumlichkeiten von Familie Reitbauer einzukehren, geht mit einer gewissen Ehrfurcht einher. Egal, ob man da im Hauptrestaurant sitzt oder eben im kleinen Schwesternlokal, der Meierei, vis-à-vis vom Wienfluss. Dort sitzt es sich entweder stilvoll in den Räumlichkeiten der einstigen Milchbar oder angenehm ruhig im Schanigarten. Küchentechnisch orientiert man sich hier an bewährten Konzepten: zeitgemäße, saisonale Regionsküche, die mit Handwerkskunst und Texturenverständnis umgesetzt wird. Frisch und stimmig ist da der Paradeiser-Quinoa-Salat mit Melonen, gerösteten Pistazien und Senfsaat. Bei der süßsauren gebeizten Lachsforelle an Süßkartoffeln, Zuckerschoten und Koriander haben wir jedoch genau diese Frische vermisst, die der Sauce bei den Sommertemperaturen nichts abgetan hätte. Weiter ging es mit Couscous gefüllten Zucchiniblüten, die mit Wildem Brokkoli und gelben Fisolen einwandfrei serviert wurden. Ebenso die Eis- und Sorbetvariation, die nebst dem Käsegang ein klares Muss in diesem Haus ist. Einzig irritiert waren wir an diesem Abend vom Servicepersonal, das durch seine Abstinenz und Feierabendlaune wenig greifbar war. Greifbar hingegen war die gut sortierte Weinkarte.

à la carte: 6,90–24,50 €

Tel.: 01 713 316 810

1030 Wien
Am Heumarkt 2a

www.steirereck.at
wien@steirereck.at

Mo–Fr 8–23, Sa 9–19 Uhr
Fei

MEISSL & SCHADN

11,5/20

Im durchaus feudalen Meissl & Schadn kann man die Kaiserzeit zumindest kulinarisch auf genussvolle Art wiederauferstehen lassen. Wir taten das mit den zwei Assietten – gesulztem Tafelspitz und gespicktem Rahmherz (beide hätten des Kaisers Herz erfreut!) – und der Meissl-&-Schadn-Suppenvariation, deren Highlight die eingebrannte Kaisersuppe mit Bries, Zunge und Wurzelgemüse darstellte. Danach mussten es heuer das viel gelobte Wiener Schnitzel mit Wiener Garnitur und die fluffigen Salzburger Nockerln als Einzelnockerl sein. Ein schönes Erlebnis war es, das vom engagierten Personal und einem gut abgestimmten Getränkeangebot perfekt abgerundet wurde.

Tel.: 01 90212

1010 Wien
Schubertring 10–12

www.schnitzellove.com
wien@schnitzellove.com

Mo–So 12–23 Uhr

MEIXNER'S GASTWIRTSCHAFT 13,5/20

Köchin: Berta Meixner

„Wien besucht und mit Meixner's Gastwirtschaft ein urtypisches Wiener Traditionswirtshaus in der Nähe des Reumannplatzes gefunden": So oder so ähnlich könnte der Tagebucheintrag eines Reisenden dieser Tage aussehen, wenn es ihn nicht zum Heurigen oder in die Innenstadt zieht. Und wir wollen ergänzen, dass in dem ruhigen Vorstadtlokal eine Kultur der Wiener Küche gepflegt wird, die jede Straßenbahnfahrt rechtfertigt. Den Start machen – sofern Saison – Marchfelder Spargel mit feiner Vinaigrette. Das „Almscherzerl" zeigte kristallklar, dass man sich beim Meixner auf die Kunst der Wiener Rindfleischküche versteht. Zum süßen Abschluss empfiehlt sich noch ein Klassiker der Mehlspeisküche: mustergültige Buchteln mit Kanarimilch. In puncto Weinauswahl wurden wir von dem freundlichen Kellner sehr gut und glasweise mit regionalen Weinen versorgt. Auf der Weinkarte stehen vorwiegend Weine aus Österreich. Auch Maischevergorenes und Schwefelfreies sind im Angebot.

à la carte: 9,80–32,80 €

Tel.: 01 6042710
1100 Wien
Buchengasse 64
www.meixners-gastwirtschaft.at
k.meixner@aon.at
Mo–Fr 11.30–14.30 und 17.30–21.30 Uhr
♿

MOCHI 13,5/20

Koch: Manuel Reisinger

SERVICE AWARD 2017

Es ist nicht leicht, einen der eng gestellten Tische zu ergattern – wir haben es geschafft und fühlten uns aufgenommen im Club der Mochista. Wir haben viele kleinere Gerichte und dazu offene Weine bestellt und verkostet. Zum Start bekamen wir Nigiri in guter Qualität. Die gegrillten Hühnerschenkel und die Crispy Prawns sind sehr zu empfehlen, der Wolfsbarsch mit Trüffel, abgestimmt mit Yuzu, war richtig gut. Etwas störend war vielleicht der massive Einsatz von Cocktailsauce. Besonders hervorzuheben ist die mitreißende Stimmung im Team und im Lokal.

Tel.: 01 9251380
1020 Wien
Praterstraße 15
www.mochi.at
welcome@mochi.at
Mo–Sa 11.30–22 Uhr
Fei

MODERN KOREAN 13/20

Die koreanische Küche hat zuletzt eine beachtliche Erfolgsgeschichte hingelegt, der globale Hype um die koreanische Pop- und TV-Kultur hat auch gastronomische Folgen. Man verfügt inzwischen in weiten Teilen dieser Welt über eine gewisse Kimchi-Kompetenz. Zu den zentralen Anlaufstellen für Wiener Korean-Cuisine-Fans zählt das Modern Korean; ausgerechnet hier hat sich neuerdings aber ein leichtes Motivationsloch aufgetan. Wir haben an dieser Stelle jedenfalls schon deutlich spannendere Abende verbracht. Die Gun Mandu (Gemüse-Teigtaschen) fielen bieder bis trocken aus, das Lachs-Sashimi mit Kohlrabi und Chili-Dressing bot mehr Finesse, aber auch schlampiges Handwerk. Tteokbokki, in Gochujang-Sauce gebadete Reiskuchen, blieben eindimensional, Kimchi Jjigae mit gebratenen Schweinsripperln litt an ähnlicher Unterkomplexität. Die schillernde Variation von scharf, sauer und umami, die der koreanischen Küche eigentlich ihren Reiz verleiht, kam diesmal kaum zur Geltung; selbst das eigentlich unschlagbare Korean Fried Chicken blieb blass. Nun, uns bleibt immer noch Seoul.

Tel.: 0664 196 79 72
1090 Wien
Lustkandlgasse 4
www.modernkorean.at
restaurant@modernkorean.at
Mo–Sa 12–22 Uhr
Di–Sa 12–14.30 und 18–21.30

MOTTO AM FLUSS 12,5/20

Koch: Markus Krenn

AMBIENTE AWARD 2010

Das Motto am Fluss ist chic, der Blick aufs Wasser und Pipilotti Rist am Plafond des „Loft" auf der gegenüberliegenden Seite wäre schon Highlight genug, aber hier wird noch eins draufgesetzt: durchgestyltes Interieur und Servicepersonal beispielsweise. Auch die Speisekarte ist versiert, es ist für jeden etwas dabei: mediterran, asiatisch, klassisch, vegan. Es gibt Frühstück und Snacks, aber auch das fulminante Dinner – und das alles wie auf einem Luxusdampfer mitten in Wien. Das hat naturgemäß seinen Preis, allerdings ist dieser – gemessen an all den Attraktionen – absolut passabel.

Tel.: 01 25255
1010 Wien
Franz-Josefs-Kai 2
www.mottoamfluss.at
office@mottoamfluss.at
Mo–Do, So 18–23, Fr und Sa 18–24 Uhr

MRAZ & SOHN

18,5/20

Köche: Markus & Lukas Mraz

LUKAS MRAZ, NEWCOMER DES JAHRES 2019
LEBENSWERK FÜR MARKUS MRAZ, KOCH DES JAHRES 2018

Gibt es irgendwo in Österreich ein lässigeres, niederschwelligeres Fine Dining auf diesem Niveau, in dem man sich sofort willkommen, ja sogar als nach langer Zeit wiedergekehrter vermisster Freund wähnt? Markus Mraz – Koch des Jahres 2018 – und seine Söhne Lukas – der kongeniale Mitstreiter am Herd – und Manuel – er schupft den Service und weiß mit seinem Käsewagen zu begeistern – wollen wir hier dafür explizit erneut hochleben lassen, bevor wir zu einer Weinkarte voll Tiefe und Breite, voll Traditionellem und Experimentellem und zu einer Kellnerschar der Extraklasse lobende Worte verlieren. Die Weinbegleitung, die eher als Getränkebegleitung gedacht ist, ist ideenreich und immer Gewehr bei Fuß, wenn es darum geht, die zahlreichen Zaubereien aus der Mraz'schen Küche bestmöglich zu unterstützen. Das alleine ist schon einen Besuch wert. Aber nun zum Hauptgrund, sich schon Wochen vor dem Termin um die Reservierung einer der begehrten Tische zu kümmern: dem Essen! Der Einkaufswagen, voll beladen mit den Ingredienzen des Abends, wird von Manuel präsentiert, bevor es Schlag auf Schlag geht und der Gaumen bei Bloody Mary à la Mraz, unfassbar fruchtigen, extraknusprigen Tomaten-Wan-Tan, oder Schaschlikspieß mit Hühnerinnereien im Dürüm-„Lukistyle" erstmals jubiliert. Und weil es diesmal um „from leave to root" (zuerst von der Bio-Tomate) und um „from nose to tail" (vom Bresse-Huhn aus der Steiermark) geht, folgen nach Flusskrebsen eine hocharomatische Hühnersulz „Szechuanstyle", das knusprigste Stück Backhendl samt Salatbuffet und eine österreichische Paella mit Hendlhaxen, Chorizo und Flusskrebssud – ex aequo mit dem Dürüm unser Lieblingsgang des Abends. Das sind keine Lebens-, das sind Suchtmittel! Gefrorene und geraspelte Melone, ein wunderbarer Plunder und ein perfektes, selbst gebasteltes Heidelbeer-Cornetto zum Abschluss … und schon war er vorbei, der Zauber. Leider!

Tel.: 01 3304594
1200 Wien
Wallensteinstraße 59
www.mrazundsohn.at
restaurant@mrazundsohn.at
Mo–Fr ab 19 Uhr

NIHONBASHI

12/20

Koch: Masaaki Shinazawa

Einen authentischen japanischen Abend ohne Langstreckenflug unweit der Wiener Oper zu erleben, das gelingt im Nihonbashi stets gut. Nicht zuletzt dank des sehr aufmerksam agierenden japanischen Personals und der spannend kuratierten Sake-Begleitung. Beim achtgängigen Kaiseki-Menü taucht man in die Vielfalt der japanischen Küche ein und erfreut sich unter anderem an gegrilltem, in Saikyo-Miso mariniertem Heilbutt, Meeresfrüchten und Gemüse, in Tosa-Essig mariniert, oder einer gelungenen Sushi-Variation. Der Name „Nihonbashi" kommt von einer Brücke und einem Stadtteil im Osten Tokios, genauer gesagt in der alten Kaiserstadt Edo. Dort, wo Sushi seinen Ursprung hat.

à la carte: 8,90–39,90 €

Tel.: 01 8907856
1010 Wien
Kärntner Straße 44
www.nihonbashi.at
reservation@nihonbashi.at
tgl. 12–15 und 18–23 Uhr

O BOUFÉS

15/20

Natural Wine Bistro

Koch: Konstantin Filippou

Das O Boufés gilt mit seinem zeitgeistigen Ambiente und urbanen Chic zweifellos als Masterpiece und Vorbild vieler heimischer Weinbistros. Allerdings orteten wir heuer ein paar kleine Schwächen, die hoffentlich nur eine vorübergehende Sache sind. Die Weinkarte, sonst eine hochspannende Auswahl an Alternativem aus Österreich, Frankreich, Griechenland und mehr, war recht ausgedünnt. Was heißt: Nicht wenige der interessanten Weine waren als ausgetrunken markiert und die Liste entsprechend dezimiert. Auch bei der Küchenleistung konnte nicht durchgängig Freude aufkommen. Das Bœuf bourguignon hätte etwas mehr Substanz vertragen. Das Fleisch dafür wurde erstaunlicherweise erst nach dem Garen in Würfel geschnitten, so fehlte auch das typische haptische Erlebnis. Ebenso wenig Vergnügen bereitete der Bergkäse, weil er eiskalt und völlig ausgetrocknet serviert wurde.

Tel.: 01 512 222 910
1010 Wien
Dominkanerbastei 17
konstantinfilippou.com/oboufes
reservation@konstantinfilippou.com
Di–Sa 18–22.30 Uhr

Fein hingegen: die unglaublich gut marinierte Rote Rübe mit Treviso, Shiso und Lauch sowie der pikante Chinakohl mit seiner subtil dosierten Schärfe von Chili und der heimeligen Liebstöckelwürze.

ON

12/20

Das On ist ein immer gut besuchtes Restaurant mit teilweise überdachtem Innenhof. Es vermittelt die ungezwungene Atmosphäre eines Beisls. Die Küche ist seit Jahren Garant für abwechslungsreiche und modern interpretierte chinesische Gerichte zu erfreulich günstigen Preisen. Die gewohnt gute Qualität zeigt sich zuerst beim Seetang-Mango-Glasnudel-Salat, dann beim Portobello im Pankomantel mit Miso-Erdnuss-Sauce. Die Kombination aus gebratenen Hausnudeln mit Eierschwammerln und Maishähnchen ist angenehm pikant. Freunde von Innereien sind mit Huhn, Kalb und Lamm gut bedient. Service und Getränke sind solide und in Ordnung.

à la carte: 10–19 €

Tel.: 01 585 49 00
1050 Wien
Wehrgasse 8
www.restaurant-on.at
office@restaurant-on.at
tgl. 11.30–23.30 Uhr

ONE NIGHT IN BEIJING

11,5/20

Köchin: Yawen Sun

Pekingente gehört zu den berühmtesten Gerichten aus China. Und wer noch nie in Schanghai oder Peking in den Genuss dieses weltbekannten Rezepts gekommen ist, der sollte im One Night In Bejing seinen ersten Versuch wagen. Eine klare Entensuppe zu Beginn, danach zartes Entenfleisch, das mit Reisfladen – die mit Hoisin-Sauce bestrichen wurden – gegessen wird. Einfach ein Genuss! Probieren sollte man hier auch das pikante Lachstatar oder die hausgemachten Frühlingsrollen. Die Desserts stillen den Gusto nach Süßem, gastronomische Höhepunkte braucht man in dem Bereich keine erwarten.

à la carte: 12–30 €

Tel.: 01 318 53 03
1190 Wien
Nussdorfer Platz 8
www.onib.at
office@onib.at
täglich von 12–21 Uhr

ONYX RESTAURANT

12,5/20

Da im Do-&-Co-Hauptrestaurant im Haas-Haus vis à vis vom Stephansdom stets „full house" herrscht, hat man kurzerhand die einen Stock tiefer gelegene Onyx-Bar ebenfalls zum Restaurant mit einem Schwerpunkt auf asiatische Küche umgewandelt. Dass es dennoch nicht ganz einfach ist, einen der begehrten Fenstertische zu ergattern, ist klar. Erstaunlich gut jedenfalls die kulinarischen Leistungen: Von köstlichen Sushi, Sashimi und Maki über ein tadelloses Wildlachs-Teriyaki bis zum knusprigen Schweinebauch in feiner Miso-Sauce bereitet eigentlich alles Vergnügen. Zum Abschluss fällt die Wahl zwischen den Altwiener Marillenbuchterln oder der Schoko-Überraschung schwer.

Tel.: 01 5353969
1010 Wien
Stephansplatz 12, 6. Stock
www.docohotel.com/vienna/de/onyx-restaurant
onyx@doco.com

OPUS

16/20

im Hotel Imperial Wien

Koch: Werner Pichlmaier

AUFSTEIGER DES JAHRES 2017

Für die einen ist der anachronistische Stil des Imperial-Restaurants eine wohltuende Abwechslung zum modernen Chic. Andere wiederum mögen sich denken: Na ja, ein bisschen mehr freche Frische könnte dem Ambiente und dem Dinner-Stil nicht schaden. Auch das ist Geschmackssache. Der kulinarische Start ist jedenfalls ziemlich üppig, nicht nur wegen der acht Amuse-Gueules, darunter eine klassische Käsekrainer. Auch das Brotkörberl ist reich gefüllt. Und trotzdem erzeugen die folgenden sieben Gänge der zwei Menüs (eines davon vegetarisch) kein Völlegefühl. Die Königskrabbe mit Zitrus, Avocado und Wasabi wirkt als Arrangement etwas überladen, ist aber trotzdem ein wirklich feiner Einstieg. Diese Linie zieht sich fort. Auch die Jakobsmuschel mit Kalbsbries, Sellerie und Erdnuss und der Stör mit Sauerkraut und Kapern sind auf dem Teller ein bisschen zu viel des Guten, als Gaumenfreude dennoch gelungen. Das Fleisch des Duroc-Schweins (mit Perlzwiebel, Chili und Kletzen) hätte einen Hauch zarter sein dürfen. Aber dann: Der Topinambur mit Trüffel, Urkorn und Kamille ist in dieser Kombination famos, und auch die Challans-Ente mit Wintermelone, Brunnenkresse und Sesam sollte als Highlight in Erinnerung bleiben. Das Potenzial dazu hätte auch das Wagyu-Beef mit Felsenauster gehabt. Das Fleisch ist nicht nur von außergewöhnlicher Qualität, sondern auch perfekt rosa auf den Punkt. Schade nur, dass die Süßkartoffeln als Beiwerk ziemlich langweilig schmecken. Bei den Desserts entlädt sich dann wieder die Lust auf Vielfalt – ein Abend, wunderbar süß im Abgang. Traurig ist lediglich die Weinkarte. In Anbetracht eines Hauses mit so viel Ruhm ist ein so überschaubares Angebot fast nicht zu glauben.

à la carte: 24–180 €

Tel.: 01 501 103 89
1015 Wien
Kärntner Ring 16
www.restaurant-opus.at
opus.restaurant@luxurycollection.com
Di–So 18–24 Uhr

OSTERIA D'ATRI

12,5/20

Das Wiener Stammhaus der Familie d'Atri steht noch mit einem Bein in der guten alten Zeit, als die Gäste den Tignanello entdeckten und die Köche Branzinos in Salzkrusten versteckten. Diese Ära ist vorbei, aber den zweiten Fuß hat Nicola D'Atri sowieso schon in der Gegenwart. Sie wird standesgemäß nobel-italienisch zelebriert (Zucchiniblüte, mit Schneekrabbenfleisch gefüllt und im Pastellateig herausgebacken, Orecchiette mit Filetspitzen und Brokkoli, Steinbutt gegrillt, danach Torta Caprese), leistet sich nur leichte Schwächen beim Service und eine gewisse Lieblosigkeit beim Wein, aber verheißt doch immer noch das süße Leben. Und das hat jederzeit Zukunft.

Tel.: 01 5354804
1010 Wien
Schauflergasse 4
www.datri.at
office@osteria-datri.at

PACO

12/20

Eintreten, Platz nehmen und zumindest für die Einkehr das Gefühl haben, mal eben in Spanien gelandet zu sein. Offene Küche, Knoblauchduft, spanischer Akzent und dazu das flinke Werken der Crew, die unter der Leitung von Chefköchin Raquel Garcia Sanchez nicht unbedingt eine einfache Aufgabe hat. Denn hier verlässt kein Teller den Pass, ohne den kritischen Blick der Chefin zu bestehen. Und das lohnt sich! Neben qualitativ hochwertigen Tapas wie Pimientos de Padrón, köstlichen Sardinen und Patatas bravas werden zum Klassiker Paella – auch immer eine gute Wahl – einige vielversprechende Vor- und Nachspeisen geboten. Frische Scampi, im Ganzen gegrillte Dorade, Pulpo, gekocht und mit Erdäpfeln serviert. Köstlich! Die finale Crema catalana ist ein Muss. Ebenso wie der Ibérico-Schinken vorab. Die breite Auswahl an offenen Weinen macht nicht weniger Spaß. Hier fließt spanisches Blut, hier wird Authentizität gelebt. Hasta la vista, olé!

Tel.: 01 8903785
1090 Wien
Nußdorfer Straße 7
www.pacorestaurant.at
info@pacorestaurant.at

PASTAMARA

im The Ritz-Carlton, Vienna

14/20

So, wie man sich eine typisch-sizilianische Trattoria klischeehaft vorstellt, ist es hier natürlich gar nicht. Gut so. Den Gast erwarten eine moderne, entspannt-elegante Atmosphäre und sehr freundliches Personal. So modern wie das Ambiente ist dann auch die Küche: Sizilianisches, konzeptionell frisch interpretiert von Ciccio Sultano. So erlebten wir weltoffene Gerichte mit intensiver Würzkraft. Vorweg etwa Tatar vom Thunfisch mit Spargelchicorée und Leche de Tigre. Wunderbar frisch die sizilianischen roten Garnelen, attraktiv auf Eis serviert. Als Zwischengang des Hauses werden wir mit Eis, Zwiebel und Trüffel überrascht. Die Fregola e crudi di mare mit Lardo hätten vielleicht etwas mehr mediterranen Touch vertragen (und auch ein paar mehr Meeresfrüchte), waren aber trotzdem sehr fein. Der Fisch des Tages, ein Steinbutt, wurde mit einer wunderbar aromatischen, typisch sizilianischen Sauce und klassischen Patate arrosto serviert. Und natürlich landeten wir mit der „Torte des Tages" im Desserthimmel: Mascarpone mit frischen Himbeeren im Törtchen. Mehr geht echt nicht.

Tel.: 01 311 886 18
1010 Wien
Schubertring 5–7
www.pastamara.com
vienna.restaurant@
ritzcarlton.com

PATARA

Koch: Prakai Wongphuttha

13/20

Das Patara ist eine wunderbare thailändische Insel im ersten Bezirk. Natürlich gibt es in Wien andere Thai-Lokale, aber an die Qualität, Tradition und Professionalität des Patara kommt kaum eines heran. Hier wird auf wirklich hohem kulinarischem Niveau die Siam-Küche zelebriert. Kein Klassiker fehlt in der Speisekarte. „Reisen" in Form von mehreren Gerichten sind sehr empfehlenswert, da damit die ganze Bandbreite ausgekostet werden kann. Die Weinkarte ist international und gut sortiert, es lässt sich jedenfalls stets ein passender Wein zu den Gerichten finden. Der Service ist zuvorkommend und professionell, das Interieur sehr elegant und einladend. Wem es nach Thailand zu weit ist, der ist hier jedenfalls gut aufgehoben.

Tel.: 01 997 193 80
1010 Wien
Petersplatz 1
www.patara-wien.at
email@patara.at
Mo–Do 12–14.30 und 17.30–21.30, Fr und Sa 12–14.30 und 17.30–22 Uhr

PAUL & VITOS

12/20

Koch: Patrick Pannosch

Ein Restaurant mit Charme und französischem Bistro-Flair. Pastelliges Mintgrün und sinnliches Himbeerrot verleihen der Location eine feminine Note. Auch das Speisekonzept scheint auf weibliche Klientel zugeschnitten: Portionen im Tapas-Format einer internationalen Cross-over-Küche – von koreanischem Fried Chicken über Fisch-Tacos bis zu flaumigen Topfenknöderln mit Zwetschkenröster – machen Lust, sich durchs Programm zu kosten und nach dem „Share-Prinzip" gleich mehrere Gerichte zu ordern. Ein reichhaltiges Getränkeangebot – inklusive Prosecco vom Fass – komplettiert das Vergnügen.

à la carte: 8,20–17 €

Tel.: 01 5323766
1010 Wien
Petersplatz 11
www.paulundvitos.wien
office@paulundvitos.wien
Mo–Sa 11–1 Uhr

PFARRWIRT

12/20

Dies ist ein Ableger der Heurigeninstitution Mayr am Pfarrplatz, was man bereits am etwas selektiven Weinangebot erkennt. Man hat sich Wiener Traditionsgerichten verschrieben. Es gibt aber auch typische Dauerbrenner und Ausflüge in die Küchen der ehemaligen k. u. k. Kronländer – all das auf durchwegs hohem Niveau zubereitet. Das Backhendl im Körberl mit Erdäpfel-Vogerl-Salat, aber auch das Rehfilet sind eine uneingeschränkte Empfehlung. Auch die Marillenpalatschinken sind eine Zierde ihrer Art. Das Personal ist freundlich und berät aufmerksam.

Tel.: 01 3707373
1190 Wien
Pfarrplatz 5
www.pfarrwirt.com
info@pfarrplatz.at
tgl. ab 12 Uhr

PICHLMAIERS ZUM HERKNER

14/20

Koch: Roman Artner

Die Stammgastdichte ist hier draußen in Upper Hernals seit jeher groß; die Versuchung, selbst einer zu werden, erscheint kaum kleiner. Denn ja: So geht gutbürgerlich, so hat es eine Zukunft. Küchenchef Roman Artner weiß eben sehr genau, wie man im Rahmen von Regionalität und Tradition mit unerwarteten Kompositionen überrascht und diese in der Bodenständigkeit erdet: Ofenspitzkraut im Selchfond, Kalbskopf mit gebackener Zucchiniblüte, Bries mit Morcheln und Rhabarber – das hat Raffinesse, Klasse, Wohlgeschmack. Und noch einmal ja: Das Herkner-Schnitzel ist immer noch eine Instanz. Hernals, we'll meet again.

à la carte: 6,70–30 €

Tel.: 01 4801228
1170 Wien
Dornbacher Straße 123
www.zumherkner.at
pichlmaiers@zumherkner.at
Mo, Mi, Do und Fr 18–24,
Sa und So 12–24 Uhr

PLACHUTTA NUSSDORF

12/20

Unweit der Wiener Weinberge, am Rande des Stadtteils Döbling, befindet sich eine weitere Dependance der berühmten Plachutta-Gasthäuser, die nicht ohne Grund zum kulinarischen Fixpunkt der Wiener Küche gehören. Hier ist der Tafelspitz zu Hause, hier wird er zelebriert. In all seinen Facetten, in all seinem Beilagenreichtum. Abseits davon warten Traditionsgerichte wie Beef Tatar, Butterschnitzel oder gebackener Kalbskopf auf der Karte. Aber auch Saisonales wie die hausgemachten Kürbis-Teigtaschen oder das Filetsteak überzeugen. Süßer Gusto wird am besten mit lauwarmem Milchrahmauflauf oder frischem Mangosorbet gestillt. Die Weinkarte hält Vielversprechendes aus Österreich bereit. Das Ambiente ist so, wie man es vermutet: Weiße Tischtücher und Holz sorgen für Klassik, im Sommer sitzt man gemütlich im schattigen Hofgarten.

à la carte: 13,20–29,80 €

Tel.: 01 3704125
1190 Wien
Heiligenstädter Straße 179
www.plachutta.at
nussdorf@plachutta.at
täglich 11.30–23 Uhr

PLACHUTTA STAMMHAUS HIETZING 12/20

Es ist das Stammhaus der Plachutta-Familie und wahrscheinlich DER Treffpunkt schlechthin für beständige Wiener Küche und gekochtes Rindfleisch. Quasi eine Institution, bei der auch die Nachbarn aus dem Grätzel gerne einkehren. Wer sagt schon zu einwandfreier Rindssuppe, saftigem Schulterscherzel mit Cremespinat und Semmelkren Nein? Aber auch die „Erweiterungen" abseits vom Rind dürfen nicht unterschätzt werden: Shrimpstörtchen, Erdäpfelcremesuppe und die Filetspitzen mit Butternockerl und Speck sind solide und eine Empfehlung wert. Zum Abschluss gibt es warmen Topfenauflauf oder Vanilleeis mit Waldbeeren und Eierlikör. Authentisch, verlässlich, beste Tischkultur.

à la carte: 13,20–29,80 €

Tel.: 01 877 70 87

1130 Wien
Auhofstraße 1

www.plachutta-hietzing.at
hietzing@plachutta.at

Mo–Fr 11.30–15 und 18–23, Sa, So, 11.30–23.30 Uhr

PLACHUTTA WOLLZEILE 12/20

Plachutta – ein geschätzter Vertreter der Wiener Küche. Hier einzukehren, geht quasi mit der Garantie österreichischer Traditionsgerichte und Qualität einher. Im Herzen der Stadt angesiedelt, begeistert das beliebte Gasthaus aber nicht nur Touristen. Auch Einheimische wissen die dortige und langjährige Erfahrung der zelebrierten Rindfleisch-Kochkunst zu schätzen: Schulterscherzel, Hüferschwanzel oder klassisch der Tafelspitz? Mürb, mager oder durchgezogen? Gemeinsam mit den beliebten Beilagen wie Semmel- und Apfelkren begeistern durch die Bank alle Varianten. Dazu erfreuen saisonale Ergänzungen, beliebte Klassiker wie Wiener Schnitzel und geröstete Kalbsleber oder Saibling. Zum Dessert gibt es Palatschinken, im Glas vorwiegend heimische Qualitätsweine. Unaufgeregt, aber souverän. Und ausgesprochen gut.

à la carte: 11.30–29,80 €

Tel.: 01 5121 577

1010 Wien
Wollzeile 38

www.plachutta.at
wollzeile@plachutta.at

täglich 11.30–23.30 Uhr

PLACHUTTAS GASTHAUS ZUR OPER 12,5/20

Wer Plachutta hört, denkt Tafelspitz. Und den gibt es hier stilecht und butterzart in einer kräftigen Suppe im Kupferkessel serviert. Mit von der Partie sind Wurzelgemüse, Apfelkren, Schnittlauchsauce, Markknochen, Rösterdäpfel und geröstetes Schwarzbrot. Den Klassiker gibt es hier übrigens auch als zarte Sulz mit feinem Käferbohnensalat. Was im Gasthaus zur Oper allerdings auf keinen Fall versäumt werden darf, ist das original Wiener Schnitzel „aus dem besten Teil des Kalbes". Und um den Wiener Traum zu vervollständigen, gab es zur Nachspeise einen flaumigen Kaiserschmarren mit lauwarmem Zwetschkenröster. Hier genießt man gekonnte Traditionsküche in moderner Atmosphäre.

à la carte: 12,90–26,50 €

Tel.: 01 512 22 51

1010 Wien
Walfischgasse 5-7

www.plachutta-oper.at
oper@plachutta.at

tgl. 11.30–24 Uhr

♿

PLANTER'S CLUB RESTAURANT 13/20

Koch: Benjamin Moritz

Man sei hier „unabhängig von modernen Strömungen", verkündet die Speisekarte des diesbezüglich auch unverdächtig eingerichteten Restaurants. Kulinarisch bedeutet das: solide verarbeitete Nobelprodukte bei den Vorspeisen – gebratene Jakobsmuscheln mit Haselnuss, Hummer-Bisque, Gyoza mit Gänseleber – und einen Steak-Schwerpunkt bei den Hauptgerichten. Dry-Aged, Omaha, Wagyu – alles ganz klassisch und von hoher Qualität, ebenso wie die ambitionierten Desserts. Erfreulich, dass sich auf der Weinkarte – neben einem beachtlichen Neue-Welt-Angebot – dann doch ein paar „moderne Strömungen" finden, zu für den ersten Bezirk durchaus moderaten Preisen.

à la carte: 12–245 €

Tel.: 01 533 339 30

1010 Wien
Zelinkagasse 4

www.plantersclub.com
office@plantersclub.com

Mo–Sa 17–22.30 Uhr
Fei

♿

PRAMERL & THE WOLF

17,5/20 🎩🎩🎩🎩

Koch: Wolfgang Zankl-Sertl

Ei, Gast, warum machst du so große Augen? Weil du staunst, was dir da Schönes vor die Nase gestellt wurde? Wie stimmig das alles ausfällt – und wenn es noch so ausgefallen ist? Ja, allerdings. In zeitgeistig-minimalistischem, aber auch sehr wienerischem Ex-Tschocherl-Ambiente zeigt Wolfgang Zankl-Sertl seinem durchwegs weit gereisten Publikum, wie lässige Spitzenküche geht. Es gibt nur ein Menü, aber auch so fällt die Auswahl schwer: Was war da, unter allen diesen Besonderheiten, die besonderste? Zankl-Sertl hat sich „die Kunst des Weglassens“ auf die Fahnen geschrieben, aber man muss das nicht so wörtlich nehmen: Diese neun Gänge enthalten tatsächlich zahlreiche Schätze. Als Amuse-Bouche etwa ein knusprig umhülltes und mit Kaviar veredeltes Tatar von der alten Kuh, dazu zwei Röllchen aus Kohlrabi-Kimchi und Guanciale – man nennt das wohl Geschmacksfeuerwerk. Wir mögen dieses Wort nicht. Aber manchmal, ganz selten, passt es. Zankl-Sertl hegt, bei aller subtilen Ästhetik, ein Faible für das kräftige Aroma: Auster, pochiert und geräuchert, mit knackigen Fisolen; Taschenkrebsfleisch in leicht säuerlichem Safransud mit hauchdünn gehobelten, knackig bunten Karotten; Stör, forsch angegrillt mit Petersilwurzeln und -saft, dazu Kapernblätter. Ja, die Harmonien sind nicht gerade leise im Pramerl & the Wolf, aber sie klingen hervorragend. Die Kunst des Sich-darauf-Einlassens wird belohnt, auch abenteuerliche Kreationen wie die aus Calamari geformte „Pasta Carbonara“ mit Räucheraal erweisen sich als Punktlandungen, süffige Wohlfühlgerichte wie die Wachtelbrust mit Kaiserlingen, Brokkoli, Sommertrüffel und Sake-Sauce sorgen für Bodenhaftung. Weinkarte und -begleitung fallen angenehm exzentrisch aus, die Desserts vergleichsweise klassisch (Rhabarber-Granité, Walderdbeeren mit Rahmschmarren). Und wenn wir nicht gegangen sind, dann staunen wir noch heute.

Tel.: 01 9464139
1090 Wien
Pramergasse 21
www.pramerlandthewolf.com
office@pramerlandthewolf.com
Mi Do 19–24,
Fr und Sa 18–24 Uhr

PURE Ⓝ

13/20 🎩🎩

Es ist praktisch ein „neuer Stern am neuen Stern“. Zum einen, weil es eine Neueröffnung von Leuten ist, die in Wien schon zweimal bewiesen haben, dass ihnen Veggie-Küche und Nachhaltigkeit Herzensanliegen sind. Und zum anderen, weil das Lokal am neu gestalteten Praterstern liegt. Just an einem Platz, an dem man es davor mit der Gastlichkeit nicht so hatte: in der alten Polizeiwachstube. Wo also früher Leberkässemmeln sonder Zahl konsumiert wurden, bestellt man heute Sobanudeln in Curry-Koriander-Sud, bunten Rübensalat oder Herbstgemüse im Pergamentpapier. Ambiente und Gerichte: hip, aber nicht posh. Und beides durchaus gut.

Tel.: 0664 885 023 80
1020 Wien
Praterstern 2
www.pure-restaurant.at
office@pure-restaurant.at

Bewertungen:

11 bis 12,5 Punkte von 20 Punkten: 1 Haube 🎩
13 bis 14,5 Punkte von 20 Punkten: 2 Hauben 🎩🎩
15 bis 16,5 Punkte von 20 Punkten: 3 Hauben 🎩🎩🎩
17 bis 18,5 Punkte von 20 Punkten: 4 Hauben 🎩🎩🎩🎩
19 bis 19,5 Punkte von 20 Punkten: 5 Hauben 🎩🎩🎩🎩🎩

Q'ERO

13/20

Tel.: 01 532 03 95
1010 Wien
Börsegasse 9/16
www.qero-viena.at
office@qero-viena.at
Mo–Fr ab 11–24, Sa 17–24 Uhr

Der Hipster-Faktor der peruanischen Küche ist hierzulande bereits in Richtung kulinarischer Alltag mutiert: Mittlerweile hat jeder bessere Landgasthof eine Ceviche auf der Karte. Wie das im Original schmecken sollte, kann man in diesem wunderbaren Lokal verkosten, zum Beispiel in der Variante mit Kabeljau, Oktopus und Rocoto-Chili. Als Hauptspeise gibt es hauchzartes Filet vom roten Thunfisch mit perfekt cremigem Quinoa-Risotto oder Chaufa Mar y Tierra – gebratenen Reis mit Garnelen und Angus-Rind-Filetspitzen. Dazu kann man nicht nur Pisco, sondern sogar peruanischen Wein trinken. Hip oder nicht – auf jeden Fall richtig gut.

RUDIS BEISL

12,5/20

Koch: Christian Wanek

Tel.: 01 5445102
1050 Wien
Wiedner Hauptstraße 88
www.rudisbeisl.at
info@rudisbeisl.at
Mo–Do 17–22, Fr 12–14.30 und 18–22 Uhr

Es läuft der Schmäh, es glüht die Schank, man sitzt dicht an dicht und genießt ungeniert. Es ist nämlich, was es ist: ein Beisl. Und was für eines. Christian Wanek hat das nach einem Vorgänger benannte Lokal zu einem Hotspot der guten Wiener Küche gemacht, und dass die Laune hier gar so vorzüglich ist, liegt nicht nur am Wein, sondern vor allem auch an dieser Küche. Es gibt die Standards in High-End-Ausfertigung, darunter auch (in dieser Qualität) selten Gewordenes (Reisfleisch!) sowie regelmäßige Ausflüge in den Süden (Schwertfischcarpaccio, Steinpilzravioli). In den USA würde man wohl Soulfood dazu sagen – und die Wiener Seele singt.

SACHER – RESTAURANT „ROTE BAR"

14,5/20

im Hotel Sacher Wien

Tel.: 01 514 561 555
1010 Wien
Philharmonikerstraße 4
www.sacher.com/de/restaurants/restaurant-rote-bar
culinary.wien@sacher.com

Das Klavierspiel ist natürlich live, das Publikum tendenziell gereift, das Ambiente zeitlos. In der kulinarischen Hierarchie des Sacher rückte die Rote Bar zuletzt in die erste Reihe, und ja, sie füllt diese Rolle souverän aus. Man muss sich also nicht mehr nur entscheiden, ob man die ultimative Rindsroulade oder das perfekte Backhendl vorzieht (vom Tafelspitz ganz zu schweigen), der Küchenchef setzt auch abseits der Klassiker Ausrufezeichen in Richtung einer leichten Hochküche, die konservative und kreative Anteile souverän ausbalanciert. Service und Weinkarte sind standesgemäß hervorragend, und über die Patisserie brauchen wir ja wohl wirklich nichts zu sagen (außer: ja, Sacher).

SAKAI

13,5/20

Tel.: 01 7296541
1080 Wien
Florianigasse 36
www.sakai.co.at
restaurant@sakai.co.at

In angenehmer Atmosphäre wird hier ausgezeichnete japanische Küche geboten. Aus den 5- bis 9-Gänge-Menüs wählten wir zuerst Seidentofu mit Tatar von der Makrele und raffinierten Wasabinoten. Dann die außergewöhnliche Vorspeisenvariation, die uns hervorragende Geschmackskombinationen bescherte: Daikonrettich-Gelee, Stachelmakrele, Seeaal in Ei, Fischknödel und Rotweintomate in Shiso – alles in bester Qualität. Beeindruckend der abgeflämmte Thunfisch mit Ponzu, Ingwer und Knoblauch-Chips. Ebenso die Nigiri. Feine Grün- und Buchweizentees. Empfehlenswerte Sakebegleitung mit bis zu acht Sorten.

SCHLAWIENER

11,5/20

Koch: Lukas Pani

Österreichische Wirtshausküche, die modern interpretiert und zeitgemäß in hippem Ambiente umgesetzt wird – ein scheinbar unaufhaltsamer Trend, der sich in der Wiener Gastroszene nicht unbegründet durchgesetzt hat. So folgt auch das Schlawiener auf der Wieden diesem Credo und bewirtet seine Gäste in ungezwungener Atmosphäre mit einer gekonnten Mischung aus Wiener Klassik und internationalen Einflüssen. Ein bisschen Asia, eine Prise Portugal oder ein Abstecher nach Peru – da will man sich nicht ganz festlegen und kreiert nach Saison und Vorliebe passende Speisen. Saibling gibt es da beispielsweise als frische Ceviche, Pimientos de Padrón mit Räuchersalz und Teigtascherl füllt man mit geröstetem Kraut und Knoblauch. Klassischer geht es dann beim Beef Tatar oder der gebackenen Fledermaus zu. Beim Finale punktet die Mischung aus Pavlova und Kaiserschmarren. Dazu erfreuen eine kleine Weinkarte, die sich abseits vom Mainstream bewegt, und gut gemixte Cocktails – getreu dem „neuen" Hipster-Beisl-Prinzip.

à la carte: 4–40 €

Tel.: 0677 629 538 54

1040 Wien
Preßgasse 29

www.schlawiener.wtf
reservierung@
schlawiener.wtf

Mo–Sa 17–24 Uhr

SCHNATTL

13,5/20

Koch: Wilhelm Schnattl

Gute, ambitionierte Mittagsküche wird bei Küchenchef Wilhelm Schnattl seit Jahren großgeschrieben. Denn vor einiger Zeit hat sich der Haubenkoch dazu entschieden, sein beliebtes Restaurant nur mehr von mittags über den Nachmittag hinweg zu öffnen – mit der freitäglichen Ausnahme. Und was dann in diesem vermeintlich engen Zeitraum seine Küche verlässt, ist große Klasse. So kredenzt er seinen Gästen traditionelle Wiener Küche mit modernem Twist und internationalen Einflüssen. Eierschwammerlsulz gibt es da beispielsweise mit sautierten Paradeisern; marinierten Streifenbarsch mit Apfel-Sellerie-Salat und Avocado kreiert Schnattl zu einer kalten Suppe, die mit Basilikumparadeiser gereicht wird. Bei der vegetarischen Option – marinierte Eierschwammerl mit hausgemachten Schafkäse-Gnocchi – kommt das beherrschte Handwerk ein weiteres Mal zum Ausdruck. Die Mittagsmenüs und das Freitagabendmenü sind nie enttäuschend. Schön, wenn das Gebotene nicht nur bei Geschmack und Qualität überzeugt, sondern auch noch für das Auge hübsch anzusehen ist. Die hervorragende Weinauswahl mit großen Namen rundet die Einkehr mehr als souverän ab – und das auch zur Nachmittagszeit, versumpern garantiert, denn: Der Innenhof ist besonders schön. Im Inneren herrscht gemütlich-klassisches Ambiente.

à la carte: 7–30 €

**Tel.: 01 4053400
0664 141 91 21**

1080 Wien
Lange Gasse 40

www.schnattl.com
schnattl@aon.at

Mo–Do 11.30–15, Fr 11.30–15 und 18–24 Uhr
✱ Karwoche, 3 Wochen im August 2023

SCHREINERS GASTWIRTSCHAFT

12/20

Schreiner traut sich, den Gästen ein Potpourri an kulinarischen Spezialitäten zu offerieren, die mitunter auch überraschen können. So hatten wir einen wohlschmeckenden marinierten, asiatisch anmutenden Thunfisch auf einem Kräuter-Rucola-Bett und ein etwas wässerndes Rindercarpaccio für den Start. Es folgten ein gut gegarter Bachsaibling mit obligaten Petersilerdäpfeln sowie ein Gulasch vom Mangalitzaschwein. Die abschließenden Nougatknödel toppten allerdings alles. Die freundliche Bedienung offerierte uns unterschiedliche offene Weine glasweise und abschließend einen hervorragenden Espresso.

Tel.: 0676 475 40 60

1070 Wien
Westbahnstraße 42

www.schreiners.cc
wohnen@schreiners.cc

Mi–Fr 18–21 Uhr

SCHUBERT

15/20

Koch: Sascha Hoffmann

Unweit des Wiener Burgtheaters platziert, liegt die Werkstätte von Haubenkoch Sascha Hoffmann, der in den historischen Gewölben des Merkerhofs eine junge, zeitgeistige Küchenlinie fährt. Neben seiner unschlagbaren Pizza aus dem Steinofen ist er bekannt für seine Bistroküche, die Traditionelles mit jungem Esprit und viel Leichtigkeit (Stichwort: Gemüse) vereint. So hat man Melanzani selten so gut gegessen wie in dieser Variation: gedämpft (was für eine Konsistenz!) und mit marinierten Paradeisern, Burrata sowie gepufftem Wildreis serviert. Nicht weniger gelungen war der gebratene Stör an Sommergurken, Heurigen und einer erfrischenden Sauce aus Dille, von der man gerne noch eine Portion extra bestellt hätte. Dieser Gedanke wurde aber schnell verworfen, schließlich musste der noch vorhandene Magenplatz Wichtigerem gewidmet werden. Nämlich der finalen Kombination aus Heidelbeeren, Joghurtcreme, einer ordentlichen Menge Granola sowie zartem Getreideeis. Und das war kein Fehler. Das Servicepersonal konnte mit seiner Leistung da leider nicht ganz mithalten. Bei diesen tollen Tellern gäbe es doch so viel mehr als ein bloßes Einstellen, um den Gast abzuholen und ein stimmiges Ganzes aus Ambiente, Küche und Service zu kreieren. Top: die gut sortierte Weinkarte.

à la carte: 10–29 €

Tel.: 01 53319 97
0681 848 880 94

1010 Wien
Schreyvogelgasse 4–6

www.schubert-restaurant.at
info@restaurant-schubert.at

Mo–Fr 12–14 und 18–23 Uhr

SERVITENWIRT

11,5/20

Koch: Daniel Leca

In der wunderschönen Servitengasse gelegen, ist das urige Traditionshaus ein geschätzter Vertreter der österreichischen Küche. Denn diese wird beim Servitenwirt seit vielen Jahren mit zeitgemäßem Twist und internationalen Ausflügen umgesetzt. So hält die Speisekarte zwar vorwiegend beliebte Wiener Klassiker wie gekochtes Schulterscherzel, Grießnockerlsuppe oder Beuscherl bereit. Gleichzeitig zeigt sich das Küchenteam aber auch bei Kreationen wie Ceviche von der Garnele oder beim gegrillten Pulpo auf Kichererbsencreme und Chimichurri sattelfest. Bei den Desserts besinnt man sich dann wieder auf die Tradition: Der Topfenschmarren mit Mandelkrokant ist eine Wucht, gefolgt von den flaumigen Topfenknödeln. Für passende Begleitung sorgt eine gut sortierte Weinkarte. Im Schanigarten sitzt es sich besonders schön, die Innenräume sind rustikal und gemütlich.

à la carte: 10–26 €

Tel.: 01 315 23 87

1090 Wien
Servitengasse 7

www.servitenwirt.at
office@servitenwirt.at

tgl. 10–24 Uhr

SETTIMO CIELO

12/20

Koch: Jonathan Meinharter

Hoch hinauf geht es im Hotel Royal – und zwar in den „Siebten Himmel" und das italienische Restaurant, das in Top-Lage gegenüber vom Stephansdom liegt. Dort zelebriert man schon seit vielen Jahren verlässlich die italienische Kochkunst und weiß mit mediterranen Aromen sowie schickem Ambiente zu punkten. So startet man seine Einkehr mit Pulpo-Salat und geht weiter zu Fenchelrisotto mit Jakobsmuscheln oder Strozzapreti mit Verdure. Danach gibt es beispielsweise gegrillte Seezunge, für zwei Personen bietet sich das auf den Punkt gegarte Rindsfilet mit Vichy-Karotten und Spinatgratin an. Bei den Desserts geht es über beliebte Klassiker wie Tiramisu und Semifreddo hinaus: Beerentarte mit Pistazien und Prosecco sowie der Cheesecake mit Heidelbeeren überzeugen, wenngleich nicht jedes Italo-Herz. Mittags wird ein preiswerter Businesslunch angeboten. Die Weinkarte ist gut sortiert und sorgt für die passende Begleitung im Glas. On top: Qualität und Lage werden bei den Preisen nicht unmittelbar aufgeschlagen.

Tel.: 01 512 38 75

1010 Wien
Singerstraße 3, 10. Stock

www.settimocielo.at
restaurant@settimocielo.at

Di–Sa 12–15 und 18–22 Uhr

SHANGHAI®

13,5/20

Chinesische Drachen an der Wand, Rot und Gold als die dominierenden Farben. Im Shanghai wird das typische Chinarestaurant-Klischee der 70er- und 80er-Jahre des letzten Jahrhunderts bedient. Warum auch nicht? Noch dazu, wenn die Qualität der Speisen mehr als stimmt. Die Miesmuscheln werden etwa mit einer angenehm pikanten Sauce serviert und die Teigtäschchen – mit Garnelen und Spinat – eignen sich ideal als wohlschmeckendes Zwischengericht. Reichlich Szechuanpfeffer gibt dem Huhn mit Cashewnüssen das gewisse Extra und das faschierte XO-Rindfleisch regt die Geschmacksknospen dank des verwendeten Chiliöls an. Interessante Weinauswahl. Bei den Desserts – flambiertes Eis oder gebackene Banane – gibt es Aufholbedarf.

Tel.: 01 5337419
1010 Wien
Jasomirgottstraße 6
www.shanghairestaurant.at
info@shanghairestaurant.at

SHIKI BRASSERIE & BAR

15,5/20

Köche: Alois Traint & Gerhard Bernhauer

In vielen Gastronomiebetrieben wäre man über ein solches „Zweitrestaurant" wie die Shiki Brasserie & Bar (neben dem Fine-Dining-Restaurant) glücklich. Angenehmes Ambiente, aufmerksam-freundlicher Service und eine attraktive, japanisch geprägte Speisenauswahl: Sashimi vom Hamachi mit ungemein feiner Sudachi-Marinade, ein tiefrotes Carpaccio vom Wagyu Beef auf genialer Sesamcreme, sehr ordentliche Sushi/Sashimi/Maki und zum Hauptgang Steaks oder Seesaibling auf Selleriepüree mit Nashi-Birne. Perfekt die glasweise Wein- und Sake-Begleitung, erfreulich die molligen Mochi mit Zwergorangen, Pistazienmousse und Nougatcreme als Dessert.

à la carte: 9–110 €

Tel.: 01 512 73 97
1010 Wien
Krugerstraße 3
www.shiki.at
info@shiki.at
Di, Mi und Do 18–24, Fr und Sa 12–24 Uhr
✱ Fei

SHIKI JAPANESE FINE DINING

16,5/20

Gourmetrestaurant

Köche: Alois Traint & Gerhard Bernhauer

Wir haben eine äußerst bemerkenswerte Reise durch das Shiki Fine Dining – im eher dunkel-elegant gehaltenen Innenbereich des Lokals – gemacht. Die Reise begann mit einer grandiosen Jakobsmuschel, zart kombiniert mit Spargel und Orange, gefolgt von einem Seeteufel-Mosaik, das leicht geaschten Fisch mit grünen Beigaben in Szene setzte. Nach der wunderbar zarten Carabinero-Garnele freuten wir uns auf das Contemporary Sushi, das nicht nur extravagant von Hon-Wasabi begleitet wurde, sondern auch noch von einem speziellen Sake-„Regenmond", den uns Sommelier Roman Bolschetz besonders ans Herz legte – und uns auch besonders damit begeisterte. Anschließend konnte der Wels wieder eine gelungene Kurve in heimischere Gefilde kratzen, jedoch der Fleischgang – Zweierlei vom Lamm – konnte uns nicht wirklich überzeugen. Vielleicht lag es am Yuzu-Sorbet, das dazwischen kam – ein intensiv-anhaltendes Geschmackserlebnis. Zum Abschluss ging es heimisch zu mit Topfenparfait und Rhabarber samt Fruchtwein – eine spannende Kombination. Jedoch werden wir das nächste Mal das Menü nur mit Sake-Begleitung nehmen!

Tel.: 01 512 73 97
1010 Wien
Krugerstraße 3
www.shiki.at
info@shiki.at
Fr, Sa 18–24 Uhr
✱ variabel

SHOKUDO KUISHIMBO 13/20

Koch: Keisuke Numata

Alle, die nach authentischer Japanküche suchen, sind im Shokudo Kuishimbo goldrichtig. Die Karte ist umfangreich und hält einige Klassiker bereit: Neben kleinen Köstlichkeiten wie Nasu (gebackene Melanzani in kalter Brühe), Spinat mit Ponzu oder Tataki-Tofu (Thunfisch-Sashimi auf weichem Tofu) gibt es Donburi-Sets mit Misosuppe und Tsukemono, der japanischen Mixed-Pickles-Variante. Daneben warten Currys, Suppentöpfe oder Nudelgerichte à la Udon und Soba. Die Empfehlung: von allem etwas. Am köstlichem Kitsune Dom (Reis mit verquirltem Ei, Tofu und Zwiebeln) kommen wir nur selten vorbei, der gegrillte Lachs ist hervorragend und auf den Punkt gegart. Hier stimmen Produktqualität und Handwerk – die Fortsetzung folgt beim finalen Mochi zu einer Tasse Genmai-Tee. Das Ambiente ist schlicht und stilvoll. Die Getränkekarte hält neben Tee und Erfrischungsgetränken eine kleine, aber stimmige Auswahl an Alkoholischem bereit.

à la carte: 4,50–8,80 €

Tel.: 0676 553 07 27

1060 Wien
Esterházygasse 12

www.shokudokuishimbo.com

info@shokudokuishimbo.com

Di–Sa 17–22 Ulhr

SILVIO NICKOL GOURMET RESTAURANT 19/20

im Palais Coburg

Koch: Silvio Nickol

KOCH DES JAHRES 2014

Das hochherrschaftliche Entree des Palais Coburg atmet illustre Großzügigkeit – und da reiht sich die von Silvio Nickol und seiner Brigade genützte Zeremonienräumlichkeit elegant ein. Gleichwohl der Werdegang des Küchenchefs mit Stationen in europäischen Tophäusern beeindruckt, spiegeln sich manche davon auch auf der Karte wider. Wer sich hier des Abends niederlässt, möchte und kann sich in jedem Fall in besonderer Weise überraschen lassen und neue Geschmackserlebnisse mit hochwertigsten Zutaten von nah und fern kennenlernen. Wer möchte, kann das Erlebnis auch noch mit zusätzlich zu zahlenden Spezereien wie einem Malossol-Imperial-Kaviar garnieren und wahlweise zu jedem Gang eine Weinbegleitung oder ausschließlich Raritäten genießen. Wir haben das „Sowohl-als-Auch“ geprüft und können sowohl diese als auch jene Variante empfehlen. Zum Auftakt genossen wir „lauter Kleinigkeiten zum Start“ – und dann ging es gleich richtig los mit einer ungarischen Gänseleber mit Haselnuss, Mispel und Tagetes – einer essbaren Samtblume –, die von slowenischem Furmint aus Gorca stoffig ergänzt wurde. Der japanische Hamachi, „Glücksfisch“, kam mit Mangowürferln und einer zarten, mit Koriandernoten durchsetzten Sauce, die dem Fisch aber durchaus zusetzte. Hierzu hatten wir als Rarität den Riesling „Unendlich“ von F.X. Pichler aus dem hervorragenden Jahr 2013. Kräftiger ging es dann mit einer portugiesischen Carabinero-Garnele auf stoffigem Bulgurrisotto weiter, wobei hier durch die Sauce eine Synthese versucht wurde. Ein annähernd 20-jähriger Viña Tondonia Reserva bot das nötige Rückgrat auf, diese Synthese zu unterstützen. Der Spannungsbogen wurde nachgerade auf ein zartes Ibérico-Presa-Stück aus Spanien hingeführt, mit kunstvollen Türmchen verziert, von einer kraftvollen Sauce und einem angenehm temperierten Pommard begleitet. Ein gebratenes, dukatengroßes Stück Wiener Waller führte uns noch einmal auf eine ruhige Ebene zurück – um dann flugs mit der französischen Challans-Landentenbrust den Gipfel zu erklimmen, auch hinsichtlich der Sauce, die nun auch kräftig und robust den Charakter unterstrich, untermalt von Blutwurst, diversen Waldnoten und einem Saint-Émilion – ein Höhepunkt, der uns wohl mundete. Der Mimolette mit Périgord-Trüffel strich unsere Gaumen wieder auf gleich, ein süßer Weinrieder Riesling konnte da gut ergänzen. Begannen wir nun mit einer Komposition aus Umeboshi, zartem Knollenziest und Vanille sowie einer Szabathi Trockenbeerenauslese den süßen Reigen, wurde unser Gaumen mit der eher kräftig-sauren Amalfizitrone und salzigen Karamell-Schokolade-Tönen auf den vielfältigen Ausklang vorbereitet. Ein abschließender Besuch in der Küche samt Plausch zwischen dem zufriedenen Patron und seinen zufriedenen Gästen rundete das Abenderlebnis aufs Erklecklichste ab. Wir kommen wieder, in eines der spannendsten Restaurants, das Wien derzeit zu bieten hat.

Tel.: 01 518 181 30

1010 Wien
Coburgbastei 4

www.palais-coburg.com

Di–Sa 18.30–24 Uhr

SINOHOUSE

12,5/20

Koch: Jin Loh

Ein bisschen Show darf ruhig sein, vor allem, wenn sie so gut ist: Wenn Chef Jin Loh den knusprig gebratenen Vogel präsentiert und fachkundig bei Tisch zerlegt, dann kracht die Haut – und das Herz lacht. Was die Zubereitung von Pekingenten betrifft, bildet das Sinohouse klar den österreichischen Gold-Standard; die Attraktionen des Hauses sind damit aber noch lange nicht erschöpft. Zu ihnen zählen auch feinste Dim-Sum, große Weine aus der alten Welt und ein erstaunlich breites – und nie beliebiges – Panasia-Portfolio, das eine Brücke baut von Sichuan über Thailand bis in die malaysische Heimat der Familie Loh.

à la carte: 14,50–19,50 €

Tel.: 0699 103 271 68
1090 Wien
Nußdorfer Straße 86
www.sinohouse.at
jin@sinohouse.at
Di–Sa 17–23 Uhr
Juli–August 2023

SPELUNKE

12/20

Im Erdgeschoss des Media Tower tobt das Leben und vor dem Gastgarten der Verkehr, aber das lässt sich auch als urbanes Asset anerkennen. In der Spelunke am Donaukanal erfolgte in diesem Jahr ein kulinarischer Neustart, er soll zur alten Größe zurückführen. Der Anspruch ist also hoch. Die Karte fokussiert auf trendige, leichte Küche zwischen (asiatischem) Thunfischtatar, (guter hausgemachter) Pasta, Steaks (XO-Beiried!) und Verspielterem (Waller à la Vanillerostbraten). Manchmal gerät die Substanz gegenüber dem Konzept noch ein wenig ins Hintertreffen, dann stimmen die Proportionen nicht mehr und das Wichtige stolpert über das Unwichtige, aber im Wesentlichen stimmt der Kurs (und die Stimmung sowieso).

Tel.: 01 212 415 199
1020 Wien
Taborstraße 1
www.spelunke.at
ahoi@spelunke.at

STADLER & THOMAS

14/20

Koch: Andreas Thomas

In Neubau, dem siebten Wiener Gemeindebezirk, boomt die hippe Gastroszene wie kaum anderswo. Neben unzähligen Bars und Beisln locken auch schicke Gourmetlocations. (Konstantin) Stadler und (Andreas) Thomas, zuvor in renommierten Häusern tätig, machten sich mit dem schwarz-weiß (dazu elegante braune Lederstühle) eingerichteten gleichnamigen Lokal in der Burggasse selbstständig und bieten viel – vom Wiener Schnitzel bis zum Wildfang-Wolfsbarsch. Sellerie in verschiedenen Texturen mit Buchweizen-Maki, dazu stark reduzierte Rindsuppe in der Pipette, weisen als gelungene Amuse-Gueules den Weg: Tradition, aber auch Zeitgemäßem aufgeschlossen, so lautet das Motto. Optisch und geschmacklich sehr ansprechend das Pulpo-Carpaccio mit Salzzitrone, süß, aber stimmig Schalotten mit Kerbelwurzel, Schnittlauch und Holler, klassisch-fein das Maibock-Filet mit gewöhnungsbedürftiger Korianderkruste, dazu Rollgerste und Morcheln als dezente Begleitung. Auf Wunsch gibt's zum empfehlenswerten 5-Gänge-Menü eine (hervorragende) glasweise Weinbegleitung.

à la carte: 11–29 €

Tel.: 0664 219 16 05
1070 Wien
Burggasse 64
www.stadler-thomas.at
hello@stadler-thomas.at
Di, Mi 17–22,
Do–Sa 12–14 und 17–22 Uhr

STASTA

11,5/20

Zum Glück gibt es – und zwar seit mehr als 90 Jahren – den Stasta in Wien. Das Wirtshaus ist ein kulinarischer Lichtblick im 23. Gemeindebezirk. Mittags ein preisgünstiger Tagesteller, abends nach Joseph-Brot und Trüffelbutter zum Gedeck vorwiegend klassische Speisen (sehr ordentlicher Kalbstafelspitz, in der Rindsuppe mit Wurzelgemüse angerichtet), daneben auch so manches, das dem Zeitgeist huldigt. Das gelingt nicht immer perfekt (die Ceviche vom Skrei war eine ziemlich saure Angelegenheit). Gute Weinauswahl mit Schwerpunkt auf der nahen Thermenregion, ansprechendes, gemütliches und modernes Ambiente, sehr freundlicher und aufmerksamer Service. So soll das sein.

Tel.: 01 865 97 88
1230 Wien
Lehmanngasse 11
www.stasta.at
hotel@stasta.at
Mo–Sa 11–15 und 18–21.30 Uhr

STEIRERECK IM STADTPARK

19/20 (5 Hauben)

Koch: Heinz Reitbauer

HEINZ REITBAUER, KOCH DES JAHRZEHNTS
SERVICE AWARD 2018

Wien und das Steirereck. Würde man eine Umfrage unter Wienern nach dem besten Restaurant der Stadt machen, ergäbe diese wohl ein Votum pro Steirereck – mit einer Eindeutigkeit wie in kaum einer anderen Großstadt für ein Restaurant. Wer nun – Wiener oder Auswärtiger – denkt, da handle es sich bestimmt um ein konservatives Nobelrestaurant alter Schule (schließlich ist die Wiener Küche auch die einzige, die einen Städtenamen trägt, wie uns das erste der jeden Gang näher erläuternde Kärtchen auf dem Tisch darlegt), ist auf dem Holzweg. Nicht, was das zweifellos noble, aber vor allem ungemein geschmackvolle Ambiente mit den vor einigen Jahren hinzugefügten gemütlichen, armähnlichen Räumen oder den großen Gastraum mit Blick in den Stadtpark – im Sommer auch auf der vorgelagerten Terrasse – betrifft. Aber – wir kommen zum Kern – was die Küche angeht. Seit Heinz Reitbauer vor mittlerweile mehr als 17 Jahren das Zepter in der Küche übernommen hat, wurde behutsam, aber stetig der von anderen internationalen Spitzenhäusern nicht ganz unbekannte Weg weg vom oft von weither eingeflogenen Edelprodukt hin zum regionalen, vielleicht nicht ganz so edlem Gemüse eingeschlagen. Nun, Kenner werden zu Recht aufschreien: Letzteres bedarf einer Korrektur! Denn Reitbauer hat sich einen eigenen Kosmos mit Produzenten geschaffen, die er angewiesen hat, wie sie ihre Felder zu bestellen und ihr Vieh zu halten haben, damit er von der Roten Rübe einen subtilen Hauch von einer Makrone herstellen und mit Muskatblüte und Pinienrosmarin die gekochten Belugalinsen so perfekt verfeinern kann, dass der Osietra-Gold-Kaviar obendrauf fast alt ausschaut, und damit der Attersee-Hecht mit Einkorn, Rübe und Rhabarber perfekt aufgepeppt werden kann, sodass das verschmähte Gemüse zum eigentlichen Star wird. Wieder ist ein Einwand zu berücksichtigen: Mittlerweile haben mehr und mehr Landwirte derart qualitativ aufgerüstet, dass diese selbstbewusst bei der Steirereck-Küche mit ihren Produkten anklopfen und Reitbauer immer öfter zugreift – und das ganz ohne vorgelagerte Anweisungen, was seiner Meinung nach noch zu perfektionieren wäre. Diese stete Weiterentwicklung macht natürlich auch vor den küchentechnischen Leistungen nicht halt und führt dazu, dass sich mit dieser Art von elaboriert-ungewöhnlichen Speisekreationen nicht-familiäre Esser oft ungläubig anschauen und nicht wissen, ob sie etwa die blasse Reinanke mit Kaviar, Joghurt, Melanzani und Zitronenblatt nun für ein 5-Hauben-Gericht oder doch nur eine fade, etwas geschmacksarme Zusammenstellung halten sollen.

à la carte: 20–55 €

Tel.: 01 713 31 68
1030 Wien
Am Heumarkt 2a
www.steirereck.at
wien@steirereck.at
Mo–Fr 11.30–16 und 18.30–24 Uhr
variabel

STELLAS 7

13/20

Eines der vielen Neighbourhood-Lokale im Siebten? Die quirlig-familiäre Atmosphäre im kleinen Gastraum spricht dafür. Allerdings führen das schicke Ambiente und vor allem die sehr gute Küche in höhere Sphären. Viele auf den ersten Blick nicht zusammengehende Aromen und Zutaten ergeben doch ein harmonisches Ganzes: Lachs mit lauwarmen Roten Rüben und Buttermilch, Wiener Wels mit Karfiol und Beurre blanc, Brownie mit Roten Rüben (das Gemüse des Jahrzehnts), Macadamia-Eis und Salzkaramell. Für fortgeschrittene Genießer: bissfestes Ibérico-Schwein mit mildem Chorizo und zarten jungen Erbsen. Erfreuliche Weine, liebenswürdig-aufmerksamer Service.

à la carte: 7–38 €

Tel.: 01 5261108
0664 886 650 21

1070 Wien
Zieglergasse 54

www.stellas.at
bistrosieben@stellas.at

Di–Sa 17–22 Uhr

STUWER

12/20

Köchin: Petra Pandurevic

Jedes Grätzl braucht sein Beisl – das einst verruchte, jetzt hippe Viertel hat mit dem Stuwer ein solches gefunden. Das sympathische Wirtshaus mit einer lang gezogenen Gaststube und einem von drei Straßen gesäumten Schanigarten auf dem Vorplatz ist so lässig wienerisch wie ungekünstelt-authentisch. Die Backhendln und Schnitzel rauschen im Stakkato aus der Küche, von allen Seiten scheinen die Gäste anzuschwirren. Ein ausgewogenes Speisenangebot bringt die Klassiker der Wiener Küche solide auf den Teller, mit Kichererbsen-Dal oder Gemüse-Langos wird auch an Freunde des fleischlosen Genusses gedacht.

à la carte: 7–24 €

Tel.: 0660 601 03 69

1020 Wien
Stuwerstraße 47

www.stuwer.com
hallo@stuwer.com

Mo–Sa 17.30–23, So 12–22 Uhr

TANCREDI

11,5/20

Koch: Peter Neurath

Ein aufmerksamer Service, eine kleine, aber feine Weinauswahl und eine ausgezeichnete Küche: Das erwartet die Gäste bei einem Besuch im Tancredi. Wir erfreuten uns an frischer Jakobsmuschel-Ceviche mit Limetten-Olivenöl, einer gebeizten Lachsforelle mit Fenchelsalat, Spaghetti mit Vongole, Topfengnocchi mit Roten Rüben und einem Kalbsbutterschnitzel mit Erdäpfelpüree. Zum Abschluss sollte man das Nougat-Baileys-Parfait mit Orangen-Berberitzen-Salat probieren. Das war sogar noch besser als das Quitten-Tiramisu mit Maronischaum.

à la carte: 10,80–32,80 €

Tel.: 01 9410048
0699 101 137 12

1040 Wien
Große Neugasse 5/
Rubensgasse 2

www.tancredi.at
restaurant@tancredi.at

Mo–Fr 11.30–14.30 und 18–24,
Sa 18–24 Uhr

TERRA ROSSA

11,5/20

Koch: Mario Gattinger

Ein Besuch im Terra Rossa ist wie ein Kurzurlaub im Süden. Die Fregola Sarda erinnert an den letzten Sardinienurlaub, das Beef Tatar ist wie aus Venedigs Harry's Bar und die Ottakringer Vorstadt-Pinsa hat das Zeug, die beste „Pizza" zu werden. Das moderne Ambiente im Inneren des Lokals und die mediterrane Terrasse runden das facettenreiche Programm, welches sich in der Speisekarte widerspiegelt, ab. Das angepriesene kulinarische Rendezvous aus altem Wien und der Adria ist nicht nur ein Versuch, sondern eine gelungene Darbietung des Küchenteams. Das Serviceteam begleitete uns mit Empfehlungen zu Speis und Trank durch unseren gelungenen Aufenthalt.

à la carte: 11–35 €

Tel.: 01 484 14 80

1160 Wien
Roterdstraße 3

www.laterrarossa.at
willkommen@laterrarossa.at

Mi–Fr 18–22, Sa 12–22,
So 12–16 Uhr
variabel

THE BANK BRASSERIE & BAR

14/20

im Hotel Park Hyatt Vienna

Koch: Stefan Resch

AMBIENTE AWARD 2014

Ganze Tage könnte man hier verbringen, in der ehemaligen Kassenhalle der Länderbank, deren alter Prunk immer noch (und wieder) strahlt: Frühstücks-Etablissement, Tagesbar, Brasserie, was will man mehr? Nun, dass die Küche auch so glänzt wie der Marmor. Und das tut sie auch, frankophil-luxuriös, mit Burger à la Rossini, Moules-frites, Entrecôte oder Hummer-Flammkuchen; aber auch zeitgemäß leicht mit geschmorter Petersilie, Schwarzwurzel-Tempura oder gebeiztem Saibling – und nicht zuletzt auch mit einer wirklich herausragenden Patisserie. Und so hat ein glänzender Tag auch noch ein süßes Ende.

à la carte: 19–50 €

Tel.: 01 227 401 236

1010 Wien
Bognergasse 4

www.restaurant-thebank.at
restaurant-thebank.vienna@hyatt.com

Mo–Sa 12–14.30 und 18–22.30,
So 12–15 und 18–22.30 Uhr

♿

THE GUESTHOUSE VIENNA

11/20

Die Brasserie des Designhotels nahe der Oper hält eine gute Mischung aus heimischen Klassikern und internationalen Best-ofs bereit. Mit Gerichten wie Salat Nizza, Wiener Schnitzel, Moules-frites oder Erbsen-Minz-Risotto gelingt dem Küchenteam eine ansprechende Bistroküche mit zeitgemäßem Twist. Mittags bietet der preiswerte Lunch als 2-Gänge-Menü abwechslungsreiche und saisonale Speisen. Für passende Begleitung sorgt eine sehr umfangreiche Wein- und Getränkekarte. Zudem empfiehlt es sich, für Frühstück und Brunch in das Hotelrestaurant einzukehren. Das kann man hier nämlich bis zum Abend – und die Auswahl reicht von frischen Austern, Eierspeisen, hausgemachtem Granola bis hin zu French Toast und Kernölbrot. Das Ambiente in den Innenräumen ist stilvoll und chic, jedoch ungezwungen.

Tel.: 01 512 132 015

1010 Wien
Führichgasse 10

www.theguesthouse.at
brasserie@theguesthouse.at

THE VIEW

12/20

Koch: Stephan Ribisch

Nicht so oft hat man in Wien die Gelegenheit, mit Blick auf fließendes Gewässer einzukehren und dabei hohes Küchenniveau zu erleben. Umso erfreulicher ist es, wenn es immer wieder Ausreißer wie das top platzierte Restaurant an der Donaupromenade gibt. Unter der Leitung von Küchenchef Stephan Ribisch wird dort unter Berücksichtigung der saisonalen Gegebenheiten durchaus ambitionierte, zeitgemäße Küche geboten. Vorab gibt es da beispielsweise gratinierte Wiener Schnecken oder gegrillten Ziegenkäse an Kräuterseitlingen. Die hausgemachte Pasta ist immer eine gute Wahl, ebenso der im Ganzen gegrillte Branzino, der Burger vom Wagyu Beef oder das Wiener Schnitzel. Dazu erfreut eine kleine, jedoch gut sortierte Weinkarte. Zum süßen Ende empfiehlt sich der Topfen-Rahm-Schmarren mit Marillenröster, nicht weniger der Schokokuchen mit flüssigem Kern. Nebst dem angenehmen Ambiente in unmittelbarer Wassernähe sei abschließend noch der freundliche Service zu erwähnen.

Tel.: 01 890 83 74
1020 Wien
Handelskai 265
www.theview.at
office@theview.at
tgl. 10–22 Uhr

THREE TREES

11,5/20

Koch: Alexander Ramírez Cano

Wie beschreibt man in diesem Restaurant hinter dem Rathaus das Angebot? Vielseitige Küche mit kolumbianischem Einschlag ist ein Versuch, ist doch Koch Alexander Ramírez Cano Kolumbianer, den es via London nach Wien verschlagen hat. Im besten Sinne italienisch ist sein großartiges, zitrusaromatisches Carpaccio vom österreichischen Kalb, während der nicht so großartige Quinoa-Avocado-Salat mit Hummus, Babaganusch und Pita-Brot Richtung Orient weist. Das Black Angus Novello Striploin Steak stammt aus Uruguay – es hätte etwas zarter sein dürfen. Das Weinangebot ist relativ überschaubar.

à la carte: 14,90–35 €

Tel.: 01 4056133
1010 Wien
Landesgerichtsstraße 12
www.threetrees-restaurant.at
threetrees.restaurant@gmail.com
Di–Sa 18–23, Mi und Do 12–15 und 18–23 Uhr

TIAN RESTAURANT WIEN

18/20

Köche: Paul Ivić & Mathias Martin

Paul Ivić und sein Team haben sich über die Jahre Schritt für Schritt in den gastronomischen Olymp gekocht. Und eins ist sicher: Kein Gast wird im TIAN je Fleisch oder Fisch auf dem Teller vermissen. Dazu ist die Speisenfolge viel zu aufregend und jedes einzelne Gericht unglaublich reizvoll in seiner geschmacklichen Tiefe und Spannung. Dabei versteht sich das Team keinesfalls als Weltverbesserer, noch weniger will man den Gast zum Vegetarisch-Essen oder zum Veganismus missionieren. Bei jedem Teller ist vielmehr zu spüren, mit welcher Freude und Faszination zum Grundprodukt gekocht wird. Wir starteten mit dem Ostergruß, dem ersten Rettich im noch jungen Jahr. In Kombination mit Bärlauch und Buchweizen wurde daraus eine animierende Liaison von Würze, Schärfe und Frische. Ebenso fantastisch der folgende Radicchio Rosa mit seiner zarten Bitterkeit, an seiner Seite molliges Haferwurzelpüree. Zwischendurch die spannende Interpretation eines Arme-Leute-Essens: Sauerteigchips, Schwarzbrot, Butter und eine Stosuppe mit hauchzartem Kümmelaroma – zum Niederknien gut. Die mit Umami aufgeladene Sellerie ergänzt Ivić mit der Fruchtigkeit von Birne. Als Hauptspeise kam ein wunderbar gearbeitetes, erdiges Törtchen von der Robuschka (Rote Rübe) mit Mohn und Kombucha. Ein echtes Highlight war das Dessert. Patissier Thomas Scheiblhofer brachte dafür gemäldegleich ein Blumenbeet, bestehend aus sündhaft gutem Schokoladenmousse mit krümeligem Schokoladenbrownie als Erde und „bepflanzt" mit Kohlsprossen und Hanfsamen, auf den Teller. Was das Ganze komplett macht, ist der wunderbare, aufmerksame Service und eine Getränkebegleitung, die auf sympathische Art alle Stücke spielt. Dabei ziehen die beiden Sommeliers André Drechsel und Niko Hammerl ein Ass nach dem anderen aus dem Ärmel. Das aber ohne jemals ins Etiketten-Posing abzugleiten, sondern schlicht den jeweils perfekten Partner – wobei es nicht immer Wein sein muss – zu den servierten Gerichten im Sinn. Châpeau!

Tel.: 01 890 46 65
1010 Wien
Himmelpfortgasse 23
www.tian-restaurant.com/wien
wien@taste-tian.com
Di–Fr 18–23, Sa 12–14 und 18–23 Uhr
variabel

TRATTORIA MARTINELLI

11,5/20

Koch: Daniel Kellner

Der Trattoria Martinelli des Gastronoms Luigi Barbaro wurde heuer ein Facelift unterzogen. Dem Konzept einer italienischen Nobel-Trattoria ist man treu geblieben. So kann man neben traditionellen Gerichten wie Vitello tonnato, Risotti und Ravioli Ricotta e Spinaci nun auch ein Degustationsmenü wählen. Da gibt es nach dem Amuse-Bouche (Fischterrine) beispielsweise eine zart gewürzte Fischsuppe und gebratene Perlhuhnbrust auf Spargel und Erdäpfelschaum. Auf den Punkt gegart und ohne Makel zeigt sich der Branzino in der Salzkruste, der mit Erdäpfel, Spinat und kostbarem Olivenöl serviert wird. Dazu schöpft man aus einer gut aufgestellten Weinkarte mit – wie kann es anders sein – Fokus auf Italien und erhält passende Beratung. Das Ambiente im Innenhof des Palais und in den denkmalgeschützten Innenräumen ist durchaus imposant. Nicht unbegründet, ist das Restaurant ein beliebter Einkehrort für Einheimische und Touristen mit Hang zur Extravaganz.

à la carte: 8–36 €

Tel.: 01 533 67 21
1010 Wien
Freyung 3/Palais Harrach
www.barbaro.at
martinelli@barbaro.at
tgl. 12–23 Uhr

TRATTORIA OFFICINA

11/20

Die Trattoria Officina ist eine kleine, ganz auf italienische Küche eingestellte Lokalität. Die Bar ist auffällig und bietet ebenfalls typisch Italienisches. So starteten wir diesmal mit einem hausgemachten Limoncello vor den klassischen Antipasti, von denen wir uns für die mit Ricotta gefüllten Zucchiniblüten auf Zucchincreme und den gebratenen Oktopus auf Tomatenconfit entschieden. Die darauf folgenden Spaghetti wurden mit frisch gelieferten Venusmuscheln serviert und von einem Glas friulanischem Wein begleitet. Zum Abschluss gab es noch eine „Bavarese al Pistacchio“ mit einem Glas Prosecco. Ein sehr stimmiger Abschluss.

Tel.: 01 353 40 50
1040 Wien
Neumanngasse 4
www.riva.rest
res.officina@riva.rest
Di–Sa 11.30–14.30 und 18–22 Uhr

TUYA

14,5/20

Koch: Richard Aguilar Rios

Schnecken, Rindstatar, Gänsestopfleberpastete, Rib-Eye, Clafoutis: Willkommen in den 80ern des vorigen Jahrhunderts! Doch was auf den ersten Anschein allzu retro klingt, entpuppt sich durch die subtil-sorgfältige Zubereitung erstaunlich modern. Küchenchef Richard Aguilar Rios gelingt es zudem – gemeinsam mit seinem internationalen Team –, die (süd-)französischen Klassiker mit interessanten Beigaben – etwa traumhaftem Karfiol mit Miso und Trüffel zum 12 Stunden geschmorten Rippchen vom Rind (butterweich) mit Chimichurri – aufzuwerten. Das hübsche Rote-Garnelen-Carpaccio mit Olivenöl kann überhaupt schon als Up-to-date-Gericht durchgehen. Schade, dass die unverständlicherweise unter den Hauptgerichten gelisteten Pasta-Kreationen nicht auch als kleine Zwischengerichte zu haben sind. Der italienische Maître Andrea Palese wartet dazu mit einer ordentlichen Weinkarte auf, die auf dem glasweisen Sektor – Ornellaia und Co dank Coravin – ihresgleichen sucht. Aufgrund des Glamourfaktors wurden hier auch schon öfter so manche Stammgäste des nahen Fabios gesehen.

Tel.: 0664 154 32 68
1010 Wien
Jasomirgottstraße 3a
www.tuya.rest
reservation@tuya.rest
Mo–Sa 12–14.30 und 18–22 Uhr

UNKAI

13,5/20

im Grand Hotel Wien

Koch: Condiano Zamora

Angesagte Lokale mit japanisch inspirierter Küche gibt es in Wien mittlerweile viele. Trendy ist das Unkai schon lange nicht mehr, man könnte es als eine Art Klassik-Japaner bezeichnen, in dem Tradition zelebriert und das große Teppanyaki-Menü vor den Augen der Gäste zubereitet wird. Thunfischbauch, Garnele, Oktopus, Lachs und Jakobsmuschel werden in bester Qualität zunächst als Sashimi serviert, dann auf der Edelstahlplatte gegrillt und spektakulär flambiert. Mit Filet und Beiried vom Rind passiert Ähnliches, auch hier ist die Qualität überzeugend. Die restlichen Menüposten (Tofu, Suppe, Dessert) können da nicht ganz mithalten.

à la carte: 4–45 €

Tel.: 01 515 809 110
1010 Wien
Kärntner Ring 9
www.unkai.at
unkai@grandhotelwien.com
Mi–Sa 18–23, So 12–14.30 Uhr
♿

VERANDA

12,5/20

im Hotel Sans Souci

Ein weiteres Wiener Hotelrestaurant, dessen kulinarische Ambitionen über internationalisierte 0815-Standards hinausgehen, ist prinzipiell einmal erfreulich. Das Menü birgt keine Überraschungsmomente, aber bestes Handwerk bei Saiblings-Sashimi mit Kräuterrahm, Gurke und Grapefruit sowie der Portulak-Suppe mit Apfel und Kohlrabi. Bei der Kräutertarte mit Ziegenkäse wäre etwas mehr Mut zum Geschmack kein Fehler gewesen, das Lamm in gebratener und faschierter Form gelingt hingegen ebenso tadellos wie der Mandel-Grieß-Schmarren mit Rhabarber. Und schöner sitzen als in vielen anderen Hotelrestaurants kann man hier auch.

à la carte: 8–39 €

Tel.: 01 522 252 01 94
1070 Wien
Burggasse 2
www.veranda.wien
veranda@sanssouci-wien.com
Mo–Fr 12–14.30,
Do–Sa 18–21.30 Uhr
♿

VESTIBÜL

15,5/20

im Burgtheater

Köche: Christian Domschitz & Christoph Schuch

Die nur ungenügend versteckte schlechte Laune des Sommeliers machten Patronin Veronika Doppler und Chef de Cuisine Christian Domschitz mit augenzwinkerndem Witz und natürlichem Charme wett, und das beeindruckende Ambiente des im Nebentrakt des Wiener Burgtheaters gelegenen Vestibül trug sein Übriges zum gelungenen Abend bei. Einem Abend, an dem wir uns vorwiegend der Klassiker der Domschitz'schen Kochkunst annahmen und aus der Küche – neben dem Leberkäse aus Litschau – Köstlichkeiten wie Bisque de Homard – Hummersuppe und Pofesen – oder Wiener Weinbergschnecken mit Kohlrabi, Walnuss und rotem Amarant orderten, die beide von bester Qualität und hoher Meisterschaft zeugten. Im gleichen Tenor ging es mit Kalbsrahmgulasch mit Butternockerln und dem Szegediner Hummer-Krautfleisch weiter, um mit „Echte Vanille Pur" – Vanilleeis, heiße Vanille und Baiser – einen würdigen Abschluss zu finden. Die Weinkarte bietet zu alle dem kongeniale Begleiter, würde aber sowohl in der Breite als auch in der Tiefe schon ein wenig Ausbau vertragen.

à la carte: 9–41 €

Tel.: 01 53249 99
1010 Wien
Universitätsring 2
www.vestibuel.at
restaurant@vestibuel.at
Di–Fr 12–14 und 18–22,
Sa 18–22 Uhr
♿

WETTER

13/20

Der Frühsommer erlaubt den Genuss des Außenbereichs am quirligen Yppenplatz. Die authentisch-italienischen Wein- und Speisekarten sind famos. Wir starteten mit einer vorzüglichen „Sarde", einem Bratfisch. Anschließend überzeugten sowohl die Linguine al limone fredde als auch die Ravioloni mit aromatischer Brennnesselfülle. Das Rehfilet mit Kräutercouscous hätten wir uns zarter nicht vorstellen können, der dazu empfohlene Wein war noch etwas jung. Leider waren weder das Mattonella-Schoko-Dessert noch die Cannoli mit Erdbeer-Rhabarber-Füllung wirklich auf demselben Niveau.

Tel.: 01 406 07 75
1160 Wien
Payergasse 13
Di–Fr 17–23.45, Sa 10–15 Uhr

WILDLING Ⓝ

14/20

Fermentieren und Einlegen: zwei alte Küchentechniken, die in den letzten Jahren für ein ordentliches Comeback gesorgt haben. Dass dahinter aber mehr als ein Hipster-Trend steht, beweist das junge Trio in diesem sympathischen Lokal. Vegane und vegetarische Gerichte geben hier den Ton an. Und der ist ein lauter mit ordentlich Bass. Schon zu Beginn überraschen Aromen, die man zwar kennt, die allerdings neu konzipiert werden. Cremig aufgeschlagene Butter ist da beispielsweise mit gerösteten Erdäpfelschalen gewürzt, dazu dippt man sauren Rettich, als Unterlage dient eine krosse Erdäpfel-Focaccia. Chili-Karfiol gibt es mit rauchigem Spitzkraut, eine Szegediner Veggie-Variante mit Pilz und Kürbis. Eindeutiger Abendfavorit – nebst der Butter: geröstete Kohlsprossen mit Senfkaviar und Haselnuss. Von Pinzettenarbeit sieht man ab, dafür konzentriert sich das Team auf den Geschmack – und der ist ein guter. Die Getränkekarte bietet ein Sammelsurium an Regionalem und Hausgemachtem: Bloody Mary mit Kimchisud, Kombucha, dazu eine kleine Weinkarte, die über Übliches hinausgeht. Der Service agiert lässig und bemüht.

Tel.: 0664 105 97 89
1080 Wien
Laudongasse 8
www.wildling-foods.at
office@wildling-foods.at

WINKLERS ZUM POSTHORN

12/20

Koch: Robert Letz

Ein Wiener Beisl, das Einheimische wie Touristen gleichermaßen ins Schwärmen bringt. Hausherr Walter Winkler, kurz „Hofrat“ genannt, erfahrener Szenewirt und mit reichlich Schmäh gesegnet, sorgt für lockere Stimmung, Küchenchef Robert Letz für die hervorragende Verköstigung. Vom Backhendl bis zum Wildschweinsugo, der jeder italienischen Trattoria zu Ehren gereichen würde, vom Beuscherl bis zu den Topfenknödeln – das ist Essen fürs Wohlbefinden. Nicht zuletzt tragen die höchst gastfreundlich kalkulierten Preise dazu bei, dass die „Hütte“ mit der wunderschönen historischen Gaststube „brummt“.

à la carte: 4,60–17,90 €

Tel.: 0664 431 21 23

1030 Wien
Posthorngasse 6

www.winklers-zumposthorn.at
w-winkler@chello.at

Mo, Fr 17–22.30, Di–Do 12–14 und 17–22.30 Uhr

WIRTSCHAFT AM MARKT

12,5/20

Köchin: Heidi Ratzinger

Lässig ist es, am Meidlinger Markt zu sitzen und sich von der aufmerksamen Kellnerschar mit perfekt gezapftem Bier, einem guten Glas Wein aus der solide kuratierten Weinkarte oder einer Leckerei vom Herd der einst mit Christian Petz den Kochlöffel schwingenden Heidi Ratzinger verwöhnen zu lassen. Heuer beglückten uns Safran-Ziegenkäse-Arancini mit geschmortem Paprika und Rucola und eine unheimlich geschmacksdichte Rindssuppe mit Griesnockerl, aber auch die gefüllten Ravioli mit Ziegenfrischkäse auf Selleriecreme, der Seesaibling nebst Fenchelragout und Paradeisern und die Somlauer Nockerl als krönendem Abschluss gelangen perfekt. Lässig eben!

à la carte: 13–24 €

Tel.: 0660 594 4125

1120 Wien
Meidlinger Markt 89–92

www.wirtschaftammarkt.at
office@wirtschaftammarkt.at

Di–Fr 11.30–21, Sa 9–21 Uhr

♿

WOHNKÜCHE ⊘ 12,5/20

Koch: Andreas Brunner

Die Wohnküche zählt zu den funkelnden Sternen am Brigittenauer Gastrohimmel. Zwischen Augarten und Wallensteinplatz mag man nicht unmittelbar eine Anlaufstelle für moderne Wirtshausküche erwarten. Ein Besuch des Grätzels – inklusive Verköstigung von Chefkoch Andreas Brunner – lehrt eines Besseren. So interpretiert dieser zum Beispiel Frittatensuppe neu und serviert sie als Wiener Pho mit Schnittlauch im Ganzen sowie Stäbchen, erkundet mediterranes Terrain mit Fregola Sarda, Sardine und Fenchel oder bleibt bei Tafelspitz mit Semmelkren altbewährt. Die jeweils herrschende Saison ist beim Speisenangebot leitgebend. Gemüsesorten wie Kohl geben da auch gerne mal den Ton an und kommen als gefüllte Roulade mit Bulgur und Paradeisersauce daher. Die Getränkekarte ist gut sortiert: Hauslimonaden, Bitters, Spritzervarianten, interessante Weine. Die Räumlichkeiten sind gemütlich und leger, die offene Küche und stilvolle Theke in Holzoptik sind das Herzstück. Der Service ist freundlich, lässig und bemüht. Hier fühlt man sich wohl und kommt gerne wieder.

Tel.: 0677 631 059 72

1200 Wien
Traunfelsgasse 1

www.wohnkueche.at
servus@wohnkueche.at

Di–Do 17–23 Uhr, Fr und Sa 17–24 Uhr

WORACZICZKY 12,5/20

Koch: Martin Buzernic

Im kulinarisch ausgesprochen wichtigen Genre des künstlerisch wertvollen Eckwirtshauses macht Marion Jambor keiner etwas vor. Ihre unbeschreibliche (merke: mit Doppel-CZ!) Margaretner Institution serviert Grätzel-Flair und Weltgewandtheit, dass kein Blattl Salat dazwischen passt. Die Wirtin hat Schmäh und Küchenchef Martin Buzernic eine sichere Hand für retro-affine Gerichte, also zum Beispiel Beinschinken mit Gemüsemayo, Frittatensuppe, panierte Leber oder Naturschnitzel mit Risipisi. Und langsam, aber sicher verschwimmt der Unterschied zwischen herzhaft und herzlich – und der zwischen Wirtshaus und Wohnzimmer sowieso.

Tel.: 0699 112 295 30

1050 Wien
Spengergasse 52

www.woracziczky.at
gasthaus@wora.at

Mo–Fr 11.30–14.30 und 18–23 Uhr

Z'SOM Ⓝ 15/20

Eines vorweg: Das Z'som ist nicht das ZOMM. Auch wenn die Idee hinter dem Namen die gleiche ist. Beides steht im Tirolerischen für „zusammen" – in diesem Fall kommt sie aus Tirol, er aus Chile, mit Stationen auf der ganzen Welt. Und erst einmal ein großes Lob dafür, am Sonntag geöffnet zu haben, wenn gefühlt kaum ein anderes Lokal in Wien seine Pforten öffnet. Ein weiteres für eine (noch) kleine, aber mit Bedacht zusammengestellte Weinauswahl und ein sehr aufmerksames, die Gerichte mit viel Liebe erläuterndes Serviceteam. Und das größte Lob dafür, eine unkomplizierte und doch komplexe Fusionsküche der Extraklasse in vier oder sechs Gängen zu moderaten Preisen zu bieten, die uns Gerichte wie grüner Spargel mit Salmorejo, Yuzu-Kaviar, Marillengelee und Sommertrüffel-Vinaigrette oder die so frische, elegante und unnachahmliche Wolfsbarsch-Ceviche mit Erdnuss-Kafirlimetten-Dressing, Süßkartoffeln und Zwiebel-Pickle bescherte. Dem stand das Rindstatar Nikkei, begleitet von Kohlrabi-Pickel und Avocadomousse, oder die Räucher-Burrata im Zusammenspiel mit Cherrytomaten, Fenchel, Erdbeeren und schwarzem Reispuff um nichts nach. Der Oktopus mit Mole, Sojabohne und knuspriger Quinoa wurde genauso artgerecht behandelt wie das Rindsfilet im Nussmantel mit gebratenem Salatherz im Bier-Tempura und Miso. Nicht nur optisch ein Genuss zum Abschluss: das Schokoladenganache mit Beeren-Shiso-Sorbet. Großes Lob!

Tel.: 01 920 44 54

1040 Wien
Gußhausstraße 12

www.zsom-restaurant.at
reservierung@zsom-restaurant.at

Mi–So 14–23.30 Uhr

ZAZATAM®

13/20

Koch: Felix Müller

Die vor einigen Jahren im Karmeliterviertel begonnene Veränderung des zweiten Bezirks hat nun auch das Stuwerviertel erreicht. Das Grätzel wird immer mehr von einkommensstärkeren Schichten entdeckt. Statt Branntweiner und zwielichtigen Etablissements findet man hier deshalb vermehrt schicke Bars und Restaurants, wie das im Souterrain des Hotels Zola befindliche Zazatam. Zum außergewöhnlichen Ambiente passt das bunte kulinarische Angebot, von feinem Tuna Tataki über Mezzaluna (al dente) mit Ziegenkäse und Feige bis zu gegrillten Pilzen mit gebrannten Roten Rüben und Nüssen. Je später der Abend, desto lauter die Musik, düsterer die Beleuchtung und gestresster der an sich äußerst freundliche Service.

Tel.: 0670 602 29 97
1020 Wien
Hillerstraße 11
www.zazatam.com
office@zazatam.com
Mi–Sa 17–2 Uhr
♿

ZUM FINSTEREN STERN

12/20

Von wegen „finsterer Stern"! – Vielmehr ist das gemütliche, sehr familiär und lässig geführte Lokal ein heller, funkelnder Stern, der Eigenständigkeit und Gästewohl auf seine Fahne geheftet hat. Der Herr des Hauses ist – während die Chefin in der Küche zaubert – nicht nur Servicechef, sondern auch lebende Weinkarte, die bei unserem Besuch kurz nach den Lockdowns noch eher gering bestückt schien und uns doch das rechte Tröpferl bescherte. Zur Auswahl standen steirischer Schafmilchtopfen mit Peperonata, Endivien mit Kernöl und Seeforelle mit Safran-Aioli, Spinat und Pastis-Erdäpfeln. Die Maroni-Amaretto-Pannacotta war mustergültig.

Tel.: 01 535 21 00
1010 Wien
Schulhof 8
www.zumfinsterenstern.at
restaurant@
zumfinsterenstern.at

ZUM REZNICEK®

13,5/20

Koch: Julian Lechner

Im vergangenen Jahr hat sich unser Sommelier des Jahres 2020 (damals noch im Restaurant ænd) selbstständig gemacht. Jetzt ist Simon Schubert Patron und Gastgeber im Wirtshaus Zum Reznicek. In der Küche agiert Julian Lechner, den Schubert von seinen vorherigen 4-Hauben-Stationen Mraz & Sohn sowie dem ænd bestens kennt. Ein Wirtshaus ist ein Wirtshaus ist ein Wirtshaus. Daran wollen die beiden auch nichts ändern. Ein bisschen anders ist das Reznicek trotzdem. Es gibt zwar auch klassische Gerichte wie Cordon bleu (sehr gut und schlauerweise mit Gurkensalat serviert), aber auch Kreatives wie Erdäpfelpolster (eine luftige Gnocchi-Version) mit frischem Mais als vegetarisches Hauptgericht. Stets ist auch zumindest ein Innereiengericht im Angebot. Bei unserem Besuch handelte es sich um eine warme, im Stil eines feinen Beuscherls zubereitete Rinderzunge mit frischem Kren. Bravo! Die Karte ist recht klein gehalten, wechselt jedoch laufend und bietet somit auch Stammgästen genug Auswahl. Anders als in bodenständigen Wirtshäusern, für das man das Lokal auf den ersten Blick durchaus halten könnte, ist das Weinangebot samt Glaskultur. Hier spielt man so manches teure Restaurant mit viel Leichtigkeit an die Wand. Wir lieben dieses unprätentiöse Konzept, das wir am Beispiel des abschließenden Desserts illustrieren möchten: Zum luftigen Zwetschgenknödel in Butterbrösel kann man einen über 50 Jahre gereiften Port genießen. Noch Fragen?

Tel.: 01 310 44 07
1090 Wien
Reznicekgasse 10
www.reznicek.co.at
kontakt@reznicek.co.at
Di–Sa 17–1 Uhr

ZUM SCHWARZEN KAMEEL

14,5/20

AMBIENTE AWARD 2007

Die Institution „Zum Schwarzen Kameel" braucht wohl kaum jemandem vorgestellt zu werden. Nahezu jedem Wiener und den meisten Touristen sind zumindest die Brötchen, der tolle Beinschinken und die Bar mit der großen Aperitifterrasse ein Begriff. Dass man hier aber auch recht fein speisen kann, ist nicht allen bekannt. Vor allem Besucher der Stadt, die auf der Suche nach der klassischen Wiener Küche sind, werden hier fündig. Die Karte liest sich demgemäß nicht rasend spannend, dafür gelingen Wiener Schnitzel, Kalbsrahmgulasch, Rostbraten vom Zander und Marillenpalatschinken dank bester Produkte und sorgfältiger Zubereitung sehr ordentlich.

Tel.: 01 533 812 511
1010 Wien
Bognergasse 5
www.kameel.at
info@kameel.at
tgl. 12–14.30 und 18–22.30 Uhr

Nicht verschweigen wollen wir aber den Umstand, das sich so manches – wie etwa die üppige Spargel-Samtsuppe mit Hummer oder die Schokoladen-Erdbeer-Mousse – als aus der Zeit gefallen und geschmacklich nicht besonders attraktiv erweist. In Summe aber immer noch ein Erlebnis und in jedem Fall eine Empfehlung wert.

ZUM WEISSEN RAUCHFANGKEHRER 12,5/20

Koch: Matthias Schicht

SERVICE AWARD 2008

Wer im Herzen von Wien klassische Wiener Küche mitunter mit modernem Spin, wenn auch in der Tradition verhaftet, oder zeitgemäße, feine Gemüseküche sucht, ist im Rauchfangkehrer mit seiner wunderbaren Holztäfelung und der wieselflinken Servicetruppe bestens aufgehoben. Die Weinkarte ist klassisch und ohne größere Überraschungen – wie auch die Speisekarte –, lagebedingt recht gastgeberfreundlich kalkuliert, was aber der Qualität der geschmorten Graffiti-Aubergine mit Rucola, Haselnüssen und Grünspargel oder des gratinierten Kavalierspitz vom Mostviertler Ochsen mit Semmelkren und Bouillongemüse keinen Abbruch tut. Auch der karamellisierte Kaiserschmarren mit Vanilleeis und Rhabarberröster gelingt bestens. Schön!

à la carte: 11,50–35,90 €

Tel.: 01 512 34 71

1010 Wien
Weihburggasse 4

www.weisser-rauchfangkehrer.at
info@weisser-rauchfangkehrer.at

ZWISCHENBRÜCKENWIRT 13/20

Der Name Zwischenbrückenwirt ist der geografischen Lage des Lokals geschuldet, keinesfalls ist die kulinarische Erfahrung von dort irgendwo dazwischen. Die modern und freundlich eingerichteten Räume sind einladend, noch mehr ist es aber die Speisekarte. Sehr ambitioniert und gekonnt variierte Wirtshausgerichte, zum Beispiel Oktopusgulasch oder Rindsbackerln-Zweierlei: gebacken und geschmort. Ein Klassiker ist die Entenleber-Crème-brulée, da mit größter Finesse zubereitet. Die Weinkarte führt nahezu sämtliche österreichische Winzer von A bis Z, die Beratung dazu ist professionell und liebevoll. Auch beim Service fühlt sich der Gast sehr gut aufgehoben. Ein großartiges Gourmeterlebnis zwischen den Brücken im 20. Bezirk.

Tel.: 01 3331062

1200 Wien
Treustraße 27

www.zwischenbrueckenwirt.at
guenther.szigeti@chello.at

1070

Tipp

„Running Cooking“

Das kleine Restaurant am Spittelberg versprüht französisches Flair. Von den Tischen des überschaubaren Gastgartens beobachtet man das Wiener Dolce Vita und unterhält sich mit Feinschmeckern der benachbarten Tische.

Tel.: 0676 566 17 74
1070 Wien
Gutenberggasse 28
www.restaurant-1070.com
reservierung@
restaurant-1070.com
Di–So 17.30–22.30 Uhr

404 DONT ASK WHY

Tipp

Das neu eröffnete Restaurant von Martin Ho ist wie erwartet alles andere als schlicht und simpel. Auf bunten Tellern serviert der gebürtige Italiener Carmine Cilento den Klassiker: Pizza. Auf dem Trockenen sitzt man hier mit Sicherheit nie. Es gibt reichlich Champagner, Wein und Limoncello.

1010 Wien
Friedrichstraße 7
www.dontaskwhy.at
tgl. 11.30–24 Uhr

575 SAGMEISTER

Tipp

In die Küche des Sagmeisters kommen ausschließlich Produkte von regionalen Produzenten und Kleinbauern aus Österreich. Dementsprechend hat man auch den Fokus der Speisekarte auf nationale Klassiker gerichtet. Dennoch überlegt sich das Küchenteam immer wieder kreative Neuinterpretationen und jongliert mit verschiedenen Geschmäckern.

à la carte: 5–25 €

Tel.: 0699 111 776 46
0664 883 150 23
1030 Wien
Schimmelgasse 11
www.575sagmeister.at
office@575sagmeister.at
Mo–So 11–21.30 Uhr

ADLERHOF

Tipp

Im geschichtsträchtigen Ambiente kommt zwischen bunten Tapeten, einer metallenen Wendeltreppe und zahlreichen Pflanzen 20er-Jahre-Flair auf. Auf der Speisekarte begibt man sich ebenfalls auf eine Zeitreise. Vom Krabbencocktail bis zur getrüffelten Eierspeis findet man so manch eine Besonderheit. Das ausgiebige Frühstücksangebot genießen die Gäste sogar bis 16 Uhr.

à la carte: 6–28 €

Tel.: 01 522 49 05
1070 Wien
Burggasse 51/6
www.adlerhof.wien
post@adlerhof.wien
tgl. 8–22 Uhr

ALI'S GRILL

Tipp

Der Geruch von gegrilltem Fleisch, frisch gebackenem Fladenbrot und allerlei würzigem Gemüse zieht die Gäste in Ali's Grill Restaurant. Zubereitet werden die anatolischen Spezialitäten nach Tradition auf dem Holzkohlengrill. Die vielen kleinen Gerichte füllen den Tisch und werden traditionell geteilt.

à la carte: 5,90–24,90 €

Tel.: 01 58115 67
1010 Wien
Operngasse 14
akkoelif.wix.com/alisgrill
info@alisgrill.at
Mo–So 11.30–23 Uhr

BELLY OF THE BEAST

Tipp

Nach dem Farm-to-table-Prinzip kommen in dem Wiener Bio-Restaurant beste Produkte auf den Tisch. Die Gäste wählen zwischen Fleisch und Veganem aus und genießen – bei etwas kleinerem Hunger – ein dreigängiges oder auch ein fünfgängiges Menü. Begleitet werden die Speisen von hochgradigen Weinen.

à la carte: 10–50 €

Tel.: 0664 413 48 22
1090 Wien
Wasagasse 28
www.bellyofthebeast.at
office@bellyofthebeast.at
Mi–Sa 18–22 Uhr

CHINABAR

Tipp

Asiatisches Streetfood zelebriert man hier im großen Stil. Oktopussalat, scharfe Rindswangen und Grüntee-Ei, umhüllt von faschiertem Mangalitza – einfach außergewöhnlich köstlich.

Tel.: 01 522 08 31
1070 Wien
Burggasse 76
www.chinabar.at
office@chinabar.at

DIE PALETTE Ⓝ

Tipp

Es gibt weltweit wohl nur wenige Menschen, die derart besessen von hochkarätigem Essen und Trinken sind wie Gerd Sievers. Der Verfasser von über 30 Büchern zu den Themen Kunst und Kulinarik hat bei Spitzenköchen in Deutschland gelernt und eine Kochlehre in Wien abgeschlossen. Nun kocht der exzentrische Produktfetischist in einem Marktstand auf dem Vorgartenmarkt für maximal acht Personen am Chef's Table. Champagner fließt in Strömen und auf den Teller kommt im Rahmen eines Carte-blanche-Menüs für Mutige das Beste, was Sievers aus seinem eindrucksvollen Lieferanten-Netzwerk beziehen kann. Austern, Jakobsmuscheln oder frischer Fisch werden roh mariniert serviert. Zu seinen Signature Dishes zählen Burgunderschnecken, Dry-Aged-Mieral-Taube und Tonno vitellato – ein „verkehrtes Vitello tonnato", also Thunfisch, in einem Kalbsfond serviert. Die Palette ist in ihrer Skurilität ein absolutes Unikat in der heimischen Foodie-Szene, in dem selbst Federico Fellini ins Staunen geraten wäre.

Tel.: 0664 200 00 54
1020 Wien
Vorgartenmarkt, Stand 22 + 23 und 40 + 41
www.diepalette.at
office@diepalette.at
Mi 15–22, Do–Sa 12–22 Uhr

DOGENHOF

Tipp

Im Wiener Dogenhof kocht man mit Feuer. Auf offener Flamme werden Steaks rosa gegrillt. Dazu gibt es Ofensüßkartoffeln, flambierte Steckrüben und Habanero-Apfel-Minz-Sauce. Wer jetzt schon Lust auf mehr hat, kann sich sein eigenes 5-Gänge-Menü zusammenstellen oder probiert täglich wechselnde Specials auf Basis der Zutaten, die von den umliegenden Produzenten empfohlen werden.

à la carte: 12–35 €

Tel.: 0660 633 25 44
1020 Wien
Praterstraße 70/2
www.dogenhof.com
info@dogenhof.com
Mo–Fr 17–24, Sa 9.30–24, So, Fei 9.30–16 Uhr

DOTS AT THE LEO GRAND Ⓝ

Tipp

Die Zutaten, die im Dots at the Leo Grand verwendet werden, sind außergewöhnlich. Frischen Wasabi gibt es in Österreich nicht überall. Otoro, den verboten guten, fetten Thunfischbauch, auch nicht. Abalone hin und wieder, Wagyu zwar immer öfter, aber immer noch recht selten. Die Karte im Dots ist eine Raritätensammlung. Es gibt zum überwiegenden Teil japanisch inspirierte Küche mit modernem Twist. Den Sushi-Style würden wir „contemporary" nennen. Sprich: mit Paprika, Cream Cheese und anderen Zutaten, die eher europäischen Ursprungs sind. Auch die Sashimi-Slices bekommen eine glänzende Glasur drauf gepinselt und schmecken dadurch leicht süßlich.

Tel.: 01 906 06 90
1010 Wien
Bauernmarkt 1
dotsgroup.eu/the-leo-grand

DOTS IM BRUNNERHOF

Tipp

Außergewöhnlich, extravagant und futuristisch. Hier verschmelzen asiatische und österreichische Klassiker. So entsteht Vienna Nigiri, eine Kombination aus Schnitzel und Maki.

Tel.: 01 908 9110
1190 Wien
Kahlenberger Straße 1
www.dotsgroup.eu
info@dotsgroup.eu
Mo–Fr 18–1, Sa und So 12–1 Uhr

FIGLMÜLLER

Tipp

Bereits beim Betreten des Restaurants wird man an der rustikalen Holztheke mit einem Bier begrüßt. Es wird keinesfalls das letzte Bier sein, da die Auswahl an Spezialitäten vom Fass ungewöhnlich groß ist. Dazu gibt es Wiens bekanntestes Wiener Schnitzel, Tafelspitz oder Kalbsbutterschnitzerl. Für Vegetarier gibt es sogar eine fleischlose Variante des beliebten Klassikers.

Tel.: 01 5121760
1010 Wien
Bäckerstraße 6
www.figlmueller.at
reservierung@figlmueller.at
täglich 11.30–22 Uhr
♿

FLATSCHERS

Tipp

Wohlfühlfaktor pur im Szenelokal. Bekannt ist das Flatschers für seine unglaublich saftigen Burger. Das Brot bezieht das Restaurant von der Bio-Bäckerei Joseph. Das Augenmerk liegt jedoch auf dem perfekt abgehangenen Rindfleisch. Cole Slaw, Baked Potatos und Zwiebelringe dürfen natürlich auch nicht fehlen.

Tel.: 01 523 42 68
0660 721 15 80
1070 Wien
Kaiserstraße 113–115
www.flatschers.at
restaurantleitung@
flatschers.at
So–Do 17–22, Fr und Sa
17–22.30 Uhr

FROMME HELENE

Tipp

Vom großzügigen Schanigarten über die urige Gaststube mit zahlreichen Bildern berühmter Persönlichkeiten an der Wand bis in den angenehm kühlen Gewölbekeller: In der Frommen Helene fühlt man sich in jedem Winkel wohl. Neben österreichischer Hausmannskost haben sich auch polnische Pierogi auf die Karte verirrt. Diese sollte man probiert haben.

Tel.: 01 406 91 44
1080 Wien
Josefstädter Straße 15
www.frommehelene.at
restaurant@
frommehelene.at
tgl. 11–24 Uhr

GELBMANNS GASTSTUBE

Tipp

Bereits im Jahr 1873 begann diese Wirtshausgeschichte, damals jedoch noch unter traditionellem Habsburger Namen. Seither kehrt man gerne in das sonnengelbe Haus ein und genießt Gastlichkeit gemeinsam mit einer Portion Wiener Küche.

à la carte: 13,80–22,80 €

Tel.: 01 486 15 99
1160 Wien
Wilhelminenstraße 62
www.gelbmanns.at
reservierung@gelbmanns.at
Di–Sa 11–22 Uhr

HABIBI & HAWARA – EINS

Tipp

In der Wipplinger Straße hat die Erfolgsgeschichte des inklusiven Projekts für Flüchtlinge und Migranten begonnen und trägt seither große Früchte. Das Stammhaus ist gemütlich und überzeugt mit seinem einzigartigen Charme und dem fusionierten Angebot aus der östlichen und der nationalen Küche.

à la carte: 5,90–12,90 €

Tel.: 01 535 0675
1010 Wien
Wipplinger Straße 29
habibi.at
office@habibi.at
Mo–Fr 11–15 und 17–24, Sa 18–22 Uhr
✱ So, Fei

HABIBI & HAWARA NORDBAHN

Tipp

Inklusion, Zusammenhalt und die Liebe zur Tradition werden im Habibi & Hawara vereint, denn hier kreiert man österreichisch-orientalische Fusionsküche. Mittags offenbart das Buffet türkische Klassiker und Wiener Köstlichkeiten. Abends biegen sich die Tische unter Eintöpfen, Grillgerichten und zahlreichen Salaten.

Tel.: 01 212 75 34
1020 Wien
Bruno-Marek-Allee 23
www.habibi.at/nordbahn
nordbahn@habibi.at

HAN AM STADTPARK

Tipp

Wie ein Kurztrip nach Korea fühlt sich ein Abend im HAN an. Bereits beim Betreten des Restaurants fällt die detailreiche Dekoration ins Auge, welche gemeinsam mit der authentischen Küche des Mutter-Tochter-Duos das einzigartige Erlebnis vervollständigt. Zum Mitnehmen gibt es selbst gemachten Kimchi aus – nach landesüblicher Tradition – Chinakohl, Rettich und Gurke.

à la carte: 4,50–25 €

Tel.: 01 535 50 50
1030 Wien
Am Heumarkt 9/2/3
www.han-wien.at
reservierung@han-wien.at
Di–Fr 17–22, Sa, So 11.30–15 und 17–22 Uhr
✱ Fei
♿

HERBECK

Tipp

Im großzügigen Gastgarten wird man an der Endstation der Linie 40 zwischen Gersthof und Pötzleinsdorf begrüßt. Österreichisch-italienische Küche erwartet die Gäste hier. Dazu werden Brot vom Öfferl sowie hausgemachte Aufstriche serviert. Für eine passende Weinempfehlung kann man ohne zu zögern das Servicepersonal befragen.

à la carte: 8,90–36,90 €

Tel.: 01 470 37 57
1180 Wien
Scheibenbergstraße 11
www.herbeck.wien
office@herbeck.wien
Di–Sa 11.30–15 und 17.30–22.30 Uhr
✱ variabel

HOLLERKOCH

Tipp

Das Getümmel des Gersthofer Platzls beobachtet man im Schanigarten an der belebten Hauptstraße. Ruhiger und auch ein wenig entspannter geht es im Garten und unter der Pergola zu. Hier kann man bei hausgemachtem Hibiskus-Eistee und Holunder-Martini auf einen bereits gelungenen Abend anstoßen. Zu essen gibt es nationale Klassiker sowie Speisen mit Einflüssen aus aller Welt.

à la carte: 9–29 €

Tel.: 0660 860 9401
1180 Wien
Gersthofer Straße 14
www.hollerkoch.at
info@hollerkoch.at
Mo–Do 16.30–24, Fr, Sa 9–24, So 9–22 Uhr

IKI

Tipp

Kimchi, Sushi und Co: Das Iki bietet sowohl für einen ausgedehnten Lunch als auch für ein entspanntes Abendessen alles, was die asiatische Küche zu bieten hat. Edamame, Oktopusbällchen und japanische Pancakes werden als Vorspeise gereicht. Danach hat man die Qual der Wahl zwischen diversen Rolls, Ramen oder einem Kimchi Beef Burger.

Tel.: 01 050 100 136 00
1100 Wien
Am Belvedere 1
www.iki-restaurant.at
info@iki-restaurant.at

IKO

Tipp

Japanische Tapas und Reiswein stimmen auf einen gelungenen Abend ein. Darauf folgen verschiedenste Sushi-Variationen. Besonders fein sind die flambierten Nigiri, wahlweise mit Garnele, Fisch oder Avocado. Sogar mit Wachtelei und Trüffelpesto werden die kleinen Leckerbissen serviert. Ein Mochi darf als krönender Abschluss natürlich nicht fehlen.

Tel.: 01 8904200
1010 Wien
Wipplinger Straße 6
www.iko.wien
info@iko.wien

IN-DISH

Tipp

Der Geschmack Indiens befindet sich nur einen Katzensprung entfernt in der Wiener Innenstadt. Der Geruch von Curry, gedämpftem Safranreis und einem Hauch von Schärfe lockt zahlreiche Gäste an. Neben Klassikern werden auch experimentierfreudige Gerichte serviert. Den Butter Chicken Burger sollte man sich nicht entgehen lassen.

Tel.: 01 9412801
1010 Wien
Schwarzenbergstraße 8
www.in-dish.at
reservations@in-dish.at

JOMA

Tipp

Von früh bis spät verwöhnt das Joma seine Gäste inmitten des Wiener Innenstadt-Flairs. Mit Eier Benedict, Avocado auf frischem Roggenbrot und zahlreichen Säften gelingt der Start in den Tag. Zu späterer Stunde überzeugen Pasta, Bowls und Grillspezialitäten.

Tel.: 01 5321032
1010 Wien
Hoher Markt 10
www.joma-wien.at
info@joma-wien.at
täglich 8–22 Uhr

LIEBLINGSFISCH

Tipp

Das kleine Lokal am Karmelitermarkt bietet Platz für acht Personen. Aus Fisch, Meeresfrüchten und Muscheln entstehen Bouillabaisse, Oktopussalat und ein täglich wechselndes Gericht aus dem „LieblingsFisch des Tages". Der eigens geräucherte Lachs sollte unbedingt probiert werden.

à la carte: 6–32 €

Tel.: 0664 262 4189
1020 Wien
Karmelitermarkt 44
www.eishken.at
bestellungen@eishken.at
Di–Fr 10–18 und Sa 8–14 Uhr

MAKA RAMEN Ⓝ

Tipp

Das in das Tiefparterre-Lokal einer Schlosserei gezogene Maka Ramen bietet – neben coolem jungem Flair, einer so prompten wie freundlichen Bedienung und einer spannenden Getränkeauswahl – einige originelle Vorspeisen, drei verschiedene Ramen … und macht großen Spaß.

Tel.: 0677 631 090 67
1070 Wien
Wimbergergasse 41
www.maka-ramen.at
contact@maka-ramen.at
Mi–Sa 16–22 Uhr

MAMA & DER BULLE

Tipp

Rosa gebratenes Rindfleisch, saftige Burger und knusprige Fries: Steakliebhaber befinden sich hier an der richtigen Adresse. Aber auch die vegetarischen Optionen können sich sehen lassen. Zu Burger und Co gibt es Milchshakes. Auf die Kalorien sollte man besser nicht achten, dafür schmecken die Speisen umso besser.

à la carte: 7,90–24,90 €

Tel.: 01 5123449
1010 Wien
Schellinggasse 5
www.mamaundderbulle.at
tisch@mamaundderbulle.at
Mo, Di Mi und So 12–22,
Do, Fr und Sa 12–22.30 Uhr

MAMA LIU & SONS
Tipp

Die hohe Kunst der perfekten Teigtasche will gelernt sein. Im Mama Liu & Sons beherrscht man das Handwerk im Schlaf. Auch warme und kalte Tapas werden hier gereicht. Die Spezialität des Hauses ist jedoch der Hot Pot. Im kräftigen Rindersud oder der Tomaten- oder Curry-Kokos-Suppe werden Fleisch, Fisch, Gemüse und Nudeln direkt auf dem Tisch zubereitet.

à la carte: 6–30 €

Tel.: 01 586 36 73
1060 Wien
Gumpendorfer Straße 29
www.mamaliuandsons.at
hello@mamaliuandsons.at
Di–Fr 17–23, Sa, So 12–23 Uhr

MARCO SIMONIS BASTEI10
Tipp

Wie ein moderner Marktplatz und ein Bistro zugleich wirkt die Bastei10. So manch einer würde die Verschmelzung auch als Atelier des Genusses und der Kunst bezeichnen. In jedem Fall ist es jedoch gemütlich und bietet sich vor allem für ein gemütliches After-Work an. Zum hauseigenen Gin Sinn & Tonic gibt es wöchentlich wechselnde Wohlfühlgerichte.

à la carte: 6–30 €

Tel.: 01 5122010
1010 Wien
Dominikanerbastei 10
www.marcosimonis.com
welcome@marcosimonis.com
Mo, Di: 10–18.30, Mi–Fr 10–20.30 Uhr

MARKET RESTAURANT
Tipp

AMBIENTE AWARD 2013
Moderne asiatische Küche, impulsive Ideen und gewagte Kreationen warten auf die Gäste des am Naschmarkt gelegenen Restaurants. Die Produkte stammen natürlich von nebenan. Besonderes Highlight ist das asiatische Frühstücksangebot: Es bietet einen abwechslungsreichen Start in den Tag.

Tel.: 01 5811250
1060 Wien
Linke Wienzeile 36
www.market-restaurant.at
office@market-restaurant.at

MAX – GRILL HOUSE
Tipp

BBQ-Erlebnis auf höchstem Niveau. Steaks, Burger und Ribs stehen auf dem Programm, dazu gibt es hausgemachte Limonaden und Craft-Bier. Im amerikanischen Stil werden auch die Nachspeisen serviert. Den New York Cheesecake sollte man sich nicht entgehen lassen.

à la carte: 9,90–34 €

Tel.: 01 5128128
1010 Wien
Schellinggasse 6
www.damax.at
tisch@damax.at
Di–So 12–22 Uhr

MEINKLANG HOFLADEN®
Tipp

Koch: Tobias Wachsenegger

Jedem (Groß-)Stadtbewohner sollte per Gesetz fußläufig so ein Bio-Nahversorger mit kleiner Schnabulierkarte und wunderbarem Getränkeangebot zur Verfügung stehen. Denn was die Familie Michlits mit ihrem Hofladen in Wiens fünftem Bezirk aus dem Hut gezaubert hat, ist eine Oase des Bäuerlich-Einfachen mit modernem Spin. Am besten zu dritt oder viert einfallen, alles bestellen und dann Gutes wie den erfrischenden Kohlrabi mit Holunder, Amalfizitrone und Topfen, die Heurigen (Erdäpfeln) mit Rahmgurke und Dill oder den perfekt rosa gebratenen Tafelspitz mit Zucchini und Steirerschimmel (Käse) gemeinsam genießen. Dazu ein Glas (oder besser gleich eine Flasche) vom Demeter-Wein von MEINKLANG. Einfach lässig!

Tel.: 0664 384 94 70
1050 Wien
Franzensgasse 2
www.meinklang.at

OSTERIA MANGIA E RIDI
Tipp

Es ist kein Geheimnis: Italiener machen die beste Pasta. Eine Handvoll ausgewählter Speisen nach Rezepten der Nonna wird serviert. Dazu gibt es natürlich auch die landestypische Weinbegleitung. Buon appetito!

Tel.: 01 5122703
0664 246 1019
1010 Wien
Kurrentgasse 12
www.osteria-mangiaeridi.at
Mangiaundridi@gmx.at

PLACHUTTAS GRÜNSPAN

Tipp

Der 16. Wiener Gemeindebezirk ist bekannt für seine Bierkultur. In der Ottakringer Straße 266 wird bereits seit 20 Jahren das beliebte Hausbier des Grünspans gefeiert. Dazu gibt es Klassiker aus der Wirtshausküche. Backhendlsalat, Schweinsbraten und Kaiserschmarren stehen hoch im Rennen.

à la carte: 4,90–24,20 €

Tel.: 01 4805730
1160 Wien
Ottakringer Straße 266
www.gruenspan.at
office@gruenspan.at
täglich 11–23.30 Uhr
♿

PRATERWIRT®

Tipp

Da kommt zusammen, was zusammengehört: ein Fleischhauer, ein Imbiss, ein Restaurant und unpasteurisiertes Budweiser. Das Team des Dogenhofs hat ein Gastrokonzept in eine ehemalige Libro-Filiale an der Praterstraße gehievt, von dem es ruhig mehr geben sollte. Die Lebensmittel kommen von erprobten Partnern, das Bier in Tanks direkt aus Budweis und der Fleischreiferaum passt perfekt ins Bild. Im Imbiss gibt es Hauswürste, Leberkäse und andere selbst produzierte Köstlichkeiten. Im Restaurant werden feine Klassiker wie steirisches Wurzelfleisch, Surschnitzel oder Kalbsbutterschnitzel serviert, als vegetarische Alternative gibt es gebackene Kräuterseitlinge oder Spinatknöderl. Richtig schön retro wird es bei den kleinen Speisen: Schinkenrollen, Würstel mit Saft oder Grammelknöderln wecken Kindheitserinnerungen.

Tel.: 0676 418 24 44
1020 Wien
Praterstraße 45
praterwirt.com
info@praterwirt.com
tgl. 11.30–23 Uhr

PRILISAUER

Tipp

Im familiengeführten Wirtshaus werden Wiener Gastlichkeit und heimische Küche stets perfektioniert – und das inzwischen seit fünf Generationen. Der großzügige Gastgarten sowie die Stube eignen sich hervorragend für Familienfeiern und Geburtstage.

à la carte: 10–26 €

Tel.: 01 979 32 28
1140 Wien
Linzer Straße 423
www.prilisauer.at
office@prilisauer.at
Mi–Sa 11–23, Sa 11–22 Uhr
♿

RAMASURI

Tipp

Das Ramasuri ist bunt und farbenfroh – und zwar in allen Belangen. Begonnen bei den knalligen Sesseln bis hin zu einer vielfältigen Speisekarte mit Einflüssen aus aller Welt. Egal, ob in der Früh, mittags oder spätabends: Im Ramasuri findet man zu jeder Tageszeit die passende Speise. Einen Tisch sollte man jedoch reservieren.

Tel.: 0676 466 80 60
1020 Wien
Praterstraße 19
ramasuri.at
office@ramasuri.at
Mo–Fr 8–22, Sa und So 9–22 Uhr

REGINA MARGHERITA

Tipp

Italienisches Dolce Vita, erstklassige Pizzen und ein Glas Pinot Grigio – all das vereint die Pizzeria Regina Margherita in der Wiener Innenstadt. Empfangen wird man in traditionell italienischer Manier von der Familie Barbaro.

à la carte: 5–36 €

Tel.: 01 533 08 12
1010 Wien
Wallnerstraße 4/Palais Esterházy
www.barbaro.at
regina@barbaro.at
tgl. 11.30–23 Uhr

RESTAURANT TWENTYTWO

im Holiday Inn Vienna South

Tipp

Im 22. Stockwerk der Wienerberg City genießt man nicht nur die romantische Sonnenuntergangsstimmung sowie das spektakuläre Panorama von Wien, sondern auch hervorragende Menüs von Küchenchef Norbert Zauchinger. Käse schließt bekanntlich den Magen und so klingt ein gelungener Abend mit einem Käseteller und schwarzen Nüssen aus.

Tel.: 01 890 999 87 00
1100 Wien
Wienerbergstraße 7, 22. Stock
www.restaurant-22.at
restaurant@twentytwo.at
tgl. 11.30–22 Uhr
♿

RINDERWAHN

Tipp

It's Burger Time! Zwischen einem herrlich frischen Brioche-Bun verbergen sich saftiges Rindfleisch, geschmolzener Käse, knackiger Salat und hausgemachte Mayo. Wer kann dazu schon Nein sagen? Es bleibt natürlich nicht bei einem Burger! Mehr als 20 verschiedene Kreationen gibt es zu probieren.

Tel.: 01 512 09 96
1010 Wien
Weihburggasse 3
www.rinderwahn.at
restaurant@rinderwahn.at

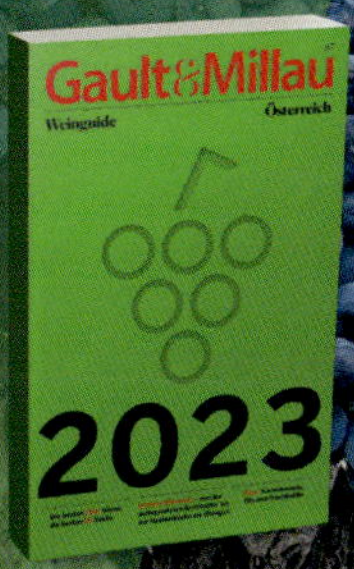

STEIRERSTÖCKL

Tipp

Hoch droben in Währing, schon fast im Wienerwald, kann man kulinarisch in die Steiermark eintauchen. Hier findet sich dieses urige Lokal, das spielerisch-rustikal mit vielen Zimmern eingerichtet ist und über einen schönen Gastgarten verfügt. Die Speisen sind bodenständig und größtenteils Steiermark-affin. So dürfen das Kürbiskernschnitzel und der Schweinsbraten mit Grammel-Sauerkraut sowie die Geflügelhascheeknödel nicht fehlen. Als Dessert gibt es unter anderem Mohn-, Nougat- und Topfenknödel. Die Weinauswahl ist ordentlich.

à la carte: 5,20–23,90 €

Tel.: 01 440 4943
1180 Wien
Pötzleinsdorfer Straße 127
www.steirerstoeckl.at
steirerstoeckl@jagawirt.at
Mi–So 11.30–24 Uhr

STELLAS 3

Tipp

Gegenüber vom Rochusmarkt bietet der „kleine oder zumindest jüngere" Bruder des Stellas 7 ein ähnliches Speise- und Getränkeangebot, wenn auch ein paar kleine Feinjustierungen noch nötig sind. Das Personal ist so freundlich wie die Atmosphäre lässig.

à la carte: 5–32 €

Tel.: 01 710 67 73
0664 257 73 11
1030 Wien
Landstraße Hauptstraße 44
www.stellas.at
bistrodrei@stellas.at
Mo–Sa 15–23 Uhr

STERN

Tipp

Deckenhohe Fenster, getäfelte Wände, weiß eingedeckte Tische und uriger Parkettboden versprühen gehobenen Wiener-Wirtshaus-Charme. Beste Produkte aus biologischer Landwirtschaft, teilweise sogar aus eigener Jagd, werden vom Küchenchef frisch zubereitet.

à la carte: 6,90–28,90 €

Tel.: 01 749 33 70
1110 Wien
Braunhubergasse 6
www.gasthausstern.at
office@gasthausstern.at
Mi–Sa 11–23, So 11–16 Uhr

STOMACH

Tipp

Wer hätte gedacht, dass eine ehemalige Fleischhauerei so viel warme Atmosphäre und Gemütlichkeit versprühen kann. In den Sommermonaten vergrößert sich das Lokal um einen urigen Gastgarten. Eine kleine, aber durchaus feine Auswahl an Gerichten wird serviert, deren Optik bereits verzaubert.

Tel.: 01 3102099
1090 Wien
Seegasse 26

STRÖCK-FEIERABEND

Tipp

Im Feierabend beherrscht man nicht nur die Kunst des Brotbackens. Hier wird in der Früh, mittags und abends eine Vielzahl an einfallsreichen Gerichten angeboten. Nachhaltig angebaute Produkte sowie Fleisch und Eier aus biologischer Landwirtschaft sind ein Muss. Zum Abschluss empfehlen wir die flaumigen Topfenknödel mit Beerenkompott.

à la carte: 6,10–19,50 €

Tel.: 01 204 399 993057
1030 Wien
Landstraßer Hauptstraße 82
www.stroeck-feierabend.at
feierabend@stroeck.at
Mo–Fr 7–22, Sa und So 7–18 Uhr
♿

TIAN BISTRO AM SPITTELBERG

Tipp

Es muss nicht immer Fleisch sein. Im TIAN Bistro fühlen sich selbst echte Fleischtiger wohl. Das volle Geschmackserlebnis der Karte gibt es beim Sharing Chef's Garden. Wer sich nicht entscheiden kann oder will, bekommt alle Speisen als Tapas serviert und muss auf nichts verzichten.

à la carte: 7–18 €

Tel.: 01 526 94 91
1070 Wien
Schrankgasse 4
www.tian-bistro.com
spittelberg@taste-tian.com
Di–Fr 17–21, Sa 10–12.45 und 17–21 Uhr

UNKAI BAR & SUSHI

im Grand Hotel Wien

Tipp

Hier wird Misosuppe traditionell aus der Schale geschlürft. Die hohe Kunst der Zubereitung von Sushi und Sashimi beherrscht man im Unkai im Schlaf. Neben Kirin-Bier – ein Muss für Bierliebhaber – wird eine große Auswahl an Sake gereicht.

à la carte: 4–35 €

Tel.: 01 515 809 773
1010 Wien
Kärntner Ring 9
www.unkai.at
unkai@grandhotelwien.com
täglich 11–23 Uhr

VIVA LA MAMMA

Tipp

Bei Mamma schmeckt es einfach am besten! Frische Salate und cremige Pastagerichte sind bereits hervorragend. Bekannt ist das Viva la Mamma jedoch für die Pizza. Der Teig ist aufgrund der langen Ruhezeit innen besonders flaumig und außen kross. Das selbst gemachte Tiramisu rundet den Abend perfekt ab.

à la carte: 7–30 €

Tel.: 01 5121645
1010 Wien
Dr.-Karl-Lueger-Platz 5
www.vivalamamma.at
tisch@vivalamamma.at
tgl. 12–22 Uhr

WALDVIERTLERHOF

Tipp

Das Waldviertel is(s)t bodenständig, klassisch und regional. Auf der Suche nach Blunzengröstl und Co ist man hier an der richtigen Adresse. Das ofenfrische Jungschweinsbratl wird mit Waldviertler Knödeln und warmem Krautsalat serviert – ein echter Renner.

à la carte: 13–34 €

Tel.: 01 5863512
1050 Wien
Schönbrunner Straße 20
www.waldviertlerhof.at
reservierung@
waldviertlerhof.at
Mo–Sa 11–23 Uhr
♿

WEIN & CO

Tipp

Weinrestaurant am Stephansplatz

Mit Blick auf Wiens bekanntestes Wahrzeichen genießt man edle Tropfen. Dazu gibt es Prosciutto, Oliven und frisch gebackenes Brot. Eine Private Dining Area erwartet die Gäste im Obergeschoss. Das Juwel des Wein-&-Co-Flagship-Stores befindet sich jedoch unterirdisch: Im Raritätenkeller verbirgt sich so manch ein Unikat!

à la carte: 12–33 €

Tel.: 05 07063 122
1010 Wien
Jasomirgottstraße 3–5
www.weinco.at
jasbar@weinco.at
täglich 12–22.30 Uhr

WEIN & CO MARIAHILFERSTRASSE

Tipp

Ein Riedel-Glas, gefüllt mit erlesenem Wein, dazu gibt es spanische Chorizo, französischen Käse und italienische Oliven. Der Brotkorb wird von Joseph gefüllt, das Glas vom Sommelier. Bei schönem Wetter verkostet man die Weinvielfalt auf der kleinen Terrasse.

Tel.: 01 050 706 30 22
1070 Wien
Mariahilfer Straße 36
www.weinco.at
mar@weinco.at

WEIN & CO NASCHMARKT

Tipp

Wein- und Biertrinker, Nachtschwärmer sowie Feinschmecker halten sich gerne rund um den Naschmarkt auf. In Kombination mit kleinen Bargerichten kehren Traubenkenner in den Weinfachhandel ein.

Tel.: 01 050 706 31 02
1060 Wien
Linke Wienzeile 4
www.weinco.at
nasbar@weinco.at

WILD

Tipp

Das Gasthaus Wild überzeugt bereits von außen mit seinem Altwiener Charme. Die Speisekarte wird mit saisonalen Gerichten immer wieder erweitert. Auch vegetarische Alternativen werden angeboten. In enger Zusammenarbeit mit lokalen Produzenten entstehen somit geschmackvolle Gerichte mit leicht mediterranen Einflüssen. Selbst gemacht: das hauseigene Sauerteigbrot.

Tel.: 01 920 9477
1030 Wien
Radetzkyplatz 1
www.gasthaus-wild.at
wild@chello.at

ZUM RENNER

Tipp

Hinter der bunt bemalten Türe eines Nussdorfer Traditionshauses verbirgt sich ein wunderschöner Gastgarten. Antike Möbel und Raritäten verleihen den letzten Schliff. Auch kulinarisch setzt man auf altbewährte Klassiker und traditionelle Gerichte. Unbedingt probieren sollte man die Malakofftorte nach Oma Renners Rezept.

Tel.: 01 378 58 58
1190 Wien
Nussdorfer Platz 4
www.zum-renner.at
gasthof@zum-renner.at
tgl. 11.30–21.30 Uhr
♿

ZUR GOLDENEN KUGEL

Tipp

Das Gasthaus im neunten Wiener Gemeindebezirk steht für Tradition, ehrliche Küche und genussvolle Momente. Hier wird täglich frisch gekocht. Saisonale Speisen ergänzen die umfangreiche Karte. Zudem werden österreichische Qualitätsweine gereicht.

Tel.: 01 405 83 63
1090 Wien
Lazarettgasse 6
www.zurgoldenenkugel.at
lokal@zurgoldenenkugel.at
Mo–Fr 11.30–22 Uhr

BURGEN-LAND

DIE BESTEN

18,5/20	**TAUBENKOBEL** Schützen am Gebirge	Seite 140
17/20	**GUT PURBACH** Purbach	Seite 138
16/20	**RATSCHEN** Deutsch Schützen	Seite 133
15,5/20	**GREISSLEREI BEIM TAUBENKOBEL** Schützen am Gebirge	Seite 139
15/20	**GUT MARIENDOL** Litzelsdorf	Seite 135
14,5/20	**GASTHAUS CSENCSITS** Kohfidisch	Seite 134
14,5/20	**ZIEGELWERK GASTHAUS** Wimpassing an der Leitha	Seite 142

LEGENDE

- ○ Orte allgemein
- ● Orte mit (1 Haube)
- ● Orte mit (2 Hauben)
- ● Orte mit (3 Hauben)
- ● Orte mit (4 Hauben)
- ● Orte mit (5 Hauben)

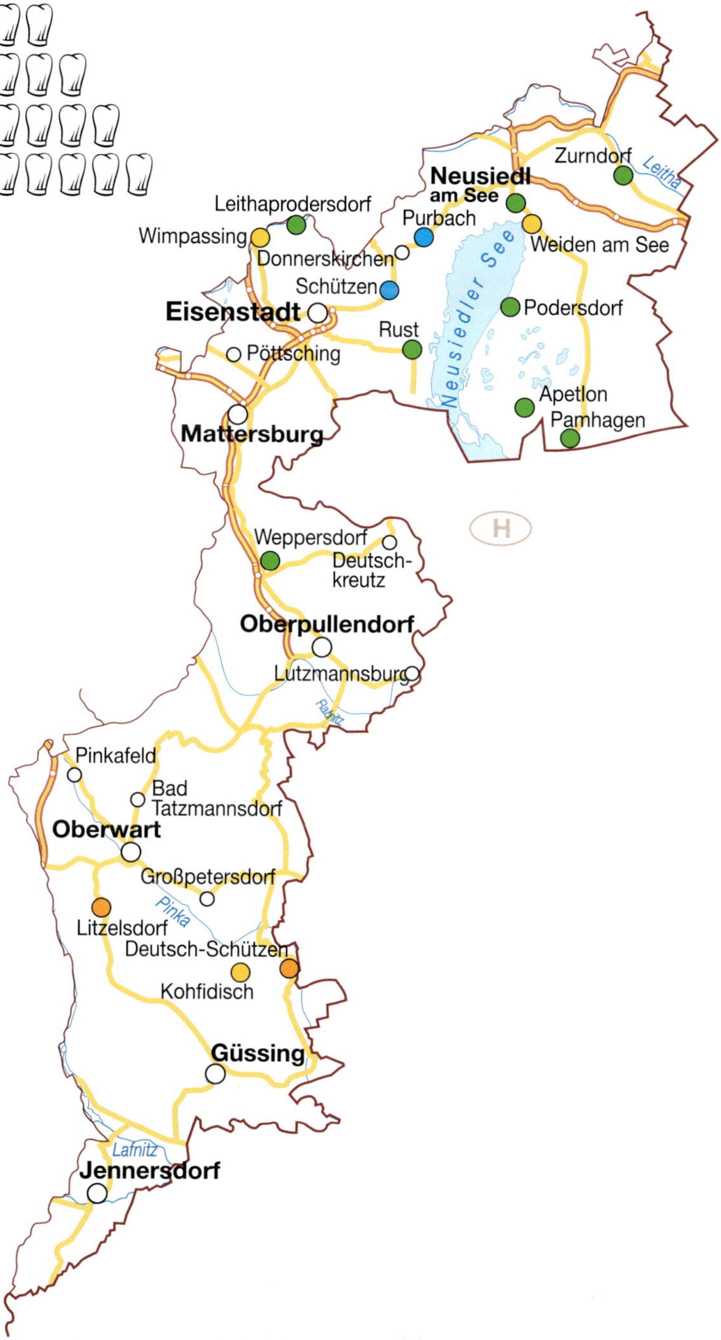

APETLON 03

ZUM FRÖHLICHEN ARBEITER 12,5/20

Koch: Hannes Tschida

Hannes Tschida führt seit Jahren das traditionelle Gasthaus zum fröhlichen Arbeiter in Apetlon. Gekonnt sind hier Tradition und Innovation miteinander verwoben, sowohl in der gemütlichen Gaststube mit Schank als auch in der modernen Adaption der ehemaligen Wirtschaftsgebäude. Gleichwohl ist die Küche eine harmonische Verbindung zwischen regionalen und saisonalen sowie klassischen und neu interpretierten Gerichten. Freundlicher Service und ein wunderschöner Innenhof mit Gastgarten vollenden den Gesamteindruck. Hier ist man mit Herz und Verve Gastgeber.

à la carte: 8–33 €

Tel.: 02175 2218
0699 197 712 03

7143 Apetlon
Quergasse 98

www.froehlicherarbeiter.at
gasthaus@
froehlicherarbeiter.at

Mo, Di, Fr 11.30–14.30 und 17.30–21, Sa, So 11.30–21 Uhr
variabel

BAD SAUERBRUNN N3

ROSENGARTEN Tipp

Im Restaurant Rosengarten legt Servicechef Attila besonderen Wert auf den Umgang mit seinen Gästen und empfiehlt zu jedem gewählten Menü gerne feine Weine. Mit viel Fingerspitzengefühl werden raffinierte Gerichte zubereitet. Ein besonderes Highlight ist die Jakobsmuschel mit Spargel, Himbeeren und Vinaigrette.

à la carte: 8–40 €

Tel.: 0660 523 84 66

7202 Bad Sauerbrunn
Bahngasse 2

www.rosengarten-badsauerbrunn.at
office@rosengarten-badsauerbrunn.at

Di, Mi, Fr und Sa 11.30–21, So 11.30–16 Uhr

BAD TATZMANNSDORF N4

TREIBER Tipp

In Bad Tatzmannsdorf trifft eine urige, rustikale und vor allem gemütliche Gaststube auf raffinierte, neu interpretierte Gerichte. Der Herr des Hauses steht natürlich höchstpersönlich hinter dem Herd. Bekannt ist er für sein berühmtes Backhenderl, aber auch sechsgängige Menüs mit passender Weinbegleitung sind seine Leidenschaft.

à la carte: 8,50–26 €

Tel.: 03353 82 71
0664 300 74 31

7431 Bad Tatzmannsdorf
Jormannsdorferstraße 52

www.burgenlandurlaub.at
info@burgenlandurlaub.at

Fr–Di 11–21 Uhr; an Feiertagen Mi und Do von 11–15 Uhr geöffnet
variabel

BERNSTEIN N4

PANNONIA Tipp

Die Geschmäcker der pannonischen Region werden auf jedem Teller des familiengeführten Restaurants vereint. Dazu benötigt es Wild aus heimischer Jagd, frisches Gemüse aus dem Seewinkel und Obst direkt vom Baum. Auch italienische Einflüsse prägen die Küche. So werden neben bodenständiger österreichischer Küche auch Pizza und Pasta serviert.

à la carte: 10,50–31 €

Tel.: 03354 6543
0660 262 01 04

7434 Bernstein
Hauptstraße 58

www.pannonia-roth.at
office@pannonia-roth.at

Di–Do 11–20, Fr und Sa 11–21, So 11–19 Uhr
variabel im Febr. und August 2023

DEUTSCH SCHÜTZEN P4

RATSCHEN

16/20

Restaurant & Wohnothek

Köche: Kevin Kogelmann & Thomas Bitomsky

Dort, wo sich Fuchs und Hase Gute Nacht sagen, liegt Deutsch Schützen mit seinen sanften Hügeln und Rebstöcken. Für einen herrlichen Ausblick in die malerische Landschaft sorgt das Restaurant Ratschen, das mit Kulinarik auf höchstem Niveau die Herzen aller Feinschmecker höherschlagen lässt. Das leise Zirpen aus den umliegenden Feldern und ein herrlicher Kirschbaum tragen zur Entspannung bei. Und so trinkt man ein Glas Uhudler-Frizzante, während man das Ambiente der stilvoll gestalteten Holz- und Glasarchitektur genießt. Charme und Aufmerksamkeit eines professionellen und herzlichen Serviceteams und der Blick in die Speisekarte lassen erahnen, dass uns ein kulinarisches Feuerwerk erwartet. Zunächst wird der Gast mit zwei kreativen und köstlichen Grüßen aus der Küche verwöhnt. Danach stehen als Menü vier bis acht Gänge zur Auswahl. Wir lassen uns eine Entenleber mit Kirschen, Pistazien und Brioche auf der Zunge zergehen. Die Jakobsmuschel mit Karotte, Hühnerhaut und Safran-Velouté ist ein Gaumenhighlight der Extraklasse. Spätestens jetzt ist klar: Hier ist ein Saucenexperte mit einem sehr feinen Gespür fürs Abschmecken am Werk. Der zarte Lammrücken mit einem aromatischen Gemüsebett rundet die Gesamtkomposition perfekt ab. Den raffinierten Abschluss bildet die Heumilch-Mousse mit Rhabarber und Sauerklee-Sorbet, das uns endgültig in den siebten Himmel katapultiert. Ein zauberhafter letzter Gruß aus der Küche mit selbst gemachten Mango-Macarons und einem Uhudler-Lollipop lassen einen perfekten Abend ausklingen. Wer das eine oder andere Glas Wein aus der umfangreichen Weinkarte probieren möchte, den lädt die angrenzende Wohnothek zum Verweilen ein.

à la carte: 26–36 €

Tel.: 03365 200 82
0664 418 07 05

7474 Deutsch Schützen
Am Ratschen 5

www.ratschen.at
office@ratschen.at

Mi–Fr 18–21, Sa 11.30–14 und 18–21, So 11.30–14 Uhr

♿

GOLS P3

HEIMLICHWIRT

Tipp

Das Prinzip des Teilens und Verweilens kommt im Heimlichwirt besonders gut an. Insgesamt sechs Gänge werden von der äußerst kreativen Karte serviert. So hat jeder die Möglichkeit, sich durch die geschmackliche Vielfalt zu kosten. Passend dazu wird Wein oder manchmal auch ein kräftiger Sake gereicht.

à la carte: 9,50–28 €

Tel.: 0660 666 42 60

7122 Gols
Neustiftgasse 3

www.heimlichwirt.com
heimlich@heimlichwirt.com

Di–Fr 11.45–13.15 und 16–24, Sa 16–24 Uhr

20. Dez. 2022 bis 24. Jänner 2023

HEILIGENBRUNN IM BURGENLAND N4

BEIM KRUTZLER

Tipp

Genussgasthof & Hotel

Knackiger Spargel im Frühling, zartes Wild im Herbst, heißer Uhudler-Glühwein und Kletzenbrot nach streng geheimem Rezept – so wird die Speisekarte je nach Saison um weitere spannende Gerichte erweitert. Auch die unmittelbare Nähe zu den Nachbarländern Ungarn, Slowenien und Kroatien hinterlässt einige geschmackvolle Einflüsse auf der Karte.

à la carte: 10–60 €

Tel.: 03324 72 40

7522 Heiligenbrunn im Burgenland
Heiligenbrunn 16

www.hotel-krutzler.at
post@hotel-krutzler.at

Mo–So 11.30–14.30 und 18–21 Uhr

KOHFIDISCH N4

GASTHAUS CSENCSITS 14,5/20

Koch: Jürgen Csencsits

In der beschaulichen Landschaft des Südburgenlands lässt sich das Gasthaus Csencsits entdecken. Mit Produktqualität aus der Region werden unaufgeregte saisonale Gerichte kreiert. Seine Leidenschaft legt der Küchenchef in bodenständige Kochkunst ohne Schnickschnack mit herzlichem Wirtshauscharme. Das Menü ist übersichtlich und wird mit Weinen aus der Umgebung abgerundet. Neben einem butterzart geschmorten Lamm mit dunklem Bohnenmus haben wir auch die herrlichen Marillenknödel als kulinarisches Highlight genossen. Trotzdem wollen wir anmerken, dass uns doch etwas die Raffinesse gefehlt hat. Alles in allem blicken wir aber auf einen gelungenen Abend in angenehmem Ambiente zurück und können den Csencsits wärmstens empfehlen.

Tel.: 03366 772 20
0664 314 88 44

7512 Kohfidisch
Harmisch 13
www.gasthaus-csencsits.at
gasthaus@csencsits.at

Do–Sa 11.30–14 und 18–20.30, So 11.30–14.30 Uhr

LEITHAPRODERSDORF N3

SCHNEIDEREI 12/20

Köchin: Tamara Blümel

Das burgenländische Leithaprodersdorf ist nicht gerade ein touristischer Hotspot. Daher ist es sehr erfreulich, dass man in der Schneiderei – unbeeindruckt von dieser Tatsache – in der Küche auf Qualität setzt. Das mit Spinat und Trüffeln servierte Stundenei zeigte, dass man hier zu kochen versteht. Die Tagliatelle mit Eierschwammerl oder das rosa gebratene Reh überzeugten bei unserem Besuch ebenfalls. Die Weinauswahl bereitete Vergnügen, das galt auch für die abschließende Erdbeer-Charlotte.

Tel.: 02255 7376 20

2443 Leithaprodersdorf
Hauptplatz 14
www.schneiderei-te.at
info@schneiderei-te.at

Do 17–21, Fr, Sa 9–13 und 17–21, So 9–15 Uhr

LITZELSDORF 04

GUT MARIENDOL 15/20

Koch: Philipp Kroboth

Das Gut Mariendol ist schon alleine wegen seiner Lage eine Reise wert. Hier ist dank der Abgeschiedenheit nicht viel von der Hektik des Alltags zu bemerken. Und auch das Essen ist es wert, hier Station zu machen. Eine Speisekarte gibt es nicht, und so muss, nein, darf man sich auf das einlassen, was die Küche – der Jahreszeit entsprechend – für einen bereithält. Küchenchef Philipp Kroboth bietet seinen Gästen etwa eine kleine Spargeltarte zu Begrüßung, eine auf den Punkt gegarte Lachsforelle mit verschiedensten Gemüse und Gnocchi oder – als kleinen Ausflug nach Asien – mit Rindfleisch gefüllte Teigtaschen, zu denen der Service mit Sicherheit den richtigen Wein als Begleiter aussucht. Im Herbst gibt es Kürbis in verschiedensten Varianten oder – wenn es passt – auch das eine oder andere Wildgericht. Die rosa gebratene Beiried schmeckt ebenso wie der abschließende Kürbiskuchen mit verschiedensten Sorbets. Die Weinkarte ist fair kalkuliert und bietet auch weniger bekannte Produzenten. Wer das Glück hat, eines der wenigen Zimmer zu ergattern, der kann in der heißen Jahreszeit auch den hauseigenen Schwimmteich nutzen. In Summe ein Ort, den man durchaus als kleines Stück Paradies bezeichnen kann.

Tel.: 0660 553 65 49

7532 Litzelsdorf
Panoramaweg 41

www.gut-mariendol.at
willkommen@
gut-mariendol.at

Fr–Mo 17–21 Uhr

NEUSIEDL AM SEE 02

MOLE WEST 11/20

Koch: Wolfgang Ensbacher

Aussicht und Blick auf den Neusiedler See genießen – das ist ein Grund, wieso dieses Lokal so beliebt ist. Es gibt aber noch weitere. Eine kleine bunte Karte bietet einen Streifzug durch diverse Regionen und Zeitepochen. Hummus und Guacamole stehen da neben Wiener Schnitzel, Burger, Miesmuscheln im Weißweinsud oder angesagten Bowls. Tiramisu gibt sich die Hand mit Eiskaffee und Schokomousse. Und auch zum Frühstück kann man hier einkehren. So ist für jeden das Richtige dabei, auch wenn man hier und da die gewohnte Qualität vermisst. Die Auswahl an offenen Weinen ist solide, das herrschende Ambiente dank Lage ein großes Plus.

à la carte: 10–30 €

Tel.: 02167 202 05
0664 208 66 00

7100 Neusiedl am See
Seegelände 9

www.mole-west.at
office@molewest.at

variabel

PAMHAGEN 03

DIE MÖWE 11/20

im Vila Vita Pannonia

Köche: Jeff Chaumont & Robert Babicz

Das modern eingerichtete Hotelrestaurant mit hübscher Seeterrasse bietet nicht nur ein gemütliches Ambiente, sondern begeistert auch auf kulinarischer Linie. Das Küchenteam beherzigt eine gekonnte Mischung aus Weitblick und Tradition. So wird das Beef Tatar mit Kohlsprossencreme und Pommes dauphine serviert, Weinblätter mit Dattelcreme gefüllt und das Wildragout von Nussspätzle und Gin-Sauerrahm begleitet. Klassiker wie Steak und Schnitzel gibt es auch, ebenso wie regionalen Fisch und ansprechende Gemüsegerichte. Zum Abschluss erfreuen vegane Zimtschnecken und Lemoncurd. Als Hybridlokal (Restaurant, Lounge & Bar) wird auch eine breite Getränkeauswahl geboten.

Tel.: 02175 218 00

7152 Pamhagen
Storchengasse 1

www.vilavitapannonia.at
info@vilavitapannonia.at

Mi, Do 15–24, Fr, Sa 12–24,
So 12–22 Uhr

PINKAFELD 04

WEINSTUBE SZEMES

Tipp

Achtgängige Menüs sind in der Weinstube keine Seltenheit. Dazu gibt es natürlich edle Tropfen aus dem hauseigenen Keller, die den Gerichten den letzten Feinschliff geben. Wer nicht ganz so viel Hunger mitbringt, kann natürlich auch eine kürzere Menüfolge wählen oder à la carte bestellen.

à la carte: 9,50–39,50 €

Tel.: 03357 423 05
0664 558 20 07

7423 Pinkafeld
Hauptstraße 33

www.szemes.net
gasthaus@szemes.net

Do, Fr 17–22, Sa 10–22,
So 9–14 Uhr
variabel

PODERSDORF 03

ZUR DANKBARKEIT 12/20

Koch: Josef Roiss

Tel.: 02177 22 23
7141 Podersdorf
Hauptstraße 39
www.dankbarkeit.at
gasthaus@dankbarkeit.at

Do, Fr 11.30–14, 18–21,
Sa, So, Fei 11.30–21 Uhr;
Fei 11.30–21 Uhr
✱ Dez. 2022 und Jänner 2023

In der Dankbarkeit in Podersdorf trifft bodenständiges Wirtshausambiente auf kulinarische Qualitätskünste. Mit reichen Schätzen aus der Region wie Paradeiser, Paprika, Mangalitzaschwein, Steppenrind, Weidegans und Fisch beweist der Küchenchef sein Qualitätsbewusstsein und sein Gespür für authentische Gerichte. Wir lassen uns mit klassischen Köstlichkeiten wie Jiddischer Leber (mittlerweile ein Signature Dish in der Dankbarkeit und die wahrscheinlich beste im Land), Paprika-Fischsuppe und Kalbsrahmbeuschel verwöhnen. Im Sommer bietet der lauschige Gastgarten schattige Plätze für eine genussvolle Auszeit.

à la carte: 6,50–28,50 €

© Steve Haider

PURBACH 03

BRAUNSTEIN – PAULI'S STUBEN 11/20

Koch: Marek Semanak

Das ist Family-Business im besten Sinne: Der Bruder ist Wirt, die Schwester Winzerin. Da ergeben sich Synergien, von denen nicht nur die beiden Protagonisten profitieren, sondern auch die Gäste. Das Weinangebot von Naturwein-Pionierin Birgit Braunstein wird stimmig mit dem kulinarischen Angebot von Paul und Alexandra Braunstein verflochten. So konnten wir uns über gereifte Jahrgänge und spannende Flights zu äußerst attraktiven Preisen freuen. Die Küche ist ambitioniert und bietet Verlässliches wie schmackhaftes Spanferkel-Sülzchen oder einen exzellenten Neusiedler-See-Wels mit Lardo auf Belugalinsen und Süßkartoffelpüree. Zu den Spezialitäten des Hauses gehört der Tafelspitz mit der dazugehörigen Rindssuppe, die in rustikalen Reindln mit klassischen Beilagen serviert wird.

à la carte: 8,50–28 €

Tel.: 02683 55130

7083 Purbach
Fellnergasse 1a

www.braunstein.at
restaurant@braunstein.at

Mo, Do, Fr und Sa 11.30–21,
So 11.30–16 Uhr

GUT PURBACH 17/20

Koch: Max Stiegl

MAX STIEGL, KOCH DES JAHRES 2021

Max Stiegl ist nicht zum Diplomaten geboren. Dafür sind seine Meinungen – Stichwort Vegetarier – zu pointiert. Aber wer im Gut Purbach speist, der möchte sowieso lieber gut essen, als über weltanschauliche Positionen diskutieren. Und dass der in Slowenien geborene Koch am Herd zu überzeugen versteht: Daran gibt es keine Zweifel. Wo sonst bekommt man hauchdünn geschnittene Pferdezunge, die mit Tatar gefüllt ist? Und wenn nach der „Pannonischen Fischsuppe" Halászlé Kutteln nach serbischer Art in der marokkanischen Tajine serviert werden, dann weiß man, warum Innereien köstlich schmecken können: Die Sauce würzig und die Kutteln fein geschnitten, dazu weich gekochter Oktopus und Bohnen – mehr braucht man nicht, um kulinarische Glückseligkeit zu finden. Den exakt gebratenen Zander ergänzt die Küche mit Zuckerschoten, Kartoffeln, Radieschen und Minze und zum Rostbraten vom XO Beef gibt es – je nach Jahreszeit – Morcheln oder Eierschwammerl und Erdäpfelgratin. Und wer die Grammelknödel wählt, darf sich eventuell über ein würziges Paradeis-Ingwer-Kraut freuen. Bei den Nachspeisen gilt es Cremeschnitten oder den „Kussmund" – zusammengesetzt aus Joghurt, Salzkaramell und Erdbeeren – zu entdecken. Dazu noch ein Glas Ruster Ausbruch und man möchte den gastlichen Ort gar nicht mehr verlassen. Wenn wir schon beim Thema Wein sind: Der Service findet mit Sicherheit die richtige vinophile Begleitung, selbstverständlich auch glasweise. Wer seinen Durst mit Leitungswasser löscht, tut Gutes: Der für den Service verlangte Preis wird zur Gänze an das St. Anna Kinderspital gespendet.

Tel.: 02683 560 86
0699 110 382 41

7083 Purbach
Hauptgasse 64

www.gutpurbach.at
office@gutpurbach.at

Mo 18–21, Do–So 12–15 und
18–21 Uhr

RUST 03

WIRTSHAUS IM HOFGASSL 12,5/20

Am idyllischen, traditionell von Touristen auf Storchenschau belagerten Hauptplatz der romantischen kleinen Weinstadt Rust liegt das Wirtshaus im Hofgassl, das uns heuer große Freude bereitet hat. Im stimmungsvollen Hof wurden wir vom freundlich und umsichtig agierenden Service empfangen. Mit einer Flasche Ruster Wein versorgt, um dann bei jungem Gemüse – teils frisch mariniert, teils fermentiert – mit Frischkäse und einem knusprig gebackenen Ei mit Spargel und Erdäpfelschaum so richtig anzukommen. Beides gelang wunderbar. Die Vorfreude auf den geschmorten Oktopus mit Safranrisotto und die knusprige Entenbrust mit Gänseleber und Rosmaringnocchi war groß. Beides sind perfekt komponierte Gerichte, denen die leichten, sommerlichen Somlauer Schneenockerln mit Orangenkaramell, Rumrosinen und Vanilleeis nichts nachstehen wollten. Ein rundum gelungener Abend!

Tel.: 02685 60763
7071 Rust
Rathausplatz 10
www.hofgassl.at

SCHÜTZEN AM GEBIRGE 03

GREISSLEREI BEIM TAUBENKOBEL 15,5/20

Koch: Alain Weissgerber

Die Greisslerei beim Taubenkobel ist eigentlich ein Nebenschauplatz. Allerdings braucht sie sich neben dem Gourmettempel keinesfalls verstecken. Der Gast kann sowohl Feinschmeckerprodukte erstehen als auch Platz nehmen, sich im geschmackvollen Ambiente des kleinen Lokals entspannen und nebenbei Köstlichkeiten aus Alain Weissgerbers Küche genießen. Diese ist einerseits von Weissgerbers Herkunft geprägt – Austern, Beef Tatar, Miesmuscheln –, andererseits auch seiner neuen Heimat verbunden: Krautsuppe und Schnitzel sowie ein himmlischer Milchrahmstrudel finden sich auf der Speisekarte. Das Tatar, mit Störkaviar aufgepeppt, war ausgesprochen speziell, ebenso wie die Kindheitsterrine aus Enten und Gänseleber, bei der plötzlich das Elsass im Burgenland erschien. Die Weinkarte ist natürlich eng mit dem Taubenkobel verknüpft. Darin findet sich also alles von Rang und Namen. In diesen Gefilden ist der Service selbstverständlich professionell und freundlich-zurückhaltend. Da es nicht immer Kaviar sein muss – außer auf dem Beef Tatar –, ist ein Besuch des Zweithauses des Taubenkobels eine absolute Empfehlung.

à la carte: 11,90–38 €

Tel.: 02684 22 97
7081 Schützen am Gebirge
Hauptstraße 29–33
www.taubenkobel.at
restaurant@taubenkobel.at
Mi–So 12–14.30 und 18–21 Uhr

TAUBENKOBEL

18,5/20

Koch: Alain Weissgerber

AMBIENTE AWARD 2005

Wir erwischen einen der ersten warmen Tage im Jahr und stimmen uns im Garten mit Champagner aus der Greisslerei auf den Abend ein. In weißer Pracht blüht der Kriecherlbaum, die Vögel zwitschern und zwischendurch wagt ein Frosch den Sprung in den Teich. Episoden aus dem kleinen Paradies! Und genau so starten wir später auch ins Menü. Auf dem Tisch versammeln sich die Häppchen: Das Ei mit Kaviar ist eine sichere Geschmacksbombe, das Kräpfchen mit Bärlauch ein ersehnter Frühlingsbote und der frittierte Schwarzkohl wird mit Estragoncreme zum Dippen gereicht. Was für ein Auftakt! Und es sollte noch besser kommen. Der Räucheraal mit geflämmter Orange und zärtlicher Zitrone vereint harmonisch die süße Fruchtigkeit mit dem Umami des getrockneten Rogens, der über das Gericht gehobelt ist. Zu einem Ausflug in den Wald lädt das erdig anmutende Süppchen mit Topinambur, Austernpilzen und Haselnüssen. Perfekt dazu die alkoholfreie Begleitung – Rauchtee mit Haselnussöl. Immer wieder beweist Alain Weissgerber, dass es für große Küche nur wenige Komponenten braucht. Das ist die wahre Kunst. Sei es bei der Gänseleber, umwickelt mit Sauerampfer und in dezentem Vanillesud, oder beim Höhepunkt des Abends: Brust, Keule und Leber von der Holzofenente mit Rettich und einem Koriander, der mit fulminanter Frische dieses Gericht in himmlische Sphären hebt. Ebenso genial das Dessert: Bittersalate mit Rhabarber und Waldmeistereis. Das alles kratzt nahe an der Perfektion. Schade nur, dass die (hervorragenden) Weine noch immer aus dem mit Eiswürfeln gefüllten Steinbottich – und damit „eiskalt" – den Weg ins Glas finden müssen und so nie die Gelegenheit bekommen, mit den Gerichten in eine Harmonie zu treten.

à la carte: 28–58 €

Tel.: 02684 22 97

7081 Schützen am Gebirge
Hauptstraße 29–33

www.taubenkobel.at
restaurant@taubenkobel.at

Mi–So 12–14.30 und 18–22 Uhr
⚘ Jänner–Februar 2023

STEGERSBACH 04

KASTELL STEGERSBACH

Tipp

Das renovierte Renaissanceschloss ist nicht nur eine wunderschöne Eventlocation für Hochzeiten, sondern auch ein gemütliches Gasthaus. Pfiffige Gerichte werden mit einem Hauch von Internationalität zubereitet. Den letzten Schliff verleiht die passende Weinbegleitung aus der Vinothek des Hauses.

à la carte: 13–33 €

Tel.: 03326 539 25
0660 222 12 34

7551 Stegersbach
Sparkassenplatz 2

www.kastellstegersbach.at
info@kastellstegersbach.at

Mi–Sa 11.30–21.15,
So 11–20.15 Uhr

WEIDEN AM SEE P3

DAS FRITZ

11,5/20

Koch: René Gross

Im schicken und modernen Innenraum sitzt es sich ganz wunderbar auch an kalten Tagen. Das Ambiente auf der Terrasse mit direktem Seeblick ist an sonnigen Tagen aber dennoch nicht zu toppen. Dazu präsentiert die Küche eine ansprechende Auswahl an vielseitigen Gerichten und erfüllt damit ein Cross-over diverser Linien und Herkünfte. Focaccia mit Hummus, regionale Antipasti und Dreierlei von der Gänseleber funktionieren dabei genauso wie die paprizierte Fischsuppe oder Bowls. Erfreulicherweise werden auch Klassiker der heimischen Küche wie Beuschel, Wiener Schnitzel und Spanferkel in ansprechender Qualität geboten. Süßes gibt es in Form von Eis und Superfood, Palatschinke oder zeitgemäßen Kombinationen („Süßer Winter"). Die Barkarte hält ein breites Getränkesortiment bereit. Wer will schon auf einen Sundowner mit Seeblick verzichten?

à la carte: 9,80–28,50 €

Tel.: 02167 402 22

7121 Weiden am See
Seebad 1

www.dasfritz.at
info@dasfritz.at

tgl. 9–22 Uhr

ZUR BLAUEN GANS

13/20

Koch: Oliver Wiegand

Die Blaue Gans ist eine kulinarische Institution in der Gastronomie um den Neusiedler See. In der zweiten Reihe gelegen, muss Küchenchef Oliver Wiegand umso mehr auf Qualität und Originalität achten. Kurz gebratener Thunfisch mit mariniertem Kalbsroastbeef wird von der opulenten Kapernsauce mit Paprika dominiert. Wiegands großes Können blitzt bei glacierter Welsleber mit Kräuterrisotto und großzügiger Erbsengarnitur auf – für uns das Gericht des Abends. Der gebratene Wels als Hauptgericht stand symptomatisch für Wiegands aktuelle Küchenlinie, viel los auf dem Teller, kräftige Sauce, würziger Speck. Sehr stimmig dazu der Service, der mit rustikalem Charme und oberflächlicher Weinkompetenz agiert. Den Schlusspunkt setzt eine Schokoladen-Salzkaramell-Torte, bei der sowohl mit Karamell als auch mit Salz auffällig sparsam umgegangen wurde.

à la carte: 8–42 €

Tel.: 02167 700 00

7121 Weiden am See
Seepark Weiden

www.zurblauengans.at
blaue-gans@seepark.at

Do, Fr 11.30–14 und 18–21,
Sa 12–21, So 12–19 Uhr

WEPPERSDORF

GASTHAUS FUCHS 12/20

Koch: Thomas Fuchs

Das Logo des Gasthauses Fuchs ist ein eckig-kantiger Fuchs, der den Charakter des alteingesessenen Dorfwirtshauses widerspiegelt. Die Speisekarte ist entsprechend regional, rustikal, Wirtshauskost zu durchaus gehobenen Preisen, dafür verspielt-kreativ. Die Rotweine kommen aus dem Mittelburgenland, die Weißen aus anderen heimischen Regionen. Nur ein offener Rotwein ist – fürs Burgenland – allerdings etwas karg. Eckig und kantig ist auch der Service, aber es soll ja das Essen überzeugen – und das tut es: Gebeizter Seesaibling und Zwiebelrostbraten waren sehr fein, die Limettenmousse ein schöner Abschluss. Für den nächsten Sommer würden wir allerdings dringend Fliegengitter empfehlen.

à la carte: 5–40 €

Tel.: 02618 22 50
7331 Weppersdorf
Hauptstraße 33
www.gasthaus-fuchs.at
info@gasthaus-fuchs.at
Mi–Sa 11.30–14 und 17.30–20, So 11.30–14 Uhr; variabel

WIMPASSING AN DER LEITHA N3

ZIEGELWERK GASTHAUS 14,5/20

Köche: Markus Zapfel & Werner Tschiedel

Das Restaurant ist in einem ehemaligen Ziegelwerk untergebracht und bietet Gästen einen idealen Rahmen für größere Feierlichkeiten. Platz dafür gibt es reichlich. Wer hier speist, genießt eine Küche, die auf Qualität setzt, und das zu einem unschlagbaren Preis-Leistungs-Verhältnis. Während der Saison sollte man unbedingt die gebackenen Steinpilze probieren, die mit Sauce tatare serviert werden. Wer sich eher zu Fisch hingezogen fühlt, dem sei der geflämmte Saibling mit Fenchelsalat ans Herz gelegt. Alternativ stehen gebratene Hühnerbrust mit Polenta und Mangold sowie Zwiebelrostbraten mit Rösti zur Wahl. Bei den Nachspeisen lohnt es, die Zitronentarte beziehungsweise einen erfrischenden Eiskaffee zu bestellen.

à la carte: 5–25 €

Tel.: 02623 73796
2485 Wimpassing an der Leitha
Ziegelofengasse 28
www.ziegelwerk-gasthaus.at
info@ziegelwerk-gasthaus.at
Mo, Do, Fr 16–23, Sa 11–23, So 11–16 Uhr

ZURNDORF 02

RESTAURANT AM FRIEDRICHSHOF 12,5/20

Koch: Stefan Steinhöfer

Der junge Küchenchef Stefan Steinhöfer sorgt für frischen Wind und Esprit auf den Tellern. Er vermischt gekonnt Zeitgemäßes mit Traditionellem: Neben Klassikern wie Kalbsrahmgulasch und Backhendl bietet er im Rahmen seiner kreativen Menüs auch Überraschendes: eine zart geräucherte Forelle mit Roter Rübe und Kren, dann Duroc-Schwein mit Süßkartoffel und Kohlsprossen, aus Maroni kreiert er ein Mille-feuille mit Weichseln. Auch ansprechendes Vegetarisches findet sich auf der Karte. Zu Mittag gibt es ein preiswertes Menü. Die Weinkarte ist umfangreich und konzentriert sich auf die Region. Im Gastgarten sitzt man besonders gemütlich.

à la carte: 7–38 €

Tel.: 02147 700 06 00
0660 417 28 11

2424 Zurndorf
Römerstraße 2

www.restaurant-friedrichshof.at
office@restaurant-friedrichshof.at

Mi–Sa 11.30–14 und 18–22,
So 11.30–17 Uhr
bis Mitte Febr. 2023

Bewertungen:

11 bis 12,5 Punkte von 20 Punkten: 1 Haube
13 bis 14,5 Punkte von 20 Punkten: 2 Hauben
15 bis 16,5 Punkte von 20 Punkten: 3 Hauben
17 bis 18,5 Punkte von 20 Punkten: 4 Hauben
19 bis 19,5 Punkte von 20 Punkten: 5 Hauben

KÄRNTEN

DIE BESTEN

18,5/20	**GOURMET RESTAURANT HUBERT WALLNER** Dellach/Maria Wörth	Seite 152
18/20	**DIE FORELLE** Weissensee	Seite 173
17,5/20	**SICHER RESTAURANT** Tainach	Seite 168
17/20	**CARAMÉ** Velden am Wörthersee	Seite 169
16,5/20	**DOLCE VITA** Klagenfurt	Seite 158
16,5/20	**MORITZ** Grafenstein	Seite 154
15,5/20	**BÄRENWIRT** Hermagor	Seite 156
15,5/20	**DAS LOEWENZAHN** Weissensee	Seite 172
15,5/20	**LA TORRE** St. Veit an der Glan	Seite 166
15,5/20	**TRIPPOLT ZUM BÄREN** Bad St. Leonhard	Seite 150

LEGENDE

- ○ Orte allgemein
- Orte mit (1 Haube)
- Orte mit (2 Hauben)
- Orte mit (3 Hauben)
- Orte mit (4 Hauben)
- Orte mit (5 Hauben)

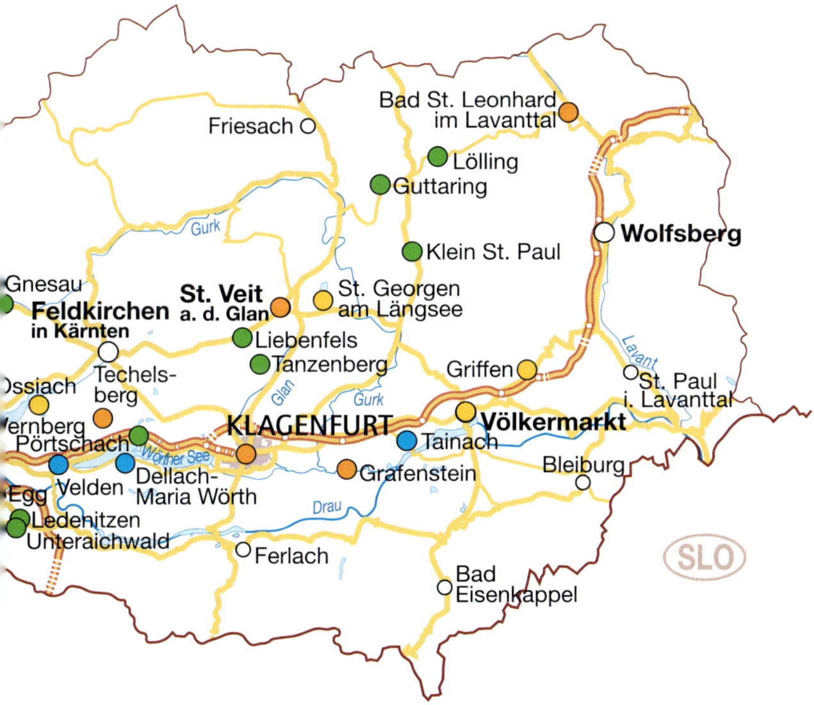
Friesach
Bad St. Leonhard im Lavanttal
Lölling
Guttaring
Wolfsberg
Klein St. Paul
Gurk
Gnesau
St. Veit a. d. Glan
St. Georgen am Längsee
Feldkirchen in Kärnten
Liebenfels
Tanzenberg
Griffen
Lavant
St. Paul i. Lavanttal
Techelsberg
Glan
Gurk
KLAGENFURT
Völkermarkt
Pörtschach
Wörther See
Tainach
Bleiburg
Dellach-Maria Wörth
Grafenstein
Egg
Velden
Drau
Ledenitzen
Unteraichwald
Ferlach
SLO
Bad Eisenkappel

ARRIACH I5

ALTE POINT

13,5/20

Gasthof

Koch: Bernhard Trügler

Arriach ist der geografische Mittelpunkt Kärntens – und die Alte Point ist der kulinarische Mittelpunkt im Ort. Claudia und Bernhard Trügler sind engagierte Gastgeber: sie mit charmantem Service, er mit einer Küchenlinie, die auf gehobene Bodenständigkeit und regionale Produkte setzt. Mit heimischem Wild und Fischen aus der nahen Sirnitz, die im Ganzen gebraten werden, mit Steaks vom Alpenrind und Geschmortem vom Duroc-Schwein sowie mit liebevoll präsentierten Desserts. Die Weinkarte hat einiges zu bieten und die Bedienung trägt dazu bei, dass man sich auch als Gast im Mittelpunkt fühlt.

à la carte: 7–35,50 €

Tel.: 04247 85 23
0664 120 90 25

9543 Arriach
Arriach 4

www.altepoint.at
office@altepoint.at

Mi 18–21, Do–So, Fei 11.30–14 und 18–21 Uhr

BAD KLEINKIRCHHEIM I5

LOYSTUBN 13/20

in der Thermenwelt Hotel Pulverer

Tel.: 04240 744

9546 Bad Kleinkirchheim
Thermenstraße 4

www.pulverer.at
hotel@pulverer.at

tgl. 18–20.30 Uhr
variabel

Seit einiger Zeit ist Bad Kleinkirchheim ein Slow Food Village. Das sind von Slow Food ausgezeichnete Dörfer mit einem hohen Maß an handwerklicher Genusskultur. Die Loystubn fügt sich mit ihrem Angebot und ihrer Philosophie wunderbar in diese Welt. Das Restaurant gehört zum Hotel Pulverer, und hier beginnt die Entschleunigung bereits beim Eintritt. Die Zutaten kommen großteils aus der eigenen Landwirtschaft, die Fische aus dem eigenen Teich, die Kräuter aus dem eigenen Garten. Die Trophäen an der Wand zeigen, dass die Familie auch fest mit der Jagd verbunden ist. Hochkarätige alpine Küche.

à la carte: 5–89 €

TRATTLERS EINKEHR Tipp

Tel.: 04240 8114

9546 Bad Kleinkirchheim
Teichstraße 7

www.trattlers-einkehr.at
einkehr@trattlerhof.at

tgl. 11–24 Uhr
im April, Mai, Juni und Oktober am Montag Ruhetag

Spezialitäten aus dem Räucherofen zählen zu den liebsten Gerichten. Unsere Empfehlung: lauwarmer geräucherter Saibling aus dem Hausteich mit frisch gebackenem Brot. Ebenso überzeugen die hausgemachten Kärntner Nudelspeisen.

à la carte: 4,40–179 €

BAD ST. LEONHARD K4

TRIPPOLT ZUM BÄREN

15,5/20

Koch: Josef Trippolt

JOSEF TRIPPOLT, KOCH DES JAHRES 2003

Die sogenannte mediterrane Küche ist im südlichsten Bundesland natürlich schon aufgrund der Nähe zur Adria überdurchschnittlich oft zu finden – nirgendwo in Kärnten aber wird sie so authentisch umgesetzt wie bei den Trippolts im Oberen Lavanttal. Das hat einerseits damit zu tun, dass Silvia Trippolt die kulinarischen Ecken, Produzenten und Geheimtipps der Oberen Adria und im Speziellen Istriens so gut kennt, dass sie bereits mehrere erfolgreiche Bücher und Reiseführer darüber geschrieben hat. Und dann liegt es andererseits natürlich an Josef Trippolt, dem Chef und Koch des Hauses, der mit Raffinesse und einem in die Wiege gelegten Feingefühl für Aromen für ganz große Genusserlebnisse sorgt – getreu dem Motto „Von den Alpen bis zur Adria“. Der Start gelingt fulminant mit Branzino-Tatar und Scampi crudo. Die handgemachten Teigtaschen sind gefüllt mit Scampi und werden im zarten Krebsfond serviert. Das Wacholder-Reh wurde auf dem Feuer gebraten, perfekt dazu sind die knusprigen Gnocchi und Lavendelhonig unterstreicht das Gericht mit angenehmer Süße. Handgerührte Pannacotta zum Abschluss. Das ist Dolce Vita!

à la carte: 5,90–36,90 €

Tel.: 04350 22 57
0664 445 52 88

9462 Bad St. Leonhard
Hauptplatz 7

www.zumbaeren.at
silvia.trippolt@zumbaeren.at

Mi, Do, Fr und Sa 11.30–14 und 18–21 Uhr
variabel

DELLACH/MARIA WÖRTH J5

BISTRO SÜDSEE

Tipp

by Kerstin & Hubert Wallner

Sommer, Sonne, Erholung und einen unvergesslichen Ausblick über den Wörthersee verspricht das Bistro von Kerstin und Hubert Wallner. Auf der Speisekarte findet man überwiegend mediterrane Speisen, die das Südsee-Feeling abrunden. Dazu gibt es lässige Musik und Cocktails.

à la carte: 18–46 €

Tel.: 0664 41 814 00

9082 Dellach/Maria Wörth
Wörthersee-Südufer-Straße 258

www.sued-see.at
office@sued-see.at

Di–So 12–16 und 18–21 Uhr, im Juli und August täglich geöffnet

GOURMET RESTAURANT HUBERT WALLNER 18,5/20

Koch: Hubert Wallner

Tel.: 04273 385 89
0664 401 27 30

9082 Dellach/Maria Wörth
Seeplatz Nr. 6

www.hubertwallner.com
hw@hubertwallner.com

Mo–Fr 18–21, Sa 13–21 Uhr; detailierte Öffnungszeiten: siehe Homepage

HUBERT WALLNER, KOCH DES JAHRES 2020

Schon alleine der wunderbare Ausblick von der großzügigen Terrasse über den Wörthersee ist eine Reise wert. In das Gourmet Restaurant Hubert Wallner am Südufer des beliebten Kärntner Sees fährt man aber nicht wegen der Aussicht, sondern wegen der exzellenten Küche des Ausnahmekochs. Wallner und sein Team agieren in Bestform, das Menü ist vom ersten Gruß aus der Küche bis zu den Preziosen vom Dessertwagen pures Vergnügen. Spitzensommelier Andreas Katona hat zusammen mit Hubert Wallner einen Weinkeller aufgebaut, der alle Wünsche erfüllt: von einer erfrischenden Auswahl an Winzerchampagnern über viele Jahrgänge von österreichischen Weinikonen bis zu Bordeaux und Burgund in exzellenter Ausprägung. Katona nennt die glasweise Weinbegleitung eine Weinreise und übertreibt damit keineswegs. Die Gerichte sind mit dem Weinen exzellent abgestimmt, was Kantona hier zeigt, ist große Kunst. Die kalt marinierte Wörthersee-Reinanke mit Gurke, Kapuzinerkresse, Radieschen und Hibiskuseis ist ein Gedicht. Schockgefrorene Sauerrahm-Kügelchen verleihen dem Gericht noch zusätzlich Raffinesse. Die Entenleber mit Aal, Sellerie und Lebereis wird mit Kärntner Reindling serviert, ein zu recht gefeiertes Signature Dish von Hubert Wallner. Es folgen weitere wunderbare Kreationen, die zumeist auf zwei Geschirrteilen kredenzt werden. Wallner überzeugt nicht nur geschmacklich, auch optisch sind die Gerichte veritable Kunstwerke. Den Hauptakt bilden Lammrücken und Lammschopf, die in höchster Perfektion dargereicht wurden. Ein derartiges Niveau legt die Latte für die Patisserie hoch, die die Herausforderung aber bravourös meistert: Eine Komposition aus Nougatröllchen, Crumble, Wildkräutern, Blüten, Eis und Matcha war ein würdiger Abschluss eines meisterhaften Menüs. Applaus für Küche, Keller und Service! Besser hat man in Kärnten noch nie gegessen.

à la carte: 20–60 €

DÖBRIACH I5

SEEFISCHER 12,5/20

Koch: Jürgen Moldaschl

Im romantischen Spa-Hotel an der Südspitze des Millstätter Sees sind auch externe Gäste herzlich willkommen. Mittags wählt man à la carte, abends serviert Chefkoch Jürgen Moldaschl durchaus Ambitioniertes. So verwöhnt er mit einem täglich wechselnden 5-Gänge-Menü, die jeweils herrschende Saison gibt bei der Zusammenstellung den Ton an. Sein Küchenstil orientiert sich an Mediterranem ebenso wie an heimischen Aromen. So darf man sich auf adrett angerichtete Teller und eine stimmige Speisequalität freuen. Für die Desserts sollte man unbedingt Platz lassen, denn hier tobt sich das Küchenteam noch einmal richtig aus. Das Weinangebot ist gut sortiert. Und die Seeterrasse am Jachthafen? Die ist ein wahrer Goldplatz in den Sommermonaten. Die Innenräume im eleganten Landhausstil sind aber nicht weniger stilvoll.

à la carte: 18–30 €

Tel.: 04246 7712
9873 Döbriach
Fischerweg 1
www.seefischer.at
hotel@seefischer.at
Sa–Do 12–14 Uhr
✻ 1. Nov.–20. Dez. 2022,
15. März–1. Mai 2023

EGG/FAAKER SEE I5

DER TSCHEBULL 12/20

Gastwirtschaft

Koch: Johann Tschemernjak

Eine Einkehr im Urgestein der Kärntner Gastronomie am schönen Faaker See ist eigentlich verpflichtend. Denn was im Tschebull die Küche verlässt, ist durchwegs solides Handwerk: Kärntner Küche at it's best. Das Ganze ungekünstelt und mit mediterranem Alpen-Adria-Einschlag zeitgemäß interpretiert. Und das seit vielen Jahren. Warum? Das Eierschwammerl-Rahmgulasch ist zum Niederknien, die Kasnudeln sowieso. Flaumige Burrata gibt es an bunten Paradeisern und Mangold, vom Grill kommen Rumpsteak, Lammhuft oder Karawankensaibling, dazu wählt man Sommergemüse, Erdäpfelterrine oder Polenta. Vegetariern sei das Focaccia-Sandwich empfohlen. Die hausgemachte Cremeschnitte liegt am Ende auf der Hand, das Sorbetto vom weißen Pfirsich bietet jedoch eine erfrischende Alternative. Dazu erfreut eine gut sortierte Weinkarte ebenso wie der hübsche Gastgarten. Noch Fragen?

à la carte: 9,80–36 €

Tel.: 04254 219 10
9580 Egg/Faaker See
Egger Seeuferstraße 26
www.tschebull.cc
office@tschebull.cc
Mi–So 12–14.30 und
18–21.30 Uhr

FELD AM SEE I5

LANDHOTEL LINDENHOF 13/20

Koch: Martin Schretter

Fans von Küchenchef Martin Schretter mussten sich diesmal bis weit in den Sommer gedulden, bevor die Gourmetstuben endlich ihre Pforten öffneten. Das Warten hat sich aber gelohnt. Wie gewohnt fühlen sich Anhänger gutbürgerlicher Küche wie experimentierfreudigere Naturen gleichermaßen angesprochen, und den im Ganzen gebratenen Kärntner Laxn aus der bekannten Zucht gleich im Ort können sich die Fraktionen sogar teilen. Die Beilage sind dann wahlweise fantastische Frühkartoffeln und Blattspinat oder ein pfiffiges Erbsen-Minz-Püree und ein gebratener Griestaler. Ein dickes Lob auch dem engagierten Service.

à la carte: 6,90–32 €

Tel.: 04246 22 74
9544 Feld am See
Dorfstraße 8
www.landhotel-lindenhof.at
urlaub@
landhotel-lindenhof.at
Do–So 18–21.30 Uhr
✻ bis 6. Mai 2023

GNESAU K5

SEEBACHER 12/20

Landgasthof vlg. Blaser

Koch: Fritz Seebacher

Ein Edellandgasthof in herrlicher Abseitslage: Der Seebacher ist jederzeit einen Abstecher wert und belohnt selbigen mit gehobener Kulinarik aus großteils regionalen Zutaten und Produkten. Das können Kärntner Schnecken sein oder Gurker Wild, die Kärntner Kasnudeln sind selbstredend hausgemacht und die Eierschwammerl fürs Risotto stammen aus umliegenden Wäldern. Beim Degustationsmenü zeigt die Küche, dass sie einiges drauf hat, bei Steakwochen, dass sie sich perfekt auf gewünschte Garpunkte versteht. Der Weinkeller hat einiges an interessanten Tropfen zu bieten.

à la carte: 6–57 €

Tel.: 04278 257
0676 962 23 87

9563 Gnesau
Gurk 23

www.seebacher.at
gasthof.seebacher@aon.at

Di–Sa 12–21 Uhr

GRAFENSTEIN K5

MORITZ 16,5/20

Koch: Roman Pichler

Humanisten (und nicht nur die) wissen: Der Satz „Verweile doch! Du bist so schön" kann mit unerfreulichen Konsequenzen verknüpft sein. Beim Moritz ist die Versuchung groß, so jeden Gang zu grüßen, den Roman Pichler aus der Küche schickt. Wir können uns aber wohl in Sicherheit wiegen – im Garten des Hauses sitzt man in einem kleinen Paradies auf Erden. Und den einzigen mephistophelischen Deal dürften die Wirtsleute abgeschlossen haben. Anja Margaretha Moritz schafft das Kunststück, an gefühlt zehn verschiedenen Orten gleichzeitig zu sein. Und zwar, ohne dabei gestresst zu wirken oder auch nur einem ihrer Gäste nicht ihre volle Aufmerksamkeit zu schenken. Und wie sonst ließen sich die unglaubliche Konstanz und Kreativität erklären, mit denen uns der Maestro jedes Mal aufs Neue überrascht? Gut, Dashi ist jetzt nicht mehr rasend originell, aber schwierig in der Perfektion und die Kombination mit geschmortem Fenchel und Yuzu definitiv gelungen. Der Nuart wird an dieser Stelle vermutlich keine Vorstellung brauchen, sein „Schwarzes Schaf" veredelt man beim Moritz mit grünem Spargel aus Kärnten – viel regionaler geht nicht. Keine weite Reise hatten auch die Proponenten des Hauptgangs hinter sich: wieder Spargel, diesmal weißer, umschmeichelt statt erdrückt von einer Art Champignon-Duxelles, eine fein-knusprige Scheibe Entenbrust aus dem Lavanttal begleitend. Das diesmalige Highlight folgte jedoch zum Schluss – und wir mussten Dr. Google befragen. Namelaka kommt aus dem Japanischen und bedeutet extrem cremig, was wir bestätigen können. Die weiße Schokolade hatte eine Textur, die sich etwas dichter als eine Mousse präsentierte, nicht zu aufdringlich süß und ideal ergänzt durch allerlei Köstliches von der Erdbeere.

à la carte: 18–40 €

Tel.: 0664 424 03 16

9131 Grafenstein
Oberwuchel 5

www.restaurantmoritz.at
info@restaurantmoritz.at

Di–Sa 17–21.30 Uhr

GRIFFEN L5

KROPF

14,5/20

Koch: Andreas Morolz

Immer wieder freitags ist Showtime im für seinen guten wie günstigen Mittagstisch bekannten Gasthaus Kropf. Denn da bitten die Brüder Andreas und Martin Morolz zum Gourmetabend und bieten allerhand Überraschendes abseits des Gewohnten. Jeder der vier bis sechs Gänge wird von einer „Kräuterhexe“ begleitet, die im Holzkisterl das jeweils tonangebende Kraut samt Öl serviert. Die Bandbreite reicht von gebratener Hühnerleber auf Banane (wow!) über eine harmonische Komposition aus Rollgerste mit Essig-Lauch, Eigelb und Brunnenkresse bis zur Lachsforelle auf Selchkartoffeln mit knalligem Zimt-Ingwer-Fond. Die übermütigen Versuchsanordnungen sind stimmig, manches hat freilich noch Luft nach oben. Bei Dreierlei vom Kalb gibt den Grundton „zart und rosa“ ein mit Schwammerlbröseln paniertes Filet vor, dazu schmiegt sich ein Schulterstückerl, darüber schwebt das Kälbchen als Kompott mit Pastinakenschaum, Vogelbeere und Dill. Formidabel. Dem Bitterschokolade-Haselnuss-Brownie verpassen Birne und Koriander den ultimativen Kick. An Weinen gibt es eine gute österreichische Auswahl auch glasweise.

Tel.: 04234 255

9112 Griffen
Lind 1

www.gasthof-kropf.at
info@gasthof-kropf.at

Mo, Do und Fr 11–14 und 17–20,
Sa 11–15 und 17–20,
So 11–15 Uhr

♿

GUTTARING K5

BRUNNWIRT KASSL

12/20

Gasthof & Hotel

Wo Guttaring liegt, lernt man in der Schule nicht. Zur Orientierung: Es liegt in Kärnten etwas unterhalb des Guttaringbergs zwischen Mösel und Aich. Wer auch das nicht kennt, bitte einfach ins Navi eingeben und losfahren. Es lohnt sich. Die Familie beschreibt ihre Küche gerne als „Kärntner Slow Food“ und trifft damit den Nagel ziemlich auf den Kopf. Die Linie pendelt zwischen filigraner, gehobener Küche und solider, bodenständiger Kost und bedient dabei beide Bedürfnisse. Der Service agiert professionell, individuell und sehr persönlich. Alles in allem eine uneingeschränkte Empfehlung.

à la carte: 12–38 €

Tel.: 04262 8125
0664 242 83 44

9334 Guttaring
Unterer Markt 2

www.kassl-brunnwirt.at
brunnwirtkassl@aon.at

Fr–Di 12–14 und 18–20.30 Uhr

HERMAGOR H5

BÄRENWIRT 15,5/20

Koch: Manuel Ressi

WIRTSHAUS DES JAHRES 2018

Manche Vorsätze kann man sich gleich sparen. Etwa den, sich hier nicht wieder durch mindestens drei Gänge durchzukosten und einmal nur einen der Klassiker – und seien es die unvergleichlichen Ripperln – zu bestellen. Oder zugunsten der Milzschnittensuppe eine der superben Vorspeisenkreationen wegzulassen. Oder nicht noch im Kleinen Bären vis-à-vis diverse Feinheiten (von speziellen Pfeffersorten bis zu Eingekochtem) zu besorgen. Kurzum: Bei Manuel Ressi sollte man sich nicht vor Genuss schonen. Er lässt Goldforelle und Spargel mit den süßen Akzenten der Vinaigrette zusammenspielen und schickt Spargel, Austernpilze, Schaffrischkäse und Hopfenschaum mit gebackenem Topinambur auf die Showtreppe. Unglaublich zart ist das Bio-Hendl; außer Bärlauchschaum gibt es ausgefallenen Begleitschutz von Curry, Bachkresse, Mandeln und Sellerie. Das Steinlamm konnte mit Amarant, Brennesselknödel und Pak Choi auftrumpfen. Die persönliche Weinbegleitung bekommt man von Claudia Ressi und ihrem Team dazu gestrickt. Köstlich die Desserts. Und die Milzschnittensuppe haben wir natürlich auch nicht ausgelassen.

à la carte: 6–45 €

Tel.: 04282 20 52
0664 751 139 35

9620 Hermagor
Hauptstraße 17

www.baerenwirt-hermagor.at
hallo@baerenwirt-hermagor.at

Do–Mo 12–14 und 17–20 Uhr

HIRT K5

HIRTER BRAUKELLER Tipp

Privatbrauerei Hirt

Passend zu den hausgebrauten Bierspezialitäten werden rustikale Klassiker wie Gulasch mit Knödel, saftiger Burger mit knusprigem Speck und Emmentaler oder Kärntner Kasnudeln serviert. Bei Schönwetter verbringt man den Abend gerne im schattigen Biergarten.

à la carte: 8–30 €

Tel.: 04268 205 0503
0676 494 94 06

9322 Hirt
Hirt 1

www.hirterbraukeller.at
hirterbraukeller@hirterbier.at

Mo–Fr 10–22, Sa, So 10–23 Uhr

KLAGENFURT J5

151 BISTRO BAR 12,5/20

Koch: Thomas Lück

Nach wie vor zählt das 151er zu den angesagtesten Lokalen der Landeshauptstadt. Besonders lässig ist es, wenn im Sommer auch der Gastgarten samt Open-Air-Bar bespielt wird, doch das Lokal hat ganzjährig seine Reize. Manche kommen vor oder nach dem Essen nur zum Trinken und Quatschen – schließlich ist die legendäre Bar eine der wichtigsten Kommunikationsplattformen der Stadt. Kulinarisch bestreitet man einen internationalen Rundflug mit Zwischenlandungen in Italien, den USA, Thailand und Japan. Für lokale Bodenständigkeit sorgen die Schnecken aus Krumpendorf, ganz klassisch mit Café de Paris und Baguette serviert. Auch der Blick über die Karawanken in Form von geschmortem Oktopus war höchst erfreulich. Chirashi-Sushi und Branzino süßsauer haben wir uns für den nächsten Besuch aufgehoben. Leider konnten wir uns weder die Ente à l'Orange noch die Lamm-Tajine oder die Thai-Suppe mit Schweinebauch gönnen – zu nachdrücklich wurde uns das Filetsteak mit Sauce bernaise empfohlen, das vorbildlich und wie gewünscht „medium-rare" zum Tisch kam. Das Angebot an Desserts ist überschaubar, geschmeckt hat uns die Crème brulée mit Ananas dennoch vorzüglich. Auf Wunsch kann man sich in Form eines Überraschungsmenüs (drei, vier oder fünf Gänge stehen zur Auswahl) verwöhnen lassen. Erstaunlich breit ist das Weinangebot, man spürt die Leidenschaft des Chefs.

à la carte: 8–45 €

Tel.: 0676 615 11 51

9073 Klagenfurt
Höhenweg 151

www.151.at
151@151.at

Mo–Sa 16–2 Uhr

BLATTSCHUSS Ⓝ

Tipp

im Schloss Mageregg

Wer bei Blattschuss an Jagderlebnisse denkt, liegt völlig richtig. Das Schloss Mageregg am Stadtrand von Klagenfurt ist edler Sitz der Kärntner Jägerschaft und eines Restaurants mit parkähnlichem Gastgarten. Die Küche hat mit neuem Pächter deutlich zugelegt, mit Fleisch kann man hier – vom Hirschcarpaccio mit getrüffeltem Ei über Panang-Curry mit Wildfleisch bis zu diversen Steaks – gut umgehen, auch Backhendl und Süßwasserfische sind zu empfehlen. Nicht ganz so rund lief es bei unseren Besuchen im Service und auch das Weinangebot ist noch etwas ausbaufähig.

Tel.: 0463 544 44

9020 Klagenfurt
Mageregger Straße 175

office@genusswirt-schlossmageregg.at

DAS HOBISCH ↗

11,5/20

Gourmet-Landgasthof & Suitenhotel

Die Karte ist sehr klein gehalten, die Portionen sind hingegen durchwegs (zu) groß. Das Beef Tatar ist guter Standard, fein gehackt, wie auf der Karte beschrieben, ist es nicht. Die Qualität des Kärntner Laxns, der als klein geschnittenes Tatar zubereitet wird, war gut, die Kreation insgesamt – mit Blätterteighaube, Zitronengele und Sauerrahmchip – sollte man allerdings überdenken. Sie ergibt kein harmonisches Miteinander, sondern nur ein verwirrendes Durcheinander. Stimmiger war das gut abgeschmeckte und ziemlich dramatisch auf einem großen schwarzen Teller angerichtete Auberginengratin mit Selleriepüree. Sehr gut dann auch das Filet eines ziemlich großen Seesaiblings auf Kräuterrisotto sowie der deftige Schopf eines Mangaliza-Schweins. Danach noch eine kleine Crème brulée mit Beeren und Weichseleis, dann geht wirklich nichts mehr. Die Getränkekarte bietet eine breite Auswahl an klassisch produzierten Weinen mit Schwerpunkt Österreich und Italien. Ein flotter und aufmerksamer Service durch eine kompetente junge Dame, deren fröhliches Wesen ansteckend wirkt, trägt zur guten Stimmung im rustikal-eleganten Gastraum entscheidend bei.

à la carte: 15–45 €

Tel.: 0463 499 050
0664 102 98 88

9061 Klagenfurt
Tultschnig 1, Wölfnitz

www.dashobisch.at
info@dashobisch.at

Mi–Fr 15–22, Sa, So 12–22 Uhr

DAS VOGELHAUS

15/20

Koch: Fabian Kautz

Mit der ansteckenden Fröhlichkeit von Stefanie Falkenberg im Service und dem kreativen Esprit von Fabian Kautz in der Küche ist das Vogelhaus eine echte Bereicherung in der Gastroszene der Landeshauptstadt. Und es läuft alles angenehm unprätentiös ab: egal, ob schneller Kaffee, Businesslunch oder das kulinarische Feuerwerk zur Feier des Wochenausklangs – jede(r) ist willkommen. Beim regelmäßig wechselnden Abendmenü setzt der junge Spitzenkoch auf durchaus schräge Kombinationen wie etwa Kalbszunge mit Dorade (spannend), aber auch weniger Exzentrisches wie die aufgemotzte Version eines Pastrami-Sandwiches gelingt großartig – weiter so!

Tel.: 0664 194 95 42

9020 Klagenfurt
Domgasse 22

www.restaurant-vogelhaus.at
restaurantvogelhaus@gmail.com

Di, Mi 11–18, Do 11–23, Fr und Sa 17–23 Uhr

DOLCE VITA

16,5/20

Koch: Stephan Vadnjal

Wenn nichts wird aus dem Ausflug in den Süden, kann man in dem entzückenden kleinen Restaurant beim Kärntner Landesgericht zumindest kulinarischen Urlaubsträumen nachhängen. Stephan Vadnjal ist ein Meister der leichten mediterranen Küche, routiniert und einfallsreich, experimentierfreudig und sattelfest in der Feinabstimmung, die er gerne bei Tisch erklärt. Statt Sardinen gibt es Garnelen mit Pinien und Korinthen: exzellent süßsauer. Selten bekommt man eine derart perfekte Pasta wie Vadnjals schwarze Spaghetti al mare. Das sonnige Getümmel von Meeresfrüchten wird noch übertrumpft vom frischen Wildfang: Knurrhahn mit Kapern, Zucchini und Tomaten oder Seezunge mit Artischocke und Blattspinat hat er zu bieten. Großartig die Nougatknödel als Dessert. Mittags gibt es preisgünstige mediterrane Teller, abends muss man schon etwas tiefer in die Tasche greifen. Allerdings rechtfertigen bereits der Brotkorb und der stimmige Gruß aus der Küche den Menüpreis. Die anregende Weinkarte geizt nicht mit glasweisem Angebot.

à la carte: 9,50–37 €

Tel.: 0463 554 99

9020 Klagenfurt
Heuplatz 2/Ecke
Purtscherstraße

www.dolce-vita.at
restaurant.dolcevita@aon.at

Mo–Fr 11.30–14 und 18–21 Uhr
Fei, variabel

KOCHWERKSTATT

12,5/20

Koch: Christian Cabalier

Der Benediktinermarkt im Herzen Klagenfurts dient den Bewohnern aus der Umgebung als verlässliche Quelle für hochwertige regionale Lebensmittel. Man kann sich diese aber auch gleich vor Ort veredeln lassen und als fertige Gerichte genießen. In seiner Kochwerkstatt verarbeitet Christian Cabalier seit vielen Jahren das Beste, was am Markt verfügbar ist, zu köstlichen Kreationen, die mitunter einfach klingen, aber jedes Mal aufs Neue begeistern. Wieso nicht einmal eine Gazpacho in einer griechischen Variante mit Feta und Joghurt zubereiten? Die Tagliata vom Wollschwein kommt mit Kimchi-Kraut und Teriyakisauce in asiatischer Interpretation zu Tisch. Großartig! Klassisch gehalten – aber nicht minder köstlich – sind Beef Tatar, Eierschwammerl-Ravioli und Vitello tonnato. Dazu findet sich auch stets ein passender Wein. Aufgrund der großen Beliebtheit der Kochwerkstatt ist es mitunter schwierig, einen Platz zu ergattern. Es lohnt sich also zu reservieren. Und pünktlich zu kommen.

Tel.: 0664 217 88 77

9020 Klagenfurt
Benediktinerplatz,
Stand 15–16

Mo–Sa 10.30–15.30 Uhr

OSCAR

12,5/20

Schon das Ambiente des lichtdurchfluteten Restaurants im Herzen von Klagenfurt lässt Großes erhoffen. Umso erfreulicher ist es, wenn der Schein nicht trügt und als stimmiges „en plus" bewertet werden kann. Die Küchenlinie orientiert sich im Oscar an Mediterranem und Regionalem. Und das sowohl beim Mittags- und Degustationsmenü als auch bei den À-la-carte-Gerichten. Der Plan geht auf. So ist der gebeizte Kärntner Laxn auf Senfgurken-Risotto ebenso stimmig wie das rosa gebratene Lamm mit Polenta und Spargel. Der dazu gereichte Lavendeljus ist mutig, aber durchaus erfrischend. Pasta gibt es mit Hummer oder schwarzem Trüffel. Für Steakliebhaber steht zusätzlich eine separate Karte bereit. Allen Süßen sei die Crème brulée vom Rhabarber empfohlen. Der Service agiert sehr zuvorkommend. Das gut sortierte Weinangebot schließt den Kulinarikkreis.

Tel.: 0463 502 300

9020 Klagenfurt
St.-Veiter-Ring 43

www.oscar-restaurant.at
oscar@a1business.at

OSTERIA VENETA

11,5/20

Die Osteria Veneta im Herzen von Klagenfurt ist eine Osteria wie aus dem italienischen Bilderbuch. Zu essen gibt es das, was das Küchenteam täglich kredenzt. Das Ganze ist – so wie man es aus dem Süden kennt – auf einer Schiefertafel notiert. So gibt es mal Oktopussalat, frische Krebse oder gegrillten Branzino. Ein anderes Mal Goldbrasse oder Spaghetti Vongole. Ungekünstelt und authentisch erreichen die Gerichte hier den Tisch. Der Geschmack stimmt zufrieden, die Frische der Produkte ebenso, wenngleich der Personalmangel der Branche bei unserer Einkehr deutlich zu spüren war. Das Ambiente zeigt sich dagegen wie eh und je: unaufgeregt, aber charmant.

à la carte: 30–80 €

Tel.: 0463 915710
0660 594 06 37

9020 Klagenfurt
Kardinalplatz 3

www.osteriaveneta.at
info@osteriaveneta.at

Di–Sa 11–15 und 17–22 Uhr

RESTAURANT LEITEN

am Weingut Karnburg

13/20

Etwas versteckt, in wunderschöner Lage, findet sich nur ein paar Minuten von Klagenfurt entfernt das Restaurant Leiten. Dort kann man sich durch das Angebot auf der von Tisch zu Tisch gereichten Kreidetafel probieren oder sein Glück mit dem Überraschungsmenü versuchen. Das hielt für uns nicht nur einen wahrhaftigen Seelenschmeichler bereit: ein verlorenes Ei mit confierter Zwiebel, traumhaft. Auch Klassiker der österreichischen Küche gerieten tadellos, wie sich beim Tafelspitz zeigte. Und in Zeiten von Fridays for Future ist es ein Plus, dass die meisten der verwendeten Zutaten nur wenige Kilometer gereist sind.

Tel.: 0676 350 4220

9063 Klagenfurt
Leiten 6

www.leiten.eu
leiten@alpenspirit.eu

Do, Fr 16–22, Sa und So 12–22 Uhr

KLEIN ST. PAUL — K5

GASTHOF ZUM DORFSCHMIED

Koch: Josef Müller

12/20

Eine Einkehr im Dorfschmied ist seit vielen Jahren ein fixer Ankerplatz für anspruchsvolle Esser. Denn die Wirtsfamilie Müller beherbergt ihre Gäste mit viel Liebe und Leidenschaft und scheut dafür keine Mühen. Während die Patronin sich um den Service kümmert, schupft der Gatte die Küche und zeigt, wie ambitionierte Wirtshausküche geht. Neben eigens hergestellten Selchwaren und Aufstrichen überzeugen Klassiker wie Zwiebelrostbraten oder hausgemachte Nudeltaschen. Saisonale Komponenten kombiniert der Chefkoch zu stimmigen Gerichten, angetrieben vor allem von seinem Verständnis für Handwerk. Ein hauseigener Weinkeller sowie eine Vinothek sorgen für eine gut sortierte Weinauswahl mit Fokus auf Österreich. Im Sommer sitzt man besonders schön: Die Holzterrasse ist gepflegt und schafft mediterranes Ambiente.

à la carte: 15–38 €

Tel.: 04264 22 80

9373 Klein St. Paul
Marktstraße 16

www.zumdorfschmied.at
zumdorfschmied@aon.at

Mi, Do 18–20.30, Fr, Sa 12–13.30 und 18–20.30, So 11.30–14 Uhr
❄ variabel

LANDSKRON — I5

BURG LANDSKRON

Kronensaal

Koch: Ricardo Meerman

13,5/20

Bistro und Ausflugsbetrieb laufen parallel, im edleren Kronensaal konzentriert man sich donnerstags auf ein romantisches Candle-Light-Dinner und freitags auf Haubenküche zum Probieren. Als Gast sollte man zur Romantik viel Zeit und nicht allzu großen Hunger mitbringen, denn trotz des festgelegten Menüs hat die Küche mitunter Probleme beim Timing. Bei unserem Besuch wurde der Hauptgang erst nach zweieinhalb Stunden serviert. Das sind 150 Minuten! Die Speisenfolge selbst ist ansprechend konzipiert, lässt Vegetarier und Veganer aber links liegen und versucht mit asiatischen Akzenten zu überraschen. Die interessant klingende Garnele im Villacher Bierteig ist auf pampigem Kichererbsenbrei allerdings plump

Tel.: 04242 415 63
0664 464 42 80

9523 Landskron
Schlossbergweg 30

www.burg-landskron.at
office@burg-landskron.at

Do–Fr 18–21.30 Uhr
❄ bis Mai 2023

ausgeführt und zudem bestenfalls lauwarm. Die Bouillabaisse mit heimischem Saibling hat eindeutig zu viel Wakame-Würze abbekommen, während die Paarung Ibérico-Schwein in zarter Kräuterkruste mit kräftigem Chorizo-Jus stimmt. Dessert (Schokoterrine, Erbsen-Minze-Eis), Entree (geräucherte Entenbrust) und der aufmerksame Service retten die Gesamtbilanz. Als Begleiter werden die Weine eines Kärntner Weinguts forciert.

à la carte: 25–48 €

JAGERSBERG

Tipp

Mit Blick auf die Gerlitzen genießt man frische Pizzen aus dem Holzofen. Der mediterrane Schwerpunkt ist auf der Speisekarte sowie im Interior erkennbar. Trotzdem verzichtet man nicht auf österreichische Klassiker. Auch Burger werden hier angeboten. Die umfangreiche Karte bietet für jeden Geschmack das Richtige.

à la carte: 7,90–42 €

Tel.: 04242 422 87
9523 Landskron
Ossiacher Straße 75 a
www.jagersberg.at
restaurant@jagersberg.at
Di, Mi, Do und So 10–22,
Fr und Sa 10–22.30 Uhr

LEDENITZEN J5

HARRY'S FARM

11,5/20

Ein wirklich gutes Steak zu finden, ist hierzulande trotz des anhaltenden Booms bei amerikanisch inspirierten Steakhäusern immer noch eine gewisse Herausforderung. Leichter hat man es am Faaker See. Dort betreibt Harald Warum seine Harry's Farm. Der Name ist etwas irreführend, denn Harry ist hauptberuflich nicht Farmer, sondern Fleischhauer. Mit Fleisch kennt sich der immer gut gelaunte Mann also bestens aus. Damit man Dry-Aged-Beef tatsächlich seine geschmacklichen Vorzüge zeigen kann, sollte es zumindest einen Monat lang am Knochen reifen. Bei Rumpsteaks und Filets, die es hier auch gibt, spielt das keine Rolle, beim mächtigen Porthouse, das hier rund ein Kilogramm wiegt, hingegen schon. Prime Rib oder Entrecôte Double lassen sich aber durchaus auch alleine bewältigen. Im Gegensatz zu den kleineren Cuts kommen die großen Stücke auf einer Gusseisenplatte zu Tisch und werden erst hier tranchiert. Das Beilagenangebot ist umfangreich, wobei wir uns am liebsten an die hausgemachten Pommes frites und Speckbohnen halten. Die Weinkarte ist umfangreicher, als man in diesem rustikalen Ambiente vermuten würde, wobei Rotweine aus Italien und Österreich dominieren.

Tel.: 04254 23 59
9581 Ledenitzen
Kumweg 8
www.harrys-farm.at
office@harrys-farm.at
Mo, Di–Sa ab 17 Uhr
variabel

LIEBENFELS J5

GLANTALERHOF 11/20

Koch: Hannes Siegel

Der Glantalerhof – an einer der Einfallstraßen Sankt Veits gelegen – ist einer jener verlässlichen „Nahversorger", wie ihn sich jeder in seiner Nähe wünscht. Und so gelangen die Klassiker wie Heringssalat, Kartoffelcremesuppe, Kärntner Kasnudeln, gekochter Tafelspitz mit den üblichen Verdächtigen als Begleiter, Rinderfiletspitzen mit einer erwähnenswerten Whisky-Pfeffer-Rahmsauce, Zwiebelrostbraten oder auch das allgegenwertige Schokoküchelchen mit flüssigem Kern verlässlich gut, was die zahlreichen Gäste bei unserem Besuch rundum erfreute. Die klassische Weinkarte und der amikale Service tragen dazu ihren Teil bei.

à la carte: 15–32 €

Tel.: 04215 2440
0664 510 04 82

9556 Liebenfels
Lebmach 16

www.glantalerhof.at
office@glantalerhof.at

Di–Sa 11.30–13.30 und 17.30–20.30, So 11.30–18 Uhr
Karwoche und die letzten zwei Wochen im Juli 2023

KUNSTHANDWERK 12,5/20

Koch: Johannes Magnet

Will man den Geschmack Mittelkärntens erkunden, gibt es keinen besseren Platz als dieses wunderbare Gasthaus. Angelika und Hannes Magnet haben mit dem alten Forsthaus einer Kärntner Adelsfamilie einen zauberhaften Ort gefunden, der den passenden Rahmen für ihr „Kunsthandwerk" abgibt. Kunst ist das Gegenteil von Künsteln. Der Fokus von Hannes Magnet liegt auf einer bodenständigen, aber zugleich sehr akkuraten Zubereitung regionaler Produkte, die fast durchgängig von Bio-Betrieben aus Mittelkärnten stammen. Weil nicht immer alles in unbeschränkter Menge verfügbar ist, gibt es keine ständige Speisekarte. Auch für Laufkundschaft ist man nicht wirklich eingerichtet. Bei der Reservierung gibt man eventuelle Allergien und Unverträglichkeiten bekannt, sodass Hannes Magnet sein regionales Überraschungsmenü zubereiten kann. Im Sommer sitzt man im gepflegten Garten, im Winter lässt man sich in einer der gemütlichen Stuben des altehrwürdigen Hauses nieder. Die Weinkarte ist klein, aber fein und bietet Interessantes aus der näheren Umgebung. Wer es noch nicht weiß: Nordöstlich von Klagenfurt werden einige der besten Weine Kärntens gekeltert.

à la carte: 6,50–42,50 €

Tel.: 04215 2894
0664 357 46 12

9556 Liebenfels
Radelsdorf 1

www.wirtshaus-kunsthandwerk.at
wirtshaus-kunsthandwerk@utanet.at

Mi–Sa 17–21, So 12–15 Uhr
variabel

LÖLLING K5

NEUGEBAUER 12,5/20

Landgasthof & Landhotel

Koch: Lothar Krings-Neugebauer

Ein Haus mit Tradition: Seit 122 Jahren werden beim Neugebauer Gäste bewirtet und die Weiterentwicklung von der Hendlstation zum zeitgemäßen Landgasthaus ist voll geglückt. Das resche Backhendl ist noch immer eines der Hauptstandbeine – neben Klassikern vom Kärntner Jungochsen oder Lamm, Zwiebelrostbraten und heimischen Forellen. Lothar Krings-Neugebauer macht aber auch mit Sashimi-Interpretationen und Sushi aus Süßwasserfischen (nur auf Vorbestellung!) von sich reden. Den Service schupft der beredte Seniorchef, der auch einiges an guten Weinen im Keller hat.

à la carte: 12–40 €

Tel.: 04263 407

9335 Lölling
Lölling-Graben 6

www.landgasthof-neugebauer.at
neugebauer@loelling.at

Mi–Fr 11.30–14 und 17.30–20.30, Sa 11.30–20.30, So 11.30–19.30 Uhr
variabel

OSSIACH J5

STIFTSSCHMIEDE 13/20

Fischrestaurant und Zimmer am See

Es ist ein fröhliches und bunt gemischtes Publikum, das Vollblut-Gastronom Gerhard Satran Tag für Tag in der Stiftsschmiede unterhält (wenn er nicht gerade eine Hochzeit ausrichtet – im Zweifelsfall lohnt ein vorheriger Anruf!). Mit der begnadeten Lage direkt am See hat er natürlich einen Startvorteil, wenn es darum geht, seinen Gästen den Tag zu verschönern. Die Küche steht der Aussicht allerdings in nichts nach – und wer zum Sonntagsbrunch erscheint, darf sich über so ziemlich alles freuen, was sie im Programm hat. Einem Potpourri kalter Vorspeisen (absolutes Highlight: in Buttermilch eingelegte Reinanke mit fermentiertem Gemüse!) folgte als Zwischengang ein knusprig angebratenes Forellenfilet mit Fregola Sarda. Mit einem geschmorten Kalbswangerl auf cremiger Polenta und Selleriepüree als echtem Seelenschmeichler kam auch gleich der Beweis, dass man nicht nur für Fisch ein echtes Händchen hat. Lediglich der Marillenfleck zum Dessert fiel in puncto Aufwand ein wenig aus der Reihe, dem Genuss tat das aber keinen Abbruch. Und zum Abschluss ein Applaus für das Serviceteam: Mehr Freundlichkeit und Einsatz gehen nicht.

à la carte: 24–43 €

Tel.: 0676 401 17 93

9570 Ossiach
Ossiach 4

www.stiftsschmiede.at
office@stiftsschmiede.at

© Lukas Kirchgasser

PATERGASSEN I5

ALM WIRTSHAUS KLEEANGERLE 11,5/20

im Almdorf Seinerzeit

Koch: Alexander Winkler

Die Aussicht von der Terrasse ist kaum zu toppen, die Küche hat Luft nach oben. Allerdings ist ein Wirtshaus im Almdorf schon an sich ein Luxus. Dieses hier ist gemütlich, sorgfältig dekoriert und bietet eine kleine Karte mit Ausgangsprodukten aus der Umgebung. Zur Rote-Rüben-Creme wird erklärt, wieso dieses Gemüse in dieser Seehöhe so gesund ist, das Tatar ist cremig, die Forelle mit Gemüse und Erdäpfeln ebenso solide wie der in Wildkräutern gebackene Spargel. Topfen- und Apfelstrudel waren leider weit von ihrem Titel „Austria's Best" entfernt. Gutes Weinangebot, tolle Honigprodukte im Shop.

à la carte: 10–60 €

Tel.: 04275 72 01

9564 Patergassen
Voderkoflach 36

www.almdorf.com
welcome@almdorf.com

Mi–So 15–22 Uhr

♿

PÖRTSCHACH J5

RESTAURANT IM WERZER'S BADEHAUS 12/20

Erste Reihe fußfrei kann man im Badehaus wortwörtlich nehmen. Denn die historische Location unmittelbar am türkisblauen Wörthersee ist eindeutig eine Wucht, der Ausblick von der Seeterrasse ein Traum. Es bietet sich quasi an, dieses Ambiente mit Gastronomie und Alpen-Adria-Aromen zu verbinden. So verspricht die Speisekarte eine gekonnte Mischung aus Mediterranem und Heimischem. Neben Flammkuchen finden sich beliebte Klassiker wie Beef Tatar oder Zwiebelrostbraten auf der Karte. Reinanke gibt es mit wildem Brokkoli und Erdmandel, ein Clubsandwich darf im Angebot freilich nicht fehlen. Summa summarum: eine Küche auf durchaus solidem Niveau. Die Qualität passt, man ruht sich hier nicht auf dem Bonus der Lage aus.

Tel.: 04272 22 31

9210 Pörtschach
Werzerpromenade 8

www.werzersbadehaus.at
resort@werzers.at

variabel

JILLY BEACH WÖRTHERSEE Tipp

Mediterrane Atmosphäre, sommerliche Cocktails und Drinks sowie leichte Küche verspricht das Jilly Beach. Mit erstklassigem Blick auf den Wörthersee lässt es sich hier mehr als nur aushalten. Besonders abends verzaubert die Sonnenuntergangsstimmung die Gäste.

Tel.: 04272 23 91
0664 214 81 84

9210 Pörtschach
Alfredweg 5–7

www.beach-jilly.at
gastronomie@jilly.at

tgl. 12–15 und 18–21.30 Uhr
✻ Nov. 2022–April 2023

LAKE'S

Tipp

my lake hotel & spa

Mit Blick auf die Pörtschacher Promenade und den Wörthersee genießt man im Lake's Restaurant ein reichhaltiges Frühstück, einen leichten Lunch sowie ein Dinner mit Weinbegleitung. Die Karte ist mit österreichischen sowie internationalen Gerichten gespickt.

à la carte: 5–58 €

Tel.: 04272 205 05
9210 Pörtschach
Augustenstraße 24
www.lakehotel.at
rezeption@lakehotel.at
tgl. 12–21.30 Uhr
variabel

ZOCKLWIRT

Tipp

Idyllisch gelegen – mit sonnigem Gastgarten und gemütlichem Stüberl –, wird man im Zocklwirt bereits mit einem Lächeln begrüßt. Ein Streichelzoo für die Kinder überbrückt die Wartezeit auf Steirer und Kärntner Spezialitäten. Gekocht wird ausschließlich mit frischen Produkten aus der Region.

Tel.: 04272 447 46
9210 Pörtschach
Gaisrückenstraße 77
www.zocklwirt.at
office@zocklwirt.at

PÖRTSCHACH, TECHELSBERG AM WÖRTHERSEE J5

LA TERRASSE

15/20

im Hotel Schloss Seefels

Koch: Richard Hessl

Schritt für Schritt wurde dieses elegante Schlosshotel in den letzten Jahren herausgeputzt. Lässig und in buntem Ambiente speist man direkt am See im legeren Restaurant Portobello, das vor allem für jene Hotelgäste gedacht ist, die ohne viel Tamtam gut, aber unkompliziert genießen wollen. Das Fine-Dining-Restaurant La Terrasse befindet sich eine Etage höher und zeigt sich auf den ersten Blick unverändert. Mit viel Fingerspitzengefühl wurde das Interieur auf Hochglanz gebracht. Wir konnten unser Dinner an einem warmen Sommerabend auf der namensgebenden Terrasse genießen – dies ist wohl nach wie vor der schönste Platz am See. Schon bei den Vorspeisen bietet die Küche einen gelungenen Mix aus internationalen Luxusprodukten (Kanadischer Hummer) und regionalen Köstlichkeiten (Tatar vom Wagyu-Rind aus dem Lavanttal). Sehr gut war auch der gebratene Treviso mit Hirsch und Heidelbeeren. Statt einer Suppe entschieden wir uns für Zwischengerichte: eine verführerische Brandade vom Stör mit Kaviar sowie ein Sommergemüse-Curry mit Carabinero. Beides war vorzüglich. Klassisch das Angebot an Hauptgerichten: Das Wiener Schnitzel ist an diesem Ort wohl genauso unverzichtbar wie das Filet vom Kärntner Laxn. Auch ein Rehfilet hätte es gegeben. Wir folgten jedoch der Empfehlung der überaus engagierten Servicemitarbeiter und bestellten eine auf den Punkt gegarte Seezunge für zwei Personen. Die gebrannte Creme vom Hüttenkäse mit Feigen und Haselnuss hätte uns zum Dessert sehr gereizt, noch verführerischer klang jedoch die Heidelbeer-Variation: ein würdiger Abschluss für ein großartiges Mahl. Hervorzuheben ist das Weinangebot, das neben bekannten internationalen Etiketten auch außergewöhnliche Gewächse aus heimischen Rieden umfasst. Das alles hat seinen Preis, der in Anbetracht der gebotenen Qualität jedoch mehr als gerechtfertigt ist.

Tel.: 04272 2 377
9212 Pörtschach,
Techelsberg am Wörthersee
Töschling 1
www.seefels.at
office@seefels.at
tgl. 12–14 und 18.30–21.30 Uhr

RADENTHEIN I5

METZGERWIRT 13,5/20

Koch: Emanuel Stadler

Emanuel Stadler ist der Gastrosoph unter Kärntens Wirten. Regionale Produkte sind Grundstein seiner kulinarischen Philosophie. Heimische Fische, auch aus dem Millstätter See, sowie Lamm oder Kitz aus den Nockbergen finden oft den Weg auf des Metzgerwirts Tagesempfehlungen. Weit bekannt sind auch Nockschinken und Granatschinken, die mit „Harber Kas" zur regionstypischen Vorspeise werden. Ansonsten gibt's unter anderem Beuschel oder Gulasch vom Kalb, die als „saftiger als der Tafelspitz" apostrophierte gekochte Rindsschulter und Köstliches vom heimischen Wild. Angelika Stadler überzeugt mit kompetenten Weintipps.

à la carte: 13–35 €

Tel.: 04246 2052
0699 159 545 15

9545 Radenthein
Hauptstraße 22

www.metzgerwirt.co.at
stadler.emanuel@
metzgerwirt.co.at

Fr–Di 11–14 und 18–21 Uhr
✻ März und Okt. 2023

ST. GEORGEN AM LÄNGSEE K5

DAS KULINARIUM 12,5/20

im Georgium

Koch: Toni Komrowski

Der Mix aus bodenständigen Produkten und internationalen Inspirationen gelingt Toni Komrowski mit spielerischer Leichtigkeit. Erlaubt ist, was gefällt, so lange es gut schmeckt. So hat er den Sonntag zum Sushi-Tag erkoren. Die Idee mag aus Japan kommen, die Zutaten sind regional: Der Saibling stammt aus dem Millstätter See, das Filet für das Bull Ura Maki vom Kärntner Jungstier. Nur bei der Avocado und der Garnele greift Komrowski auf importierte Ware zurück. Mittags gibt es vergleichsweise einfache Wohlfühlgerichte (Beef Tatar, Caesar Salad, Schwammerlgulasch, Wiener Schnitzel), abends kann man auf Reservierung vier- bis siebengängige Menüs genießen. Eine feine Safranschaumsuppe mit Garnelen-Wan gibt es dann genauso wie Trüffelravioli oder einen zarten Seesaibling mit bunten Tomaten und Rollgerste. Die kulinarische Reise von Asien über Italien bis nach Kärnten macht dem Koch offensichtlich genauso viel Spaß wie den Gästen. Schafskäse vom Nuart mit Kohlrabi, Radieschen und Wassermelone ist eine erfrischende sommerliche Ouvertüre, die „Schweinereien aus dem Wald" sind ein gekonnter Mix aus rustikalen Aromen. Bei den Getränken hält man sich am besten an die Weine des Verpächters Marcus Gruze, dessen Weingut Georgium ein Pionierbetrieb der neuen Kärntner Weinszene ist.

à la carte: 10–40 €

Tel.: 0699 173 770 94

9313 St. Georgen am
Längsee
Längseestraße 9/2

www.daskulinarium.at
daskulinarium@hotmail.com

Mo, Di, Do und Fr 17.30–21,
Sa und So 12–21 Uhr

Bewertungen:

11 bis 12,5 Punkte von 20 Punkten: 1 Haube
13 bis 14,5 Punkte von 20 Punkten: 2 Hauben
15 bis 16,5 Punkte von 20 Punkten: 3 Hauben
17 bis 18,5 Punkte von 20 Punkten: 4 Hauben
19 bis 19,5 Punkte von 20 Punkten: 5 Hauben

LIEGL AM HIEGL

14/20

Köchin: Elisabeth Warmuth-Liegl

Der Liegl ist so etwas wie ein Prototyp des engagierten Kärntner Landgasthauses. Viele Produkte kommen aus eigener Landwirtschaft, der Schweinestall ist Basis für Speck, Würste und auch fürs Wiener Schnitzel. Besonderes Augenmerk legt Elisabeth Warmuth-Liegl aufs Süße, sie ist weitum gefragte Tortenbäckerin – und ihre Kombination aus Limoncelloschaum und Waldheidelbeersorbet ist einfach zum Umfallen gut. Bis man diese bestellt, hat man sich am bäuerlichen Gedeck mit hausgemachten Broten erfreut, hat vielleicht von der köstlichen Sulz vom eigenen Schwein gekostet und die großartigen Käs- oder Fleischnudeln als Zwischen- oder Hauptgericht gewählt. Nicht versäumen sollte man den Dotterraviolo mit geräuchertem Schafskäse, bevor es zur Beiried von der Weidekalbin oder dem geschmorten Rostbraten geht. Und hernach: siehe oben – wiewohl auch die Kletzennudeln (Dörrbirne) sündhaft gut schmecken. Auch der Weinkeller ist bestens mit hauptsächlich Österreichischem gefüllt, beim Bier ist man mit dem aus der Brauerei Wimitz in besten Brauerhänden.

à la carte: 5,20–32 €

Tel.: 04213 21 24

9313 St. Georgen am Längsee
St. Peter 2

www.lieglamhiegl.at
office@lieglamhiegl.at

Do–So 11.30–14 und 17.30–21 Uhr
✻ variabel

ST. VEIT AN DER GLAN — J5

LA TORRE

15,5/20

Köchin: Rosemarie Trabelsi

Vom Zentrum von St. Veit ans Mittelmeer sind es maximal ein paar hundert Meter. Das liegt nämlich an beziehungsweise in der alten Stadtmauer und schlägt hier unter dem Pseudonym „La Torre“ seine Wellen. In besagtem Turm residieren Ammar und Rosi Trabelsi: er Regent über einen immer wieder für italophile Überraschungen guten, kompetent gefüllten Weinkeller, sie eine Meisterin der mediterranen Cucina. Diese offenbart sich in einer sagenhaften, natürlich hausgebackenen Brotauswahl, unter anderem mit Focaccia, Grissini, Weißbrot und einem hauchzart-knackigen Pane Carasau, wie man es auch in Sardinien nicht besser bekommt. Zu Rosi Trabelsis Menüfolgen gehören feinsinnig verfeinerte Crudi, diverse Tatars, auf den Punkt gegarte Meeresfrüchte und ideenreiche Pastagerichte, bevor es mit den Hauptgängen zu Fisch und/oder Fleischigem geht. Die meist fruchtigen Desserts und Sorbetti sorgen für die Abrundung des mediterranen Lebensgefühls, das in historischem Ambiente im Turm oder auf der Terrasse so authentisch vermittelt wird.

Tel.: 04212 392 50
0664 124 76 76

9300 St. Veit an der Glan
Grabenstraße 39

www.latorre.at
ristorante@latorre.at

Di–Sa 12–14 und 18–22 Uhr

SEEBODEN — I5

DAS MOERISCH

13/20

Auf der gemütlichen Terrasse mit erhabenem Blick über den traumhaften Garten und perfekt betreut vom charmanten und umsichtigen Service lässt es sich im Moerisch ganz gut aushalten. Mit dem À-la-carte-Angebot kann man zwar nicht immer dienen, aber auch das reguläre Hotelmenü ist mehr als einen Blick wert, nicht zuletzt dank eines butterweich-saftigen Kalbsrückens mit Morcheln und Süßkartoffeln. Dazu locken neben einer sehr ansprechenden Weinauswahl auch die fantastischen Apfelsäfte vom Südtiroler Produzenten Kohl, die eine sehr ansprechende Menübegleitung abgeben.

Tel.: 04762 813 72
0664 887 379 41

9871 Seeboden
Tangern 2

www.moerisch.at
info@moerisch.at

tgl. ab 18 Uhr
✻ bis 19. Dezember 2022

SIRNITZ

STERNENBERG Ⓝ

Tipp

Gasthof

Nouvelle Alpine nennt sich die von Spitzenkoch Hubert Wallner erdachte Küchenlinie dieses Berggasthofs auf der Hochrindl, einem sommerlichen Wander- und winterlichen Skigebiet in den Nockbergen. Die g'schmackig belegten, dünnen „Almfladen" erinnern an Flammkuchen, ansonsten geht es bodenständig mit Almsalat, Beuschel, Hochrindler Suppentopf, herzhaft gewürzten Schweinsripperl oder mürbem Tafelspitz zur Sache, bevor man ziemlich sicher bei den gebackenen Apfelringen landet. Beachtlich: Auf der Weinkarte spielen Gewächse aus Kärnten die Hauptrolle, da gibt es einiges zu entdecken.

à la carte: 14,90–39 €

Tel.: 04279 21197

9571 Sirnitz
Hochrindl 106

sternenberg-gasthof.at
office@
sternenberg-gasthof.at

Di–Sa 12–16 und 18–20.30,
So 12–17 Uhr
✱ April 2023

SPITTAL AN DER DRAU H5

KLEINSASSERHOF

11,5/20

Koch: Josef Gasser

Ein ganz spezieller Ort in herrlicher Berglage mit Blick in das Tal und auf die Millstätter Alpe. Drinnen begegnen einem unzählige Kuriositäten wie ein Astronautenanzug, bunte Gemälde und allerhand anderes Sammelsurium. Ebenso bunt gemischt ist auch das Publikum – vom jungen Kärntner Pärchen bis zur Wiener Schickeria. Das bestens gelaunte Personal serviert Hausmannskost wie geschmortes Bauernhendl oder Schweinsbratl. Die Kärntner Nudel sind seit jeher ein Hit. Die Crème brulée von Hausherrin Waltraud Gasser sowieso. Lobend erwähnen wollen wir auch die gut sortierte Weinkarte – klein, aber fein.

à la carte: 6,50–49,90 €

Tel.: 04762 22 92
0664 519 13 05

9800 Spittal an der Drau
Kleinsass 3

www.kleinsasserhof.at
buchung@kleinsasserhof.at

Do–Fr 17–23, Sa 12–15 und 17–23, So 12–20 Uhr

STRASSBURG J5

DAS HERRENHAUS

Tipp

Massive Buchenholztische bilden die Unterlage für traditionelle österreichische Küche mit mediterranen Einflüssen. Gewählt wird ganz nach eigenem Geschmack: à la carte oder auf Empfehlung des Küchenteams ein viergängiges Menü. Passend dazu werden Weine aus dem Weinkeller kredenzt.

à la carte: 12–25 €

Tel.: 04266 22 51
0664 884 679 60

9341 Straßburg
Hauptplatz 3

www.dasherrenhaus.at
dasherrenhaus@aon.at

Mi–Sa 11.45–13.45 und 18.15–20.45, So 11.45–14.30 Uhr

TAINACH K5

SICHER RESTAURANT 17,5/20

Koch: Michael Sicher

Viele Gastronomen heften sich trendbewusst radikale Regionalität auf die Fahnen, doch was die Sicher-Brüder in ihrem Restaurant seit Jahrzehnten abliefern, da kann keiner mit. Forellen und Saiblinge kommen samt Kaviar aus der eigenen Fischzucht und sind seit jeher das Atout des Betriebs. Doch auch Gemüse und Salate aus dem eigenen Garten sind ausgezeichnet. Bei jenen Lebensmitteln, die nicht selbst erzeugt werden, werden die Lieferanten penibel aufgelistet: von den Erdäpfeln bis zum Flora Cola. Was man sich auf keinen Fall entgehen lassen sollte, ist das Saiblingscarpaccio mit Saiblingskaviar – wohl das Beste, was in Österreich aus Saibling gemacht wird. Man darf jedoch nicht den Fehler machen, die Küche von Michael Sicher auf Saiblingsspezialitäten zu reduzieren. Er beherrscht sein Handwerk virtuos und wird nicht müde, sich stets neue Dinge auszudenken. Weinbergschnecken von der Kärntner Feinschneckerei wickelt er in Lardo und serviert sie auf Zuckererbsen und Fregola – ein Gedicht. Ein Gericht von internationalem Topformat ist eine Kreation aus Saibling im Wasabiblatt mit Saiblingskaviar, Fenchel und Sellerie in unterschiedlichen Texturen. Sogar der Wasabi kommt aus dem eigenen Garten. Und auch die Patisserie kann mit diesem Niveau mit: Ein Hanf-Brownie mit Mascarpone, Himbeeren und getrockneten Kräuterseitlingen spiegelt die Raffinesse der Küche wider. Der Service unter der Leitung von Wolfgang Sicher ist souverän, das Weinangebot macht Freude und der Gastgarten ist ein kleines Paradies. Das Sicher ist ein Geschenk für alle kulinarisch interessierten Kärntner und Urlauber.

à la carte: 20–36 €

Tel.: 04239 26 38
9121 Tainach
Mühlenweg 2
www.sicherrestaurant.at
office@sicherrestaurant.at
Mi–Fr 17–21, Sa 11.30–14 und 17–21 Uhr
variabel

TANZENBERG J5

KOLLERWIRT 11/20

Koch: Tom Soete

Tom Soete, der aus Belgien stammende Kollerwirt, macht wohl vieles richtig. Denn hier, in Klagenfurts ländlicher Peripherie, muss man erst einen Platz ergattern. Hat man den, geht es mit dem Gedeck aus scharfem Liptauer und cremigem Glundner Käse herzhaft los, danach stehen Klassiker wie Backhendl, faschierte Laibchen, geröstete Leber oder gefüllte Paprika auf dem Programm. Sehr beliebt sind Moules frites, begleitet von richtig guten Pommes frites. Vegetarier fühlen sich bei Spinatknödeln oder gerührter Polenta wohl. Die Weinauswahl passt, Bierologen wählen belgisches Leffe oder Wimitzer aus Kärnten.

à la carte: 25–120 €

Tel.: 0664 795 97 06
9063 Tanzenberg
Affelsdorf 3
www.kollerwirt.com
office@kollerwirt.com
Mo, Do–Fr 17–22, Sa 11–22, So 11–20 Uhr

UNTERAICHWALD I5

TERRA SARDA 12/20

Koch: Serri Marco

Wer auf der Suche nach authentischer italienischer Küche ist, ist mit einer Einkehr im Terra Sarda gut beraten. Denn nicht nur der Gastgarten mit Blick auf den Aichwaldsee weiß zu überzeugen, die Frische und Qualität der mediterranen Speisen gewinnen alle Genussaffinen. Und das zu Recht. Bekannt ist man hier für seine sardischen Spezialitäten. Dazu zählt die typische Pasta mit Oktopus genauso wie das Semifreddo al Torrone, eine Variante des weißen Nougats. Dazu gesellen sich auf der Speisekarte beliebte Gerichte aus Fisch und Meeresfrüchten (Branzino in der Salzkruste, Spaghetti Vongole) oder gegrillte Rinderlende auf Rucola-Bett. Eine separate Wochenkarte sorgt für Abwechslung. Das Weinangebot umfasst eine gute Auswahl an italienischen Tropfen.

à la carte: 10–50 €

Tel.: 0664 514 96 73
9582 Unteraichwald
Aichwaldseestraße 26
www.terra-sarda.at
info@terra-sarda.at
Mo, Mi, Do, Fr 17–23, Sa und So 12–14 und 17–23 Uhr
variabel

VELDEN AM WÖRTHERSEE J5

CARAMÉ

17/20

Koch: Thomas Guggenberger

SERVICE AWARD 2022

Das Caramé ist das kulinarische Herzstück der Flaniermeile im Zentrum von Velden am Wörthersee. Das Servicepersonal ist so freundlich und aufmerksam, dass man sich von der Ankunft bis zum Verabschieden wohlfühlt. Der nicht enden wollende Strom an Spaziergängern macht den Verbleib auf der Terrasse zu einer kurzweiligen Angelegenheit, einzig der anhaltende Autoverkehr will nicht ganz in die Zeit passen. Nach einem durchschnittlichen Brotkorb tröstet der Gruß aus der Küche – geräucherter Spitzpaprika mit geräuchertem Schafkäse –, eine feine Klinge von Küchenchef Thomas Guggenberger. Die Speisekarte sieht eine Auswahl an À-la-carte-Gerichten, saisonalen Akzenten sowie ein Menü vor, das man in fünf beziehungsweise sieben Gängen genießen kann. Wir starten mit einem soliden Beef Tatar, das mit saftigen Backfleischwürfeln an Charakter gewinnt. Weiter geht es mit geflämmten Jakobsmuscheln mit Karfiol, Topinambur und Kaviar. Nach einem erfrischenden Cocktail mit Estragonkraut geht es zu den Hauptgerichten. Der Maibock mit Süßkartoffeln, Miso und Cashewnüssen ist auf dem Punkt. Alternativ angebotene Kalbsbackerln mit wildem Brokkoli und Aktivkohle machen ebenso Vergnügen. Alles wirklich solide, ein wenig vermissen wir allerdings Spannung und Weiterentwicklung. Beides finden wir dann aber in der Patisserie, die mit ihrer Caesar-Salad-Interpretation das Menü krönt: Knackiger Römersalat wird auf eine Mousse aus weißer Schokolade gebettet und mit frischen Erdbeeren und süßem Basilikumpesto gefüllt. Am Tisch wird falscher Parmesan – in diesem Fall weiße Schokolade – darüber gehobelt. Ein raffiniertes Dessert, das international reüssieren kann. Die Weinkarte fußt vor allem auf nationalen und internationalen Klassikern, die Getränkebegleitung kann man für den Preis wirklich spannender gestalten. Dass Rotwein nicht richtig temperiert serviert wird, sollte auf diesem Niveau nicht passieren.

à la carte: 30–49 €

Tel.: 04274 30 00
0664 140 44 69

9220 Velden am Wörthersee
Am Corso 10

www.carame.at
3000@carame.at

Di–Sa 18–22.30 Uhr

DIE YACHT

15/20

Restaurant im Casino Velden

Koch: Marcel Vanic

Das Glück kann launenhaft sein – Marcel Vanic, Küchenchef des Casinorestaurants, ist es keineswegs. Er verwöhnt sein durchaus gemischtes Publikum seit Jahren konstant auf hohem Niveau und stellt sicher, dass auf der Karte für alle etwas dabei ist. Das gebackene Beef Tatar ist jedenfalls stets ein famoser Einstieg. Außen knusprig mit Pankobröseln, war das Innere, perfekt temperiert, eine rohe geschmackliche Urgewalt. In die Kategorie Comfort Food fiel dann – nicht ganz so leicht wie angekündigt, aber trotzdem wunderbar – der Sauerkrautschaum mit Blunzentascherl. Klassisch und à point getroffen Rücken und Schulter vom Lamm, keineswegs alltäglich als Beilage dazu ein Bohnen-Cassoulet. Großartig schließlich das Dessert: Als „Überraschungs-Piña-Colada" angekündigt, arrangierte Vanic hier auch optisch sehr gefällig die Aromen des bekannten Cocktails in allen Aggregatzuständen. Absolute Weltklasse! Da bliebe lediglich zu bemängeln, dass man einen Teil dieser Kreativität dem antialkoholischen Angebot auf der Getränkekarte angedeihen lassen könnte – denn auch der Service ist top.

Tel.: 0664 206 45 15

9220 Velden am Wörthersee
Am Corso 17

www.casinos.at
cuisino.velden@casinos.at

HUBERTUSHOF IM GARTEN

13,5/20

Seehotel Hubertushof

Koch: Thomas Eichwald

Während man im straßenseitigen Bistro bei Vitello tonnato, Caesar Salad und anderen Kleinigkeiten das geschäftige Treiben beobachten kann, ist im Garten Beschaulichkeit und Slow Food angesagt. Von der Roten Rübe über den lauwarmen Erdäpfelstampf mit Kräutern – einfach und doch köstlich – bis zum Henderl und dem exzellenten Fisch (Forelle aus Bad Eisenkappel) setzt man auf kurze Wege; alle regionalen Produzenten sind auf der Karte genannt. Derart flauschige Marillen-Topfen-Knödel kriegt man jedenfalls nicht so bald wieder, zum Käse (natürlich vom Nuart) wäre eine kleine Erklärung nicht falsch gewesen. Der aufmerksame Service hält Brotkörberl und Weingläser gefüllt. Neben einem guten Angebot an offenen Weinen erfüllt der sehr gut sortierte Weinkeller auch ausgefallenere Wünsche.

à la carte: 15–45 €

Tel.: 04274 26 76

9220 Velden am Wörthersee
Europaplatz 1

www.seehotelhubertushof.com
office@seehotelhubertushof.com

tgl. 12–21.30 Uhr
❄ bis 28. April 2023

SEESPITZ

13,5/20

Falkensteiner Schlosshotel Velden

Koch: Thomas Gruber

Wer hier aufschlägt, bekommt den Seeblick erste Reihe fußfrei sowie ein mit Anglizismen (Classics, Sweets & Cheese) aufgeputztes Bistro-Angebot zu gehobenen Preisen. Schließlich befindet man sich in der Dependance des Schlosshotels (und speist mit Gästen aus aller Welt). Es gibt ein an moderne Fusionsküche angelehntes japanisches Angebot, ein Slow-Food-Menü mit Branzino aus Piran, eine Tagesempfehlung (exzellente Süßkartoffelsuppe!) und Kärntnerisches wie Kasnudel oder „Schwarzes Schaf" (Käse) von Nuart. Das Tomahawk vom Schwein ist eine saftige Wucht, beim Wiener Schnitzel hätten der Panade ein paar Augenblicke mehr in der Pfanne recht gut getan.

à la carte: 14–75 €

Tel.: 04274 5200 00

9220 Velden am Wörthersee
Schlosspark 1

www.falkensteiner.com/schlosshotel-velden
schlossvelden@falkensteiner.com

tgl. 11.30–17 und 18–22 Uhr

♿

VILLACH I5

FREINDAL WIRTSCHAFT

Tipp

Koch: Christoph Terschan

Die Freindal Wirtschaft ist ein zeitgeistig möbliertes Wirtshaus am Stadtrand Villachs. Auch die kleine Karte liest sich spannend, nur die Umsetzung hat diesmal – obwohl kaum andere Gäste da waren und wir den Chef in der Küche sichteten – gar nicht überzeugt. Da ist am verspielten Dekor und an der Gestaltung wohl großes Wollen spürbar, aber das Ergebnis auf dem Teller ist doch sehr rustikal und bei Gemüse und Salat so gar nicht wunschgemäß. Besser ging's uns mit dem cremig-würzigen Beef Tatar und dem zarten Rindsfilet, Letzteres hätte sich aber eine schmackhaftere Begleitung verdient.

à la carte: 12,90–53 €

Tel.: 0676 423 77 51
9500 Villach
Sankt-Johanner-Straße 56
www.freindal-wirtschaft.at
office@freindal-wirtschaft.at
Di–Sa 14–22.30 Uhr

VÖLKERMARKT

FEDERLEICHT®N

14/20

Kolhofgut

Koch: Florian Klinger

Über Völkermarkt thront das von der Biogena-Gruppe betriebene Kolhof-Schlösschen. Das historische Ambiente wurde um einen modernen Restaurantzubau erweitert. Im „Federleicht" verantworten Gastgeber Florian Klinger (war einst jüngster Haubenkoch Österreichs) und Küchenchef David Regenfelder (kochte unter anderem im vegetarischen TIAN-Strandhotel Weissensee) eine leichtere, auf Regionalprodukten basierende Linie. Mehrere Menüs stehen zur Wahl; Gemüse, Rotwild aus eigenem Gehege und Fisch aus Unterkärnten werden gekonnt und detailverliebt in Szene gesetzt. Ansprechende Weinkarte, freundlicher Service.

Tel.: 0676 965 83 40
9100 Völkermarkt
Weinbergstraße 2
federleicht-restaurant.at
info@kolhofgut.com

WEISSENSEE H5

BIOHOTEL GRALHOF

14,5/20

Köchin: Clara Aue

100 Prozent Bio ist im Gralhof am Weissensee nicht nur selbstverständlich, sondern auch Lebensphilosophie der Eigentümer Corinna und Michael Knaller. Klar, dass in dieser Küche auch Küchenchefin Clara Aue einen ganz besonderen Job macht. Denn verwertet und wertgeschätzt wird alles, was auf den (Küchen-)Tisch kommt. „From nose to tail" und „from leaf to root" – saisonal, regional und bio. Kräuter kommen aus dem eigenen Garten, Fisch aus dem See, Wild wird selbst erlegt, Kalb- und Rindfleisch gibt es aus der eigenen Bio-Landwirtschaft, Milchprodukte aus der Umgebung. Alles fantasievoll, gekonnt und zeitgemäß zubereitet und in Szene gesetzt – bewusster Genuss vom Feinsten. Einige Tage stehen unter einem Motto – Mittwoch ist Fleisch-Frei-Tag, Donnerstag gibt es dafür Innereien, und am Freitag wird auf dem imposanten Smoker gegrillt.

Tel.: 04713 2213
9762 Weissensee
gralhof.at
info@gralhof.at
tgl. ab 18.30 Uhr

DAS LOEWENZAHN

15,5/20

Koch: Marcell Kunej

Es ist eine einzigartige Symbiose von bodenständig und bezaubernd luftig, die Lilly und Jakob Lilg hier geschaffen haben. Auf der Terrasse, im lichtdurchfluteten Gastraum und in der elegant-gemütlichen Stube dominiert Stilsicherheit bis ins kleinste Detail, umfassend geschmackvoll wie die Menüs von Jakob Lilg. Die bis zu achtgängigen Speisefolgen haben ihren Preis, sind diesen aber in jeder Hinsicht wert. Unglaublich erfrischend kommt der Spargel (als Stange, Sorbet und Küchlein) mit zart knofeligem Spinatschaum und Amalfizitrone. Der konfierte Saibling mit Kressemayonaisse trumpft mit Karamansi-Note auf, Vorspeise Nummer 3, Eigelb mit Erdapfel-Espuma und Erdäpfel-Crumble ist eine Wucht. Im vollen Menü-Programm würden einen wohl auch Lilgs überraschende Interpretationen von Lamm, Wolfsbarsch und Kalbsleber umhauen. In unserem Fall schaffte es Rind, gesotten und gebraten, mit Topinampur, Karotten und Walnuss in perfekter Sauce. Hinreißend das Rhabarber-Erdbeer-Dessert. Grandios die Weinbegleitung und der kernige Service.

Tel.: 04713 930 80

9762 Weissensee
Neusach 46

www.dasloewenzahn.at
info@dasloewenzahn.at

Mi–Mo 17.30–23 Uhr;
Mitte April bis Mitte Mai auch mittags geöffnet.
✻ Anfang März bis Mitte April 2023

DIE FORELLE

18/20

Genießer-Landhotel Die Forelle

Koch: Hannes Müller

Der Abend beginnt, sobald man auf der wunderbaren Sonnenterrasse der Forelle in Techendorf Platz nimmt. Der Blick auf den See und die untergehende Sonne sind wie geschaffen für eine ganz besondere, kulinarisch herausragende Zeit. Das Wichtigste im Konzept von Chefkoch Hannes Müller ist die Beziehung zwischen Bauer und Koch. Immerhin ist er auch selbst Bio-Landwirt, und die Bauern der Umgebung sind seine wichtigsten Lieferanten. Fleisch und Fisch spielen zwar perfekt inszenierte Rollen, aber es sind Nebenrollen. Diese Sichtweise manifestiert sich gleich beim ersten Blick auf die Karte. Alle acht Gänge tragen den Namen von Gemüsesorten: Goldrübe, Wilder Brokkoli, Fenchel, Frühkraut, Feldgurke, Karfiol, Kürbis und Rhabarber. Eine weitere Besonderheit sei gleich eingangs erwähnt: Für Liebhaber von bis in die letzte Nuance ausgeklügelter Jus und Saucen ist die Forelle ein Muss. Die Goldrübe auf Miso-Jus ist umhüllt von einem Seeforellenfilet – pur im Geschmack – und garniert mit Wälder Schokolade und leicht bitterem Giersch. Der Wilde Brokkoli mit pochiertem Ei und geräuchertem Schafjoghurt ist mit knusprigen Chips aus Milchhaut getoppt – ein spannendes Spiel mit verschiedenen Texturen. Am Gaumen genauso interessant, wie es sich liest. Die folgenden Gänge – Fenchel und Frühkraut – sind das perfekte Heimspiel für Vegetarier: beides fein abgestimmte Kompositionen verschiedener Gemüse, Früchte und Kräuter. Die Klasse des Küchenchefs zeigt sich hier ganz besonders eindrucksvoll. Reduziert fürs Auge, imposant im Geschmack ist der letzte Fischgang. Reinanke aus Wildfang mit Feldgurke, Buchweizen und Fenchelpollen, die eine unglaubliche Vielfalt von Aromen bergen. Und jetzt der Fleischgang: rosa gebratenes, saftiges Krainer Steinschaf mit blauem Karfiol, Ampfer und Spinat. Eine kräftige, aber nicht zu dominante Sauce dazu wird vom Service angegossen. Der Käse präsentiert sich, anders als erwartet, als würziges Törtchen, gefüllt mit Kürbis und Quitte. Eine treffsichere Einstimmung auf das Dessert. Der Abend schließt so besonders wie er angefangen hat: Rote Rübe trifft auf Walnuss, Rhabarber und eine leichte, duftige Kakao-Mousse. Abgerundet wird das Menü von ausgezeichneten, sensibel ausgesuchten Weinen, die vom Service mit viel Leidenschaft und Empathie präsentiert werden.

à la carte: 48–150 €

Tel.: 04713 23 56
0676 706 55 01

9762 Weissensee
Techendorf 80

www.dieforelle.at
info@dieforelle.at

Mi–Sa 18–20 Uhr
April, Nov. 2023

NEUSACHERHOF®

14,5/20

Im Neusacherhof zu essen, macht Spaß. Das stellen Genießer schon bei intensivem Tomatentatar mit Burrata und Haselnüssen fest. Auch die Ceviche von der Weissensee-Forelle mit Saiblingskaviar oder der gebackene Waller mit Chili-Mayonnaise überzeugen. Ein Tipp: Lassen Sie sich von Küchenchef Stefan Glantschnig mit einem Menü überraschen, dann werden sie eventuell mit einer zarten Kalbsbacke mit Gewürzpolenta oder mit einer exakt gebratenen Lachsforelle mit Sauerkraut-Risotto verwöhnt. Die Weinkarte bietet Vielfalt zu fairen Preisen. Bei den Desserts zeigen Mandel-Shortbread beziehungsweise Apfelschmarren mit Granten das hohe Potenzial der Küche.

Tel.: 04713 20155

9762 Weissensee
Neusach 1

www.neusacherhof.at
direktion@neusacherhof.at

STRANDHOTEL AM WEISSENSEE

13,5/20

Koch: Andreas Leib

Seit Jahren ist hier das fleischlose Glück zu finden und jedes Jahr glückt es Küchenchef Andreas Leib, mit seiner vegan-vegetarischen Linie zu überzeugen – wenn auch beschränkt auf ein Menü. Ein Waldorfsalat mit Stangensellerie, Spargel und karamellisierter Cayenne braucht kein Hühnerfleisch. Paprika und Kren runden das Rote-Bete-Tatar ab, bei dem nur die bundesdeutsche Bezeichnung quer im Magen liegt. Ausgezeichnet die gegrillte Polenta mit Brokkoli und das Käferbohnen-Ragout mit Gelben Rüben als Hauptgang. Die hausgemachte Vanille-Miso-Eiscreme mit Kernöl ist ein sehr netter Abschluss.

Tel.: 04713 2219
0676 96 583 40

9762 Weissensee
Neusach 18

www.strandhotel-weissensee.at
info@strandhotel-weissenseerhof.at

18.30–20.30 Uhr
variabel

ZIMMERMANN'S GASTHAUS

Tipp

Koch: Thomas Balka

Zimmermann's Gasthaus ist ein alteingesessenes Lokal mit schöner Terrasse, zentral in Techendorf am Weissensee gelegen. Auf der Speisekarte finden sind traditionelle, österreichische Klassiker wie Kaspressknödelsuppe, Altwiener Backhendl oder Ochsenbacken. Ergänzt wird das sommerliche Angebot von heimischen Fischen und mediterraner Pasta. Gerichte und Service präsentieren sich recht bodenständig, hier gibt es Spielraum für Kreativität. Die Portionen – auch hinsichtlich der stolzen Preise – sind durchaus übersichtlich. Die marinierten Früchte im Topf mit Zitronensorbet stimmten versöhnlich.

Tel.: 04713 22 71
0676 922 15 26

9762 Weissensee
Techendorf 6

www.zimmermann-weissensee.at
info@zimmermann-weissensee.at

Di–So 12–14 und 18–21 Uhr
Mitte März–Anfang Mai, Mitte Okt.–Mitte Dez. 2023

WERNBERG

STERNBERG

12,5/20

Gasthaus Messnerei

Koch: Patrick Samek

WIRTSHAUS DES JAHRES 2023

Der große, überdachte Garten der ehemaligen Messnerei ist ein liebevoll gepflegtes Schmuckstück. Die Speisekarte offenbart Engagement für ideenreich verfeinerte Küche. Der Saibling in Saor befeuert venezianische Assoziationen, die Kärntner Kasnudeln werden „angepranzgert" (angebraten) serviert, den Topfenreinkal (Laibchen aus Topfen vulgo Quark) steht Holunderblüten-Elixier süßwürzig zur Seite. Sterz (Polenta) schmeckt hier in Form einer Flammerie. Für Vegetarier gibt es auch immer etwas und die Weinauswahl ist beachtlich, sogar Raritäten im Mehrere-Tausend-Euro-Bereich sind vorrätig.

à la carte: 12–32 €

Tel.: 0664 417 24 90

9241 Wernberg
Sternbergerstraße 19

www.sternberg-messnerei.at
dani@sternberg-messnerei.at

Do–So 11.30–20.30 Uhr

♿

Hochzeit am Hohenlohe-Hof

Der historische Hof und die zugehörige Kapelle wurden liebevoll und authentisch restauriert und mit geschichtsträchtigen Kunstgegenständen ausgestattet. Sie bieten eine unvergleichliche Kulisse für die Zeremonie und für wunderschöne Hochzeitsfotos.

Der inmitten des sanft hügeligen Weinviertels gelegene Hohenlohe-Hof bietet alle Möglichkeiten, Ihre Hochzeit zu einem einzigartigen Erlebnis in einer besonderen Atmosphäre zu machen.

Mit seinen uralten, von Efeu umrankten Mauern, dem Teich und dem Taubenkobel hat der Hochzeitshof einen ganz eigenen Zauber.

Hohenlohe-Hochzeitshof
Guntersdorf 283, 2042 Guntersdorf
+43 1/712 43 84 37
www.hohenlohehof.at
hochzeitamhof

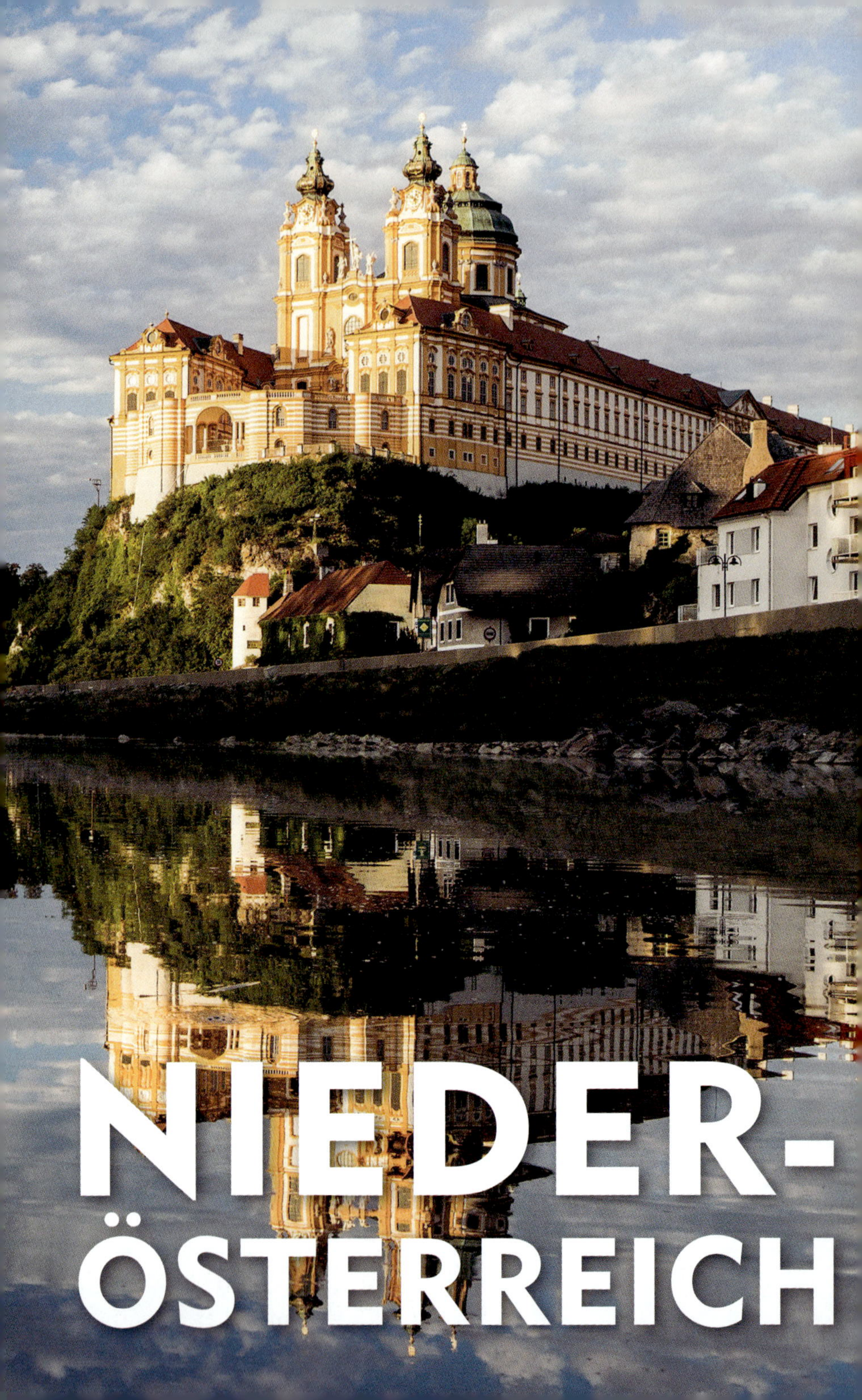

NIEDER-ÖSTERREICH

DIE BESTEN

18,5/20	**LANDHAUS BACHER** Mautern	Seite 206
17,5/20	**MÖRWALD „TONI M."** Feuersbrunn	Seite 186
17/20	**ESSLOKAL** Hadersdorf am Kamp	Seite 194
16,5/20	**FLOH** Langenlebarn	Seite 202
16,5/20	**HOFMEISTEREI HIRTZBERGER** Wösendorf	Seite 231
16,5/20	**NIBELUNGENHOF** Traismauer	Seite 223

LANDKARTE

LEGENDE

- ○ Orte allgemein
- Orte mit (grün) 1 Haube
- Orte mit (gelb) 2 Hauben
- Orte mit (orange) 3 Hauben
- Orte mit (blau) 4 Hauben
- Orte mit (rot) 5 Hauben

ardegg
CZ
Unterretzbach
Retz
Laa
an der Thaya
Hanfthal
Mailberg
Poysdorf
ntersdorf
Mistelbach
Hollabrunn
Zistersdorf
Kirch-
berg
Zaussenberg
Ober-
rohrbach
Riedenthal
Königsbrunn
am Wagram
Stockerau
Wolkersdorf
Obersdorf
SK
Langen-
lebarn
Korneuburg
Gänserndorf
Tulln
Wolfpassing
Kloster-
neuburg
Deutsch-Wagram
Weinzierl
WIEN
Groß-Enzersdorf
Neulengbach
Mauerbach
Hainburg a. d. D.
Sulz
im Wienerw.
Mödling
Schwechat
Fischamend
Haslau
Laaben
Guntramsdorf
Gumpoldskirchen
Gallbrunn
Göttlesbrunn
Trais-
kirchen
Sommerein
Bruck a. d. Leitha
Baden
Bad Vöslau
Oberwaltersdorf
Berndorf
Tattendorf
Pernitz
Miesenbach
Wr. Neustadt
Winzendorf
Katzelsdorf
Neun-
kirchen
Reichenau
Erlach
Gloggnitz
Kirchberg
am Wechsel
Bad
Schönau

AGGSBACH DORF L2

RESIDENZ WACHAU

Tipp

Entlang der Donau verläuft das wohl schönste Weinbaugebiet Österreichs. Eine Vielzahl der Weine reift im urigen Heurigenkeller der Residenz. Auch das kulinarische Angebot kann sich sehen lassen und überzeugt mit mediterranen Einflüssen. Abgerundet wird der Abend mit dem herrlichen Ausblick über die Weinlandschaft.

à la carte: 13–27 €

Tel.: 02753 82 21
0664 187 49 23

3394 Aggsbach Dorf
Rosenweg 2

www.residenz-wachau.at
info@residenz-wachau.at

Mo–So 12–21 Uhr

♿

ARBESBACH K1

BÄRENHOF KOLM

14,5/20

Koch: Michael Kolm

Schmuck präsentiert sich der frisch renovierte Bärenwirt beim diesjährigen Besuch, und auch die neu errichteten Tiny Houses zum Übernachten sind angesichts der Lage „in the middle of nowhere“ im Sinne des Genusses ohne Reue sehr zu begrüßen. Los ging unsere heurige Reise durch die an Versuchungen reiche Karte mit einer die Spur zu viel Preiselbeersüße mitbringenden, aber mehr als zarten Rehleber, gefolgt von einer soliden Waldviertler Fisch-Minestrone mit Parmesanpofesen. Zum Hauptgang wurde Kaisergranat mit Karfiol und Bisque Royale serviert und zum Abschluss – um auch der Wirtshausküche zu huldigen – die saftige Mohntorte. Das Personal ist jung, engagiert und flink und die Weinkarte umfangreich: Sie lässt kaum Wünsche offen. Resümee: immer einen Abstecher wert.

Tel.: 02813 242

3925 Arbesbach
Schönfeld 18

www.baerenhof-kolm.at
info@baerenhof-kolm.at

BAD SCHÖNAU N3

GESUNDHEITSRESORT KÖNIGSBERG 12/20

Restaurant Bucklige Welt

Koch: Markus Oelgarte

Schon allein der Königsberger Nockerl – einer gelungenen Adaption der Salzburger Berühmtheiten – wegen zahlt sich ein Besuch im so anachronistischen wie gemütlichen À-la-carte-Restaurant des Gesundheitsresorts jederzeit aus. Aber bei aller Begeisterung heißt es, am Anfang zu beginnen: Freundlich vom zuvorkommenden Personal begrüßt und mit einer Flasche aus der aufs Publikum gut abgestimmten Weinkarte bedacht, freuten wir uns über das Duett von der Süßkartoffel mit würzigem Bad Schönauer Rohschinken, eine herrlich frische Karottensuppe mit Wan Tan und eine Piccata vom Seeteufel mit Tagliatelle, um dann an dem oben schon hochgelobten Signature-Dessert wieder einmal nicht vorbeizukönnen.

à la carte: 18–35 €

Tel.: 02646 825 17 41
2853 Bad Schönau
Am Kurpark 1
www.gesundheitsresort-koenigsberg.at
restaurant@gkbs.at
Do–So 11.30–14 und 18–21 Uhr

TRIAD 15,5/20

Koch: Uwe Machreich

Bad Schönau entwickelt sich immer mehr zum kulinarischen Hotspot. Das Triad der Familie Machreich zeigt eindrucksvoll vor, wie es geht. Kurz von der Bundesstraße abgebogen, liegt auf einer Anhöhe das Restaurant Triad. Es nur als Restaurant zu bezeichnen, wäre allerdings nicht gerecht, wurde das Angebot doch stetig weiterentwickelt. So hat man auf der nebenan angelegten Driving-Range die Möglichkeit, seine Golffertigkeiten zu verbessern, genauso wie im „Bett auf der Wies'n" stilvoll zu übernachten. Schon das Gedeck mit Speck aus der örtlichen Fleischerei, gutem Sauerteigbrot und hausgemachtem Steinpilz-Maldon-Salz lässt Großes erwarten. Die Erwartungen werden nicht enttäuscht. Unentschlossene Romantiker lassen sich vom „Surprise-Menü" überraschen. Böse Überraschungen gibt es dabei nicht. Auch nicht bei der sommerlich leichten tomatisierten Suppe mit Zwiebelgewächsen, der geschmacklich fein abgestimmten Wachtelbrust mit Reiscreme und Rhabarber oder dem butterweichen Bio-Lamm mit Bulgur. Das junge einheimische und charmante Personal serviert kenntnisreich die passenden Weine. Oft auch solche, die von weniger bekannten österreichischen Winzern gekeltert werden. Auch hier ist also für Überraschungen gesorgt.

à la carte: 18–36 €

Tel.: 02646 8317
2853 Bad Schönau
Ödhöfen 25
www.triad-machreich.at
office@triad-machreich.at
Di 18–24, Mi–Fr 11.30–13.30 und 18–20, Sa 11.30–14 und 18–20 Uhr
variabel

BAD VÖSLAU 02

ALLERLEY 12,5/20

Koch: Johannes Ley

Das Bad Vöslauer Allerley ist bei Gott kein Einerlei. Dafür ist das liebevoll gestaltete, gemütlich verwinkelte Lokal viel zu sympathisch, die Kellnerschar zu engagiert und die Weinkarte zu spannend. Und da haben wir noch kein Wort übers Essen verloren, was wir hiermit flugs nachholen: Angeboten werden eher kleine Gänge, von denen vier zum Sattwerden empfohlen werden. Natürlich hielten wir uns mit pikantem „French Toast“ mit karamellisierten Zwiebeln und Comté, cremiger Garnelen-„Carbonara“, warmem Kalbsherz – extrazart – mit Linsen und Senfsafterl und einer Maroni-Espresso-Mousse mit Salzkaramell zum Abschluss an die Empfehlung und waren äußerst zufrieden.

à la carte: 10–30 €

Tel.: 02252 251879
0664 534 10 69

2540 Bad Vöslau
Tattendorfer Straße 2

www.allerley.at
office@allerley.at

Mi–Sa 17–24 Uhr

BADEN BEI WIEN N2

CUISINO RESTAURANT BADEN 12/20

im Casino Baden

Brot und Spiele waren schon im alten Rom ein untrennbares Erfolgsrezept. Diesem Motto haben sich auch die Casino-Restaurants verschrieben, von denen jenes in Baden seine Sache richtig gut macht. Auch wenn das Restaurant nur mit Vorhängen vom bunten Trubel abgegrenzt ist, entsteht eine stilvolle Atmosphäre, die vom so jungen wie engagiert-freundlich operierenden Service und einer sehr klassischen Weinkarte unterstützt wird. Die eher kleine Karte präsentiert zwei 4-Gänge-Menüs zu durchaus wohlfeilen Preisen. Als deren Höhepunkte erwiesen sich bei unserem Besuch die White-Tiger-Garnelen mit Hummerschaum, die Kastaniensuppe mit Rotkrautstrudel und ein wenig viel Portwein sowie die Vanille-Crème-brulée.

Tel.: 02252 435 02

2500 Baden bei Wien
Kaiser-Franz-Ring 1

baden.casinos.at
baden.restaurant@casinos.at

LE RENDEZ-VOUS 13/20

Koch: Juraj Gajac

Die klassische französische Küche steht ganz im Fokus des Restaurants Le Rendez-vous in Baden. So wählt man aus der fast zu klein gehaltenen Speisenauswahl Gänseleberterrine mit wildem Apfel, Kerbelschaumsuppe mit Miesmuschel oder Kalbsbries mit Belugalinsen. Die hausgemachten Nudeln mit Morcheln sollte man unbedingt probieren, als schmackhafte Alternativen bieten sich Lamm im Pistazienmantel mit weißer Polenta oder Saiblingsfilet mit Senfsauce an. Die Dessertauswahl entspricht leider nicht ganz den Erwartungen, hier sollte man sich vielleicht noch etwas einfallen lassen.

Tel.: 02252 855 51
0676 490 2791

2500 Baden bei Wien
Weilburgstraße 3

www.le-rendezvous.at
reservation@
le-rendezvous.at

Mi–Sa 11.30–14.30 und
17.30–23 Uhr

Bewertungen:

11 bis 12,5 Punkte von 20 Punkten: 1 Haube
13 bis 14,5 Punkte von 20 Punkten: 2 Hauben
15 bis 16,5 Punkte von 20 Punkten: 3 Hauben
17 bis 18,5 Punkte von 20 Punkten: 4 Hauben
19 bis 19,5 Punkte von 20 Punkten: 5 Hauben

DEUTSCH WAGRAM N2

MARCHFELDERHOF Tipp

Aus der Pfanne, aus dem Ofen oder vom Grill werden alle Gerichte frisch zubereitet. Besonders gut besucht ist der Marchfelderhof zur Spargelzeit. In allen Arten und Variationen wird das grün-weiße Gemüse serviert.

à la carte: 28–45 €

Tel.: 02247 2243
2232 Deutsch Wagram
Bockfließer Straße 31
www.marchfelderhof.at
office@marchfelderhof.at
Mo–Mi 17–23, Do_So 11–23 Uhr

DÜRNSTEIN M2

LOIBNERHOF 13/20

Koch: Josef Knoll

Der Loibnerhof der Familie Knoll gehört zur Wachau wie der Grüne Veltliner und die Smaragd-Eidechse. Der herrliche Garten mit altem Obstbaumbestand ist wohl einer der schönsten Plätze, um einen lauen Sommerabend zu genießen. Die epische Auswahl an Knoll-Weinen macht die Rahmenbedingungen für die traditionelle Küche perfekt. Wir starten konservativ mit der Liptauer-Zeremonie, bei der wir die Zutaten bei Tisch selbst vermengen (unbedingt danach fragen!), begleitet standesgemäß von reschen Wachauer Laberln. Die Speisekarte ist ausufernd, zahlreiche Klassiker wie Kalbsbeuscherl, Kutteln mit Kalbsfuß oder geröstete Nierndln sollten unter Denkmalschutz gestellt werden. Wir genießen eine Wachauer Fischsuppe, die ob des fehlenden Fischgeschmacks wohl auch Fischskeptikern schmecken wird – wir hätten uns mehr Fisch und weniger Karfiol gewünscht. Der Kalbskopf ist klassisch-deftig und bietet Unterlage für viele weitere Knoll-Weine. Gemischt gekochtes Rindfleisch mit gerösteten Erdäpfeln mundet wunderbar, nur schade, dass der Apfelkren so gar nicht nach Apfel schmeckt. Dafür scheint die gefüllte Kalbsbrust mit ihrer wunderbaren Sauce direkt aus dem Himmel zu kommen. Die Portionen sind herausfordernd groß, aber dem verlockenden Weinangebot muss man ja mit solider Vorbereitung begegnen.

à la carte: 13–35 €

Tel.: 02732 82890
3601 Dürnstein
Unterloiben 7
www.loibnerhof.at
reservierung@loibnerhof.at
Mi–Sa 11.30–20.30,
So 11.30–19.30 Uhr

SCHLOSS DÜRNSTEIN

14/20

Koch: Emil Szechenyi

Das Restaurant im Schloss Dürnstein in der Wachau ist wohl jener Platz, an dem man sich am wenigsten kulinarische Innovationen erwartet. Diese Vorbehalte werden erfüllt, aber durchaus im positiven Sinne. Das Schlossrestaurant bietet im Inneren mondän-historisches Ambiente in pastelligem Biedermeier und die Terrasse ist mit dem einzigartigen Blick auf das Donautal einer der schönsten Orte der Wachau. Das kulinarische Angebot ist ein Best-of der österreichischen Küche von Beuschel bis Wiener Schnitzel. Ein Hauch Nostalgie kommt beim selten gewordenen Tischservice auf: Das Beef Tatar wird vor den Gästen wunschgemäß zubereitet, Austern werden stilsicher nur einen Moment vor dem Genuss geöffnet. Das Fischangebot ist beachtlich. Vegetarier sind auf saisonale Highlights wie Spargel angewiesen, dafür werden Karnivoren exzellent bedient. Die Kalbsleber ist so cremig wie die Sauce dicht, das Ragout vom Maibock mit flaumigen Nockerln klassisch-perfekt. Zum Dessert müssen es Palatschinken mit Marillenmarmelade und Marilleneis sein – keine kulinarische Innovation, aber einfach stimmig.

à la carte: 24–60 €

Tel.: 02711 212
3601 Dürnstein
Dürnstein 2
www.schloss.at
hotel@schloss.at
Mo–Fr 12–15 und 18.30–21, Sa, So 12–16 und 18.30–21 Uhr
✱ bis Ende März 2023

EGGENDORF N1

LANDGASTHAUS WINKELHOFER

13/20

Koch: Johannes Winkelhofer

Der „Winkelhofer" ist ein Landgasthaus, in dem die Chefin persönlich herzlich begrüßt und man in der traditionellen Gaststube oder in einem der einladenden Gasträume im ersten Stock Platz nimmt oder aber im rustikalen Innenhof sitzt. Hier wird man mit köstlichen Speisen wie Radlberger Lachsforelle mit Fenchelsalat oder Ragout vom Eggendorfer Maibock mit Morcheln und Erdäpfelnockerl verwöhnt. Möchte man vegetarisch essen: Kohlrabi mit Amaranth, Spinat, Brennnessel und Morcheln. Liebt man Fisch: Radlberger Saibling, Spargelrisotto und Blattspinat. Zum Dessert eine flaumige Mohntorte und ein einmalig gutes Brombeer-Basilikum-Sorbet. Eine regional gute Weinauswahl versteht sich von selbst.

à la carte: 9,50–29 €

Tel.: 02958 827 72
3712 Eggendorf
Eggendorf am Wald 45
www.derwinkelhofer.at
gasthaus@derwinkelhofer.at
Sa 11–20.30, So 11–15.30 Uhr
✱ Weihnachten 2022

EMMERSDORF M2

ZUM SCHWARZEN BÄREN

Tipp

In der gemütlichen Stube des historischen Gemäuers und im begrünten Gastgarten werden Wachauer Spezialitäten und Waldviertler Fischgerichte gereicht. Vegetarische Köstlichkeiten als fixe Bestandteile der Speisekarte verstehen sich von selbst. Auch saisonale Schwerpunkte werden je nach Jahreszeit gesetzt.

Tel.: 02752 71249
0676 507 40 70
3644 Emmersdorf
Emmersdorf 7
www.hotelpritz.at
hotel@hotelpritz.at

ERLACH AN DER PITTEN N3

DAS LINSBERG 13,5/20

Asia Resort Linsberg

Koch: Michael Suttner

Dass man auch als Nicht-Hotelgast im Hotel der Linsberg Asia-Therme in Bad Erlach gut essen kann, hat sich noch nicht so wirklich herumgesprochen. Dabei erfreut seit etlichen Jahren Küchenchef Michael Suttner im À-la-carte-Restaurant „Das Linsberg" seine Gäste mit einer geschickten Mischung aus Regionalem und Fernöstlichem. Schon beim Amuse-Bouche beweist er sein Können: Papadam-Brot mit Tomatenmarmelade und geriebener Gänseleber, dazu ein Sushiröllchen und unheimlich knusprige Tapioka-Chips mit Avocado sorgen für einen attraktiven Beginn. Aus der kleinen Speiseauswahl ragen unter anderem geschmorter Topinambur in vier verschiedenen Texturen, eine perfekt gegrillte Maishühnerbrust mit frischem Spargel und Morcheln sowie das reizvoll arrangierte Karamell-Schokolade-Dessert positiv hervor. Der besonders freundliche Service erweist sich auch bei der (glasweisen) Weinbegleitung aus der angeschlossenen Vinothek als sattelfest.

à la carte: 16–25 €

Tel.: 02627 480 00

2822 Erlach an der Pitten
Thermenplatz 1

www.linsbergasia.at
mail@linsbergasia.at

Di–Sa 18.30–22 Uhr

ERNSTHOFEN K2

FISCHERWIRT 13/20

Koch: Franz Harthaller

Der Fischerwirt in Ernsthofen ist eine sichere kulinarische Bank. Der Service agiert schnell und aufmerksam und die Küche hat auch bei größerem Gästeansturm alles im Griff. Das Lammbeuschel oder das gebackene Sesam-Ei mit Kaviar sind immer eine Bestellung wert und der Schaffrischkäse auf Frühlingssalat überzeugte ebenso. Ein würziges, aber nicht scharfes Curry-Lammreisfleisch und die gebratene Lachsforelle mit Ingwer-Limetten-Schaum würden wir glatt noch einmal bestellen. Zum Finale empfehlen wir den leichten, geeisten Schokoladenspitz mit Beerensauce. Ein würdiger Abschluss.

à la carte: 10,50–32 €

Tel.: 07435 8466
0650 290 43 08

4432 Ernsthofen
Mühlrading 11

www.fischerwirt.cc
info@fischerwirt.cc

Mo, Do–So 11.30–14 und 17.30–20 Uhr
variabel

ESCHENAU AN DER TRAISEN N3

GASTHOF PILS

13,5/20

Koch: Karl Pils

Es gibt diese Lokale, die seit Jahren wie ein Fels in der Kulinarik-Brandung kurzfristigen Trends widerstehen und verlässlich hohe Qualität bieten. Dieser Familienbetrieb gehört zu dieser sympathischen Gattung. Der Patron ist gleichzeitig Chefkoch und er liebt, was er tut. Deshalb verarbeitet er vorwiegend Produkte aus der Eigenfarm und Regionales. Auch die Würste werden hier selbst gemacht. Der Saibling mit Dinkelrisotto und Lavendelschaum war großartig. Ganz ohne Fleisch macht die gebratene Linsenschnitte mit Süßkartoffel eine formidable Figur und das Hirschkalb an Ingwer-Dirndl-Rotkraut hätte nicht saftiger sein können. Ebenso die Klassiker wie Cordon bleu oder Lammbeuschel gelingen hier immer. Für ein würdiges Nachspiel sorgt warmer Grießauflauf an Zwetschkenröster oder das Dreierlei von der Schokolade. Die mehr als gut sortierte Weinkarte ist ein Schatz für sich und hält wertvolle Raritäten zu einem fairen Preis bereit.

à la carte: 6–28 €

Tel.: 02762 68613

3153 Eschenau an der Traisen
Rotheau 6

www.gasthof-pils.at
service@gasthof-pils.at

Mo–Do 17–21.30 Uhr

FEUERSBRUNN M2

MÖRWALD „TONI M."

17,5/20

Gourmetrestaurant

Köche: Toni Mörwald & Phillip Hagenauer

Ein Abend im „Toni M." – dem Fine Dining, mitten in Toni Mörwalds Genusswelt gelegen – wird buchstäblich zelebriert, eine gewisse Strenge liegt in der Luft. Ja, so erlebte man es in den Tempeln der gehobenen Kulinarik über viele Jahre, aber inzwischen ist einiges an Ehrfurcht gewichen und hat einer entspannten Lockerheit Platz gemacht. Der geschmackvoll gestaltete, aber fensterlose Raum mit gedämpftem Licht und schwerem Mobiliar tut sein Übriges. Dazu eine Weinkarte, die sich an bekannten Namen orientiert und bei aller Breite und Tiefe kaum Überraschungen bereithält. Los ging es ganz klassisch mit gebeiztem, hochwertigem Rindsfilet mit Kaviar, Crème fraîche und Daikon, gefolgt von nicht weniger klassischem Mon Chérie von wunderbarer Gänseleber mit Kirsche, Madeira und Haselnuss – einer der Höhepunkte des Abends. Auch das Black Egg mit Tobiko, Erdäpfelcreme und Babyspinat gelang so ordentlich wie die in der Steiermark gezüchtete White-Panther-Garnele in Begleitung von Wasabi, grünem Apfel und dezentem Chili. Weniger begeistern konnte uns das etwas unausgewogene Waller-Szegediner-Krautfleisch mit Paprikakraut und Entengrammeln, und auch das Wagramer Reh mit Kakao, Sellerie und Topinambur überzeugte uns nicht wirklich. Begeisterung kam dann wieder beim Käsegang – „Geeister Roquefort im Strudelteig mit roten Trauben", eine wunderbare Komposition – und dem hochlobenswerten Dessert – „Bratapfel-Tiramisu mit Salzkaramell und Krokant" – auf, die dem Abend einen würdigen Abschluss bereiteten.

Tel.: 02738 229 80
0676 842 298 33

3483 Feuersbrunn
Kleine Zeile 15

www.moerwald.at
toni@moerwald.at

MÖRWALD „ZUR TRAUBE“

14,5/20

Koch: Phillip Hagenauer

Hier, im Restaurant „Zur Traube“, kann man beim „kleinen Bruder“ ein wenig ins Mörwald-Imperium eintauchen. Doch keine Angst, bereits die Vorspeisen von den Weinbergschnecken bis zum Graved Lachs mit Kaviar sind hier ebenso verspielt und exquisit wie die Hauptspeisen. Hervorzuheben ist das Szegediner „Krautfleisch“ vom Waller ebenso wie das Schulterscherzel mit Erdäpfelcreme. Wein gibt es zwar vom brüderlichen Weingut, aber ein Blick in die ausgiebige Weinkarte lohnt sich allemal. Die hervorragende Nachspeisenauswahl ist sowohl klassisch als auch experimentell. Sehr professioneller und zuvorkommender Service.

Tel.: 02738 229 80
3483 Feuersbrunn
Kleine Zeile 13-17
www.moerwald.at
traube@moerwald.at
Mo–Fr 12–14 und 18–22,
Sa, So 12–22 Uhr

FURTH BEI GÖTTWEIG — M2

SCHICKH

14/20

Landgasthof

Koch: Christian Schickh

Die Fahrt in den idyllisch gelegenen Landgasthof Schickh ermöglicht einen herrlichen Blick auf das Stift Göttweig und lässt die Herzen aller Naturfreunde höherschlagen. Ein romantischer Gastgarten mit alten Kastanienbäumen lädt zum Verweilen und Genießen ein. Die saisonale Speisekarte mit bodenständigem Charakter ist für den traditionellen Feinschmecker ein kulinarisches Vergnügen. Christian Schickh legt bei seinen Gerichten viel Wert auf beste Qualität und frische Zutaten. Vielleicht hätten wir uns da und dort ein bisschen mehr Kreativität und Modernität gewünscht. Spitzenweine aus der Region runden das Erlebnis ab. Einen besonderen Rahmen für kleine Feiern bietet ein Waggon der Mariazeller Bahn.

à la carte: 9,50–32,50 €

Tel.: 02736 7218
3511 Furth bei Göttweig
Avastraße 2
www.schickh.at
office@schickh.at
Mo, Di, Fr 11.30–14.30 und 18–21, Sa 11.30–21, So 11.30–19.30 Uhr
♿

GAADEN BEI MÖDLING — O2

LANDGASTHOF KRONE

Tipp

Im Landgasthof Krone werden die Gäste seit sechs Generationen mit Herz, Seele und Charakter bewirtet und bekocht. Raffinierte Gerichte und neue Einfälle des Küchenteams sorgen für spannende Menü-Reihenfolgen mit passender Weinbegleitung.

à la carte: 9–35 €

Tel.: 02237 72 04
0664 505 69 33
2531 Gaaden bei Mödling
Hauptstraße 57
www.kronegaaden.at
restaurant@kronegaaden.at
Do–Sa 11–23, So 11–16 Uhr
♿

GALLBRUNN BEI SCHWECHAT — O2

MUHR

12,5/20

Landgasthof & Hotel

Koch: Jakob Muhr

Das im noblen Stil, ganz in Weiß gedeckte Restaurant und der überaus freundliche Service versprechen schon zu Beginn sehr viel. Die Küche grüßte mit Spargel-Pannacotta und Prosciutto. Aus der mächtigen Karte weniger überzeugend war das füllige, milde Steinpilz-Rosmarin-Schaumsüppchen, ordentlich hingegen das Tatar vom Gelbflossenthunfisch im großen Rotweinglas. Auch der gebackene Solo-Select-Spargel in Beinschinken-Sesam-Kruste und der in Knoblauch gebratene Zander, dazu eine ausgezeichnete Weinauswahl, erfreuten unsere Gaumen. Unvergleichlich gut waren die feinen Somloer Nockerln als vorzüglicher Abschluss.

à la carte: 11–32 €

Tel.: 02230 28 58
0660 285 80 01
2463 Gallbrunn bei Schwechat
Hauptstraße 87
www.muhr.co.at
info@muhr.co.at
Fr–Di 11.30–14 und 17–21 Uhr
variabel
♿

GLOGGNITZ N3

BEVANDA

13,5/20

Koch: Leo Doci

Im Zentrum des beschaulichen Gloggnitz überrascht uns der durchaus elegante Italiener immer wieder nicht nur mit stilvoller Bedienung und höchst lobenswerter Weinkultur, die kaum Wünsche offenlässt, sondern vor allem mit einer Küche, die die Mischung aus Lässigkeit und Präzision perfekt beherrscht. Heuer erfreute sie uns zum Start mit Klassikern: Calamari vom Grill mit gemischtem Blattsalat, die das Meer auf den Teller zauberten, und eine klassische Minestrone, die uns in den Süden beamte. Das Bevanda ist auf Pizza und Fleisch vom Lavagrill spezialisiert und so durften die Rinderfiletspitzen – von höchster Qualität – mit einer perfekt gewürzten Paprika-Pfeffer-Sauce, Brokkoli und Tagliolini keinesfalls fehlen. Zum Abschluss gönnten wir uns eine vorzügliche Bratapfeltorte. Viva l'Italia!

à la carte: 6–34 €

Tel.: 02662 435 28
0676 971 60 08

2640 Gloggnitz
Hauptstraße 11

www.bevanda.restaurant
info@bevanda.restaurant

Di–So 11–23 Uhr

GÖTTLESBRUNN 02

DER JUNGWIRT 14/20

Koch: Johannes Jungwirth

Wenn ein Restaurant im Herzen einer boomenden Weinbauregion liegt, dann hat das durchaus Vorteile – für den Wirt ebenso wie für den Gast. Winzer sind in der Regel nicht nur mit gutem Appetit ausgestattet, sondern auch qualitätsbewusst. Beide Anforderungen erfüllt Johannes Jungwirt bravourös. Die Wirtshausklassiker von Backhendl bis Wiener Schnitzel werden ebenso in höchster Güte auf den Teller gebracht wie Steaks und der fast schon legendäre Blunzenburger mit Trüffelsenf und Entenleber. Doch der Jungwirt kann auch raffinierter: Das vegetarische Angebot ist überraschend vielseitig und glänzt unter anderem mit einer feinen Kokos-Limetten-Suppe mit knusprigem Linsenbällchen. Auch aus „Bach, See & Fluss" kommen Köstlichkeiten wie eine kräftige Fischsuppe von Zander, Saibling und Forelle. Fragen Sie auch nach saisonalen Gerichten, die nicht auf der Karte stehen! Wir hatten das Glück mit einem Kaninchen auf dreierlei Art: gebackene Keule, Rücken in Blätterteig auf Spinat und als Butterschnitzel mit Püree. Die Dessertauswahl ist von Wiener beziehungsweise böhmischer Mehlspeisküche geprägt und bietet Köstlichkeiten wie Cremeschnitten, Palatschinken und Mohnrollen. Dass viele Winzer zu den Stammgästen zählen, sieht man nicht zuletzt an der eindrucksvollen Weinkarte, die nicht nur schöne Jahrgangstiefe zeigt, sondern auch ein gediegenes Angebot an Großformaten umfasst.

à la carte: 5,80–35 €

Tel.: 02162 8943
0676 337 59 46

2464 Göttlesbrunn
Landstraße 36

www.derjungwirt.at
info@derjungwirt.at

Do 17–23, Fr–So 11–23 Uhr

GENUSSWIRTSHAUS BITTERMANN 12,5/20

Vinarium Göttlesbrunn

Koch: Adi Bittermann

Adi Bittermann pflegt als Grillweltmeister ein inniges Verhältnis zu Fleisch – vom Beef Tatar bis zum Tomahawk-Steak. In Österreich gibt es wohl niemanden, der Garpunkte präziser hinbekommt und röstig-rauchige Aromen besser auf das Fleisch zaubert als der Wahl-Göttlesbrunner. Bei derartig präsenten Hauptdarstellern wird den Beilagen nicht ganz so viel Aufmerksamkeit geschenkt. Die Speisekarte ist stimmig zusammengestellt, die Portionsgrößen sind allerdings herausfordernd. Dass sich Bittermann nicht nur auf die Zubereitung von Fleisch versteht, zeigt er mit einem gesmokten Karfiol. Die knusprig gebratene Blunznscheibe ist ein Gedicht, das beigestellte Oktopus-Gemüse allerdings geschmacklich eher langweilig. Die gegrillten Baby-Back-Ribs sind hier genauso eine Bank wie die gebratene Lammstelze, die am Gaumen fast schmilzt. Passende Weine sind auf der erfreulich umfassenden Weinkarte reichlich zu finden – mit beachtlicher Jahrgangstiefe und attraktiver Kalkulation.

Tel.: 02162 81155
0664 884 470 44

2464 Göttlesbrunn
Abt-Bruno-Heinrich-Platz 1

www.bittermann-vinarium.at
info@bittermann-vinarium.at

variabel

GRAFENEGG M2

TAVERNE SCHLOSS GRAFENEGG 13,5/20

Toni Mörwald

Koch: Toni Mörwald

Toni Mörwald ist es zu verdanken, dass man in Grafenegg, nur wenige Kilometer von seinem Stammhaus in Feuersbrunn entfernt, neben Kunst und Natur auch dem kulinarischen Genuss frönen kann. Neben den sehr unterschiedlich eingerichteten Räumlichkeiten des Restaurants Grafenegg lockt in der warmen Jahreszeit der große Gastgarten, um sich etwa an einem hauchdünn geschnittenen, lauwarmen Kalbskopf mit Schnecken oder/und einem Wildsaiblingsfilet mit Spargel-Spinat-Gröst'l in leider allzu saurer Zitronenbutter zu erfreuen. Der Service kümmert sich aufmerksam um die Gäste und empfiehlt den zum Essen passenden Wein. Bloß die Desserts, etwa ein hübsch angerichtetes, aber äußerst üppiges Baiser mit Marillencrumbles und Vanilleeis, konnten uns diesmal nicht gänzlich überzeugen.

Tel.: 02735 26160
0676 842 298 26

3485 Grafenegg
Grafenegg 12

www.moerwald.at
grafenegg@moerwald.at

Mi–Fr 12–14 und 18–22,
Sa 12–22, So 12–20 Uhr

GRAFENWÖRTH M2

MARKTHAUS 13,5/20

Koch: Georg Liepold

Grafenwörth kann sich glücklich schätzen, dass Patron und Küchenchef Georg Liepold sein Markthaus hierher verlegt hat. In geschmackvoll-modernem Ambiente werden unprätentiöse, gleichwohl sorgfältig zubereitete Gerichte angeboten, die Einheimische wie Gäste von auswärts gleichermaßen begeistern. Die Frühlingsrolle von der Blunze mit Speckschaum zum Einstieg hat sich mittlerweile schon fast zum Signature Dish des Hauses entwickelt, alternativ bietet sich – saisonal – ein cremig-leichter Spargelcappuccino mit knusprigem Chorizostangerl an. Kalbswiener, gebratene Steingarnelen, Simmentaler Rind – alles sehr erfreulich – und dazu den jeweils passenden regionalen Wein glasweise.

à la carte: 15–38 €

Tel.: 0664 536 60 93
3484 Grafenwörth
Mühlplatz 3/1
www.markthaus.info
office@markthaus.info
Do–Fr 11.30–14.30 und 17.30–23, Sa 11.30–23, So 11.30–17 Uhr
variabel

GRESTEN M3

GASTHAUS ZUM GRÜNEN BAUM Tipp

Die Familie Kummer bietet nicht nur täglich frische Mittagsmenüs an, sondern überzeugt auch mit saisonalen Highlights, die die Speisekarte je nach Jahreszeit ergänzen. Verwendet werden typische Produkte der Region. Die Frische der Lebensmittel sowie die Leidenschaft zur Gastronomie schmeckt man bei jedem Bissen.

Tel.: 07487 23 61
3264 Gresten
Badgasse 4
gasthaus-kummer.at
kummer.gasthaus@aon.at

GROSS GERUNGS

HIRSCH28 Tipp

WIRTShaus & delikatESSEN

Renate und Rudi sind bodenständige Gastronomen aus Leidenschaft. Ihre Liebe zur Wirtshauskultur beginnt im eigenen Anbau von Obst, Gemüse und Kräutern und reicht weit über den Tellerrand hinaus. Serviert werden Waldviertler Spezialitäten, dazu gibt es eine passende Weinempfehlung. Neben der Gastwirtschaft haben sie die delikatESSEN Manufaktur ins Leben gerufen. Hier gibt es Feinkost zum Mitnehmen – natürlich nachhaltig im Glas.

Tel.: 0676 566 66 73
3920 Groß Gerungs
Zwettler Straße 28
www.hirsch28.at
rudi@wirtshaushirsch.at

GUMPOLDSKIRCHEN N2

HEURIGER SPAETROT 12/20

Koch: Konstantino Bampalas

Seit Harald Brunner anno dazumal für das sympathisch-rustikale Spaetrot – am Anger von Gumpoldskirchen gelegen – eine Haube erkochte, verteidigt das Haus diese mit von der bestens gelaunten Chefin und ihrem Trupp flugs aufgetragenen, ehrlichen Speisen mit Pep wie ofenwarmes Roastbeef mit Kräuterseitlingen oder sommerlich-pikanter Fischsuppe mit Flusskrebsen mit Verve. Auch die Chiliblunzn, mariniert und gebacken, mit Chilikraut, das Eierschwammerlgulasch mit fluffigem Semmelknödel oder der Ofenbraten vom Spanferkel mit Speckkraut und Erdäpfelknödel gelangen tadellos, nur der Marillenknödel mit Marillenröster war uns etwas zu teiglastig. Dazu passen die hauseigenen Weine vorzüglich.

à la carte: 4,90–32 €

Tel.: 02252 622 30
0664 145 91 59

2352 Gumpoldskirchen
Wiener Straße 1

www.heuriger-spaetrot.com
johanna.gebeshuber@
heuriger-spaetrot.com

Mo, Do, Fr 17–23,
Sa und So 11–23 Uhr

GUNTERSDORF N1

GASTHAUS AN DER KREUZUNG 12,5/20

Koch: Manfred Hausgnost

WIRTSHAUS DES JAHRES 2021

Die Kreuzung durfte einer Sonnenterrasse weichen, die Qualität und Herzlichkeit bleiben weiterhin bestehen. Die Familie Hausgnost überzeugt mit Freundlichkeit und Professionalität. Eine traditionelle Speisekarte mit regionalen und saisonalen Schwerpunkten führt uns in Versuchung, am liebsten alles kosten zu wollen. Hauchdünn geschnittenes Rindercarpaccio wird von getrüffeltem Petersilpesto und Parmesan begleitet. Das gebackene Bio-Ei ist perfekt gegart und harmoniert mit Bärlauchpüree und Paprikacreme. Wer sich nicht entscheiden kann, nimmt einfach den gegrillten Hausspieß mit allerlei Fleisch. Die Schweinsfiletspitzen in Zwiebelragout zergehen auf der Zunge, Bärlauchgnocchi mit Gemüse schmecken nicht nur Vegetariern. Gerne kommen wir für eine Schokoladenpalatschinke oder Topfenknödel wieder. An diesem Abend reichte der Appetit aber für ein hervorragendes weißes Schokoladenmousse, welches durch die Himbeeren rosa auf den Teller kam, dort aber nicht lange verweilte.

à la carte: 7,90–19,80 €

Tel.: 02951 22 29
2042 Guntersdorf
Guntersdorf 110
www.hausgnost.at
info@hausgnost.at
Mo, Di, Fr, Sa 11–21,
So 11–20 Uhr
Ende Juli–Anfang August 2023

GUNTRAMSDORF 02

JAGDHOF® 12/20

Mitten im Herzen von Guntramsdorf steht dieses entzückend nostalgische und doch monumentale Landhotel mit ausgezeichnetem Restaurant. Der Familienbetrieb wird bereits in der fünften Generation geführt. Kulinarisch gibt es eine erlesene Auswahl an traditionellen Gerichten, aber auch stets eine attraktive Vielfalt an „Innovation“. Je nach Saison dominieren vor allem mediterrane, aber auch asiatische Einflüsse. Die Desserts sind fantastisch und die Weinkarte ist bemerkenswert, wobei im Weinkeller der Familie auf Anfrage auch noch die eine oder andere Rarität zu finden ist.

Tel.: 02236 522 25
2353 Guntramsdorf
Hauptstraße 41
www.jagdhof.cc
info@jagdhof.cc
Di–Sa 11.30–14 und
17.30–22 Uhr

SÜDUFER

12/20

Koch: Christian Karner

Die Pizzen gelingen hier nicht besonders. Daher sollte man lieber zu anderen Gerichten greifen, die man mit Blick auf den Windradlteich genießt. So lässt man sich zu einem kühlen Glas Weißwein etwa den gebratenen Oktopus mit Pinienkernen oder eine erfrischende Kaltschale vom Kohlrabi mit Nussöl schmecken. Auch die gebratenen Garnelen mit Chili, Knoblauch und Olivenöl – zu dem reichlich Ciabatta gereicht wird – verstehen zu überzeugen. Und zum Finale dürfen es dann noch Topfenknödel oder ein Sorbet mit Wodka sein.

à la carte: 7–42 €

Tel.: 0676 440 44 45
2353 Guntramsdorf
Danfoss-Straße 7
suedufer.at
reservierung@suedufer.at
Mo–Sa 17–1 Uhr
♿

HAAG-STADT L2

MITTER

13/20

Koch: Albin Hawel

Silvia und Albin Hawel ist es zu verdanken, dass der Gasthof Mitter im niederösterreichischen Mostviertel eine verlässliche Adresse für Liebhaber guten Essens geworden ist. So genießt man Klassiker der Wirtshausküche – Frittatensuppe, Zwiebelrostbraten oder Hirschragout – ebenso wie Rehgeschnetzeltes mit Weintrauben-Whiskey-Sauce, Zander mit Fregola Sarda oder Lammkoteletts mit Ratatouille. Abgerundet wird das Vergnügen durch eine äußerst fair kalkulierte Weinauswahl. Einzig die Dessertauswahl könnte etwas mehr Esprit vertragen: Brandteigkrapferl und Nusskipferl sind nicht für jeden eine süße Verführung. Für Reisende bietet das im Zentrum von Haag gelegene Haus übrigens auch Zimmer an.

à la carte: 6,50–31,50 €

Tel.: 07434 424 26
0660 377 96 96
3350 Haag-Stadt
Linzer Straße 11
www.mitter-haag.at
office@mitter-haag.at
Fr–Di 11.30–13.30 und 18–20.30 Uhr

HADERSDORF AM KAMP M2

ESSLOKAL

17/20

Koch: Roland Huber

Weine aus den Regionen Kamptal, Straßertale und Wagram genießen zunehmend mehr internationale Beachtung. Erfreulich, dass in den letzten Jahren auch die Gastronomie dieser Gegend mitzieht und immer besser wird. Als erstes Haus am Platz – nicht nur am Hauptplatz von Hadersdorf – hat sich Roland Hubers wunderbares Restaurant etabliert. Das liegt auch am geschmackvoll-gemütlichen Interieur und dem freundlich-entspannten Service, aber vor allem an der fantastischen Küche, die klassische Einordnungen wie „modern", „traditionell", „regional" oder „asiatisch" hinter sich lässt, indem sie das Beste aus allen Welten nicht beliebig, sondern in absolut individueller Stilistik bietet. Es beginnt mit furiosen Tapas: Spicy-Honig-Tomaten mit Ingwer und roten Zwiebeln, Tacos mit Pulled Pork und Artischocke oder eine Krustade mit Thai-Beef, Sesam und Basilikum – Cross-over in bester Ausprägung. Sensationell dann die Reinanke mit Kokos, Limette, Dashi-Beurre-blanc und Zucchini – ein Fest der Sinne, von dem man nicht genug bekommen kann. Ähnliches gilt für den perfekt glasigen Black Cod mit Judasohren und Walnussblatt.

à la carte: 6–29,50 €

Tel.: 0664 887 470 20

3493 Hadersdorf am Kamp
Hauptplatz 16

www.esslokal.com
office@esslokal.com

Di–Do 18–20.30, Fr, Sa 12–13.30 und 18–20.30 Uhr

HAINBURG AN DER DONAU P2

ZUM GOLDENEN ANKER

Tipp

Hotel & Restaurant

Nach einer Radtour entlang der Donau kehrt man in der gemütlichen Gastwirtschaft ein. Sonnenstrahlen und eine hervorragende Aussicht auf das Wasser genießt man auf der Terrasse. Die Innenräume überzeugen mit imposantem Mittelaltergewölbe. Regionale Speisen stehen hier auf dem Programm.

à la carte: 15–35 €

Tel.: 02165 64810

2410 Hainburg an der Donau
Donaulände 27

www.goldeneranker.at
restaurant@goldeneranker.at

Mo–Sa 11.30–21,
So 11.30–20 Uhr

HANFTHAL N1

GASTHAUS HERBST 13/20

Koch: Matthias Herbst

Von außen verrät uns nichts, was im Inneren des in die Jahre gekommenen Gasthauses für kulinarische Höhepunkte auf uns warten. Der gelernte Sommelier empfängt uns freundlich. Gefolgt von einem Gruß aus der Küche, fühlen wir uns im spärlich ausgestatteten Gastgarten sofort wohl. Matthias Herbst hat das Steirereck am Pogusch und das Gut Purbach verlassen, um im Familienbetrieb im Hanfthal die Menschen mit seinen Kreationen zu verwöhnen – und dies zu überaus fairen Preisen. Die Regionalität spiegelt sich in jedem Gericht wider. So durften wir Spargelsalat mit Hanfkörnern, Spitzwegerich-Austernpilz-Risotto und Rehrücken mit Spargel und Gierschsauce in vollem Maß genießen, süchtig macht auch die Rosmarin-Crème-brulée mit Lavendel-Ananas.

Tel.: 02522 24 80

2136 Hanfthal
Hanfthal 48

www.gasthaus-herbst.at
hanfthal48@gmail.com

Mi–Sa 11–21, So 11–14 Uhr
variabel

HARMANNSDORF M1

BUCHINGER – DAS WIRTSHAUS 13/20

Koch: Franz Buchinger

Innovativ und kreativ präsentiert sich das Wirtshaus Buchinger im Waldviertel. Traditionelle Speisen vereinen sich mit neuen Kreationen. Das Beef Tatar vom Tullnerfelder Rind ist hervorragend abgeschmeckt, das Lachstatar ist cremig und wird mit Erdäpfelrösti und Gurkenrahmsalat serviert. Und die lauwarmen Schafkäse-Pralinen im Kürbismantel: einfach grandios. Der klassische Krustenbraten – elf Stunden Sous-vide gegart – wird mit warmem Krautsalat und flaumigen Erdäpfelknödeln zum Hochgenuss. Immer wieder im Angebot und stets eine Empfehlung: das Grillkotelett vom Tullnerfelder Schwein, ein Wirtshausklassiker erster Güte. Als Abschluss empfiehlt sich noch das süße Gspusi, eine Dessertvariation mit Schokoladenkuchen, Nougat- und Vanilleeis sowie Mohntorte und Erdbeerragout – klarerweise hausgemacht.

Tel.: 02984 82 41
0676 844 906 400

3713 Harmannsdorf
Harmannsdorf 18

www.gasthofbuchinger.at
info@gasthofbuchinger.at

HASLAU AN DER DONAU 02

HASLAUERHOF 15,5/20

Landgasthof

Koch: Roland Lukesch

Rechtzeitig reservieren heißt es, wenn man im Sommer einen Platz auf der Terrasse ergattern möchte, von der man einen herrlichen Blick über den Nationalpark und die Donau hat. Aber auch im Winter lockt der Haslauerhof mit einer besonderen Attraktion: dem mitten in der Stube positionierten Holzofen, auf dem Hausherr Roland Lukesch regelmäßig Schaukochen veranstaltet. Seine Küche ist seit Jahren ein verlässlicher Höhepunkt in den südlichen Donauauen und die Karte wird laufend dem saisonalen Angebot angepasst. Der Blunznstrudel mit Gänseleber und Veltlinerapfel ist eine geniale Kreation, der motiviert geräucherte Thunfisch mit Avocado und gerexten Dattelparadeisern eine interessante Innovation. Zweierlei vom Kaninchen mit Gewürz-Paradeisern, Edamame und cremiger Polenta bietet erfreuliche Abwechslung zum andernorts austauschbaren Angebot und mit dem kurz gebratenen Zwiebelrostbraten beweist Lukesch sein Gespür fürs Fleisch-Treatment. Die Patisserie ist solide und überzeugt unter anderem mit selbst gemachtem Eis.

à la carte: 5,20–32 €

Tel.: 02232 802 21
2402 Haslau an der Donau
Hauptstraße 17
www.haslauerhof.at
info@haslauerhof.at
Do–So 11–21.30 Uhr
Weihnachts- und Silvesterfeiertage

HOLLABRUNN N1

WAGNER'S WIRTSHAUS 13/20

Koch: Christoph Wagner

Das Wirtshaus am Eck ist und bleibt „the Place to be“ in Hollabrunn. Christoph Wagner verzaubert seine Gäste von der Vorspeise bis zum Dessert, Bruder Philipp schupft den Service souverän und hat stets den passenden Wein zur Hand. Das gebackene Gulasch ist ein neumodischer Klassiker, weitaus traditioneller, aber nicht minder beeindruckend ist das Wiener Schnitzel vom Milchkalb. Viele Produkte sind regional – und das schmeckt man schon beim Beef Tatar mit Wachtelei und Senfmayonnaise. Etwas exotischer war der rosa gebratene Thunfisch mit cremigem Quinoa-Risotto und Blattspinat. Ebenso zart schmeckte der Kalbsrücken in Schwammerlsauce mit Kürbisgnocchi. Man sollte auf jeden Fall Platz für ein Dessert lassen, die Karte lässt keine Wünsche offen und variiert genau wie die restliche Speisekarte je nach Saison. Wir wurden an diesem Abend mit einer knusprigen und leichten Crème brulée verwöhnt.

à la carte: 9,50–32 €

Tel.: 0676 308 65 36
2020 Hollabrunn
Gschmeidlerstraße 32
www.diewagners.at
catering@diewagners.at
Do–Sa 11–22, So 11–15 Uhr
variabel

KALTENBACH BEI VITIS L1

ZUM TOPF 13/20

Landgasthof

Koch: Oswald Topf

Beim Topf im oberen Waldviertel stehen alle Zeichen auf Kontinuität und Tradition. Die elegante Klassik der beiden Restaurantstuben vermittelt das Gefühl eines zeitlosen Raums. Die Farben, die Form der Stühle und auch die Art, wie die Tische eingedeckt sind: alte Schule. Auch die Speisekarten lesen sich so. Speisekarten in der Mehrzahl, weil es durchaus verschiedene gibt. Im Feinschmeckermenü finden wir Filetspitzen vom Maibock im Burgunder-Preiselbeer-Saftl oder Somlauer Nockerl mit Schokoladensauce und Schlagobers. Wie gesagt, es sind klassische Gerichte, aber in hoher Perfektion. Zeit für die zweite Haube, meinen wir.

à la carte: 8–24 €

Tel.: 02841 8329
0664 345 06 80

3902 Kaltenbach bei Vitis
Kaltenbach 26

www.landgasthof-topf.at
landgasthaus.topf@A1.net

Do–So 11.30–14 und 18–22 Uhr
variabel

KAPELLN AN DER PERSCHLING M2

SCHLOSS THALHEIM 14/20

Koch: Adam Vasko

Das imposante Schloss lädt mit seinem idyllischen Schlossgarten zum Verweilen ein. Mag sein, dass das Ambiente des frisch renovierten Gebäudes nicht jedermanns Sache ist. Dafür begeistert das neue (junge) Küchenteam umso mehr. Mit regionalen Produkten und Zutaten aus eigener Erzeugung werden kreative Köstlichkeiten gezaubert. Freude lösten die mit Pilzen gefüllten Ravioli mit Basilikumsorbet, Zucchiniblüten, Parmesan-Espuma und Tomatenöl aus. Aber auch die gegrillten Jakobsmuscheln mit Belugalinsen, Himbeeren, Gurken und Fingerlimetten ließen qualitativ und kompositorisch keine Wünsche offen.

à la carte: 10–40 €

Tel.: 02784 200 79

3141 Kapelln an der Perschling
Thalheim 22

www.schlossthalheim.at
reservierung@schlossthalheim.at

Fr 17–22, Sa 11.30–22,
So 11.30–17 Uhr

KATZELSDORF/LEITHA N3

KUPFER-DACHL 15/20

Köche: Martin & Stefan Görg

Eine kurze Autofahrt südlich von Wiener Neustadt, liegt – idyllisch auf einer Anhöhe – das Kupfer-Dachl. Betritt man das Lokal, fühlt man sich aufgrund des Interieurs des Gastraums und der Gästezimmer in eine ferne Zeit zurückversetzt. Im Gegensatz dazu ist die Küche der Familie Görg längst in der Gegenwart angekommen. Am schönsten lässt sich ein entspannter Abend mit einem Uhudler-Frizzante auf der Terrasse starten. Beim Servieren des Apéros wechseln sich die Familienmitglieder, deren Freundlichkeit und Fürsorge besonders hervorzuheben sind, ab. Fürsorglich verwöhnt wird man aber auch kulinarisch. Besonders spannend ist das „Genießermenü“ mit fünf Gängen. Hier werden Seesaibling, Maibock oder Lamm hervorragend mit regionalen Produkten kombiniert und im saisonalen Gewand präsentiert. Verfeinert werden die oft etwas ausgefallenen Kombinationen mit Kräutern aus dem eigenen Garten. Ebenso spannend das vegetarische Menü mit Spargelschaumsuppe, hausgemachten Teigwaren und österreichischen Dessertklassikern. Für Entspannung sorgt die freundlich kalkulierte Weinbegleitung – fast ausschließlich österreichische Tropfen, oft aus Bio-Anbau. Bleibt nur zu hoffen, dass sich die Kulinarik demnächst in einem Rahmen präsentiert, der ihrer würdig ist.

Tel.: 02622 78236
2801 Katzelsdorf/Leitha
Eichbüchl 23
www.kupfer-dachl.at
info@kupfer-dachl.at
Mi–Fr 16–21, Sa 11–15 und 17–21, So 11–15 Uhr

KILB M2

DENKENHOF PITTERLE Tipp

Bereits in dritter Generation wird der Gasthof, der auch als Backhendlstation gilt, mit viel Herzblut betrieben. Die Hühner stammen aus einem nicht allzu weit entfernten Sulmtaler Betrieb, dessen Augenmerk auf hoher Qualität liegt. Neben dem berühmten Klassiker findet man sowohl saisonale Speisen als auch eine große Auswahl an österreichischem Craft-Bier wieder.

Tel.: 02748 72 69
3233 Kilb
Rametzberg 4
www.pitterle.at
engelbert@pitterle.at

KIRCHBERG AM WAGRAM N2

GUT OBERSTOCKSTALL 15,5/20

Koch: Christoph Wagner

Das Gut Oberstockstall zu betreten, ist immer wieder ein ganz besonderes Erlebnis. Man fühlt sich gleich von den alten Mauern willkommen geheißen, gedenkt schöner Stunden und freut sich darauf, womit man wohl diesmal verwöhnt werden wird. Bei unserem Besuch präsentierte sich dann die Küche bei Büffel-Ziegenfrischkäse-Tarte mit Radieschen, Senfpesto und Kräutersalat, Alp-Saibling – kross auf der Haut gebraten – mit Kohlrabi, Radieschen und Babyspinat oder dem in zwei Gängen – äußerst artgerecht – zubereiteten Maibock mit Mohn und Sellerie auch so verlässlich und geschmackssicher wie eh und je, auch wenn wir die eine oder andere geschmackliche Überraschung ein wenig vermissten. Herausragend und hervorzuheben die hausgemachten Brennnessel-Ravioli mit Kräuterseitling und Belper Knolle. Ein Gedicht! Das Serviceteam präsentierte sich ausgesucht freundlich und immer zur Stelle, wie auch die Weinkarte – fast ausschließlich mit Tröpferl vom eigenen Weingut bestückt – einen treuen Begleiter an diesem sonnigen Nachmittag darstellte.

à la carte: 6,50–36 €

Tel.: 02279 23 35
3470 Kirchberg am Wagram
Ringstraße 1
www.gutoberstockstall.at
restaurant@gutoberstockstall.at
Do, Fr 16–21, Sa 11.30–21, So 11.30–15 Uhr
variabel

WEINHAUS

13/20

Kirchberg am Wagram

Köche: Lukas Humer & Rafael Reisser

In diesem modernen und gemütlichen Haus steht nicht nur der Wein im Mittelpunkt. Die Terrasse bietet Urlaubsflair, doch auch bei Schlechtwetter kann man dank der Panoramafenster den Ausblick genießen. Zwei Köche verderben hier nicht den Brei, im Gegenteil. Ob Fleisch, Fisch oder vegetarisch, jedes Gericht ist regional und saisonal hervorragend abgestimmt. Beginnend mit Bio-Stundenei auf Buttermilch mit Bärlauch, folgt eine confierte Regenbogenforelle auf feinem Limetten-Minzöl-Schaum. Traditionelles Wildragout, zart und gut gewürzt, wird mit Serviettenknödel serviert. Zu jedem Gang wird vom kompetenten Service der passende Wein empfohlen. Man sollte sich übrigens die täglich frisch hausgemachten Mehlspeisen auf keinen Fall entgehen lassen, passend dazu natürlich ein Sorbet, ebenfalls hausgemacht, versteht sich. Eine versteckte Geschmacksoase, die nicht unentdeckt bleibt.

Tel.: 0676 415 70 45

3470 Kirchberg am Wagram
Marktplatz 33

www.weinhaus-kirchberg.at
office@
weinhaus-kirchberg.at

Mo, Fr 16–21, Sa, So, 12–14.30 und 16–21 Uhr

KIRCHBERG AM WECHSEL 03

GAUMENKITZEL

16/20

im Hotel Molzbachhof

Koch: Peter Pichler

Der sich laufend erweiternde und verschönernde Molzbachhof beweist, dass ein attraktives Angebot auch nachgefragt wird: Hotel und Restaurant sind häufig ausgebucht. Die sympathische Familie Pichler ehrt die Tradition – das Mehl fürs Sauerteigbrot wird in der jahrhundertealten hauseigenen Mühle fabriziert – und zeigt in ihrem kleinen Gourmetrestaurant namens Gaumenkitzel, dass Regionalität und Innovation ein lustvolles Essen bescheren können. Peter Pichler kreiert unglaublich aufwendige, stimmige Gerichte in vier- bis sechsgängigen Menüs, erweitert durch so manch spektakulären Zusatzgang. Gattin Nina kredenzt die dazu passenden Weine, derzeit alles leider nur dreimal wöchentlich. Chefkoch Pichlers Motto lautet „Cook the Gart'l“: Neben Kräutern aus dem hauseigenen Garten kommen auch Gemüse, Fisch und Fleisch aus der näheren Umgebung zum Einsatz. Absolute Höhepunkte: Minz-Espuma-Tartelette zur Einstimmung – eine schiere Geschmacks- und Aromenexplosion – und der am Tisch geflämmte zarte Saibling mit Karfiol. Und schließlich: Hafer, Marille und Zitronenverbene – ein himmlisches Dessert!

Tel.: 02641 22 03

2880 Kirchberg am Wechsel
Tratten 36

www.molzbachhof.at
office@molzbachhof.at

Di, Fr, Sa 18–20 Uhr

♿

KIRCHBERG AN DER PIELACH — L2

KALTEIS

13/20

Gasthof

Koch: Hubert Kalteis

Der Gasthof Kalteis ist ein Juwel der österreichischen Wirtshauslandschaft. Mitten im Mostviertel, genauer gesagt im Pielachtal gelegen, gelingt Hubert Kalteis und seinem Team der Spagat zwischen solider Bodenhaftung und extravagantem Experiment. Während der Hochlandrinderwochen im Hochsommer kann es schon vorkommen, dass (herrliche) Rindersashimi und Beeftea auf der Karte landen und die Shortribs mit Dirndlglasur überzogen und mit Pale-Ale-Sauce serviert werden. Hubert Kalteis ist Wirt, Koch, Jäger und vor allem ein lebensfroher und wacher Geist. Und genau das ist in seinem Gasthof und auf den Tellern zu spüren.

à la carte: 15–40 €

Tel.: 02722 7223

3204 Kirchberg an der Pielach
Melker Straße 10

www.kalteis.at
office@kalteis.at

Do–Sa 11–14 unf 17–20.30, So 11–14 und 17–20 Uhr
variabel

KIRCHSCHLAG IN DER BUCKLIGEN WELT — O3

HÖNIGWIRT

Tipp

im Hotel Post

In der Gaststube, dem Herzen des Hauses, treffen Gemütlichkeit und Geschmack aufeinander. Besonders stolz ist man auch auf den Weinkeller. Der Wirt des Hauses verwahrt so manch einen Schatz. Für interessierte Weinliebhaber öffnet er gerne die eine oder andere Flasche.

à la carte: 4–35 €

Tel.: 02646 2216

2860 Kirchschlag in der Buckligen Welt
Günser Straße 2

www.hotel-post-hoenig.at
kontakt@hotel-post-hoenig.at

Mo, Mi, Do 11.30–14 und 17.30–21, Fr, Sa 11.30–21, So 11.30–16 Uhr
1 Woche im August 2023, variabel

KÖNIGSBRUNN AM WAGRAM — M2

LANDGASTHOF MANN

11/20

Köchin: Theresia Mann

Ein traditioneller Betrieb, wie man ihn sich wünscht. Familie Mann führt den Landgasthof mit Charme und Herzlichkeit. Küchenchefin Theresia Mann zaubert deftige und bodenständige Speisen auf den Teller. Erwähnens- wie empfehlenswert ist das gebackene Hirn auf Erdäpfelsalat, aber auch der Rücken vom Hirschkalb ist herrlich zart. Zum Sommer passend darf man sich die hausgemachten Sorbets nicht entgehen lassen.

à la carte: 7,90–25 €

Tel.: 02278 2334

3465 Königsbrunn am Wagram
Rathausplatz 14

www.mann.co.at
gasthaus@mann.co.at

Mo, Mi, Do, Fr 11.30–14.30 und 18–21, Sa, So 11.30–14 Uhr

KREMS — M2

GOZZO

12,5/20

Modern das Restaurant, nüchtern die Terrasse, wunderbar die Aussicht auf das Stift Göttweig, ansprechend die Küche. Der freundliche Service bringt ein vier- oder fünfgängiges Überraschungsmenü mit Weinbegleitung: abgeschmecktes Beef Tatar, empfehlenswerten Spargel-Spinat-Salat mit Yuzu-Dressing, ausgezeichneten Asia-Wok mit Garnelen, sehr feine, aber leider lauwarme Tagliolini mit Trüffel, Stundenei, Blattspinat und Belper Knolle und zum Abschluss flaumige Marillenpalatschinken oder erfrischendes, köstliches Campari-Orangen-Sorbet. Gutes glasweises Weinangebot.

Tel.: 02732 7474 55

3500 Krems
Hoher Markt 11

www.gozzo.at
reservierung@gozzo.at

Mo, Di, Mi, Fr und Sa 17–22 Uhr

JELL

11,5/20

Gasthaus

Koch: Dominik Mistelbauer

Das Gasthaus Jell am Hohen Markt ist immer einen Besuch wert. Gebackenes Ei mit Senfkaviar, die Weinbergschnecken auf Salbei-Crostini, die gerösteten Nieren mit Speck und Zwiebel, der knusprige Schweinsbraten mit Erdäpfelknödel oder Topfen-Zitronen-Omelett: All das sind Gerichte, die man ohne Einschränkung empfehlen kann. Mit Leidenschaft und solider Handwerkskunst zubereitet, mit Liebe zum Detail angerichtet und dann sympathisch und professionell serviert. Bei den Weinen ist noch etwas Luft nach oben.

à la carte: 13–32 €

Tel.: 02732 823 45

3500 Krems
Hoher Markt 8–9

www.amon-jell.at
gasthaus@amon-jell.at

Di–Sa 11.30–13.45 und 18–21 Uhr

ZUM KAISER VON ÖSTERREICH

14/20

Koch: Hermann Haidinger

Seit vielen Jahren sorgen Silvia und Hermann Haidinger in der Kremser Altstadt für eine solide Anlaufstelle mit kontinuierlicher Qualität. Während die Patronin herzlich im Service agiert, ist der Gatte um das leibliche Wohl der Gäste bemüht. Dabei vertraut er auf die Zusammenarbeit mit regionalen Produzenten. Und der Plan geht auf – auch weiterhin. Auf der Speisekarte mischt sich Mediterranes gekonnt mit Bodenständigem; man wählt zwischen drei und sechs Gängen. Der marinierte Tafelspitz mit Kernöl überzeugt dabei ebenso wie das Pilzrisotto mit gebratenem Reh. Beim Hauptgang punkten Lungenbraten mit Bärlauchnudeln und gratiniertes Welsfilet mit Krenkruste. Dass der Chefkoch auch gerne in der Patisserie zu Hause ist, ist kein Geheimnis mehr. So ist der karamellisierte Rahmschmarren an Marillenröster ein flaumiger finaler Traum. Wie es die Lage vermuten lässt, ist die Weinkarte wohlsortiert, die Auswahl ist breit. Das Ambiente im denkmalgeschützten Haus ist gemütlich. Im Sommer lädt der Schanigarten zum Genuss im Freien.

Tel.: 02732 860 01

3500 Krems
Körnermarkt 9

www.kaiser-von-oesterreich.at
restaurant@kaiser-von-oesterreich.at

Di–Sa 18–22 Uhr

LAA AN DER THAYA — N1

WEILER

13/20

Koch: Martin Weiler

Dieses sympathische Landgasthaus überzeugt seit Jahren mit gleichbleibend hoher Qualität. Herzlich und etwas chaotisch werden wir empfangen, doch das Lächeln ist echt – und das zählt doppelt. Herrlich marinierte Zucchini mit Paradeis-Couscous sind genau wie das frisch zubereitete Beef Tatar ein perfekter Start. Traditionell bleibt es bei den Hauptspeisen: Geschmorte Rindsschulter mit gerollten Parmesannudeln sowie Landhendlbrust auf Sellerieravioli bestechen durch ihre souveräne Zubereitung. Bei der Schokoladenmousse-Terrine ist das Wort länger als die Erinnerung daran. Der amüsant angerichtete Schokoladenspitz überrascht uns dann doch mit überaus gutem hausgemachtem Baileys-Parfait.

Tel.: 02522 23 79

2136 Laa an der Thaya
Staatsbahnstraße 60

www.weilerlaa.at
martin@weilerlaa.at

LAABEN BEI NEULENGBACH — M2

ZUR LINDE — 12/20

Köchin: Regina Waldherr

Wir sind große Fans des familiär geführten Paradegasthofs in Laaben, aber bei unserem diesjährigen Besuch wollte trotz redlicher Bemühungen des zuvorkommenden Servierteams und einer wunderbaren Weinkarte keine rechte Freude aufkommen. Weder die Krautbuchtel mit dezenter Spitzkrautfülle und „Ras-el-Hanout"-Linsensalat noch die Crème brulée vom Karfiol mit Mohn und Wurzelgemüse – beides an sich spannende Kompositionen – konnten wirklich überzeugen. Auch das gedünstete Rinderrahmherz, klassisch mit Semmelknödel, und der saftige Wiener Zwiebelrostbraten, gedünstet und mit Braterdäpfeln, hatten wir schon besser. Schön dann die dekonstruierte Cremeschnitte mit Eis und Rhabarber.

à la carte: 10–30 €

Tel.: 02774 83 78
3053 Laaben bei Neulengbach
Laaben 28
www.linde-laaben.at
linde@linde-laaben.at
Mo, Di 17.30–21, Fr, Sa 11.30–14 und 17.30–21, So 11.30–20 Uhr

LANGENLEBARN — N2

DAS WOLF — 16/20

Koch: Christian Wöber

Gleich nach Betreten des Gastgartens wird man herzlich empfangen und fühlt sich willkommen. Das Personal ist mit Leib und Seele für seine Gäste da. Der Aperitif ist ebenso schnell serviert wie die beiden Grüße aus der Küche. Aus den zwei verschiedenen Menüs (jeweils sieben Gänge) kann man frei wählen und hat damit die Qual der Wahl. Jedes Gericht ist innovativ, attraktiv angerichtet und hocharomatisch. Eine kühle Abwechslung ist die Gazpacho vom Paprika, Spaß macht aber auch das asiatisch marinierte Rinderfilet mit Glasnudelsalat. Die Jakobsmuschel auf Fenchelpüree mit Granny-Smith-Würfel will man nicht teilen. Passend begleitet wird Lamm von cremiger Polenta, diesmal mit Melanzani – einfach ein Traum! Kreativ auch die Desserts, seien es Kokosravioli mit Ananas oder Ziegenkäse-Pannacotta mit Olivenöl – man könnte wirklich bei der Nachspeise beginnen. Perfekt war auch der Espresso macchiato – selten so schön gesehen.

à la carte: 20–46 €

Tel.: 02272 62567
0676 961 33 99
3425 Langenlebarn
Bahnstraße 58
www.daswolf.restaurant
restaurant@daswolf.at
Mi–Fr 17.30–20.30, Sa 11.30–13.30 und 17.30–20.30, So 11.30–13.30 und 16.30–19.30 Uhr
♿

FLOH — 16,5/20

Koch: Josef Floh

Zwei Top-Restaurants in einem Zweitausend-Seelen-Dorf am Donauufer? Ja, das geht! Ob man mit dem Restaurantbesuch im Floh eine Donauschifffahrt oder eine Radtour verknüpft, sind nur Details am Rande. Das Lokal mit dem entzückenden Innenhof ist rustikal-elegant eingerichtet. Dass man sich trotz gehobener Kochkunst nach wie vor mit dem Begriff „Gastwirtschaft" identifiziert, ist ein weiterer Pluspunkt. So findet man hier auch Wirtshausklassiker wie Gulasch, Blunznradln, Backhendl und Wiener Schnitzel zu einem akzeptablen Preis. Man kann aber auch sehr, sehr tief in die Gourmetküche eintauchen. Erwähnenswert unter den Vorspeisen sind die geflämmte gebeizte Forelle mit Salatcreme und die lauwarme Kalbszunge mit Kernöl und Kren. Auch bei den Hauptspeisen wird Regionalität großgeschrieben. Das Lamm mit saisonalem Gemüse oder auch das Wiesenkräuterhuhn mit Sauerrahm-Semmel-Fülle: ein Gedicht. Dass die Weinkarte im Floh längst legendär ist, ist mittlerweile ein offenes Geheimnis: von ausgezeichneten – großteils biozertifizierten – Weinen aus Österreich hin zu großen Burgundern und anderen interessanten Gewächsen.

à la carte: 6–42 €

Tel.: 02272 628 09
3425 Langenlebarn
Tullner Straße 1
www.derfloh.at
floh@derfloh.at
Mo, Fr 11.30–14 und 17.30–21, Do 17–21, Sa, So 11.30–15 und 18–21 Uhr
variabel
♿

LANGENLOIS M1

HEURIGENHOF BRÜNDLMAYER 14,5/20

Koch: Emanuel Peceny

Ein Glas Bründlmayer-Sekt, dazu Butter, Brot und Kresse. Auf Wunsch kann man im Restaurant das Gedeck auch mit einigen Spezialitäten erweitern. Wir verzichten diesmal auf diese Option und lassen uns lieber den gebeizten Hirschrücken mit gegrilltem Römersalat und die Consomée vom Waldviertler Bio-Huhn mit Bockshornnudeln schmecken. Beide Gerichte hätten mehr Pfiff – Stichwort Gewürze – vertragen. Die gleichen Erfahrungen machen wir beim geflämmten Karfiol oder der confierten Forelle mit gegrillter Zucchini: gutes Essen, aber das gewisse Etwas fehlt. Bei der Nachspeise bleiben wir diesmal bei den Marillenpalatschinken, die uns die Küche auf unseren Wunsch zubereitet.

à la carte: 8,50–35 €

Tel.: 02734 28 83
3550 Langenlois
Walterstraße 14
www.heurigenhof.at
office@heurigenhof.at
Mi–Fr 15–21, Sa, So 12–21 Uhr
✻ Jänner, Februar 2023

VINEYARD 11,5/20

In dem Seminarhotel Loisium darf man sich auf eine gute, solide Küche freuen. Endlich wieder ein Beef Tatar, von Hand geschnitten und einwandfrei zubereitet. Das Filet vom Zander ist auf den Punkt gegart und wird serviert mit Risotto Venere. Spaß machen auch die Mozzarella-Pannacotta und die Brokkolicremesuppe. Eine spannende Variante der Crème brulée schließt das Menü ab. Das Servicepersonal dürfte unserer Meinung nach eher auf Hotelgäste geschult sein – schade, denn die Küche hat Potenzial.

Tel.: 02734 771 005 00
3550 Langenlois
Loisium-Allee 2
www.loisium.com
hotel.langenlois@loisium.com
Mo–Do 12–14 und 17.30–21.30,
Fr, Sa 12–14 und 17.30–22,
So 7–12 und 17.30–21.30 Uhr

MAILBERG N1

GENUSSWIRTSCHAFT 15/20

Koch: Christoph Schüller

Ihre Steirereck-Vergangenheit können Verena und Christopher Schüller – die umtriebigen Protagonisten der feschen Genusswirtschaft zu Mailberg – nicht wirklich leugnen. Im Gegenteil. Sie ist in vielen schönen Details immer wieder zu erkennen. Auch die Zaubereien aus der Küche legen Zeugnis davon ab, denn die gratinierten Weinbergschnecken mit wunderbar geschmackvoller Knoblauchbutter und das gefüllte Hühnerei mit Senfmayonnaise, französischem Salat und Kaviar waren mehr als gelungen. Ebenso auch die gefüllten ErdäpfeltascherIn mit Niere (Kalb und Rind), Zwiebel und brauner Butter als Zwischengericht – unser Primus inter Pares an diesem Tag. Auch der gebratene saftige Seesaibling mit Purple-Haze-Püree und die sautierte Lammleber auf Selleriepüree mit begnadetem Safterl und Dauphinerdäpfeln waren ebenso großartig wie das optisch beeindruckende Nougat-Mango-„Spiegelei“. Die Weinkarte bildet die Region gut ab und legt die Übernachtung in einem der liebevoll gestalteten Zimmer nahe.

à la carte: 4,50–29 €

Tel.: 02943 300 56
0664 913 04 27
2024 Mailberg
Mailberg 252
www.genusswirtschaft-mailberg.at
reservierung@genusswirtschaft-mailberg.at
Fr–Di, Fei 11.30–13.30 und 18–20.30 Uhr
✻ 2 Wochen im Jänner, 2 Wochen im Juli oder August 2023

WEINDOMIZIL HAGN

11,5/20

In einem kleinen Ort mit 580 Einwohnern gleich zwei Haubenrestaurants zu finden, ist bemerkenswert. Im Weindomizil Hagn fühlt man sich sofort willkommen und genießt den Ausblick auf die Weinberge. In der Küche bäckt man nach dem Abgang von Küchenchef Harald Riedl leider etwas kleinere Brötchen. Brav war die Lachsforellen-Ceviche in Passionssauce und auf Rucola, ganz ordentlich das Parmesan-Ei mit rosa gebratenen Rinderfiletstreifen. In der gleichen Liga spielt die Maishendlbrust auf cremiger Polenta, begleitet von Zucchiniragout. Dreierlei von der Crème brulée klang verführerischer, als es war. Aufmerksam und kompetent agierte der Service.

Tel.: 02943 22 56

2024 Mailberg
Mailberg 154

www.weindomizil.at
reservierung@
hagn-weingut.at

Do 16–24, Fr, Sa 10–24,
So 10–22 Uhr

MARIA TAFERL L2

HOTEL SCHACHNER

13/20

Koch: Wolfgang Bauer

Allein die sensationelle Lage auf dem Taferlberg mit Blick auf die darunter mäandernde Donau entzückt. Schmuck und fein herausgeputzt präsentieren sich Hotel und Restaurant nach einem aufwendigen Umbau, die Erwartungen an die Küche sind entsprechend hoch. Mit unterschiedlichen Karten sollen Pensionsgäste, Sonntagsausflügler und Gourmetpilger auf ihre Kosten kommen: Vom Backhendl mit Salat vom Buffet bis zum Steinbutt mit Taschenkrebsraviolo im exklusiven „Smaragd-Menü" wird der Bogen gespannt. Kein einfacher Spagat, selbst für ein motiviertes Team. Gut gemeint, nicht immer ideal gelungen, zumal die Preise noble Wünsche wecken. Ein überaus freundliches Serviceteam stimmt versöhnlich.

à la carte: 12,90–36,50 €

Tel.: 07413 63 55

3672 Maria Taferl
Maria Taferl 24

www.hotel-schachner.at
office@hotel-schachner.at

Mo–Sa 12–13.45 und
18–20.30 Uhr
bis Ende Dez. 2022, variabel

♿

ZUM GOLDENEN LÖWEN

Tipp

Der Gasthof im Herzen des niederösterreichischen Wallfahrtsorts gilt als Traditionshaus. Während Margit Frey klassische Gerichte mit einem Hauch Moderne täglich frisch zubereitet, berät Ehemann Andreas gerne in Sachen Bier. Als Biersommelier bringt er den Gästen das Nationalgetränk näher und bietet für besondere Liebhaber des Hopfengetränks auch regelmäßig Verkostungen an.

Tel.: 07413 340
0664 154 53 99

3672 Maria Taferl
Nr. 6

www.freyswirtshaus.at
info@freyswirtshaus.at

Mi–Sa 11–14 und 17.30–20,
So 11–15
variabel

MAUERBACH 03

BERGHOTEL TULBINGERKOGEL

14/20

Koch: Georg Bläuel

Vom nostalgisch-eleganten Speisesaal oder der großzügigen Terrasse im Sommer schweift bei klarem Wetter der Blick über die sanften Hügel des Wienerwalds bis zu den Berggipfeln der Alpen. Da schmecken die vorwiegend klassischen, mitunter an gehobene französische Landgasthäuser erinnernden Gerichte – Gänseleberterrine, Hummerschaumsuppe, rosa Kalbsrücken mit köstlicher Vielfalt an Karotten – gleich noch einmal so gut. Die resolute Patronne hat den Service wie eh und je im Griff und sorgt für die flüssige (Wein-)Begleitung – seit Langem eine sichere Bank im Berghotel Tulbingerkogel. Vor den unspektakulär-braven Desserts empfiehlt es sich, sich den kleinen Käsewagen (mit Schwerpunkt Ziege) zeigen zu lassen.

à la carte: 20–45 €

Tel.: 02273 73 91
0676 629 00 88

3001 Mauerbach
Tulbingerkogel 1, Mauerbach bei Wien

www.tulbingerkogel.at
hotel@tulbingerkogel.at

tgl. 12–21 Uhr

VIER JAHRESZEITEN IM PARK

11/20

im Schlosspark Mauerbach

Eingebettet in eine 4-Sterne-Superior-Wellnessoase befindet sich das Restaurant Vier Jahreszeiten im Park. Auf der beeindruckenden Terrasse sitzt man mitten im Wienerwald. Idylle und vor allem traditionelle Küche werden hier großgeschrieben. Die Klassiker der heimischen Wirtshauskultur zeigen, dass hier jemand das Handwerk beherrscht. Hervorzuheben jedenfalls ist das wunderbar zarte Beef Tatar mit Avocado und Auberginen-Aioli. Bei den Nachspeisen ist man sehr bemüht, das Personal ist ausgesprochen freundlich und zuvorkommend. Der Weinkarte ist stark auf österreichische Weine fokussiert.

à la carte: 7–35 €

Tel.: 01 970 301 00

3001 Mauerbach
Herzog-Friedrich-Platz 1

www.schlosspark.at
info@imschlosspark.at

tgl. 10–22 Uhr

MAUTERN M2

LANDHAUS BACHER 18,5/20

Genießerhotel

Koch: Thomas Dorfer

THOMAS DORFER, KOCH DES JAHRES 2009
SERVICE AWARD 2012

Wir denken, es ist längst an der Zeit, die Geschichte Geschichte sein zu lassen, Vergleiche mit der Vergangenheit ebendort zu lassen, das Erbe der legendären Lisl Wagner-Bacher um nichts zu schmälern, aber Thomas Dorfer als den eigenständigen, selbstbewussten Kreativkoch zu sehen, der er ist. Für jene, denen das schwerfällt, gibt es noch das Klassiker-Menü, gespickt mit Gerichten der LWB. Alteingesessene Stammgäste bestellen das noch immer gerne, daran ist auch nichts verkehrt, doch der perfekte Schwiegerkoch hat sich in den letzten Jahren merklich emanzipiert und zieht seine eigene Fangemeinde an. Schon geht es los mit den Grüßen aus der Küche: knusprig gebackene Hühnerkeulen mit Gaoyang-Sauce, Bao Buns mit Ripperln, Tartelette mit Thunfischtatar. Ganz klar ersichtlich Dorfers Linie, eine moderne österreichische Küche mit internationalen Zutaten. Roter Jalapeño-Schaum, Avocado, Gurke – alles da, knackig, saftig, knusprig, süß und sauer. Wenn es beim Amuse darum geht, die Geschmacksknospen aufzuwecken: mission accomplished. Weiter geht es mit Gazpacho, knusprigem Kaisergranat in Top-Qualität, saftig innen und krach-knusprig außen, gelbe Tomatensauce, jawohl. Hoher Spaßfaktor, man freut sich schon, was als nächstes kommt. Grüner Spargel mit Stracciatella-Burrata, Escabeche, Kräutermarinade, Nüssen. Jede Zutat für sich exzellent, allerdings fehlt der rote Faden. Wie isst man das? Spargel mit Escabeche? Mit Burrata? Mit Kräutermarinade? Oder alles zusammen? Während wir noch darüber grübeln, folgt einer der Höhepunkte unseres Essens: Imperial-Kaviar, Kernöl und Lauch – dermaßen delikat und zusammenhängend, feinste Lauchradeln, knackige Kürbiskerne, so geht vier Hauben. Dasselbe wollen wir Manfred Löschl, dem Chefpatissier, nachrufen, nachdem er uns das Dessert mit Mispeln, Kaffee und Haselnuss serviert hat, kunstvoll arrangiert, geschmacklich klar und durchdacht. Auch die Petits Fours waren zum Niederknien, den Mann muss man sich merken. Und falls man dem Gedächtnis einmal auf die Sprünge helfen muss: nichts wie hin! Ein Besuch im Landhaus Bacher ist jedes Mal etwas Besonderes.

à la carte: 32–68 €

Tel.: 02732 829 37

3512 Mautern
Südtirolerplatz 2

www.landhaus-bacher.at
info@landhaus-bacher.at

Mi 18.30–20.30,
Do–Sa 12–13.30 und
18.30–20.30,
So 11.30–19.30 Uhr
✻ 1. Jänner–10. März 2023;
März und November am Mittwoch geschlossen

NIKOLAIHOF® 11,5/20

Tipp oder Haube war hier die Frage. Wir beantworten sie so: Wenn jemand so konsequent seinen (biodynamischen) Weg geht und dann noch derart Köstliches wie die Haussulz mit knackiger Gemüsebegleitung oder die geschmacksdichte Zucchinicremesuppe, gefolgt von gefüllten Paprika mit Tomatensauce und Fleischknödel mit Sauerkraut, auf den Tisch bringt, dann kann die Antwort letztlich nur eine Haube sein. Bestätigt wird sie, noch bevor das Menü zu Ende ist, vom eingelegten Weingartenpfirsich mit Schokosauce. Die Gerichte überzeugten durch Schnörkellosigkeit und Klarheit im Geschmack. Dass die Weine des Hauses perfekte Begleiter sind, versteht sich fast von selbst.

Tel.: 02732 829 01

3512 Mautern
Nikolaigasse 3

www.nikolaihof.at
wein@nikolaihof.at

MELK L2

WACHAUER STUBE

Tipp

im Hotel Wachau

Mit Marillen aus dem eigenen Garten, wilden Almkräutern und Fleisch aus eigener Zucht, vereint Jochen Hipfinger den Geschmack der Region auf den Tellern der Wachauer Stube. Dazu gibt es ein Glas Wein und den wohl schönsten Ausblick über die Wachau.

à la carte: 16–44 €

Tel.: 02752 525 31
3390 Melk
Am Wachberg 3
www.hotel-wachau.at
info@hotel-wachau.at
Mo–Sa 17–22 Uhr
variabel

MICHELBACH N2

SCHWARZWALLNER

Tipp

Abseits der touristischen Pfade verbirgt sich das Landgasthaus Schwarzwallner. Der Name der Speisenfolge ist Programm. Serviert wird das Tut-gut-Menü mit regionalen und saisonalen Produkten. Die passende Weinbegleitung findet man in der rustikalen Vinothek.

à la carte: 3,80–21 €

Tel.: 02744 82 41
3074 Michelbach
Untergoin 6
www.schwarzwallner.at
landgasthaus@
schwarzwallner.at
Do–Fr 17.30–23, Sa 10.30–23,
So 10.30–22 Uhr

MIESENBACH N3

APFELBAUER

11/20

Koch: Markus Kuchner

Gemütlich, bodenständig und auf das Wesentliche konzentriert – so lautet das Erfolgsrezept dieses langjährigen Familienbetriebs. Und das kann man getrost als gute Idee betrachten, vor allem wenn das Wesentliche ein hervorragendes Reisfleisch, ofenfrischer Schweinsbraten oder ein knusprig gebackenes Backhendl ist. Markus Kuchner versteht aber auch die vegetarische Küche und hat ebenfalls ein gutes Händchen für Fisch. Der hausgeräucherte Alpenlachs ist stets eine Empfehlung. Die Mehlspeisen sind eine Wucht, hervorzuheben ist der karamellisierte Apfelschmarren. Jausnen kann man hier auch und für noch mehr Abwechslung auf der Speisekarte sorgen saisonale Ergänzungen. Das Ambiente ist gemütlich und urig. Im Sommer sitzt es sich besonders schön im hübschen Garten, der einen großen Spielplatz für Kinder bereithält.

à la carte: 8,50–22 €

Tel.: 02632 82 44
2761 Miesenbach
Ascherstraße 15
www.apfelbauer.at
info@apfelbauer.at
Fr und Sa 11–21, So 11–18,
Fei 11–18 Uhr
variabel

MISTELBACH AN DER ZAYA 01

WINTERGARTEN ZUR LINDE 15,5/20

im Hotel Restaurant zur Linde

Koch: Hannes Langer

Die Linde in Mistelbach: ein Bahnhofsrestaurant, wie man es sich nur wünschen kann. Neben dem sehr ordentlichen Wirtshausangebot gibt es seit einigen Jahren mit dem „Wintergarten" auch ein fünf Tische zählendes Gourmetrefugium, das seinesgleichen im Weinviertel sucht. Küchenchef Hannes Langer steigert sich von Jahr zu Jahr und begeistert neuerdings vor allem mit seinem sicheren Gespür für Aromenharmonie: ob säuerliche Komponenten beim lauwarmen Stör mit eingelegtem Gemüse und genial passender Buttermilch oder im Zusammenspiel bei einer mollig-fantasievollen Kreation mit Jakobsmuschel (eher im Hintergrund), Champignoncreme, Kalbszunge und geriebener Gänseleber. Nicht zu vergessen: die Safran-Zitronen-Perfektion zum knackigen Seeteufel – große Klasse! Patron Karl Polak junior präsentiert dazu Passendes aus der mittlerweile beachtlichen Vielfalt an hochwertigen Weinen aus der Region glasweise und die junge, sympathische Martina Wasser sorgt sich umsichtig und versiert um das Wohl der Gäste. Ein Tipp: das große Gedeck ordern. Allein der himmlischen Rote-Rüben-Makrone wegen hat es sich zuletzt jedenfalls gelohnt!

à la carte: 19–41 €

Tel.: 02572 24 09
0676 772 06 85

2130 Mistelbach an der Zaya
Bahnstraße 49

www.zur-linde.at
polak@zur-linde.at

Di–Fr 11.30–14 und 18–21 Uhr

MITTERBACH M3

R&R RESTAURANT HOTEL MITTERBACH Tipp

Mit einem Cocktail und tollem Ausblick stimmt man sich an der Panorama-Bar auf einen genussvollen Abend ein. Mindestens genauso schön, wenn nicht sogar noch ein wenig kunstvoller, sind die Gerichte, die der Reihe nach die Küche verlassen. Man möchte sie kaum anfassen, würden die Speisen nicht so herrlich duften und schmecken. Kunstwerke in Optik und Geschmack.

Tel.: 03882 344 82

3224 Mitterbach
Schwurwiesenweg 1

www.rr-residenzen.at
hotel@rr-residenzen.at

♿

MÖDLING N2

BABENBERGERHOF 12/20

Den Versuch, in Mödling Kulinarik auf überdurchschnittlichem Niveau anzubieten, hat man im Babenbergerhof schon öfter gewagt. Nun dürfte man die richtige, auch vom Publikum honorierte Mischung gefunden haben. Eine kleine Karte mit kreativ angehauchten, handwerklich tadellosen Gerichten wie Lachsforellen-Ceviche mit Kürbiscreme und Koriander oder Schweinsmedaillons mit Wildem Brokkoli und getrüffeltem Erdäpfelpüree wird ergänzt durch ein paar Wirtshausklassiker sowie eine puristische Fischvariation aus der Teichwirtschaft Radlberg. Dazu eine fair kalkulierte Weinkarte mit erfreulich breitem Natural-Wine-Angebot. Passt!

Tel.: 02236 222 46
2340 Mödling
Babenbergergasse 6
www.babenbergerhof.com
hotel@babenbergerhof.com

PINO Tipp

Ein hauchdünner Boden, aromatische Tomatensauce und feinster Belag sind die Grundlage für eine gelungene Pizza. Das Pino vereint italienisches Temperament, Pizza und Pasta sowie vollmundige Weine miteinander. So ergibt sich in der Mödlinger Fußgängerzone ein italienisches Refugium.

à la carte: 8–65 €

Tel.: 02236 860 187
0676 634 80 69
2340 Mödling
Brühler Straße 6
www.pino-ristorante.at
info@pino-ristorante.at
Di–Sa 12–14.30 und 18–22 Uhr

MÜHLDORF M2

GASTHOF WEISSES RÖSSL

Tipp

Dieser Gasthof ist ein Treffpunkt für Einheimische, aber auch Weitgereiste. Während man im gemütlichen Stüberl Karten spielt, lauscht man im Gastgarten den Singvögeln. In der Küche wagt man sich an Neuinterpretationen heran. Besonders gelungen ist das Vitello Forello mit Forellencreme.

à la carte: 10–40 €

Tel.: 02713 82 57
3622 Mühldorf
Markt 17
www.7handl.at
info@7handl.at
Mi–Mo 11.30–14.30 und 18–20.30 Uhr
variabel, Ende Dez. 2022–Mitte März 2023

NEUHOFEN AN DER YBBS L2

GASTHAUS ZUR PALME

16/20

Köchin: Theresia Lucia Palmetzhofer

Seit etwa acht Jahren führt Theresia Palmetzhofer jetzt schon die Regie in der Palme. Dass sie mit spannenden Leuten, zum Beispiel als Souschefin an der Seite von Konstantin Filippou oder bei Ronny Emberg im Kopenhagener AOC gearbeitet hat, kann sie nicht verbergen. Will sie auch nicht. Ihr Menü ist ein echter Hammer und Palmetzhofer hat längst ihre eigene Linie gefunden: Produkte von – großteils – Mostviertler Produzenten, ein Schuss Experimentierfreude (die Mostviertler „Feldversuche" lassen grüßen) und solides Handwerk. Die Highlights im aktuellen Degustationsmenü: die Tomatenvielfalt mit Ziegenfrischkäse und Basilikum (ein elegant-filigraner bunter Vielfaltsteller), die marinierte Gold-Forelle (mit Gurke und Physalis) und schließlich – Trommelwirbel – der Steinbutt, den Palmetzhofer mit den Geschmäckern und Texturen von Zucchini, Orange und Melone serviert.

Tel.: 07475 527 94
0660 527 77 30
3364 Neuhofen an der Ybbs
Marktplatz 6
www.gasthaus-zur-palme.at
kontakt@
gasthaus-zur-palme.at
Do 17.30–24, Fr, Sa 11.30–14 und 17.30–24, So 11.30–14 und 17–20 Uhr

Bei den Weinen gibt es ebenfalls viel zu entdecken. Und weil die Palme mitten im Mostviertel liegt, steht nicht nur Wein auf der Karte. Vor allem die innovativen Drinks aus der Werkstatt von Josef Farthofer weiß Palmetzhofer in Szene zu setzen.

à la carte: 8–35 €

NEULENGBACH N2

WEINGARTL 13/20

Koch: David Orsag

Ja, es ist ein Ausflugswirtshaus. Mit wunderschönem Gastgarten und einer Tafel, auf die mit Kreide das Angebot des Tages geschrieben wird. Diese Empfehlungen sind durchaus empfehlenswert. Riskiert man aber einen Blick auf das À-la-carte-Angebot des Weingartls, ist man erst einmal überrascht. Steinpilzconsommé unter der Blätterteighaube, Schaffrischkäse mit einer fulminanten Paprikamarmelade oder schlicht „Fisch“, tagesfrisch und im Ganzen gebraten. Bürgerlich, hochfein und auf Wunsch (und Vorbestellung) auch als Überraschungsmenü im Angebot. Top-Weine und ein freundlicher, sehr persönlicher Service.

Tel.: 02772 53133
3040 Neulengbach
Alter Markt 6
www.weingartl.co.at
restaurant@weingartl.co.at
Mi, So 11.30–14.30, Do–Sa 11.30–14.30 und 18–21.30 Uhr
Fei

NÖHAGEN L2

SCHWARZ 14/20

Koch: Erwin Schwarz

Gute Wirtshausküche – aber auch nicht mehr –, das bietet der Schwarz in Nöhagen seinen Gästen. Die gebackene Chili-Blutwurst mit Kren schmeckt angenehm scharf, die Bärlauchschaumsuppe mit Griesnockerl erfüllt die Erwartungen. Das Rehragout mit Erdäpfelknödel oder der Zwiebelrostbraten von der Beiried mit Speckfisolen entsprechen den Vorstellungen. Die Weinauswahl des Lokals ist legendär, leider sind besonders die reifen Smaragde aber auch schon ziemlich teuer. Daher blieben wir diesmal nur bei einem Glas Grünen Veltliner. Zur Mohntorte beziehungsweise zu der Cremeschnitte gab es schließlich noch einen Verlängerten. Gut zu wissen: Bei manchen Gerichten ist auch eine kleinere Portion möglich.

à la carte: 14,20–35 €

Tel.: 02717 82 09
3521 Nöhagen
Nöhagen 13
www.gasthaus-schwarz.at
office@gasthaus-schwarz.at
Mi–Sa 11.30–13.30 und 17.30–20.30, So 11.30–15 und 17.30–19.30 Uhr
variabel

OBERROHRBACH N2

GOLDENES BRÜNDL 14,5/20

Koch: Norbert Steiner

Am Goldenen Bründl kommt man nicht zufällig vorbei – die Lage tief im Wald macht das Restaurant zu einem beliebten Ausflugsziel für Genießer. Es liegt aber nicht nur wohltuend abgelegen, es scheint auch die Zeit stehen geblieben zu sein, so classy ist es. Das ist Gastronomie der alten Schule im besten Sinne – nicht mal Corona konnte der beständigen Küchen- und Servicequalität etwas anhaben. Das Entenleberparfait mit Granatapfel- sowie Quittengelee und selbst gemachtem Brioche ist ein Gedicht. Blunzn und Filet vom Ötscherblick-Schwein auf Szegediner Kraut ist ein gelungenes Zitat der Kronländer-Tradition. Der Seesaibling vom Gut Dornau mit knuspriger Haut ist auf dem Punkt, das Dinkel-Paprika-Risotto als Beilage etwas üppig und dominant. So weit, so gut. Doch dann die Dessertauswahl: Dreierlei Buchteln, Powidltascherl, Kastanienreis ... so klassisch gut, dass man sie als Denkmal setzen könnte. Diese Desserts sind kaum zu überbieten, aber die Schokoladenvariation mit Mousses, Gâteau und erfrischendem Himbeersorbet setzt noch eins drauf. Um die passende Weinbegleitung muss man sich auch nicht sorgen: 650 Positionen mit Jahrgangstiefe und Ländervielfalt sprechen für sich. Hut ab vor diesem Qualitätsfanatismus im Nirgendwo!

à la carte: 12–32 €

Tel.: 02266 804 95
0664 383 86 79

2105 Oberrohrbach
Waldstraße 125

www.goldenesbruendl.at
gasthaus@
goldenesbruendl.at

Do–Fr 11–14.30 und 18–21, Sa 11–21, So, 11–14 Uhr

♿

OBERSDORF BEI WOLKERSDORF P2

DIE SCHMAUSEREI 13,5/20

Koch: Patrick Lentavitsch

Obersdorf hat es gut. Das kleine Straßendorf südlich von Wolkersdorf bietet nicht nur etliche Direktvermarkter bäuerlicher Produkte, sondern erfreut auch mit der Schmauserei Gäste aus nah und fern. Die in Spitzenhäusern erprobte Mannschaft in Küche und Service begeistert mit Klassischem (Ochsenbackerl!), aber auch sehr gelungenem Kreativen wie etwa „Alles Gute kommt vom Boden“, einem schmackhaften lauwarmen Gemüsemix. Dazu die passende glasweise Weinbegleitung aus dem Weinviertel. Abends lockt ein mehrgängiges Menü.

à la carte: 8–35 €

Tel.: 02245 824 28

2120 Obersdorf bei
Wolkersdorf
Hauptstraße 56

www.die-schmauserei.at
dieschmauserei@gmail.com

Mi, Do 16–22, Fr, Sa 11.30–14.30 und 17.30–22, So 10–15 und 17.30–22 Uhr
✱ 24.–26. Dezember 2022

♿

OBERWALTERSDORF 03

FONTANA RESTAURANT 12/20

Koch: Josef Balogh

Das Fontana-Areal erinnert mit seiner gepflegten Golfanlage, der pompösen Terrasse und dem Badesee an eine amerikanische Vorstadtidylle. Modern geht es dann im Inneren und auch auf der Speisekarte zu, die einen guten Querschnitt aus der internationalen Küche mit individuellem Twist zu präsentieren weiß. Wir lassen uns von der kreativ zubereiteten Waldbeer-Joghurt-Suppe mit Topfenknödel überraschen und auch die Fontana-Fettuccine mit Kalbfleisch bleiben in guter Erinnerung. Die Marillentascherl mit Amaretto-Brösel sind ein kulinarisches Erlebnis. Die Weinkarte ist noch ausbaufähig – und vielleicht hätte ein aufmerksamerer Service den Aufenthalt aufgewertet.

à la carte: 15–35 €

Tel.: 02253 606 23 11
2522 Oberwaltersdorf
Fontana Allee 1
www.fontana.at
office@fontana-restaurant.at
Mi–So 11.30–20 Uhr
variabel

OBERWEIDEN 02

WEYDNER WIRTSHAUS Tipp

Dörfliche Geselligkeit und bodenständige Küche treffen im Generationsgasthaus aufeinander. Im Marchfeld gelegen, können Produkte aus unmittelbarer Umgebung und in bester Qualität bezogen werden. Die überschaubare Speisekarte überzeugt mit authentischen Gerichten. Empfehlung: Backfischsalat und Hirschbutterschnitzel.

Tel.: 02284 20153
0680 222 163 9
2295 Oberweiden
Schönfelder Straße 2
www.weydner-wirtshaus.at
info@weydner-wirtshaus.at

PAYERBACH M3

LOOSHAUS AM KREUZBERG

Tipp

Im Looshaus weiß man oft nicht so recht, wo man sich hinsetzen soll. Gemütlich und intim neben der getäfelten Wand, neben dem urigen Bücherregal oder neben dem knisternden Kamin – oder doch etwas prominenter vor dem großen Panoramafenster? Im Sommer fällt die Entscheidung nicht schwer, denn der Gastgarten bietet die perfekte Kombination aus Sonne, Schatten und Genuss.

à la carte: 8,50–24,50 €

Tel.: 02666 529 11
2650 Payerbach
Kreuzberg 60
www.looshaus.at
steiner@looshaus.at
Do–Mo 11.30–20.30 Uhr
variabel

PETZENKIRCHEN L2

BÄRENWIRT

13,5/20

Köchin: Renate Schaufler

Der Bärenwirt ist seit langen Jahren ein Wirtshaus zum Wohlfühlen, in dem man schon zur Begrüßung ein Mostviertel-Gedeck aus Bauernbrot, Mostviertler Speck, Bärlauchbutter und Senfgurken serviert, bevor der aufmerksame, freundliche Service eine Rindsuppe mit einem lobenswerten, zart-flaumigen Leberknödel bringt. Für appetitliche Genüsse sorgen auch eine gebratene Maishendlbrust mit Hollerkoch oder Neubrucker Bachsaiblingsfilet mit Spinattascherl. Ein gutes glasweises Angebot an hochwertigen Weinen bietet jedem Geschmack das seine. Zum Abschluss erfreut man sich an Palatschinken, Mohr im Hemd oder Erd„BÄR"Acker aus Erdbeersorbet, Schokomousse und Schoko-Nuss-Kuchen.

à la carte: 9,50–38,00 €

Tel.: 07416 521 53
0676 639 33 00
3252 Petzenkirchen
Ybbser Straße 3
www.bärenwirt.at
info@baerenwirt1.at
Mo–Sa 11–21, So 9–11 Uhr

RASSING M2

NÄHRER

16/20

Koch: Michael Nährer

Wer gerne einen kulinarischen Genussausflug in der Nähe von St. Pölten machen möchte, ist gut beraten, im kleinen, aber feinen Dorfgasthof Nährer einzukehren. Michael Nährer, der kreative Geist und gefühlvolle Küchenchef (er lernte unter anderem bei Walter Eselböck, Thomas Dorfer und Marc Veyrat), verwöhnt seine Gäste mit Traditionsgerichten, die er mit modernem Twist neu interpretiert. Der leidenschaftliche Gastronom führt den Familienbetrieb bereits in dritter Generation. Mit seinem untrüglichen Sinn für Nuancen spannt er den Spagat von klassischer Wirtshausküche hin zu innovativen, mehrgängigen Menüs. Dabei achtet er bei seinen edlen Kompositionen auf frische und saisonale Zutaten aus der Region. Mit dem Zweierlei vom Rehbock bringt er ein Gericht auf den Teller, das auf der Zunge zergeht und durch fantastische Würzung überzeugt, das Rieslingbeuschel vom Wild bleibt lange in Erinnerung und die geflämmte Vanillecreme lässt süße Herzen höherschlagen. Zu begeistern versteht Michael Nährer auch mit seiner spannenden Weinkarte, die keine Wünsche offenlässt.

à la carte: 4–36,90 €

Tel.: 02784 2224
3141 Rassing
Hubertusstraße 2
www.gasthaus-naehrer.com
office@gasthaus-naehrer.com
Mo, Di 18–21, Fr, Sa 11.30–14 und 18–21, So 11–15 Uhr
Mitte Juni bis Anfang Juli 2023

REICHENAU AN DER RAX N3

KNAPPENHOF 15,5/20

Hotel & Restaurant

Koch: Matthias Birnbach

Nach einer idyllischen Waldfahrt lohnt sich ein Aperitif auf der großzügigen Terrasse des Hotelrestaurants mit wunderschönem Ausblick. Die Einrichtung ist kaiserlich-historisch mit einem Hauch von Jagdhaus. Dementsprechend auch die (etwas limitierte) Speisenauswahl mit ausgezeichneten Wildgerichten, welche hervorragend mit erlesenen Kräutern verfeinert werden. Aber auch Garnelen und Fischgerichte werden geboten. Die Weinauswahl ist gut, es finden sich so einige hochpreisige Raritäten auf der Karte. Beim Dessert wird man, egal ob Süßspeise oder Käse, nochmals genüsslich verzaubert.

à la carte: 24–39 €

Tel.: 02666 53633

2651 Reichenau an der Rax
Kleinau 34

www.knappenhof.at
reception@knappenhof.at

Mi–Sa 12–15 und 17–22,
So 12–22 Uhr
❄ Jänner bis März 2023

RETZ N1

MÄHRISCHE BOTSCHAFT Tipp

im Weinschlössl

Im ehemaligen Tröpferlbad aus der Kaiserzeit, inmitten der Retzer Innenstadt, lässt sich über Unterschiede der Waldviertler und der mährischen Küche diskutieren. Man kann jedoch auch einfach die perfekt angerichteten Speisen genießen. Dazu gibt es ein passendes Glas Wein.

à la carte: 4,50–23 €

Tel.: 02942 31100

2070 Retz
Wallstraße 13

maehrische-botschaft.at
restaurant@
maehrische-botschaft.at

Mo–Do 11.30–14.30 und 17–20,
Fr 11.30–14.30 und 17–21, Sa
11.30–21, So 11.30–14.30 Uhr

RIEDENTHAL N2

BUCHINGERS GASTHAUS 12,5/20

Zur alten Schule

Koch: Manfred Buchinger

Ein gutes Wirtshaus zeichnet sich nicht nur durch seine Küche aus. Im besten Fall ist es ein kultivierter Ort der Begegnung, in dem auch die Kultur nicht zu kurz kommt. Folgerichtig wünscht der Patron seinen Gästen auf der Karte einen „ereignisreichen Aufenthalt" und nicht bloß „Guten Appetit!". Dass Manfred Buchinger kreativ und zugleich regional-bodenständig kochen kann, wissen wir seit Jahrzehnten. Mit dem in unterschiedlicher Länge angebotenen Überraschungsmenü liegt man bei ihm immer richtig. Alternativ wählt man aus der saisonal wechselnden Speisekarte herzhafte Gerichte wie etwa Blunzenradl mit Kürbisgnocchi – großartig! Eine Schule hat natürlich auch einen Bildungsauftrag. Wer die Tiefen des Weinviertler Weinuniversums studieren will, ist hier bestens aufgehoben. So macht Lernen richtig Spaß!

Tel.: 02245 82500

2122 Riedenthal
Wolkersdorfer Straße 6

www.buchingers.at
manfred@buchingers.at

Do–So 11.30–14.30 und
17.30–21.30 Uhr

ROSENAU SCHLOSS L1

SCHLOSSHOTEL ROSENAU

Tipp

In den Sommermonaten nutzt man das schöne Wetter auf der romantischen Schlossterrasse und heizt einmal pro Woche den Holzkohlengrill an. Mit Blick in das gepflegte Grün genießt man saftiges Rib-Eye-Steak, Garnelenspieße und würzige Chili-Käsekrainer. Sollte das Wetter einmal nicht mitspielen, wird man im rustikalen Gewölbe von Küchenchef Michael Pehn mit fünf bis acht Gängen verwöhnt.

à la carte: 4–34 €

Tel.: 02822 582 21
0664 240 51 57

3924 Rosenau Schloss
Schloss Rosenau 1

www.schlosshotelrosenau.at
schloss@hotelrosenau.at

Do–So 11–21 Uhr
6.–31. Jän. 2023

RÜHRSDORF L2

ESSL

15/20

Landgasthaus

Koch: Philipp Essl

Auch wenn das Restaurant gut gefüllt ist, schafft es das Serviceteam, den Ansturm mit einem Lächeln zu bewältigen. Der Grund für die große Beliebtheit ist die verlässlich hohe Qualität der bodenständigen Gerichte wie Wiener Schnitzel, geröstete oder gebackene Kalbsleber oder Grammelknöderln. Küchenchef Philipp Essl gibt jedem Gericht mit einer kleinen Aufmerksamkeit das gewisse Etwas. Die köstlichen Steinpilz-Wan-Tans als Beigabe zur überzeugenden Consommé derselben sei beispielhaft angeführt. Dreierlei Artischockenherzen und die Karotten-Dinkel-Quiche zeigen, dass man sich hier auch um Gäste, die fleischlos genießen wollen, bemüht. Stets aufmerksam zubereitet werden die Fische (marinierte Lachsforelle, Fischsuppe, gebratenes Saiblingsfilet), saisonal wechselnd gibt es auch sehr gute Wildgerichte. Abends kann man sich in bis zu sechs Gängen abwechslungsreich verwöhnen lassen. Umfangreich und fair bepreist ist das Weinangebot mit Schwerpunkt Wachau.

à la carte: 15–29 €

Tel.: 02714 63 84

3602 Rührsdorf
Rührsdorf 17

www.landgasthaus-essl.at
info@landgasthaus-essl.at

Mi–Fr 11.30–14.30 und 18–21,
Sa 11.30–15 und 18–21,
So 11.30–15 Uhr
siehe Homepage

PULKER'S HEURIGER

Tipp

Ursprünglich und gemütlich genießt man laue Sommerabende bei einem Glas des Hausweins. Den Blick lässt man über die Reben schweifen. Schatten spendet nach Wachauer Tradition ein Marillenbaum. Österreichische Hausmannskost und traditionelle Gerichte dürfen nicht fehlen.

à la carte: 4,90–21,90 €

Tel.: 0664 393 53 12

3602 Rührsdorf
Kellergasse 1

www.pulkers-heuriger.at
heuriger@pulkers.at

Mo, Di, Do, Fr 14–21, Sa 12–21, So 12–20 Uhr (Fei ab 12 Uhr)
✻ bis Mitte/Ende März 2023

♿

© Steve Holder

RUST IM TULLNERFELD — N2

LANDGASTHAUS HIESINGER

Tipp

Die Gemeinde Rust ist bekannt für geschmackvolle österreichische Weine. Eine Vielfalt dieser Weine lagert im Weinkeller von Toni Hiesinger, der seit mehr als 25 Jahren das Landgasthaus voller Passion und Leidenschaft betreibt.

à la carte: 10–36 €

Tel.: 02275 51 11
0664 213 49 57

3451 Rust im Tullnerfeld
Kirchengasse 1

www.hiesinger-rust.at
hiesinger.rust@aon.at

Mo, Di, Sa 11.30–14 und 17–21, Fr 17–21, So 11.30–14 Uhr

ST. AEGYD AM NEUWALDE — M3

ZUM BLUMENTRITT

14,5/20

Landgasthof

Köchin: Ulli Hollerer-Reichl

Das Restaurant Blumentritt in St. Aegyd am Neuwalde ist ein Garant für ein gelungenes kulinarisches Erlebnis. Die Weinauswahl ist neben der ausgezeichneten Küche ein Grund, hier einzukehren. So lässt man sich etwa zu einem Glas Traminer Auslese die Kombination von Gänseleber und Blunzen schmecken oder stärkt sich mit Grammelknödeln auf Kernölkraut. Probieren sollte man auch die Rucolaschaumsuppe mit Muscheln oder den Heilbutt mit Radieschen und Erdäpfelpüree. Wer nach den Hauptspeisen noch genügend Kapazitäten besitzt, der kann zwischen Scheiterhaufen mit Marillenröster und Marilleneis oder einer kleinen Auswahl an Bergkäsen wählen. Gut zu wissen: Im Haus kann man auch nächtigen.

à la carte: 10–26,50 €

Tel.: 02768 22 77

3193 St. Aegyd am Neuwalde
Markt 20

www.zumblumentritt.at
office@zumblumentritt.at

Mo, Do–Sa 11.30–14 und 18–20.30, So 11.30–14 Uhr
✻ Di, Mi und So am Abend

ST. GEORGEN AN DER LEYS L2

HUEBER DER WIRT IN BRÜNDL® 15/20

Koch: Stefan Hueber

Altes Haus, junger Chef. Stefan Hueber führt in sechster Generation den Gasthof Hueber, der im 19. Jahrhundert ein Postamt beherbergte und nach der Modernisierung im 21. Jahrhundert in elegante Stuben lädt. Der Mann zeigt Ambition, gehört zur Gruppe jener Köche, die in „Feldversuchen" Produkte des Mostviertels mit alter Küchentechnik neu interpretiert. Es gibt hier auch Gasthausküche wie ein tadelloses Schnitzel von der Hühnerbrust samt perfektem Erdäpfel-Vogerl-Salat. Attraktiver ist das preisgünstige Menü: Scheiben geräucherten Rettichs, vermählt mit Gelbflossenthunfisch, in Dashi-Sud als wunderbar frisches Entree. Hochwürzige Wildhasenfarce in Ravioli aus feinstem Teig samt Schokosauce. Rosa Waldviertler Beiried im Röstzwiebeljus samt Pimientos – ein Vergnügen! Sehr gut auch die Desserts: vollmundig-süß und leicht gesalzen das Molkekaramell zu luftigem Blätterteig oder eine Kombi aus Matcha-Tee und weißer Schokolade – Huebers süßes Signature Dish. Klar, dass es hier spezielle Moste gibt, auch hausgemixte Kombuchas. Die Weinkarte ist bunt und fair kalkuliert, der Service weiß die Speisen zu begleiten. Ein altes Haus in neuer Blüte.

à la carte: 15–30 €

Tel.: 07482 462 06
0676 748 27 07

3282 St. Georgen an der Leys
St. Georgen an der Leys 18

www.hueberderwirt.at
office@gasthof-hueber.at

Mi–Sa 11.30–14 und 10–20.45, So 11–14 Uhr

♿

ST. PÖLTEN M2

AELIUM® 13/20

Koch: Christoph Vogler

Die Wachau kommt nach St. Pölten: Küchenchef Christoph Vogler war, so wie Sommelière Elena Rameder, zuvor in der Hofmeisterei tätig. Wobei „Sommelière" die Sache nicht ganz trifft. Elena Rameder ist im Moment Österreichs hoffnungsvollste Kandidatin auf den begehrten Titel „Master of Wine". Gastgeber Christoph Essl stammt aus Rossatz. Das Ambiente des großen Lokals ist modern-elegant, die Tisch- und Glaskultur hoch. Zur Auswahl stehen zwei sechsgängige Menüs, die man beliebig kombinieren kann. Die Gerichte klingen modern und verlockend (Gebeizte Lachsforelle mit Gurke und Joghurt, Gelbschwanzmakrele mit Spinat und Bries, Wachtel mit Schwarzwurzel, Cassis und Kaffee), die Umsetzung auf dem Teller bleibt leider etwas hinter den geweckten Erwartungen zurück.

à la carte: 13–29 €

Tel.: 02742 305 15

3100 St. Pölten
Fuhrmannsgasse 1

www.aelium.at
restaurant@aelium.at

Di–Fr 12–14 und 18–22, Sa 18–22 Uhr
✱ Fei

♿

LA DOLCE VITA 11/20

Koch: Dario Tedeschi

Geschmackvoll eingerichtet und gut gefüllt, präsentiert sich bei unserem Besuch der Parade-Italiener in St. Pöltens Innenstadt. Die Stimmung im Dolce Vita war ausgelassen, die Pizze begeisterten. Doch leider schien an diesem Abend nur der Pizzaiolo wohl disponiert, waren doch die Herrschaften im Service recht unaufmerksam – und auch Gerichte wie das neutrale Thunfischtatar mit Granatapfel, die etwas bitter geratene Fischsuppe des Hauses oder der trockene Wolfsbarsch in der Olivenkruste wussten nicht zu überzeugen. Schön(er) die Tagliatelle mit Feldhasen-Barolo-Ragout und das Pistazien-Tiramisu im Glas. Ein wenig Trost spendete da die Italien gut abbildende Weinkarte.

à la carte: 7–50 €

Tel.: 02742 202 33

3100 St. Pölten
Rathausplatz 5

www.zanettigroup.at/ladolcevitastp
info@zanettigroup.at

Mo–Do 11–15 und 17–22, Fr und Sa 11–15 und 17–23.30

OSTERIA

Tipp

Cucina & Vini

Ein kleines Stück Italien hat sich in St. Pölten angesiedelt. Rustikal, aber dennoch sehr gemütlich, versprühen die Einrichtung sowie das Personal südliches Flair. Getrunken werden Prosecco, Wein – und auch der Grappa darf nicht fehlen. Gekocht wird täglich frisch und abwechselnd.

à la carte: 9,50–25 €

Tel.: 0676 354 81 39

3100 St. Pölten
Herrenplatz 2

www.cucina-vini.at
osteria@cucina-vini.at

Di–Fr 11.30–14.30 und 17.30–21.30, Sa 11.30–14.30 Uhr

VINZENZ PAULI

Tipp

Darf es ein Schnapserl, ein Bier oder doch lieber ein Achterl sein? In der gemütlichen Gastwirtschaft nahe dem Stadtzentrum trifft man sich gerne nach der Arbeit und lässt den Abend ausklingen. Die Küche bietet von der Erbsenkaltschale bis zur geschmorten Lammstelze alles, was das Herz begehrt. Zum Abschluss gibt es ein Stück vom hausgemachten Bienenstich.

Tel.: 0650 620 20 77

3100 St. Pölten
Alte Reichsstraße 11–13

www.vinzenzpauli.at
frag@vinzenzpauli.at

Di–Fr 17–21.30, Sa 11.30–13.30 und 17–21.30 Uhr
✻ Fei

ST. PÖLTEN/RATZERSDORF M2

GASTSTÄTTE FIGL 11,5/20

Koch: Martin Barasits

Griechischer Salat dekonstruiert – das ist nicht nur ein Schmaus für den Gaumen, sondern auch für die Augen. Und die klare Suppe vom Steinpilz zaubert den Wald auf den Tisch. So begann im gut besuchten Traditionsgasthof ein kulinarischer Abend, der mit Allerlei vom Grill seine Fortsetzung fand. Vom mächtigen T-Bone-Steak über die Portobello-Pilze bis hin zum Grillgemüse, dem Mais und den Kartoffeln mit diversen Saucen gelang alles. Auch der geeiste Kaiserschmarren verdient Lob. Gut und gemütlich war es auch dank des stets bemühten Serviceteams und einer sehr traditionell-österreichischen, aber doch ausgesuchten Weinkarte ohne Überraschungen.

à la carte: 4,90–35,80 €

Tel.: 02742 2574 02
0676 915 73 22

3100 St. Pölten/Ratzersdorf
Hauptplatz 4

www.gaststaettefigl.at
office@gaststaette-figl.at

Di–Sa 11.30–14 und 18–22 Uhr

♿

SCHWARZENAU/WALDVIERTEL L1

GASTHAUS KAMINSTUBE Tipp

Im Gasthaus Kaminstube trifft man sich zum gemütlichen Beisammensein auf einen Kaffeeklatsch bei einer Malakofftorte oder zum Kartenspielen. Auf den Teller kommen regionale Klassiker und Waldviertler Spezialitäten. Das Karpfenfilet in Mohnpanier sollte man sich nicht entgehen lassen.

Tel.: 02849 22 71

3900 Schwarzenau/
Waldviertel
Waidhofner Straße 3

www.gasthaus-
kaminstube.at
zlabinger@
gasthaus-kaminstube.at

Do–Mo 11–14 und 17.30–21 Uhr

♿

SENFTENBERG M2

WEINGUT NIGL 14/20

Weingut, Hotel & Restaurant

Alles neu beim Nigl! Das teilweise neu gestaltete Restaurant und der attraktive neue Terrassengarten sind ansprechende Wohlfühlgaranten mit reizendem Ambiente. Mit regionaltypischem Sauerteigbrot, Aufstrich, Schinkenspeck und gesalzener Butter beginnt ein genüsslicher Besuch. Aus der saisonalen wie regionalen Karte mit zwei Menüs empfiehlt der freundliche Service fein-exotischen, feurigen Couscous-Salat mit grünen Bohnen, Ras el Hanout, Salzzitrone und Salatherzen sowie hausgemachte (und ausgezeichnete) Bärlauchravioli mit wachsweichem Eigelb, Spargel, Kerbel und Tomate. Auch der knusprig gebratene Zander mit würzigem Spitzkraut, Paprika und griechischem Joghurt sorgt für wohligen Genuss. Gelungen auch das Butterschnitzel vom heimischen Reh mit Shiitakepilzen und Erdäpfelpüree. Großes Vergnügen bereitet das gebackene Kokoseis mit dunkler Schokolade und gegrillter Ananas. Und der Wein? Da kann man beim Nigl aus dem Vollen schöpfen. Keinen hauseigenen Wein zu trinken, käme hier einer Sünde gleich.

à la carte: 15–40 €

Tel.: 02719 260 95 00
3541 Senftenberg
Kirchenberg 1
www.weingutnigl.at
reservierung@weingutnigl.at
Mo–Fr 14–22, Sa 11.30–22 Uhr

SOMMEREIN O2

SCHILLER 16/20

Koch: Gerhard Schiller

Kalbsbries mit Liebstöckelcreme, Erbsen und Wildem Brokkoli: Allein dieses großartigen Gerichts wegen lohnt die Fahrt nach Sommerein. Gerhard Schiller heißt der formidable Koch. Im einfachen Landgasthaus – in der schönen Jahreszeit lockt der hübsche Gastgarten im Grünen – gibt es aber noch weitere Köstlichkeiten. So bereitete uns schon der gesunde Start unter dem Motto „Alles Knoblauch" mit Langos und Hummus Vergnügen. Die Vorspeisen – harmonischer Radicchio mit Enoki-Pilzen und Johannisbeerenstrauchöl sowie Artischocken(-suppe) mit Kapern und Fenchel – zeigten solide Handwerkskunst, danach Maimorcheln mit Bärlauchcreme und Erdäpfelbisque – ein Gedicht an Wohlgeschmack und lustvollen Aromen. Der umsichtige und versierte Maître Daniel Brunnthaler empfiehlt zu jedem Gang das passende Getränk und sorgt sich um das Befinden seiner Gäste. Bei den Desserts ist noch etwas Luft nach oben. Weniger beim köstlichen Rhabarber mit Erdbeerkernöl und feinem Sauerampfereis. Eher bei der Schokotarte mit Brombeersorbet – aber das ist Jammern auf sehr hohem Niveau. Insgesamt große Klasse!

Tel.: 0676 944 40 49
2453 Sommerein
Hauptstraße 31
www.landgasthausschiller.at
mail@landgasthausschiller.at

SPITZ M2

PRANKL 13,5/20

Das am Ortsrand von Spitz gelegene „Alte Schiffshaus" der Familie Prankl glänzt seit Jahr und Tag durch eine unprätentiöse und doch präzise Küche, die immer wieder mit dem einen oder anderen Twist zu überraschen weiß. Heuer gelang das mit Erdäpfel-Cannelloni mit Frischkäse und Artischocke und einer Bärlauchcremesuppe – hier wohl abgeschmeckt – ohne die für eine Person empfohlene Jahresration Bärlauch. Es folgte eine Fish Bowl mit Garnelenbällchen, Blattsalaten und mariniertem Gemüse und zweierlei vom Kalb von bester Produktqualität mit gekochtem Grießtrudel, Puntarelle und Urkarotte. Und dann – wie immer in den Prankl'schen Hallen – Marillenpalatschinken (mit Hausmarmelade nicht von dieser Welt!). Die Weinkarte ist eine Abbildung der Wachau mit wohlbedachten Ergänzungen, die vom geborenen Wirt Martin Prankl und seinem engagierten Team bestens erläutert wird.

à la carte: 4,50–35 €

Tel.: 02713 23 23
0664 968 21 17
3620 Spitz
Hinterhaus 16
www.gasthaus-prankl.at
gasthaus.prankl@aon.at
Fr–Mi 11.30–20.30 Uhr

STOCKERAU 02

HOPFELD – DREIKÖNIGSHOF 12,5/20

Koch: Martin Mocnik

In diesem Familienbetrieb lässt es sich immer feiern. Egal, ob romantisches Dinner zu zweit im Gastgarten mit Weinpresse und umringt von Weinreben oder große Feiern im traditionell eingerichteten Innenbereich: Das Restaurant Hopfeld ist eine Adresse, die man auf alle Fälle besuchen sollte. Der aufmerksame Service empfiehlt passende Weine – man merkt, dass er seinen Weinkeller kennt. Aber nicht nur bei der Weinkarte hat man die Qual der Wahl. Die Auswahl bei den Speisen ist groß, jedes Gericht klingt herrlich. Die sautierten Steinpilze mit Kräuteröl werden uns lange in guter Erinnerung bleiben. Das Saiblingsfilet wird mit getrocknetem Paradeiser-Risotto serviert und ist ein Délice. Wer gerne Schokolade hat, sollte auf jeden Fall noch die Schokotürmchen mit flüssigem Himbeerkern probieren. Neben den regelmäßigen Brunchterminen ist das Frühstücksbuffet von freitags bis sonntags ein toller Tipp.

à la carte: 7,90–29,90 €

Tel.: 02266 6278 80
2000 Stockerau
Hauptstraße 29
www.hopfeld.at
familie@hopfeld.at
Di–Fr 11.30–14.30 und 18–21,
Sa 11.30–21 Uhr

SULZ IM WIENERWALD 02

STOCKERWIRT 13,5/20

Koch: Roman Hlousek

Plötzlich, an einer stark befahrenen Kurve, taucht er auf, der Stockerwirt, eines der kulinarischen Aushängeschilder des Wienerwalds. Innen, mit verschiedenen lieblichen Ecken und Nischen, weinaffin eingerichtet. Der schattige Gastgarten – im Sommer ein Traum. Die Speisenauswahl ist enorm vielfältig: vom feinen Lachstatar bis zum knackigen Caesar Salad, vom köstlichen Hirschbutterschnitzel bis zu den hausgemachten Grammelknödeln. Regionalität wird großgeschrieben. Sowohl der Patissier (die Vanilleoberscremeschnitte mit Erdbeersauce ist ein Gedicht!) wie auch der Sommelier verstehen ihr Handwerk.

Tel.: 02238 825 90
2392 Sulz im Wienerwald
Rohrberg 36
www.stockerwirt.com
landgasthaus@
stockerwirt.com
Mi–So 11.30–24 Uhr
variabel

TATTENDORF N2

THOMAS IM JOHANNESHOF Ⓝ 12/20

Wir sitzen an einem wildromantischen Teich, während uns ein flinkes und motiviertes Serviceteam mit größter Aufmerksamkeit betreut. Chefkoch Thomas Reinisch verführt unseren Gaumen mit kulinarischen Köstlichkeiten aus der Region. Begeistert genießen wir die selbst gemachten Gnocchi und das auf den Punkt gebratene Filet vom Schwein. Wir lassen uns noch eine köstliche Schokomousse auf der Zunge zergehen und finden, der Besuch hat sich auf jeden Fall gelohnt.

Tel.: 0699 171 725 70
2523 Tattendorf
Im Weingarten 1
www.j-r.at/restaurant
essen@
thomasimjohanneshof.at

TRAISMAUER M2

NIBELUNGENHOF ↗ 16,5/20

Koch: Rainer Melichar

Das Traisental-Reh mit Steinpilzen, Karfiol-Haschee, topinamburgetränktem Reis und schwarzem Trüffel ist eine fantastisch gelungene Hauptspeise, bei der jeder Koch stolz wäre, wenn seine Menüfolge auf einen derartigen Höhepunkt zusteuert. Bei Rainer Melichar kommt dieses Gericht gleich nach dem Amuse-Gueule. Er bleibt damit seiner im Vorjahr erstmals umgesetzten Überlegung treu, den klassischen Hauptgang dann zu servieren, wenn seine Gäste noch hundertprozentig aufnahmebereit sind. Das bedeutet aber keineswegs, dass danach nur noch Zugaben kommen. Im Gegenteil: Artischocke mit Hummus und Paradeiserhippen sowie Waller mit Schnittlauchbutter, Knoblauch und Radieschen sind puristisch perfekt und werden noch übertroffen von einer hauchzarten Kombination aus Hummer und Kalbskopf. Die Taube mit Haselnuss, Spinat und Granatapfelspalten hält dieses Niveau und beweist – ebenso wie die wunderbaren Desserts mit Schafkäse und Marille – wieder einmal, dass Melichar nach wie vor einer der besten Köche Österreichs ist. Nur auf Bestellung (mindestens drei Tage vorher anmelden), aber das zahlt sich wirklich aus!

à la carte: 10–40 €

Tel.: 02783 6349
0676 400 46 45
3133 Traismauer
Wiener Straße 23
www.nibelungenhof.at
office@nibelungenhof.at
Mi–Sa 12–14 und 18–21,
So 12–18 Uhr
variabel

TULLN N2

SODOMA 15/20

Zur Sonne

Köchin: Gerti Sodoma

Ob im Restaurant oder im einladend gemütlichen Garten: Beim Sodoma kann man entspannt eine traditionelle, gute Küche genießen. Auf der vielfältigen, umfangreichen Weinkarte finden sich würdige Begleiter, die vom delikaten Aufstrich über die sündhaft guten Grammelknödel mit warmem Krautsalat bis zu einem sehr empfehlenswerten Räucherlachstatar tadellose Kombinationen vermitteln. Auch ein saftig-zartes Backhendl mit Erdäpfel-Vogerl-Salat und eine einmalig köstliche, perfekt gebratene, gratinierte Beiriedschnitte „Café de Paris" bereiteten großes Vergnügen. Zum süßen Abschluss wurden mustergültig flaumige Powidltascherl mit Mohnbutter und Zwetschkenröster serviert.

Tel.: 02272 646 16

3430 Tulln
Bahnhofstraße 48

www.gasthaussodoma.at

Di–Sa 11.30–13.30 und 18–20.30 Uhr

SÜDDECK® 11/20

Koch: Lukas Zach

AMBIENTE AWARD 2023

Wenn man zu Sonnenuntergang auf der Terrasse des Süddecks sitzt, dann könnte man glatt vergessen, dass man in Tulln an der Donau zu Abend isst – wir kennen ähnliche Lokale auch von Mykonos oder Ibiza. Die Getränkeauswahl ist, abgesehen vom Komplettsortiment des Weinguts Artner aus Carnuntum, jedenfalls ebenso mediterran komponiert wie die Speisekarte. Burrata mit Paradeiservielfalt ist ein erfrischender Starter, bei der Ceviche vom Wolfsbarsch mit Tigermilch lässt Küchenchef Lukas Zach erstmals sein Können aufblitzen und die Dynamite Prawns mit Sriracha-Mayo und Mango könnten ein Blockbuster werden. Die Dorade vom Rost ist ebenso auf dem Punkt wie das freundliche Serviceteam. Mit der Loungemusik und dem sommerlichen Setting versprüht das Süddeck ungezwungene Urlaubsatmosphäre. Im Winter sorgt eine großzügige Feuerstelle für den gewünschten Wohlfühlfaktor.

Tel.: 02272 232 22

3430 Tulln
Donaulände 3

www.sueddeck.at
genuss@sueddeck.at

tgl. ab 8 Uhr

GASTHAUS ZUM GOLDENEN SCHIFF Tipp

Das Gasthaus in fünfter Generation sprüht vor Wirtshaustradition. In der Stube treffen Jung und Alt aufeinander und tauschen so manches Küchengeheimnis aus. Auf Tafelspitz, Saiblingsfilet und Spinatknödel mit Spargelragout folgen hausgemachte Marillenpalatschinken und ein Schnapserl.

à la carte: 11,50–24,90 €

Tel.: 02272 626 71
0664 356 69 00

3430 Tulln
Wiener Straße 10

www.zumgoldenenschiff.at
office@zumgoldenenschiff.at

Mo–Fr 11–14 und 18–22 Uhr
variabel

UNTERRETZBACH M1

POLLAK'S WIRTSHAUS 13/20

Der Retzbacherhof

Koch: David Baxant

An lauen Sommernächten ist der Gastgarten der Familie Pollak der beste Platz in Unterretzbach. Freundlich wird man im Retzbacherhof immer empfangen. Bei Küchenchef David Baxant steht Weinviertel groß auf dem Speiseplan. Die Gerichte sind traditionell und schmecken. Den Marathon eröffnen wir mit einem klassischen Beef Tatar. Das Lachsforellenfilet ist auf den Punkt gegart und wird mit Gemüse der Saison serviert. Die Rindsrouladen werden wie bei Oma – gefüllt mit Speck, Karotten und Gurkerl – gekocht und wecken Kindheitserinnerungen. Kurz vor dem Ziel gönnen wir uns noch Brandteigkrapfen, gefüllt mit Schokoladenmousse. Die Weinbegleitung wird uns wunderbar vom geschulten Personal empfohlen.

à la carte: 11–29 €

Tel.: 02942 201 71
0664 454 23 07

2074 Unterretzbach
Bahnstraße 1

www.retzbacherhof.at
pollak@retzbacherhof.at

Do–Sa 11.30–14 und 17.30–21, So 11.30–14.30 Uhr

AUCH DAS BESTE
KANN MAN IMMER
NOCH EIN BISSCHEN
BESSER MACHEN.
MEIN ELBA
ONLINE
BANKING
WIR MACHT'S MÖGLICH.
raiffeisen.at/mein-elba

WAIDHOFEN AN DER THAYA M1

FOGGY MIX 13/20

Koch: Bernhard Zimmerl

Irish Pub, Fine Dining, Pizza und Burger? Ja, auch so ein gewagter Mix kann funktionieren. Zumindest tut es das im niederösterreichischen Foggy Mix, wo Küchenchef Bernhard Zimmerl einfache Speisen genauso gekonnt auf die Teller setzt wie kreative Mehr-Gänge-Menüs. Zu Mittag erfreut zusätzlich ein preiswerter Businesslunch. So trifft Erdäpfel beispielsweise auf Kaviar, Languste auf Champagner-Beurre-blanc oder Schwein auf Karpfen-Dashi. Immer gut ist das Beef Tatar, das mit geräuchertem Popcorn modern inszeniert wird, klassisch der Tafelspitz, solide der Veggie Burger. Beim Dessert geht es wieder ambitioniert zur Sache: Hinter dem „Winterwald" versteckt sich ein köstlicher Schokokuchen mit Salzkaramelleis.

Tel.: 0720 620 072 22

3830 Waidhofen an der Thaya
Heidenreichsteiner Straße 28

www.foggy-mix.at
zimmerl@foggy-mix.at

Mi–Mo 11.30–14 und 18–21 Uhr

WALPERSDORF M2

BLAUENSTEIN Tipp

Schlossküche Walpersdorf

Die ehemalige Schlossküche fungiert nun als gemütlicher und heller Gastraum. Geschmackvolle Kunstwerke werden von den Gastgebern und leidenschaftlichen Gastronomen Sandra und Martin Blauensteiner serviert. Dazu kredenzt der Herr des Hauses erlesene Weine aus dem Keller. Die Jahrgänge reichen bis in das letzte Jahrhundert zurück.

à la carte: 5–35 €

Tel.: 0699 193 078 83

3131 Walpersdorf
Schlossstraße 2

www.blauenstein.at
restaurant@blauenstein.at

Mi–Sa 11.30–14 und 17–21,
So 11.30–15.30 Uhr
variabel

WEINS HOFAMT PRIEL L2

LANDGASTHOF HINTERLEITHNER 15/20

Koch: Hans Jörg Hinterleithner

Schon im wunderbaren Gastraum des Landgasthofs Hinterleithner angekommen, ahnten wir, dass es wohl ein schöner Abend werden würde. Durch den familiär-freundlichen Service und eine viele spannende Positionen offenbarende Weinkarte erhielten wir Bestätigung, die nach den ersten Bissen zur Gewissheit reifte: Los ging es mit einer wunderbar ziselierten japanischen Waffel mit marinierter und geflämmter Lachsforelle, Miso, Kaviar, Nussbutter und Kräutersalat – prächtig angerichtet – und einer dichten Krustentiersuppe mit Fenchel und Garnele, gefolgt von einem vegetarischen Highlight der Saison: Winterspargel im Zusammenspiel mit 25 Jahre altem PX Balsamico, Mohn und Heidelbeere. Auch am zarten und doch bissfesten Pulpo mit Artischocke, Senfkohl und Krustentierschaum oder der rosa Dry-Aged-Beiried mit Karotte, Lauch und Erdäpfel gab es nichts auszusetzen. Pistazie mit Himbeersorbet, Buttermilch und Sanddorn zum Ausklang klingt unspektakulär, war es aber nicht.

Tel.: 07414 72 03

3681 Weins Hofamt Priel
Weinser Straße 95

www.hinterleithner.at
office@hinterleithner.at

Mi, Do 11–15 und 17.30–22,
Fr und Sa 11–15 und 17–23 Uhr
siehe Homepage

WEINZIERL AM RIEDERBERG N2

BÖHM 13,5/20

Landgasthaus

Koch: Michael Böhm

Zentrum der Geselligkeit war das Wirtshaus Böhm schon 1557. Damals allerdings unter einem anderen Namen. Verstaubt oder in die Jahre gekommen sind weder die Gasträume noch Michael Böhms Speisekarte. Gemeinsam mit seiner Frau führt er das traditionsreiche Gasthaus mit viel Liebe und Humor. Charmant werden wir vom Oberkellner gleich mit einem Gruß aus der Küche und selbst gebackenem Brot verwöhnt. Klassische Grammelknödel und Beuschel stehen genauso auf der Karte wie gebratene Jakobsmuscheln und Kalbstatar mit Grammelpopcorn. Unser humorvoller Kellner kennt seinen Weinkeller perfekt und berät uns bei jedem Gang mit den passenden Weinen. Wer nach dem Dry-Aged-Beiried noch Platz für eine Nachspeise hat, sollte unbedingt die Palatschinken probieren.

à la carte: 5–46 €

Tel.: 02271 22 40

3004 Weinzierl am Riederberg
Dorfstraße 4

www.landgasthaus-boehm.at
info@landgasthaus-boehm.at

Mi–Sa 11–14 und 18–21,
So 11–15 Uhr

WEISSENKIRCHEN IN DER WACHAU L2

HEINZLE 12/20

Koch: Gerhard Heinzle

Nicht wenige schaffen, was hier geboten wird: Konstant gute Küche aus hochwertigen Zutaten von überwiegend regionalen Lieferanten, solides Kochkönnen und uneitle Performance. Das Heinzle ist seit Jahren ein Garant für vorzügliche Wirtshauskultur und eine gute Adresse für Fischliebhaber. Wels, Karpfen, Forelle und Zander besetzen prominent die Karte. Daneben überzeugen Klassiker wie Schnitzel, Schweinskotelett oder Marillenknödel, alles begleitet von einer soliden Auswahl Wachauer Weine. Einzigartig die aussichtsreiche Terrasse, von der Donau lediglich durch den Treppelweg getrennt.

à la carte: 5,50–28,80 €

Tel.: 02715 22 31
0664 428 78 69

3610 Weißenkirchen in der Wachau
Weißenkirchen 280

www.heinzle.at
restaurant@heinzle.at

Mi–Sa 11.30–15 und 17–22,
So 11.30–16 Uhr
Mitte Dez. 2022–Mitte Febr. 2023

JAMEK 13/20

Köche: Alexander Gross & Peter Habegger

AMBIENTE AWARD 2008

Warum wir immer wieder gerne den Jamek besuchen? Zum einen wegen des herzlichen Services und des schönen Ambientes, aber auch wegen der hervorragenden Klassiker von Edeltraud Jamek. Bevor wir zum Genuss derselben kamen, gab es aufgrund der sommerlichen Temperaturen erst einmal Burrata mit marinierten Paradeisern und Basilikumpesto und eine Gurkenkaltschale samt Räucherlachstatar – beides wie erhofft köstlich und erfrischend. Von den Klassikern wählten wir das Kalbsbeuschel sowie köstliche Topfenhaluschka mit Gurkensalat, die wirklich grandios waren. Danach Marillenpalatschinken wie bei Oma – herrlich!

Tel.: 02715 22 35

3610 Weißenkirchen in der Wachau
Joching 45

www.weingut-jamek.at
info@weingut-jamek.at

Di–Do, Sa 11.30–15.30,
Fr 11.30–21 Uhr

PRANDTAUERHOF GUTSHOFRESTAURANT 13,5/20

im Weingut Holzapfel

Köchin: Karin Irk

Gerade in Ausflugsregionen ist die strikte Trennung zwischen Mittag- und Abendessen oft ein Ärgernis. Die Familie Holzapfel hat mit ihrem Restaurant, das im malerischen Gutshof gelegen ist, schon vor Jahren darauf reagiert und bittet auch am Nachmittag zu Tisch. An sonnigen Nachmittagen hat man ohne Reservierung allerdings keine Chance, einen der begehrten Plätze im zauberhaften Innenhof zu ergattern. Zu trinken gibt es bevorzugt Weine aus dem eigenen Betrieb, bestellt man flaschenweise, kann man auch reifere Jahrgänge genießen. Die Küche ist bodenständig, so wie man es sich von einem traditionellen Landgasthof erwartet: Stets auf der Karte findet man Wiener Schnitzel, Schweinsbraten und eine gebratene Blutwurst mit Saumaise. Wer es leichter will, ist mit dem gebratenen Saiblingsfilet gut beraten. Wir haben uns das saisonale Marillenmenü in vier Gängen gegönnt: zuerst gebratene Speck-Käse-Marillen auf Blattsalat, dann eine köstliche Rieslingschaumsuppe mit Marillenkraut, als Hauptgang ein gebratenes Karpfenfilet mit Eierschwammergulasch, das etwas mehr Aufmerksamkeit bei der Zubereitung verdient hätte, und schlussendlich einen gelungenen Topfen-Marillen-Strudel mit Vanillesauce. Die Qualität der Küche hat im Vergleich zu den vergangenen Jahren etwas an Raffinesse verloren, der Service agierte jedoch trotz voll besetztem Lokal mit großer Aufmerksamkeit und Herzlichkeit.

à la carte: 14,50–33 €

Tel.: 02715 23 10

3610 Weißenkirchen in der Wachau
Prandtauerplatz 36

www.holzapfel.at
weingut@holzapfel.at

Mo, Sa 10–20, Di, Fr und So 10–15 Uhr
Mitte Dezember 2022 bis Anfang März 2023

KIRCHENWIRT WEISSENKIRCHEN Tipp

Der Traditionsbetrieb Kirchenwirt – Restaurant und Hotel – liegt inmitten des idyllischen Paradeweinorts Weißenkirchen in der Wachau am Fuße des Kirchbergs. Geboten wird gehobene Hausmannskost mit großem Wildangebot und eine schöne Weinauswahl – sowohl glas- als auch flaschenweise.

à la carte: 13–35 €

Tel.: 02715 23 32

3610 Weißenkirchen in der Wachau
Kremser Straße 17

www.kirchenwirt-wachau.at
hotel@
kirchenwirt-wachau.at

Fr–Di 11–20, Mi und Do 17–20 Uhr
variabel

WIENER NEUSTADT N3

ALTES BACKHAUS 14/20

Koch: Bernhard Gruber

Gemütliche Wirtshausatmosphäre – das ist der erste Eindruck beim Betreten des Lokals. Doch bereits die vornehme Höflichkeit des Personals lässt erahnen, dass man mehr erwarten darf. Regionalität und Tradition werden großgeschrieben. Daran soll aber die Innovation von Bernhard Gruber nicht scheitern, der stets jedes Gericht zu verfeinern weiß und dennoch Originalität bewahrt. Wenn dann der Chefkoch höchstpersönlich mit der Trüffelreibe an den Tisch kommt, ist man als Gast beeindruckt. Die Desserts sind ebenfalls vorzüglich, bei der Weinkarte im internationalen Bereich ist noch Luft nach oben.

à la carte: 17–39 €

Tel.: 02622 810 89

2700 Wiener Neustadt
Bahngasse 1

www.altes-backhaus.at
restaurant@altes-backhaus.at

Di–Sa 11.30–14 und 17.30–22.30 Uhr
Fei, variabel

WILFERSDORF 01

NEUNLÄUF Tipp

Lichtdurchflutete Gasträume sowie eine Sonnenterrasse versprühen Waldviertler Gelassenheit. Raffinierte Gerichte mit Produkten aus der unmittelbaren Umgebung werden von erstklassigen Weinen aus dem gut bestückten Weinkeller begleitet. Die Neunläuf-Cremeschnitte bildet den krönenden Abschluss.

à la carte: 11,20–39,90 €

Tel.: 02573 259 99

2193 Wilfersdorf
Wiener Straße 4

www.neunlaeuf.at
office@neunlaeuf.at

Mi–Fr 11.30–14 und 18–21.30, Sa 11.30–21.30, So 11.30–15 Uhr
variabel

WINZENDORF N3

PUCHEGGER-WIRT 12,5/20

Koch: Christoph Puchegger

Es ist immer wieder schön, bei diesem Vollblutwirt, dem es scheinbar mühelos gelingt, Atmosphäre und Gemütlichkeit zu vermitteln, einzukehren und von der liebevoll gestalteten Speise- und Weinkarte auszuwählen. Heuer orderten wir beim stets freundlichen Serviceteam sämige Parmesancremesuppe mit Oliven-Tomaten-Schöberl und eine gelungene Version des italienischen Klassikers, den der Puchegger-Wirt einfach „Vitello Forello“ nennt. Dem folgten ein saftiges Lachsforellenfilet mit Safranrisotto, das Bauern-Cordon-bleu vom Landschwein mit Geselchtem und Bergkäse und zum genussvollen Ausklang ein geschmacksintensiver Nougat-Apfel-Strudel. Noch schnell aus der (an Wunderbarem gut gefüllten) Vitrine ein paar Mitbringsel erstanden – und schon geht es angenehm gesättigt und bester Stimmung heimwärts.

à la carte: 3,90–31,90 €

Tel.: 02638 222 24
0664 371 28 57

2722 Winzendorf
Bahnhofplatz 86

www.puchegger.at
info@puchegger.at

Mi–Sa 11.30–13.45 und 17–20.15, So 11.30–13.45 Uhr
2 Wochen im Jän., 3 Wochen im Juli 2023

SCHMUTZER 13/20

Köchin: Ute Schmutzer

„Ein Gasthaus am Land“: Das Motto des „Schmutzer“ im schmucken Winzendorf am Fuß der Hohen Wand trifft es ganz gut. So stellt man sich tatsächlich einen idealtypischen Gastbetrieb vor. Ute Schmutzer, die Grande Cuisinière der Region, bietet viel Klassisches und im großen Menü – mit empfehlenswerter Weinbegleitung – verfeinerte Gerichte an. Stets köstlich die Saucen, ob intensiv zum gebratenen Kalbsbries mit etwas bitterem Chicorée oder subtil zum Reh. Nicht entgehen lassen sollte man sich den großartigen, international bestückten Käsewagen. Beachtenswert: Am Wochenende gibt's auch den ganzen Nachmittag das volle Angebot.

à la carte: 4,20–26 €

Tel.: 02638 222 37

2722 Winzendorf
Hauptstraße 12

www.gasthaus-schmutzer.at
gasthaus-schmutzer@aon.at

Do, Fr 12–14 und 17–20, Sa 12–20, So 12–19 Uhr
variabel

WOLFPASSING N2

GASTHAUS FIGL ⊘ 12/20

Koch: Patrick Friedrich

Wolfpassing kann sich glücklich schätzen ob seines Figls – einem engagierten und urigen Wirt, Treffpunkt für Alt und Jung. Am Sonntagnachmittag unseres Besuchs hatte auch der Stammtisch nach der Kirche noch nicht heimgefunden. Wir können das nachvollziehen, denn es geht nicht nur gemütlich zu beim Figl, nein, man kann hier auch vorzüglich essen. Rindfleischsulz und Rindsuppe mit Leberknödel bewiesen das eindrucksvoll. Der Sonntagsbraten – Schweinebraten von Schopf und Bauch mit Speckkraut und Semmelknödel – stand dem um nichts nach und ließ kaum Platz für die erwähnenswerte Kaffee-Schokoladen-Mousse. Die Weinkarte ist nicht groß, passt aber perfekt zum Speisenangebot; die Servicecrew ist jung und engagiert.

à la carte: 5–25 €

Tel.: 02242 701 55

3424 Wolfpassing
Wiener Straße 1

www.gasthaus-figl.at
willkommen@
gasthaus-figl.at

Mo, Di, Fr und Sa 11.30–14 und 18–21, So 11.30–20 Uhr

© Niederösterreich Werbung/Michael Reidinger

WÖSENDORF L2

HOFMEISTEREI HIRTZBERGER 16,5/20

Koch: Erwin Windhaber

Alle Jahre wieder ist es uns eine Freude, in Wösendorf im prunkvollen Gasthof der Doppelspitze Hartmuth Rameder und Erwin Windhaber samt talentiertem Küchenteam einzukehren. Leider schien unser erster Besuch unter keinem guten Stern zu stehen. Ein leicht überforderter (ergo genervter) Service, ein verpatzter Start beim ersten Gang, der Gänseleber. Jetzt wissen wir – aus eigener Erfahrung – aber, dass das auch anders geht und gaben der Hofmeisterei eine zweite Chance. Was sollen wir sagen? Uns fiel ein Stein vom Herzen! Die Gänseleber zum Start hatte ihre füllige, mollige Substanz wiedergefunden. Auch die Zitronenthymian-Velouté mit knusprigem Prosciutto vom Ötscherschwein erfreute. Aber die war auch beim ersten Besuch schon ein Highlight. Mit dem lauwarmen Seesaibling mit Dotter, Bärlauchbutter und jungen Erbsen ist alles wieder auf Schiene. Ordentlich dann auch die geräucherte Taube mit Sanddorn, Rotkraut und Wildem Brokkoli und das Dessert „Karotte mit Tonkabohne und Eisenkraut" zum schönen Abschluss. Schnell ein paar Schrauben gedreht – und schon ist wieder alles gut!

à la carte: 16–35 €

Tel.: 02715 229 31
0650 287 63 25

3610 Wösendorf
Wösendorf 74

www.hofmeisterei.at
restaurant@hofmeisterei.at

Mo, Sa 11.30–14 und 18–21,
Do, Fr 18–21, So 11.30–21 Uhr

♿

WULZESHOFEN 01

BSTEH

👍 Tipp

Gasthaus mit Gästehaus

Nachhaltigkeit und Regionalität werden im Traditionsgasthof großgeschrieben. Während Fleisch, Fisch und Milchprodukte aus der direkten Umgebung kommen, haben Kräuter und Früchte einen noch kürzeren Weg bis auf den Teller, denn diese stammen aus dem eigenen Garten. Selbst gemachte Marmeladen, Essig und feine Fruchtsäfte werden in der kleinen Greißlerei angeboten.

à la carte: 9–25 €

Tel.: 02527 203

2064 Wulzeshofen
Hauptstraße 57/58

www.bsteh.at
gasthaus@bsteh.at

Mo, Fr und Sa 9–14 und 17.30–21, Mi–Do 9–14, So 9–15 Uhr
✻ variabel

YBBS AN DER DONAU L2

BABENBERGERHOF

👍 Tipp

Im Babenbergerhof bilden regionale Produkte und klassische Gerichte das Fundament, hinzugefügt werden asiatische Einflüsse – sie ergeben schlussendlich ein hervorragendes und vor allem neues Geschmackserlebnis. Unser Favorit: süße Wan Tan mit Waldviertler Mohn und Buttermilch-Basilikum-Parfait.

Tel.: 07412 543 34

3370 Ybbs an der Donau
Wiener Straße 10

www.babenbergerhof.at
office@donau-lodge.at

Mo–Sa 11–14 und 17.30–21, So 11–14 Uhr

ZAUSSENBERG AM WAGRAM M2

HIMMELREICH® 13/20

Koch: Marco Gangl

Im Himmelreich angekommen, fühlt man sich gleich wie im Paradies. Der ehemalige Bauernhof wurde von Josef Fritz zu einem gemütlich-modernen Restaurant umgebaut. Im Innenhof wachsen auch alle Kräuter und Gemüse, die der neue Küchenchef Marco Gangl in seiner Küche verarbeitet. Zur Auswahl gibt es ein 4- beziehungsweise 6-Gänge-Überraschungsmenü. Sehr aufmerksam wird man nach Unverträglichkeiten und Allergien gefragt und erfährt anfangs nur ein paar Stichwörter als Orientierung für den Menüablauf. Sogleich nach den Grüßen aus der Küche ist klar, dass man nicht enttäuscht wird. Saisonale und regionale Produkte werden kreativ und innovativ serviert. Mit einer guten Mischung aus Fleisch, Fisch und Gemüse verwöhnt uns die Küche. Eine stimmige Weinbegleitung, natürlich vom Weingut des Hauses, ist die perfekte Ergänzung. Es freut uns sehr, dass im Himmelreich wieder die Kochlöffel geschwungen werden.

Tel.: 02278 282 41

3701 Zaußenberg am Wagram
Ortsstraße 4

www.restaurant-himmelreich.at
reservierung@restaurant-himmelreich.at

Fr–Mo ab 12 Uhr

ZISTERSDORF O1

ZUM GRÜNEN BAUM 11,5/20

Koch: Georg Kruder

Es gibt sie noch, die typischen Dorfgasthäuser mit den alten Holzbänken, der freundlich und kompetent wuselnden Kellnerschar, der vorbildlichen Speisekarte, dem gut gezapften Bier und der Weinkarte, die die Umgebung bestens abbildet. Wir erfreuten uns heuer an einem feinen Tatar von heimischen Fischen und einer Schaumsuppe von Kräutern aus dem Garten. Weiter ging es mit einem herzhaft paprizierten Schwammerlgulasch und einem saftigen Cordon bleu, um uns zum Abschluss an einer Spezialität des Hauses – die Malakoffnockerl – zu erfreuen. Zistersdorf darf sich glücklich schätzen.

à la carte: 10–35 €

Tel.: 02532 815 55
0680 307 57 06

2225 Zistersdorf
Landstraße 1

www.gasthauszumgruenenbaum.at
gasthaus.zumgruenenbaum@utanet.at

Mo, Di, Fr 11–14 und 18–20.30,
Sa, So 11–14 Uhr
Weihnachten 2022, variabel

ZÖBING N1

GUTMANN Tipp

Wirtshauskultur und Gastfreundlichkeit werden in dem familiengeführten Betrieb großgeschrieben. Serviert werden klassische Hausmannskost, traditionelle Gerichte und raffinierte Nachspeisen. Die Liebe zu Süßspeisen spiegelt sich in jedem Dessert und allen Pralinen wider.

Tel.: 02734 23 34

3561 Zöbing
Heiligensteiner Straße 32

www.gasthaus-gutmann.com
office@gasthaus-gutmann.at

Mi, Do 11.30–14.30,
Fr, Sa 11.30–14.30 und
18–21.30, So 11–15 Uhr
1 Woche im Juli, 2 Wochen Anfang September 2023

OBER-ÖSTERREICH

DIE BESTEN

18,5/20	**BOOTSHAUS** Traunkirchen	Seite 264
18,5/20	**OIS** Neufelden	Seite 256
17/20	**LUKAS RESTAURANT** Schärding	Seite 262
17/20	**ROSSBARTH** Linz an der Donau	Seite 252
17/20	**TANGLBERG** Vorchdorf	Seite 266
16,5/20	**DER HOLZPOLDL** Lichtenberg	Seite 249
16,5/20	**RAU** Großraming	Seite 245
16,5/20	**WALDSCHÄNKE** Grieskirchen	Seite 245
16/20	**VERDI** Linz an der Donau	Seite 253

LEGENDE

- ○ Orte allgemein
- Orte mit (1 Haube)
- Orte mit (2 Hauben)
- Orte mit (3 Hauben)
- Orte mit (4 Hauben)
- Orte mit (5 Hauben)

CZ
Afiesl
Rohrbach Oberösterr.
Bad Leonfelden
Freistadt
St. Johann a. Wimberg
eufelden
Kefermarkt
Aschach an der Donau
Gallneukirchen
Pregarten
Mönchdorf
Lichtenberg
LINZ
Eferding
Steyregg
Leonding
Mauthausen
Perg
Enns
Grein
Traun
St. Florian
Wels
Kronstorf
Neuhofen a. d. Krems
Enns
Steyr
Krems
Garsten
Bad Hall
Steyr
Großraming
Kirchdorf a. d. Krems
Weyer Markt
Windischgarsten
Vorderstoder

AFIESL J1

BERGERGUT

14/20

Genießerhotel & Restaurant

Koch: Thomas Hofer

Das Bergergut ist ein Genießerhotel hoch oben im Mühlviertel, das sich anspruchsvoller Kulinarik mit Wohlfühlatmosphäre verschrieben hat. Die Lage ist wunderbar. Man sollte sich die Zeit nehmen, um die Wälder und sanften Hügel in der Umgebung zu erkunden, Luft und Aussicht zu genießen. Hier hat Koch Thomas Hofer seine Heimat gefunden. Eine seiner großen Leidenschaften ist Brot. Und das Sauerteigbrot, das als Gruß aus seiner Küche gereicht wird, entpuppt sich als spektakulär gut. Man kann hier auch à la carte (sogar zum Frühstück!) essen, doch wir wählten das fünfgängige Abendmenü, um zu sehen, womit Hotelgäste verwöhnt werden. Wir wurden auf eine Reise durchs Mühlviertel mitgenommen. Auf einen leichten Gang aus Waller, Kohlrabi und Radieschen folgte ein kräftiger aus Aal, Pilzen und Sauermilch. Die Rinderbrust wurde von Zwetschke und Whiskyfond umschmeichelt, den rohen Spitzpaprika und einen Speckchip obendrauf hätte es nicht mehr gebraucht. Wirklich beeindruckend und opulent sind Käse- und Bierauswahl. Es ist nicht zu übersehen, dass wir uns im Kernland der Brauer befinden.

à la carte: 6,50–89 €

Tel.: 07216 44 51

4170 Afiesl
Oberafiesl 7

www.romantik.at
bergergut@romantik.at

Di–Fr 18.30–21, Sa 12–14 und 18.30–21, So 8–12 Uhr
✻ 23.–27. Dez. 2022

♿

ALTMÜNSTER 13

DIE STUBE IM MAXIMILIANHOF 13/20

Koch: Florian Eckmair

Es gibt Restaurants, da fühlt man sich von Anfang bis Ende einfach wohl. Im Fall von Patronne Sabine Eisner und ihrer Stube im Maximilianhof beginnt das Wohlfühlen schon bei der unkomplizierten Tischreservierung und reicht bis zur Verabschiedung. Bei Schönwetter sitzt man im gemütlichen Garten, der aber nicht mit dem Flair der historischen Stube mithalten kann. Küchenchef Florian Eckmair hat eine ansprechende Karte mit einem saisonal wechselnden Part und einem Klassiker-Teil zusammengestellt. Zudem gibt es ein liebevoll komponiertes und preislich sehr attraktives Menü, in dem die Lieblingsgerichte des Hauses versammelt sind. Dabei gefielen uns ganz besonders „Flo's rustikale Fischsuppe", Hascheeknöderl mit Paprika-Veltliner-Kraut, gekochtes Rindfleisch und ein „Wachauer Cordon bleu" mit Marille. Nicht ganz überzeugt waren wir von den Gugumuck-Schnecken, die sehr klassisch in Kräuterbutter und etwas übergart serviert wurden. Hervorragend hingegen das „Surf and Turf" mit Kaninchen und Garnelen mit Süßkartoffelpüree und Rahmkohlrabi. Die Weinkarte überrascht ob des großen Umfangs und der verführerischen Auswahl an Raritäten.

à la carte: 8–39 €

Tel.: 07612 878 00
0664 182 11 88

4813 Altmünster
Maximilianstraße 1

www.maximilianstube.at
reservierung@
maximilianstube.at

Di–Sa 17–24 Uhr

ATZBACH I2

CHARLES' & FRANK'S 14,5/20

Koch: Robert Bauer

Küchenchef Robert Bauer absolvierte seine Lehre bei Werner Matt. Und dass er bei ihm – und in vielen anderen Spitzenbetrieben – sein Handwerk perfekt gelernt hat, beweist er mit seiner Performance im Restaurant Charles' & Frank's. So starteten wir nach dem Gruß aus der Küche mit einem Saiblingsfilet mit Currymelone, Eierschwammerl und Kräuterfond mehr als erfreulich unsere kulinarische Entdeckungsreise. Das geeiste weiße Paradeisersüppchen mit Zucchini, Lachsforelle sowie Basilikum sorgte für einen angenehmen Zwischenstopp, bevor ein erfrischendes Ribiselsorbet mit Prosecco den Hauptgang ankündigte. Dieser bestand dann aus einem exakt gebratenen Rinderfilet, das uns – durch Pak Choi und Shiitake-Wan-Tan – auf einen Kurztrip nach Asien entführte. Es folgte Sauerrahmmus mit Kirschen und Sauerklee sowie ein Mozzarellaschaum mit Chicorée, Tomatensorbet und Himbeeren. Beide Gerichte überzeugten ebenso, wobei wir noch glücklicher gewesen wären, hätte man uns das Käsegericht vor dem süßen Gang serviert. Pralinen zum Finale und ein herzlicher Service trugen ebenso zu einem gelungenen Abend bei.

Tel.: 050 560 725 00
4904 Atzbach
Ritzling 9
www.charlesandfranks.com
restaurant@
charlesandfranks.com
Mi–Sa 18–21 Uhr
♿

BACHMANNING I2

WEINWIRT 13/20

Köchin: Elisabeth Haberfellner

Der Weinwirt liegt etwas ab vom Schuss, aber wenn es einen in die Nähe verschlägt, sollte man unbedingt beim Ehepaar Haberfellner einkehren. Er schupft gelassen und ruhig den Service, sie bereitet gutbürgerliche Gerichte zu, die vielleicht etwas aus der Zeit gefallen wirken, aber nie altmodisch sind. Dafür schmecken sie einfach zu gut. Die Hausruckviertler Erdäpfelsuppe ist so fein wie deftig. Das Zanderfilet mit Krensauce nimmt sich ein Beispiel an Steirischem Wurzelfleisch. Weiß man gar nicht weiter, bekommt man stets ein gutes Wiener Schnitzel. Bei Desserts und Wein kann man den Empfehlungen fast blind folgen.

à la carte: 21,50–35 €

Tel.: 07735 71 31
4672 Bachmanning
Grünbachstraße 20
www.weinwirt.at
restaurant@weinwirt.at
Do, Fr 18–21.30,
Sa 11.30–13.30 und 18–21.30,
So 11.30–13.30 Uhr
✻ variabel

BAD GOISERN I3

STEEGWIRT 13/20

Welterbewirtshaus

Köche: Fritz & Tamino Grampelhuber

WIRTSHAUS DES JAHRES 2019

Der Steegwirt ist ein Wirtshaus wie aus dem Bilderbuch mit einer Geschichte, die fast ein halbes Jahrtausend zurückreicht. Das Augustiner Bier wird im Krug serviert. Der hausgeräucherte Gamsschinken ist großartig, das Bratl in der Rein eine Wucht. Das Haus ist auch dem Sport verbunden: Das Fleisch vom Angusrind bezieht man vom ehemaligen Skirennläufer Fritz Strobl, die Sauce zum Filet vom Rehbock wird mit Gin vom Fußballer Arnautović verfeinert. Auf die Zubereitung von Fisch aus den nahen Seen versteht man sich ebenfalls, ob im Ganzen gebraten oder als Filet mit Couscous und Linsen. Zum Schluss gab es eine feine Auswahl Schafmilcheis. Äußerst professioneller und flotter Service.

à la carte: 15–27 €

Tel.: 06135 83 02
0664 170 78 27
4822 Bad Goisern
Au 12
www.steegwirt.at
office@steegwirt.at
tgl. 11.30–21 Uhr
♿

LANDHOTEL AGATHAWIRT Tipp

Im Agathawirt werden sowohl Hotelgäste als auch einkehrende Gäste des Salzkammerguts herzlich begrüßt. Stolz ist man hier vor allem auf die regionale Kochkunst mit heimischen Produkten. Vom Hallstätter See ist es lediglich ein Katzensprung bis in die Küche. Die fangfrische Qualität schmeckt man. Auch viele vegetarische Alternativen werden angeboten.

à la carte: 10–27 €

Tel.: 06135 83 41
4822 Bad Goisern
St. Agatha 10
www.agathawirt.at
office@agathawirt.at
Mi–Fr 17–22,
Sa und So 11–22 Uhr
✱ bis 10. Mai 2023

BAD ISCHL 13

SIRIUSKOGL ⓝ 11,5/20

Hat man den äußerst steilen Anstieg – man muss mit etwa 20 Minuten rechnen – hinter sich gebracht, wird man im Gasthaus Siriuskogl mit einer ausgezeichneten Küche empfangen. Karamellisierter Ziegenkäse mit Lavendelhonig, der Hirschburger „Wilde Wilma" – zu dem es handgeschnittene Pommes frites und hausgemachte Cocktailsauce gibt –, Blunzenravioli auf Currykraut oder mit Lammfleisch gefüllte Knödel zeigen, dass man hier zu kochen versteht. Und zum süßen Finale gibt es dann noch Erdbeergazpacho oder Topfentorte. Hervorragend ist beides.

Tel.: 0660 734 63 02
4820 Bad Ischl
Sulzbach 70
siriuskogel.at
office@siriuskogel.at

ZUR NOCKEN TONI 11/20

Landgasthaus

Koch: Ernst Siegesleitner

Wer in Bad Ischl abseits der Touristenmassen speisen möchte, ist hier gut aufhoben. Im Landgasthaus zur Nocken Toni genießt man traditionelle Klassiker der Wirtshausküche. Neben Backhendl, Wiener Schnitzel sowie Tafelspitz mit Apfelkren und Schnittlauchsauce finden sich auch moderne Gerichte auf der Karte. Spinat-Petersil-Schaumsuppe etwa oder hausgemachte Bandnudeln mit Trüffelrahmsauce, Saiblingsfilet mit Wurzelgemüse oder Schoko-Pralinen-Kuchen mit marinierten Orangen zum Beispiel.

à la carte: 18–48 €

Tel.: 06132 233 27
0699 127 626 62
4820 Bad Ischl
Köhlerweg 1
www.nockentoni.at
info@nockentoni.at
Mi–Sa 11.30–14 und 18–21,
So 11.30–14 Uhr

RETTENBACHALM Tipp

Auf der Rettenbachalm werden allerlei Köstlichkeiten aus der Region angeboten. Die kleine Speisekarte mit österreichischen Klassikern wird durch saisonale Empfehlungen ergänzt. Besonders geschmackvoll und stärkend ist die Rindssuppe mit Frittaten. Diese wird drei Tage über dem Holzofen gekocht, um den vollmundigen Geschmack zu erzielen.

à la carte: 10–30 €

Tel.: 06132 236 31
0650 794 76 53
4820 Bad Ischl
Rettenbach 74
www.rettenbachalm.co.at
floriansimmer207@
gmail.com
Do–Di 11.30–20 Uhr
♿

DIERSBACH I2

KIRCHENWIRT DIERSBACH 13/20

Koch: Daniel Hutsteiner

Im Irgendwo, aber nicht irgendwas: Dieser Kirchenwirt im Innviertel entwickelt sich kontinuierlich weiter. Bei den Klassikern à la Consommé vom Rind und Backhendl gelingt alles gut, aber nicht sehr gut. Hier hätten wir uns mehr Finesse gewünscht. Die „Extravagant“-Linie ist, wie zum Beispiel beim Viererlei von der Bachforelle (Filet, Nockerl, Biskuit, Kaviar), zu viel des Guten: Es wird versucht, alles in ein Gericht zu packen. Hier wäre das Motto „less is more“ eine Empfehlung. Wir sind überzeugt: Im Kirchenwirt Diersbach steckt noch einiges. Frischer Wind und Motivation sind sichtbar. Gute regionale Bierempfehlungen. Prost!

Tel.: 07719 20106
4776 Diersbach
Am Berg 8
www.kirchenwirt-diersbach.com
kirchenwirt.diersbach@gmail.com
Do–Mo 17–21, So 11.30–14 Uhr

EGGELSBERG G2

GÖSSNITZER Tipp

Die überschaubare Speisekarte des 400 Jahre alten Traditionsgasthauses überzeugt mit traditionellen Kärntner Nudelgerichten sowie Fisch- und Fleischspezialitäten. An Sonntagen wird die Karte um ein saisonal wechselndes Menü erweitert.

à la carte: 6–25 €

Tel.: 07748 2346
0664 377 2704
5142 Eggelsberg
Salzburger Straße 15
www.amphicles.net
laurum@gmx.at
Do–Mo 11–14 und 17–21 Uhr

GARSTEN J2

GORFER NATUR GOURMET 12,5/20

Koch: Reinhard Gorfer

Der Gorfer in Garsten ist ein Restaurant mit mehreren Gaststuben, in denen ordentlich Leben herrscht, einer angeschlossenen Landwirtschaft und eigenem Bio-Rindfleisch sowie Bio-Lamm. Hier wird großes Augenmerk auf Produktqualität gelegt. Eine angenehm frühlingshafte Vorspeise ist das gebeizte Saiblingsfilet mit Apfel, Radieschen und Buttermilch, empfehlenswert auch die Fischsuppe mit reichlich Einlage (heimischer Fisch, Garnele, Krustentier). Schlicht famos dann der Lammrücken, zart rosa gebraten, mit Wurzelwerk und Portweinjus. Sehr guter Most, Cider und Destillate. Achtung: nur Barzahlung.

à la carte: 8–25 €

Tel.: 0664 325 39 62

4451 Garsten
Herrenweidestraße 20

www.gorfernaturgourmet.at
ngg@naturgourmet.at

Mo 12–13.30, Fr 18–23,
Sa 12–14 und 18–23,
So 12–14.30 Uhr
variabel

GEINBERG H2

AQARIUM 13,5/20

Koch: Peter Reithmayr

Das Gourmetrestaurant auf dem Areal der Therme Geinberg hat einen hohen Anspruch. Speisen und Weinkarte lesen sich grandios. Das Beste an diesem Abend waren die beiden jungen Köchinnen, die den Pass geleitet haben, als hätten sie im Eleven Madison Park gelernt. Großes Lob, dass hier der Raum für junge weibliche Talente gegeben wird – wir finden das vorbildlich. Die für das Menü konzipierten Speisen sind allerdings leider unter den Erwartungen. Hier fehlen Geschmack und Komposition. Ochsenherztomate mit Zucchini und Entenei mit Espuma waren geschmacklich schwach. Das Beef-Carpaccio war spannend gewürzt, aber vom Fleisch hat man kaum noch etwas geschmeckt. Den Hecht durften wir leider nicht bestellen – der Service wollte uns diesen Wunsch, warum auch immer, nicht erfüllen. Das zarte Seidenhuhn war der beste Gang des Abends. Glaskultur und Weinservice waren wiederum sehr gut: Die Weine, vorrangig aus Österreich, sind exzellent kuratiert. Der Betrieb hat Potenzial, aber es gibt einiges zu tun. Die Energie in der Küche war aber zu spüren. Wir sind überzeugt: Es wird wieder besser. Und wir kommen gerne wieder, um das zu beurteilen.

à la carte: 18–62 €

Tel.: 07723 850 125 85

4943 Geinberg
Thermenstraße 13

www.aqarium.at
restaurant@aqarium.at

Mo–So 7.30–22 Uhr

GRIESKIRCHEN I2

WALDSCHÄNKE

16/20

Köche: Elisabeth & Clemes Grabmer

Ein Familienbetrieb, wie er im Buche, nein, am Waldrand steht. In der Waldschänke werken Elisabeth und Clemens, Mutter und Sohn, in der Küche, Patron Heinz hat den Weinkeller und den Service fest im Griff. Das Menü heißt „Hoamatgaung" und bietet einen kulinarischen Spaziergang durch heimatliche Gefilde. Es beginnt mit mariniertem Kohlrabi, Minze und Kürbiskernmiso – ein erfrischender Frühlingsgang und ein guter Start ins Menü. Danach, fast schon ein Waldschänkenklassiker, der im Salzteig gegarte Sellerie, der diesmal dünn geschnitten über einem Walnussrisotto mit Weichselast-Béchamel und eingelegten Vogelbeeren serviert wurde. Ein Gedicht. Aber auch der nächste Gang, der Kalkalpen-Huchen (mit Molke, Erbsen und Minze), ist überwältigend, von der geschmorten Ziegenstelze im Anschluss ganz zu schweigen. Unbedingt erwähnenswert, weil ziemlich einzigartig, das Weinangebot. Erstens ist es umfangreich und mit viel Leidenschaft und Kompetenz zusammengestellt, zweitens geht es – jahrgangsmäßig – ordentlich in die Tiefe. Sogar Weine zurück bis zum Anfang der Neunzigerjahre sind zu finden.

Tel.: 07248 623 08
0664 16 012 51

4710 Grieskirchen
Kickendorf 15

www.waldschaenke.at
restaurant@waldschaenke.at

Di 11.30–14, Mi–Sa 11.30–14
und 18–24 Uhr
variabel

GROSSRAMING K3

RAU

16,5/20

nature-based cuisine

Köche: Christopher Koller & Klemens Schraml

Man kann nicht einfach ins Rau fahren, das fernab vom Schuss in der Region Kalkalpen liegt, man muss hinwollen. Dass sich der Weg lohnt, hat sich in den letzten Jahren herumgesprochen. Die immer noch jungen Köche Klemens Schraml und Christopher Koller zelebrieren hier ihre „nature-based cuisine" im Wandel der Jahreszeiten – allerdings nicht dogmatisch auf Regionalität beschränkt. Die beiden Tüftler stehen für eine „Werkstattküche", in der vieles länger vorbereitet wird. Ein Beispiel ist fermentierter Spargel, der mit einer Bärlauch-Emulsion eine wunderbare Liaison eingeht. Total pur der Geschmack des Heilbutts, umso mehr Kraft haben die Begleiter: Miesmuschel-Tatar und ein Rauch-Kräutersud. Der Lammrücken war von einer Güte, wie man sie nur ganz selten findet, und hätte auch allein serviert werden können. Große Kunst das kaum süße Dessert aus Pistazie, Heidelbeere und Dulce de leche. Tolle, zum Teil ausgefallene Weine begleiten das Menü, die Cocktails können auch einiges. Schritt für Schritt wächst hier ein großes Restaurant heran. Und der Plafond ist noch nicht in Sicht.

à la carte: 15–250 €

Tel.: 0664 124 69 86

4463 Großraming
Pechgraben 23

www.im-rau.com
office@im-rau.com

Mi–Sa 12–23 Uhr
1. Jänner bis 17. Jänner 2023

GURTEN H2

GASTHOF BAUBÖCK 12,5/20

Koch: Dominik Bauböck

Es gibt wenige Dorfgasthäuser, auf die man sich uneingeschränkt freut. Das Bauböck gehört zweifelsohne dazu. Das Gasthaus mit 500 Jahren Geschichte beweist, dass regionale Küche und Qualitätsdenken bestens zueinanderfinden können. Vorweg überzeugte ein herzhafter weißer und grüner Spargelsalat, der von kleinen Berglinsen begleitet wurde. Das butterweiche Schulterscherzel vom Kalb samt cremigem Kartoffelpüree zerging regelrecht auf der Zunge. Zum Abschluss sollte man sich den großartigen Kaiserschmarren nicht entgehen lassen. Da wartet man die halbe Stunde, die für die Zubereitung angekündigt wird, sehr gerne. In der Weinkarte dominieren heimische Gewächse, der Service ist professionell und angenehm zurückhaltend.

à la carte: 7–42 €

Tel.: 07757 62 02
4942 Gurten
Hofmark 8/10
www.bauboeck.info
office@bauboeck.info
Mi–Sa 11.30–13.30 und 17.30–21, So 11.30–14 Uhr

GUTAU K2

LANDGASTHAUS ZUM EDI Tipp

Authentische Küche ohne viel Schnickschnack, mit Zutaten aus der Region und orientiert am kulinarischen Saisonkalender: Dafür steht die Küche des Landgasthauses. Nicht nur geschmacklich, sondern auch optisch gibt es nichts zu beanstanden. Es ist fast schade, die kleinen Kunstwerke auf den Tellern zu vernaschen.

à la carte: 3,50–28,50 €

Tel.: 07946 63 02
4293 Gutau
St. Oswalder Straße 3
www.zum-edi.eu
zum-edi@aon.at
Mi–Sa 11.30–14 und 17.30–20.30, So 11.30–17.30 Uhr
variabel

KIRCHHEIM IM INNKREIS H2

WIRT Z'KRAXENBERG 12,5/20

Koch: Florian Schlöglmann

Beim Wirt z'Kraxenberg wird die Speisekarte monatlich geändert. Dieses Engagement zahlt sich für die Gäste aus, denn das Gebotene überrascht mit einer Qualität, die überzeugt. Hier kann man auf einem kreativeren Niveau dinieren. Der marinierte Schweinebauch mit Pilzsauce oder die Bärlauchcremesuppe überzeugten bei unserem Besuch sowohl in Sachen Präsentation als auch Geschmack. Vorzüglich gelang der Küche auch das gebratene Lachsforellenfilet mit Kohlrabi-Perlgraupen-Risotto, Karottensud und Kohlrabiöl. Das süße Osterei – weißer Schokoladenmantel mit Passionsfrucht, Kokosnuss und Ananas – gibt es eher nicht das ganze Jahr. Aber uns bleibt die Nachspeise mit Sicherheit noch lange in bester Erinnerung.

à la carte: 12–18 €

Tel.: 07755 64 94
4932 Kirchheim im Innkreis
Kraxenberg 13
www.wirtzkraxenberg.at
info@wirtzkraxenberg.at
Di, 18–21, Mi–Sa 11.30–14 und 18–21 Uhr
variabel

KRONSTORF K2

GASTHOF RAHOFER 14,5/20

Koch: Florian Gintenreiter

Wie ein Bollwerk des guten Geschmacks steht der Rahofer an der Kronstorfer Hauptstraße und betört mit liebevoll-fröhlich eingerichteten Stuben und einem verwunschenen Gastgarten, der aus der Zeit gefallen scheint. Die Aufmerksamkeit der charmanten Damen im Service tut ein Übriges, um sich rundum wohlzufühlen, während man aus der umsichtig zusammengestellten Weinkarte ein Flascherl aussucht und der Köstlichkeiten des ehemaligen Souschefs des Mühltalhofs, Florian Gintenreiter, harrt. Erfreut haben uns dann ein Wildkräutersalat mit Feigen, Speck und Schaffrischkäse sowie gebeizter Saibling mit süßsaurem Hokkaidokürbis und Salzmarille. Auch die frische Lammleber mit eingelegten Sauerkirschen, frischem Pfeffer und Selleriecreme von der Tageskarte hatte Suchtfaktor, bevor uns das Salzkaramelleis mit Haselnussschaum, Schokoladencreme, Nüssen und Crumble endgültig in unserem Entschluss bestärkte, hier baldigst wieder Station zu machen und um des Genusses Willen eines der vier charmanten Zimmer zu frequentieren.

Tel.: 07225 83 03
4484 Kronstorf
Hauptstraße 56
www.rahofer.at
gasthof@rahofer.at
Mi–Sa 11.30–14 und 17.30–21.30, So 11.30–14 Uhr
♿

LASBERG

ELZER STUB'N Tipp

Die Elzer Stub'n im gleichnamigen Dorf bietet nicht nur eine Jausenkarte, sondern ist vor allem bekannt für ihre hervorragende Wirtshausküche. Im idyllischen Gastgarten serviert der Küchenchef hausgemachte Ravioli, gebratenen Kabeljau und saftige Maishendlbrust. Die Beilagen wechseln je nach Saison. Zum Abschluss noch ein Kaiserschmarren oder eine Käsevariation.

à la carte: 5–35 €

Tel.: 07947 206 98
4292 Lasberg
Elz 1
www.elzer-stubn.at
info@elzer-stubn.at
Mo, Do und Fr 16–20, Sa und So 10–14 und 17–20 Uhr
♿

LEONDING J2

BERGDIELE 14,5/20

Koch: Oliver Rechberger

In der Bergdiele fühlt man sich wohl. Der Service agiert professionell und zuvorkommend. Die Einrichtung ist modern und die Gerichte überzeugen mit Qualität. Letztere haben die Gäste Küchenchef Oliver Rechberger zu verdanken, der Absolvent der Tourismusschule Bad Leonfelden ist. Wer sich hier auf eine kulinarische Reise einlässt, kann sich – je nach Saison – an Steinpilzsuppe, Tataki vom Seesaibling oder Miso-Forelle im Wirsing erfreuen. Sollte das Perlhuhn mit Schwarzwurzeln und Trüffeljus auf der Karte stehen, bitte unbedingt zugreifen! Im Bereich der Desserts ist indes noch etwas Luft nach oben. Das Schokotörtchen mit Ananasragout und Passionsfrucht war gut, aber hier könnte man sich durchaus auch noch etwas anderes einfallen lassen.

à la carte: 15–43 €

Tel.: 0732 7742 99
0650 217 22 57

4060 Leonding
Holzheimer Straße 7

www.bergdiele-linz.at
office@bergdiele-linz.at

Mo, Di, Do 12–14 und 17–21,
Mi 12–14, Fr 17–21 Uhr

LICHTENBERG J2

DER HOLZPOLDL 16,5/20

Koch: Manuel Grabner

Ein kulinarisches Spektakel, dirigiert von Manuel Grabner. Der Multigastronom und mehrfach ausgezeichnete Koch drückt seit fünf Jahren dem Landgasthof in Lichtenberg bei Linz seinen Stempel auf. Sehr umfangreiche Karten weisen auf ein schier unendliches Repertoire dieser Küche hin. 15 Gerichte mit sehr wechselndem Niveau haben wir probiert. Alles wird hochwertig angerichtet und macht Vorfreude – und der Spagat zwischen Avantgarde und zugänglicher Küche gelingt hervorragend. In Sachen Ausgewogenheit, Tiefe des Geschmacks und Finesse bleiben einige Gerichte allerdings unter der Erwartung. Der Eismeersaibling etwa schmeckt süß. Sein asiatischer Touch stellt sich geschmacklich deutlich über den Rest der Zutaten. Fein dagegen die Regenbogenforelle mit Joghurt, Kaviar, Honig und Gurke. Dann wieder ein Durchhänger: Der Kaisergranat mit Ananas und Vanille zeigt eine schwache Produktqualität. Beim gebackenen Kalbsbries steht leider die Panade im Vordergrund. Danach kommt der Kärntner Laxn, eine sehr gute Seeforelle mit Paprika und Blutwurst. Bei der Gänseleber zeigt die Küche dann wieder, dass sie auch kreativ sein kann. Spannende Idee mit Umeboshi und Reis. Es brummt im Lokal – und der Erfolg gibt dem Koch recht. Um ganz oben mitzuspielen, hat es dieses Jahr aber nicht gereicht.

à la carte: 6–38 €

Tel.: 07239 62 25
0676 384 57 07

4040 Lichtenberg
Am Holzpoldlgut 2

www.holzpoldl.at
office@holzpoldl.at

Mi 18–20.30, Do–So 11.30–13.30 und 18–20.30 Uhr

♿

LINZ AN DER DONAU J2

BY PRESLMAYER 13/20

Köche: Bernhard Preslmayer & Christoph Ranetbauer

Mittags bietet das Restaurant im Zentrum von Linz nur ein sehr eingeschränktes Speisenangebot an. Das sollte das Servicepersonal den Gästen bei einer telefonischen Reservierung unbedingt mitteilen, denn sonst könnte es schnell zu einer Enttäuschung kommen. Abends sieht die Situation anders aus: Dann wird ein Saibling mit Haselnuss und Buttermilch verfeinert und der Pak Choi erfreut sich über Mandarine und Anchovis als Begleiter. Das Gesottene vom Atterseer Bio-Lamm wird von Petersilienwurzel und Kren begleitet, während sich das rosa gebratene Filet vom Cult Beef über noble schwarze Trüffel freut. Zum erfrischenden Abschluss gibt es dann noch Heueis mit Sig (karamellisierte Molke, auch „Wälder Schokolade" genannt). Eine Rarität, die man sich nicht entgehen lassen sollte.

Tel.: 0732 918 989
0699 127 273 32

4020 Linz an der Donau
Pfarrgasse 18

www.bypreslmayer.com
restaurant@
bypreslmayer.com

Di–Fr 11.30–14 und 18–22,
Sa 18–22 Uhr

DAS LANDHOF® Tipp

Koch: Kevin Leibetseder

Beef Tatar mit Toast, Carpaccio mit Bärlauchbaguette, Consommé vom Weiderind mit Frittaten oder Kaspressknödel sowie Wiener Schnitzel mi Petersilienkartoffeln. Im Landhof setzt man zum Großteil auf Altbekanntes. Dazu gesellen sich Gerichte wie gebratenes Beiried, gebratene Garnelen mit Risotto oder Coq au vin mit Kräuterseitlingen. Bei den Nachspeisen – etwa dem Apfelstrudel-Parfait – zeigt die Küche Kreativität. Das im September 2020 renovierte Hotel verfügt über elf Zimmer mit insgesamt 25 Betten.

à la carte: 17–40 €

Tel.: 0732 7798 32
0676 682 90 57

4020 Linz an der Donau
Pummererstraße 4a

www.daslandhof.at
office@daslandhof.at

Mo–Fr 11–21. Sa 17–21 Uhr

♿

ESSIG'S

14,5/20

Koch: Georg Essig

Durch eine kitschig-süße Greißlerei betritt man diesen Linzer Klassiker. Auf Lunch ausgerichtet, trifft man hier vorwiegend auf wichtige Geschäftsleute mit Anspruch auf Genuss. Hell ist das lokal und strahlend auch der Service. Unkompliziert, flexibel – wunderbar. Hier werden Gerichte serviert, die in ihrer Komposition auch aus den 80ern in einem Lokal in Los Angeles sein könnten, aber genau deshalb so zeitgemäß sind. Der Fokus liegt auf der Produktqualität, der Frische und der Klarheit – egal, ob Garnele, Saibling, Hummer, Fischsuppe, Kalbsrücken oder der stadtbekannte Strudel (diesmal gefüllt mit Eierschwammerl und Zanderfarce). Gute Aperitif- und Weinauswahl und tolle alkoholfreie Empfehlungen.

à la carte: 35–40 €

Tel.: 0732 770 193

4020 Linz an der Donau
Niederreithstraße 35 b

www.essigs.at
info@essigs.at

Di–Fr 11–16 Uhr
variabel

GÖTTFRIED

15/20

Koch: Christian Göttfried

Das Göttfried in der Linzer Altstadt liegt genau gegenüber von jenem Lokal, das gefühlte Ewigkeit das Vanilli war. Und so wie das Vanilli (selig) eine Institution und ein Fixstern am Himmel des Linzer Nachtlebens war, ist der Göttfried eine Institution und Fixstern am kulinarischen Horizont der Landeshauptstadt. Die Küchenlinie orientiert sich am verantwortungsvollen, nachhaltigen Genuss. Ein Widerspruch? Mitnichten. Das Beuschel vom Bio-Kalb gehört zu besten des Landes, das Wiener (ebenfalls vom Bio-Kalb) ist mustergültig. Und doch: bei aller Ernsthaftigkeit sitzt Christian Göttfried auch der Schalk im Nacken. Der Brownie zum Nachtisch wird mit Kirscheis serviert, die Crème brûlée mit Camparisorbet. Apropos: die Weinkarte kann sich auch sehen lassen. Kompetent kurartiert, solide und doch nicht ohne Überraschungen. Bei den Weinempfehlungen kann man sich getrost auf die Empfehlungen des Service verlassen. Sie erfolgen solide und mit sicher Hand.

Tel.: 0732 9970 23
0664 152 65 32

4020 Linz an der Donau
Hofgasse 5

www.goettfried.at
office@goettfried.at

variabel

KLIEMSTEIN VINO VITIS

15/20

im Salzamt

Koch: Michael A. Müller

Patron Michael Müller hat sich ein kleines Imperium zwischen Gastronomie, Weinhandel und Glaskultur aufgebaut. Sein Flaggschiff ist das Kliemstein, untergebracht im historischen Salzamt der Donaustadt. Hier verwöhnt er mit seinem Team die Gäste und erzählt gern über die Herkunft der Produkte und Weine. Letztere sind oft weit vom Konventionellen entfernt. Allein die Getränkebegleitung würde einen Besuch rechtfertigen. Doch auch die Performance der Küche ist absolut bemerkenswert. Der Fokus liegt auf altösterreichischen Gerichten sowie dem iberischen Raum. Die Häuser Österreich und Spanien haben ja auch historisch einiges miteinander zu tun. Weil mit Lebensmitteln sorgsam umgegangen wird, gibt es im Kliemstein grundsätzlich nur Menüs auf Vorbestellung (Ausnahme: Nachmittags kann à la carte gegessen werden). Als Einstimmung kam eine kleine Auswahl an Tapas, es folgte ein Navetten-Carpaccio (Mairübe) mit Yuzu-Sud – angenehm säuerlich und leicht bitter, eine ansprechend leichte Vorspeise. Ohne Fehl und Tadel das beste Stück vom Hirsch, ein – auch geschmacklich gelungener – Gag ist der Apfelstrudel als Beilage. Auch der Abschluss in Form eines dekonstruierten Kletzenbrots überzeugte uns. Muchas gracias!

Tel.: 0732 997 079

4020 Linz an der Donau
Obere Donaulände 15

www.kliemstein-linz.at
restaurant@
kliemstein-linz.at

Di–Fr 12–23, Sa 12–23.30 Uhr
Fei, variabel

LEBÜSCH Ⓝ

11/20

Koch: Heinz Hanner

Das LeBüsch setzt auf lockeres Ambiente. So sucht man sich den Wein im begehbaren Weinkeller selbst aus und den Speck zum Aperitif schneidet man sich am Tisch ebenfalls selber. Die Speisekarte bietet eine kleine Auswahl bodenständiger Gerichte – wie Zitronen-Backhenderl oder geschmorte Rindsbackerl. Dazu kommen noch Jakobsmuscheln mit Sellerie-Trüffel-Salat oder gebratenes Maishenderl mit Graupenrisotto. Bei den Desserts versuchen Millirahmstrudel oder lauwarmer Schokokuchen den Gast zu einer süßen Sünde zu verführen.

à la carte: 8–19 €

Tel.: 0670 604 40 04
4020 Linz an der Donau
Graben 24
lebüsch.at
hallo@lebuesch.at
Di–Sa 11–24 Uhr
variabel

MUTO

15/20

Koch: Werner Traxler

Unkompliziert und spannend: So möchte das Team des Muto den Aufenthalt für seine Gäste gestalten. Und das Vorhaben gelingt Werner Traxler in der Küche und Michael Steininger im Service. Letzterer sorgt dafür, dass das Menü von einer interessanten Weinauswahl begleitet wird und auch die antialkoholische Speisenbegleitung liegt ihm besonders am Herzen. Und was speist man im Herzen der Linzer Altstadt? Eine Momentaufnahme könnte so aussehen: Nach Brot und Butter wird etwa eine Kombination aus pochierten Stör und Yuzu in verschiedensten Texturen serviert. Schmeckt und provoziert – etwa durch das gereichte Fischgummibärchen – gleichermaßen. Folgen könnten dann zum Beispiel eine ungestopfte Entenleber mit Vogelbeeren beziehungsweise ein Wildhenderl mit Kohlsprossen, Kräuterseitling und Kokos. Ein Käsegang darf hier selbstverständlich fast nie fehlen: vielleicht in Form von Käsespätzle mit Fourme d'Ambert – einer Edelschimmelkäsesorte aus der Auvergne. Da aber gerade Schimmelkäse nicht jedermanns Geschmack ist, täte es gut, hier über mögliche bestellbare Alternativen nachzudenken. Und zum süßen Finale darf es dann noch ein Schokoladenpudding mit Quitte und Petersilienwurzel sein.

à la carte: 9–28 €

Tel.: 0699 110 890 63
4020 Linz an der Donau
Altstadt 7
www.mutolinz.at
restaurant@mutolinz.at
Mi–Sa 18–21 Uhr

ROSSBARTH ↗

17/20

Köche: Marco Barth & Sebastian Rossbach

Sebastian Rossbach und Marco Barth sind keine lupenreinen Stahlstadtkinder. Sebastian ist Steyrer (mit y!), Marco Mühlviertler. Trotzdem tragen sie dazu bei, dass die Stadt zu dem wurde, was sie lange nicht war: ein kulinarischer Hotspot. Ihr Menü gibt es in fünf, sechs oder mehr als sechs Gängen und orientiert sich stets an dem, was die Saison gerade bietet. Und an dem, was ihre Partner vorbeibringen. In unserem Fall hat kurz davor Simon Humer vom Biohof Thomabauer vorbeigeschaut. Was sich deutlich (und zum Glück) im Menü widerspiegelte. Nach einem herrlich frischen und erfrischenden Start mit jungem Spargel, Rhabarber und Rapsöl und Saiblingstatar mit Thaibasilikum und schwarzem Knoblauch kam die Carbonara. Perfekte Linguine, weicher Dotter und eine zarte Scheibe Guanciale. Dann der Steinbutt, in Kraut gewickelt mit leicht scharfer 'Nduja (einer Salamipaste) bestrichen und mit ebenfalls leichter Beurre blanc. Vom Berkshire-Schwein kommt der Schopf als Schnitzel (den beiden sitzt offenbar der Schalk im Nacken), und am Schluss überzeugt Sebastian, der Mann fürs Süße, mit zwei atemberaubenden Desserts.

Tel.: 0677 622 393 14
4020 Linz an der Donau
Klammstraße 7
www.rossbarth.at
speisen@rossbarth.at
Mo–Fr 18–23.30 Uhr

ROSSO DI ACQUA E SOLE®

13,5/20

Restaurant & Delikatessen

Koch: Georg Materic

Unweit des Linzer Hauptbahnhofs bietet das Restaurant „Rosso di Acqua e Sole" die Möglichkeit, der tristen Umgebung dank einer hervorragenden Küche zu entfliehen. Das Speisenangebot bietet eine Vielzahl von Gerichten, die vom italienischen Lebensgefühl geprägt sind: Hausgemachte Pasta, dünn aufgeschnittene Beiried mit Salzzitrone, Thunfischcarpaccio oder Risotto mit Salsiccia machen Lust auf Taschenkrebs mit Steinpilzfülle, Steinbutt in Salzkruste beziehungsweise Hüftsteak mit Rosmarinkartoffeln. Warum bei den Desserts – wie in vielen Lokalen – gepflegte Langeweile aufkommen muss, bleibt ein Rätsel. Es gibt mit Sicherheit mehr als Panacotta oder Tiramisu, oder?

à la carte: 10–250 €

Tel.: 0699 181 810 97

4020 Linz an der Donau
Weingartshofstraße 29

www.restaurantrosso.at
office@restaurantrosso.at

Mo–Fr 11.30–15 und 17.30–23 Uhr
✻ 24. Dez. 2022 bis 8. Jänner 2023

ROYAL BOMBAY PALACE

11,5/20

Das Royal Bombay Palace bietet authentische indische Küche. Zumindest diejenige, die man den österreichischen Gaumen zumuten möchte. Auf Wunsch können Gäste hier die Gerichte – Linsensuppe mit Knoblauch, gebratene Garnelen mit Koriander, Chicken Tikka (Hühnerkeule, in feiner Gewürz-Joghurt-Mischung mariniert und im Tandoor gegrillt) und gebratenes Lammfleisch mit Bockshornklee – auch scharf zubereitet genießen. Die Weinkarte bietet eine tolle Auswahl zu fairen Preisen, die Dessertauswahl hingegen begeistert nicht wirklich.

Tel.: 0732 658 605

4020 Linz an der Donau
Goethestraße 34

www.bombaypalace.at

Mo, Mi Do, Fr, Sa 18–23,
So 11.30–14.30 und 18–22 Uhr

URBANIDES

13/20

Koch: Andreas Mühlberger

Im Urbanides scheint man auf dem richtigen Weg zu sein: Zwei Menüs – eines davon vegetarisch – bieten dem Gast die Möglichkeit, ausgezeichnet zu speisen. Nach Brot und Aufstrichen gibt es etwa rohen Thunfisch mit Trüffel-Vinaigrette, Kalbspaté mit Morchel sowie eine kräftige Rindssuppe mit gebackenem Fleischstrudel. Küchenchef Andreas Mühlberger scheint Trüffel zu lieben, denn ein Klassiker des Hauses sind hausgemachte Nudeln mit dem schwarzen Edelpilz, die es im Rahmen des Menüs als Zwischengang gibt. Es soll einem nie etwas Schlechteres passieren. Das Filet vom Bio-Ox wird von einer leichten Pfeffersauce begleitet, dazu gibt's eine gut gewürzte Gemüsequiche. Und zum Finale sollte man sich den geeisten Kaiserschmarren oder die Mousse au chocolat mit Kirschen nicht entgehen lassen.

Tel.: 0732 711 110
0660 103 06 00

4040 Linz an der Donau
Rudolfstraße 11

www.urbanides.at
restaurant.urbanides@gmail.com

Di 16–20, Mi–Fr 17.30–23.30, 10–21 Uhr
✻ variabel

VERDI

16/20

Köche: Erich & Philipp Lukas

Es war die Liebe zu Italien, die 1960 den Großvater von Erich Lukas animierte, sein neu gegründetes Restaurant nach dem Komponisten Giuseppe Verdi zu benennen. Heute, über 60 Jahre später, bietet das Lokal Feinschmeckern ein Refugium, in dem man nicht nur einen einmaligen Blick über Linz genießt, sondern auch ein kulinarisches Feuerwerk erleben kann. Wenn zum Glas Winzersekt ein Mus von heimischen Räucherfischen mit Marillengelee gereicht wird, kann man schon erahnen, was einen erwarten wird: große Küche, die von besten Produkten und solider Handwerkskunst lebt. Die mit fein gehacktem Fleisch vom Mangalitza gefüllten Teigtaschen sind eine herrliche Hommage an China. Das Stundenei wird mit Schwarzwurzel und Trüffel verfeinert und zum Steinbutt kommen Nordseekraben, Melone und Lardo. Auch bei den Fleischgerichten brauchen Genießer keine Abstriche machen. So gelingen das Lamm mit gebrannter Polenta beziehungsweise das rosa gebratene Chianina-Rind perfekt. Zum Abschluss gibt es dann noch Bauerntopfen mit exotischen Früchten sowie kleine Naschereien. Dass der Service in puncto Freundlichkeit mit der Küche von Erich und Philipp Lukas mithalten kann, versteht sich von selbst.

Tel.: 0732 733 005

4020 Linz an der Donau
Pachmayrstraße 137

www.verdi.at
lukas@verdi.at

Di–Sa 17–24 Uhr

VERDI-EINKEHR

13/20

Neben dem höher dekorierten Restaurant führt Erich Lukas noch das Nobelwirtshaus Einkehr. Geboten wird hier eine Mischung aus guter Hausmannskost (die Grammelknödel sind eine Bank) und internationalen Einflüssen, vor allem aus dem asiatischen Raum. Am Handwerk gibt es nichts zu bemäkeln, nur die Kombinationen wirken zum Teil etwas beliebig. Das wunderbar gewürzte Beef Tatar wurde bei unserem Besuch mit Gurkenscheiben belegt und diese noch mit Dashi übergossen. Geschmacklich sowie von den Texturen leider kein sehr stimmiger Teller. Ein bisschen Trüffel über die mächtigen Kässpatzn als Hauptgang – das passte gleich viel besser.

Tel.: 0732 733 005
4020 Linz an der Donau
Pachmayrstraße 137
www.verdi.at
lukas@verdi.at
Di–Sa 17–24 Uhr

HERBERSTEIN

Tipp

Das Linzer Restaurant ist bekannt für seine Steaks. Dazu gibt es je nach Geschmack Speckbohnen und Kartoffeln, Antipasti-Gemüse mit Rucola oder Chimichurri mit Süßkartoffeln. Cremiges Risotto verde und hausgemachte Gnocchi locken ebenso vegetarische Kundschaft an.

Tel.: 0732 786 161
0664 180 59 13
4020 Linz an der Donau
Altstadt 10
www.herberstein-linz.at
office@herberstein-linz.at
Mo–Sa 17–22 Uhr

MAUTHAUSEN K2

WEINDLHOF

13/20

Hoch über Mauthausen thront der stattliche Weindlhof und glänzt seit Jahr und Tag mit einer frisch interpretierten österreichischen Küche. Bei unserem Besuch zeigte sich ein weiterer Fokus auf Steaks in allerlei Variationen. Der Service ist auch heuer äußerst aufmerksam, die Weinkarte sehr ausführlich, aber auch sehr klassisch. Nur mit dem Säurespiel wollte es bei unserem heurigen Besuch nicht so recht klappen: Bei der gebeizten Forelle höchster Produktqualität – mit Buttermilch, Heurigen und Schnittlauch – und der gelben Paprikaschaumsuppe in Begleitung von Ricottanockerln, Wildgarnele und Olivenbiskuit gewann die saure Note die Oberhand. Bei den Sellerie-Variationen – Tascherln, Creme und in Salzteig gebacken mit gebeiztem Dotter und Trüffelschaum – fehlte sie wiederum ein wenig, um das ansonsten perfekte vegetarische Gericht rundum genießen zu können. Schön dann der geeiste Cappuccino, der den Abend cremig und erfrischend abschloss.

Tel.: 07238 26 41
4310 Mauthausen
Kirchenweg 12
www.weindlhof.at
office@weindlhof.at

MÖNCHDORF

MOSER ALM®

11/20

Die Familie Lumetsberger-Danninger setzt bei der Kulinarik auf verfeinerte Wirtshausküche. Bei den Gästen hoch im Kurs steht – an Samstagen und Sonntagen – das Kistenbratl, das mit warmem Krautsalat und verschiedensten Knödeln serviert wird. Wer es weniger deftig möchte, der kann zwischen mit Jungzwiebeln gefülltem Kohlrabi, gedämpftem Wels oder gebratener Lachsforelle wählen. Probieren sollte man unbedingt das Ziegenkäsemus mit Honig. Es muss zum Dessert ja nicht immer Schokolade sein. Interessante Weinauswahl.

Tel.: 07267 23330
4281 Mönchdorf
Mönchwald 6
www.moseralm.at
info@moseralm.at
Do–Sa 11–20, So 11–19 Uhr

MONDSEE H3

MANINSEO 12/20

im Hotel Seehof

Koch: Jozef Ilcin

Das Restaurant Maninseo befindet sich im Hotel Seehof. Man sitzt auf der überdachten Terrasse mit Blick auf einen pittoresken Garten. Viele Hotelgäste essen hier zu Abend. Es gibt aber auch eine schöne Auswahl an À-la-carte-Gerichten. Die Apfel-Honig-Senf-Schaumsuppe mit Flusskrebsen punktete mit angenehmer Säure. Neben Klassikern wie Tafelspitz oder Wiener Schnitzel finden sich auf der Karte etwa auch geschmorte Kalbsbackerl mit Erdäpfel-Grammel-Püree. Bei dem Wohlfühlgericht wurde nur leider am Saftl gespart. Die Crème brulée mit Johannisbeersorbet machte es wieder gut. Aufmerksamer Service.

à la carte: 25–52 €

Tel.: 06232 50 31
5310 Mondsee
Auhof 1, Loibichl
www.seehof-mondsee.com
hotel@seehof-mondsee.com
tgl. 12–13.30 und 18.30–21 Uhr
✱ bis 26. Mai 2023

RESTAURANT LACKNER 13/20

Koch: Martin Lackner

Gekonnte Routine oder gepflegte Langeweile? Küchenchef Martin Lackner bewegt sich mit seinen Gerichten genau in diesem Spannungsfeld. Denn die Speisekarte bietet kaum Abwechslung und die Speisen selbst schwanken zwischen den Benotungen „ausgezeichnet“ und „durchschnittlich“. Der karamellisierte Ziegenkäse mit Pinienkernen oder die gebratene Maishenderlbrust mit Parmesanpolenta fielen bei unserem Besuch in die erste Kategorie. Warum aber sowohl die Ceviche vom Youkon-Wildlachs mit Avocado als auch das geschmorte Reh mit Rotkraut und Semmelflan derart mild und unauffällig gewürzt auf den Teller kamen, bleibt rätselhaft. Beim Dessert stehen Sorbets (Zwetschke oder Ananas) beziehungsweise Topfenknödel zur Wahl.

à la carte: 21–38 €

Tel.: 06232 23 59
5310 Mondsee
Mondseestraße 1
www.seehotel-lackner.at
office@seehotel-lackner.at
Mo, Di, Do–Sa 14–20,
So 12–20 Uhr
✱ variabel
♿

MUNDERFING H2

FORTHUBER 15/20

Koch: Christoph Forthuber

Christoph Forthuber, Wirt und Koch, aufgewachsen in der Region und ausgebildet in besten Häusern wie dem Taubenkobel oder beim Weyringer, und seine Partnerin Doris Pfleger, Weinspezialistin und Gastgeberin mit Herz, sind angekommen. Seit knapp fünf Jahren bespielen sie den lange leer gestandenen Braugasthof im Herzen von Munderfing. Das gelingt ihnen formidabel. Das Ambiente ist lässig und behaglich. Forthuber und sein Team kochen eine inspirierte Küche mit herrlich erfrischenden, kreativen Akzenten. Aber natürlich darf hier am Land weder die Rindsuppe noch das Schnitzerl mit Erdäpfeln fehlen. Wir kosteten feine Zwiebel-Dim-Sum mit steirischer Kiwi (!) und Miso-Chinakohl – ein Ereignis, bei dem Frucht, umami und Würze perfekt kombiniert wurden. Fantastisch auch der gebackene Ochsenschlepp – saftig und knusprig umhüllt – mit Pak Choi, Karotte und Limette. Unser besonderer Liebling war das Dessert: zartschmelzendes Hefeparfait mit sämigem, lauwarmem Rhabarberragout. Spannend und gastfreundlich kalkuliert ist die Weinkarte.

à la carte: 5–36 €

Tel.: 0676 429 02 24
5222 Munderfing
Munderfing 52
www.restaurant-forthuber.at
office@
restaurant-forthuber.at
Di–Fr 18–21.30, Sa 12–13.30
und 18–21.30 Uhr
✱ variabel
♿

NEUFELDEN J2

OIS 18,5/20

im Genießer- & Designhotel Mühltalhof

Koch: Philip Rachinger

„Ist mir egal, ich mach das jetzt einfach so", verkündet Philip Rachinger auf der Website seines Restaurants und bringt damit den Stil seiner Küche ziemlich genau auf den Punkt: Unbekümmert, selbstbewusst, auf Schubladen, Zwänge oder Modetorheiten pfeifend, kocht er drauflos, dass es eine reine Freude ist. Oder er legt einfach etwas auf den Teller – wie beim ersten Gang mit dem bemerkenswerten Namen „Paradeiservielfalt von der kriminellsten Gemüsebäuerin Oberösterreichs". Besagte Dame hat nämlich nebenbei auch einige nicht ganz gesetzeskonforme Kräuter angebaut, kann aber dank Fußfessel ihre köstlichen Tomaten nach wie vor ausliefern. Kriminell gut dann auch das Brennnesseltempura mit Szechuan und Hollerjoghurt – das könnte man durchaus einen ganzen Abend lang vor sich hin mampfen. Hier wäre es aber schade, denn es folgen noch weitere Höhepunkte wie die Steinpilze süßsauer mit Ringlotten und Basilikum, Saibling mit Chipotle-Pfeffer oder die „Melanzani, die eigentlich gerne ein Rindermark wäre" mit Ribisel und dem orientalischen Gewürz Sumak. Das ist Freestyle im besten Sinn. Frei geht es dann auch beim Hauptgang zu: Die im Menü angekündigte Schulter vom Sommerbock erweist sich als Taubenbrust mit Eierschwammerln und Brokkoli – eine äußerst erfreuliche Überraschung, die an Rachingers Meinung über Vorab-Speisekarten erinnert: „Spätestens, wenn Sie da sind, wissen Sie, was es zu essen gibt." Nach dem köstlichen Bienenstich-Pannacotta-Dessert bekommt man die aktualisierte Menüfolge – inklusive Daniel Schickers perfekter Weinbegleitung – schriftlich in Form einer wirklich lustigen Parodie auf den Stil billiger Gebrauchtwagenwerbungen. Schön, dass Humor und Selbstironie auch in der Spitzengastronomie möglich sind – Philip Rachinger macht das einfach so.

Tel.: 07282 6258

4120 Neufelden
Unternberg 6

www.muehltalhof.at
reception@muehltalhof.at

NUSSDORF AM ATTERSEE I3

1ER BEISL IM LEXENHOF 14/20

Koch: Johann Lugstein

Es gibt diese Lokale, die einfach sympathisch und verlässlich sind und vermeintlich unaufgeregt wirken. Dass Unaufgeregtheit aber nicht mit Langeweile gleichzusetzen ist, beweist Patron Johann Lugstein jedes Mal aufs Neue. Mit einer bewusst kleinen Speisekarte konzentriert er sich auf das, was die Region zu bieten hat – und da empfiehlt sich auf Grund der Lage natürlich Fisch –, und kreiert daraus traditionelle authentische Gerichte, die er mit mediterranen Einflüssen kombiniert. Die Qualität sowie das Handwerk stimmen hier: Ganz ohne Schnickschnack isst man im 1er Beisl einfach gut. Zu einem selbst gebrannten Schnaps sollte man nicht Nein sagen, ebenso wenig wie zu einem Platz im hübschen Gastgarten, denn der ist besonders gemütlich. Aber auch die rustikalen Innenräume sind mit Schank und viel Holz charmant. Plus: tolles Weinangebot.

à la carte: 15–40 €

Tel.: 07666 800 00
0676 477 19 32

4865 Nußdorf am Attersee
Am Anger 4

www.lexenhof.at
einserbeisl@lexenhof.at

Mo–Fr 17–22 Uhr (im Juli und Aug. auch am Samstagabend geöffnet)
Sept. bis April Mi Ruhetag

DAS BRÄU

14/20 2 Hauben

im Boutiquehotel Aichinger

Koch: Julian Schwamberger

Manche glauben, in einer derart tollen Lage am Attersee sei es eigentlich egal, was man seinen Gästen serviert. Das Ist es nicht. Das Bräu in Nussdorf setzt seit jeher auf Qualität und balanciert geschickt zwischen international und regional, traditionell und saisonal. Noch ein Pluspunkt: Auf der Karte findet man keineswegs nur die üblichen Verdächtigen. Hier sind auch schon mal gebackener Kalbskopf, gratinierte Schnecken mit Currybutter oder mit Blutwurst gefüllte Calamari zu finden. Bei solchen Angeboten sollte man zugreifen. Die Küche versteht sich auf kräftige Aromen. Auch die Weinkarte ist ein Grund zur Freude.

à la carte: 13–45 €

Tel.: 07666 80 07

4865 Nußdorf am Attersee
Am Anger 1

www.hotel-aichinger.at
office@hotel-aichinger.at

Mi–So 12–14 und 18–23 Uhr
✱ Februar 2023

Bewertungen:

11 bis 12,5 Punkte von 20 Punkten: 1 Haube

13 bis 14,5 Punkte von 20 Punkten: 2 Hauben

15 bis 16,5 Punkte von 20 Punkten: 3 Hauben

17 bis 18,5 Punkte von 20 Punkten: 4 Hauben

19 bis 19,5 Punkte von 20 Punkten: 5 Hauben

ORT IM INNKREIS

KAMMER5 Ⓝ

15/20

Fine Dining

Koch: Wolfgang Wohlschlager

Mitten im Innviertel steht der spektakulär renovierte Bauernhof. Wo früher unter Ziegelgewölben die Kühe standen, gibt es jetzt fine dining. Junge Leute, bestens ausgebildet, in Küche und Service, junges Volk als Gäste. Im Angebot nur ein Menü. Der Stil: Tradition, modernisiert. Knusprig-intensiv die Entenpovesen, Jalapenos würzen das Auberginentatar, ein Dotter-Nockerl zur Waldpilz-Essenz, Rücken vom heimischen Reh in Granatapfeljus, Rote Rübe trifft weiße Schokolade. Alles sehr gut balanciert. Gut die Weinbegleitung, wunderbar die alkoholfreie Alternative. Beste Kost, wo man sie nicht erwartet.

Tel.: 07751 806 50
4974 Ort im Innkreis
Kammer 5
www.kammer5.at
restaurant@kammer5.at
Do–Mo 18–1 Uhr
♿

ST. FLORIAN K2

NEPOMUK

14/20

Koch: Thomas Huber

Das Nepomuk in St. Florian bietet einen ungewöhnlichen kulinarischen Mix. Mittags gibt es eine Karte mit etwas gehobener Wirtshausküche (sehr schön: Kalbsbries ist dabei), Pizze sind ganztägig zu haben. Abends bieten Koch Thomas Huber und Sommelière Katharina Rimpler Fine Dining – ein Menü sowie eine kleine Auswahl aus À-la-carte-Gerichten. Das macht ein wenig den Eindruck von Kraut und Rüben. Das gilt auch für die – sagen wir es galant – stilarme Einrichtung des Lokals. Entscheidend ist aber die Küchenleistung. Wir entschieden uns für das 4-Gänge-Menü und waren drei Mal sehr zufrieden. Zu den Jakobsmuscheln gesellte sich Wassermelone – ein erfrischender Auftakt. Den Höhepunkt bildete der Zwischengang: Als Einlage landete in der erfreulich leichten Spargelschaumsuppe ein wunderbarer Grammelknödel. Mehr Oberösterreich geht nicht. Der gegrillte Seeteufel war dann leider schon ein wenig trocken, auch die Kombination mit Topfenpolster und Rhabarber ließ uns etwas ratlos zurück. Als Dessert gab es gebackene Holunderblüten mit Erdbeeren und Haselnuss – ein versöhnlicher Ausklang.

Tel.: 07224 219 37
4490 St. Florian
Marktplatz 15
www.nepomuk4490.at
restaurant-nepomuk@gmx.at
Di–So 11–14 und 18–22 Uhr
variabel

ST. JOHANN AM WIMBERG J2

KEPLINGERWIRT

15/20

Hotel & Restaurant

Köche: Andrea Lunson & Dominik Keil

Der Familienbetrieb im Mühlviertel ist ein Glücksfall von einem Restaurant. Man könnte die Linie als gehobene gutbürgerliche Küche beschreiben. Oder so: Beim Keplingerwirt wird bodenständig gekocht, das jedoch auf allerhöchstem Niveau. Es ist eine Wohlfühlküche, die keine Experimente braucht. Ein Fixpunkt auf der Karte und Mühlviertel pur sind die Grammeltascherl mit Rieslingkraut und Bratensaft, die Suchtpotenzial haben. Mehr bräuchte es eigentlich nicht mehr zum Glück, aber das war erst der Anfang. Ebenso großartig: Eidotterravioli mit Blattspinat und Belper Knolle. Absolut gelungen auch der Fischgang: gedämpfter Saibling in Karottenfond mit Erbsentascherln (schon wieder großes Teigkino). Nun könnte man das Haus auch ohne Fleischhauptgang verlassen. Aber warum? Das geschmorte Schulterscherzl vom Milchkalb mit Polentaknödel und Schmorsaft ist herrliche Sonntagsküche, wie man sie hier auch wochentags genießen kann. Die Desserts – wir wählten Topfen-Mohn-Tascherl mit Zwetschkenröster und Vanilleeis – fallen ebenfalls in diese Kategorie. Herzlicher Service, sehr schöne Weinauswahl.

à la carte: 20–39 €

Tel.: 07217 71 05
0676 652 77 82

4172 St. Johann am Wimberg
St. Johann 14

www.keplingerwirt.at
info@keplingerwirt.at

Di, Mi, Do und Sa 11.30–13.30 und 18–21, Fr 18–21, So 11.30–14 Uhr
variabel

ST. WOLFGANG 13

POLL'S KAISERTERRASSE 15/20

im Hotel Weissen Rössl am Wolfgangsee

Koch: Hermann Poll

Im Weissen Rössl am Wolfgangsee fühlt man sich in eine Zeit vor Corona, Klimakrise und Krieg zurückversetzt. Der altösterreichische Charme der Kaiserterrasse und ein Zither-Spieler, der die Rössl-Hymne intoniert, lassen uns Peter Alexander in den Sinn kommen, der auf Wasserskiern Getränke balanciert. Die allgegenwärtige Personalproblematik ist zwar auch hier zu bemerken, aber verlässliche Säulen wie Serviceleiter Zoran Babic und Küchenchef Hermann Poll halten das Niveau souverän. Es stehen zwei Menüs zur Auswahl, wobei offensichtlich großer Wert auf regionale Zutaten gelegt wird. Der Traunsee-Flusskrebs war mit Topinambur und sämigen Fischfond perfekt in Szene gesetzt. Hausruckviertler Entenleber mit Entenleber-Eis und eingelegtem Apfel kann man nicht besser machen. Eine Zucchiniblüte in Brennnessel-Schaumsuppe mit Eierschwammerl führte uns zum Höhepunkt: Abtenauer Filet und Backerl vom Kalb mit Artischocke und Wiener Schnecken auf Erdäpfelpüree – opulent, aber glücklich machend. Die Patisserie schließt an das hohe Niveau an: Die Marillenkreation mit Orange, Mascarpone und Mandel war optisch und geschmacklich wunderbar, die Sorbetvariation dokumentierte, wie viel Fruchtgeschmack in einem Dessert transportiert werden kann. Das Glück perfekt machte das Studium der umfassenden und vielfältigen Weinkarte, bei der auch die kundenfreundliche Kalkulation an die gute alte Zeit erinnert.

à la carte: 20–37 €

Tel.: 06138 2306 66
5360 St. Wolfgang
Markt 74
www.weissesroessl.at
restaurant@weissesroessl.at
Mi–So 18.30–23 Uhr
27. Februar bis 30. März 2023

LANDHAUS ZU APPESBACH

Tipp

Das Landhaus zu Appesbach spiegelt eine Mischung aus Tradition und Moderne im Interior sowie in der Küche wider. So findet man auf der Speisekarte neben Klassikern und fast in Vergessenheit geratenen Gerichten auch italienisch angehauchte Speisen. Diniert wird in der heimeligen Stube oder auf der Terrasse mit Blick über den Wolfgangsee und das spektakuläre Bergpanorama.

à la carte: 6–35 €

Tel.: 06138 22 09
0664 853 42 79

5360 St. Wolfgang
Au 18

landhauszuappesbach.at
willkommen@
landhauszuappesbach.at

tgl. 12–14 und 18–21.30 Uhr

SCHARDENBERG

WENZEL'S GENUSSWERKSTATT®

Tipp

Koch: Hans-Peter Jungmann-Wenzel

Große Portionen und ein gutes Preis-Leistungs-Verhältnis: Mehr sollte man sich hier aber nicht erwarten. Die zubereiteten Gerichte erinnern an die späten 80er: Zum sehr salzigen Zwiebelrostbraten gibt es ein Spiegelei, das sich auch bei anderen Speisen wiederfindet. Schnitzel gibt's vom Schwein oder der Pute, dazu Erdäpfelsalat. Die Dessertauswahl versteht auch nicht zu überzeugen. So wird bei den Eispalatschinken ziemlich am Eis gespart.

Tel.: 0680 151 54 94

4784 Schardenberg
Schönbach 2

www.wenzel-
genusswerkstatt.at
info@
wenzel-genusswerkstatt.at

SCHÄRDING H2

LUKAS RESTAURANT 17/20

Koch: Lukas Kienbauer

LUKAS KIENBAUER, NEWCOMER DES JAHRES 2018

Im Lukas werden ausschließlich Überraschungsmenüs serviert. Vorfreude auf den jeweils nächsten Gang löst der große Bildschirm mit Bildern aus der Küche aus, wo man das Anrichten der Speisen verfolgen kann. Schon zum Auftakt gab es ein Highlight: Auster im Eiweißmantel auf einer süßsäuerlichen Sauerkrautcreme. Auch der Hummer mit gebratenem Mais auf geräuchertem Butterschaum, der in Kombination mit einem säuerlichen Limettendressing imponierte, bleibt in Erinnerung. Köstlich die Gänseleber (die erfreulicherweise nicht von gestopften Gänsen kommt) auf knusprigem Buchweizen, dazu geräucherter Aal und als Krönung eine kompakte und intensive Sauce, wobei Zutaten und deren Konsistenzen und Aromen perfekt harmonierten. Derart verwöhnt, fiel der Rehrücken mit Selleriepüree und Walnusskoji ein wenig ab. Witzig, aber dann doch fast zu süß: das Karfioleis-Dessert. Sehr stimmig ist die glasweise Weinbegleitung. Und weil viele Gäste mit dem Auto kommen, hat man sich auch eine wirklich reizvolle Getränkebegleitung ohne Alkohol einfallen lassen.

Tel.: 0664 341 32 85
4780 Schärding
Unterer Stadtplatz 7
www.lukas-restaurant.at
lukas@lukas-restaurant.at
Mi–Sa 18–22 Uhr

LUKAS IZAKAYA Tipp

Fasziniert von den traditionellen Sake-Lokalen Tokios und der japanischen Küche, hat Küchenchef Lukas am Schärdinger Stadtplatz einfach seine eigene kleine Cocktailbar errichtet. Neben alkoholischen Getränken werden sowohl warme als auch kalte asiatische Tapas sowie Sushi und Sashimi angeboten.

4780 Schärding
Unterer Stadtplatz 7
www.lukas-izakaya.at
Mi–Sa 17–22 Uhr

SCHÖRFLING I3

LANGOSTINOS 11/20

Koch: Christian Rutschetschin

Das ganzjährig geöffnete Restaurant an der Marina Schörfling ist auf Fisch und Meeresfrüchte spezialisiert. Hier wird nicht dogmatisch zwischen regional und international unterschieden. Angeboten wird der Tagesfang vom See (Reinanke oder Hecht), der im Ganzen gebraten wird, aber auch zum Beispiel ein Filet vom Seeteufel mit getrüffeltem Kartoffelpüree. Als Vorspeise macht man mit der Fischsuppe nie etwas falsch. Für andere Gelüste findet sich stets auch ein Fleischhauptgang auf der Karte. Die Küchenlinie von Christian Rutschetschin ist gediegen-solide, die Auswahl an offenen Weinen ausbaufähig.

à la carte: 10–50 €

Tel.: 07662 290 50
0650 448 61 44

4861 Schörfling
Bahnhofstraße 4

www.langostinos.at
office@langostinos.at

Fr–Di 11.30–14 und 18–22 Uhr
variabel

STEYR J2

FRANZ FERDINAND 12/20

Köchin: Maria Reitner

Ist die Küche klar italienisch ausgerichtet, so geht es in Sachen Wein im liebevoll gestalteten Lokal, das an den Ausläufern des pittoresken und aus der Zeit gefallen zu scheinenden Steyrdorfs liegt, doch weit internationaler zu. Zeigt man sich interessiert, wird vom Patron allzu gerne eine Kostprobe von da und dort kredenzt – mit Begeisterung auch vom selbst produzierten, wohlschmeckenden Weißen. Die Speisen gelingen – wie gewohnt – vorzüglich, was am Abend unseres Besuchs die zart marinierten Flusskrebschen mit Rucola und Zitronenöl, die rote, prächtig mit Fischfilet, Garnelen und Muscheln angereicherte Fischsuppe, das mit Rotwein perfekt aufgepeppte Bio-Rindsgulasch auf Triestiner Art mit (zu wässriger) Cremepolenta und eine Riesenportion archetypisches Tiramisu unter Beweis stellten.

à la carte: 6–28 €

Tel.: 07252 90412
0650 525 00 34

4400 Steyr
Gleinker Gasse 1

www.franzferdinand.at
office@franzferdinand.at

Do 17–23, Fr, Sa 12–14.30 und 17–23 Uhr
variabel

RAHOFER 12,5/20

Koch: Maximilian Rahofer

Der Rahofer residiert in einem wunderschönen und romantischen Innenhof in Steyr. Mediterranes Gefühl vom ersten Augenblick an. Auch die Speisekarte orientiert sich am Süden: Fenchelsalat mit Garnelen, Lachscarpaccio mit Kräutern und Bittersalaten, Avocado mit Ciprianisauce. Einziger Wermutstropfen: Die gratinierten Jakobsmuscheln waren eine Spur zu ölig. Eierschwammerlpasta, Kalb und Branzino waren dagegen großartig und sehr geschmackvoll. Wir sehen, dass Max Rahofer eine gute Richtung einschlägt, und sind überzeugt, dass er die Luft nach oben erkennt und nutzen wird. Die Weinkarte ist gut kuratiert und fair kalkuliert. Beifahrer möge man sein. Bis bald!

Tel.: 07252 546 06
0660 320 59 52

4400 Steyr
Stadtplatz 9

www.restaurant-rahofer.at
cafe@restaurant-rahofer.at

Di–Sa 11.30–13.45 und 18.30–21.45 Uhr

TRAUNKIRCHEN J3

BOOTSHAUS 18,5/20

Koch: Lukas Nagl

LUKAS NAGL, KOCH DES JAHRES 2023

Das Bootshaus ist eine Erfolgsgeschichte, in der sich noch lange kein Ende abzeichnet. Lukas Nagl steht für konsequente Nutzung regionaler Produkte – natürlich gern aus dem so nahen Wasser –, für bedingungslose Qualität und perfekt ausbalancierte Gerichte, die ohne Effekthascherei auskommen. Von der üppig dimensionierten Auswahl an Amuse-Gueules blieb neben dem grandiosen Brot vor allem ein fulminanter Löffel aus Kohlsprosse, Zwergorange, Frischkäse und Sonnenblumenkernen in Erinnerung. Beim Menü hat man die Wahl zwischen vier, sechs oder sieben Gängen, wobei wir dringend zur vollen Länge raten. Unsere Reise begann mit einem Gang aus knackigem Spinat, Mondsee-Saibling, Kartoffel und geräucherter Melanzani. Dass Letztere für den Kick sorgte, jedoch nicht alle anderen Produkte übertönte, zeigt die Meisterschaft der Küche. Sehr stimmig der geschmacklich etwas subtilere nächste Gang aus Roter Rübe, Hecht-Kaviar, Schafmolke und Estragon. Vollmundig-mollig dann der Mondsee-Zander, der mit Braunschweiger Kraut und leicht paprizierter Sauce wie eine Reminiszenz an die k. u. k. Küche wirkte. Und noch ein toller Fischgang: Kreuzsteiner Lachs mit Périgord-Trüffel und Salzzitrone. Fleisch spielt im Bootshaus eine untergeordnete Rolle, wird dafür aber mit größter Sorgfalt zubereitet. Von der Wildente kam zunächst die rosa konfierte Brust mit Chicorée, Grammeln und einem blutroten, auch geschmacklich exzellenten Rote-Rüben-Jus; danach die Keule mit Pastinake und Rotkraut. Beides absolute Wohlfühlteller höchster Güte. Ebenso das Dessert: Rosenapfel, von Salzkaramell, Butterteig und Bierschaum umschmeichelt. Das junge Serviceteam ist bei aller Professionalität erfrischend bodenständig. Die Weinkarte enthält auch viele außergewöhnliche Positionen.

Tel.: 07617 22 16
4801 Traunkirchen
Klosterplatz 4

www.dastraunsee.at
traunsee@traunseehotels.at

Mo, Do, Fr 18–21, Sa, So 12–14 und 18–21 Uhr; Fei 12–14 und 18–21 Uhr

(c) www.traunseehotels.at_ChristofWagner

'S PAUL RESTAURANT Ⓝ

Tipp

Koch: Paul Wieder

Gegenüber des Bahnhofs von Traunkirchen betreibt Paul Wieder im Apartmenthotel Mitterndorf ein kleines, modern eingerichtetes Restaurant. Zu Mittag gibt es etwa Gansl-Einmachsuppe, Kalbsrahmbeuschel mit Brennnesselknödel, Karfiol-Frischkäse-Ravioli mit Trüffelschaum und Topfenknödel mit Zwetschkenröster. Abends gesellen sich dann noch Kabeljau in Nussbutter und geschmortes Lamm mit gebackenem Mohnknödel dazu. Die Auswahl an offen ausgeschenkten Weinen ist gut und deren Preise sind fair kalkuliert.

à la carte: 4–36 €

Tel.: 07617 221 958
4801 Traunkirchen
Mitterndorf 23
www.spaul-restaurant.at
info@spaul-restaurant.at
Do–Mo 12–14 und 18–21,
So 12–14.30 und 18–21 Uhr

WIRTSHAUS POSTSTUBE 1327

12,5/20

im Hotel Post am See

Koch: Stefan Griessler

Sieben Tage die Woche und ganztägig kann man in den Poststuben die Gerichte von Stefan Griessler genießen, die durch einen Twist aus klassisch und modern überzeugen. Dabei darf es durchaus bodenständig zugehen wie beim gratinierten, saftigen Markknochen mit Röstzwiebeln oder der Z'rupften Sau im Stil eines Pulled Pork auf Sauerteigbrot mit rotem Coleslaw. Herrlich auch die Traunsee-Bouillabaisse: ein Teller voll Regionalität, die sich überhaupt durch das komplette Angebot zieht, und ein Gericht, das eine wunderbare Würze auszeichnet. Sündhaft süß der Abschluss: Lydias Kardinalschnitte. So geht perfekte Wirtshausküche.

Tel.: 07617 23 07
4801 Traunkirchen
Ortsplatz 5
www.hotel-post-traunkirchen.at
post@traunseehotels.at
täglich 12–21 Uhr

UNTERACH AM ATTERSEE I3

DIE RÖHRE

Tipp

Mainstream und einfältig sind in diesem Restaurant weder die Fassade noch die Speisekarte. Letztere ist fast wie eine kleine Weltkarte aufgebaut und verspricht ein umfangreiches Geschmackserlebnis von amerikanischen und asiatischen Einflüssen. Dazu gibt es hervorragende Weine, Cocktails und zum Abschluss ein Schnapserl.

à la carte: 10–28 €

Tel.: 0664 133 98 64
4866 Unterach am Attersee
Eichenweg 1
www.dieroehre.com
mail@dieroehre.com
Mo, Do, Fr 15–21.30, Sa 9–21.30,
So 9–19 Uhr
Semesterferien 2023

VORCHDORF I2

SCHLOSS HOCHHAUS

12,5/20

Koch: Josef Meiseleder

Das stattliche Gebäude im Herzen von Vorchdorf mit der Adresse Schlossplatz 1 wurde vor knapp zehn Jahren von den Wirtsleuten des Tanglberg als Ergänzung zu dessen Gourmetküche übernommen. Sie schufen einen niederschwelligen, sympathischen Ort mit sehr guter Qualität. Vor allem die Klassiker der heimischen Küche sind Bestseller, mitunter darf es auch ein wenig kreativer werden. Wir waren hingerissen vom gebackenen Ochsenschwanz mit Erdäpfelsalat, saftig und zart kam das gebratene Maishendl mit Curry-Orangen auf den Tisch. Die kleine Weinkarte listet viel Klassik und einige Trouvaillen zu wohlfeilen Preisen.

à la carte: 3,90–24,90 €

Tel.: 07614 21110
4655 Vorchdorf
Schlossplatz 1
www.schloss-hochhaus.at
gasthaus@schloss-hochhaus.at
Di–Sa 11.30–14 und 17.30–21,
So 11.30–14 Uhr

TANGLBERG

17/20

Koch: Maximilian Schellerer

AMBIENTE AWARD 2011

Sich in Berichten über das Tanglberg ausschließlich auf die Küche zu konzentrieren, ist praktisch kaum möglich. Zu schön ist der in Österreich seinesgleichen suchende Gastraum, zu herzlich sind Empfang und Service der Gastgeberin Ricki Staudinger, zu beeindruckend und sympathisch ist das Gesamtkonzept von Galerist Erich Spitzbart, als dass man all das unerwähnt lassen könnte. Für einen Koch stellt es eine nicht unbeträchtliche Herausforderung dar, mit einem derartig betörenden Ambiente mitzuhalten. Rainer Stranzinger hat das viele Jahre geschafft, seinem ehemaligen Schüler und Nachfolger Max Schellerer gelingt dies nun ebenfalls. Dabei ist er der an einer zeitgemäßen Interpretation französischer Klassik orientierten Linie seines Vorgängers treu geblieben. Foie gras mit grünem Apfel, französischer Blutwurst und Mandel sind dafür ein programmatischer, gut ausbalancierter Auftakt. Das Onsen-Ei mit Lardo und Mais verblüfft durch seine Knusprigkeit und ist ebenso perfekt gegart wie die Languste mit Paprika, Melone und Physalis. Diese Küche erfindet die kulinarische Welt nicht neu, aber verleiht jener der traditionellen Haute Cuisine immer wieder einen Extrakick wie etwa bei der Kombination eines zarten Skreis mit Staudensellerie, Tomate und Vogelbeere. Das Dessert mit Valrhona-Ivoire-Schokolade, Erdbeere, Limette und Baiser wirkt da geradezu wie ein logischer Abschluss. Auf unverändert hohem Niveau befindet sich auch die Weinkarte, die nicht nur Erich Spitzbarts Liebe zum Burgund widerspiegelt, sondern auch leistbare Kostbarkeiten zu diesem Thema bietet. Diese lohnt es zu verkosten, ohne an die Weiterfahrt auf der A1 zu denken, denn wir haben noch gar nicht die bezaubernden Gästezimmer erwähnt …

à la carte: 22–38 €

Tel.: 07614 83 97
0650 840 10 66

4655 Vorchdorf
Pettenbacher Straße 3–5

www.tanglberg.at
office@tanglberg.at

Mi–Sa 18–24, So 12–16 Uhr

VORDERSTODER J3

BERGPFEFFER 11,5/20

Koch: Andreas Eder

Im „Berpfeffer" haben Gäste die Option, bei der Reservierung Gerichte für zwei Personen – etwa Bauernhenderl mit Röstgemüse oder resch gebratene Ente mit Apfelrotkraut – vorzubestellen. Wer das nicht möchte, der kann etwa zwischen Carpaccio mit Zitronenmarinade, Tomatenschaumsuppe mit Thunfischtatar oder Schweinefilet mit Trüffel-Erdäpfel-Gratin wählen. Die Weinkarte ist reich bestückt und auch sehr fair kalkuliert. Zum süßen Finale gibt es verschiedene Torten und Kuchen sowie Nougat-Grießknödel.

à la carte: 10–35 €

Tel.: 07564 200 59
4574 Vorderstoder
Vorderstoder 150
www.bergpfeffer.at
wirt@bergpfeffer.at
Do–Mo 11–14 und 17–21 Uhr
2 Wochen im Nov. 2022, variabel
♿

WELS J2

FORTINO 14,5/20

Koch: Christoph Parzer

Mittags erwartet die Gäste im Fortino ein günstiges Menü und ein Speiseangebot, das sich auf verschiedene Steaks, die mit unterschiedlichen Beilagen und Saucen serviert werden, beschränkt. Auch bei den Desserts herrscht um diese Tageszeit keine große Auswahl – man muss sich mit Rahmschmarren oder Lebkuchenparfait begnügen. Der Service agiert – angesichts des hohen Preisniveaus – eher lieblos. Abends wird dann am Stadtrand von Wels mit Balik-Lachs mit Brunnenkresse, Steinbutt mit Herbsttrompeten sowie Rehrücken mit Germknödel aufgekocht. Die Preise für die Weine schrecken den Genießer eher ab. Lobenswert: Jeden Dienstag gibt es die Möglichkeit, ein 5-Gänge-Gourmet-Kennenlernmenü zu fairen Preisen zu genießen.

à la carte: 12–48 €

Tel.: 07242 2118 89
0664 423 17 47
4600 Wels
Europastraße 45
www.fortino.at
info@fortino.at
Di–Fr 11.30–14 und 18.30–21, Sa 18.30–21 Uhr
Weihnachten 2022, Ostern 2023, 2 Wochen im August 2023
♿

OBERMAIRS WIRTSHAUS Tipp

Im Wirtshaus Obermair hat alles seine Ordnung und Tradition: So wird das Schnitzel in der Pfanne im Butterschmalz gebacken und die Mehlspeisen werden täglich frisch zubereitet. Der kulinarische Saisonkalender findet in der Tageskarte Anklang. Dazu gibt es österreichische Qualitätsweine auf Empfehlung des Hauses.

à la carte: 9–26 €

Tel.: 07242 456 89
4600 Wels
Wimpassinger Straße 100
www.gasthaus-obermair.at
office@gasthaus-obermair.at
Mi–Sa 11.30–14 und 17.30–21, So 11.30–14.30 Uhr
variabel
♿

SALZ-
BURG

DIE BESTEN

19/20	**IKARUS** Salzburg	Seite 296
19/20	**OBAUER** Werfen	Seite 308
18,5/20	**DÖLLERER** Golling	Seite 278
18,5/20	**SENNS.RESTAURANT** Salzburg	Seite 301
18/20	**KRÄUTERREICH BY VITUS WINKLER** St. Veit im Pongau	Seite 304
17,5/20	**GLASS GARDEN** Salzburg	Seite 294
17/20	**KIRCHENWIRT** Leogang	Seite 287
17/20	**MESNERHAUS** Mauterndorf	Seite 288
17/20	**WEYRINGER WALLERSEE** Henndorf am Wallersee	Seite 283
16,5/20	**DAHOAM** Leogang	Seite 285
16,5/20	**ESSZIMMER** Salzburg	Seite 294
16,5/20	**MAYER'S RESTAURANT** Zell am See	Seite 310

LEGENDE

- ○ Orte allgemein
- Orte mit (grün) – 1 Haube
- Orte mit (gelb) – 2 Hauben
- Orte mit (orange) – 3 Hauben
- Orte mit (blau) – 4 Hauben
- Orte mit (rot) – 5 Hauben

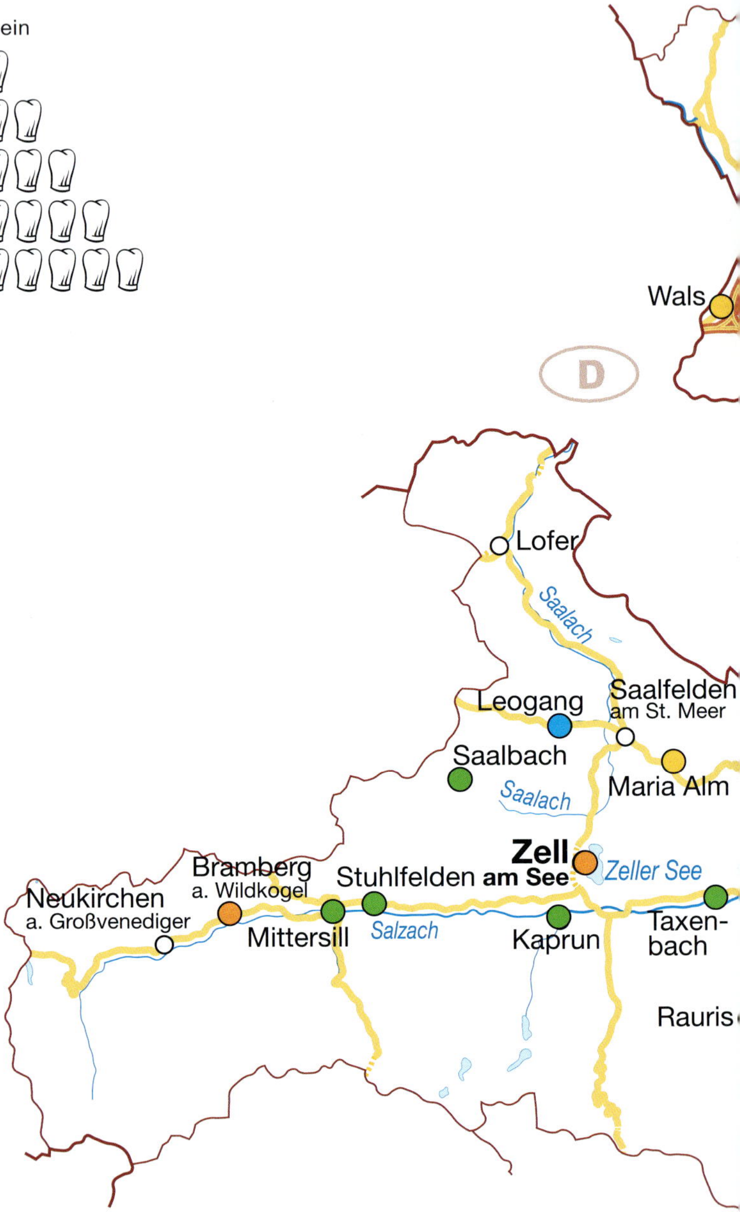

Matt-
see
Mattsee
Straßwalchen
Waller-
see
Neumarkt am Wallersee
Elix-
hausen
Henndorf
Eugendorf
Thalgau
Hall-
wang
Fuschl am See
Fuschlsee
SALZBURG
St. Gilgen
Anif
Krispl
Wolfgangsee
Strobl
Hallein
Bad Vigaun
Kuchl
Golling
an der Salzach
Salzach
Annaberg
Werfen
Bischofs-
hofen
St. Johann
im Pongau
Radstadt
Altenmarkt
im Pongau
St. Veit
Gold-
egg
Flachau
Schwarzach
i. Pongau
Obertauern
Großarl
Bad Hofgastein
Mauterndorf
Bad Gastein
Tamsweg
Mur
St. Michael
i. Lungau

ALTENMARKT J4

MARKTERWIRT

Tipp

Hinter den Türen des traditionellen Gasthofs verbirgt sich ein gemütliches Wirtshaus mit einmaligem Ambiente. Gereicht werden regionale und internationale Köstlichkeiten. Bekannt ist der Markterwirt allerdings für seine Bierkultur.

à la carte: 4,80–38 €

Tel.: 06452 5420
0664 106 1678

5541 Altenmarkt
Marktplatz 2

www.markterwirt.at
info@markterwirt.at

tgl. 11–14 und 17–22 Uhr
variabel

ANIF H3

FRIESACHER

11/20

Koch: Bernhard Hauser

Das Preis-Leistungs-Verhältnis im Friesacher stimmt. Ein äußerst günstig kalkuliertes Menü besteht zum Beispiel aus Schaumsuppe vom gelben Spitzpaprika, Eierschwammerl-Lasagne und Sachertorte. Wer seine Speisenfolge lieber selbst bestimmt, der hat – je nach Tagesangebot – die Wahl zwischen gefüllter Kalbsbrust, kalter Entenbrust mit Basilikumsorbet, Wolfsbarsch mit Marillenragout oder Zwiebelrostbraten mit Rosmarinerdäpfeln. Die Weinauswahl entspricht den Vorstellungen, der Service agiert auch bei größerem Besucheransturm aufmerksam.

à la carte: 4,90–39 €

Tel.: 06246 8977

5081 Anif
Hellbrunner Straße 17

www.friesacher.com
office@friesacher.com

tgl. 11.30–22.15 Uhr

SCHLOSSWIRT ZU ANIF

12/20

Firmungen oder Hochzeiten: Der Schlosswirt ist – besonders dank seines schönen Gastgartens – ein idealer Ort, um Familienfeste aller Art zu feiern. Aber auch die Qualität von Küche und Service sind es wert, in Anif Station zu machen. So gefiel der Aberseer Schafskäse mit Erdbeer-Spargel-Salat ebenso wie das rosa Kalbskotelett mit Morchel aus der Lieferinger Au und Nussbutterpüree. Das Angebot an offen ausgeschenkten Weinen ist auch überzeugend. Erfreulich ist darüber hinaus, dass Salzburger Nockerl auf der Karte stehen. Die sollte man in jedem Fall probieren. Immerhin hat man die drei Hausberge Salzburgs, die für die berühmten Nockerl Modell standen, in Blickweite.

Tel.: 06246 72175

5081 Anif
Salzachtalbundesstraße 7

www.schlosswirt-anif.at
info@schlosswirt-anif.at

ANNABERG

H3

WINTERSTELLGUT

15,5/20

Koch: Florian Huber

Das Winterstellgut wurde im 16. Jahrhundert als Einstellmöglichkeit für Pferde errichtet – daher der Name. Noch heute sind alle Boxen mit Haflingern besetzt. Den einst heruntergekommenen Bau ließ Dietrich Mateschitz, der Eigentümer des Winterstellguts, mit alten Handwerkstechniken liebevoll restaurieren. Erwin Werlberger, jahrzehntelang der Chef, übergab an seinen Souschef, Florian Huber, der immerhin schon zehn Jahre an seiner Seite kochte. So blieb die Linie gleich. Kein Prunken mit Luxuszutaten, die Klasse kommt aus der Zubereitung. Da wird der Karfiol geröstet, um mit der gebratenen Wachtel zu harmonieren, in der Suppe finden sich Maroni und Linsen in rauer Süße, vollmundig-saftig der hausgebeizte Lachs zu Fenchel. Perfekt das Rib-Eye-Steak, ebenso die rosa Entenbrust. Die Weinkarte flaggt Rot-Weiß-Rot, die Auswahl ist außergewöhnlich. Nicht nur, dass man Weine aus Vorarlberg, Tirol und Oberösterreich serviert, auch sonst hat ein findiger Kopf gute Güter entdeckt, die noch eher unbekannt sind. Die Kalkulation ist fair. Ein gelungener Neustart im Winterstellgut.

à la carte: 7–38 €

Tel.: 06463 600780

5524 Annaberg
Braunötzhof 4

www.winterstellgut.at
willkommen@
winterstellgut.at

Mi–So 12–21 Uhr

♿

BAD HOFGASTEIN H4

BERTAHOF ⊘ 12,5/20

Koch: Robert Granitzer

Seit vielen Jahren verlässliche Angebote für Liebhaber ausgezeichneter Küche eines familiär geführten Betriebs. Mit hausgemachtem Lammleberaufstrich wurde uns das preisgünstige Mittagsmenü empfohlen. Feine Gemüsehendlbouillon und Spinat-Topfen-Nudeltascherln sowie geschmortes und gegrilltes Backerl und Rumpsteak mit Erdäpfel-Sauerrahm-Stampfl – alles von höchster Qualität. À la carte kam ein fruchtiges Curry vom zarten Bio-Lamm mit cremiger Polenta auf den Tisch. Köstlich das Dessert: Topfenknödel mit Vanillesauce und hausgemachtem Zwetschkenröster. Gute Weinauswahl, aufmerksamer Service.

Tel.: 06432 76 08
0664 120 91 60

5630 Bad Hofgastein
Vorderschneeberg 15

www.bertahof.at
landgasthof@bertahof.at

Do–So 11.30–13.30 und 17.30–20.30 Uhr

BAD VIGAUN H3

KELLERBAUER ⊘ 14,5/20

Koch: Alexander Rettenbacher

Schon von außen erscheint das Restaurant Kellerbauer wie eine große verzauberte Hütte. Wenn man dann erst diese Hütte betritt, hat man die Wunschvorstellung einer Almhütte vor Augen. Gemütlichkeit, Urigkeit und rustikaler Charme springen einem entgegen. Dieses Flair spiegelt sich auch in den Menüs sowie in den À-la-carte-Varianten wider, die Roman Mailänder und sein Küchenchef Alexander Rettenbacher anbieten. Die Gerichte bewegen sich großteils im Alpenküchenbereich, jedoch werden Ausnahmen wie Ceviche von der Jakobsmuschel und Kaisergranat angeboten. Apropos Fisch: Falls man sich für ein Gericht mit Forelle oder Saibling entscheidet, entnimmt der Koch die Fische aus einem in der Mitte des Restaurants an einer Felswand befindlichen Bassin. Frischer geht es nicht. Um eines kommt man in diesem Restaurant jedoch nicht herum: Der Rehrücken mit gefüllter Morchel, grünem Spargel auf Polenta und süßsäuerlicher Marille dazu ist ein Muss! Eine sehr feine Ausarbeitung und Kombination der Zutaten, die man wirklich schmeckt. Das ausgezeichnete vierfache Schokoladendessert rundet den Besuch perfekt ab.

à la carte: 22–30 €

Tel.: 06245 83474

5424 Bad Vigaun
Kellerbauerweg 41

www.kellerbauer.at
info@kellerbauer.at

Do 16–21, Fr–So 12–21 Uhr
☀ variabel

LANGWIES ⊘ 12/20

Genussherberge

Koch: Rupert Herzog

Hier genießen Ausflügler und Kurgäste die ausgezeichnete Küche mit feinen À-la-carte-Angeboten und 3- sowie 4-Gänge-Genussmenüs. Sehr gute Schaumsuppe von Maroni und Süßkartoffel mit Pastinaken-Crostini, ebenso ausgezeichnet das Zweierlei vom Reh: zuerst als Roulade, dann der Rücken mit Trüffel-Sellerie-Creme, Kohlsprossen und Steinpilz. Interessant war eine ansprechende Saltimbocca vom Butterfisch mit Trüffelkartoffeln, Roten Rüben und Rotweinbutter. Köstlich das Dessert: Mohn-Topfenknödel mit Orangensorbet und Glühwein-Espuma. Kompetenter, flinker und freundlicher Service.

Tel.: 06245 89 56

5424 Bad Vigaun
Langwies 22

www.langwies.at
hotel@langwies.at

Mo–Fr 17.30–21, Sa 11.30–14 und 17.30–21 Uhr

BRAMBERG AM WILDKOGEL F4

WEYERHOF

16/20

Köche: Andreas Stotter & Franz Meilinger

Alpine Küche – hier kommt man ihr recht nahe. Der Weyerhof mit seinen Grundmauern aus dem 12. Jahrhundert ist ein bildschön renoviertes Haus mit alt möblierten Stuben. Darüber die Weyerruine und vor der Tür der Nationalpark. Hier werken zwei, die vom Steirereck kommen: Andreas Stotter und Küchenchef Franz Meilinger. Und ja, das merkt man an den Tellern. Schon bei der Wirtshauskarte, die Österreichisches bietet, auch Alpines: Schafskäse, schaumig mit Kren und Rüben, bestens abgeschmeckt, oder Schnittlauchtascherl, schlutzkrapfig-festteigig, gefüllt mit Bergkäse im Schalottensud samt einem Kick aus unreifen Preiselbeeren. Oder wuchtiger Goderlschinken, gewürzt mit Fichtenwipfelhonig und Senf – erstklassig! Aber da sind wir schon im Überraschungsmenü, das vorzubestellen Pflichtprogramm für Feinspitze ist. Dann kommt ein wirklich glasig gebliebener Kabeljau unter geräucherten Kohlsprossen in einer Buttersauce, parfümiert von Salzzitronen – zum Niederknien! Oder Murmeltier-Ragout. Die Desserts: tadellos. Die Weinkarte: ungewöhnlich bunt. Der Service: familiär. Gesamtnote: erfreuliche Alpenküche.

à la carte: 5,90–44,90 €

Tel.: 06566 72 38
5733 Bramberg am Wildkogel
Weyer 9
www.weyerhof.at
info@weyerhof.at
Do–Mo 11.30–14 und 17.30–21 Uhr

DIENTEN H4

DIE DEANTNERIN

Tipp

Für kreative und gehobene Küche aus hochwertigen Lebensmitteln aus der umliegenden Region steht das Küchenteam der Deantnerin. Mit vielen Ideen und tollen Umsetzungen schickt die Küche sowohl nationale Spezialitäten als auch Gerichte mit internationalen Einflüssen.

à la carte: 6,50–21,90 €

Tel.: 0664 196 36 82
5652 Dienten
Bürglalmweg 25
www.deantnerin.at
info@deantnerin.at
Mo–So 9–17 Uhr

ELIXHAUSEN H3

ELIXHAUSER WIRT

12,5/20

Spa-Hotel

Koch: Benjamin Maillaud

Den Elixhauser Wirt, besser bekannt als der „Gmachl", umweht ein wenig Nostalgie, aber auch eine Portion Zeitgeist. Das altehrwürdige Haus mit seinem modernen Zubau ist beliebter Treffpunkt der Einheimischen und romantisches Hide-away für Salzburg-Touristen. Die Restaurantstuben sind gemütlich, die Küchenlinie orientiert sich an gehobener Hausmannskost mit saftigen Rindsrouladen oder knusprigem Backhendl. Daneben gibt es ein großes Menü, aus dem wir eine federleichte Frischkäseterrine mit Honignüssen und Traubenragout und einen perfekt rosa gebratenen Lammrücken kosteten. Herzerfrischend ist der Service, sehr klassisch die Weinkarte.

Tel.: 0662 480212
5161 Elixhausen
Dorfstraße 14
www.elixhauserwirt.at
romantikspahotel@elixhauserwirt.com
Mo–So 12–14 und 18–21 Uhr

EUGENDORF BEI SALZBURG H3

HOTEL-RESTAURANT AM HOCHFUCHS 12,5/20

Koch: Michael Oberreiter

Margit und Michael Oberreiter bieten im Restaurant des Hotels „Am Hochfuchs“ Feinspitzen – neben Rindssuppe mit Grießnockerl, Zwiebelrostbraten, Wiener Schnitzel, Backhendl mit Erdäpfel-Gurken-Salat und sonntäglichen Schweinsbraten – auch raffinierte Speisen. So überzeugten bei unserem Besuch Kaninchen im Brotmantel sowie Polentaschaumsuppe mit Blunzenknödel und Miniaturmaiskolben. Der zarte Lammrücken war mit einer Bärlauchkruste überzogen, dazu gab es weißen und grünen Spargel. Der Jahreszeit entsprechend, endete das Menü mit einer Erdbeer-Crème-brulée und einem besonders geschmacksintensiven Erdbeereis. Fair kalkulierte Weinkarte, die auch weniger bekannte Winzer bereithält.

à la carte: 15–58 €

Tel.: 06225 82 89
5301 Eugendorf bei Salzburg
Bergweg 2
www.hochfuchs.at
office@hochfuchs.at

Mi–Do 18–21, Fr–Sa 11.30–14 und 18–21, So 11.30–14 und 18–19 Uhr
variabel, siehe Homepage

FLACHAU H4

HOAGASCHT 12/20

Im umgebauten Kuhstall trifft die heimische Küche auf Asiatisches mit vielfältigem Gemüseangebot. Aus der gut zusammengestellten Karte wählten wir Pongauer Fischsuppe mit Alpenlachs, Lachsforelle, Tomaten, Parmigiano Reggiano und Blattspinat – ein wahrer Genuss. Das empfohlene Bulgogi-Pfandl konnte uns aber trotz knackigem Gemüse nicht überzeugen, da die Rinderfiletstreifen geschmacklos waren. In Ordnung waren zwei knusprige Entenkeulen mit gebratenem Shan'shi-Gemüse und Nishiki-Reis. Gut das Dessertangebot mit feinen Topfenknödeln, Flachauer Hollerkoch und Tobleronemousse. Sehr aufmerksamer Service.

à la carte: 12–40 €

Tel.: 06457 324 90
5542 Flachau
Flachauer Straße 14
www.hoagascht.at
hoagascht@sbg.at

FUSCHL AM SEE H3

BRUNNWIRT 15,5/20

Koch: Johannes Brandstätter

SERVICE AWARD 2021

Sommer in Fuschl – das ist auch Massentourismus. Deshalb behält der Brunnwirt seine „Abwehrmaßnahmen“ bei. Neben dem Eingang hängt die Speisekarte mit Preisen und, ja, man muss klingeln, um eingelassen zu werden. Wer reserviert hat, wird die Stube im uralten Haus (seit 600 Jahren im Familienbesitz) genießen und vor allem den Garten über dem See. Johannes Brandstätter neigt nicht zu spektakulären Gerichten, aber zu perfekt abgeschmeckten Speisen. So harmoniert Räucherlachs prächtig zu Roten Rüben, ebenso eine Süßkartoffel-Farce zum hauchdünnen Ravioliteig samt frischen Morcheln. Der Rindsrücken wurde geräuchert und sous-vide gegart, was ihn mürbe und hocharomatisch werden ließ. Amaretto intensivierte die Schokomousse, wunderbar war das Birnensorbet. Die Weinkarte lockt neben bekannten Größen mit vielen jungen Winzern. Der Service von Gertraud Brandstätter? Zu Recht preisgekrönt. Der Brunnwirt ist und bleibt eine erstklassige kulinarische Oase.

à la carte: 15–28 €

Tel.: 06226 82 36
5330 Fuschl am See
Wolfgangseestraße 11
www.brunnwirt.at
office@brunnwirt.at

Di–Fr 18–20.30 Uhr

GOLDEGG AM SEE H4

HECHT! 14/20

im Hotel Der Seehof

Koch: Sepp Schellhorn

Die beiden jungen Köche sind gegangen, so führt Sepp Schellhorn wieder die Regie in der Küche des Restaurants Hecht!. Eine Zwischenperiode, bis Sohn Felix Ende 2023 übernimmt. So der Plan. Sepp Schellhorn, früher Verfechter radikaler Regionalität, hat jetzt auch wieder Steinbutt auf die Karte gesetzt. Unverändert traumhaft die Terrasse über dem Goldegger See, erstklassig auch kleine Happen wie zum Beispiel ein Spargelschaum zum Tafelspitz. Die Karte hat etwas an Raffinesse verloren, das Backhendl war in Ordnung, wohingegen die Innereien weiter Spaß machen. Der Steinbutt geriet eine Spur zu trocken, das geschmorte Schulterscherzel war hingegen perfekt, ebenso die marinierten Erdbeeren. Die Auswahl an offenen Weinen könnte großzügiger sein, bei Flaschen herrscht dagegen das pralle Leben – klar, die sucht der andere Sohn aus. Der Sommelier, der in Berlin die Bar „Freundschaft" betreibt.

à la carte: 15–45 €

Tel.: 06415 813 70
5622 Goldegg am See
Hofmark 8
www.derseehof.at
office@derseehof.at
Do–Di 18.30–23 Uhr
✱ März 2023

GOLLING H3

DÖLLERER

18,5/20

Restaurant

Koch: Andreas Döllerer

ANDREAS DÖLLERER, KOCH DES JAHRES 2010
SERVICE AWARD 2014

Die Göllüberquerung zählt unter Kennern der Salzburger Alpinistik zu einer der imposantesten Bergtouren der Alpen. Nicht umsonst hat Andreas Döllerer sein Gourmetmenü so getauft. In seinem Restaurant stellt er die kulinarischen Gipfelstürmer gleich zu Beginn vor eine schwierige Entscheidung: „Göllüberquerung" mit neu kreierten Gerichten oder ein „Best of" Döllerers Alpine Cuisine? Zum Glück: Recht unkompliziert werden beide Menüs am Tisch serviert. Wir konzentrieren uns auf die aktuelle Variante und sind vollster Verzückung. Der marinierte Bluntaulachs findet sich im feinen Sud aus Zitronenverbene wieder, dazu harmonieren die Frische des Apfels und die Süße des Honigs (von den Bienenstöcken aus dem Steilgarten hinter dem Restaurant). Danach zeigt Döllerer, zu welchen Heldentaten der leider meist banal eingesetzte Spargel fähig sein kann, wenn ein wahrer Meister um ihn herum ein Gericht komponieren darf: Aus der Spargel-Velouté mit jungem Bärlauch ragt ein knackfrisches Spargelspitzchen, daneben sorgt das Ochsenmark für eine atemberaubend erdige Note, der Kaviar von Walter Grüll fügt sich cremig ein und unterstreicht das Gericht mit seiner Salzigkeit. Wow! Im nächsten Gang schwimmt das gegrillte Störfilet im Krebssud mit dezenter Salzzitrone zur Höchstform auf; einzig der junge Kohlrabi verliert sich etwas in der Aromenwucht seiner Mitspieler. Ganz großes Hand- und Kunstwerk ist zum Hauptakt die Crepinette vom Abtenauer Bio-Wildhendl mit Leber und Trüffel im klaren Hendlfond. Wer in so luftigen Höhen wie Döllerer kocht, der könnte leicht abheben oder – schlimmer noch – abstürzen. Das passiert hier nie. Denn auch das ist ein Merkmal für schönste Bergtouren: garantierte Gipfelsiege!

à la carte: 42–69 €

Tel.: 06244 422 00
5440 Golling
Markt 56
www.doellerer.at
office@doellerer.at
Di–Fr 18–21.30, Sa 12–21.30 Uhr
variabel

DÖLLERERS WIRTSCHAUS 14,5/20

Genießerhotel

Koch: Andreas Döllerer

Was darf man erwarten, wenn die Döllerer-Dynastie neben ihrem Fine-Dining-Restaurant auch noch ein Wirtshaus führt? Das ist fast wie mit dem Zweitwein eines Spitzenweinguts im Bordelaise: ausgesprochen gut und dabei alltagstauglich. Der Vergleich stimmt natürlich nur ansatzweise. Beim Döllerer war es das Wirtshaus, das schon immer da (und gut) war. Die Räume sind ländlich dekoriert und möbliert, die Karte lässt die Klasse von Andreas Döllerer spüren, ist aber einfacher gehalten bei Zutaten und Zubereitung. Klar, dass man hier den konfierten Bluntau-Saibling nimmt samt bayerischer Garnele. Bestens angemacht die Romana-Herzen zu Entenbrust. Schwein ist üblicherweise schwierig, das Duroc-Kotelett ist allerdings von erstklassiger Qualität. Kräftig die Wildhendlbrust unter Röstzwiebeln mit papriziertem Kraut. Und die Schwarzbeernocken? Himmlisch! Die Weinauswahl ist überbordend, der Service kundig und flink. So muss Wirtshaus!

à la carte: 15–48 €

Tel.: 06244 42 20
5440 Golling
Markt 56
www.doellerer.at
office@doellerer.at
Di 17.30–22,
Mi–Sa 11.30–22 Uhr

GASTHAUS ADLER 12,5/20

Köche: Rupert Eibl & Sven Zanner

Wie hält man sich als Gasthof Tür an Tür mit dem vielhaubigen Döllerer-Imperium? Der Adler hat einen Plan: Er gibt sich jünger. Die Musik groovt, die freigelegten, uralten Wände sind in Rot-Tönen bestrahlt, die Holztische tragen kein Tuch und die Karte ist international. Es funktioniert: Viele junge Gäste sorgen für gutes Geschäft. Die Portionen sind groß, die Kost kommt an: tadellos die Spargelsuppe, gut mit Champignons gefüllt die Dim-Sum samt Kimchi, erstklassig das Fleisch der Lammkrone, fluffig das Topfensoufflé samt Rhabarber. Der Service ist flott, abwechslungsreich das Weinangebot. Läuft.

à la carte: 10–30 €

Tel.: 06244 4795
0664 543 13 90
5440 Golling
Markt 58
www.adler-golling.com/
restaurant
restaurant@
adler-golling.com
Di–Do 17–24, Fr und Sa 17–1 Uhr

GROSSARL H4

EDELWEISS MOUNTAIN CUISINE 13,5/20

Salzburg Mountain Resort

Koch: Alexander Hettegger

Die Karte bietet einen bunten Mix aus traditionellen Köstlichkeiten, kreativen Gerichten aus aller Welt und veganen Speisen. Wir lassen uns feine japanische Tuna Sesam Rolls als Starter schmecken. Himmlisch zarte Steaks entpuppen sich als Gaumenschmeichler und schlussendlich genießen wir mit einer belgischen Edelschokolade mit Beeren und Sauerrahm ein süßes Finale. Zusätzlich zum Hotelrestaurant kann man in diesem Verwöhnhotel auch das Fine-Dining-Restaurant Petrus, das Grillrestaurant Sirloin und als kulinarisches Highlight das Kork & Gloria besuchen, in dem Weinbar auf Sushi trifft.

Tel.: 06414 30 00
5611 Großarl
Unterbergstraße 65
www.edelweiss-grossarl.com
info@edelweiss-grossarl.com
tgl. 11.30–17.30 und 18–22 Uhr
variabel

NESSLERHOF Ⓝ 14,5/20

Koch: Florian Toferer

Tina und Hermann Neudegger sind leidenschaftliche Hoteliers und das Wohl ihrer Gäste liegt ihnen am Herzen. Auch der Service ist angenehm, authentisch und aufmerksam. Wir erleben ein großartiges Aromenspiel mit einem zart aufgeschlagenen Joghurtschaum mit Gin und Melonen, die anschließende Pastinake mit Brombeeren und Krenschaum und die Tomatenconsommé mit Bröseltopfen-Ravioli sind kreative Gerichte. Besonderes Highlight war der gebratene Stör auf einer cremigen Polenta mit Limetten und Popcorn – und die Zirbenholz-Pannacotta mit Preiselbeeren und Vanilleeis war ein herrlicher Abschluss!

à la carte: 6–34 €

Tel.: 06414 812 00
5611 Großarl
Unterbergstraße 50
www.nesslerhof.at
info@nesslerhof.at
Di–So 12–14 und 18–20.30 Uhr

GROSSARLER HOF Tipp

Jagastub'n

Die Genussregion Pongau spiegelt sich in den Speisen des Großarler Hofs wider. Fleisch und Wildkräuter kommen aus den umliegenden Wäldern. Vom cremigen Topfen bis zum würzigen Bergbauernkäse beliefern kleine Hofkäsereien den Betrieb. Naturmaterialien finden sich auch in der gemütlichen Jagdstub'n und dem rustikalen Weinkeller wieder.

à la carte: 6–38 €

Tel.: 06414 83 84
5611 Großarl
Unterbergstraße 76
www.grossarlerhof.at
info@grossarlerhof.at
tgl. 18.30–20.30 Uhr
Mitte April bis Ende Mai & November 2023

HALLEIN H3

TORO TORO 13,5/20

Koch: Christoph Strumberger

Spanien steht bei den Österreichern als Urlaubsdestination hoch im Kurs. Daher ist es eigentlich verwunderlich, dass es hierzulande nicht besonders viele Restaurants gibt, die sich der iberischen Küche verschrieben haben. Egal, das „Toro Toro" entschädigt Feinschmecker dafür ausreichend. Nach einem kühlen Glas Cava steht man vor der Wahl, ob man sich lieber von der Küche mit einem Menü überraschen lässt oder ob man sich selbst für eine Speisenfolge entscheidet. Wir lieben die Überraschung und erfreuten uns an verschiedenen kalten Vorspeisen -–Ibérico-Schinken und marinierte Meeresfrüchte – sowie an Miesmuscheln mit würziger Pfeffersauce. Das gegrillte Schweinefleisch als Hauptgang schmeckte ebenso vorzüglich. Und dass es vor dem kräftigen Espresso noch Crema catalana gab, versteht sich fast von selbst.

à la carte: 23–35 €

Tel.: 06245 842 23
0664 530 82 19

5400 Hallein
Schloss-Altendorff-Straße 2

www.toro-toro.at
info@toro-toro.at

Di–Sa 18–1 Uhr

DIE GENUSSKRÄMEREI Tipp

in der goldenen Kugel

Ungezwungen und gemütlich, mit viel Charakter und gehobener Küche präsentiert sich die Genusskrämerei im Gasthaus zur goldenen Kugel. Jeder Teller repräsentiert kreativ umgesetzte Heimatküche. Im Vordergrund stehen nachhaltige Produkte, die je nach Saison variieren. Einen entspannten Sundowner genehmigt man sich bei Schönwetter im Innenhof.

à la carte: 6–35 €

Tel.: 0664 750 322 36

5400 Hallein
Gollinger-Tor-Gasse 1

www.genusskraemerei.at
office@genusskraemerei.at

Di–Fr 17–23, Sa 9–23 Uhr

HALLEIN-TAXACH H3

HOHLWEGWIRT 12/20

Köche: Biljana & Ernst Kronreif

Herzlicher Service, interessante Weinkarte und herzhafte Gerichte: Der Hohlwegwirt punktet mit diesen Attributen. So genießt man nach einem Aperitif eine Rehterrine mit Trüffelhonig, Risotto mit Flusskrebsschwänzen, Saibling oder Bachforelle, in Olivenöl gebraten, oder Ragout vom Hirsch mit Serviettenknödel. Zum Finale dürfen es dann noch Nougatmousse auf Zwetschkensauce beziehungsweise Topfenknödel auf Weichselkonfit sein. Zum Übernachten stehen einige romantisch eingerichtete Zimmer zur Verfügung.

à la carte: 9,90–39,90 €

Tel.: 06245 82415 0

5400 Hallein-Taxach
Salzburger Straße 84

www.hohlwegwirt.at
gasthof@hohlwegwirt.at

Di 18–21, Mi–Sa 16–21,
So 12–15 Uhr
variabel

♿

HALLWANG/SALZBURG H3

PFEFFERSCHIFF ZU SÖLLHEIM 16/20

Koch: Jürgen Vigne

Es ist ein besonderer Ort: ein barockes Mesnerhaus samt Kapelle nebenan, entstanden aus großer Freude, weil ein verloren geglaubtes Schiff mit kostbaren Gewürzen doch in Venedig gelandet war und den Besitzer reich machte. Das war im 17. Jahrhundert und noch heute beeindruckt der alte Bau mit den knarzenden Holzfußböden und Stuben in schönem Maß. Iris und Jürgen Vigne führen hier seit gut zehn Jahren das Pfefferschiff in klassischer Arbeitsteilung: Sie leitet den Service, er die Küche. Wobei er keiner ist, der es krachen lässt, er setzt bei den Aromen auf Harmonie und schleift die Kanten rund. Zum Auftakt füllt er eine Austernschale mit mariniertem Fenchel und Limetten. Die Winterrüben liegen im klassischen Sud aus Roter Bete samt Kren, der dezent im Hintergrund bleibt. Die Ganslsuppe ist stark entfettet, sodass der Vogel eher nur zu erahnen ist. Die sanft gegarte Jakobsmuschel ist Tasche für eine milde Farce, die Trüffel obendrauf wirkt etwas müde, darunter die Erdäpfel als feiner Schaum. Das Beef Tatar (Vignes Signature Dish) ist mild angemacht auf zart süßer, gelierter Consommé samt Kaviarhaube. Selbst die Valrhona-Schokolade zum Dessert wirkt weniger kräftig, umkränzt von allerlei exotischen Früchten. Die Happen für den Heimweg: ausnahmsweise nicht die üblichen Pralinen, sondern ein kleiner besoffener Kapuziner und ein gefüllter Macaron. Der Service tanzt das klassische Ballett um die Tische, der Sommelier ist kundig und Herr über eine weitläufige Weinkarte. Wer Freude an subtilen Aromen hat, wird sich wohlfühlen an diesem besonderen Ort.

Tel.: 0662 661242

5300 Hallwang/Salzburg
Söllheim 3

www.pfefferschiff.at
restaurant@pfefferschiff.at

HENNDORF AM WALLERSEE H3

WEYRINGER WALLERSEE

17/20

Koch: Emanuel Weyringer

Emanuel Weyringer macht das Kochen Spaß. Das merkt der Gast bei jedem Gericht, das vom aufmerksamen Service serviert wird. Die Aromen der verwendeten Zutaten verbindet Weyringer gekonnt, manchmal auch mit einem kleinen Augenzwinkern. So gibt es zu den irischen Austern – neben einer angenehm säuerlichen Tapioka-Apfel-Milch – kleine Tranchen von der Bratwurst. Klingt ungewöhnlich? Ja, aber die Kombination schmeckt. Und – den Feinschmecker freut es – in dieser Tonart geht es auch bei den folgenden Gerichten weiter. Die Terrine von der Gänseleber wird mit Vanillekipferl-Kuchen und Zwiebel-Feigen-Marmelade serviert und die gedämpften Dim-Sum mit Schweinefleischfüllung regen die Geschmacksnerven dank einer pikanten Krensauce auf das Angenehmste an. Wer sich für die gebratene Reinanke aus dem Wallersee entscheidet, darf sich über einen angenehm säuerlichen Rhabarber-Borschtsch-Sud und gebackenen Kürbis als Begleiter freuen. Und zur Freude vieler gibt es natürlich auch ein Hendlschnitzel, das aber durch die verwendeten Pankobrösel und die dazu gereichte Wasabi-Mayonnaise einen neuen kulinarischen Touch erhält. Und zum Finale sollte man den geschmolzenen Époisses mit Apfelpofesen probieren.

à la carte: 16–41 €

Tel.: 06214 61872
0664 152 62 18

5302 Henndorf am Wallersee
Fenning 7A

www.weyringer-wallersee.at
office@
weyringer-wallersee.at

Mi–So 12–14 und 18–21 Uhr
variabel

KAPRUN G4

HILBERGER'S BEISL

11,5/20

Koch: Christopher Hilberger

In gemütlicher Atmosphäre können die Gäste seit vielen Jahren das gute bodenständige Angebot mittags wie abends genießen. Die Lieferantenliste zeigt hauptsächlich regionale Produkte. Sehr gut der Start mit liebevoll dekorierter Forelle, Lachs und Speck vom Wels (!) mit feinem Wurzelbrot. Steirisches Backhendl mit Kartoffel-Gurken-Salat, Kernöl und Preiselbeeren oder die Tagesspezialität Kalbsbries mit Erdäpfelsalat beweisen die gute Qualität der Produkte. Die Portionen sind durchwegs großzügig dimensioniert. Gute Bier- und Weinauswahl, ergänzt durch regionale Spezialitäten wie Uhudler oder Schilcher.

à la carte: 10–30 €

Tel.: 06547 7246

5710 Kaprun
Wilhelm-Fazokas-Straße 12

www.hilberger.at
hilberger@hilberger.at

Mi–Mo 12–14 und 18–22 Uhr
variabel

KRISPL H3

SAGWIRT

11,5/20

Koch: Gerald Pichler

Der Sagwirt ist ein sicherer Hafen für Genießer im tiefen Tennengauer Tal, abseits von Städten und Touristenströmen, und das seit vielen Jahren. Der Gasthof ist gepflegt, die Stuben sind gemütlich. Neben der Wirtshauskarte gibt es ein Gourmetmenü, das sich an der Saison orientiert. Tadellose Bärlauchsuppe mit Linsen und Schweinebauch, Saibling mit Karfiolcreme, steirisches Wurzelfleisch aus Kalbstafelspitz, gebratener Lammrücken zu Paprika, Valrhona-Schokolade trifft Apfelstrudel. Alles sehr harmonisch und mit viel Leidenschaft angerichtet.

à la carte: 10–35 €

Tel.: 06240 209
0664 544 26 63

5425 Krispl
Gaißau 58

www.sagwirt.at
office@sagwirt.at

Mi–Do 11.30–14 und 17.30–20.30, Fr, Sa 11.30–21, So 11.30–19.30 Uhr

LEOGANG G4

BIOHOTEL RUPERTUS 12,5/20

Das Biohotel Rupertus liegt in Leogang dort, wo auch die anderen (meisten) Hotels liegen: nah am Lift. Und trotzdem unterscheidet sich das Rupertus fundamental von allen anderen Betrieben in der Umgebung. Die Küche ist 100 Prozent biozertifiziert, und die Auswahl an veganen Gerichten ist erstaunlich. Besonders wichtig ist dem Küchenteam auch die Herkunft. Sämtliche Lieferanten (Rupertus nennt sie Partner) werden präsentiert, und auf der Karte finden sich verführerische Gerichte wie Alpin-Ratatouille oder Süßkartoffel-Chashew-Bällchen. Bemerkenswert ist auch die Bar: Die Getränke sind ebenfalls 100 Prozent bio.

Tel.: 06583 84 66
5771 Leogang
Hütten 40
www.rupertus.at
info@rupertus.at

DAHOAM

16,5/20

im Genießerhotel Riederalm

Koch: Andreas Herbst

Dahoam fühlen wir uns im eigenen Restaurantbereich vom Hotel Riederalm nicht nur durch das stilvolle Ambiente, sondern auch durch die hervorragende Präsentation der angebotenen 4- und 6-Gänge-Überraschungsmenüs. Der kochende Patron Andreas Herbst erklärt höchstpersönlich, wie er die vielen köstlichen Gerichte aufbereitet. Dabei zeigt er an Hand einer auf Leder dargestellten Karte von Leogang, dass fast alle Zutaten von regionalen Lieferanten stammen: neben Fisch und Fleisch vor allem Kräuter- und Gemüsesorten. Auf Kärtchen wurde jedes Detail dargestellt. Start mit Zunge vom Stier, in Löwenzahn-Oxymel mariniert, dann herrliches Blunznbrot. Kalbskopf, Sauerampfer-Tarte, Karotte und Wildmasthendl – ein Genuss! Originell der Kohlrabi mit Frauenmantel-Pesto und die Ceviche von der Bachforelle mit gepickeltem Zwiebeleis sowie der lauwarm gegarte und im Entenfett geflämmte Stör mit Kaviar. Außerdem Spargel-Carbonara, Mangalitza und Wachtelei sowie Lamm in Weißdornblütenöl und geschmorte Haxe. Bei den Desserts ist das erstklassige Bienenwachseis mit Löwenzahnsirup und Leoganger Safran eine echte Empfehlung.

Tel.: 06583 7342

5771 Leogang
Rain 100

www.restaurant-dahoam.com
info@riederalm.com

Mo, Di, Fr und
Sa 18.30–19.30 Uhr

ECHT. GUT ESSEN.

15,5/20

im Naturhotel Forsthofgut

Koch: Michael Helfrich

Im Hotel Forsthofgut wird in einem kleinen Bereich Fine Dining als „echt. gut essen." mit besonderem Service zelebriert. Dabei können die Gäste Küchenchef Michael Helfrich über die Schulter schauen. Schon beim zweifachen Gruß aus der Küche mit allerlei fein dekorierten Gemüsevariationen ist die außergewöhnliche Kreativität der Küche erkennbar. Diese zieht sich sowohl durch das traditionelle 8-Gänge-Menü als auch durch das alternativ angebotene Überraschungsmenü. Tatar vom Thunfisch auf Ingwer mit Wasabicreme, Zitronen-Dashi und Beluga-Kaviar – ein exquisiter Start –, gefolgt von in Yuku-Sake gekochter Gelber Bete. Vorzüglich das Safran-Risotto mit Veltliner-Rosinen, gerösteten Cashewkernen und Räucheraal. Ebenso das Filet vom geangelten Zander mit Sauce gribiche und Estragonöl. Ein besonderer Genuss war die Kalbshochrippe mit Paprika-Kürbis-Püree, Ofensellerie und gebratener Polenta. Köstlich die Karamellmousse mit Popcorneis, salzigem Streusel und Ananas. Der stimmige Abend wurde mit feinem gereiftem Käse und exzellenten Pralinen abgeschlossen. Sehr gute Weinauswahl.

à la carte: 25–140 €

Tel.: 06583 85 61

5771 Leogang
Hütten 2

www.forsthofgut.at
restaurant@forsthofgut.at

Di–Sa 18.30–21 Uhr

ESS:ENZ

13/20

im PURADIES Naturresort

Koch: Albert Dschulnigg

In einer eigenen rustikalen Hütte wird eine Schauküche mit Gerichten hoher Qualität präsentiert. Das 3-Gänge-Menü mit kalter Tomaten-Gurken-Suppe schmeckte ausgezeichnet. Ein genau auf den Punkt zubereitetes rosa Kalbsfilet mit Madeirasauce, Polenta, Pilzen und Parmesanchips war ein besonderes Geschmackserlebnis. Köstlich das Dessert Moelleux au Chocolat mit Vanillecreme, Minzsorbet und Hippe. Darüber hinaus zeigte das kleine, aber gut sortierte À-la-carte-Angebot sehr gute Alternativen wie feine Ravioli mit Trüffelfüllung und hausgemachte Pasta. Eigener Bio-Hof. Gutes Getränkeangebot, kompetenter Service.

à la carte: 17–45 €

Tel.: 06583 8275
5771 Leogang
Rain 9
www.puradies.com
info@puradies.com
Mi–So 18–22 Uhr
10. April bis 15. Mai 2023

FORSTHOFALM

11,5/20

Kukka Lounge & Terrace

Koch: Karl Schmid

Was tun, um aufzufallen im Chor der Leoganger Gastronomie? Das Holzhotel Forsthofalm setzt auf Bio und skandinavischen Chic im Restaurant Kukka (Blume). Innen eine offene Schauküche mit Grill samt Reifeschrank für Steaks und ein gläsernes Weindepot. Draußen eine Sonnenterrasse mit DJ und Anschluss an die Skipiste. Die Karte bietet Austern, Kaviar und Champagner, aber auch Burrata mit Tomaten, vietnamesische Gemüsesuppe Pho, ausgelöstes Backhendl und Schweinsrücken samt Grillgemüse – alles tadellos. Richtig gut der karamellisierte Kaiserschmarren. Trotz des Andrangs behält der Service die Ruhe.

Tel.: 06583 8545
5771 Leogang
Hütten 37
www.forsthofalm.com
info@forsthofalm.com

KIRCHENWIRT

Gourmetwirtshaus & Historisches Hotel

Koch: Stefan Birnbacher

17/20

Das ist nicht nur der beste Kirchenwirt des Landes, sondern auch eines der besten Genussdomizile. Barbara Kottke und Hans-Jörg Unterrainer sind nicht einfach nur Gastgeber, sie führen dieses legendäre Hotel mit starker Verbindung zur Geschichte, zum Ort und zu den Menschen. Hierher kommen Mountainbiker auf ein Bier und Wanderer auf ein Schnitzel – dazu auch eine Flasche Wein (Coche-Dury) gefällig? Vor dem Kirchenwirt sitzend, speist es sich ebenso gut wie in Stube oder Garten. Und zum Essen: Es haben alle Gerichte geglänzt. Lachsforelle mit Hopfenspargel und Lardo im Safransud. Gänsehaut (nicht die von der Gans, die am Unterarm). Gans gibt es aber auch: gezupft, mit gehobelter Gänseleber. Oder: Bachforelle mit Spinat und Polenta. Alles auf dem Punkt, mit Herz und Tiefe. Wiener Schnitzel, Pasta mit Carpaccio und Bio-Eidotter-Raviolo waren eine Draufgabe. Die Wanderrouten, die vor der Türe starten, geben die Erlaubnis, am nächsten Tag erneut zu schlemmen. Hans-Jörg, der alpine Quereinsteiger (Snowboard-Pro), ist zum Wein-Pro geworden. Ein wunderschöner alter Weinkeller erfüllt alle Weinträume. Diese Auswahl ist Weltklasse. Und dieser Ort zeigt, wie es geht.

à la carte: 18–42 €

Tel.: 06583 8216

5771 Leogang
Dorf 3

www.hotelkirchenwirt.at
info@k1326.com

Do–Mo 17–21 Uhr
✱ Mitte April bis Mitte Mai und November 2023

MARIA ALM H4

ALMHOF

Kaiserstub'n

13,5/20

Der Familienbetrieb Almhof ist nicht nur wegen seiner angenehmen Räumlichkeiten und der herrlichen Naturkulisse einen Besuch wert, sondern auch wegen seines À-la-carte-Restaurants mit Gerichten von hoher Qualität. Das konnten wir schon bei der Begrüßung mit delikater Steinpilzbutter und Kräuteraufstrichen feststellen. Die regional orientierte Küche wird mit viel Esprit durch internationale Spezialitäten ergänzt. Zu Beginn eine bodenständige Kaspressknödelsuppe, alternativ eine hervorragende Apfel-Curry-Kokos-Suppe mit Minifrühlingsröllchen und Milchhaube. Die glacierte Foie gras mit gebackenem Eigelb, Trüffelpüree und Tomatenmarmelade war hübsch dekoriert und schmeckte hervorragend. Asiatischen Touch zeigten vegane Alternativen wie hausgemachte Samosas mit Curry-Kokos-Gemüse und Basmati-Wildreis-Mix. Der zarte Hinterthaler Hirschrücken mit Preiselbeer-Gin-Sauce, Apfelrotkraut und Kräutersemmelknödel war ein besonderer Genuss. Köstlich der Abschluss mit flaumigen Topfennockerln, Butterbrösel, hausgemachtem Marillenröster und Fruchteis. Umfangreiche Weinkarte mit guter Empfehlung der glasweisen Auswahl.

Tel.: 06584 8414
0664 381 60 99

5761 Maria Alm
Hinterthal, Kreidenbachweg 5

www.almhof.co.at
office@almhof.co.at

MATTSEE H3

IGLHAUSER SCHLOSSHOTEL 12/20

Köchin: Anna Iglhauser

Oben auf dem Sporn steht das Schloss und unten am See das Schlossbräu – beides prächtige Bauten. Getafelt wird in einer der alten Stuben oder im Garten mit Blick aufs Wasser – beides ist schön. Chefin Anna Iglhauser kann in der Küche auf Produkte aus eigener Jagd und Landwirtschaft zurückgreifen. Die Küche ist naturnah und kräuteraffin. Kräuterschaumsuppe, Saibling mit Safranrisotto, Ochsenfilet mit Spargel, Zitronensorbet mit Wodka – alles tadellos und angesichts der Lage preislich angemessen. Der Service agiert kompetent und gelassen, die Weinkarte kann sich sehen lassen. Der Iglhauser ist eine schöne und vor allem verlässliche Adresse.

à la carte: 6–46 €

Tel.: 06217 52 05
5163 Mattsee
Schlossbergweg 1
www.schlosshotel-igl.at
schlosshotel@iglhauser.at
Mo, Di 18–21,
Mi–Sa 12–14 und 18–21 Uhr

LUSTREICH 12/20

im Kuschelhotel Seewirt

Koch: Helmut Blüthl

Eine lauschige Terrasse mit Altbaumbestand, direkt an der Seepromenade gelegen – es gibt in der warmen Jahreszeit definitiv schlechtere Plätze als den Seewirt am Mattsee. Geboten wird österreichisch-mitteleuropäische Küche mit internationalen Ausreißern – hier etwas Yuzu, da etwas Miso-Mayonnaise – und saisonalen Zutaten. Das Eierschwammerlrisotto wird mit Mattseer Bergkäse zubereitet, Heidelbeeren sind eine nette Ergänzung. Gelungen auch das Forellenfilet, im Hollerblütensud pochiert und mit Selleriepüree und Pfirsich serviert. Von den Nachspeisen sind die Mohnpalatschinken sehr zu empfehlen.

à la carte: 10–35 €

Tel.: 06217 5271
5163 Mattsee
Seestraße 4
www.seewirt-mattsee.at
lustreich@
seewirt-mattsee.at
tgl. 12–14 und 18–20.45 Uhr
bis 25. Dez. 2022,
7.–26. Jän. 2023

MAUTERNDORF I4

MESNERHAUS 17/20

Koch: Josef Steffner

Seit 2007 betreiben Maria und Josef Steffner ihr Gourmetrestaurant in den geschichtsträchtigen Gemäuern des Mesnerhauses in Mauterndorf. Die Wurzeln des Hauses reichen ins 15. Jahrhundert zurück. Das Ambiente des Restaurants und die herzliche Gastfreundschaft versprechen schon zu Beginn des Abends sehr viel. Oder eben „die große Verführung in sechs, acht oder zehn Gängen“, wie die Steffners ihr Menü nennen. Die Verführung beginnt mit einer komplexen Komposition rund um den Lungauer Saibling. Ihn begleiten neben Rhabarber (eingelegt und als Ceviche) auch Weiki (die Bayern-Kiwi), geröstet und als Gel, ein Saiblings-Chip und Kaviar, Gurkenpulver und -granité. Die zitronige Note der Yuzu-Perlen verpasst dem Ganzen einen frischen Kick. Der weiße Spargel ist Hauptdarsteller der nächsten Runde und wird in drei Variationen serviert: glaciert, gebraten und fermentiert. Perfekt dazu ist die cremige Sauce hollandaise aus Cashew-Miso. Bei der Wachtel setzt sich die Idee fort, eine Zutat in unterschiedlichen Zubereitungsarten zu servieren. Die butterzarten Haxln sind gezupft, die Brust gebraten – saftig und fein würzig. Die Pastinake gibt es dann püriert, confiert, als Chips und als aromatischen Sud dazu. Dann kommt, was kommen muss – einfach und spektakulär zugleich: der Lungauer Eachtling, seines Zeichens regionale Erdäpfelrarität und -köstlichkeit. Im Gericht zu Stampf verarbeitet, mit Sauerrahm und Eidotter confiert, mit Dottercreme und Kaviar vom Grüll veredelt. Der Fleischgang ist ein Klassiker: rosa gebratener Rinderrücken. Saftig und nur mit einigen Salzflocken gewürzt. Mit einem neun Monate gereiften Bergkäse auf Birne in Fichtenwipfeln gibt es noch vor dem süßen Abschluss ein herzhaftes Highlight. Die Schokoladen-Ganache mit Brennnessel-Vanille-Eis ist der letzte, aber noch einmal sehr intensive Akt der Verführung.

Tel.: 06472 7595
0664 122 55 51
5570 Mauterndorf
Markt 56
www.mesnerhaus.at
info@mesnerhaus.at
Mi–So 11.30–13.30 und
18–20.30 Uhr
variabel, siehe Homepage

Es ist ein großartiges Menü, das Josef Steffner da im Moment aus seiner Küche schickt. Und die Metapher mit der Verführung könnte passender nicht sein. Hätte unser Gaumen erogene Zonen, er hätte keine einzige davon ausgelassen. Ergänzend dazu die erstklassige Weinbegleitung mit spannenden Beschreibungen des jungen Sommeliers.

à la carte: 18–48 €

MITTERSILL G4

SCHLOSS MITTERSILL 12/20

Koch: Adrian Schelske

Im ehrwürdigen Ambiente vom Schloss Mittersill genießen wir im geräumigen Schlosshof das Panorama auf die herrliche Bergwelt. Die bodenständige Küche bietet dazu erstklassige regionale Produkte. Nach Begrüßung mit feinem Paprikaaufstrich servierte man uns gut schmeckendes Rillette von der Weidegans. Die Fenchelschaumsuppe mit kandierter Orange und getrocknetem Roggen war ausgezeichnet. Gekonnt zubereitet auch ein rosa gebratener Rücken vom Tauernlamm. Köstlich das Dessert: Salzkaramell-Pannacotta mit Tonkabohnenschaum, Vollmilchschokolade und Haselnusseis. Freundlicher Service, gute, auch offene Weine.

Tel.: 06562 202 00
5730 Mittersill
Thalbach 1
www.schloss-mittersill.com
office@
schloss-mittersill.com
18–20.30 Uhr

NEUMARKT AM WALLERSEE H3

WINKLER 13/20

Der Winkler in Neumarkt ist ein Hotel mit ausgezeichnetem Essen und eigenem Strandbad am schönen Wallersee. Am liebsten würde man länger bleiben. Aber auch schon ein kurzer Besuch zur Mittagszeit im Restaurant ist dazu angetan, gestresste Städter kulinarisch zu erfreuen und merklich zu erfrischen. Was gibt die Karte her? Man kann zwar auch Beef Tatar und Backhendl bestellen, aber der Fokus liegt eindeutig auf Fisch. An den Vorspeisen sollte man allerdings nicht vorbeigehen. Legendär sind die Flusskrebse im Sud, tadellos auch die Schnecken. Der Fisch wird tischweise im Ganzen zubereitet und vom so flotten wie freundlichen Serviceteam in Windeseile vor den Augen der Gäste filetiert. Man hat die Wahl zwischen Zander, Forelle, Seesaibling und dem selten zu findenden Huchen. Die Qualität zeigt sich auch an den Details: Die Saucen sind exzellent, die Salate ausgezeichnet mariniert. Und hauchdünnere Palatschinken lassen sich kaum denken. Die Weinauswahl ist klassisch gehalten.

à la carte: 6–36 €

Tel.: 06216 5270
5202 Neumarkt am
Wallersee
Uferstraße 32
www.winkler.at
info@winkler.at
Do 12–14 und 18–21,
Fr–So 12–21 Uhr
variabel

OBERTAUERN I4

DAS KOHLMAYR Ⓝ

13/20

Koch: Klemens Huber

Seit 2009 ist Klemens Huber Chef am Herd im Betrieb seiner Familie. Seine Stationen davor können sich sehen lassen: Stock Resort, das Lamark von Alexander Fankhauser, ein hervorragendes Haus in Serfaus. Die Wanderjahre haben sich ausgezahlt. Klemens Hubers Küche ist frisch, elegant und gleichzeitig herzhaft. Es sind Teller, auf denen man die Liebe und Leidenschaft zur Kulinarik spürt – und schmeckt. Dabei bewegt sich Huber gern auch einmal auf neuen Pfaden. Hummer-Zitronengras-Eis? Kein Problem! Im Gegenteil. Prinzenhirsch mit Schokolade-Cannelloni? Ebenfalls eine positive Überraschung. Der Mann schaut eindeutig über den Tellerrand hinaus.

Tel.: 05525 62491
5562 Obertauern
Ringstraße 5
www.daskohlmayr.at
info@daskohlmayr.at

DAS SEEKARHAUS

15/20

Wie in vielen Wintersporthotels, ist das kulinarische Angebot im Seekarhaus auf den ersten Blick nicht einfach zu fassen. Man sollte sich die Mühe aber machen, denn es lohnt sich: von der 3/4-„Gourmetpension" über den Pulverturm und die Sonnenterrasse bis hin zur Beatles Bar. Der lukullische Kern des Ganzen ist aber das achtgängige Fine-Dining-Menü, das zwischen Donnerstag und Sonntag jeweils abends angeboten wird. Hier zeigt Küchenchef Stefan Fischer, was er draufhat, und begeistert mit spektakulären Tellern und Gerichten. Kunststücke! Kein Wunder, ist Fischer doch ein kunstaffiner Mann, dem Pinsel und Leinwand nicht fremd sind. Genau so sehen auch seine Gerichte aus.

Tel.: 06456 20010
0664 859 96 60
5562 Obertauern
Seekarstraße 32
www.seekarhaus.at
Do–So 18.30–21.30 Uhr

FRITZ & FRIEDRICH

12/20

Rico Rassbach an den scharfen Sushi-Messern, Patrick Paß zuständig für den Rest des Fests. Die beiden waren (oder sind?) stets für Überraschungen gut. Warum das Fragezeichen? Weil auf der Website vom Fritz & Friedrich kryptisch steht, dass ab kommender Saison alles neu und alles anders sein wird. Das hat vor allem damit zu tun, dass Patrick Paß Teil einer Kärntner Herdrochade ist und an neuer Stelle kochen wird. Lassen wir uns also überraschen. In der letzten Saison war ein Besuch bei F & F jedenfalls stets ein Erlebnis. Beschwingt-lustiger Service, beachtliche Sushi-Kreationen, die man stilistisch am ehesten unter „contemporary" zusammenfassen könnte. Aber auch der Rest konnte sich sehen lassen. Wie gesagt: Wir sind gespannt.

Tel.: 06456 73540
5562 Obertauern
Rosenweg 1
www.fritzundfriedrich.com
genuss@
fritzundfriedrich.com

PANORAMA

Tipp

Die teils urige, teils moderne Stube des Panorama-Restaurants versprüht Wärme und Gemütlichkeit. In den Sommermonaten lässt es sich auch auf der Terrasse gut aushalten. Frischer Wind weht auch in der Küche. Raffinierte und einfallsreiche Kreationen mit saisonalen Schwerpunkten verspricht das Küchenteam.

à la carte: 6,90–39 €

Tel.: 06456 7432
0664 140 33 67
5562 Obertauern
Brettsteinstraße 1
www.restaurant-obertauern.at
info@panorama.at
Di–So 18–22 Uhr
✱ Mai, Juni, Okt. 2023

RAURIS H4

GUSTO IM WÖRTHERHOF

12,5/20

Koch: Gregor Langreiter

Seit Jahren bietet das familiär geführte Gusto ausgezeichnete regionale österreichische Küche, modern interpretiert und angenehm einfach. 3- und 4-Gänge-Menüs zeigen einen guten Querschnitt des À-la-carte-Angebots. Nach Begrüßung mit feinem Aspik kam eine nett dekorierte Ceviche von der Lachsforelle mit Mango-Relish, gebeiztem Saibling und Limettenjoghurt auf den Tisch. Gegrilltes Saiblingsfilet mit

Tel.: 06544 6404
0664 302 23 98
5661 Rauris
Wörth, Dorfstraße 22
www.restaurant-gusto.at
gusto@rauris.net
Mi–So 18–22 Uhr
✱ variabel
♿

Ofentomaten, Gemüse-Safran-Sud und Bio-Muscheln schmeckte ausgezeichnet. Bestens zubereitet und von hoher Qualität war das rosa Steak vom Rauriser Reh mit Preiselbeersaft, Wildem Brokkoli und Gnocchi. Immer seltener bekommt man woanders die hier angebotene Alternative von marinierter und gekochter Bio-Kalbszunge – ein besonderer Genuss. Köstlich der Abschluss mit Schwarzbeernocken, Sauerrahmeis und Beerenkoch. Gemütliche Gaststube und Terrasse mit freundlichem und kompetentem Service.

à la carte: 18–38 €

SAALBACH G4

DAS KLEINE RESTAURANT 12/20

im Gartenhotel Theresia

Das kleine Restaurant gehört zum Hotel Theresia in Hinterglemm – und das kann mit Fug und Recht zu den Pionieren der Salzburger Bio-Szene gezählt werden. Bereits seit 2002 ist die Theresia-Küche kontrolliert biozertifiziert. Seit einer Zeit also, in der das noch fakultativ und freiwillig war. Die Hinterglemmer sind dieser Philosophie treu geblieben. Ausgesprochen frische Gerichte, hochqualitative Zutaten und die Teller werden mit Können und Leidenschaft zubereitet und angerichtet. Außerdem werden neben Bio-Gerichten auch täglich vegane Speisen serviert. Das Angebot reicht von mehrgängigen Gourmetmenüs bis zum Kuchen am Nachmittag.

Tel.: 06541 74140

5753 Saalbach/Hinterglemm
Glemmtaler Landesstraße 208

www.hotel-theresia.com
info@hotel-theresia.co.at

Mi–Sa 18.30–22.30 Uhr, nur im Sommer geöffnet

HERZLSTUBN 11,5/20

im Hotel Kendler

Koch: Patrick Spitzer

Nahe der Skipiste gelegen, ist das Hotel Kendler mit seinem modern-alpinen Restaurant Herzlstubn auch für externe Besucher ein klarer Fixpunkt in Saalbach. Gäste haben dort die Möglichkeit, sich während der Wintersaison von Chefkoch Patrick Spitzer verwöhnen zu lassen. Neben einem ambitionierten Gourmetmenü, das zeitgeistig interpretiert wird (Region trifft auf Mediterranes), hält die Speisekarte À-la-carte-Gerichte wie Parmesanravioli, gebratene Seezunge oder Maishendl Suprême bereit. Ebenso beliebte Klassiker wie Wiener Schnitzel sind im Repertoire. Dazu bietet ein gut sortierter Weinkeller passende Begleitung im Glas.

à la carte: 14–39 €

Tel.: 06541 62 25

5753 Saalbach
Oberdorf 39

www.kendler.at
post@kendler.at

tgl. 12–14 und 19–21.30 Uhr

SALZBURG H3

AUERHAHN 12/20

Koch: Gerhard Pongratz

Neues vom Auerhahn? Nein. Das ist eine gute Nachricht, hält das Haus doch seit Jahrzehnten die Haube – im Vorort, nur Einheimische finden in die eleganten Stuben. Der Patron kann mit Fisch umgehen, fermentiert und mariniert Saibling, Huchen und Thunfisch, kombiniert gebeizten Lachs mit molliger Blunzn und lässt Skrei leicht glasig werden. Ein Vergnügen. Zweites Spezialgebiet: Innereien – die Kalbsnieren sind einfach erstklassig. Klarerweise muss man zum Abschluss die beliebten Topfenknödel bestellen. Die Weinbegleitung verbrüdert sich mit dem Menü, der Service ist flott. Wieso sollte man etwas ändern?

à la carte: 6,50–30 €

Tel.: 0662 451052
5020 Salzburg
Bahnhofstraße 15
www.auerhahn-salzburg.at
hotel@auerhahn-salzburg.at
Mi–Sa 12–13.15 und 18–21.30, So 12–13.15 Uhr

BANGKOK 11,5/20

Das Bangkok ist seit Jahren eine verlässliche Adresse für Liebhaber der thailändischen Küche. Betreut vom aufmerksamen Service, kann man bei den Vorspeisen etwa zwischen pikanten Fleischbällchen mit Limettenblättern, Avocado-Thunfisch-Salat mit Koriander oder Hühnerfleischspießchen mit Erdnusssauce wählen. Bei den Hauptgerichten überzeugen rotes Thai-Curry mit Kabeljaufilet oder gebratene Eiernudeln mit Gemüse und Entenfleisch. Und zum Finale darf es dann vielleicht noch ein Schoko-Hibiskus-Kuchen mit flüssigem Kern sein.

Tel.: 0662 873688
5020 Salzburg
Bayerhamerstraße 33
www.restaurant-bangkok.at
restaurant.bangkok@yahoo.com

BRANDSTÄTTER 13,5/20

Koch: Karl Poller

Stabübergabe in Liefering. Elfi Brandstätter, Seele des Hauses und beispielhafte Gastgeberin, übergab heuer ihr Lebenswerk in die Hände der nächsten Generation. Sohn Tobias leitet schon seit vielen Jahren die Küche, als Patronne schupft nun Schwiegertochter Evelyn – neben dem legendären Café Bazar in der Altstadt – das Restaurant. An ihrer Seite: das zuverlässige Serviceteam unter Leitung von Herrn Andreas. Und auch sonst hält man an Bewährtem fest. Die Flusskrebse, knackig und fein wie eh und je, kommen mit Dillcreme zum Tisch, Ricottoravioli glänzen unter brauner Butter und das Beuschel spielt perfekt mit feiner Säure und zarter Cremigkeit. Und auch die hausgemachte Blut- und Leberwurst samt Sauerkraut ließe manchen Fleischhauer vor Neid erblassen. Die Weinkarte ist, den Wünschen der Gästeklientel entsprechend, bewusst klassisch gehalten.

à la carte: 6–44 €

Tel.: 0662 434535
5020 Salzburg
Münchner Bundesstraße 69
www.hotel-brandstaetter.com
info@hotel-brandstaetter.com
Mo–Fr 11.30–14 und 18–21.30 Uhr
variabel

BRUNNAUER 16/20

Koch: Richard Brunnauer

AMBIENTE AWARD 2009

Das Restaurant Brunnauer, untergebracht in einer alten Ceconi-Villa, hat sich über die Jahre zum Klassiker in Salzburg entwickelt. Das sieht man mitunter auch an der hohen Zahl an Stammgästen. Einen Tisch ohne Reservierung zu bekommen, ist fast unmöglich. Mittags kocht Richard Brunnauer – neben den Gerichten seiner Speisekarte – einen herrlichen Businesslunch. Abends ist dann großes Kino mit einer Mischung aus klassisch französisch inspirierter Küche mit regionalen Einschlägen angesagt. Das Menü „Heimat" vereint Alpensaibling, Styria-Rind und Topfenschmarren, beim Menü „Brunnauer" treffen sich Gänseleber, Languste und Valrhona-Schokolade. Wir kosteten aus der À-la-carte-Auswahl knackige und auf den Punkt gebratene Jakobsmuscheln mit Wildkräutersalat und Buchenpilzen. Danach ein perfekt abgeschmecktes Beef Tatar mit gebackenem Wachtelei.

Tel.: 0662 251010
5020 Salzburg
Fürstenallee 5
www.restaurant-brunnauer.at
office@restaurant-brunnauer.at
Mo 18–22, Di–Fr 12–14 und 18–22 Uhr; während der Festspiel- und Adventzeit erweiterte Öffnungszeiten

Ein Gedicht war der knusprige und gleichzeitig saftige Schweinebauch mit Paprikaspitzkraut. Was man auf keinen Fall versäumen sollte: die Vanille-Crème-brulée. Erwähnenswert, weil voll im Trend der Zeit und ausgesprochen köstlich: das Angebot an veganen Gerichten. Ein herzerfrischender Service und eine feine Weinkarte runden das Erlebnis ab.

à la carte: 8–41 €

DIDILICIOUS

by Didi Maier

12/20

Koch: Didi Maier

Der Name Didi Maier steht natürlich für gute Küchenqualität. Dass das auch im Einkaufszentrum geht, zeigt er mit seinem Didilicious. Sein grünes Gemüsecurry kommt in tadelloser Zubereitung, cremig und gleichzeitig knackig, auf den Tisch, die Hühnersuppe mit Babyleaf, Udon-Nudeln und Wachtelei gefällt in ihrer geschmacklichen Dichte. Die Getränkeauswahl ist klein, Alkoholfreies wird in der Karaffe mit Strohhalm ohne Glas serviert. Man sitzt zwischen einkaufenden Menschen, der Lärmpegel ist hoch. Ein Essen in Ruhe ist natürlich kaum möglich, ein guter Tipp für den schnellen Genuss ist das Lokal aber allemal.

à la carte: 4–24 €

Tel.: 0662 265 657
0676 666 76 77

5020 Salzburg
Europastraße 1

www.didimaier.com
office@didimaier.com

Mo–Do 11–19.30, Fr 11–21,
Sa 11–18 Uhr

♿

DIE GERSBERG ALM®

12,5/20

Das Hotel „Die Gersberg Alm" bietet Gästen in idyllischer Lage die Möglichkeit, ausgezeichnet zu speisen. Vegetarier unter den Feinschmeckern freuen sich etwa über getoastetes Schwarzbrot mit Waldpilzen oder über eine erfrischende Gazpacho mit Sauerrahm und Passionsfrucht. Backhenderl oder Wiener Schnitzel dürfen hier natürlich auch nicht fehlen. Rehragout mit knusprigem Topfenknödel und offene Eierschwammerl-Lasagne mit Belper Knolle und Gartenkresse runden das Angebot ab. Probieren sollte man auch den geeisten Kaiserschmarren mit Nusskuchen.

Tel.: 0662 641257

5020 Salzburg
Gersberg 37

www.gersbergalm.at
office@gersbergalm.at

ESSZIMMER

16,5/20

Koch: Andreas Kaiblinger

Seit 2004 sorgen Andrea und Andreas Kaiblinger mit viel Routine dafür, dass sich ihre Gäste im „Esszimmer" wohlfühlen. Ein Glas heimischer Winzersekt – selbstverständlich gibt es auch Champagner – zum Gruß aus der Küche und schon ist der Einstieg geglückt. Die Gerichte, die die Küche von Andreas im Laufe des Abends verlassen, sind geschmacklich und optisch ein Genuss. Das gilt auch für den auf den Punkt gegarten Winterkabeljau mit Roten Rüben, den Zander auf pürierter Blutwurst oder den Raviolo von der geschmorten Lammschulter im Curryfond. Um den Geschmack der Kreationen zu unterstreichen, gibt es eine von Andrea und ihrem Serviceteam zusammengestellte Weinbegleitung. Während man die zahlreichen Stammgäste beim Studieren der Speisekarte beobachtet, genießt man eine perfekt gebratene Taube oder – als vegetarische Alternative – Bandnudeln mit schwarzem Knoblauch und geschmortem Paprika. Auch bei den Nachspeisen braucht man keine Abstriche machen. Die Kombination von Rhabarber, Matcha und weißer Schokolade beziehungsweise die Schokoladentarte überzeugen ohne Abstriche. Gut zu wissen: Mittags gibt es im „Esszimmer" auch ein 3-Gänge-Menü.

Tel.: 0662 870 899
5020 Salzburg
Müllner Hauptstraße 33
www.esszimmer.com
office@esszimmer.com
Di–Sa 12–14 und 18.30–22 Uhr

GASTHOF GOLDGASSE

11,5/20

Unter den Gasthäusern in der Salzburger Altstadt ist dies das edelste. Das mittelalterliche Haus ist vorbildlich renoviert. Im Sommer stehen Tische auf der Gasse, innen wartet eine Gaststube mit viel altem Holz, Gewölben und dem Highlight eines prächtigen barocken Kochbuchs hinter Glas, aus dem ab und zu gekocht wird. Zum Beispiel die Sellerie-Liebstöckel-Tascherl in guter Rindsbrühe. Man nehme die Klassiker wie Backhendl oder Schnitzel. Tadellos sowohl Ente als auch Bratwurst, hier die Spezialität. Auch die Sorbets gelingen zuverlässig. Die Weinauswahl ist durchaus in Ordnung, der Service ausgesprochen flott. Eine bemerkenswerte Adresse.

à la carte: 6,90–42 €

Tel.: 0662 8482 00
5020 Salzburg
Goldgasse 10
www.gasthofgoldgasse.at
info@gasthofgoldgasse.at
Mi–Mo 12–22 Uhr
♿

GLASS GARDEN

17,5/20

im Hotel Schloss Mönchstein

Koch: Markus Mayr

Eine beeindruckende Glaskuppel, die mundgeblasene Glasskulptur mitten im Restaurant und der atemberaubende Blick auf die Stadt Salzburg in der einzigartigen Atmosphäre vom Schloss Mönchstein faszinieren die Gäste schon beim Eintritt. Dieser positive Eindruck verstärkt sich noch bei der Begrüßung durch ein eindrucksvolles Potpourri an köstlichen Kleinigkeiten aus der kreativen Küche von Markus Mayr. Wer sich nicht für die interessante Steakauswahl mit US-Beef oder österreichischem Dry-Aged-Beef entscheidet, kann aus dem Angebot von zwei Menüs – eines davon naturverbunden und vegan – auswählen. Das Mönchsteinmenü zeichnet sich durch kulinarische Vielfalt aus und startete mit ausgezeichnetem Ora-King-Lachs mit Avocado, Gurke und Alge. Zartes Flank-Steak mit Kräutern, Artischocke und Rindermark kann nicht besser zubereitet werden. Hamachi, eine Gelbschwanzmakrele, mit Pak Choi, Yuzu und Dashi mundete vorzüglich. Perfekt aufeinander abgestimmte Aromen und Texturen zeigte auch das Reh, begleitet von Morcheln, Erbsen und Sauce rouennaise. Am Tisch flambierte Crêpes Mönchstein-Art und weitere Köstlichkeiten zum Abschluss waren für uns ein besonderes Erlebnis und ein einmaliges Fest für die Sinne. Auch das vegane Menü mit vier Gängen begeisterte uns. Wilder Brokkoli mit Sellerie und Sommertrüffel, erstklassige Erbsen-Samtsuppe mit Kokos, Shiso und Sesam, weiters Melanzani, marokkanisch mit Tomate, Paprika und Koriander. Jeder Gang ein Höhepunkt. Ein besonderer Genuss waren Himbeere,

Tel.: 0662 848 55 50
5020 Salzburg
Mönchsberg-Park 26
www.monchstein.at
salzburg@monchstein.at
tgl. 12–13.30 und 18–21.30 Uhr
variabel

Mohn und Rote Rübe – eine herrliche Kombination! Ein professioneller Service mit persönlicher Note rundete den Eindruck ab. Gut abgestimmte Weinempfehlungen und auch die alkoholfreie Begleitung ist sehr empfehlenswert.

à la carte: 22–45 €

GOLDENER HIRSCH

13,5/20

Koch: Daniel Mild

Das Servicepersonal im Goldenen Hirschen gehört zu den aufmerksamsten der Festspielstadt. Hier wird den Gästen selbstverständlich noch aus den Mänteln geholfen und selbst das Leitungswasser braucht man nicht selbst nachschenken. Und die Küche? Die bewegt sich mit sicherem Schritt in die richtige Richtung. Zwar wird es hier wohl immer Wiener Schnitzel und Salzburger Nockerl geben, doch auch andere Gerichte finden sich auf der Karte: Etwa ein kleines Stück gebratenes Kalbfleisch mit geräuchertem Thunfisch, eine Fischsuppe – die Bezeichnung Bouillabaisse führt leider in die Irre – mit Muscheleinlage oder eine geschmorte Lammhaxe überzeugen. Und auch die Torte von der Callebaut-Schokolade würde man sich gerne öfter bestellen.

à la carte: 7–40 €

Tel.: 0662 80848 61
5020 Salzburg
Getreidegasse 37
www.
restaurantgoldenerhirsch.at
restaurant.goldenerhirsch@
luxurycollection.com

Fr–So 12–14.30 und
18.30–21 Uhr

HUBER'S IM FISCHERWIRT

15,5/20

Koch: Tobias Berger

Andrea und Harald Huber haben im Laufe der Jahre für die Salzburger Gourmets so etwas wie ein zweites Wohnzimmer geschaffen. Herzliche, persönliche Gastfreundschaft und ein exzellenter, besonders aufmerksamer Service sind große Pluspunkte dafür. Über die Zeit ist auch die Weinkarte angewachsen und listet vieles, was gut (und auch teuer) ist. Die Küche hat sich wohltuend auf eine klassische Linie eingependelt, wobei mit Edelprodukten nicht gespart wird – die natürlich auch ihren Preis haben. Das Beste von der Gänseleber steht neben Huber's Kaviar-Klassiker, eine Hummerschaumsuppe findet sich ebenso auf der Karte wie Rinderfilets Rossini. Wir kosteten ein wenig rechts und links davon. Herrlich würzig kam da beispielsweise ein Blunzenstrudel mit Paprikakraut daher. Kreativ und höchst erfreulich für Vegetarier: die Madeira-Artischocke mit Eigelb und Sellerie. Fein säuerlich und cremig, ganz wie es sein soll: das Kalbsrahmbeuscherl. Wunderbar ist die Patisserie, die übrigens auch für das sehr gute hausgebackene Brot zuständig ist. Eine tolle Idee ist die Käsekarte. Nicht versäumen sollte man die flaumigen Topfenknöderl mit Zwetschkenröster.

à la carte: 7,50–69 €

Tel.: 0662 424059
0664 885 141 13

5020 Salzburg
Peter-Pfenninger-Straße 8

www.fischerwirt-liefering.at
restaurant@
fischerwirt-liefering.at

Do–So 11.30–22 Uhr
✻ 10. Februar bis 3. März 2023

IKARUS

19/20

Red Bull Hangar-7

Koch: Martin Klein

SERVICE AWARD 2011
AMBIENTE AWARD 2006

Beim Hangar-7 am Salzburger Flughafen wissen Feinschmecker nicht genau: Wurde der Flugzeughangar als Fluggeräteschau rund um das Restaurant gebaut oder wollte man die einmalige Sammlung an motorisierten Fortbewegungsmitteln – neben Flugzeugen und Helikopter auch Formel-1-Boliden, MotoGP-Bikes und andere edlen PS-Teile – mit einem Spitzenrestaurant aufpolieren? Egal, die Adresse ist sowohl für Genuss- als auch PS-Süchtige ein Anziehungspunkt erster Güte. Der Blick vom Restaurant hinunter zur Ausstellung ist einzigartig, ebenso wie das Ikarus-Restaurantkonzept der monatlich wechselnden Gastköche-Menüs. Das Gastköche-Programm für das gesamte Jahr ist auf der Hangar-7-Website einsehbar. Übrigens: Parallel beziehungsweise alternativ zu den Gastköche-Menüs gibt es aber immer auch ein separates Ikarus-Menü.

Tel.: 0662 21970

5020 Salzburg
Wilhelm-Spazier-Straße 7a

www.hangar-7.com
office@hangar-7.com

Mo–Do 19–22, Fr–So 12–14 und 19–22 Uhr

Der Monat August ist dabei ausschließlich der Ikarus-Crew selbst vorbehalten. Für viele Stammgäste ist es das Highlight des Jahres. Das Menü gibt es in einer 6- oder 8-Gänge-Folge. Als kleine, subtil zubereitete Starters fungierten dieses Mal Häppchen von Hamachi – Shio Koji (Pilzkultur), eine Tafelspitz-Abwandlung, Melanzani mit Hühner(haut)lack und ein Weltklassegericht aus Spargel, Bachforelle, Holunderblüten, Buchweizen sowie einer sehr gut gelungenen Beurre blanc als formidabler „Geschmacksverstärker", in den Nuancen genial komponiert. Als Gedeck gab es wie immer hausgebackenes Brot und die so bekannte wie beliebte Ikarus-Butterkollektion. Seit den Anfängen des Hangars, mit einer kurzen Unterbrechung, kümmert sich Executive Chef Martin Klein mit einem hervorragenden Küchen- und Serviceteam um das Seelenwohl der weit gereisten Aficionados. Der erste Gang mit Flusskrebsen, Tomate, Olive, Melone und Amalfizitrone war leicht am Gaumen und geschmacklich komplex zugleich. Großes Kino! Es folgten unter anderem Rochenflügel mit Vin Jaune und in einem weiteren Gang geschmortes „Enten Klein" (Magen, Herz, Hals) mit Waldpilzen, Apfelaromen und hervorragend gebackener Brioche. Eine kräftige XO-Sauce gab dem superb gegarten bretonischen Hummer zusätzlich Geschmackspower. Experimentell und klassisch zugleich mutete die Kombination aus Bohnen, schwarzer Trüffel, Miso-Eis und Guanciale (luftgetrockneter, ungeräucherter Schweinebacken- beziehungsweise Nackenspeck) an. Wer im Ikarus isst, sollte auf viele neue Geschmackskombinationen gefasst sein. Als Hauptgang wurde japanisches Wagyu von bester Qualität mit Birne und Topinambur serviert. Die Patisserie des Ikarus gehört ebenfalls zum Feinsten. Egal, ob eine Karotte-Zitrus-Ingwer-Dessertkomposition mit überraschenden „Buchtel"-Aromen oder das harmonische Zusammenspiel von Karamell mit Imperial-Kaviar – eine Hangar-7-Version von „Salzkaramell-Geschmack" – auf den Tisch kommt, ein Wow-Effekt ist so gut wie immer garantiert. Die Weinauswahl ist dieser Ausnahme-Restaurantadresse würdig, ebenso wie die das gesamte Restaurantambiente. Der Hangar-7 ist inklusive des Spitzenrestaurants Ikarus zweifellos ein Must-visit! Tipp: Auf Servus-TV kann sämtlichen Ikarus-Gastköchen über die Schulter geschaut werden.

à la carte: 26–72 €

IMLAUER SKY – BAR & RESTAURANT 11/20

im IMLAUER Hotel Pitter Salzburg

Koch: Dominik Münch

Das Gute vorneweg: Das Imlauer Sky, im obersten Stock des Hotels gelegen, hat wohl eine der besten Aussichten der ganzen Stadt. Das Ambiente ist durchaus zu Höherem berufen. Leider konnten Aperitif und Essen weder mit dem Ambiente noch mit dem sehr aufmerksamen Service mithalten. Die Küche bietet gängige internationale und einheimische Gerichte, zudem gibt es eine eigene Steakkarte. Den Gerichten fehlte Erinnerungswertes, was man als Fazit für alle Speisen festhalten kann. Ebenso fehlen den Weinen der Standardkarte Klasse, jedoch gibt es eine eigene Weinkarte mit größerer Auswahl.

à la carte: 6,90–39,90 €

Tel.: 0662 889 786 66
5020 Salzburg
Rainerstraße 6
www.imlauer.com
skyrestaurant@imlauer.com
tgl. 11.30–22 Uhr

M32

12,5/20

Tel.: 0662 84 10 00
5020 Salzburg
Mönchsberg 32
www.m32.at
info@m32.at
Di–So 9–23 Uhr

Der herrliche Blick auf Festung und Altstadt von der Terrasse sowie die Hundertschaft der Hirschgeweihe im geräumigen Lokal sind eine eindrucksvolle Kulisse für die zahlreichen Besucher aus nah und fern. Mit ansprechendem Sauerteigbrot und feiner Kohlsprosse in konfierter Kohlrabisauce wurden wir begrüßt. Aus der kleinen, aber gut überlegten Speisekarte wählten wir eine fein schmeckende Paradeiser-Fisch-Suppe mit frischem Spinat. Sehr gut auch das Kaninchenfilet im Speckmantel. Das perfekt zubereitete Steak vom Hirschkalb auf Kürbis, Walnussgnocchi und Kohlsprossen war ein besonderer Genuss. Auch Vegetarier kamen mit geschmortem Sellerie mit Erdnussbutter und Kohlsprossen voll auf ihre Rechnung. Köstlich das Mürbteig-Schokoladen-Dessert mit karamellisierten Mandarinen oder das erfrischende Cranberry-Sorbet mit eingelegten Cranberries. Die umfangreiche Weinkarte entspricht dem Renommee des Hauses. Flinker und verlässlicher Service. Die Preise sind trotz der idealen Lage des Hauses und der Nachbarschaft zum Museum der Moderne moderat.

MÜHLBACHER Ⓝ

15/20

Koch: Patrick Mühlbacher

Tel.: 0660 221 34 56
5020 Salzburg
Franz-Josef-Straße 27
www.restaurant-muehlbacher.com
restaurant-muehlbacher@gmx.at
Do–Mo 18–23 Uhr

Alles puristisch hier: Sieben Gerichte stehen auf der Karte, jede Speise wird mit zwei bis drei Zutaten beschrieben – was auf den Teller kommt, ist dagegen ein Feuerwerk der Aromen: Kohlrabi in Basilikumöl, Räucherforelle in saurem Rahm, perfekter Schweinsbauch mit Hagebutte, Entenbrust auf Dinkelrisotto, ein Quitten-Gugelhupf. Man schmeckt, dass Patrick Mühlbacher bei Robuchon in London gearbeitet hat, aber auch in Spitzenhäusern in der Stadt Salzburg. Sein Lokal ist lässig: Tische gruppieren sich längs einer Bar, als Weinkarte stehen 50 Flaschen auf einem Apothekerschrank. Ein neuer Treffpunkt für Feinspitze.

© Patrick Baroti

PAN E VIN

13,5/20

600 Jahre Geschichte verströmen hier ihren eindeutigen Charme, doch die Karte ist ganz und gar nicht verstaubt und grüßt mit durchgängig mediterranen Angeboten. Gleich neben den Festspielhäusern und nahe am Mönchbergsaufzug gelegen, gehen im Pan e Vin seit eh und je Kunst- und Kultursinnige aller Herren Länder ein und aus. In der Karte finden sich denn auch regelmäßig „Nobelgerichte" wie Austern, Gänseleber oder Trüffel. Ein leicht getrüffeltes Schaumsüppchen wurde veredelt mit schwarzen Trüffelscheiben, die à point gebratene Gänseleber wurde begleitet von feinem Apfelmus und cremigem Kartoffelpüree. Auch bei den Desserts zieht sich die italienische Note weiter: Ob Pannacotta oder Mango-Tiramisu, beides war ausgesprochen gut. Bemerkenswert: Die Weinkarte ist voll von edlen Weinen aus den prestigeträchtigsten Weinbauregionen Italiens und Frankreichs. Insbesondere zur Festspielzeit tut man hier gut daran, rechtzeitig zu reservieren!

Tel.: 0662 8446 66
5020 Salzburg
Gstättengasse 1
www.panevin.at
info@panevin.at

PARADOXON

16/20

Koch: Martin Kilga

Der Name ist Programm. Das Paradoxon – wider dem Gewöhnlichen – ist eine spannende Mischung aus exzellenter Küche, aber mit unkonventioneller Herangehensweise, einem karg eingerichteten Lokal mit blanken Tischen und Tattoo-Kunst an den Wänden sowie einer ebenso ungewöhnlichen, aber kundig zusammengestellten Weinauswahl. Auf der Speisekarte haben sich über die Jahre die Lieblingsgerichte der Gäste als „all time favourites" wie Fish & Chips vom Zander oder Rib-Eye-Steak mit handgeschnittenen Pommes frites etabliert. Daneben kocht Martin Kilga mit seinem kleinen Team eine erfrischende Wohlfühlküche mit überraschenden Momenten. Spannungsreich sind da beispielsweise die erdige Würze des Rübentatars auf einer molligen Creme von Sauerteigbrot, kombiniert mit der Fruchtigkeit eingelegter Birnen oder die butterweich geschmorte Schulter und der perfekt kurz gebratene Rücken vom Lamm mit griechischen Nudeln und Chorizo. Kein Wunder, dass die vielen Stammgäste hier zu solchen geworden sind.

à la carte: 12–36 €

Tel.: 0664 1616191
5020 Salzburg
Zugallistraße 7
www.restaurant-paradoxon.com
restaurant.paradoxon@gmx.at
Do, Fr 18–21.30,
Sa, So 10–14 und 18–21.30 Uhr
✻ variabel

PROSECCO BY AIGNER Ⓝ

13/20

Koch: Lizzy Gschwandtl

Jahrzehnte-Chefin Heidi Kronberger ging in Pension. Alles neu? Gott bewahre: Never change a running system! Weiterhin wird die Speisekarte auf Rädern zum Tisch geschoben, der Garten ist allerliebst – und das gute Publikum kommt wie zuvor. Jakob Aigner schupft professionell den Service, die Kost von Lizzy Gschwandtl wirkt bekannt: klassisch-gut das Vitello tonnato, intensiv die Krustentiersuppe, tadellos die Pasta arrabiata, erstklassig das Limonen-Risotto zum Oktopus, vorzüglich die karamellisierte Schokolade. Die Weinauswahl passt, es gibt trinkbaren Prosecco. Der beste Italiener der Stadt.

Tel.: 0662 834017
5020 Salzburg
Nonntaler Hauptstraße 55
www.proseccobyaigner.at
office@proseccobyaigner.at

REINHARTSHUBER

14,5/20

im Gwandhaus

Koch: Christoph Reinhartshuber

Hier wird von den Pächtern hervorragende Küche angeboten. Zwei Menüs mit wahlweise vier oder sechs Gängen, dazu eine perfekte Weinbegleitung. Nach Begrüßung mit feinem Gemüseschälchen starten wir mit delikater Gänseleber, Kerbelknolle und Hagebutte. Erstklassiger Steinbutt in Thom Kha Gai beweist die Kreativität der Küche. Beeindruckend auch Short Rib BBQ mit Sellerie, Römersalat und Kren oder beim „Menü Verde" herrliche Tortellini. Köstlich der Abschluss mit Topfen, Erdbeere und Rhabarber. Der kompetente Service empfiehlt auf Basis einer umfangreichen Weinkarte.

Tel.: 0662 469 663 40
0664 222 53 79
5020 Salzburg
Morzger Straße 31
www.restaurant-reinhartshuber.at
office@restaurant-reinhartshuber.at
Mi–So 11.30–13.30 und 18–21.30 Uhr

SACHER – RESTAURANT ZIRBELZIMMER 12,5/20

Koch: Michael Gahleitner

Wenn es im Bereich der Gastronomie und Kulinarik eine Marke in Österreich gibt, die weit über die Grenzen des Landes hinaus bekannt ist, dann ist es Sacher. Und wenn am Nebentisch dann ein Pärchen sitzt, das den 80. Geburtstag der Frau feiert und gleichzeitig auch 60 Jahre Besuch im Sacher, dann ist damit die Faszination „Sacher“ auch schon erklärt. Um dem Ruf gerecht zu werden, der 1832 mit Franz Sacher begann, setzt man in der Zirbelstube auf Tradition par excellence. Zwei Menüs stehen zur Auswahl: klassisch und vegetarisch. Und dann die Klassiker, einmal das Wiener Schnitzel, in zwei Gängen serviert, das Backhendl und der Sacher Tafelspitz. Echte Sacher-Momente gibt es beim Service, der sympathisch und professionell auf höchstem Niveau agiert.

Tel.: 0662 889 77
5020 Salzburg
Schwarzstraße 5–7
www.sacher.com
salzburg@sacher.com
Do–Sa 18–22 Uhr

SCHLOSS AIGEN 14/20

Das über Salzburg hinaus bekannte und beliebte Schloss Aigen ist viel mehr als nur ein Paradies für Rindfleisch-Connaisseure. In einem Traum von einem Innenhof gibt es eine große Auswahl, aus der legendäre Grammelknödel, eine Paradeis-Zitronengras-Consommé, der Alpensaibling und natürlich der Tafelspitz hervorgestochen sind. Teilweise etwas zu viel Öl und teilweise zu wenig Raffinesse beim Einsatz von Gewürzen, Kräutern und dergleichen. Die Speisekarte ist ideal für Wiederholungsbesucher und jegliche Form von Festen und Feiern – hier findet man wirklich immer etwas Genussvolles. Die kreative Dessertkarte spielt so wie die Flexibilität des freundlichen Serviceteams in einer eigenen Liga. Gute glasweise Weinauswahl. Mit kleinen Verfeinerungen steht den Ambitionen dieses Hauses nichts im Wege. Wir freuen uns auf den nächsten Besuch!

Tel.: 0662 6212 84
0664 408 15 15
5026 Salzburg/Aigen
Schwarzenbergpromenade 37
www.schloss-aigen.at
office@schloss-aigen.at
Do, Fr 11.30–14 und 17.30–21.30, Sa, So 11.30–21.30 Uhr

SENNS.RESTAURANT

18,5/20

Köche: Andreas Senn & Christian Geisler

„Süß, sauer, bitter, salzig, herzhaft" – das Logo des perfekt designten Restaurants soll „die fünf Geschmackssinne des Menschen" symbolisieren, auf denen laut Speisekarte „die Gerichte von Andreas Senn basieren". „Worauf sonst?", möchte man einwerfen, aber der Geschmackssinn-Hinweis hat insofern seine Berechtigung, als in Senns Gerichten tatsächlich fast immer alle fünf Sinne gleichzeitig angesprochen werden. Gleich zu Beginn bei der roh marinierten Gelbflossenmakrele mit Paprika-Sud, Rettich, Meeresträubchen, Mandarine und Kresseöl. Und das Faszinierende ist: Es funktioniert. Mehr als das: Die Zusammenstellung lässt jede einzelne Komponente geschmacklich nicht nur zu ihrem Recht kommen, sondern auch mit den anderen Aromen harmonische Verbindungen eingehen. Gleiches gilt beim Kalbstatar mit Räucheraal, grünem Apfel und japanischem Ingwer, das durch Feta-Schnee und Gazpacho-Sud einen Extrakick bekommt. Der gebratene Langostino geht mit Karfiol, eingelegten Physalis und Zitronenverbene-Creme eine wunderbare Freundschaft ein, bei der die Périgord-Trüffel nicht nötig wäre. Ebenso wie der (eh sensationell gute) Imperial-Gold-Kaviar bei Senns fantastischem Signature Dish Black Cod, das mit Mandelcreme, Tomatengelee, -ragout und -wasser seine Idealbegleitung schon gefunden hat. Von sensationeller Qualität ist das Secreto-Filet vom Ibérico-Schwein mit Jalapeñopüree und Fenchel. Die klassische Burgaud-Ente mit Roter Rübe und Haselnüssen punktet noch zusätzlich mit einem knusprigen Entenleberchip, und das Feigenblätter-Eis mit Kokos-Gurken-Salat klingt bemüht hip, funktioniert aber ebenso gut wie die Gänge davor. Und die Weine? Die stehen dem Menü in nichts nach. Neben großen (und entsprechend teuren) Burgundern und österreichischen Klassikern (auch ziemlich teuer) kann man hier auch den einen oder anderen Underdog entdecken.

à la carte: 24–80 €

Tel.: 0664 454 02 32

5020 Salzburg
Söllheimer Straße 16,
Objekt 6, im Gusswerk

www.senns.restaurant
info@senns.restaurant

Di–Sa 18.30–21.30 Uhr

♿

ST. PETER STIFTSKULINARIUM

13,5/20

Genussstube Achthundert&Drei

Zweifelsohne als ein kulinarisches Gesamtkonzept kann man das St. Peter Stiftskulinarium betiteln, das von sich – dank der ersten urkundlichen Erwähnung im Jahre 803 – behauptet, die älteste Gaststätte Europas zu sein. Entsprechend ist die raffinierteste Adresse im Haus auch schlicht 803 benannt. Zwei Menüs (mit Fleisch und vegetarisch) stehen zur Auswahl, für vier, fünf, sechs oder sieben Gänge kann man sich entscheiden. Vorweg: Das erste Gericht des Menüs kam nach 50 (!) Minuten Wartezeit auf den Tisch. Die beiden geglückten Amuse-Bouches konnten da nur bedingt beruhigen. Und wie war das kulinarische Erlebnis? Der Tafelspitz vom Milchkalb überzeugte durch Weichheit, das geeiste Gelee von der Consommé gab Frische, die feinen Erbsen rundeten perfekt ab. Internationales Flair vermittelten der Black Cod und der Rücken vom Angusrind. Außergewöhnlich reich an besonderen Rebensäften aus aller Herren Länder ist die Weinkarte, beeindruckend die Sachkenntnis seitens des äußerst sympathischen Chefsommeliers Rakhshan Zhouleh. Hierzu ein großes Kompliment!

Tel.: 0662 84126 80

5020 Salzburg
St.-Peter-Bezirk 1/4

www.stpeter.at
reservierung@stpeter.at

Do–Sa 17–23 Uhr

♿

STRASSERWIRT

12,5/20

Die gutbürgerliche und doch kreative Küche wird seit Jahren mittags wie abends von vielen Gästen sehr geschätzt. Bei den Vorspeisen besonders empfehlenswert: das Tatar vom grünen und weißen Spargel mit Burrata und Holler. Auch die Calamari fritti mit Aioli und japanischem Tōgarashi-Pfeffer fallen in die Kategorie „heißer Tipp". Beim Ossobuco mit cremiger Polenta, Parmesan und Thymian zeigt die Küche Kompetenz und Großzügigkeit gleichermaßen – eine üppige Portion. Als Nachspeisen stehen neben verschiedenen, recht soliden Dessertklassikern auch unterschiedliche Sorbets zur Wahl, entweder mit Prosecco oder mit Wodka. Ausreichende Getränkeauswahl, freundlicher und kompetenter Service.

Tel.: 0662 826 391

5020 Salzburg
Leopoldskronstraße 39

www.zumstrasserwirt.at
office@zumstrasserwirt.at

YAOYAO

11/20

Das Yaoyao, das im ersten Stock eines Einkaufszentrums liegt, besticht durch sein gediegenes Ambiente und seine durchdachte Speisenauswahl. Der Fokus tendiert ins Chinesisch-Japanische, wobei es auch ausgefallene Gerichte wie Donburi, also Reisbowls, gibt. Außerdem wird eine selbst gemachte indonesische Limonade angeboten, die ausschließlich im Yaoyao erhältlich ist. Die aktuellen Gerichte werden auf die Tafel über der Küchentheke geschrieben. Falls einem eine Zutat in den Gerichten besonders geschmeckt hat, besteht die Möglichkeit, einige Saucen oder Gewürze im Shop vor Ort zu erwerben.

Tel.: 0662 257 447
5020 Salzburg
Europastraße 1
www.yaoyao.at
restaurant@yaoyao.at

ZUM BUBERLGUT

14/20

Koch: Mathias Kraus

In dieser Mautstation aus erzbischöflichen Zeiten trifft sich die Salzburger Gesellschaft – und speist leger im einstigen Pferdestall. Das liegt an Wirt Helly Bacher, der seine Gäste zu umgarnen versteht. Und der gute Köche findet, die seine mediterrane Linie umsetzen. Dicht die Hummersuppe, zitronenparfümiert das Risotto zu den Calamari, perfekt gebraten der Zander zur Artischocke, sanft geschmort die Lammkeule zu Couscous, schön rund die Zabaione. Der Sommelier ist kompetent als Herr über attraktive Spezialitäten. Man ist gut beraten, seinen Empfehlungen zu folgen.

à la carte: 24–45 €

Tel.: 0662 82 68 66
5020 Salzburg
Gneiser Straße 31
www.buberlgut.at
salzburg@buberlgut.at
Mi–So 12–14.30 und 18–24 Uhr

SMØRREBRØD

Tipp

Eine wahre Seltenheit in der österreichischen Restaurantlandschaft ist dieses nordische Restaurant. Denn hier werden skandinavische Spezialitäten geboten. Elch- und Rentierfleisch findet man auf der Speisekarte. Im Zusammenspiel mit regionalen Zutaten ergibt sich ein einzigartiges Geschmackserlebnis, welches man hierzulande kein zweites Mal vorfindet.

Tel.: 0662 427 823
5020 Salzburg
Müllner Hauptstraße 26
goddag@smorrebrod.at

ST. GILGEN H3

ATELIER

16/20

Koch: Stefan Fischer

Im Winter in Obertauern, im Sommer in St. Gilgen – Stefan Fischer pendelt mit seiner Brigade zwischen Schnee und See. Ab Juni/Juli, im Rundbau an der Uferpromenade, gibt's konventionelle Kost. Am Abend poppt im ersten Stock an wenigen Tischen das „Atelier by innovation cooking" auf. Ein sperriger Titel für ungehemmte Kreativität. Die Zutaten mögen aus der Gegend stammen, Gewürze und Kochtechniken kommen von rund um den Globus. Und schräg ist die Präsentation: Mal liegt der Happen auf Holzkohle, mal auf einem Fischskelett. Es geht los mit La-Ratte-Kartoffel und Parmesan-Lolli und mit süßbitterer Makadamia-Knoblauch-Suppe. Das Signature Dish ist Reinanke zu einem Teller, auf dem Kräuter und Gurken die Umrisse des Wolfgangsees bilden – ein Zusammenspiel von frisch und mollig. Honigmelone zu feinstem Tatar, Taube mit Kerbel und Rettich und als Dessert Karfiol, karamellisiert mit Sud und Eis vom Liebstöckel – wunderbar würzig-süß. Aus der weiten Weinkarte weiß der Sommelier passende Begleitung zu servieren. Das Atelier bietet große Aromenbögen: mal ungewohnt, aber sicher nie langweilig.

à la carte: 15–44 €

Tel.: 06227 7040
5340 St. Gilgen
Ischler Straße 16
restaurant-atelier.eatbu.com
info@innovation-cooking.at
Do–Di 18–23 Uhr (nur geöffnet von Anfang Juni bis Ende September)

BATZENHÄUSL
14/20

Landgasthof – Restaurant

Koch: Christof Ehart

Christof Ehart sorgt dafür, dass die Gäste im Batzenhäusl kulinarisch auf ihre Kosten kommen. Wer hier speist, hat die Wahl zwischen einem mehrgängigen Menü oder à la carte aus der umfangreichen Karte: Schaumsuppe von Erbsen und Minze oder eine kräftige Tafelspitzbouillon mit Milzschnitte bieten sich als Einstieg an, danach stehen geschmorte Roulade vom Bio-Rind mit getrüffeltem Erdäpfelpüree oder Lammrücken im Tramezzinimantel zur Wahl. Bei den Fischen (wir sind immerhin im Salzkammergut) gibt es Saiblinge aus dem Mondsee oder gegrillte Seezunge, die auf Wunsch mit Imperial-Kaviar serviert wird. Überzeugend bei den Desserts: die karamellisierte Kalamansi-Zitronentarte mit Pistaziencreme und Kokos-Eis.

à la carte: 25–45 €

Tel.: 06227 23 56
5340 St. Gilgen
Schmalnau 1
www.batzenhaeusl.com
info@batzenhaeusl.com
Mo, Do, Fr und Sa 17–22,
So 11.30–13.30 und 17–22 Uhr
❄ variabel

HAUS AM HANG
15/20

Panorama-Restaurant & Terrasse

Koch: Lucas Bocsa

Das Haus am Hang liegt unscheinbar an der Einfallstraße nach St. Gilgen. Das Innere des Restaurants beeindruckt jedoch mit einem sensationellen Ausblick auf den Wolfgangsee. Der Koch und Besitzer Lucas Bocsa serviert zusammen mit seiner Frau zwei unterschiedliche Menüs mit bis zu acht Gängen, die man beliebig mischen kann – einmal die Speisenfolge „Haus am Hang" mit einheimischer Auswahl und daneben das internationale Menü „Lucky's Asia-Reise". Wir entscheiden uns für das asiatische Menü. Die ersten Gänge sind ein gelungener Mix aus rohen und kalten Gerichten, bei denen durchgehend Fisch die Hauptrolle spielt. Alle Gänge sind raffiniert gewürzt, fein abgeschmeckt und mit Liebe zubereitet und angerichtet. Jedoch fehlt ein richtiger Ausreißer nach oben. Etwas schade ist, dass es nur einen Fleischgang gibt. Zudem ist leider die Auswahl der offenen Weißweine überschaubar und mit großteils Grünem Veltliner zu homogen. Bei unserem Besuch konnten wir feststellen, dass neben Besuchern, die extra weit angereist sind, auch viele Stammgäste anwesend waren. Den Grund dafür kennen wir mittlerweile.

à la carte: 20–80 €

Tel.: 0664 443 57 01
5340 St. Gilgen
Mondsee-Bundesstraße 10
www.haus-am-hang.at
office@haus-am-hang.at

ST. JOHANN IM PONGAU H4

FREDL'S
12/20

in der Reinbachstube

Koch: Fredi Rohrmoser

Die Gratwanderung zwischen klassischen, ländlichen Wirtshausbedürfnissen und modernerer Kulinarik findet traditionell auf schmalem Gelände statt. Im Pongau beherrscht man diese Übung offenbar mit einiger Trittsicherheit: Alfred Rohrmoser hat bei den Obauers gelernt und legt eine erfreulich erfrischende Küchenlinie hin, souverän sowohl in der Pflicht (Schnitzel, Grammelknödel) als auch in der Kür (gebeizte Lachsforelle mit Szechuanpfeffer, Kohlrabi und Granatapfel). Wir sagen: voll auf der Höhe!

Tel.: 06412 6023
5600 St. Johann im Pongau
Bundesstraße 9
www.reinbachstube.at
info@reinbachstube.at
Di–Fr 11.30–14,
Fr und Sa 18–23 Uhr

ST. VEIT IM PONGAU H4

KRÄUTERREICH BY VITUS WINKLER
18/20

Gourmetrestaurant

Koch: Vitus Winkler

Das 5- bis 7-Gänge-Kräuterreich-Überraschungsmenü begeistert durch bodenständige, raffinierte Gerichte aus der eigenständigen Kräuter-Hochküche von Vitus Winkler. Hier zeigt er auch das Talent, mit Gerichten und Rezepten Geschichten zu erzählen. Von der Begrüßung bis zum süßen Abschied erfolgt eine Kräuterwanderung

Tel.: 06415 4323
0664 886 240 05
5621 St. Veit im Pongau
Kirchweg 2
www.verwoehnhotel.at
sonnhof@verwoehnhotel.at
Do–Mo 18–23 Uhr

von feinen Happen in Feld, Garten, Wiese und Wald. Lungauer Eachtling, Tomatentartelette, Schafgarbe, Kopfsalatmousse und Walderdeneis – ein besonderer Genuss. Weiter geht es mit Brot und Salz vom „Waldrand" – ein vorzügliches Bärlauch-Waldbrot und Huflattich. „Auf dem Feld" wird eine ansprechende Löwenzahn-Laugen-Brioche, Joghurtbutter und Löwenzahnpesto serviert. Die köstliche Reise setzt sich vom Talboden Richtung Berggipfel fort. „Fluss und See" zeigt feine Lachsforelle im Karottenfeld mit Sauerklee, „im Dorf" verwöhnt Alpencarbonara: eine delikate Kohlrabipasta und Morcheln, auf Wunsch mit zusätzlichem Grüll-Kaviar. „Wald und Wiese" bietet Eiswaldfichte, Rhabarber, Preiselbeer und Brotblatt. „Auf dem Feld" springt uns ein ausgezeichneter Maibock mit Spargel und Aroniabeeren an. „Auf dem Gipfel der Genüsse" erleben wir Wolke sieben mit Mini-Palatschinken, Erdbeere, Milchwolke und Malz. Diesen eindrucksvollen Abend beendeten wir mit dunkler Schokolade, Schaumkuss, Bergminze, Holunderblüten, Birne und Zitronenthymian. Hervorzuheben ist die liebevolle Präsentation aller Produkte. Die zu empfehlende Weinbegleitung ergibt eine sehr gute Auswahl aus der umfassenden Weinkarte, auch interessante alkoholfreie Getränke werden angeboten. Das gut ausgebildete und freundliche Serviceteam verbreitet eine zum Gesamtbild passende lockere Stimmung. Das alles trägt zum besonderen Wohlfühlen der Gäste bei.

à la carte: 9–45 €

STROBL J3

SEESUSHI ⊘ 12/20

Koch: Dominik Edlinger

Die Idee, aus fangfrischem Seefisch Sushi zu machen, ist attraktiv. Dominik Edlinger hat die Cuts dafür in Asien gelernt – und so zieren die japanischen Fachbegriffe zu Recht seine Speisekarte. Sashimi von der Wolfgangseer Lachsforelle hat eine sehr zarte Struktur und ein feines Aroma. Erstklassig geriet der Ausseer Saibling mit Zitrone und Chili, wunderbar die Garnelen im Tempura-Teig. Im hellen Restaurant serviert Schwester Viktoria auch Heimisches wie cremigen Aberseer Schafskäse oder luftige Topfenknödel. Die Weinkarte passt zu rohem Fisch aus heimischen Seen.

Tel.: 06137 54 31
5350 Strobl
Weißenbachtalstraße 15
seesushi.net
office@seesushi.net

STUHLFELDEN G4

SCHWAIGERLEHEN – BERNGARTEN 12/20

Rauchkuchl

Beim Schwaigerlehen handelt es sich um einen über 500 Jahre alten Bauernhof, in welchem der junge Chefkoch Tobias Bacher in der Rauchkuchl für kulinarische Erlebnisse sorgt. Er selbst definiert seine Küche als „alpine Naturküche", die er in Form eines täglich wechselnden und ambitionierten mehrgängigen Menüs („carte blanche") auf die Teller bringt – und das mit durchaus Wumms. Offenes Feuer, ausgetüftelte Aromen und Heimatgerichte mit dem richtigen Twist sind sein Resultat. Die Zutaten dafür bezieht er aus dem eigenen Garten oder der Region. Hohe Qualität und Handwerk vermischen sich hier mit Herzlichkeit. Uriges Ambiente.

Tel.: 06562 5118
5724 Stuhlfelden
Weyerstraße 8
www.schwaigerlehen.at
anfrage@schwaigerlehen.at

TAMSWEG J4

GOLDADER Ⓝ 12,5/20

Alpine Kulinarik

Eine Küche, drei Aufgaben. Da ist der betriebseigene, preisgekrönt-schöne Kindergarten zu versorgen, dann die Kantine der Baufirma Pagitsch – so hält das Unternehmen seine Mitarbeiter. Am Abend sattelt der Küchenchef um auf Fine Dining im Restaurant Goldader: edelgraues Tuch, mundgeblasene Gläser. Auf den Tellern besondere Lungauer Produkte. Milde Lachsforelle, sanfte Kalbsconsommé mit Leberknödel, sautierte Eierschwammerl in Risotto und zarter Hirsch zu Roter Bete. Ein Glanzstück die überbackenen Kirschen. Die Weinkarte enthält manche Granate. Hier ist vinophiles Gold zu schürfen.

Tel.: 06474 819 17 77
5580 Tamsweg
Gewerbepark Litzelsdorf 281
www.goldader.at
reservierung@goldader.at
Di–Sa 17.30–21.30 Uhr

TAXENBACH H4

TAXENBACHERHOF® 12/20

Koch: Wolfgang Brugger

Traditionelle Gerichte und innovative 3- oder 4-Gänge-Menüs: Hier kommen alle auf ihre Rechnung. Maronischaumsuppe mit Wildravioli oder Kokos-Fisch-Suppe mit Edelfischen, Garnele und Mango schmeckte sehr gut. Vorzüglich die rosa gebratene Barbarie-Entenbrust mit Petersilienwurzel, knusprigem Strudel und Steinpilzsauce. Das Trüffelrisotto war – sagen wir – sehr mild. Auch Innereien wie gebackener Blunzenstrudel und Kutteln sind im Angebot. Köstlich das Dessert: Spekulatius-Pannacotta mit Mandarine und Whiskyeis. Gute Getränkeauswahl, freundlicher Service.

à la carte: 10–30 €

Tel.: 06543 5215
5660 Taxenbach
Raiffeisenstraße 6
www.taxenbacherhof.at
info@taxenbacherhof.at
Mo, Mi, Do und Fr 18–20.30,
Sa, So 12–14 und 18–20.30 Uhr
✱ Nov. 2023

THALGAU H3

FORSTHAUS WARTENFELS 12,5/20

Alexander und Ramona Merkel sorgen in der Küche dafür, dass Gäste abends – zu Mittag ist das Speisenangebot reduziert – auf ihre Kosten kommen. Das angebotene Menü (drei bis sechs Gänge) stellt Genießer zufrieden und beginnt etwa mit Vitello tonnato oder Steinbuttfilet mit Fregola Sarda. Dann folgt eventuell ein rosa gebratenes Reh mit Vogelbeeren und Gnocchi. Der freundliche Service ist bei der korrespondierenden Weinbegleitung behilflich und findet mit Sicherheit auch zum finalen Käsegang den richtigen Tropfen.

à la carte: 7,90–78 €

Tel.: 06235 636455
5303 Thalgau
Vordereggstraße 32
www.forsthaus-wartenfels.at
email@forsthaus-salzburg.at
Mi–Sa 18–23 Uhr
✱ Von Januar bis April,
Ruhetage: montags bis mittwochs

WALS BEI SALZBURG H3

CUISINO RESTAURANT KLESSHEIM 13/20

im Schloss Kleßheim

Koch: Daniel Steinfeldt

Ein barockes Schloss, die Fassade intensiv rot bestrahlt – das hat was. Innen die Räume hoch, die Tapeten kunstvoll, die Tische festlich gedeckt: ein edler Ort für ein Abendessen. Da schaut der Gast eher vorsichtig in die Speisekarte, doch Überraschung: Die Preise liegen unter dem Salzburg-Schnitt. Das Menüangebot ist Mainstream, jeder Teller ein farbenfrohes Gemälde: Geschmeidig-saftiges Roastbeef mit Teigscheiben zur Lasagne gewandelt, rot-gelber Paprika als reintönige Suppe mit Schinkenstange, Zander – saftig unter krosser Haut – mit Roten Rüben, die zarte Poularde samt Wurzelgemüse in dichter Sauce, das mild-säuerliche Grießflammerie samt exzellentem Mandeleis – das war nicht nur schön, das war auch gut abgeschmeckt. Dann hinauf ins Casino? Wer hier die Bank sprengt, wird nicht von der Polizei verfolgt, sondern beglückwünscht. Und das Restaurant hat Champagner auf der Karte.

à la carte: 10–35 €

Tel.: 0662 85445518600

5071 Wals bei Salzburg
Schloss Kleßheim

www.casinos.at
cuisino.salzburg@casinos.at

Mi, Do, So 17–23,
Fr, Sa 17–24 Uhr

♿

FUCHSBAU 11/20

Koch: Stefan Fuchs

Aus der Saalachstubn ist nun der Fuchsbau geworden. Stefan Fuchs hat das Lokal und den Auftritt adaptiert. Das Angebot bietet weiterhin Vielfältiges für ein sehr durchmischtes Publikum. Von einer Familie geführt, für Familien gemacht. In Summe solide, handwerkliche Wirtshausküche mit regionalem Fokus. Auf vegetarische Alternativen wird hier noch wenig Augenmerk gelegt und die Weinkarte bleibt sehr klassisch. Aber das Lokalkonzept funktioniert und die Speisen sind durchwegs gut. Etwas mehr Neuzeit ins neue Konzept zu bringen, das wäre wünschenswert.

à la carte: 15–40 €

Tel.: 0664 177 9177

5071 Wals bei Salzburg
Käferheimstraße 152

www.fuchsbau-wals.at
fuchsbau@hotmail.com

Mi–Sa 17–21.30, So 10.30–14.30
und 17.30–21.30 Uhr

♿

WERFEN H3

OBAUER

19/20

Restaurant & Hotel

Koch: Rudi Obauer

Tel.: 06468 5212

5450 Werfen
Markt 46

www.obauer.com
ok@obauer.com

Mi 18–21, Do–So 12–13.30 und 18.15–21 Uhr
variabel

RUDI OBAUER, KOCH DES JAHRZEHNTS

Rudi Obauer ist seit Jahren einer der maßgeblichsten Köche des Landes. Mit seinem Bruder Karl an der Seite hat der die kulinarische Landschaft Österreichs geprägt wie kaum ein anderer. Ganz früher dürften die Obauers Landwirte beziehungsweise Bergbauern gewesen sein. Rudi erzählt gern, dass sich der Name „Obauer" von „oberer Bauer" ableitet. In der jüngeren Familiengeschichte findet man dann eine Metzgerei, in der die beiden Ausnahmeköche bereits in früher Kindheit das Wesen und den Wert von Nahrungsmitteln kennenlernten. Nach Stationen in den namhaftesten Restaurants Frankreichs und am Arlberg zog es die Brüder nach Werfen zurück. Ein Gück für jede und jeden, der gerne genießt und die Einstellung der Obauers zu hochwertigen Produkten und guter Küche teilt. Zu eben dieser Küche: ein Menü beim „Obauer" ist eine Hommage. Sowohl an die Klassik wie auch an die Natur selbst. Und an die Region. Rudi und Karl Obauer formulieren das konkret so: „Wir betreiben eine ‚Küche des Markts', das heißt, wir kochen, was die Saison hergibt, was uns die Lieferanten an besten Zutaten bringen können, was die Bauern der Umgebung hervorgebracht oder kundige Wald- und Gebirgsläufer gesammelt haben." So einfach ist das. Auf den Tellern sieht das Ganze freilich wesentlich weniger einfach aus. Der Einstieg, längst ein Klassiker – Rehcarpaccio, rosa Rehfilet, luftgetrockneter Gamsrücken mit Gewürzhonig und Schwarzbeersenf – ist ein grandioses Gericht, um den Reigen zu eröffnen. Dann der gesottene Rochenflügel mit Bouchon-Muscheln und jungem Spinat. Herrlich. Oder – als Zwischengang gedacht – das Trüffel-Bauernei mit Trüffelbrioche. Ein mollig-sündiger Gang, der wärmt und einen von innen umarmt. Kurz: Beim Obauer wird man keine filigranen Gerichte, die mit Pinsel und Pinzette angerichtet wurden, finden. Quasi keine Spompernadeln. Dafür solide Gerichte, die das Gefühl hinterlassen, etwas außergewöhnlich Gutes gegessen zu haben. Ein Wort zum Wein und zum Sommelier: Max Zankl, der Herr über die Flaschen, hat offenbar zwei Seelen in seiner Brust. Auf der einen Seite ist er überall dabei, wo Rauch aufgeht (sprich, wie Korken gezogen werden), ist oft laut, immer gut drauf und stets der Letzte, der geht. Im Restaurant Obauer lernt man einen anderen Max Zankl kennen. Ruhig, zurückhaltend, kompetent, besonnen und vor allem immer auf Augenhöhe mit dem Gast. Wir haben uns gegen eine Weinbegleitung entschieden und gemeinsam darüber nachgedacht, welche Flaschen den Abend begleiten könnten. Alleine dieses Gespräch war ein Erlebnis. Nach der ersten Entscheidung (ein reifer Sgaminegg von Sepp Muster) kam dann wieder kurz der Youngster durch: „Cool, des pfeift."

à la carte: 22–75 €

ZELL AM SEE G4

DAS VOGL 12/20

im HAIDVOGL MAVIDA Zell am See

Koch: Michael Rohrmoser

Die Speisekarte auf dem Tablet oder das Einscannen aufs Handy passt sehr gut zum coolen Ambiente vom Hotel MAVIDA. 4- und 7-Gänge-Menüs zeigen die ausgezeichnete kreative Küche. Gurkenröllchen und Mandelespuma waren eine feine Begrüßung. Sehr gut schmeckte eine herzhafte regionale Bouillabaisse mit Flusskrebs, Forelle und Safran, ebenso wie Würziges vom geeisten Glühwein mit Bratapfel, gebrannter Mandel und Zimt. Edelteile vom Glemmer Rind, einmal geschmort, einmal gegrillt – ein Genuss! Großglocknerspitz: ein köstliches Dessert mit Maroni, Baiser und weißer Schokolade. Kompetenter Service.

Tel.: 06542 541 05 06
5700 Zell am See
Kirchenweg 11
www.dasvogl.at
restaurant@dasvogl.at
Di–Sa 17–24 Uhr

ERLHOF 15/20

Restaurant und Landhotel

Koch: Josef Brüggler

Angenehme Atmosphäre in den gemütlichen Erlhof-Stuben und auf der Terrasse mit Blick auf den Zeller See und das Kitzsteinhorn. Hier bietet seit vielen Jahren Küchenchef Josef Brüggler ausgezeichnete, oft neu interpretierte österreichische und internationale Küche von hoher Qualität an. Das zeigt sich besonders bei der Zusammenstellung der klassischen und Feinschmeckermenüs. Begrüßung mit köstlichem Kohlrabischaumsüppchen, Liptauer und hausgemachtem Nussbrot. Sehr gut die Maronischaumsuppe, ebenso die hausgemachten Kürbisravioli. Das Hirschkalbsrückensteak war perfekt zubereitet, Wacholdersauce mit Wirsing und Maisplättchen eine ausgezeichnet dazu passende Beilage. Fischliebhaber schätzten das geschmacklich ausgewogene Bachsaiblingsfilet mit Wurzelgemüse und Krenpüree. Köstlich der Abschluss mit zarten Topfenpralinenknödeln auf Himbeermark sowie eine wunderbare Mousse au Chocolat. Auch die ausgezeichneten Salzburger Nockerl sind sehr zu empfehlen. Kompetenter und zuvorkommender Service, umfangreiche, dem Hause entsprechende Weinauswahl.

à la carte: 7–42 €

**Tel.: 06542 566 37
0664 143 410**
5700 Zell am See
Thumersbach, Erlhofweg 11
www.erlhof.at
erlhof@aon.at
Do–Mo 12–14 und 18–21.30 Uhr

FLOS RESTAURANT

12,5/20

im Boutique Hotel Martha

Koch: Florian Zillner

Im mit viel Liebe zum Detail eingerichteten Lokal wurden wir mit hausgemachtem Sauerteigbrot und aufgeschäumter Butter begrüßt. Hausgemacht waren auch die feinen Tagliatelle mit frisch gehobeltem Trüffel. Sehr gutes Rehschnitzel in der Kürbiskernpanade. Vegetarier freut der gratinierte Topinambur mit Bittersalat. Köstlich auch das Dessert: Pannacotta von der weißen Schokolade mit Moosbeeren und Salbei-Eis. Der Service empfiehlt eine Weinbegleitung, der man folgen kann (und sollte). Entdeckt man allerdings feine Weine in der Karte, sollte man nicht zögern, seine Wünsche zu äußern.

à la carte: 12–49 €

Tel.: 06542 72123

5700 Zell am See
Schmittenstraße 79

www.flosrestaurant.at
table@flosrestaurant.at

Do–Di 18–24 Uhr
20. Nov. bis 14. Dezember 2022, 16. April bis 17. Mai 2023

MAYER'S RESTAURANT

16,5/20

auf Schloss Prielau

Koch: Andreas Mayer

Die Macht der Geschichte ist stark auf Schloss Prielau, wo der selige Jörg Wörther einst seine größten Erfolge feierte und wo Andreas Mayer nun schon seit 2004 amtiert. Einige seiner Signature-Schmähs sind derweil ein bisschen in die Jahre gekommen: Begleitend zum Amuse-Gueule – einer Trilogie vom roten Paprika – wird ein Paprikaduft auf ein Parfümerie-Probenstreiferl gesprüht, und zum Steinbutt lässt Mayer beharrlich einen „Stein-Pod" servieren, also ein Digitalmusikgerät in Kieselsteinform, mit dem sich zum Gericht passende Meeresküstengeräusche abhören lassen. Das Gericht hat das nicht verdient, es steht nämlich sehr gut für sich selbst – Mayer weiß schließlich ganz genau, wie Hochküche geht: Der Fisch mit Tapenade lackiert, dazu gebratene Artischockenböden, ein krosses Stück Pulpo, ein wenig Ricotta zur Kühlung und eine forsch angeschärfte Tomatenmarmelade für die Hitze – aus diesem Teller steigen die Erinnerungen an Südfrankreich auch ganz ohne technische Unterstützung auf. Dass man sich mitten im Pinzgau befindet, merkt man dann bei der Alpengarnele im Fenchelsud, die leider nicht mit ihren Artgenossinnen aus Marseille mithalten kann. Insgesamt funktioniert Mayers „Aromenküche" dann am besten, wenn sie sich nicht auf Spielereien einlässt, etwa beim Hauptgang vom Pinzgauer Bio-Kalb, das in vier famosen, ganz klassischen Varianten gereicht wird: Pochiertes Filet im Spinatblatt, gebratene Leber, geschmorte Schulter und Beuschel, dazu als Beilage bloß eine mustergültige Karotte im Ganzen und ein ernsthafter Jus – so geht moderne, traditionsbewusste Produktküche. Die Patisserie kann es aber auch, wie das schulmäßige Topfensoufflé mit Quittensorbet und Vanille-Macron beweist.

à la carte: 25–75 €

Tel.: 06542 72 9110
0664 101 71 69

5700 Zell am See
Hofmannsthalstraße 10

www.mayers-restaurant.at
info@schloss-prielau.at

Mi–So 19–24 Uhr

SALZBURGER HOF STUBE

15,5/20

im Genießer-, Golf- & Wellnesshotel

Koch: Stefan Reiter

LEBENSWERK FÜR FRAU GISELA HOLLEIS

Das beeindruckende 5-Sterne-Superior-Hotel Salzburgerhof mit Wellnessparadies ist das stilvolle Ambiente der Salzburgerstube. Hier wird uns von der kreativen Küche ein Gourmetmenü mit fünf Gängen angeboten. Die Begrüßung mit gebackenem Schottkäse mit kalt gepressten Preiselbeeren ist ein ansprechender Beginn. Sehr gut ein mariniertes Felchenfilet mit weißem Rettich, Brunnenkressecreme und Quinoa. Erstklassiger weißer Marchfeldspargel mit Kalbskopf, Ölkapern und Sesam. Weiter geht es mit erfrischendem Sauerampfersorbet mit Holunder und Tonic. Von hoher Qualität der perfekt zubereitete heimische Maibock mit bestem Spitzkraut, eingelegten Pfeffermispeln und Briocheknödel. Weiße Schokoladenganache mit Mohn, Erdbeeren und Zitronen-Milcheis – ein köstlicher Abschluss. Auch das alternative dreigängige Schmankerlmenü begeistert uns sehr: Spinatschaum, knuspriger Bio-Duroc-Schweinebauch und gebeiztes Bioeigelb, gefolgt von gebratenem Saiblingsfilet mit Frischkäseravioli und abschließender pochierter Bio-Schafstopfencreme sind ein herausragender Genuss. Kompetenter Service, umfassende Weinauswahl.

Tel.: 06542 765

5700 Zell am See
Auerspergstraße 11

www.salzburgerhof.at
5sterne@salzburgerhof.at

Mo–Sa 12–14 und 18.30–21 Uhr
variabel

Bewertungen:

11 bis 12,5 Punkte von 20 Punkten: 1 Haube
13 bis 14,5 Punkte von 20 Punkten: 2 Hauben
15 bis 16,5 Punkte von 20 Punkten: 3 Hauben
17 bis 18,5 Punkte von 20 Punkten: 4 Hauben
19 bis 19,5 Punkte von 20 Punkten: 5 Hauben

SEENSUCHT

13/20

im Seehotel Bellevue

Koch: Michael Schnell

Mit wunderbarem Blick auf den Zeller See können wir bei den 3- und 4-Gänge-Menüs aus den kreativen À-la-carte-Gerichten wählen. Begrüßung mit feinem Saiblingshappen. Knusprig gebackene Rehpraline, verfeinert mit Roter Rübe, Trüffel und eingelegtem Kräutersaibling. Sehr beliebt auch die vorzügliche geschäumte Rahmbriesuppe mit gepoppter Quinoa. Ausgezeichnet der grillierte Wels mit passendem Balsamico, Zuckerschote und Gnocchi. Handgedrehte Bärlauch-Spinat-Knödel mit Pecorino runden das Angebot bestens ab. Köstlicher Abschluss mit Topfenknödel, Kokos-Nuss-Brösel und Kurkuma-Chai-Latte-Eis.

à la carte: 25–45 €

Tel.: 06542 218 28
0664 245 83 18

5700 Zell am See
Seeuferstraße 41

www.restaurant-am-see.at
info@seehotel-bellevue.at

Mi–Sa 18–22 Uhr
November bis Dezember 2022

ZUM HIRSCHEN

13/20

Hotel/Restaurant

Koch: René Fichtner

Gute Küche, große Portionen: Das schätzen seit vielen Jahren Einheimische und Gäste im Restaurant zum Hirschen. Zu Beginn gut abgeschmeckte bretonische Jakobsmuschel mit Sandgarnele. Frischer Périgord-Trüffel mit hausgemachten Tagliatelle in Rahmsauce – hervorragend. Das Steak vom Beiried mit Ofenkartoffel und Kräuter-Sauerrahm-Dip sowie erfrischendem Blattsalat entsprach durchaus unseren Erwartungen. Wer gute Hausmannskost bevorzugt, ist mit dem gebackenen Kalbskopf mit Erdäpfel-Endivien-Salat und Sauce tartare bestens bedient. Sehr gut auch die Eispalatschinke. Umfangreiche Weinkarte.

Tel.: 06542 774

5700 Zell am See
Dreifaltigkeitsgasse 1

www.zum-hirschen.at
hotel@zum-hirschen.at

tgl. 11.30–21 Uhr
variabel

STEIER-
MARK

DIE BESTEN

18,5/20	**AM PFARRHOF** Sankt Andrä im Sausal	Seite 357
18/20	**DIE WEINBANK – RESTAURANT** Ehrenhausen	Seite 326
18/20	**GESCHWISTER RAUCH – RESTAURANT** Bad Gleichenberg	Seite 322
17/20	**KRAINER** Langenwang	Seite 348
17/20	**SAZIANI STUB'N** Straden	Seite 367
16,5/20	**DER LUIS** Anger	Seite 321
16,5/20	**DIDI DORNER IM MAGNOLIA** Graz	Seite 336
16,5/20	**LIEPERTS** Leutschach	Seite 351
16,5/20	**RESTAURANT STEIRERSCHLÖSSL** Zeltweg	Seite 370
16,5/20	**SCHLOSS-TAVERNE** Zeltweg	Seite 371

LEGENDE

- ○ Orte allgemein
- Orte mit (grün)
- Orte mit (gelb)
- Orte mit (orange)
- Orte mit (blau)
- Orte mit (rot)

St. Sebastian
Mariazell
Neuberg
Mürzzuschlag
Mürz
Aflenz Kurort
Turnau
Langenwang
Kindberg
Thörl
Ratten
Mönichwald
Fischbach
Friedberg
Kapfenberg
Leoben
Bruck
a. d. Mur
Birkfeld
St. Kathrein
am Offenegg
Pöllauberg
Hartberg
Anger
Frohnleiten
Mur
Weiz
St. Radegund
Bad Waltersdorf
Rein
Weinitzen
Gleisdorf
Ilz
Köflach
GRAZ
Voitsberg
Raab
Fürstenfeld
Lieboch
Mur
Feldbach
Premstätten
Fehring
St. Stefan
St. Josef
Stainz
Wildon
Bad
Gleichenberg
Kapfen-
stein
Groß
St. Florian
St. Nikolai
im Sausal
Straden
Deutsch-
landsberg
Gralla
St. Andrä
im Sausal
Leibnitz
Kitzeck
St. Veit am Vogau
Schwanberg
Glein-
stätten
Ehrenhausen
Mureck
Bad Radkersburg
Gamlitz
Straß
Leutschach
SLO

AICH J4

GRAFENWIRT

Tipp

Griaß aich! Das Zusammenspiel aus gemütlicher Atmosphäre, Traditionsbewusstsein und innovativer Küche verspricht lange Abende mit den Liebsten in bester Gesellschaft. Die Küche ist geprägt von steirischen, aber auch internationalen Einflüssen.

à la carte: 10–30 €

Tel.: 03686 4307
0664 545 90 08

8966 Aich
Vorstadt 1

www.grafenwirt.at
info@grafenwirt.at

Mi–So 11.30–13.30 und 17–21 Uhr

♿

AIGEN IM ENNSTAL J3

RESTAURANT ZIRBE

12/20

im Imlauer Hotel Schloss Pichlarn

Koch: Gottfried Prall

Das Schloss Pichlarn ist schon beeindruckend. Mit hauseigenem 18-Loch-Golfplatz thront es über Aigen und Irdning im Ennstal. Die Gegend und das Hotel haben viel zu bieten. Auch kulinarisch gibt es einiges zu entdecken. Das mit Altholz veredelte Gourmetrestaurant Zirbe ist nur eines von drei Restaurants im riesigen Hotelkomplex. Das vielseitige kulinarische Angebot reicht von saisonalen Köstlichkeiten über internationale Klassiker bis hin zu hochwertig zubereiteten österreichischen Speisen. Vorwiegend österreichisch geprägt ist die umfangreiche Weinkarte. Den Abend lässt man am besten mit einem Cocktail auf der Terrasse nahe der Hotelbar ausklingen, von der sich das imposante Grimming-Massiv bestaunen lässt.

à la carte: 6–52 €

Tel.: 03682 24440

8943 Aigen im Ennstal
Zur Linde 1

www.schlosspichlarn.at
hotel@schlosspichlarn.at

tgl. 12–13.30 und 18–21 Uhr

♿

ALTAUSSEE 13

GEIGER ALM 15/20

Koch: Dominik Utassy

Was macht ein junger Mann, der nach ausgiebiger Wanderschaft durch internationale Edelküchen einen kleinen, urigen Almgasthof erbt? Er sieht zu, dass es urig bleibt, und kocht groß auf. Allein der Kanon an Küchengrüßen, darunter Taubenhaxel und Knollenziest, lassen Großes ahnen. Zu Recht: Die Gemüsewürzsuppe ist exzellent, die Fregola Sarda mit Morcheln und Karotten allerköstlichst. Und eine Seezunge (von Fischern auf kleinen Booten gefangen) mit Krustentier-Hollandaise kann man nicht besser hinkriegen als Dominik Utassy. Das Vanillesoufflé mit Rhabarber, Süßholz und Pistazien bildet den finalen Höhepunkt.

à la carte: 13,90–43,90 €

Tel.: 0660 939 00 28
8992 Altaussee
Lichtersberg 85
www.geigeralm.at
restaurant@geigeralm.at
Di–Sa ab 18–24 Uhr

Bewertungen:

11 bis 12,5 Punkte von 20 Punkten: 1 Haube
13 bis 14,5 Punkte von 20 Punkten: 2 Hauben
15 bis 16,5 Punkte von 20 Punkten: 3 Hauben
17 bis 18,5 Punkte von 20 Punkten: 4 Hauben
19 bis 19,5 Punkte von 20 Punkten: 5 Hauben

MAYREI

13,5/20

Koch: Andreas Maier

Man sitzt an der Ortsstraße und hat einen guten Blick auf die touristischen Passanten. Die Mayrei hat eine übersichtliche, aber diverse Karte. Man beginne mit dem Agedashi-Tofu, einer wahren Köstlichkeit mit Kürbis-Shoyu und Amarant. Äußerst empfehlenswert sind auch das Dry-Aged-Roastbeef mit Petersilwurzel und der knusprig gebratene Seesaibling mit geräuchertem Sellerie. Als Finale lockt eine Crème brulée mit Kardamom, gesalzener Vanille und gepufftem Getreide. Alles in allem eine gute Möglichkeit, in Altaussee unkompliziert, aber delikat zu speisen.

à la carte: 8–36 €

Tel.: 03622 20478
8992 Altaussee
Fischerndorf 80
www.restaurant-mayrei.at
info@restaurant-mayrei.at
Mi–So 17–20.30 Uhr

STRANDCAFÉ

12/20

Dieser Platz ist die etwas selektive Anfahrt wert: Vor der Terrasse erstreckt sich der See, über dem gegenüberliegenden Ufer thront der Loser, hinter dem Strandcafé die Trisselwand. Die Küche hat sich gesteigert: Wir bekamen eine fabelhafte Süßwasserfischsuppe mit knackigen Gemüsestreifen und eine delikate Saiblings-Ceviche mit Kaviar desselbigen. Um den Genius Loci zu würdigen, nahmen wir nochmals Saibling, diesmal zart in Butter gebraten. Man kann im Strandcafé auch mit dem Wiener Schnitzel und dem Gulasch nichts falsch machen. Aber es ist das Strandcafé – und hier bestellt man nun einmal Saibling aus dem Altausseer See. Der dazu gereichte Hauswein, ein fruchtiger Grüner Veltliner von Ingrid Gross, harmonierte prächtig.

Tel.: 0664 212 93 09
8992 Altaussee
Puchen 197
www.strandcafe.at
willkommen@strandcafe.at
variabel

ANGER M4

DER LUIS 16,5/20

im Posthotel Thaller

Koch: Luis Thaller

Schon der erste Gang nach den formidablen Grüßen aus der Küche bestätigt den aufkeimenden Verdacht, dass der Luis an diesem Abend in dem nach ihm benannten Fine Dining des Posthotels Thaller zu Anger bei Weiz keine Gefangenen zu nehmen vorhat. Die Hauptrolle im ersten Akt spielt eindeutig die geräucherte Seeforelle – gebeizt (Dickmilch, Traubenkernöl und ein Schuss Gurke) und begleitet von Fenchel, Tomate und Ziegenkäse. Definitiv ein Höhepunkt des Abends. Ein wunderbares Bauernei mit Grammeln und Schweinskopf und die verboten zart schmelzende Gänseleber mit Kohlrabi, das Rindszungentascherl mit Spinat, Ochsenmark und Trüffel, gefolgt vom Bries mit Gänseleber, die bestens harmonierten. So ging es munter weiter bis zum Schokoladendessert mit Oliven und Salz als krönendem Abschluss. Das Weinbuch, etwas dicker als das Neue Testament, und eine solide Weinbegleitung, die dank der talentierten Sommelière Viktoria an schönen Überraschungen reich war, sowie die liebevollen Speisenerläuterungen des kundigen Markus machten den Abend rund.

Tel.: 03175 2206
8184 Anger
Hauptplatz 3
www.restaurant-derluis.at
derluis@posthotel-thaller.at
Di, Fr 18–21.30, Sa 12–14 und 18–21.30 Uhr
⁕ Febr. 2023

BAD AUSSEE I3

DAS JAMES AM GOLFPLATZ 11,5/20

Koch: Christian Wölkart

Das James bietet seinen Gästen abends ein Menü, die Gänge können aber auch einzeln bestellt werden. Und die Gerichte, die auf den Tisch kommen, überzeugen. Die Fischsuppe etwa erfreut den Genießer mit reichlich Einlage und über das Wurzelfleisch vom Hüferschwanzerl wird der Kren frisch am Tisch über den Teller gerieben. Den Fischgerichten – etwa dem Huchen mit Limettenöl – würde eine kürzere Garzeit nicht schaden, aber das kriegt die Küche sicher auch noch in den Griff. Zum Finale gab es ein ausgezeichnetes Schokotörtchen mit Erdbeereis.

Tel.: 0676 847 670 800
8990 Bad Aussee
Sommersbergseestraße 392
www.dasjames.at
restaurant@dasjames.at
Do–Mo 11–20 Uhr

ERZHERZOG JOHANN 12,5/20

Koch: Christian Spreitz

Leider ist es als Gast, der nicht im Hotel nächtigt, schwierig, einen Tisch im Restaurant Erzherzog Johann zu ergattern. Doch es lohnt sich, konsequent zu bleiben und es zu versuchen. Der Service agiert aufmerksam und die Küche weiß zu überzeugen. Das Filet vom „Label Rouge"-Lachs mit Bärlauchpesto, das Carpaccio vom Kalb mit Räucherfischcreme oder der Rücken vom Kaninchen mit Trüffel-Gnocchi und Pinien-Blattspinat sind der Küche bei unserem Besuch sogar ausgezeichnet gelungen. Etwas mehr Pep hätte sich hingegen das Entrecôte mit Kartoffel-Biskuit verdient. Das in Summe aber ausgezeichnete Essen beendete ein flaumiges Topfensoufflé mit Spargeleis. Zum Abschuss gab es noch als nette Geste des Hauses Pralinen zum Mitnehmen.

Tel.: 03622 525070
8990 Bad Aussee
Kurhausplatz 62
www.erzherzogjohann.at
info@erzherzogjohann.at
tgl. 18.30–21 Uhr

BAD GLEICHENBERG 05

GESCHWISTER RAUCH – RESTAURANT 18/20

vulgo Steira Wirt

Koch: Richard Rauch

RICHARD RAUCH, KOCH DES JAHRES 2015
SERVICE AWARD 2023

Der Steira Wirt der Geschwister Rauch wird in gut abgestimmter Doppelregie geführt. Richard, bekannt durch Bühne und Fernsehen, am Herd, Sonja, seine Schwester, schupft den Service. Eine charmante und erfolgreiche Doppelconference. Charmant ist aber auch, dass die Lehr- und Jungköche bei der Präsentation der einzelnen Köstlichkeiten die muntere Kellnerschar unterstützen und die einzelnen Gerichte detailreich und liebevoll erklären. Schon unter den zahlreichen Grüßen aus der Küche fand sich mit dem filigranen Buchweizenschüsserl mit Rettich und Sommertrüffel ein erstes, aber bei Gott nicht letztes Highlight. Erwähnen möchten, nein,

Tel.: 03159 4106
8343 Bad Gleichenberg
Trautmannsdorf 6
www.geschwister-rauch.at
office@geschwister-rauch.at
variabel, siehe Homepage

müssen wir weiters die mit Frischkäse gefüllte Zucchiniblüte auf einer Creme aus Paprika im Wechselspiel mit Chimichurri, Heidelbeere und Zucchinipüree, die Lachsforelle im Dialog mit Melone und Marille – was für ein geschmackssicheres Sommergericht! – oder die herrlich erdige Blutwurst, die mit Erdäpfeln, Kren und Wasabi zu einem feingliedrigen Gericht ziseliert wurde – optisch ein Heuler, geschmacklich voller Tiefe und doch Leichtigkeit. Wunderbar auch das zarte rosa Spanferkel mit Paprika, Buchweizen-Chip und frischen Kräutern oder zum Abschluss einerseits die Herzkirschen mit Shiso und Kakaobohne und andererseits das Bienenwachs mit Akazie und Zitrone, das uns mehr als begeisterte. Die Weinbegleitung präsentierte sich recht klassisch mit ein paar kleinen Ausflügen ins „Nicht-allzu-Experimentelle". Sehr zu empfehlen ist die Übernachtung in der schmucken, unweit des Haupthauses gelegenen Villa Rosa – nicht nur des Genusses ohne Reue, sondern auch der kleinen, aber so liebe- wie geschmackvoll gestalteten Zimmer und des reichhaltig formidablen Frühstücks mit Spezerei aus der Oststeiermark wegen.

GESCHWISTER RAUCH – WIRTSHAUS 14,5/20

vulgo Steira Wirt

Koch: Richard Rauch

Tel.: 03159 4106
8343 Bad Gleichenberg
Trautmannsdorf 6
www.geschwister-rauch.at
office@geschwister-rauch.at
siehe Homepage
variabel

Auf der idyllischen, mit Weinlaub überwachsenen Terrasse werden zum Aperitif neben einer hauseigenen Ginkreation mit Yuzu auch Holunderbellini oder „Sterz Ale" gereicht. In diesem Sinne geht es auch kulinarisch dahin – mit hochwertigen, zumeist regionalen Zutaten und einer Prise Weltoffenheit. So ist die Zucchinischaumsuppe mit Oktopustatar ebenso aromastark wie die Paprika-Paradeiser-Gazpacho mit Artischocken. Aus dem Menü in drei bis fünf Gängen können auf Wunsch einzelne Gänge gewählt werden. So gerät die rosa gebratene Leber mit fruchtigen Himbeeren und würzigem Löwenzahnhonig-Senf-Jus zu einem der Höhepunkte der kreativen Wirtshausküche. À la carte genießt man so ideenreich wie köstlich, etwa mit dem „steirischen Vitello" mit zarter Milchkalbsbrust, dazu werden statt Thunfisch Räucherforelle und Kohlrabi mit erfrischender Vogelmiere kredenzt. Vom Holzkohlengrill kommt eine gereifte Beiried vom steirischen Wagyu. Dazu wird auch eine feine Auswahl an offenen Weinen angeboten. Zur Nachspeise mit Herzkirsche und Pannacotta mit dezentem Lavendeleinsatz wird neben Süßwein auch Espresso Martini gereicht. Wer lieber länger bleibt: In unmittelbarer Nähe des Lokals steht die Villa Rosa der Geschwister Rauch für Nächtigungen zur Verfügung.

à la carte: 9–36 €

LOUNGE 81 13/20

Köchin: Christina Luger

Tel.: 0664 384 89 78
8344 Bad Gleichenberg
Steinbach 81 a
www.lounge81.at
lounge81@thomasrauch.at
Mo, Sa 16–22, Fr 17–22, So 11–14.30 und 16.30–21 Uhr
Jänner und Juli 2023

Küchenchefin Christina Luger lässt sich in der Schauküche der Lounge 81 gerne bei ihrer Arbeit über die Schulter blicken. Kein Wunder, bietet sie doch auch Kochkurse an, die etwa die Themen „Orient" sowie „Wild und Wald" zum Inhalt haben. Wer sich hier kulinarisch verwöhnen lässt, der hat die Möglichkeit, ein Überraschungsmenü zu wählen. Da die Speisekarte – nach Angaben der Restaurantbetreiber – täglich wechselt, weiß man nie, welche Speisen man serviert bekommt. Vielleicht eine kräftige Rindsuppe mit Leberknödel, Dim-Sum oder ein rosa gebratenes Rinderfilet mit saisonalem Gemüse? Bei den Desserts erwartet die Gäste etwa Schokoladenmousse oder eine hausgemachte Fruchtschnitte. Interessante Weinauswahl, die auch einige gut gereifte Weine bereithält.

à la carte: 7,20–32 €

DELIKATERIE

Tipp

Fine Dining und Kreativität in der Küche verspricht die Delikaterie in Bad Gleichenberg. Die Speisekarte wird je nach Saison um Spargel, Wild und Co ergänzt. Bereits beim Schmökern regen sich die Geschmacksknospen. Eine Entscheidung zu treffen, fällt oftmals schwer, daher empfehlen wir das Überraschungsmenü.

à la carte: 4–32 €

Tel.: 03159 446 06

8344 Bad Gleichenberg
Kaiser-Franz-Josef-Straße 5/2

www.delikaterie.at
office@delikaterie.at

Mo, Di, Fr 11.30–14 und 17.30–20, Sa, So 11.30–20 Uhr

♿

BAD RADKERSBURG 05

BACHERLWIRT

Tipp

Im Bacherlwirt gibt es nicht nur warme Kleinigkeiten wie den rustikalen Haustoast aus Schwarzbrot, Schweinsbraten, Käse und Spiegelei. Die Speisekarte lässt auch vom Suppentopf über die Fischplatte mit Bratkartoffeln und knackigem Gemüse bis zum hausgemachten Topfenstrudel mit Vanillesauce keine Wünsche offen.

Tel.: 0664 165 63 96

8490 Bad Radkersburg
Markowitschweg 2

www.bacherlwirt-ra.at

BAD WALTERSDORF N4

SAFENHOF

13/20

Köchin: Christa Wimberger

Der Safenhof – Heuriger, Restaurant und Hotel – befindet sich im Ortskern von Bad Waltersdorf direkt an der Hauptstraße, aber kaum hat man die Schwelle übertreten, geht es gemütlich und entschleunigt zu. Die Alltagshektik hat Pause, nicht zuletzt der gar aufmerksamen Dame im Service und der sich auf die mit Bedacht auf vor allem in der Nähe Wachsendes konzentrierenden Weinkarte wegen. Und dann trug auch das zu unserer Beglückung aus der Küche Gerichte zu unserer Entspannung bei, denn die Ceviche vom Zander mit Limette, Avocado und Koriander präsentierte sich in perfekter Säurebalance und nicht weniger ausgewogen umschmeichelte die Paprikaschaumsuppe mit Frühlingsrolle unseren Gaumen. Rustikaler, aber voll dem Geschmack des Produkts verpflichtet, waren die hausgemachten Bandnudeln mit ersten frischen Steinpilzen. Gelungen auch das Erdbeer-Kokos-Dessert im Glas, das uns den Abschied versüßte!

à la carte: 5,50–37 €

Tel.: 03333 2239
0664 97 350 68

8271 Bad Waltersdorf
Hauptstraße 78

www.safenhof.at
info@safenhof.at

Mi–Sa 12–14 und 18–22, So 12–16 Uhr
variabel

♿

BIRKFELD M4

FISCHRESTAURANT KULMER

12/20

Koch: Franz Kulmer

Es führen zwar längere gewundene Wege in diese steirische Einschicht, ein Ausflug dahin lohnt sich aber allemal. In Haslau bei Birkfeld, im schön adaptierten jahrhundertealten Gasthaus, zelebrieren die Kulmers mit bleibender Qualität ihre hohe Fischkultur. Aus der hauseigenen Zucht kommen fangfrische Forellen aus der Küche, makellos blau mit blanchiertem Gemüse, kross gebraten in Butter oder mittlerweile auch klassisch asiatisch arrangiert. Empfehlenswert vorweg das Forellen-Carpaccio in einer Limetten-Olivenöl-Marinade. An schönen Tagen lässt sich dies alles unterm Schirm vorm Haus genießen.

Tel.: 03174 4463

8190 Birkfeld
Haslau 63

www.kulmer-fisch.at
kulmer@kulmer-fisch.at

Mi–Do 11–19, Fr–Sa 11–20, So 11–18 Uhr
Nov. 2023

♿

GALLBRUNNER

12/20

WIRTSHAUS DES JAHRES 2022

Der Gallbrunner in Birkfeld ist ein magischer Anziehungspunkt für Slow Foodies und überhaupt alle, die gern und mit Verantwortung genießen. Eine alte Gaststube samt Kachelofen. Braten aus dem gesetzten Herd, steirische Spezialitäten, die das Herz erfreuen. Sogar das alte Fischbacher Grubenkraut (die Joglländer nennen es auch „Ohlakraut"), jene, von der Arche des Geschmacks von Slow Food geadelte und in Gruben fermentierte Krautköstlichkeit, ist beim Gallbrunner zu haben. Für die Desserts (und die sind großartig) sorgt Corinna, die Tochter des Hauses. Ein Juwel mitten in Roseggers Waldheimat.

Tel.: 03174 4410
8190 Birkfeld
Waisenegg 78
www.gallbrunner.at
office@gallbrunner.at

BRUCK AN DER MUR — L4

JOHANNS LIVING

16/20

Koch: Mike Johann

In dem kleinen feinen Restaurant mit 16 Plätzen wird eine vollkommen eigenständige kreative Küche vorgetragen. Mike Johann hat sich dem Aufspüren lokaler Besonderheiten und dem variantenreichen Kombinieren hochwertiger Zutaten aus der Region verschrieben. Mit seiner Frau Emilia bespielt er die Küche ohne weitere Mithilfe, auch den Service verrichtet das Paar selbst – und so ergibt sich auch die eine oder andere Gelegenheit, mit dem Chef persönlich zu sprechen. Gleich zu Beginn entzückt ein lokales Produkt: im Erzberg kultivierte „Stollenpilze" in der Butter zum Sauerteigbrot mit angesetztem Quendelöl. In der Steiermark gezüchtete Garnelen werden sanft behandelt und mit Umami-Noten von Miso und Linsen präsentiert. Der Wirtshausklassiker „Vogerlsalat" wird als Buttermilch-Salat-Creme mit geriebenem Speck zum Löffelerlebnis. Hervorzustreichen sind auch die Kombination aus geschmortem Wollschweingoder samt Knusperschwarte und die Seeforelle als „Gegenpol zu Vitello tonnato" sowie auch die hervorragende Schermrippe vom Tragößer Wagyu. Gin Tonic und Campari Orange werden schließlich als Dessert interpretiert. Ebenso spannend wie das fünf- bis neungängige Menü ist die Weinbegleitung, teils mit Spezialabfüllungen aus Kooperationen mit Winzern. Die Weinkarte bildet eine bemerkenswerte Sammlung aus mehreren hundert Posten ab. Mittlerweile stehen für Gäste auch zwei Suiten zur Übernachtung bereit, allerlei Hausgemachtes gibt es auch zum Mitnehmen.

à la carte: 17–45 €

Tel.: 0664 2413129
8600 Bruck an der Mur
Hugo-von-Montfort-Gasse 2
www.johanns.at
info@johanns.at
Mo–Sa 12–14 und 18–22 Uhr
variabel

DEUTSCHLANDSBERG L5

BURG DEUTSCHLANDSBERG 14/20

Koch: Karl Kollmann

Neuerdings sperrt die Familie Kollmann ihr Burgrestaurant hoch über Deutschlandsberg auch wieder mittags auf. So lässt sich von der Terrasse die Aussicht noch besser genießen, während es im Wappensaal mit wuchtiger Holzdecke ziemlich traditionell zugeht. Auch das Speisenangebot liest sich vor allem herkömmlich-traditionsverbunden und die Gerichte von Küchenchef Karl Kollmann zeichnen sich durch eine ungemein sorgfältige, gekonnte Zubereitung aus. Knackig-milde Riesengarnelen adeln die Bärlauchschaumsuppe und ein perfekt gegartes Zanderfilet sowie die rustikal-schmackhafte Entenbrust (herrlich dazu der Triebaumer'sche Blaufränkisch) erfreuen zum Hauptgang.

à la carte: 15–45 €

Tel.: 03462 5656
8530 Deutschlandsberg
Burgplatz 1
www.burg-deutschlandsberg.at
info@burg-deutschlandsberg.at
Di–Sa 17.30–21 Uhr

EHRENHAUSEN M5

DIE WEINBANK – RESTAURANT 18/20

Koch: Gerhard Fuchs

GERHARD FUCHS, KOCH DES JAHRES 2004

Das steirische Ehrenhausen gehört dank der Weinbank zu denjenigen Adressen, die man als Genießer unbedingt besucht haben sollte. Allein die Weinkarte mit Schwerpunkt Steiermark bringt jeden zum Schwärmen, der gerne guten Wein trinkt – und dass der Service zu den besten des Landes gehört, wissen Kenner schon lange. Doch was wäre ein gelungener Restaurantbesuch ohne eine Küche, die immer wieder mit neuen Überraschungen und handwerklicher Perfektion glänzt? Nicht viel! Das weiß Küchenchef Gerhard Fuchs ganz genau, und so wird man schon zu Beginn des Menüs fulminant begrüßt: etwa mit einer intensiven Essenz vom Maibock und einer Essigwurst, die mit Rosmarin-Joghurt-Butter serviert wird. Wenn es dann noch mit Jakobsmuscheln aus Istrien, zu denen es Selleriepüree und Bachkresse gibt, weitergeht, dann wünscht man sich nicht mehr viel. Oder vielleicht doch? Ja, zumindest wenn man an den mit Lardo gedämpften Waller mit gerösteten Haselnüssen, Paradeisersalat sowie Ponzusauce zurückdenkt oder den Dotterraviolo mit schwarzem Trüffel, Parmesanemulsion und Cremespinat, die man am liebsten jeden Tag verspeisen möchte. Nach so viel Raffinesse wirkte der rosa gebratene Rehrücken mit Parmesan, Artischocken und Steinpilzjus schon fast zu brav. Dass er aber trotzdem hervorragend schmeckte, braucht man eigentlich nicht extra erwähnen. Zu den Desserts: Kreneis mit Schokoladenkaramell und Rhabarberstreusel, gesalzenes Kokoseis und Cannolo, mit Walderdbeeren gefüllt, erfüllen mit Sicherheit auch die süßesten Nachspeisenträume. Und wenn Maître Christian Zach zum Abschluss noch Crêpe Suzette vor den Augen des Gasts zubereitet, dann kann man nur mehr zufrieden applaudieren und sich auf den nächsten Besuch freuen.

Tel.: 03453 222 91
8461 Ehrenhausen
Hauptstraße 44
www.dieweinbank.at
prostmahlzeit@dieweinbank.at
Mi 19–20.45, Do–So 12–13.30 und 19–20.45 Uhr
variabel

DIE WEINBANK – WIRTSHAUS 15/20

Koch: Gerhard Fuchs

Rechts geht es in den hochdekorierten Restaurantbereich, zu linker Hand sitzt man im sogenannten Wirtshaus. Freilich ein Understatement. Gerhard Fuchs kocht hier in Hochform. Geschmacklich pointiert, herrlich geradlinig und befreit von jeglichen Trends. Von allen Tischen aus genießt man einen Blick in die offene Küche und beobachtet den hochkonzentrierten Chef bei der Arbeit. Zur Vorspeise wird eine paprizierte Fischsuppe kredenzt, die mit Erbsen und federleichten Fischnockerln als Einlage ihresgleichen sucht, etwas frisch gezupfte Minze verführt mit sommerlicher Frische. Eine Empfehlung des Tages ist die Bio-Gänseleber aus dem Périgord, deren vollmundige Opulenz von einem angenehm eleganten Apfel-Erdäpfel-Püree getragen wird, der Salzzitronenjus unterstützt das Verlangen des Gaumens nach etwas Säure. Viel besser kann man das Gericht nicht ausbalancieren. Um uns zu vergewissern, dass wir eh im Wirtshaus sitzen, sollen es bodenständige Marillenpalatschinken zum Abschluss sein. Aber auch diese sind einfach nur himmlisch. Schön, dass es so große Küche zum erschwinglichen Preis gibt.

à la carte: 6,90–42 €

Tel.: 03453 222 91
0664 196 60 26

8461 Ehrenhausen
Hauptstraße 44

www.dieweinbank.at
prostmahlzeit@
dieweinbank.at

Mi–So 11.30–21 Uhr (Mi und Do von 14.30–18 Uhr geschlossen)
variabel

MAGNOTHEK & WIRTSHAUS AM ZIEREGG 13/20

Koch: Markus Meichenitsch

Die tolle Weinauswahl in der Magnothek würde schon alleine für einen Besuch sprechen. Wer hier eine größere Feier veranstaltet, hat auch die Möglichkeit, die besten Weine in den größten Formaten zu bestellen. Als Autofahrer bleibt man aber lieber bei kleineren Flaschen und erfreut sich als Entschädigung an gebeiztem Saibling mit Rotkraut, vegetarischem Ritschert mit Pilzen und geschmorter Kalbsschulter oder gegrilltem Ibérico mit Buchweizen und Zitronenjus. Natürlich darf ein Backhenderl mit Salat nicht fehlen. Aber Achtung: Die Größe der Portion bringt einen schnell an den Rand seiner Kapazitäten. Wer Lust auf etwas Süßes hat, dem seien die Topfentarte oder die Butter-Pancakes mit Rumbanane empfohlen.

à la carte: 7–38 €

Tel.: 03453 22122

8461 Ehrenhausen
Zieregg 3

www.magnothek.at
wirtshaus@magnothek.at

Do–Mo 12–21 Uhr

WIRTSHAUS WOLFGANG MAITZ 15/20

Koch: Stefan Prenninger

Wolfgang Maitz und Rene Kollegger sind ein schon fast unheimlich gutes Gastgeber-Duo. Im Wirtshaus Maitz bekommt man weit mehr als gutbürgerliche Wirtshausküche und weit mehr als einen guten Weinservice. Nicht umsonst ist dieser Betrieb ein Stammhaus für die Winzer der erweiterten Umgebung. Mit Glück profitiert man dadurch auch mal von einer Rarität im Glas. Egal, ob Klassiker à la Backhendl oder Blunze oder ein gigantisches Bries: Genuss pur! Dazu etwas aus dem Jura und Leutschach aus der großartig konzipierten Weinkarte. Die feinen, frischen, saisonal wechselnden Gerichte wie zum Beispiel mit Kohlrabi oder Saibling ergänzen das Angebot sehr gut. Die Terrasse ist wunderbar, das Ambiente im Lokal hat vielleicht noch etwas Luft nach oben, lebt aber sehr von der authentischen steirischen Gastlichkeit. Wer hier noch nicht war – große Empfehlung! Rechtzeitig reservieren, denn dieser Ort ist schon länger kein Geheimtipp mehr.

à la carte: 5–29,50 €

Tel.: 03453 2153

8461 Ehrenhausen
Ratsch 45

www.maitz.co.at
wirtshaus@maitz.co.at

Di–Sa 13–21 Uhr
Mitte Dez. 2022 bis zum ersten Donnerstag im März 2023

RESTAURANT WEINKUCHL

Tipp

LOISIUM Wine & Spa Hotel Südsteiermark

Es thront, von Ehrenhausen kommend linkerhand auf dem Hügel, dieses für die liebliche Landschaft dominante LOISIUM Wine & Spa Resort Südsteiermark. Es beherbergt auch ein Restaurant, von dessen Terrasse ein schöner Rundblick über die südsteirische Hügellandschaft zu genießen ist. Die höherklassige Hotelqualität bildet sich leider nur bedingt in der Küchenqualität ab. Das Entree eines Dreierlei vom Kalb war beim Besuch delikat arrangiert, jedoch recht geschmacklos. Der mittlerweile auch für höhere Kulinarik geadelte Burger blieb auf diesem Level, ebenso die würzarmen vegetarischen Ravioli.

à la carte: 9–35 €

Tel.: 03453 28800

8461 Ehrenhausen
Schlossberg 1a

www.loisium.com
fb.steiermark@loisium.com

tgl. 12–14 und 18–22 Uhr

♿

FEHRING N4

LILLI

15/20

Koch: Walter Triebl

Das Lokal in Fehring steht seit einiger Zeit für hervorragende, überregional orientierte Küche in einer Gegend, die man als „tiefe“ und kulinarisch recht traditionell orientierte Oststeiermark bezeichnen könnte. Das ansprechende Restaurant propagiert Fine-Dining-Menüs mit mindestens fünf Gängen. Wir aßen à la carte – mit imponierendem Auftakt: istrischer Thunfisch, grob gehackt, in feiner Marinade, großartig kombiniert mit Stangensellerie, Weintrauben, Kresseblüten und hauchdünnen Speckscheiben. Das recht senflastige Beef Tatar mit Zwiebeln und darübergehobelten Pilzen war herbstlich frisch, aber überraschend flachsig. Hinreißend das dezente Aromenspiel der zarten Fischsuppe mit souverän gesetzten Gemüse- und Kräuterakzenten, enttäuschend dagegen die Linguini mit Steinpilzen, Asmonte und Gartenkräutern. Der dumpfe Geschmack wurde uns auf Nachfrage mit der Beigabe von Totentrompeten erklärt, insgesamt wirkte der freundliche Service leicht überfordert. In Hochform zeigte sich die Küche dafür wieder beim Dessert – bei der exzellenten Schokoladentorte mit Schokomousse, Vanilleeis, Zwetschken und Zwetschkenschäumchen. Perfekt komponiert! Schöne Weine, eine größere Auswahl an offenen Kreszenzen wäre den Gästen aber wohl willkommen.

Tel.: 03155 21012

8350 Fehring
Hauptplatz 9

lilli-fehring.at
wirtshaus@lilli-fehring.at

Mo, Do–Sa 11.30–14 und 18–20,
So 11.30–14 Uhr,
Fine Dining Do–Sa ab 18 Uhr

♿

MALERWINKL

15/20

Koch: Peter Troißinger

Den Award „Lustigster Gastgarten, originellster Gastraum“ hätte der Malerwinkl – würden wir ihn denn vergeben – allemal gewonnen, auch wenn sonst heuer nicht alles ganz so glatt lief wie gewohnt. Der Service war engagiert und freundlich, auch wenn wir beim Überraschungsmenü wiederholt gegen unsere anfangs ausführlich abgefragten Wünsche beglückt wurden. Gut gelangen der hausgeräucherte Lachs mit Sesam und Avocado und der grüne und weiße Spargel mit Hirschpastrami, aber beim Hetzendorfer Lamm mit Paprikagemüse, Natursafterl und „starkem Eigengeschmack“ blieben wir doch – auch weil wir uns gegen einen weiteren Fleischgang ausgesprochen hatten – enttäuscht zurück, um von sommerlich-leichten Kokos-Schneenockerln mit Mango zum Abschluss doch getröstet zu werden. Auch das Fehlen der Weinkarte gefiel uns ob geringer Trefferquote bei den Empfehlungen nicht wirklich.

à la carte: 3,90–39,90 €

Tel.: 03155 2253
0664 450 08 55

8361 Fehring
Hatzendorf 152

www.malerwinkl.com
office@malerwinkl.com

Mi–Fr 14–23, Sa 8–23,
So 8–15 Uhr

♿

FELDBACH M4

SCHLOSSWIRT KORNBERG Ⓝ 11/20

Eine Besichtigung des Schlosses Kornberg sollte man unbedingt mit einem Essen des Restaurants verbinden. Die Küche bietet Qualität und die Weinauswahl – die mündlich empfohlen wird – macht Spaß. Vulcano-Schinken, Rindsuppe mit Frittaten und Lachstatar stillen den ersten Hunger. Bei den Hauptspeisen sorgen paniertes Schnitzel vom Schwein, Barbarieentenbrust mit Polenta oder gebratenes Welsfilet mit Trüffelrisotto für Zufriedenheit. Zum süßen Finale gibt es eventuell noch eine ausgezeichnete Schokoladenmousse und einen kleinen Espresso.

Tel.: 03152 20 57
8330 Feldbach
Dörfl 2
www.schlosswirt.com
info@schlosswirt.com

FERNITZ BEI GRAZ N4

PURKARTHOFER Tipp

Ein typisches Ausflugslokal für sonntägige Ausfahrten aufs Land. Das Gasthaus bietet zudem reichlich Raum für die jährlichen kirchlichen Großfeiern. Ein Platz auf der Terrasse öffnet einen netten Blick auf die kleine Fußgängerzone hin zur großen Wallfahrtskirche. Die Speisekarte orientiert sich vorwiegend an Klassischem: gedünsteter Zwiebelrostbraten, Steaks vom Styria Beef in Bio-Qualität, Wiener Schnitzel vom Kalb, Vogerlsalat. Die Küchenlinie ist unaufgeregt, aber solide. Es finden sich aber auch Ausflüge in die asiatische Küche. Da wäre weniger wohl mehr.

Tel.: 03135 55511
8072 Fernitz bei Graz
Kirchplatz 1
www.derpurkarthofer.at
gasthaus@derpurkarthofer.at
Mi–Sa 11–24 und So 10–16 Uhr

FISCHBACH M3

ZUM FORSTHAUS 14,5/20

Koch: Christian Übeleis

Auf den ersten Blick ist das Forsthaus zu Fischbach ein ländliches Dorfgasthaus, wie es (wenn das Dorf Glück hat) viele gibt. Schlicht, sauber, funktionell, zuverlässig. Nichts deutet auf eine Küche hin, die so feinsinnig würzt, so stilsicher kombiniert und so liebevoll präsentiert. Und so war unsere Freude umso größer, von den freundlichen, aufmerksamen Damen im Service mit Haussulz mit Vogerlsalat und Käferbohnen – einfach (und) gut – und einer Parade-Rindssuppe mit Fleischstrudel verwöhnt zu werden. Beides äußerst geschmackstief und dem Produkt verpflichtet. Nicht weniger perfekt dann die Kürbisravioli mit Schwammerlsauce und DAS Kalbsbries. Was für eine wunderbar resche Panier zum zart schmelzenden Bries! Danach mussten es diesmal einfach Palatschinken mit Marillenmarmelade sein, die zart flaumig einen würdigen Abschluss bildeten. Wir kommen wieder – ganz gewiss!

à la carte: 4,50–32 €

Tel.: 03170 201
0676 939 34 94
8654 Fischbach
Fischbach 2
www.forsthaus.co.at
office@forsthaus.co.at
Mi–Sa 11–14 und 18–20.30,
So 11–15 Uhr
variabel

FLADNITZ AN DER TEICHALM N4

PIERER

Tipp

Almwellness-Hotel

Ein Zusammenspiel aus Geschmäckern der Region vereint sich auf den Tellern des Almhotels. Frisch gepflückt, runden die Kräuter aus dem Garten jedes Gericht ab. In den Wäldern werden Obst und Pilze gesammelt. Vorgebackenes Brot kommt Seniorchefin Maria Pierer nicht ins Haus! Vom Kürbiskernbrot bis zum Salzstangerl wird alles täglich frisch zubereitet.

Tel.: 03179 7172

8163 Fladnitz an der Teichalm
Teichalm 77

www.almurlaub.at
hotel.pierer@almurlaub.at

tgl. 11.30–14.30 Uhr

Bewertungen:

11 bis 12,5 Punkte von 20 Punkten: 1 Haube
13 bis 14,5 Punkte von 20 Punkten: 2 Hauben
15 bis 16,5 Punkte von 20 Punkten: 3 Hauben
17 bis 18,5 Punkte von 20 Punkten: 4 Hauben
19 bis 19,5 Punkte von 20 Punkten: 5 Hauben

FOHNSDORF K4

SCHLOSS GABELHOFEN 15/20

Koch: Matthias Mackner

Schon der Weg über den ehemaligen Wassergraben in den großzügigen, lichtdurchfluteten Eingangsbereich des renovierten Schlosses ist beeindruckend. Im Bereich der heutigen Rezeption befand sich einst eine Pferdetränke, zur Linken liegt der Weinkeller, der einen längeren Blick wert ist. Weiter geht es in den Gewölbesaal oder – wenn das Wetter mitspielt – auf die Terrasse. Wie andere Häuser des Projekts Spielberg, profitiert auch dieses von der hervorragenden Produktqualität selbst gezogener Saiblinge, Forellen und Rinder. Hier werden sie in einer gutbürgerlichen Küche umgesetzt. Auf Regionales der Saison wird Wert gelegt und so mundet etwa ein Beef Tatar mit eingelegtem Gemüse und Wachtelei oder ein knusprig gebratener Saibling im Ganzen. Auf eine milde Rindsuppe folgt ein würziges Wildragout. Das Wildbret stammt ebenfalls aus den eigenen Wäldern, die auch die Zutaten für den Eierschwammerlstrudel liefern. Mit der schokoladenverwöhnten Gabelhofentorte gelingt ein wunderbarer Abschluss.

à la carte: 12–42 €

Tel.: 03573 5555

8753 Fohnsdorf
Schlossgasse 54

www.schloss-gabelhofen.at
willkommen@
schloss-gabelhofen.at

tgl. 12–14 und 18–22 Uhr

♿

FROHNLEITEN M4

LANDHAUS ROIS 13/20

Koch: Reinhard Rois

Wer im gepflegten, idyllisch an der Mur gelegenen Markt Frohnleiten gut essen möchte, wird erst ein wenig außerhalb, an der Straße zum Rechberg, fündig. Das von Reinhard Rois geführte Landhaus Rois erfüllt alle Attribute, die man sich von einem ordentlichen Landhaus erwartet: mehrere Gästezimmer in unterschiedlicher Ausstattung, freundlicher Service und eine große Karte, die sogar ein empfehlenswertes mehrgängiges Gourmetmenü anpreist. Ordert man dieses, gibt es nicht nur ein umfangreiches Gedeck – inklusive hübsch angerichtetem Amuse-Bouche –, sondern auch mit Verve und Kreativität zubereitete Gerichte: von der Teichalm-Lachsforelle über Saiblingsfilet bis zum feinen Rehrücken.

à la carte: 7–36 €

Tel.: 03126 8217
0664 211 60 03

8130 Frohnleiten
Gschwendt 7

www.landhausrois.at
rois@aon.at

Do–Sa 10–21, So 10–20 Uhr
✻ variabel

GAMLITZ M5

JAGLHOF 14/20

Der Jaglhof zählt wohl zu den schönsten Flecken in der Südsteiermark. Nach längerer Renovierungspause hält das Restaurant, das zu den Domaines Kilger gehört, wieder geöffnet. Das zeigt sich auch an der Palette an eigenen Weinen in der Karte, zu Beginn prickelt ein Muskateller-Frizzante auf der ausladenden Terrasse im Glas, zum Ausklang genießt man etwa eine Sauvignon Blanc Reserve vom Kranachberg und dazu einen langen Blick auf das eindrucksvolle Panorama. Viele Flaschen sind auch als Doppelmagnum, einige als Methusalem verfügbar. In der Küche legt man Wert auf lokale Zutaten und ergänzt damit Saibling, Hirsch und Bison aus der eigenen Zucht. Letzterer ist als gut gewürztes Beef Tatar mit eingelegtem Bierrettich und hausgemachter Kartoffelbrioche ein Genuss, ebenso als Patty im Burger, mit Himbeer-Zwiebel-Chutney und Gouda. Der zart rosa Hirschrücken ist mit einer etwas zu sanft gewürzten Topfenroulade gepaart, der gebeizte Saibling mit cremigen Linsen und ein Schokobrownie zum süßen Finale versteht sich ausgezeichnet mit hausgemachtem Tonkabohneneis.

à la carte: 6,70–50 €

Tel.: 03454 6675
8462 Gamlitz
Sernau 25
www.jaglhof.at
jaglhof@
domaines-kilger.com
Mo, Do–Sa 11.30–15 und 18–21,
So 11.30–16 Uhr
✱ variabel

LILLI & JOJO 14,5/20

Das kleine Wirtshaus

Koch: Joachim Gradwohl

Lilli Kollar im Service und Joachim Gradwohl in der Küche haben ihn ihrem Wirtshaus alles fest im Griff. Daher kommt es auch bei größerem Gästeansturm – Reservierungen sind hier absolut zu empfehlen! – zu keinen größeren Wartezeiten. Und so finden die Vorspeisen schnell ihren Weg zu den Gästen und stillen den ersten Gusto. Die Pasta mit Wildsugo begeistert ebenso wie die „Prinzessin auf der Erbse", mit der dem Genießer vor Augen geführt wird, wie köstlich und variantenreich Erbsen schmecken können. Wenn Gradwohl Fisch mit der Haut brät, gelingt das Ergebnis, dazu gibt's knackiges Gemüse. Und die „Zwickabussi", geschmorte Ochsenbäckchen mit dunkler Sauce, sollte man sich sowieso nicht entgehen lassen.

Tel.: 03453 2310
8462 Gamlitz
Sulztal an der Weinstraße 22
www.lilliundjojo.at
cuisine@lilliundjojo.at
Mo 12–21, Fr–So 14–21 Uhr
✱ variabel

SATTLERHOF 15,5/20

Genießerhotel & Weingut

Koch: Hannes Sattler

Im Sattlerhof ist nun auch im Restaurant- und Hotelbetrieb die junge Generation am Werk. Anna Sattler und Thomas Ferrand versehen den Service charmant und professionell. In der Küche arbeitet Hannes Sattler bewährt hingebungsvoll mit von der Saison geprägten Produkten, die er in einem „Genießermenü" in fünf bis sieben Schritten feinsinnig komponiert. Gern greift der Küchenchef auch auf Zutaten aus der Natur zurück wie bei einer Vinaigrette aus angesetztem Mädesüßessig, herbdunklem Wacholderöl und Maiwipferlsirup. Herzhafte Ochsenschleppravioli und das gebratene Kalbsbries sind ebenso hervorragend wie der getrüffelte Sterz, unter dem sich der Dotter eines Stundeneis versteckt. Frisches Grün kommt ausgiebig zum Einsatz, Sauerklee etwa belebt fein gehobelte Steinpilze, Sprossen ergänzen den gebratenen Wels mit Speck vom Mangalitzaschwein. Der rosa Hirschrücken wird

Tel.: 03453 44540
8462 Gamlitz
Sernau 2a
www.sattlerhof.at
restaurant@sattlerhof.at
Di–Sa 18–21 Uhr
✱ Mitte Dez. 2022 bis Ende Febr. 2023

von Eierschwammerln und sämiger Karotte begleitet, die weiße Schokolade zum Schluss von Erdbeere und Yuzu. Offeriert wird auch eine Terroir-Weinbegleitung. Bemerkenswert sind die Weine aus dem eigenen Gut wie auch die Auswahl aus Frankreich, der Heimat des Sommeliers.

GLEINSTÄTTEN L5

LITERWIRT 12/20

Koch: Walter Schmid

Gleinstätten besitzt mit dem Literwirt ein Wirtshaus, das einen Besuch wert ist. Feinschmecker bietet Küchenmeister Walter Schmid die Möglichkeit, sich zu vernünftigen Preisen und ausgezeichneter Qualität satt zu essen. Satt essen? Ja, denn die Portionen sind üppig, und so hat man nach Linguine mit schwarzen Trüffeln, gebackenen Garnelen mit Kokosschaum, Lachs mit Schwarzwurzeln oder Calamari vom Grill mit Knoblauchbrot nur mehr schwer Platz für ein Dessert. Gott sei dank gibt es im Bereich der Nachspeisen aber auch ein Sorbet von der Amalfizitrone mit Gin. Mittags ist auch ein spezielles Menü erhältlich, das für den schnellen Besuch konzipiert ist.

à la carte: 3,50–58 €

Tel.: 03457 22 55
0650 470 1747

8443 Gleinstätten
Goldes 1

www.literwirt.at
office@literwirt.at

Mi–Fr 11.30–14.30 und 17.30–21. Sa 11.30–21, So 11.30–15 Uhr

ZUR HUBE 13,5/20

Köchin: Gingi Peez-Petz

Die „Hube“ (Leute aus der Umgebung nennen sie liebevoll „Huam“) ist ein Gleinstättener Kleinod. Ein über 300 Jahre altes Kellerstöckl, das Gingi Peez-Petz, eine akademische Malerin, die sich das Kochen praktisch selbst und im zweiten Bildungsweg beigebracht hat, nach ihrer Pensionierung liebevoll umgebaut und eingerichtet hat. Das Restaurant ist – Kellerstöckl eben – klein, aber kulinarisch gesehen ein sicherer Hafen in der südlichen Steiermark. Und das obwohl Gingi Peez-Petz mittlerweile über 80 ist. Gekocht wird, was die Südsteiermark, Istrien und Slowenien zu bieten haben. Und das ist eine ganze Menge. Sulmtaler Spargel (so er Saison hat), Orata (Goldbrassen) aus der Adria oder Branzino (aus Piran, woher sonst?) in der Salzkruste. Grandios auch das Vitello tonnato, hauchdünne Scheiben vom Milchkalb. Wer nicht ganz so großen Appetit mitbringt, bestellt einfach die istrische Jause mit Pancetta, Salami, Pršut, einer Menge Käse und einer Flasche istrischen Weins. Wobei – auch da schadet etwas Hunger nicht. Die Jause ist üppig und ausgesprochen gut.

Tel.: 0664 221 12 42

8443 Gleinstätten
Sausal 51

www.zurhube.at
restaurant@zurhube.at

Fr 17–22, Sa 12–15 und 17–22 Uhr
variabel

GRALLA M5

MURNOCKERL 11/20

Koch: Thomas Koch

Der Hinweis, dass das Murnockerl via Murradweg bestens erreichbar ist, ist ein deutlicher Hinweis, dass es sich um ein beliebtes Radler-Ausflugsrestaurant im Grünen handelt. Die gehobene Küche lädt natürlich auch Nicht-Sportler zum Abstecher in das gediegene Restaurant – wenige Minuten nach der Abfahrt Gralla – und bei schönem Wetter unter den Baum im Garten ein. Gute regionale Küche, Lammkrone, Stierbrust und Saibling kommen delikat arrangiert auf den Teller, ebenso auch die Meeresfrüchtevariationen und vegetarisch gefüllte Zucchiniröllchen. Die Optik erfüllt aber bisweilen nicht ganz die hohen Ansprüchen.

à la carte: 5,90–64,60 €

Tel.: 03452 733 03
0664 127 54 00

8431 Gralla
Obere Murstraße 21

www.murnockerl-gourmet.at
restaurant@murnockerl-gourmet.at

Mi–Fr 17–22, Sa 11.30–22,
So 10.30–15 Uhr
✻ 24.–25. Dez. 2022

♿

GRAZ L4

AIOLA UPSTAIRS 12,5/20

Koch: Alexander Thiele

All die Jahre besuchten wir das Lokal unmittelbar neben dem Uhrturm am Grazer Schlossberg mit der sensationellen Sicht auf die Kulturerbe-Dächerwelt mit großer Vorfreude, aber – das sei vorweg verraten – so überzeugend bekocht wurden wir zuvor noch nicht. Von der feinst komponierten Entenleberterrine mit Nusszwieback über die überwältigende Fischsuppe bis hin zum geschmorten Kalbsschulterscherzel mit Cremepolenta und Eierschwammerln gelang alles vorzüglich und fand mit einer kongenialen Joghurtmousse mit Himbeere und Biskuit im Glas seinen Abschluss. Eine Küche, die ohne Schnörkel das Produkt und den Geschmack in den Mittelpunkt stellt, begleitet von einer sich auf die Steiermark – mit Unterstützung Restösterreichs – konzentrierenden Weinkarte und einem mehr als aufmerksamen Service. Fesch!

à la carte: 5–35 €

Tel.: 0316 818797
0664 226 54 26

8010 Graz
Schlossberg 2

www.aiola.at
upstairs@aiola.at

tgl. 12–21 Uhr

♿

ARTIS

15/20

Koch: Philipp Dyczek

Philipp Dyczek ist ein Süßer. Zumindest in kulinarischer Sicht. In keinem seiner durchkomponierten Gerichte – von der Tempura-Waffel mit Chicorée als Amuse-Gueule über den Steinbutt mit Belugakaviar und glaciertem Kalbsbries bis zum Hasen mit Haselnussschaum – darf eine dezente süße Komponente fehlen. Andererseits beherrscht der Patron und Chefkoch des Artis in der Grazer Innenstadt das Wechselspiel mit Umami (Saiblingstatar mit Sahne und karamellisierter Zitrone, Karottensorbet mit Estragon und Piña Colada) perfekt. Die mit großem Aufwand kreierten harmonischen Speisen sind nur in Form von vier- bis achtgängigen Überraschungsmenüs zu haben, ergänzt durch eine interessante glasweise Begleitung mit nicht alltäglichen, aber meist sehr gut passenden Weinen, etwa Burgunder zur zartfleischigen französischen Taubenbrust mit knusprigem Haxerl, einem neuerdings erfreulicherweise (wieder-)entdeckten Geflügel in Österreichs Gourmetlandschaft. Der junge, freundliche und fachkundige Service rundet das Ganze angenehm ab. Glücklich, wer einen Abend ohne Gruppe(n) erwischt: Die Gewölbe sorgen sonst für einen Lärmpegel, der einen sein eigenes Wort nicht mehr verstehen lässt.

Tel.: 0676 401 03 68

8010 Graz
Schmiedgasse 18–20

restaurant-artis.com
info@restaurant-artis.com

Di–Sa 16.30–21.30 Uhr

CAFÉ SACHER-GRAZ

11/20

Steaksandwich, Tafelspitz, Gulaschsuppe oder doch lieber Wiener Schnitzel mit gemischtem Salat? Das Café Sacher im Zentrum von Graz ist eine Adresse, an der man eher nicht wegen hoher gastronomischer Ansprüche eingekehrt. Hier geht es vielmehr ums Sehen und Gesehen-Werden. Und zum Abschluss noch eine Sachertorte mit Melange. Eine uneingeschränkte Empfehlung, wenn man genau das sucht.

Tel.: 0316 800 50

8010 Graz
Herrengasse 6

www.sacher.com
graz@sacher.com

CAYLEND

14/20

Koch: Giacomo Corbatto

Seit Peter Wölfer und Simone Maringer das Restaurant nahe dem Mariahilferplatz eröffneten, bereichern sie das Grazer Lendviertel mit Karibikflair, einer so unkomplizierten wie ausgezeichneten Küche und einem hervorragenden Service. Küchenchef Giacomo Corbatto verbindet gekonnt steirische und internationale Komponenten auf dem Teller, spielt mit der Sämigkeit von Relishes von Papaya bis Fenchel oder ergänzt um fein säuerlich Eingelegtes wie Kürbis zum Kingfish-Tataki mit aromaverdichteter Ananas. Topinamburcreme trifft auf Spinat mit der elegant eingefangenen Schärfe von Jalapeños zum Stör. Der zarte Oktopus wird von Kimchi und einer lieblichen Rote-Rüben-Mousseline begleitet. Zwischendurch werden klassische Wohlfühlaromen eingestreut, wie bei der geschmorten Kalbsstelze mit Erdäpfelpüree, bei Rehravioli mit Taleggio oder beim Schokoladenbrownie zum Dessert. Tischweise wird bis 19 Uhr zusätzlich auch ein Menü mit den Signature Dishes des Lokals angeboten. Die stattliche Anzahl offener Weine zeichnet das Caylend auch als Weinbar aus, mit den sorgsam ausgewählten Posten in der Weinkarte reist man um die ganze Welt.

à la carte: 8–32 €

Tel.: 0316 71 15 15

8020 Graz
Stigergasse 1

www.caylend.at
caylend@gmx.at

Mi–Fr 16–21.15,
Sa, So 12–21.15 Uhr
variabel

DIDI DORNER IM MAGNOLIA

16,5/20

Koch: Didi Dorner

25 Jahre ist es her, dass sich der stets orange gekleidete Kochbaron Didi Dorner mit seiner „Cuisine Intuitive“ quasi selbst als Marke erfunden hat. Nie hat er sich verbogen – was ihn zum streitbaren Charakter reifen ließ. Das Szenario in seinem kleinen Restaurant im Augartenhotel ist bekannt und berüchtigt: Antritt ist um 19 Uhr, kleines oder großes Menü zur Wahl, gezahlt wird in bar. Begrüßt werden wir mit Lachsforellen-Basilikum-Tramezzini und einem Tässchen betörend guter Gazpacho. Der Thunfisch im kalten Gurkensud mit „Stracciatella di bufala“ (Wasserbüffelkäse) ist eine fabelhafte Idee für den Sommer. Handgemachte Cavatelli serviert Dorner mit Erbse, Brennnessel, Garnelen und Trüffel. Der Steinbutt auf Püree findet sich im gewagten, aber gekonnten Säurespiel mit Senfkörnern und Schnittlauch – jedoch ist er deutlich zu durch geraten. Darüber tröstet der Hauptgang hinweg: pochiertes Milchkalb mit Eierschwammerl, Parmesan und roter Buttersauce. Atemberaubend. Meisterhaft das Dessert: Topfenknöderl mit Schwarzbeeren und Vanille. Ein Vierteljahrhundert großes Kochhandwerk: Chapeau!

Tel.: 0316 823835
0699 130 188 18

8010 Graz
Jakob-Redtenbacher-Gasse 24

www.didiorner.at
restaurant@didiorner.at

Di–Sa ab 19 Uhr

DIE AMSEL

12,5/20

Köche: Sebastian Breski & Til Nidecker

Mit viel positiver Energie wirbelt Betreiberin Barbara Musek durchs Lokal, schenkt ausgesuchte heimische Weine aus der übersichtlichen Karte aus und mixt selbst kreierte Cocktails. Die neue Küchenmannschaft hat sich schnell eingefunden, kocht nach wie vor mit qualitativ hochwertigen regionalen Zutaten, bringt kreative Ideen ein und setzt auf Gutes aus eigener Hand wie bei der feinbuttrigen Brioche mit Pilzen. Köstlich gelingen auch die mit Frischkäse gefüllte Bio-Hendlbrust und die perfekt gebratene Beiried vom Almo. Zum „Café Gourmand“ wird dreimal Süßes im Kleinformat gereicht. Apropos klein: In schöner Regelmäßigkeit kommen die Gerichte der jeweils aktuellen Speisekarte noch einmal im „Klein-Klein“-Menü auf den Tisch. Nicht zuletzt zählt der Gastgarten der Brasserie wohl zu einem der zauberhaftesten in Graz.

à la carte: 4–28 €

Tel.: 0316 689 910

8010 Graz
Körösistraße 10

www.dieamsel.at
hallo@dieamsel.at

Di–Sa 16.30–21.30 Uhr

EL GAUCHO

13/20

im Landhaus

Köchin: Alexandra Grabner

Das zum Grazer Gastro-Imperium Grossauer-Widakovich zählende El Gaucho im stimmungsvollen Landhausgewölbe gehört zu den führenden Steakhäusern des Landes. Es ist das Stammhaus der El-Gaucho-Gruppe, die mittlerweile auch in Wien, Baden und München vertreten ist. Das Angebot reicht vom klassischen Black Angus über Dry-Aged-Cuts bis zum regionalen Alm-Bullen-Steak. Das Erfolgsgeheimnis? Tolle Fleischqualität, perfekte Reifung, exakte Garung und schmackhafte Sides. Wer keine Steaks mag, wird hier trotzdem glücklich. Feine Jakobsmuscheln mit gebackenen Blutwurstscheiben oder zart-weißer Flusswels gelingen ebenfalls. Der Service ist im besten Sinn des Wortes professionell, die Weinauswahl sehr ordentlich und das Ambiente gemütlich. Kein Wunder also, dass hier mittags wie abends fast immer „full house" ist.

Tel.: 0316 8300 83
8010 Graz
Landhausgasse 1
www.elgaucho.at
landhaus@elgaucho.at
Mo–Do 17–23, Fr, Sa 11.30–23, So 11.30–22 Uhr

EL PESCADOR

11,5/20

im Rathaus

Fischliebhaber sind im El Pescador, das seine Heimat im Grazer Rathaus hat, an der richtigen Adresse. Die Qualität des Gebotenen stimmt sowohl bei den überbackenen Jakobsmuscheln auf Ingwer-Spinat, der Fischsuppe mit Sauce Rouille, beim Risotto mit Meeresfrüchten, beim Branzinofilet mit gegrilltem Gemüse oder bei den Miesmuscheln in Weißweinsauce. Zum Espresso könnte es ein Schokoladenkuchen mit Kirschen sein beziehungsweise ein Tiramisu, das den Besuch finalisiert.

à la carte: 11–60 €

Tel.: 0316 8290 30
8010 Graz
Landhausgasse 6
www.elpescador.at
fisch@elpescador.at
Mo–Sa 11.30–22 Uhr

FLORIAN

12/20

im Parkhotel Graz

Koch: Kurt Mörth

Es ist ein historisch-elegantes Haus, dieses, bis ins Jahr 1574 zurückgehende Parkhotel mit seinem ebenso stilvollen wie gemütlichen Restaurant „Florian". Hier, speziell im idyllischen Wintergarten, lässt es sich in gepflegtem Ambiente gutbürgerlich speisen. An lauen Abenden bietet sich der entzückende Rosengarten an. In gewohnter Qualität werden die Klassiker der Wiener Küche serviert, an Frühlingstagen kommen tadellose Spargelkreationen auf die Teller. Mit Polenta-Cannelloni, frischen Morcheln und Solospargel wird auch eine feine vegetarische Linie geboten.

Tel.: 0316 3630 60
8010 Graz
Leonhardstraße 8
www.florian-graz.at
office@parkhotel-graz.at
Mo–Sa 12–14 und 18–22, So 12–14 Uhr

GERÜCHTEKÜCHE

14,5/20

Koch: Michael Wankerl

Mittags gibt es in der Gerüchteküche günstige Tagesgerichte – etwa Erdäpfelgulasch –, abends kocht Michael Wankerl ausschließlich Überraschungsmenüs. Als Gast weiß man also nicht, welche Gerichte einen erwarten. Eines ist aber sicher: In der Küche des 1971 in Nürnberg geborenen Küchenchefs spielt Gemüse die Hauptrolle. „Bei mir kommt nur in den Kochtopf, was die Natur aktuell hergibt und was so nahe wie möglich angebaut oder gezüchtet wird", sagt Wankerl, der seine Philosophie noch genauer erklärt. Ich verzichte nicht vollständig auf tierisches Protein. Milch, Milchprodukte und Eier machen etwa 20 Prozent aus. Der Rest ist „plant based". In der Karte liest sich das dann so: Spargelsalat mit Erdbeeren und gebratenem Ziegenkäse. Oder: Weizenrisotto mit Pilzen und Bärlauch.

Tel.: 0664 883 184 44
8010 Graz
Gartengasse 28
www.geruechtekueche.org
info@geruechtekueche.org
Mo–Fr 11.30–14 und 18–21 Uhr
✻ Fei

KEHLBERGHOF

13/20

Köche: Sarah Klug & Hermann Ortner

Mit dem Blick über die dem Kehlberghof zu Füßen liegende Landeshauptstadt und einer wunderbaren Bouteille aus der an Breite wie Tiefe bemerkenswerten Weinkarte, scheint alles angerichtet für einen wunderbaren Abend. Und so gelingen die Thunfischmousse mit gebackenen Kapernbeeren oder die Kohlrabicremesuppe mit Seesaiblingnockerln wie auch das gefüllte Maischollenfilet mit Pinienkernnockerl und die Waldmeister-Schokoladen-Schnitte tadellos. Wenn auch erhoffte Highlights – abgesehen von der sensationellen Produktqualität des Kalbsfilets aus Oberösterreich – ausbleiben. Souverän der lang gediente Oberkellner, motiviert die Jungkellner, die sich mit der Beschreibung des Dargebotenen viel Mühe geben.

à la carte: 16–36 €

Tel.: 0316 284125

8054 Graz/Straßgang
Kehlbergstraße 83

www.kehlberghof.at
restaurant@kehlberghof.at

Mi–So 11.30–14 und
17.30–21 Uhr
✻ variabel

KORNATI

12/20

Koch: Seid Skenderovic

Liebhaber von Fisch und Meeresfrüchten kommen im Kornati voll auf ihre Kosten. Fleisch spielt hier nur die zweite Geige. So wählt man zu kroatischen Weinen Thunfischtatar, gebackene Garnelen, Miesmuscheln oder Wolfsbarsch beziehungsweise Goldbrasse, die hier gerne im Ganzen zubereitet wird. Die Fuži, eine traditionelle Teigwarensorte aus Istrien, werden mit reichlich schwarzen Trüffeln serviert. Die überschaubare Dessertauswahl besteht unter anderem aus Sckokoladentorte und Zitronensorbet.

à la carte: 16–29 €

Tel.: 0660 310 81 04

8010 Graz
Franckstraße 44

www.kornati.at
kornatigraz@gmail.com

tgl. 17–23 Uhr

LAUFKE

13/20

Koch: Markus Neuhold

In diesem Traditionsrestaurant is(s)t man immer gerne: im Winter in den wunderbar getäfelten Salons, im Sommer im zauberhaften Gastgarten. Die Küche hat sich auf hohem Niveau eingependelt. Köstlich zum Beispiel das vegane Bratlfett, sehr nah am Original. Hervorragend auch die zart marinierte Lachsforelle. Unter den vergleichsweise vielen vegetarischen Gerichten wählten wir eine fabelhafte Kombination aus Käferbohne, Urschokolade, Fenchel und Orange – fantastisch! Auch der knusprige Schweinebauch hielt sein Versprechen. Die Weinkarte ist gigantisch, der Keller extrem klug bestückt.

à la carte: 15–40 €

Tel.: 0660 416 72 37
8010 Graz
Elisabethstraße 6
www.laufke.net
restaurant@laufke.net
Di–Sa 18–21 Uhr

MEMORI

13,5/20

Liebhaber der japanischen Küche sind im Memori am richtigen Ort. Zu einem oder mehreren Gläser Sake genießt man Edamame mit Meersalz, Miso-Suppe mit Wakame oder Sashimi vom weißen Thunfisch, Süßwasseraal, Oktopus beziehungsweise schottischen Lachs. Das Omakase-Menü – erhältlich ab zwei Personen – ermöglicht es, sich einen Überblick über das Angebot zu machen, und empfiehlt sich bei größerem Hunger. Wer weniger Zeit und Appetit mitbringt, der ist mit Futo Maki – etwa von der Blauschalenkrabbe und Avocado – gut beraten. Desserts – zum Beispiel saisonale Sorbets – spielen eine eher untergeordnete Rolle. Das Restaurant bietet auch Kochkurse an: Unter dem Motto „Sushi selber machen" kann man sein Glück bei der Zubereitung des Klassikers versuchen. Angeblich soll es nicht zu schwer sein …

Tel.: 0316 2528 99
8054 Graz
Kärntner Straße 501
www.memori-restaurant.com
office@memori-restaurant.com

MISS CHO

12,5/20

Alles wie gehabt in der Edel-Katakombe des Landhauses. Loungemusik, gedämpftes, buntes Licht und eine Fülle dekorativer Details, wie Patronne Judith Schwarz sie liebt. Die Grazer haben das Miss Cho gut angenommen, vielleicht eben dieser Atmosphäre wegen. Vielleicht aber auch wegen des panasiatischen Angebots, das Köstlichkeiten aus Korea, China und Japan umfasst. Wir nahmen einen Crispy Spicy Squid mit Gochujang und ein Rind-Tataki mit Lauch, Radieschen und Sesamjang. Beides sehr geschmacksintensiv, das Rind von enormer Zartheit. Der gebratene Heilbutt geriet etwas trocken, die Komposition mit Karfiolcreme, mariniertem rohem Karfiol und gepopptem Quinoa war aber sehr stimmig. Erfrischend auch die Schanghai-Gurken in schwarzem Reisessig mit Knoblauch und Sesam. Alle Gerichte kommen in Serviertellern, von denen sich jeder Gast seinen Teil nehmen kann. Umfänglich und fantasievoll ist die Liste der Aperitifs, auch die Weinkarte, regional und international bestückt, stellt einen zufrieden. Gleich gegenüber betreibt die Familie Schwarz mittlerweile auch ein schmuckes Hotel.

Tel.: 0316 830 276
8010 Graz
Schmiedgasse 9
www.misscho.at
misscho@aiola.at
Di–Sa 17–1 Uhr

MOHRENWIRT

13,5/20

Koch: Lukas Lepsic

Man muss mit dem Finale beginnen: Der flaumige Kaiserschmarren mit Mohneis und Zwetschkenröster ist in diesem sensibel renovierten Traditionswirtshaus vermutlich einer der besten im ganzen Land. Auch sonst bietet Lukas Lepsic einiges, das sich neben seinen panierten Köstlichkeiten sehen lassen kann: Etwa ein handgeschnittenes Tatar vom Bio-Rind mit Trüffelmayo, wachsigem Dotter und marinierten Schalotten. Oder ein famos gewürztes Gulasch von der Hirschkeule mit Briocheknödeln. Auf der fleischlosen Seite lockt ein Risotto mit geschmortem Chicorée, Haselnuss, Orange und Belper Knolle. Ein Modellwirtshaus.

Tel.: 0316 904440
8020 Graz
Mariahilferstraße 16
www.mohrenwirt-graz.at
essen@mohrenwirt-graz.at
Mi–Sa 11.30–23 Uhr

NULLNEUN

14,5/20

Koch: Robert Ferstl

An der Grazer Osteinfahrt, dem lange Zeit hässlichsten Tor nach Graz, begrüßt seit geraumer Zeit ein Architekturjuwel die Besucher: das Headquarter der Michael Pachleitner Group, international erfolgreich im Brillendesign tätig. Darin befindet sich auch ein großräumiges Restaurant mit coolem Urban-Chic. Mittags fungiert es vor allem als Betriebskantine, abends werden hier ambitionierte Überraschungsmenüs angeboten – mit vier bis sechs Gängen. Die Küchengrüße – Scampi-Avocado-Salat auf Hummerchip und frittierte Schweinsbrüstel-Pralinen mit Kernöl-Aioli und Rettich – mundeten fabelhaft, ebenso die Süßkartoffelsuppe mit Kokosschaum und Käferbohnen-Falafel. Auch ein Saiblingscarpaccio mit Ronen-Kohlrabi-Salat und Apfel-Kurkuma-Gel war höchst delikat. Perfekt geriet auch der kurz gebratene Thunfisch mit Pak Choi, Kokosrisotto und Erdnuss-Miso – es schmeckte köstlich. An diesem Abend agierte die Küche fehlerlos, gestützt von einem exzellenten Service. Die übersichtliche Weinkarte ist international und heimisch kundig bestückt sowie fair kalkuliert. Die Auswahl offener Weine wäre ausbaufähig.

Tel.: 05 1720 10 90
8041 Graz/Liebenau
Liebenauer Tangente 4
www.nullneun.at
restaurant@nullneun.at
Mo, Di 11.30–14.30, Mi–Fr 11.30–14.30 und 18–21.30 Uhr
♿

RESTAURANT SCHLOSSBERG

13,5/20

Koch: Siegfried Dick

Bequem erreicht man das Schloßbergrestaurant mit der Standseilbahn vom Kaiser-Franz-Josef-Kai aus. Der prächtige Blick durch die verglaste Kabine während der Auffahrt kündet schon vom herrlichen Panorama über Graz, das man beim Essen erwarten darf. Erfreulich, dass hier der Ausblick und das Ambiente die gute Küche untermalen. Die Menüfolge mit drei und vier Gängen wählt man individuell aus der Karte, fünf werden tischweise serviert. Die Portionen sind äußerst großzügig bemessen, wie schon das ausgezeichnete gebeizte Filet von der steirischen Lachsforelle mit luftigem Joghurt oder ein hervorragendes Tatar vom Bio-Almochsen mit Trüffelmayonnaise und Buchenpilzen zeigt. Nach Frankreich entführt die reichlich mit Muscheln und Garnelen bestückte Fischsuppe samt sämiger Rouille, ein Vergnügen ist auch die gebratene Beiried mit Wildem Brokkoli und den begleitenden Schmoraromen eines Zwiebelrostbratens. Ein wenig Platz für eine der variantenreichen Nachspeisen wie einer knusprigen Müslischnitte mit Erdbeeren zu lassen, ist ebenso lohnenswert wie ein Blick in die Weinkarte, die neben heimischen auch namhafte internationale Winzer listet.

à la carte: 9–32 €

Tel.: 0316 840 000
8010 Graz
Am Schloßberg 7
www.schlossberggraz.at
office@schlossberggraz.at
Mi, Do 17–24, Fr, Sa 11–24, So 11–17 Uhr
♿

SAKANA

12/20

Koch: Andrea Chen

Effektlichter vor anthrazitfarbenen Wänden, dazu Loungemusik: Das Sakana kommt dem Stilbedürfnis des jungen Publikums im Grazer Univiertel perfekt entgegen – und auch seinen kulinarischen Vorlieben: Es gibt Sashimi, Sushi, Rolls, Poke-Bowls, Ramen, Teppan-Gerichte, durchwegs japanisch orientiert, aber mit Twists, die die Zugänglichkeit erhöhen. Da spielen süßliche und mehrheitlich fruchtige Saucen eine nicht unwesentliche Rolle, etwa beim Lachs-Carpaccio mit Ponzusauce, Mango und Maracuja, aber auch bei Takoyaki – schön kross gebackenen Teigkugeln mit Oktopus – oder dem zart flambierten Lachssushi „Sake Fiamma" mit karamelligen Aromen. Sehr hübsch anzusehen und – dank wiederkehrender Zutaten wie Philadelphia, Mayonnaise, Teriyaki – aromatisch eng verwandt sind Standards wie Rainbow-, Dragon-, Veggie-Roll. Rasanter, freundlicher Service.

à la carte: 8–25 €

Tel.: 0316 319876
0676 373 35 50
8010 Graz
Halbarthgasse 14
www.sakanagraz.at
sakana.graz@hotmail.com
Di–So 12–22.30 Uhr
variabel

SALON MARIE
11/20

im Grand Hotel Wiesler

Caesar Salad mit Garnelen, ein gut gewürztes Beef Tatar oder doch lieber eine Hühnerconsommé mit Griesnockerl? Die Speisekarte des Salon Marie bietet für fast jeden Geschmack das Richtige. Das gilt auch – mit gebratenem Oktopus mit Ofengemüse oder den Gnocchi mit Käsesauce sowie schwarzen Trüffeln – im Segment der Hauptgerichte. Bei den Desserts stehen unter anderem Tarte Tatin mit Lavendeleis oder Tiramisu zur Wahl. Ausbaufähige Weinkarte, das gilt besonders für Weine aus der Steiermark.

Tel.: 0316 706 683
8020 Graz
Grieskai 4–8
www.hotelwiesler.com
office@speisesaal.com
tgl. 6.30–1 Uhr

SCHMIDHOFER IM PALAIS
15,5/20

Köche: Herbert Schmidhofer & Christian Bernhard

Mit dem Motto „Genuss ist jede Sünde wert!" lädt Herbert Schmidhofer in „sein" Palais ein und verspricht, was er am Abend unseres Besuchs definitiv hält: Genuss! In den äußerst gut gefüllten, geschmackvoll gestalteten Räumen erwartet uns eine hochmotivierte Kellnerbrigade und eine ausführliche Weinkarte sowie Speisen wie Zweierlei vom Karfiol mit geräucherter Lachsforelle, 63-Grad-Ei, Kräuteröl und Buttermilch (für uns der Gang des Abends!) oder die (zu) Sojasauce-lastige, scharfe Asia-Hühnersuppe mit wunderschön anzusehenden und intensiven Pulled-Chicken-Wan-Tan mit Sobanudeln und Sojasprossen. Es folgten ein kross gebratenes, saftiges Zanderfilet mit butterweichem, gegrilltem Oktopus und ein Kalbsfilet hoher Güte – mit zarter Gänseleber bedeckt und auf Kartoffelpüree drapiert – mit weißem wie grünem Spargel, schwarzen Trüffeln und erwähnenswertem Safterl. Genuss pur, dem sich auch das gerührte Pellini-Kaffeeeis „Schmidhofer-Edition" mit Milchespuma, karamellisierter Banane und Pekannuss verpflichtet fühlte.

à la carte: 16–40 €

Tel.: 0676 442 40 30
8010 Graz
Sackstraße 16
www.schmidhoferimpalais.at
mail@
schmidhoferimpalais.at
Mo–Fr 12–14.30 und
18–21.30 Uhr
♿

STAMMTISCH AM PAULUSTOR Ⓝ
14/20

Koch: Andreas Hamler

Im Palais Wildenstein hat der talentierte Andreas Hamler mit Geschäftspartnerin und Investorin Claudia Pongratz den „Stammtisch" eröffnet: innen viel edles Holz, unten der Weinkeller als Separee für Veranstaltungen und hinten im Innenhof einer der schönsten Gastgärten der Stadt. Das Tatar vom Simmentaler Rind zeigt sich als erfrischende Variante mit Sauerrahmeis, Grammeln und geriebenem Dotter. Topfentascherl und Marillenknödel wirken üppig zum Dessert, sind aber perfekt in ihrer Zubereitung – besser bekommt man diese Klassiker der österreichischen Dessertküche wohl nirgends in Graz.

Tel.: 0316 813 803
8010 Graz
Paulustorgasse 8
stammtisch.restaurant
info@stammtisch.restaurant
Di 11.30–14, Mi–Sa 11.30–14
und 18–21.30 Uhr
♿

STARCKE HAUS

13,5/20

Koch: Milivoj Novak

In der warmen Jahreszeit schmiegen sich die Tische rund um das zauberhafte Starcke Haus an den Schloßberghang. Neben Imbissen im Strandkorb werden abends „Genussreisen“ oder ein Candle-Light-Dinner für zwei Personen mit sechs Überraschungsgängen geboten. Bei Letzterem sind um 320 Euro wohl auch die Aussicht und der besondere Platz mit einberechnet. Gekocht wird saisongemäß. Zum Start kommt, passend zu den sommerlichen Temperaturen, eine mediterrane Mischung aus Tomaten, Schafkäse und Hirse auf den Tisch. Nach einem wenig raffinierten halben Salatkopf mit Paprika und Sauce hollandaise munden unter anderem Waller mit Senfkaviar, Gurke und Kernöl wie auch eine Scheibe vom Cult-Beef-Filet mit Buchweizen. Der fruchtig-schokoladige Abschluss ist im Dunkel der Nacht mit einer Tischkerze kaum auszumachen, schmeckt aber köstlich. In der Weinkarte finden sich Gebiets-, Rieden- und Süßweine aus der Steiermark und namhafte Güter aus Österreich wie auch ein paar ausgewählte internationale Kreszenzen.

Tel.: 0316 8343 00
8010 Graz
Schloßberg 4
www.starcke.at
office@starcke.at
variabel

SUDHAUS

12/20

Restaurant & Brauerei

Koch: Thomas Galler

Am Grazer Stadtrand, architektonisch sensibel integriert in ein Hightech-Unternehmen, überrascht das stylishe Sudhaus nicht nur mit ausgezeichneten, vor Ort gebrauten Bieren, auch die Küche entspricht dem gehobenen Ambiente. Keine Experimente, aber exzellente Qualität im Kleinen: vom Weiderind-Tatar mit Bierbrot bis zu den vegetarischen Erdäpfel-Frischkäse-Ravioli. Selbst die kleine Karte imponiert mit butterweichem, perfekt ausgewogenem Fiakergulasch und auch das vegetarische Sandwich mit gegrilltem Schafskäse und Spitzkraut überzeugt. Im Sommer ist auf der Dachterrasse Grillen angesagt.

Tel.: 0316 2695 700
8054 Graz
Weblinger Straße 10
www.sudhaus.at
info@sudhaus.at

DER STEIRER

Tipp

Unverfälscht, unprätentiös und unverändert geht es im Lokal Der Steirer zu. Konstanz ist natürlich eine positive Facette eines Restaurants. Ein wenig Weiterentwicklung wäre hier aber wünschenswert. Klassische Wirtshausgerichte, ergänzt um sehr fair kalkulierte Tapas (kleine Köstlichkeiten, könnte man sagen), und eine große glasweise Weinauswahl mit Fokus Steiermark. Viel Auswahl, große Portionen, aber keine große Offenbarung gibt es hier in der sehr fleischlastigen Speisekarte. Tipp: tolle Weinauswahl in der Vinothek. Die Weine kann man dann mit kleinem Aufpreis nach Turbokühlung am Tisch konsumieren.

Tel.: 0316 7036 54
8010 Graz
Belgiergasse 1
www.der-steirer.at
office@der-steirer.at
tgl. 11–24 Uhr

GENIESSEREI AM MARKT

Tipp

In der Grazer Innenstadt hat sich ein Marktstand zu einem gemütlichen Szenelokal verwandelt, welches mit täglich frischen Spontankreationen, Salaten und Eintöpfen überzeugt. Abends geht es ein wenig gediegener her. Ein Überraschungsmenü mit Zutaten vom Markt verspricht saisonale Highlights.

Tel.: 0664 921 10 05
8010 Graz
Kaiser-Josef-Platz 27/29,
Marktstand 23/25
www.geniessereiammarkt.at
genuss@
geniessereiammarkt.at

TOSHI

by Memori

Tipp

Eine asiatische Tapasbar findet man in der Grazer Innenstadt vor. Das moderne Lokal hat sich in der Steirer Hauptstadt bereits einen Namen gemacht, denn hier gibt es das beste Sushi der Stadt. Zum Abschluss empfehlen wir den Matcha Brownie.

à la carte: 5–20 €

Tel.: 0664 137 23 86
8020 Graz
Südtirolerplatz 9
www.toshi.at
sushi@toshi.at
Mo–Do 11.30–23,
Fr und Sa 11.30–24 Uhr

GROSS-ST. FLORIAN M5

EDLER LANDHAUS OSWALD

14,5/20

Köchin: Nina Edler-Reisinger

Das Landhaus zeigt sich zeitgemäß adaptiert und ist Bühne für die junge Generation. Viele Zutaten für den Abend sind hausgemacht wie etwa der Wermut zum Aperitif. Nina Edler-Reisinger versteht es ausgezeichnet, ihren Gerichten Charakter zu verleihen. Das zeigt sich beim gut abgeschmeckten Beef Tatar mit Eierschwammerln und flaumiger Brioche ebenso wie beim Kräuterschwein mit Polentagnocchi, das in Speck gehüllt und von einem kräftigen Rosmarinjus begleitet wird. Hervorzustreichen ist der wohlüberlegte Umgang mit allen Details auf dem Teller, optisch wie geschmacklich. Liebevoll arrangiert ist unter anderem auch das Garnelentatar mit süßlicher Chilinote zu knusprig gebackenen Reisbällchen mit fein-säuerlichem Yuzu-Aroma. Die Dessertvariation mit flaumigen Torten und fruchtigem Marillensorbet zeigt, dass man sich dem Thema Nachspeisen mit ebensolcher Hingabe widmet. Bemerkenswert ist die gut sortierte Weinkarte, in der das Thema Riesling ausführlich Platz findet, ebenso wie die kreativen alkoholfreien Alternativen, etwa die herb-süße Zirbenlimonade. Mittlerweile wird auf Vorbestellung auch eine Gourmetreise in sieben Gängen geboten.

Tel.: 03464 2270
0664 335 64 53
8522 Groß-St. Florian
Unterbergla 15
www.landhaus-oswald.at
office@landhaus-oswald.at
Mi–Sa 11–21, So, Fei 11–15 Uhr

GROSSLOBMING K4

G'SCHLÖSSL MURTAL

Tipp

In der Stube, im Wintergarten und im begrünten Schloss-Gastgarten genießt man bodenständige steirische Küche mit kreativen Einfällen. Hautnah erlebt man die Zubereitung am Chef's Table. Hier schaut man den Köchen über die Schulter und erhascht einen Blick in die Küche.

à la carte: 11,50–42,90 €

Tel.: 03512 469 040
8734 Großlobming
Murhof 1
www.gschloessl-murtal.at
willkommen@
gschloessl-murtal.at
tgl. 12–22 Uhr
♿

GRUNDLSEE I3

WASSERMANN 15/20

im MONDI Resort am Grundlsee

Koch: Stefan Haas

Der Platz ist tausend Gulden wert. Drinnen raues Holz und zeitgemäße Ambientemöbel, draußen eine Terrasse, von der aus man fast den gesamten Grundlsee und die umliegende Bergkette überblickt. Inmitten des MONDI-Resorts mit solider Wirtshausküche von Stefan Haas hat selbiger auch ein Fine Dining etabliert. Bereits die ersten Gänge machen deutlich, dass man hier ein großartiges Menü erwarten darf. Es sind kleine Meisterwerke: Die genial marinierte Ennstaler Garnele pur sucht ihresgleichen, ein Hochgenuss! Grandios auch die Komposition vom Seesaibling mit Süßwasserfisch-Bordelaise, ein Gericht, das das Zeug zum Signature Dish hat. Ebenfalls überaus gelungen, kräftig, aber nicht deftig: das Zweierlei vom Ausseer Lamm im Kräutermantel. Nett sind die erklärenden Kärtchen, die jeden Gang begleiten. Die unprätentiöse, gut bestückte Weinkarte führt im Wesentlichen heimische Kreszenzen, ergänzt mit ein paar internationalen Flaschen.

Tel.: 03622 847 72 63

8993 Grundlsee
Archkogl 31

www.mondihotels.com/grundlsee
wassermann@mondihotels.com

Do–Sa 18–21 Uhr
variabel

DIE FISCHERHÜTTE AM TOPLITZSEE Tipp

Die Fischerhütte gilt als kulinarisches Wanderziel des Ausseerlands. Das Haus befindet sich neben der Schiffsanlegestelle und ist somit auch für die Bootsgäste eine beliebte Mittagsstation. Es gibt frische Fische in Kombination mit klassischer Hausmannskost, dazu einen herrlichen Seeblick. Ausgezeichnet wurde bereits der gedämpfte Saibling.

à la carte: 8–34 €

Tel.: 03622 82 96

8993 Grundlsee
Gössl 172

www.toplitzsee.at
info@toplitzsee.at

Do–Di 11–20 Uhr

HARTBERG N4

PUSSWALD 12,5/20

Koch: Johannes Pusswald

Das nahe dem Zentrum Hartbergs gelegene Pusswald – Restaurant, Vinothek und Hotel in einem – hält die kulinarischen wie vinophilen Fahnen der Bezirkshauptstadt seit Jahren hoch. Heuer gelang das beim Alpen-Adria-Menü mit Gabelbissen von Kulmers Räucherlachs und Keta-Kaviar, gefolgt von flaumigen Gnocchi di tartufo mit Bio-Ei, Lardo-Chip und Périgord-Trüffel hervorragend und beim auf der Haut gebratenen Branzinofilet mit fruchtigem Paradeis-Paprika-Kompott auf gerührter Polenta sowie der abschließenden Schokotarte mit Eis und Beeren recht gut. Die Weinauswahl ist einer Vinothek würdig, das Personal agiert unaufdringlich und freundlich.

à la carte: 15–40 €

Tel.: 03332 625 84
0664 432 63 30

8230 Hartberg
Grazer Straße 18

www.restaurant-pusswald.at
info@restaurant-pusswald.at

Mi–Sa 11.30–14 und 18–21 Uhr
variabel

HAUS I4

H1117 HÖFLEHNER. Tipp

im Natur- und Wellnesshotel Höflehner

Ein Zusammenspiel aus regionalen und internationalen Gerichten zaubert Küchenchef Dennis Katholnig auf die Teller. Auf höchstem Niveau genießt man Spanferkelravioli mit Räucheraal, dazu ein ausgewählter Wein und ein gemütliches Ambiente. Den krönenden Abschluss bilden Rosenmacarons und Erdbeer-Pfeffer-Pralinen.

Tel.: 03686 2548

8967 Haus
Gumpenberg 2

www.hoeflehner.com
info@hoeflehner.com

ILZ M4

GASTHAUS HABERL 15/20

& Fink's Delikatessen

Koch: Hans Peter Fink

Auf halber Strecke zwischen der Autobahnabfahrt Ilz und Riegersburg, im kleinen Walkersdorf gelegen, stellt das Gasthaus Haberl seit vielen Jahren eine sehr erfreuliche kulinarische Anlaufstelle dar. Hans Peter Fink leitet die Küche und Mario Haberl den Service in bewährter Weise. Das abwechslungsreiche Angebot bietet eine gelungene Mischung aus Tradition – schmackhaftes goldgelbes Wiener Schnitzel aus der Pfanne, feine Tagliatelle mit Zucchini und Spitzmorcheln – und Innovation. Vor allem beim drei- bis sechsgängigen Abendmenü zeigt die Küche, was sie kann. Und das ist eine ganze Menge, wie die attraktiv angerichteten, harmonischen Gerichte beweisen: gebeizte Lachsforelle mit Kornelkirschen und Wasabi-Eis in feiner Schärfe, Frischkäse-Ravioli mit geriebener Belper Knolle, das „Beste vom Reh" mit Eierschwammerln sowie ein köstlich-leichtes Holunderblütensorbet mit Erdbeeren und perfekt abrundendem Sauerampfer-Aufguss. Von so manchem Gericht hätten wir uns da eine etwas größere Portion gewünscht. Perfekte Weinbegleitung – und für zu Hause: Finks Delikatessen im Glas zum Mitnehmen.

à la carte: 16–52 €

Tel.: 03385 260

8262 Ilz
Walkersdorf 23

www.finks-haberl.at
office@finks-haberl.at

Di 17.30–21, Mi, Do 11.30–14 und 18–21, Fr, Sa 11.30–15 und 18–21 Uhr
variabel

JUDENBURG K4

ARKADIA ⓝ 11,5/20

Ein ambitioniertes Team rund um Chefkoch Mario Kaura in seinem Restaurant Arkadia macht sich bemerkbar. War er doch früher ein bekannter und professioneller Barkeeper, hat er sich jetzt in die nächste Abteilung, die Küche, verliebt. Mit einer Hingabe werden regionale Produkte eingebunden und zu tollen Gerichten gezaubert – eine kleine, ausreichende Karte gibt es zu Mittag und am Abend eine gut sortierte Karte. Von Feuerfleck über Ramen und steirisches Vitello tonnato bis hin zu Dry-Aged-Steak wird alles geboten. Die Weinbegleitung ist immer wieder wechselnd. Schauen wir, wohin die Reise führt.

Tel.: 03572 444 59
8750 Judenburg
Burggasse 3
www.restaurant-arkadia.at
info@restaurant-arkadia.at

KAMMERN K4

SPARY 14/20

Koch: Klaus Lobnik

Das Spary ist mehr als nur ein Gasthaus, in dem hervorragendes Essen serviert wird. Es ist auch ein Ort der Kommunikation, wo unterschiedliche Meinungen aufeinanderprallen und diskutiert werden. Das umfassende, vor allem österreichische Weinangebot wirkt dabei zusätzlich unterstützend. Die Speisen auf der traditionsbewussten, saisonal und regional gestalteten Speisekarte werden vom Hausherrn mit viel Liebe und reich an Details zubereitet. So auch das Matjesfilet an Apfel und Sauerrahm, der zarte Pernegger Lammrücken und die üppige „Spary"-Dessertvariation. Die Qualität und die Ausführung der Speisen sind durchwegs hoch. Der Preis nicht ganz so. Individualität ist hier nicht nur ein Schlagwort. Der Gast wird rundum betreut und auch auf Sonderwünsche wird eingegangen. Das familiäre Ambiente, die gemütliche traditionelle Gaststube und der freundliche, offene Service, lassen einen schnell den Alltag vergessen und laden zum Zurücklehnen und Genießen ein.

à la carte: 4,40–34,60 €

Tel.: 0664 106 28 78
8773 Kammern
Liesing 21
www.spary.at
gasthaus.spary@gmx.at
variabel

KAPFENSTEIN N5

SCHLOSS KAPFENSTEIN ⓝ 11,5/20

Die 1.000 Jahre alte Festung Caphenstein befindet sich seit hundert Jahren im Besitz der Familie Winkler-Hermaden, die in gemütlich-nostalgisch eingerichteten Räumlichkeiten mit schöner Aussicht – besonders attraktiv ist der Blick von den Erkertischen und den Terrassen – ihre Gäste empfängt. Seit vielen Jahren lockt das vorwiegend regionale Speisenangebot mit den auch in großer Vielfalt glasweise erhältlichen Weinen aus dem familieneigenen Anbau rund ums Schloss Besucher aus nah und fern auf den ehemals vulkanischen Hügel in der Südoststeiermark. Traditionell wird man zum Gedeck mit manchmal allzu weichen, sogenannten Baunzerln (dunkle Weckerln) und herzhaften Aufstrichen begrüßt, bevor sich die abwechslungsreiche Vorspeisenvariation – ein buntes Potpourri der steirischen Küche – anbietet. Danach klassischer Rindsbraten, feines Weidelamm oder ein kross gebratener Zander und nach dem süßen Abschluss ein Spaziergang durch Wald und Weingarten zur nahe gelegenen Schlosskapelle. So kann ein entspannter Ausflugstag auf Schloss Kapfenstein aussehen. Wer die vorzüglichen Weine von Winkler-Hermaden ohne Bedenken genießen will, übernachtet am besten in einem der gepflegten Zimmer.

Tel.: 03157 300 300
8353 Kapfenstein
Kapfenstein 1
www.winkler-hermaden.at
hotel@
schloss-kapfenstein.at

KITZECK IM SAUSAL L5

DAS KAPPEL 12/20

Winzer-Wellness-Hotel

Koch: Dietmar Kappel

In Traditionshäusern fühlt sich Innovation oft wie ein Störenfried an. Nicht so in diesem alteingesessenen Hotelrestaurant mit ausgedehnter Terrassenlandschaft und einem ziemlich einzigartigen Blick auf die Hügel des Sausals. Die klassisch orientierte Regionalküche hat zeitgenössische Elemente unauffällig-elegant absorbiert, bei der leichten Tafelspitzsulz mit feinem Kürbiskernöl, hausgemachtem Weinessig und eingelegtem Kürbis ist das ebenso ein Thema wie beim Blattsalat mit Himbeeressig, perfekt gebratenen Pilzen, Bärlauchöl und Wachtelei. Zart und saftig: das Seesaiblingsfilet mit Bulgur, Kurkuma-Kürbis und milder Petersil-Limetten-Sauce. Sehr klassisch: die als vegetarische Option angebotenen Rahm-Eierschwammerl mit herrlich flaumigem Semmelknödel. Der perfekt informierte und empfehlungssichere Service riet beim Dessert zu Topfennockerln aus würzigem Bauerntopfen mit eingelegten Weichseln und zum hausgemachten Zitronensorbet, das in einem mächtigen Humpen mit selbst produziertem Muskateller Frizzante serviert wird. Gute Wahl. Wer will, nimmt danach noch einen per Segelschiff importierten Kaffee. Innovative Umweltfreundlichkeit durch traditionellen Transport: Das passt zur Ausrichtung des Hauses.

à la carte: 4,60–45 €

Tel.: 03456 23 47
8442 Kitzeck im Sausal
Steinriegel 25
www.daskappel.at
info@daskappel.at
Do 17.30–20.30, Fr–Sa 11.30–14 und 17.30–20.30,
So 11.30–14 Uhr

LANGENWANG M3

KRAINER 17/20

Köche: Astrid & Andreas Krainer

Auf der Homepage, auf der Astrid und Andreas Krainer sich vorstellen, wird man mit einem kraftvollen Zitat begrüßt. Der erste Satz bleibt hängen: „Unsere Teller sind eine Bühne für die bäuerliche Landwirtschaft." Wow. Besser und präziser kann man sein Rollenverständnis als Köchin und Koch nicht definieren. Im Fall von Astrid und Andreas Krainer sieht das dann so aus: Als Gedeck werden Brot, Butter und Speck serviert. Das Brot ist ein von Astrid Krainer selbst gebackenes Sauerteigbrot, die Butter kommt von Kuh und Ziege und der „Speck" steht hier als Überbegriff für diverse geräucherte Köstlichkeiten aus der Selchkammer von Andreas Krainer. Beim ersten Gang wird gebeizter Saibling aus dem Pretultal serviert. Mit eingedicktem Joghurt, Senfgurke und Gurkensorbet. Ein herrlich frischer und erfrischender Gang. Von dort, dem Fuße der Pretulalpe, kommen auch die Weinbergschnecken für den nächsten Gang. Zu den Schnecken werden noch Erdäpfelcreme, Kalbskopf, Nussbutter und – auf Wunsch – auch Salzburger Kaviar serviert. In Summe ein großartiges Menü, dem die Krainers den Titel „Wald & Heimat" gaben. Ein Wort noch zu den Weinen: Die Weinkarte ist solide und kompetent kuratiert. Es gibt klarerweise einen Steiermark-Schwerpunkt, aber auch ausgezeichnete französische und deutsche Weine sind zu finden. Eindrucksvoll ist vor allem der Fokus auf Riesling.

à la carte: 18–38 €

Tel.: 03854 20 22
8665 Langenwang
Grazer Straße 12
www.hotel-krainer.com
restaurant@
hotel-krainer.com
Do–Sa 18.30–20.30 Uhr
variabel

LEIBNITZ M5

ALTE POST SÜDSTEIERMARK 12,5/20

Koch: Stefan Nauschnegg

Im Mittelpunkt dieses schmucken Hotelrestaurants steht die umfangreiche Weinkarte. Von Weinen aus der Region bis zu Grands Crus aus dem Burgund mit Flaschenpreisen im vierstelligen Bereich. Auch die Küche ist breit gefächert. Wir wurden mit einer klaren Meeresfischsuppe recht froh. Der saftig gedünstete Zwiebelrostbraten mundete ebenso wie ein veganes Thai-Curry mit Rotkrautrollen, dessen

Tel.: 03452 823 73
8430 Leibnitz
Sparkassenplatz 7
www.zur-alten-post.at
office@zur-alten-post.at
Mo–Sa 11–21.30 Uhr

Limettensäure allerdings etwas herausstach. Abends kann man hier übrigens im angegliederten Steakhouse „Der Hans" üppiger Fleischeslust frönen.

à la carte: 9–40 €

24. Dezember 2022 bis 24. Jänner 2023

KOGEL 3

13,5/20

Koch: Stefan Hacker

Gute Zeiten, Essen, Trinken: Das ist das Motto hier im Kogel 3. Wir ergänzen: die unglaubliche Aussicht auf den Kittenberg und die Trixi, die fidele Gastgeberin. Eine recht üppige Speisekarte deutet darauf hin, dass man hier wohl auch einiges Gutes ins Glas bekommen wird – die Weinauswahl ist fantastisch! Alle Speisen sind geschmacklich gut. Vitello, Steirerhuhn Suprême (zarte Brust mit Haut und Flügerl in einem Stück) und Lammhaxe haben wirklich ihren Teil zu einem unterhaltsamen Abend beigetragen. Ein paar frischere und leichtere Gerichte würden das Menü gut ergänzen, vor allem im Sommer auf der kitschig-schönen Terrasse. An diesem Ort sieht man sich nie satt, auch toll geeignet für Festivitäten. Ein Blick in den Weinkeller lohnt sich. Sehr freundliches Team im Service.

à la carte: 12–39 €

Tel.: 03452 749 35
8430 Leibnitz
Kogelbergstraße 62
www.kogel3.at
beatrix@kogel3.at
Di–Do 16–22,
Fr und Sa 12–22 Uhr

SCHLOSSKELLER SÜDSTEIERMARK

14/20

Koch: Markus Rath

Allein die privilegierte Lage des Schlosskellers auf einer Hügelkuppe am Seggauberg macht einen Besuch des Restaurants von Spitzenkoch Markus Rath empfehlenswert. In der warmen Jahreszeit sitzt man an Naturholztischen mit wohltuend puristischer Tischwäsche und Blick in die Südsteiermark bis Kitzeck. Schon beim Gruß aus der Küche – knusprige Teigtaschen mit würziger Fleischfülle und pikantem Joghurteis mit Kräutern – blitzt das große Können des Küchenchefs auf. Das selbst gebackene Sauerteigbrot ist ein Gedicht. Kleine geschmorte Rote Rüben mit Frischkäse von Nuart und steirischem Wildreis mundeten exzellent, eine Gazpacho mit einer Burrata auf selbst gebackenem Naan-Brot ebenso. Die Tagesempfehlung war ein herrlich saftiger Kalbsbraten mit einer traumhaften Sauce. Die Weinauswahl mit Schwerpunkt Steiermark ist umfangreich, die Portionen sind großzügig bemessen. Es beschleicht uns das Gefühl, dass aufgrund des Standorts nicht das volle Potenzial der raffinierten Küche von Markus Rath abgerufen werden kann. Hinweis: Mehrgängige Überraschungsmenüs muss man im Voraus buchen.

à la carte: 5,50–55 €

Tel.: 03452 744 99
8430 Leibnitz
Seggaubergstraße 5
www.
schlosskellersuedsteiermark.at
info@
schlosskellersuedsteiermark.at
Mi 17–21, Do–Sa 11.30–13.30 und 18–21, So 11.30–16.30 Uhr
variabel

STARIBACHER

12/20

Hotel & Restaurant

Koch: Christian Pfanner

Das À-la-carte Restaurant mit zugehörigem Hotel ist seit vielen Jahren eine solide Anlaufstelle für steirische Regionsküche. Bereits 1921 gegründet, zählt es quasi zu den Urgesteinen in der Region. Die damals beliebte Backhendlstation hat Chefkoch Christian Pfanner mit seinem Verständnis für Saison und Zeitgeist zu einer ambitionierten Gasthausküche mutieren lassen. Der durchwegs freundliche Service sorgt für passende Weine. Besonders hübsch sitzt es sich auf der Terrasse, die mit Weinreben und Ausblick auf das nahe Schloss Seggau punktet. Auch die lichtdurchfluteten Innenräume sind gemütlich und nicht unbegründet für Feiern diverser Art beliebt.

à la carte: 5–38 €

Tel.: 03452 825 50
8430 Leibnitz
Grottenhof 5
www.staribacher.at
restaurant@staribacher.at
Di–Sa 12–14 und 18–21 Uhr
Fei, variabel

DER HANS

Tipp

im Hotel Alte Post Südsteiermark

Benannt nach dem eigenen Vater, haben zwei junge Männer – der eine Koch aus Leidenschaft mit einer Schwäche für Rindfleisch, der andere ein Wirt mit Schmäh – ein Steakrestaurant der besonderen Klasse eröffnet. Das einzigartige Weinkeller-Ambiente im rustikal-gemütlichen Design lädt zum Verweilen ein.

à la carte: 20–110 €

Tel.: 03452 823 73
8430 Leibnitz
Grazer Gasse 7
www.derhans.at
steak@derhans.at
Di–Sa 18–21 Uhr
24. Dez. 2022 bis 24. Jän. 2023

RANNINGER AM GROTTENHOF

Tipp

Koch: Thomas Ranninger

Viel Erfahrung und Fingerspitzengefühl bringt Küchenchef Thomas Ranninger mit. Seine Karte richtet sich nach den Jahreszeiten und Verfügbarkeiten der Produkte. Auch die Wahl der Weine ist bedacht. Dem Zufall wird hier nichts überlassen, um ein harmonisches Geschmackserlebnis zu garantieren.

à la carte: 9,50–39,50 €

Tel.: 03452 732 21
8430 Leibnitz
Grottenhof 1
www.grottenhof.ranninger.at
grottenhof@ranninger.at
Mi–So 10–21 Uhr

LEOBEN L4

PORT361

13,5/20

Koch: Peter Brandner

Den Start als Imbissbude ahnt man von außen noch, von innen sieht man das dem Lokal am Leobener Stadtrand kein bisschen mehr an: Steinmauern, Holz, Kreidetafeln, offene Küche, kostbare Beleuchtung – wer das Port361 betritt, wird von perfekter Bobo-Ästhetik sowie von einem jovialen, großzügigen Wirt mit Stentorstimme und ungebremster Duz-Neigung begrüßt. Serviert wird uns ein Überraschungsmenü in fünf Gängen, vorab gibt es Wermut, mit Himbeer- und Rhabarbersirup, zum Kracherl aufgespritzt. Optisch unauffällig, aber ausgeprägt umami: die Champignoncremesuppe mit Kohlrabi. Ansonsten werden durchwegs farbenprächtige Gerichte in instagrammabler Perfektion auf ansehnliches Steingut getupft: mildes Schwertfischtatar mit Bio-Ei, Tobiko-Kaviar, Kartoffelschaum, Spinat und Mandeln etwa oder kerniges Risotto mit breiigen Grünschalenmuscheln und Perlhuhnbrust auf cremig-gelbem Curry mit mächtigen Fruchtaromen. Zum reschen Ibérico-Filet aus dem Ofen und einem zarten Stück vom Vulkanlandschwein im Speckmantel gibt es glänzend buntes Gemüse und feines Erdäpfel-Karotten-Püree, den Abschluss macht ein Creme-Mosaik aus Kokos, Waldbeer, Ananas, Bananenlikör. Alles miteinander ist visuell hinreißend und aromatisch einigermaßen ansprechend.

Tel.: 0664 142 99 30
8700 Leoben
Kärntner Straße 361
www.port361.at
info@port361.at
Mi–Sa 17.30–24 Uhr

LEUTSCHACH M5

KREUZWIRT

13/20

im Gut Pössnitzberg

Koch: Daniel Rauter

Vielleicht hatten wir keine großen Erwartungen, aber sie wurden klar übererfüllt. Zum Beispiel von der Forellen-Ceviche mit geräucherter Buttermilch, Kaviar, Couscous und Rettich. Vom veganen gegrillten Spitzkraut mit Pekannuss, Pilzen und Buchweizen oder vom unfassbar zarten Hecht mit Zwiebelgnocchi, Lardo und Parmesan-Espuma. Rund 20 Weine stehen offen zur Auswahl, das 40-seitige „Weinbuch" ist sowohl der Auswahl als auch der Jahrgänge nach einzigartig. Fazit: Ob als Hotel- oder Restaurantgast, dieses herrliche Hideaway an der Südsteirischen Weinstraße sollte (wieder-)entdeckt werden.

Tel.: 03454 205
8463 Leutschach
Pössnitz 168
www.poessnitzberg.at
gut@poessnitzberg.at
Mo–Fr 17–21.30, Sa 12–21.30, So 12–20 Uhr

LIEPERTS

16,5/20

Koch: Manuel Liepert

In Liepert's Kulinarium in Leutschach ging es mit den Köstlichkeiten Schlag auf Schlag. Kaum hatten wir die Chips-Variationen von der Tischdeko genascht, prasselten auch schon die Grüße aus der Küche auf uns ein. Alle ideenreich und gut, aber das Macaron von der Entenleber und das Entencremetörtchen mit Sellerie – ein Gaumen- wie Augenschmaus – müssen erwähnt werden. Wir wussten uns somit am richtigen Platz, als der muntere Gängereigen, kundig vom aufmerksamen und charmanten Service erklärt, mit einem pochierten Ei mit Nudelrisotto, Beurre blanc

Tel.: 0664 141 81 16
8463 Leutschach
Arnfelser Straße 2
www.lieperts.at
office@lieperts.at
Mo, Di, Fr, Sa 8–21, So 8–14 Uhr

und Belper Knolle seinen Anfang nahm, gefolgt von einem Entenmoussetörtchen mit Sellerie – ebenso einer der Höhepunkte des Abends wie das eingelegte Bauchfleisch mit Rettich und Zwiebeln oder die grandiosen Garnelenravioli mit Sauerkraut, Chorizo und Krustentierschaum, um nur einige zu loben. Im Gegensatz zu den letzten Jahren war die Weinbegleitung Holger Massners – vulgo „der Weinsteirer" – durchaus klassisch gestaltet. Mit großem, beispielhaft regionalem Bezug samt Raritäten aus der „Frühzeit" ist sie aber auch weiterhin durchaus interessant!

à la carte: 17–32 €

BOHO BY KILGER Ⓝ

Tipp

Ein kreativer Heuriger im Hippie-Chic ist das unkonventionelle Boho by Kilger auf einer Hügelkette der idyllischen Südsteiermark. Auf der überdachten Terrasse oder in Loungemöbeln in der Wiese werden aus einer kleinen Speisekarte erfrischendes Tabouleh, Schweinsbrüstl oder „steirisches Sushi" mit Polenta statt Reis gewählt. Die vielfältige Brettljause mit Zutaten aus den eigenen Betrieben wie Bisonwürstel oder Hirschsalami gibt es auch vegan. Dazu werden die Weine der Domaines Kilger serviert.

à la carte: 5–15 €

Tel.: 0664 881 833 72

8463 Leutschach
Fötschach 47

www.boho-house.at
chill@boho-house.at

Do, Fr und Sa 14–21,
So 12–20 Uhr

♿

© Michaela Lorber

LIEBOCH — L4

LIEBOCHER STUB'N® — 11,5/20

Tel.: 0677 637 087 26
8501 Lieboch
Packerstraße 122a
www.lieboch-living.at
office@lieboch-living.at

Es ist ein kleiner Gastro-Multifunktionsbetrieb namens Lieboch-Living. Hier kann man schlafen, ein Seminar abhalten, in der „Stub'n" am Tresen einen Longdrink nehmen, aber auch gut essen. Das behagliche Restaurant mit viel Holz, aber ohne Rustikalkitsch entschädigt einen für die Straßennähe. Wir bekamen eine tadellose Grießnockerlsuppe, ein extrazartes Filetsteak mit Trüffelgnocchi, ein perfekt gerührtes Spargelrisotto und einen zart gebratenen Saibling. Alles sehr gut. Die klug sortierte Weinkarte ist übersichtlich, wir wurden mit einem Gemischten Satz von Stefan Potzinger glücklich.

MARIAHOF — J4

KNAPPENWIRT — 11,5/20

Koch: Michael Lohr

Tel.: 03584 25 42
0664 146 11 26
8812 Mariahof
Hoferdorf 113
www.knappenwirt.at
info@knappenwirt.at
Di 17–20, Mi–Sa 11.30–14 und 17–20, So 11.30–14 Uhr
März–April 2023: Mo–Mi Ruhetag

Moderne steirische Hausmannskost wie aus dem Bilderbuch, das Ganze mit einem Gespür für Zeitgeistiges und Leidenschaft zum Beruf: Das ist der Knappenwirt. Ein Gasthaus und Familienbetrieb, in dem Küchenchef Michael Lohr seine Gäste mit regionalen Köstlichkeiten verwöhnt. Sein Speisenrepertoire geht dabei durchaus über übliche Wirtshausküche hinaus. Von der Lachsforelle gibt es „Maki-Sushi", vom Saibling erfrischende Ceviche mit Salzzitrone. Köstlich sind auch die auf den Punkt gebratenen Steaks – vom Chateaubriand bis hin zum Rinderkotelett. Der hauseigene Weinkeller sorgt für die passende Begleitung im Glas. Das Ambiente ist gepflegt und idyllisch, besonders hübsch sitzt man auf der Terrasse. Für Kinder bietet eine Minigolf-Anlage Unterhaltung.

à la carte: 4–33 €

MÖNICHWALD

MÖNICHWALDERHOF® 13,5/20

Koch: Bernd Konrath

Im Mönichwalderhof wird der Spagat zwischen Gourmetküche und traditioneller Gästebewirtung exzellent gemeistert. Küchenchef Bernd Konrath und seine Frau Hanna leben die steirische Gastfreundschaft und die traditionelle österreichische Küche. Auch der Zuspruch der einheimischen Bevölkerung zeigt hier ein gelungenes Miteinander. Die Leidenschaft des Küchenchefs spiegelt sich nicht nur auf dem Teller in Geschmack und Optik wider, sondern auch in den Erklärungen am Tisch zu den einzelnen Gängen des Gourmetmenüs, welches es auf Vorreservierung von donnerstags bis samstags gibt. Mit frischen und saisonalen Zutaten aus der Region zauberte uns das Küchenteam ein Lächeln ins Gesicht. Bachsaibling in verschiedenen Variationen, Eierschwammerl und Steinpilze, perfekt verarbeitet, und auf den Punkt gebratener Jungstier lassen das Gourmetherz höherschlagen. Das Menü gibt es auch in vegetarischer oder veganer Variante, welches geschmacklich für uns eine neue Dimension eröffnete. Vom Gruß aus der Küche bis hin zu den selbst gemachten Pralinen hat uns der Mönichwalderhof überzeugt. Hier bekommt man wahre Gourmetküche zu leistbaren Preisen. Die angebotene Weinbegleitung war passend zu den einzelnen Gängen – auch hier setzte das Team auf Regionalität aus dem Drei-Länder-Eck (Burgenland, Steiermark, Niederösterreich) – und dies alles wurde abgerundet durch den hausgemachten Nussschnaps.

Tel.: 03336 44 81
8252 Mönichwald
Mönichwald 10
www.moenichwalderhof.at
moenichwalderhof@aon.at

NEUBERG AN DER MÜRZ M3

GASTHOF SCHÄFFER 14/20

Koch: Thomas Schäffer

Es ist immer eine Freude, in den schmucken Hotelgasthof am Fuße einer kleinen Felswand einzukehren. Die Familie Schäffer führt dort seit ein paar Jahren das Erbe der legendären Familie Holzer fort. Man sitzt im schattigen Gastgarten vor dem Haus oder im Winter in der kuscheligen Gaststube im Souterrain. Wir nahmen eine fabelhafte Bouillon mit Kaspressknödel und fein geschnittenem Gemüse – eine Benchmark dieses Gerichts. Danach das Zweierlei vom Reh, ein saftiges Filet und Schnitzel in Mohnpanier, begleitet von Zuckerschoten und Eierschwammerln – sehr fein. Erwähnt sei der tolle Service.

à la carte: 10–30 €

Tel.: 03857 83 32
8692 Neuberg an der Mürz
Hauptstraße 9
www.gasthofschäffer.at
genuss@gasthofschaeffer.at
Do–Mo 11.30–21 Uhr
✻ März und November 2023

PÖLLAU BEI HARTBERG N4

HAIDER Tipp

Im Restaurant Haider findet in der Küche eine italienisch-asiatische Geschmacksfusion statt. Die Passion, welche hinter jedem Gericht steht, ist nicht nur im Geschmack, sondern auch in der Präsentation klar erkennbar. Hier ist jeder Teller ein eigenes Kunstwerk.

à la carte: 6,20–36,80 €

Tel.: 03335 2353
0664 924 58 45
8225 Pöllau bei Hartberg
Ortenhofenstraße 73
www.restaurant-haider.at
restauranthaider@gmail.com
Mo, Di, Fr und Sa 11–21 und So 11–20 Uhr
♿

SCHLOSSWIRT®

Tipp

Tel.: 0664 881 987 17

8225 Pöllau bei Hartberg
Schloß 1

schlosswirt-schmitz.at
schlosswirt.schmitz@gmx.at

Mi–Sa 11–20.30, So 11–18 Uhr

♿

Der Weg vom Parkplatz zum Lokal ist ein Erlebnis, denn die ehemalige Stiftskirche in Pöllau ist ein mächtiger barocker Kuppelbau und die ganze Anlage dementsprechend großzügig dimensioniert. Das Lokal ist im rechten Gebäudetrakt angesiedelt, wenn das Wetter mitspielt, nimmt man im Gastgarten platz. Als Schlosswirte empfangen Claudia und Jürgen Schmitz auch große Gruppen von Gästen und bieten gutbürgerliche Küche, aber auch abwechslungsreiche internationale Gerichte an.

à la carte: 4–27 €

PÖLLAUBERG M4

RETTER BIO-RESTAURANT

11,5/20

Koch: Jürgen Archam

Tel.: 03335 26 90

8225 Pöllauberg
Pöllauberg 88

www.retter.at
hotel@retter.at

Mo–Sa 11–14 und 17–20, So 11.30–17 Uhr

♿

Biologisch konnte man hier schon essen, als diese Idee anderswo noch als exotisch galt. Nach wie vor setzt das seit 2004 biozertifizierte Restaurant inmitten eines ausgedehnten Hotel-, Spa- und Seminarkomplexes Standards bei Bio und Regionalität. Die biologische Weinauswahl ist mit Positionen etwa von Tement, Tropper und Nittnaus bestens sortiert (ganz zu schweigen von den Kreszenzen, die im ausgedehnten Weinkeller lagern). Die Bio-Schweine werden mittlerweile in Freilandhaltung selbst gezüchtet, auch eine kleine, feine Auswahl an veganen Gerichten wird längst angeboten. Etwa ein Zweierlei vom Muskatkürbis, als frisches Tatar und mild säuerlich eingelegt, mit Brioche, gesüßt durch die regionaltypische Hirschbirne. Traditioneller und mit herzhaftem Biss kommt die gebeizte Lachsforelle an den Tisch, mit knackigen Belugalinsen und scharf-topfiger, kurkumagelber Krencreme. Zur Hochform läuft die Küche beim Pöllauer Bio-Lamm auf: ein würziges Ragout mit Wurzelgemüse, eine perfekt zarte, saftige Lammkrone, begleitet von orientalisch behauchtem

Rote-Rüben-Nuss-Gemüse. Solide das resche Schweinsfilet mit molliger Haselnusssauce, Pilzen und geschmorten Kirschparadeisern. Exzellent: die vegane Zwetschkentarte mit forschem Zitronensorbet und der Apfelschlankl mit Quitteneis.

à la carte: 11–28,50 €

PREMSTÄTTEN L4

RESTAURANT KUPFERDACHL 14,5/20

Koch: Daniel Edelsbrunner

Einen feinen Bogen zwischen Traditionsrezepten und Kreativküche spannt Christian Edelsbrunner in dem angenehm schlicht gehaltenen Restaurant nahe Graz. Im Sommer lockt der Gastgarten. Qualität aus der Region findet sich auch in den tagesaktuellen Gerichten wieder wie in der herzhaften Rindsuppe mit Lungenstrudel, einer Bio-Forelle mit Buttermilch und Melone oder einem wunderbar zarten Ragout vom Hirschkalb. Auf der anderen Seite stehen auch einzeln wählbare Gerichte aus den Menüs zur Auswahl. So bezaubern eine Geflügelconsommé vom Bio-Perlhuhn ebenso wie die federleichten Krautwickler mit Buchweizen. Auch Paarungen wie Rinderfilet mit aromatischem Pecorino und Pekannuss oder am Ende eine zauberhafte Kombination aus Äpfeln und Getreide – oder nach wechselnder Saison Weingartenpfirsich mit Mandelnoten von Amarettini – begeistern. Schön sortiert ist die Weinkarte mit einer beachtlichen Auswahl an Alternativweinen steirischer Winzer mit Abstechern nach Italien und Frankreich. Spannendes aus dem biodynamischen Bereich steht auch glasweise zur Verfügung.

Tel.: 03136 523670
8141 Premstätten
Hauptstraße 15
www.kupferdachl.at
restaurant@kupferdachl.at
Mi–Sa 11.30–13.30 und 17.30–20.30, So 11.30–14.30 Uhr

PUCH BEI WEIZ M4

MEISSL Tipp

Inmitten des Apfellands kehrt man bei Franz und Tochter Petra in das Generationswirtshaus ein. Traditionell und kreativ kommt der Apfel nicht nur beim Dessert zum Einsatz, sondern auch in Salaten und Relish.

à la carte: 13–30 €

Tel.: 03177 22 05
8182 Puch bei Weiz
Puch 21
www.wirtmeissl.at
gh@wirtmeissl.com
Mo, Do, Fr, Sa 11.30–14 und 17–20, So 11.30–16 Uhr

RATTEN M3

ZUR KLAUSE 12/20

Gasthof

Köchin: Monika Fasching-Posch

Nördlich von Birkfeld wird das Feistritztal zur optischen Wohltat. In einem der wenigen Orte im Tal, in Ratten, lohnt sich ein kulinarischer Stopp im adretten Gasthaus Zur Klause. Seit vielen Jahren gibt es hier eine grundsolide Küche (Saibling, zarter Lammrücken, feine Eisparfaits), die mitunter auch Gourmetambitionen zeigt, wie eine subtile Spargelmousse oder das Thunfischcarpaccio mit Mandarinenöl und Ingwer beweisen. Die aufmerksam-freundliche Bedienung, geschmackvolle Einrichtungsaccessoires – beachtenswert die (Trocken-)Blumengestecke – und einige sehr ordentliche Weine tun ein Übriges, sich hier wohlzufühlen.

à la carte: 10–30 €

Tel.: 03173 2448
0664 503 59 20

8673 Ratten
Filzmoos 32

www.gasthof-zurklause.at
ratten@zurklause.at

Do–Di 11.30–14 und 18–21 Uhr
variabel

REIN M4

ZUR LINDE 11,5/20

Koch: Peter Falb

Das unweit des Zisterzienserstifts Rein im gleichnamigen Ort gelegene Gasthaus Zur Linde bietet – neben einer sehr familiären Betreuung durch die Chefin – einen netten Gastgarten, eine kleine, sorgsam zusammengestellte Weinkarte und neben den üblichen Gasthausklassikern wie zum Beispiel sautierte Kalbsnieren in Madeirasauce, Wiener Schnitzel, wahlweise von Schwein oder Kalb, und gekochtem Tafelspitz mit Konsorten, die allesamt perfekt gelingen, auch einige kreativere Gerichte wie gebratenes Kalbsrückerl mit Spitzmorchelsauce und Butterspätzle oder Wildfang-Saiblingsfilet auf wunderbarer Safransauce, die von hoher Produktqualität und großem Können des Patrons und Küchenchefs Peter Falb kunden.

Tel.: 03124 510 69

8103 Rein
Hörgas 1

www.zurlinde-stiftrein.at
gasthof@zurlinde-stiftrein.at

Do–Sa 10–21, So 10–17 Uhr
variabel

RIEGERSBURG M4

BREITENFELDERHOF ZUR RIEGERSBURG Tipp

Eingebettet in die hügelige Vulkanlandschaft findet man den Breitenfelderhof. In der Steiermark ist er bekannt für seine Schnitzelvariation und das steirische Backhendl. Der Käferbohnensalat mit Kernöl darf natürlich auch nicht fehlen. Fleischlose Alternativen werden leider nicht angeboten.

Tel.: 0664 252 04 70

8313 Riegersburg
Breitenfeld an der Rittschein 20

www.breitenfelderhof.com
office@breitenfelderhof.com

WIPP'LS HOFBERGSTUBN Tipp

Eine Speisekarte, gespickt voller bodenständiger und saisonaler Gerichte mit Zutaten aus den Wäldern und von den Feldern des steirischen Vulkanlands, erwartet die Gäste von Küchenchef Stefan Wippel. Um die passende Weinbegleitung braucht man sich keine Sorgen zu machen, denn die Weine kommen aus dem hauseigenen Weingarten.

à la carte: 8–35 €

Tel.: 03153 200 60
0664 185 34 21

8333 Riegersburg
Hofberg 67

www.hofbergstubn.at
office@hofbergstubn.at

Mo und So 11.30–20,
Do–Sa 11.30–21 Uhr

ROHRMOOS-SCHLADMING J4

ARX RESTAURANT 11,5/20

Koch: Andreas Klammer

Im stilvoll-modernen Ambiente des ARX Restaurants kann man beim Überraschungsmenü – Katze im Sack – die Seele baumeln lassen. Zu Beginn eröffnet ein an Tapas angelehnter erster Gang. Im Vordergrund stehen regionale und saisonale Gerichte, bei denen sich Chefkoch Andi Klammer von der Natur und dem eigenen Kräutergarten inspirieren lässt. Auch die Weinbegleitung steht im Zeichen der Naturweine, wobei man sich hier auf die Empfehlung der Sommelière verlassen kann und sollte. Dem Dessert fehlt es jedoch noch an Raffinesse, vor allem wenn man das gehobene Preisniveau beachtet.

à la carte: 7–39 €

Tel.: 03687 614 93
0664 936 05 07

8973 Rohrmoos-Schladming
Rohrmoosstraße 91

www.das-arx.at
office@das-arx.at

Mi–So 17.30–21 Uhr

SANKT ANDRÄ IM SAUSAL L5

AM PFARRHOF 18,5/20

Koch: Harald Irka

AMBIENTE AWARD 2016

Was meinen wir, wenn wir Küche als „kreativ" bezeichnen? Die Frage drängt sich angesichts des mittlerweile inflationären Gebrauchs dieses Begriffs in den unterschiedlichsten Gastronomiebereichen auf. Zeit, sich wieder darauf zu besinnen, dass Kreativität nichts mit Zwangsoriginalität oder kombinatorischer Beliebigkeit zu tun hat, sondern mit schöpferischer Kraft. In Österreich gibt es einen Koch, den man als Verkörperung dieser Kraft beschreiben kann: Harald Irka gibt der Einordnung „kreative Küche" wieder Sinn, Inhalt und Relevanz. Allein schon seine sechs Amuse-Gueules wären für sich genommen bezüglich der darin verarbeiteten Ideen ein Spitzenmenü. Räucheraal mit oxidierter Bananenbutter, fermentiertem Knoblauch und Alpenkaviar schmeckt genauso aufregend, wie es klingt, Kammmuscheln mit Sepia und Limette sowie Hendlleber mit Kren-Baiser, Kiwi und Kalamansi überraschen und versetzen in Staunen. Das darauf folgende Menü bleibt praktisch durchgehend auf diesem Level wie etwa die Bernsteinmakrele mit Kohlrabi, Graumohn, Kürbiskernöl und geschmolzenem Weichkäse. Der optisch an Berner Würstel erinnernde „Berner Spargel" ist weit von einem bloßen Gag entfernt und verblüfft im Zusammenspiel mit Rhabarber, Puszta-Salat und Kaffeekombucha. Auch das „Rettich-Cornetto" mit Sauce hollandaise und Orange ist viel mehr als ein Gimmick. Etwas klassischer, aber geschmacklich nicht weniger verblüffend der Steinbutt mit Bärlauch, Erdnusssauce und Krustentieröl sowie das Milchkalb mit Liebstöckel und Morcheln. Bei den Desserts hat Irka mit seinen „Es muss nicht immer süß sein"-Kreationen ohnehin schon längst ein Alleinstellungsmerkmal.

Tel.: 0660 394 46 28

8444 Sankt Andrä im Sausal
St. Andrä im Sausal 1

www.ampfarrhof.com
office@ampfarrhof.com

Mi–Sa 18.30–24,
So 11.30–15 Uhr
variabel

ST. JOSEF

BROADMOAR

15/20

by Johann Schmuck

Koch: Johann Schmuck

„In the middle of nowhere", wie der geborene Steirer gern sagt, hat Johann Schmuck seine Zelte am Rande der Weststeiermark, versteckt hinter einem Wäldchen der kleinen Ortschaft Oisnitz, aufgeschlagen, um seine Gäste im außen recht rustikalen und innen geschmackvoll modernen Broadmoar mit Überraschungsmenüs (von bis zu 12 Gängen!) aus seiner Naturküche zu beglücken. Eine Weinbegleitung vom angenehm auskunftsfreudigen, der Weinwelt äußerst kundigen Sommelier und ein überaus aufmerksamer wie freundlicher Service machten den Abend bei zum Beispiel einer Tartelette mit Welsspeck, einem Vogerlsalat mit Kartoffeln, Speck, Ei und Kernöl, extra upgegradet mit vorzüglichem Kaviar, oder der wunderbaren Komposition Birne, Pumpernickel, Spargel, grüne Erdbeeren und Maiwipferln zu einem kulinarischen Erlebnis, das unter anderem mit herrlicher Burrata mit Tomate und Basilikum, Dry-Aged-Rind mit Wildem Brokkoli oder Rhabarber, Schokolade und Holunder seine würdige Fortsetzung fand. Anempfohlen wär's, die angebotenen Übernachtungsmöglichkeiten zu nutzen, um – im Gegensatz zu uns – des Sommeliers Schatzkammer so richtig durchstöbern zu können.

Tel.: 0664 238 28 60
8503 St. Josef
Oisnitz 36
www.beimbroadmoar.at
broadmoar.restaurant@outlook.com
Di–Sa 18–22 Uhr

ST. KATHREIN AM HAUENSTEIN

GENUSSGASTHOF WILLENSHOFER

Tipp

In dem Traditionsgasthof leben und arbeiten drei Generationen miteinander. Das eingespielte Team steckt viel Liebe und Herzblut in die Zubereitung der regionalen Speisen sowie in den stets zuvorkommenden Service. Je nach Jahreszeit werden Themenschwerpunkte auf der Speisekarte gesetzt.

à la carte: 5–30 €

Tel.: 03173 2335
0664 937 88 79
8672 St. Kathrein am Hauenstein
Obere Zeil 6
www.genussgasthof.com
office@genussgasthof.com
Do–Sa 11.30–14 und 17–19.30 Uhr
13. März–12. April, Dez. 2023

ST. KATHREIN AM OFFENEGG N4

ZEITRAUM Ⓝ
by Stefan Eder

16/20

Koch: Stefan Eder

Der erste Gruß kommt nicht aus der Küche. Es ist ein verführerischer Duft, den Gäste zuerst wahrnehmen. Vor dem Eingang des stattlichen Hotels Eder duften ein paar Eveline-Wild-Rosen – ist hier doch die namensgebende Meisterkonditorin zu Hause. Ihr Mann Stefan betreibt seit einem Jahr Fine Dining im neuen „Zeitraum". Der großzügig verglaste und sehr schön möblierte Salon mit rund 20 Plätzen bietet einen weitläufigen Blick über das Almenland, ähnlich jenem von der angrenzenden Terrasse. Im Rahmen eines feinen Menüs in zehn Gängen lässt Stefan Eder seiner Kreativität freien Lauf. Die – nun essbaren – Grüße sind fabelhaft: Gewürz-Couscous, ein Macaron mit (ungestopfter) Gänseleber und ein fantastisch delikater Ei-Espuma lassen ein spannendes Menü erwarten. Erwartungen, die nicht enttäuscht werden. Es folgen würzige Bluttommerl mit Apfel, verkohlte Erdäpfel mit Morcheln und Dotter oder ein (in Reiskleie fermentierter) Nuka-Zuké-Kohlrabi mit Saibling. Die Menüs wechseln monatlich. In der Mathematik steht „N" oft für eine Unbekannte. So gesehen ist der Name „Zeitraum N" Programm. Der Abend kann dauern. Bringt man reichlich Zeit und Muße mit, steht dem Genuss nichts im Weg.

Tel.: 03179 82350
8171 St. Kathrein am Offenegg
Dorf 3
www.der-wilde-eder.at
info@der-wilde-eder.at
Mo, Fr und Sa 18–24 Uhr

ST. MARTIN AM GRIMMING

MAYER
Wirtshaus & Dorfhotel

13,5/20

Koch: Stefan Ell

Wer, wie Stefan Ell, unter anderem auf der MS Europa 2 praktiziert hat, kann zweifellos gut kochen. Und so fügt er auch einem Grammelstrudel mit Gemüseperlen eine gewisse Leichtigkeit zu. Seit ein paar Jahren wirkt Ell im Traditionswirtshaus seiner Schwiegereltern im beschaulichen Weiler am Fuße des Grimmings. Erfrischend geriet das Entree: mariniertes Salatherz mit Ziegenfrischkäse. Die durchaus bodenständige, würzige Ochsenschulter-Pasta mit Melanzani und Brie hätte etwas mehr Saft vertragen. Die wohlsortierte Weinkarte lädt zur Übernachtung im angeschlossenen Dorfhotel ein.

Tel.: 03684 2203
8954 St. Martin am Grimming
St. Martin am Grimming 9–12
www.mayer-grimming.at
urlaub@mayer-grimming.at
Di–Fr 17–21, Sa 11–14 und 17–21, So 11–14 Uhr

ST. NIKOLAI IM SAUSAL N5

HARKAMP 12/20

im Weingartenhotel Harkamp Südsteiermark

Koch: Heinz Harkamp

Die hauseigenen Sekte und Weine spielen im „Harkamp" natürlich eine tragende Rolle. Doch man kann an der Adresse Flamberg 46 auch ganz ordentlich essen. Die Speisekarte wechselt täglich, daher sind manche Gerichte nicht immer erhältlich. Vielleicht hat man aber die Chance, Weinsuppe mit Zimtbrot, Lammbeuschel, Gnocchi mit Morcheln und Erbsen oder eine Beiriedschnitte mit Polenta serviert zu bekommen. Zum „Drüberstreuen" gibt es möglicherweise Schokoladentarte, Zitronensorbet oder Topfenstrudel.

Tel.: 03185 2280

8505 St. Nikolai im Sausal
Flamberg 46

www.weingartenhotel.at
office@weingartenhotel.at

ST. PETER OB JUDENBURG

STOCKER Ⓝ Tipp

Gasthaus

Sie kennen das: am Sonntag eingeladen bei Oma zum Mittagessen. Was gibt es heute? Eine kräftige Rindsuppe? Ein Bratl aus dem Tischherd oder doch das Schnitzerl aus der Pfanne? „Bei uns gibt es keine Speisekarte. Es gibt, was es gibt.": Dies ist der Slogan der Familie Stocker. Seit Jahren werden saisonale und regionale Produkte verwendet. Gekocht wird auf einem über 100 Jahre alten Holzherd. Ein Geheimtipp für viele Durchreisende ... Die Mehlspeisen sind von Oma Stocker hausgemacht. Man sollte mal einen Sonntag investieren oder bei der Durchreise stehen bleiben.

Tel.: 03579 2210

8755 St. Peter ob Judenburg
Furth 16

www.gasthausstocker.at
wirtshaus@
gasthausstocker.at

ST. RADEGUND BEI GRAZ M4

WIR:ZHAUS 12/20

„Wir:zhaus" – schon der Name klingt gemütlich und die holzvertäfelte Stube mit dem Kachelofen ist es auch. Gleich zur Begrüßung kommt eine Karaffe Leitungswasser auf den Tisch. Später lässt man sich auch glasweise steirische Weine empfehlen. Der Küchenchef setzt neben Klassikern aus der gutbürgerlichen Küche wie einem gekochten Tafelspitz, der außerordentlich zart gelingt, auf saisonale Höhepunkte – etwa zur Spargelzeit oder zu Ostern, wenn ein knuspriges weiches Ei auf Vogerlsalat kredenzt wird. Auch die „gestockte Buttermilch" und der Topfenstrudel sind köstlich. Auf Wunsch wird auch ein Überraschungsmenü geboten. Wer mit dem Auto anreist, parkt vor Erreichen des Lokals um die Kurve. Vor dem Wirtshaus gibt es dazu keine Möglichkeit.

Tel.: 03132 4044 440
0664 888 699 08

8061 St. Radegund bei Graz
Willersdorferstraße 7

www.wirzhaus.at
willkommen@wirzhaus.at

ST. SEBASTIAN BEI MARIAZELL L3

LURGBAUER 15/20

Koch: Max Leodolter

Ein Bauernhof an der steirisch-niederösterreichischen Grenze nahe Mariazell. Auf den saftigen Wiesen weiden schwarze Angusrinder. Zur Nächtigung stehen urigkomfortable Romantikzimmer zur Verfügung. Und was die Idylle perfekt macht: Gastwirt Max Leodolter bietet abends zwei erstklassige vier- bis sechsgängige Menüs an. Natürlich steht Rind im Vordergrund, „from nose to tail“ wird hier ernst genommen und ist seit Jahren bewährte Praxis. Da gibt es Carpaccio in selten verkosteter Qualität, großartiges Bruckfleisch mit Salzzitrone oder eine zart-mollige, geschmorte Zwerchrippe mit unübertrefflicher Polenta (außen knusprig, innen cremig). Herr Leodolter senior erzählt über versuchte Kreuzungen des Pinzgauers mit dem Angus und noch allerlei Interessantes zum Thema Rind, während köstliche Nougatravioli für ein gelungenes Finale sorgen. Nicht zuletzt die gut bestückte Weinkarte – auf Wunsch auch glasweise Begleitung – beweist bei jedem Besuch aufs Neue, dass es keines aufwendig-gekünstelten Settings für glücklich machende, noch lange in Erinnerung bleibende Erlebnisse bedarf.

à la carte: 8,90–27,20 €

Tel.: 03882 3718

8630 St. Sebastian bei Mariazell
Lurg 1

www.lurgbauer.at
lurgbauer@mariazell.at

Mi–Sa 12–14 und 18–20, So 12–15 Uhr
variabel

ST. STEFAN OB STAINZ M5

BIOALM WASSERMANN 12/20

Koch: Philipp Wassermann

Es ist ein schöner Ort zum Ankommen, dieses sympathische Ausflugsgasthaus auf einer Anhöhe der weststeirischen Weinregion. Das Ambiente ist einladend, es gibt ein integriertes hauseigenes Bio-Wildgehege. Die Familie Wassermann hält seit Jahren die Qualität der Küche stabil auf gutem Niveau. Das Huftsteak vom Wild liegt zart – und mit dem Fond gut abgerundet – am Gaumen, die hausgemachten Kroketten sind tadellos wie auch die fein panierten Hirschnüsschen. Ohne Schnörkel – und so wie sie sein sollen – werden zum Nachtisch Topfenknödel mit Beerenragout serviert. Hernach empfiehlt sich ein kleiner Waldspaziergang.

à la carte: 14,50–38 €

Tel.: 03143 8113
0676 919 80 91

8511 St. Stefan ob Stainz
Sommereben 8

www.bioalm.com
gasthof@wassermann-wirt.at

Mo, Di, Fr, Sa 11.30–14.30 und 17.30–20.30, So 11.30–15 Uhr

ST. VEIT AM VOGAU M5

THALLER 16/20

Koch: Norbert Thaller

Das Lokal im Ortszentrum gegenüber der Kirche gerät zum Gesamterlebnis, wenn man zum Aperitif in den Innenhof geladen wird, der auch für Hochzeiten genutzt wird. Denn der Garten, in dem Gemüse sortenreich in Bio-Qualität gedeiht, und der angegliederte Fischteich, wo Saiblinge, Lachsforellen und fallweise auch Welse schwimmen, sind ein Spiegel der Küche. Zu Mittag wird man von fein ausgeführten Gemüsegerichten und einer spannenden Innereienküche überrascht. Abends zeigt sich im Fine Dining in Form eines „kleinen Orchesters" oder der „großen Oper" in neun Gängen die Experimentierfreude Norbert Thallers, der das Gasthaus mit seiner Frau Manuela in fünfter Generation führt. Zumeist lässt er die Produkte für sich sprechen und versteht es ausgezeichnet, sie geschmacklich noch zu unterstützen und ihnen eine interessante neue Note zu verleihen. So trägt das exzellente Forellentatar eine dünne Fruchtschicht Quittenmus und wohldosierten prickelnden Szechuanpfeffer mit frisch geriebener Zedratzitrone. Hecht-Bottarga würzt ein pochiertes Hühnerei, zum gedämpften Maibock gesellt sich nussige Topinambur und wieder kommt Szechuan ins Spiel, wenn Rehfleisch kreativ in würzigem Mapo-Tofu zum Einsatz kommt. In der Weinkarte liegt der Schwerpunkt auf ausgesuchten Natur- und Orange-Weinen. Auch zum Dessert bleibt man der Heimat treu: Der steirische Chocolatier Josef Zotter liefert die Schokolade für eine variantenreiche süße Kreation.

à la carte: 6–35 €

Tel.: 03453 2508

8423 St. Veit am Vogau
Am Kirchplatz 4

www.gasthaus-thaller.at
restaurant@gasthaus-thaller.at

Mo und Do–Sa 12–14 und 18.30–20.30, So 12–16 Uhr
✱ variabel

♿

SCHLADMING I4

JOHANN GENUSSRAUM 14/20

Koch: Lukas Cirjak

Mit einem herzlichen „Griaß di" wird man hier im Johann Posthotel Schladming am Hauptplatz begrüßt. Sowohl die moderne Terrasse als auch die urige und gemütliche Stube laden zum Verweilen und Genießen ein. Die steirischen Wurzeln finden sich auf der Karte nicht nur in der Begrüßung, sondern auch in den regionalen Produkten wieder. Vor allem den Saibling aus dem eigenen Fischteich, welcher in verschiedenen Variationen angeboten wird, möchten wir jedem Gast ans Herz legen. Moderne Akzente wie ein Melonencarpaccio mit Ziegenkäse oder ein Gurken-Sponge bekommen hier genauso ihren Platz wie die traditionelle Küche in Form eines Kalbswieners. Zum Dessert ein Sommertraum in Form von „Marillen-Topfen-Minze" mit hausgemachtem Sorbet – ein gelungener süßer Abschluss. Die umfangreiche Weinkarte, ob aus Österreich oder dem Rest der Welt, lässt keine Wünsche offen. Ein ehrliches „Pfiat di" und bis bald, frei nach dem Motto „jo, des pfeift", runden ein tolles Genusserlebnis ab.

à la carte: 20–45 €

Tel.: 03687 225 71

8970 Schladming
Hauptplatz 10

www.johann-schladming.at
info@johann-schladming.at

Mo, Di, Do 17.30–21.30, Fr–So 11.30–14 und 17.30–21.30 Uhr
✱ Ostern bis Ende Mai 2023

SCHWANBERG L5

STEGWEBER 12,5/20

Koch: Thomas Neumann

Tel.: 03467 83 95
8541 Schwanberg
Aichegg 44
www.stegweber.at
postmaster@stegweber.at

Auch heuer wieder war es ein absolutes Fest, die fein komponierten Gerichte des so bescheidenen Zauberers am Herd zu verkosten. Intensiver und ausdrucksstarker Schafkäse, im Brot gebacken, mit Tomaten auf Spargelsalat, Schaumsuppe von der Roten Rübe mit steirischem Kren oder das cremige Safranrisotto mit Scampi. Aber auch das Schokoladensoufflé mit frischen Erdbeeren, Vanille und Kokos waren ein Gedicht. Eines muss zu guter Letzt gesagt werden: Die fehlende Weinkarte – wie auch die damit verbundene kleine Auswahl – und die durchaus eigenwillig charmante Bedienung durch den Seniorchef sollten niemanden von der Entdeckung dieses im Verborgenen agierenden Kochtalents abhalten.

SECKAU L4

HOFWIRT 12/20

Koch: Martin Kriechbaum

Tel.: 03514 542 90
8732 Seckau
Seckau 3
www.hotel-hofwirt.at
willkommen@hofwirt.at

Mi–Sa 11.30–22,
So 11.30–19 Uhr
Mo, variabel;

Ein Haus, das Geschichten erzählt. Eine urige Gaststube mit viel Holz strahlt Gemütlichkeit aus und lädt zum Verweilen ein. Das gelungene Pendant bietet der moderne, lichtdurchflutete Saal, der vielen Hochzeiten einen würdigen Rahmen gibt. Die wöchentlich wechselnde Mittagskarte bietet nicht nur Hausgästen, sondern auch Einheimischen die Möglichkeit, köstliche 2- oder 3-Gänge-Menüs zu günstigen Preisen zu genießen. Weiters bietet die saisonale Empfehlungskarte Köstlichkeiten aus der Region, die mit Stil und Finesse zubereitet und angerichtet werden. Die kleine, aber feine Karte spannt den Bogen von Gebirgsgarnelen auf Granatapfelrisotto mit Limettenschaum (sehr empfehlenswert) über den klassischen Grillteller bis hin zur „aufgsetzten Henn". Für die hausgemachte Hofwirttorte sollte aber unbedingt noch Platz sein.

à la carte: 12,50–29,90 €

STAINZ L5

DAS URSPRUNG® 11,5/20

Wer urige Landgasthäuser mag, wird dieses Kleinod lieben. Mit viel Geschmack haben Nicole und Philipp Thomüller das weststeirische Häuschen zu einer kleinen Perle mit nur 45 Plätzen gemacht. Das Küchenkonzept ist streng regional und variiert je nach Saison. Folglich wird das Vitello nicht von Thunfisch-, sondern von einer feinen Forellensauce begleitet. Die mit Ricotta gefüllte Hühnerbrust mit Spinatblättern und Pilzen geriet sehr zart und eher mild. Ein köstliches Kunstwerk sind die gebackenen Apfelknödel mit Mohn, Joghurt und Salzkaramell. Die Weinkarte ist klug und extrem fair kalkuliert.

Tel.: 03463 555 85
8510 Stainz
Rassach 45a
www.dasursprung.at
dasursprung@gmail.com

DIE MÜHLE 14/20

Koch: Maximilian Grandtner

In den unteren Räumlichkeiten der Mühle hat Johann Schmuck das Restaurant „Terra" eingerichtet, das von September bis April alternierend zum „Broadmoar" in Oisnitz betrieben wird. „Die Mühle" aber bleibt weiterhin ganzjährig auf internationalem Kurs und so sitzt man an diesem besonderen Platz über dem murmelnden Fluss und entnimmt das Besteck umfunktionierten Zigarrenkisten. Unkonventionell ist auch die Speisekarte mit einer kleinen, feinen Auswahl. Wer sich gern überraschen lässt, wählt tischweise vier oder sechs Gerichte. Eine winzige Kluppe hält einen Sellerietaco mit geriebenem Dotter in Form, Forellenkaviar toppt die großzügig dimensionierte Dragon Roll mit gebackener Garnele. An das zarte Rinderfilet und ein Stück vom Kalbsrücken schmiegt sich Karottencreme. Das Vanillesoufflé schwebt erhaben über dem Tassenrand wie die Terrasse über dem Fluss. Neben Signature Drinks werden auch glasweise Weine von lokalen bis zu internationalen Winzern geboten.

à la carte: 6–35 €

Tel.: 0664 501 12 69
8510 Stainz
Rathausplatz 2
www.muehle-stainz.at
die-muehle@outlook.com
Di–Do 17–23,
Fr und Sa 12–23 Uhr
♿

RAUCH-HOF

13,5/20

Köchin: Karin Rauch

Der etwas außerhalb von Stainz gelegene Rauch-Hof bietet neben Nächtigungsmöglichkeiten, Schwimmteich und Tennisplätzen auch ein attraktives Restaurant, in dem Karin Rauch unter anderem die hauseigenen Forellen gekonnt zubereitet. In der traditionellen Gaststube oder im großzügigen Gastgarten kann man sich das in Zitrus gebeizte Forellenfilet mit reichlich Fenchel-Orangen-Salat, eine kräftige Kürbis-Apfel-Cremesuppe oder die rosa Beiriedschnitte mit Räucher-Cremepolenta und selbst gezogenem Gemüse schmecken lassen. Dazu gibt es eine Schilcher Barrique Reserve 2018, die so gar nichts mit dem oft als sauer empfundenen regionalen Wein gemein hat. Solide Desserts, freundlicher Service.

à la carte: 12–28 €

Tel.: 03463 28 82

8510 Stainz
Wald 21

www.rauch-hof.at
office@rauch-hof.at

Mi, Do 18–21.30, Fr, Sa 12–14.30 und 18–21.30, So 12–14.30 und 18–20.30 Uhr

TERRA Ⓝ

15,5/20

In den unteren Bereich der Mühle in Stainz ist das dritte Restaurant von Johann Schmuck eingezogen. Eingebettet in eine Welle aus Holzsprossen mit digitalem Kaminfeuer und Moos an den Wänden finden sich eine Hand voll Tische im „Unterboden“, so auch der Adresszusatz des neuen „Terra“. Im Unterschied zum „Broadmoar“, das Schmuck alternierend im Frühling und Sommer betreibt, lockert er hier die gelebte Mikroregionalität ein wenig auf. Es zeigt sich, dass er mit dem Neubeginn auch neue Energie und mehr Tiefe gewonnen hat. Gleich der Einstieg ist dem Namen des Lokals entsprechend erdig – Wasser aus einer mineralstoffreichen Quelle mit herausforderndem Schwefelgeruch zu geschmorter Haferwurzel und schwarzem Knoblauch. Es folgt eine besänftigende Zwiebelcreme mit gebeiztem Dotter zum Beef Tatar im Minicornetto und auch das knusprige Rehbällchen mit Chorizogel schürt die Vorfreude auf das Menü. In fünf und sieben Gängen wird aufgewartet, darunter herausragende eigenständige Gerichte wie in Himbeeressig marinierter Saibling, Kohlrabiblätteröl und cremig gefrorene Herbsthimbeeren oder eine weitere fruchtig-würzige Paarung aus Kürbis mit Safran und eingelegten Beeren. In der Weinbegleitung überrascht Sommelier Joachim Retz gern mit Raritäten. Auch in der Karte finden sich so spannende wie außergewöhnliche Weine. In der Küche wird auch Traditionelles kreativ komponiert. So bringt ein Vogerlsalat alle Komponenten mit sich, die es braucht – Erdäpfelschaum legt sich schützend auf die Salatcreme, mit Speckstaub und Trüffeln eine köstliche Interpretation. Hühner- und Entenleber werden im „Armen Ritter“ exzellent mit Zwetschken in verschiedenen Texturen aufgeschichtet – exzellent! Kooperiert wird mit heimischen Züchtern wie beim präzise gekochten, zart gegarten Ile-de-France-Lamm mit sanfter Tannennadelnote. Mit der „gebrannten Milch“ am Ende – mit Holzkohle angesetzt, dazu feinsäuerliche Hagebutte – gelingt ein weiterer Höhepunkt.

Tel.: 0664 238 28 60

8510 Stainz
Rathausplatz 2/Unterboden

www.johann-schmuck.at
reservierung@
johann-schmuck.at

Di–Sa 12–13 und 18–19 Uhr, Montag auf Anfrage

WIRTSHAUS IM STAINZERHOF

12/20

Koch: Bernhard Klinger

Im schönen, durch die Verbundenheit mit Erzherzog Johann auch historisch aufgeladenen Stainz macht sich das Wirtshaus im Stainzerhof nach einem Wechsel wieder fit und attraktiv. Der Gruß der Küche mit einer Miniatur an Kurzgebratenem war ein gelungenes Entree, gefolgt von einer Burrata mit Erbsendips und Kirschen – ein dezenter Hinweis auf die wiedererlangte Küchenqualität, wie auch die köstlichen Entenmedaillons mit raffinierten Sellerievariationen und ebenso die vegetarische Fregola Sarda mit Kräuterseitlingen und Basilikum unterstrichen. Einladend an warmen Tagen: die Terrasse am Bach.

à la carte: 14–24,50 €

Tel.: 03463 22122
8510 Stainz
Grazer Straße 2
www.stainzerhof.at
welcome@stainzerhof.at
Di–Sa 11.30–14 und 17.30–21 Uhr
1.–23. Jänner 2023

STRADEN M5

GENUSSTHEATER

15/20

im Weingut Krispel

Koch: Daniel Weißer

Aus der Buschenschank ist ein Genusstheater geworden. Um den beiden Leitprodukten der Familie Krispel – Wein und Wollschwein – eine Bühne zu geben, wurde der Betrieb komplett neu gestaltet. Ein stilisierter Holzvorhang umrahmt die Tische im Innenhof, linker Hand liegt die einsehbare Küche. Im Restaurant mit den gemütlich gehaltenen Stuben wird dem Thema Mangalitza in vielerlei Hinsicht Aufmerksamkeit zuteil, frei nach dem Motto „From wine to tail" mundet etwa ein perfekt in Schmalz gegarter Saibling. Präzise ausgeführt präsentiert sich der Dry-Aged-Wollschweinrücken, ideenreich der pikante „Germknödel" aus Goldrübe mit Mohn und der Kaisergranat mit zart schmelzendem Neusetzer, ein weißer Speck, der luftdicht in Basalttrögen reift. Generell kombiniert der Küchenchef mit Vorliebe Umaminoten – je nach Jahreszeit Pastinake, Sellerie, Pilze, aber auch sämige Misosauce und knuspriges Getreide, etwa zu gebackener Melanzani. Drei Menüs stehen zur Auswahl, von bodenständig bis kreativ. Flexibel geht der ausgezeichnete Service

Tel.: 03473 78 62
8345 Straden
Neusetz 29
www.krispel.at
genusstheater@krispel.at
Di–Sa 18–20.30 Uhr
variabel

auf den Wunsch ein, sich aus den verschiedenen Menüs eine individuelle Abfolge zusammenzustellen. Patissière Lisa Krispel setzt mit einer Komposition aus erdigem Sesam und säuerlicher Mandarine einen interessanten Schlusspunkt. Begleitet wird nicht nur mit Stefan Krispels ausgezeichneten Vulkanlandweinen, auch in der angegliederten „KostBar" beinhaltet die äußerst bemerkenswerte Weinkarte interessante Posten zur Verkostung.

à la carte: 10–35 €

SAZIANI STUB'N

17/20

Koch: Christoph Mandl

Die Saziani Stub'n in Straden war schon immer ein ganz besonderer Platz. Nachdem Harald Irka und später auch Walter Triebl in einen anderen Betrieb wechselten, machte Albert Neumeister aus der Not eine Tugend und ließ ein ganzes Team ans Werk. Thomas Hofmarcher, Manuel Ulrich, Filip Jug und Marcel Frei kochten Seite an Seite, hierarchiefrei und vor allem kreativ. Sie verwendeten Garum und Basilikum, Seealgen und Koji, Tonkabohnen und Tapioka. Albert Neumeister konnte zufrieden sein. Die Gäste waren es jedenfalls. Im Sommer entschied sich der Patron dann doch für den bewährten Weg und für einen neuen Küchenchef. Christoph Mandl hat die letzten 12 Jahre seines Berufslebens im Taubenkobel gekocht. Zuerst an der Seite von Walter Eselböck, dann an der von Alain Weissgerber. Anfang September schickte er sein erstes Menü aus der Küche, und es ist großartig. Eines der ersten Gerichte in der Menüfolge nennt er schlicht „Waldboden". Hauchdünne Pilze und ein Sud, der Erdigkeit und Eleganz auf zauberhafte Weise verbindet. Mandl macht auch keinen Hehl aus seiner Herkunft. Sein Hauptgang, die Taube, zeigt seine Taubenkobel-Wurzeln sehr klar. Trotzdem ist da deutlich mehr auf dem Teller als Brust und Haxerl. Und damit ist nicht die Menge gemeint. Es ist seine Handschrift, die mit diesem Gericht rüberkommt. Präzision und Eleganz, Fokus auf das Produkt (die Taube kommt von einem bewährten Züchter im Burgenland, die Feige vom Feigenbaum, der gleich hinter der Außenwand der Küche steht). Das bringt uns zum Dessert. Es heißt einfach „Saziani-Garten" und vereint, was ebenda wächst. Außer die Feige. Die hatte ihren Auftritt bereits bei der Taube. Erwähnenswert ist auf jeden Fall noch, dass die Saziani Stub'n ein kontrollierter und zertifizierter Bio-Betrieb ist. Das Weingut sowieso und schon länger. Aber eben auch die Gastronomie, in der laut Albert Neumeister ein Bio-Anteil von fast zwei Drittel erreicht wird. Last not least: Dass Albert Neumeister weinmäßig aus dem Vollen schöpfen kann und dabei eine sichere Hand für Weinempfehlungen hat, ist längst kein Geheimnis mehr. Wir wollen es einfach noch einmal gesagt haben.

à la carte: 15–35 €

Tel.: 03473 86 51
8345 Straden
Sazianiweg 42
www.neumeister.cc
saziani@neumeister.cc

Di–Fr 18–20, Sa 12–13.15 und 18–20 Uhr
variabel

STRASS IN DER STEIERMARK N5

OLIVER KOCHT 13,5/20

Koch: Oliver Kerngast

Im Sommer sind die Tische auf der weitläufigen Wiese im Garten verteilt, in der kühleren Zeit lockt das behagliche Ambiente der Räumlichkeiten, die nun von der vierten Generation genutzt werden. Oliver Kerngast versteht es ausgezeichnet, mit seiner Küche ein breites Publikum – vom Stammgast bis zum Weitgereisten – anzulocken. Ein junges, engagiertes Serviceteam kümmert sich umsichtig um die Gäste. Die Weinkarte ist nach regionalen und österreichischen Winzern ausgerichtet, eine Auswahl an offenen, großteils steirischen Weinen liest man von einer Magnumflasche ab. Was die Region zu bieten hat, wird schmackhaft verarbeitet, wie Teigtascherl mit Ricottafülle oder der „Rote Teppich": Rindscarpaccio mit einer bunten Mischung an Beigaben – vom würzigen Bärlauchpesto bis zu mit Sesamöl behandelten Wakame-Algen. Ein herzhaftes Backhendl schmeckt ebenso wie Lavendeleis zur Crema catalana. Dem Lokal ist ein Stellplatz für Wohnwagen und Wohnmobile angegliedert.

Tel.: 03453 210 01
0664 416 09 93

8472 Straß in der Steiermark
Murfelder Straße 42

www.oliver-kocht.at
servus@oliver-kocht.at

Mo 17–21, Di–Fr 11.30–15.30 und 17–21 Uhr
✲ Jän.–Febr. 2023

THÖRL L3

HUBINGER 14/20

Koch: Johann Wöls

Die Kräuter- und Gemüsegärten hinterm Haus sind ein Hinweis auf die Leidenschaft für feine Aromen. Hans Wöls ist ein „alter" Haudegen im Geschäft, den Hubinger führt er seit 30 Jahren. Stets mit Steigerungen – manchmal in Nuancen, dieses Mal mit einem Kracher: Rehnüsschen sind ein Wirtshausklassiker, Wöls serviert sie auf Portweinsauce mit Kohlrabi, Erdäpfelnudel und – jetzt folgt der Streich von Meisterhand – Erdbeeren. Die fruchtig-frische Süße erweist sich als aufregende Gespielin. Ähnliche Kunststücke gelingen auch mit weiteren Gerichten. Höhenflüge, die nie an Bodenhaftung verlieren.

à la carte: 8–30 €

Tel.: 03861 81 14
0664 100 99 15

8622 Thörl
Etmißl 25

www.hubinger.com
office@hubinger.com

Mi–Sa 11.30–14 und 17.30–21, So 11.30–16 Uhr
✲ variabel

TRAUTENFELS K3

KRENN 12,5/20

Im Gasthaus Krenn ist man mit den Gästen per Du, daher fühlt man sich schnell wohl. Ein gut gezapftes Bier oder ein Glas Sauvignon Blanc zu Beginn – und schon kann es mit saurer Rahmsuppe mit Erdäpfelsterz – angeblich Erzherzog Johanns Lieblingssuppe – oder Rindfleischsulz deftig losgehen. Spinatknödel mit Salbeibutter oder das klassische Backhenderl mit Preiselbeeren sowie gemischtem Salat sorgen für kulinarische Zufriedenheit. Melonensorbet oder eine flaumige Sachertorte runden den Besuch ab.

Tel.: 03682 222 74

8951 Trautenfels
Pürgg 11

www.gasthauskrenn-puergg.at
info@gasthauskrenn-puergg.at

TURNAU L3

WIRTSHAUS STEIRERECK 15/20

Koch: Heinz Reitbauer

Ganz rund lief es am Pogusch bei unserem heurigen Besuch nicht. Das – genügend vorhandene – Servicepersonal agierte ziemlich unkoordiniert und die Küche hatte auch nicht alles im Griff. Das Eierschwammerl-Tatar mit Liebstöckel war zwar ein starker Auftakt, danach gab es aber einige Hänger. Gut, zugegeben, die steirische Flecksuppe mit wildem Majoran schmeckte auch, aber beim Kotelett vom Pogusch-Hausschwein begann man zu grübeln: Das Fleisch war schon ziemlich kalt und die dazu servierten Kartoffeln machten geschmacklich kaum noch Freude. Den Besuch rettete der gebratene Zander mit jungen Fisolen und Steinpilzen. Seit einiger Zeit gibt es am Pogusch auch die Möglichkeit, den Köchen in der „Schankkuchl" über die Schulter zu blicken und bei der Zubereitung der Gerichte live dabei zu sein. Unter dem Motto „Wasser und Feuer" werden Hühnerhaxl, Lamm oder Zander zubereitet und anschließend an der „Schank" verspeist. Wir wissen, was wir am Pogusch haben, wünschen uns aber, dass sich der Betrieb unsere Kritik zu Herzen nimmt.

Tel.: 03863 2000
8625 Turnau
Pogusch 21
www.steirereck.at
pogusch@steirereck.at
Do–Sa 11.30–22,
So 11.30–21 Uhr
♿

TURRACH I4

GASTHAUS ZUM BERGMANN 13/20

Koch: Jakob Meier

WIRTSHAUS DES JAHRES 2017

Das Gasthaus zum Bergmann liegt etwas nördlich der Turracher Höhe, also auf der steirischen Seite des Dreiländerecks Salzburg–Kärnten–Steiermark. In der Wirtsfamilie Meier spielt die Jagd eine herausragende Rolle, daher hier ein paar Beispiele aus der Karte: Suppe mit Hirschleberknödel, Mufflonravioli, Tatar vom Rehbock, Ziegenkitzbeuschel, hausgeräucherter Hirschschinken. Allein dieser Gerichte wegen lohnt ein Zwischenstopp. Aber auch der Rest der Karte kann sich sehen lassen. Milchkalbskutteln mit Entenzungen, geschmortes Kalbsbackerl, pochiertes Welsfilet. Der Bergmann ist ein kulinarischer Fels in der Turracher Brandung. Und weit darüber hinaus.

Tel.: 0353 32 75
0676 553 83 25
8864 Turrach
Turrach 3
www.
gasthauszumbergmann.at
gasthofzumbergmann@
aon.at
Mi–So 11–14 und 178–22 Uhr
variabel

PHILIPP 14/20

im Genießer-Schlosshotel Seewirt

Koch: Philipp Prodinger

Mit dem Philipp hat sich Juniorchef Philipp Prodinger in seinem Genießer-Schlosshotel Seewirt auf der Turracher Höhe eine kulinarische Spielwiese erschaffen, auf der er erfrischend frei das Beste der Almen und der nahen Gewässer auf den Tisch bringt. Die Fischsuppe vom Kärntner Laxn wird mit Basilikumöl verfeinert. Das Beef Tatar vom Black Angus bereitet der Chef persönlich am Tisch zu. Wahrlich gelungen ist die Kombination aus steirischer Entenleber mit Gänseleber – vor allem auch deshalb, weil das Gericht mit Marillenchutney und Honigperlen ein kontrastreiches Aromenspektrum aufreißt.

Tel.: 04275 82 34
8864 Turrach
Turracher Höhe 33
www.schlosshotel-
seewirt.com
info@
schlosshotel-seewirt.com
Mi–So 12–20.30 Uhr

WEINITZEN L4

GENUSSTREFFPUNKT HÖFER 12/20

Koch: Manuel Höfer-Schwarze

Zu Recht macht die gelungene Mixtur im Genusstreffpunkt Höfer seit einiger Zeit die Runde. Hier setzt man auf heimische Küche, exemplarisch ausgeführt etwa anhand der aromatischen Kürbisvariation mit würziger Ziegenkäsemousse und karamellisierten Nüssen. Die Schwarzbrotwürfel in der leichten Kürbissuppe kamen leider schon durchweicht an den Tisch, perfekt serviert wurde dafür das einzige vegetarische Hauptgericht auf der Karte, Zweierlei Rüben – Gelb und Rot, geschmort und als Püree – mit deftigen Kartoffelpaunzen und Scheiben von der gestreiften Chioggiarübe auch sehr ansprechend angerichtet. Herrlich zart war das kräftige Rehragout mit Semmelknödeln. Als unerwarteter Höhepunkt erwiesen sich die Desserts: flaumige Topfen-Nougat-Knödel mit kräftigem Zwetschkenröster und Vanillecreme und die Hausvariation der Birne Helene – mit weißer Schokomousse, Portwein-Birnen-Sorbet und belgischer Schokolade. Ambitionierte Weinauswahl, sehr freundlicher Service.

à la carte: 3,50–64 €

Tel.: 03132 26 29
0664 184 65 61

8044 Weinitzen
Höhenweg 22

www.genusstreffpunkt.at
hoefer@genusstreffpunkt.at

Do, Fr 16–21, Sa 11.30–21,
So 11.30–16.30 Uhr
variabel

ZELTWEG K4

RESTAURANT STEIRERSCHLÖSSL 16,5/20

Koch: Martin Steinkellner

Der Küchenchef und sein Team verzaubern die Gäste mittags mit einem Businesslunch und abends mit regionalen Gerichten mit internationalem Touch sowie kreativen Gourmetmenüs. Die geräumigen Speisezimmer im Schlösschen sowie die Terrasse davor bieten ein herrschaftliches Ambiente. Das wöchentlich wechselnde Businesslunch-Menü ermöglicht es nicht nur den Hausgästen, sondern auch allen Tagesgästen, einen ersten Einblick ins Können des Küchenchefs zu erlangen. Das Herzstück der Küche ist allerdings das Gourmetmenü, welches seit Jahren ein Garant für einen kulinarisch gelungenen Abend darstellt. Für all jene, denen ein mehrgängiges Menü zu viel wird, bietet die À-la-carte-Karte eine Auswahl an hervorragenden Alternativen wie etwa den auf den Punkt gebratenen Wolfsbarsch auf Bärlauchrisotto oder auch ein Lammcurry. Der Mittelpunkt des Gourmetmenüs war ein Schweinebauch, neu interpretiert, der keine Wünsche offenließ. Die Kreativität des Hauses zeigt sich unter anderem im Pop-up-Sushi-Lokal, welches unbedingt besucht werden sollte, wenn es gerade vorhanden ist: eine Fusion aus moderner Küche und Sushi.

à la carte: 14,90–34,90 €

Tel.: 03577 226 01
0664 853 43 98

8740 Zeltweg
Hauptstraße 100

www.steirerschloessl.at
willkommen@
steirerschloessl.at

Mo–Sa 12–14.30 und 18–22,
So 18–22 Uhr

SCHLOSS-TAVERNE

im Schloss Farrach

16,5/20

Koch: Alexander Stöhr

Tel.: 03577 252 57
0660 158 55 03

8740 Zeltweg
Schlossweg 13

www.schlossfarrach.at
restaurant@
schlossfarrach.at

Mi–Sa 12–14 und 18–21,
So 12–16 Uhr

Schloss Farrach ist ein imposantes Haus, in dem man sich dank herzlicher Begrüßung und zuvorkommendem Service gleich willkommen fühlt. Auch kulinarisch werden die hohen Erwartungen erfüllt. Als Amuse-Gueule wurde Karpfensülzchen mit Senf-Dill-Schaum und Liptauer serviert: bodenständig und doch sehr raffiniert. Wir entschieden uns für das „Sechs Sinne"-Menü und wurden nicht enttäuscht. Ein Styria-Beef-Carpaccio mit Trüffelmayonnaise war ein gelungener Auftakt, gefolgt von Gänseleber auf knuspriger Butterbrioche. Ordentlich die gebackene Jakobsmuschel auf Kürbiscurry, wirklich gelungen das Ei mit getrüffeltem Kartoffelschaum. Der kalten Jahreszeit angemessen war die Kastanienschaumsuppe mit Rehbutterschnitzerl auf Rotkrautkonfit. Zweierlei vom Milchkalb mit Pilzen hätte ein perfekter Hauptgang sein können, wenn nicht der Jus etwas zu bitter gewesen wäre. Perfekt gereift die anschließende Käseauswahl, die jedoch leider ohne einen einzigen heimischen Vertreter zusammengestellt war. Für Vitamine sorgte dann eine Sorbetvariation aus Birne, Himbeere und Isabellatraube mit einem fruchtigen Beerenspiegel. Die empfohlene Weinbegleitung war stimmig und genauso fair kalkuliert wie das Menü selbst.

à la carte: 4,50–39,90 €

TIROL

DIE BESTEN

19/20	**STÜVA** Ischgl	Seite 403
18/20	**PAZNAUNERSTUBE** Ischgl	Seite 400
17,5/20	**INTERALPEN-CHEF'S TABLE** Telfs-Buchen/Seefeld	Seite 435
17,5/20	**ONIRIQ** Innsbruck	Seite 395
17,5/20	**STIAR** Ischgl	Seite 402
17,5/20	**TANNENHOF** St. Anton am Arlberg	Seite 424
17/20	**BERGGERICHT** Kitzbühel	Seite 406
17/20	**DER GANNERHOF** Innervillgraten	Seite 392
17/20	**GRÜNDLER'S GOURMETSTÜBERL** Achenkirch	Seite 376
17/20	**HUBERTUSSTUBE** Neustift im Stubaital	Seite 418
17/20	**SCHLOSSHERRNSTUBE** Ischgl	Seite 401
17/20	**SCHWARZER ADLER** Hall in Tirol	Seite 388
17/20	**SIGWART'S TIROLER WEINSTUBEN** Brixlegg	Seite 380
17/20	**TANNHEIMER STUBE** Tannheim	Seite 434
16,5/20	**KAMMERLI** Nauders	Seite 416

LEGENDE

- ○ Orte allgemein
- Orte mit (1 Haube)
- Orte mit (2 Hauben)
- Orte mit (3 Hauben)
- Orte mit (4 Hauben)
- Orte mit (5 Hauben)

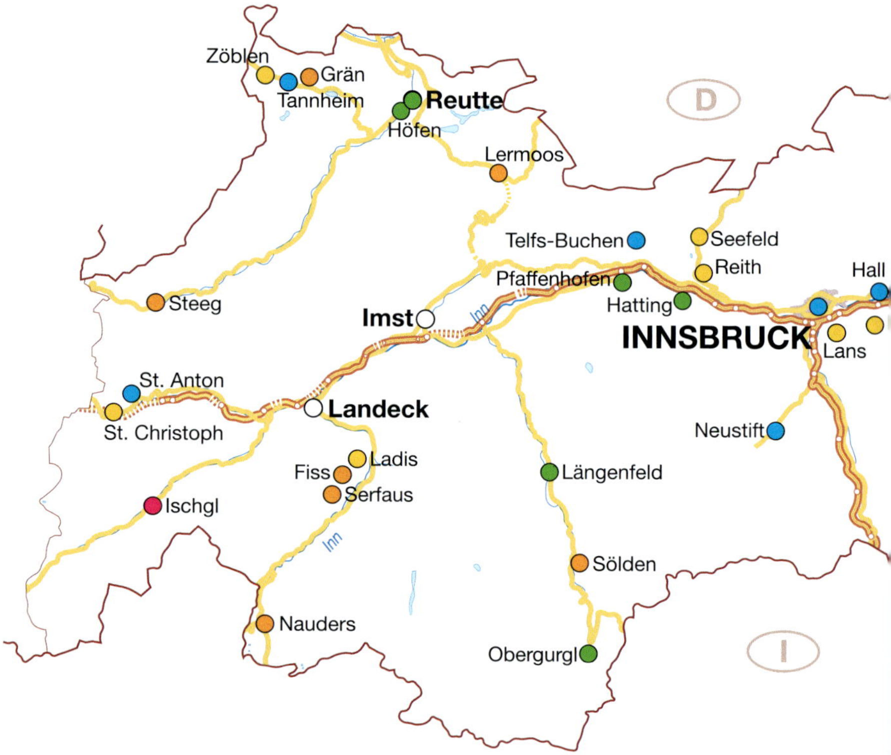

Erl
Ebbs
Kufstein
Schwoich
Ellmau
Söll
St. Johann
St. Jakob
in Haus
Going
Reith
Achenkirch
Achensee
Inn
Wörgl
Kitzbühel
ertisau
Maurach
Kundl
Brixlegg
Alpbach
Hopf-
garten
Kirch-
berg
Aurach
Schwaz
Jochberg
Fügen
Uderns
Wattens
Stumm
Zellberg
Zell
am Ziller
Hippach
Mayrhofen
im Zillertal
Tux
Hintertux
Matrei
Kals
am Großglockner
St. Jakob
in Defereggen
Nußdorf-
Debant
Lienz
Inner-
villgraten
Anras
Amlach
Strassen

ACHENKIRCH E3

GRÜNDLER'S GOURMETSTÜBERL 17/20

im Kulinarik- & Genießerhotel Alpin

Koch: Armin Gründler

Gründler's Gourmetstüberl ist nur eine Seite im Kulinarik- & Genießerhotel Alpin. Die andere ist ein herrliches Slow-Food-affines Wirtshaus. Beides großartig und mit jeweils sehr klarem, eigenem Profil. Wobei das Gourmetstüberl – zu Recht – das kulinarische Aushängeschild des Betriebs ist. Die Menüs, es gibt sie in vier, sechs und acht Gängen, sind außergewöhnlich und spannen einen eindrucksvollen Bogen über die Produkte der Region. Welche Produkte das sind, ist gleich am Beginn der Karte zu lesen. Akribisch und voller Wertschätzung werden die Partner auf die Bühne gebeten. Erst auf der Karte, dann auf dem Teller. Der Auftakt ist gleich einmal ein lukullischer Paukenschlag. Orientalisches Lammherz-Carpaccio mit Gewürz-Couscous, Granatapfel und Curry-Madrocas. Dann die Garnele aus Hall. Mit Seesaibling und grünem Apfel. Ein ebenso frischer wie erfrischender Gang. Deftig (und richtig gut) dann der geräucherte Kopfsalat, der mit Bauch vom Enger Almschwein, Blutwurst und Wachtelei daherkommt. Nichts für Zartbesaitete. Aber für alle anderen ein Traum. Nach dem Ochs mit Kräutermoos spielt Alexander Gründler, seines Zeichens auch diplomierter Käsesommelier, noch einen Trumpf aus: die Käsereise durch die Alpen. Und die gehen bekannterweise (weit) über Tirol hinaus. Eine wohlverdiente Aufwertung.

à la carte: 20–58 €

Tel.: 05246 68 00
6215 Achenkirch
Seestraße 35
www.kulinarikhotel-alpin.at
hotel@kulinarikhotel-alpin.at
Do–Mo 18–20.30 Uhr
✱ bis 15. Dez. 2022,
16. April–11. Mai 2023

GRÜNDLER'S GENIESSERWIRTSHAUS Tipp

im Kulinarik- & Genießerhotel Alpin

In gemütlicher Atmosphäre werden raffiniert zubereitete Klassiker serviert. Geschmacksgebend sind heimische Kräuter, frisches Fleisch von umliegenden Bauernhöfen sowie fangfrischer Alpenlachs und Saibling. Für einen gelungenen Abschluss sorgen ein kräftiger Almkäse mit burgenländischer Weinbegleitung oder für Naschkatzen ein herrlich flaumiger Kaiserschmarren sowie ein Holunderblütenparfait.

à la carte: 7,90–42 €

Tel.: 05246 68 00
6215 Achenkirch
Seestraße Nr. 35
www.kulinarikhotel-alpin.at
hotel@kulinarikhotel-alpin.at
Do–Mo 11.30–14.30 und
17.30–21 Uhr

ALPBACH F4

FUGGERSTUBE 14,5/20

im Hotel Böglerhof

Koch: Hannes Treichl

Die im Original erhaltene, geschichtsträchtige Fuggerstube stammt aus dem 15. Jahrhundert und ist ein architektonisches Juwel sowie ein Ort, der gutes Essen und gutes Trinken verspricht. Nach dem Gruß aus der Küche kommt ein Backerl vom Duroc-Schwein auf den Tisch – klingt chic, fällt aber leider etwas zu trocken aus. Der Sellerierisotto ist geschmacklich sehr fein, die Textur der Selleriewürfel allerdings etwas zu fest. Das Kalbsbries mit Süßkartoffel wiederum ist etwas zu weich in seiner Konsistenz. Richtig gut, geradezu meisterlich geraten die folgenden Gerichte: der Kuchen aus dem Ötztal, das X.O.-Beef-Filet sowie das Karotten-Buchweizen-Dessert. Ausgezeichnet ist die Weinkarte, ebenso wie der Service! Fazit: Die Küche läuft nach und nach, Gang für Gang zur Höchstform auf.

Tel.: 05336 52 27

6236 Alpbach
Nr. 166

www.boeglerhof.at
info@boeglerhof.at

Do–Sa 19–23 Uhr

AMLACH/LIENZ G5

GENIESSER-PARKHOTEL TRISTACHERSEE 12/20

Koch: Christian Hofer

Wer dem Alltag ein, zwei Stunden entfliehen und fast schon ein Urlaubsgefühl in sich aufsteigen lassen will, dem sei die Panoramaterrasse des Parkhotels am Tristachersee empfohlen. Es ist einfach nur wunderbar, dem leichten Schaukeln der Wellen und im Sommer den zahlreichen Wasserratten im See nachzuschauen. Bei den Speisen sollte man sich unbedingt für Fisch entscheiden, insbesondere die selbst geangelten Forellen, Saiblinge oder Huchen sind zu empfehlen. Die Interpretation der Speisen ist klassisch, aber auch leicht französisch angehaucht. Sorgsam bestückte Weinkarte, sehr freundlich agierender Service. Auch die Familie lässt es sich nicht nehmen, Traditionsgäste sowie auch neue Gäste herzlich zu begrüßen.

à la carte: 18–37 €

Tel.: 04852 676 66

9908 Amlach/Lienz
Tristachersee 1

www.parkhotel-tristachersee.at
parkhotel@tristachersee.at

tgl. 12–14 und 18–21 Uhr
Mitte März bis Anfang Mai und Ende Okt. bis Mitte Dez. 2023

ANRAS G5

DAS PFLEGER 14,5/20

Koch: Thomas Mascher

Das Pfleger liegt an der Pustertaler Höhenstraße, im geschichtsträchtigen Ort Anras. Das Restaurant wirkt etwas altbacken – ganz im Gegensatz zu dem, was uns dann kulinarisch aufgetischt wird. Abgesehen von der kreativen und umfangreichen Aperitifauswahl ist es das Überraschungsmenü, das uns im wahren Wortsinn überrascht. Die Knoblauchschnecken mit fermentiertem, eingelegtem Gemüse sind tatsächlich unerwartet – die anfängliche Skepsis schlägt bald in Begeisterung um. Auch die Hummersuppe mit Sellerie und Apfel ist vorzüglich. Sehr gut auch die darauf folgenden Kürbisteigtaschen mit Feta und Kürbiscreme, vielleicht ein Hauch zu viel Orange. Ungewöhnlich, aber fein der Hauptgang: Hirsch mit Schokoladensauce, Topinamburpüree und Hummer. Auf dem Teller hätte das Gericht allerdings eine Spur mehr Aufgeräumtheit und Ordnung verdient. Zum Abschuss gibt es Brombeereis mit Lebkuchencrumble und einer Birnen-Crème-brulée – ein spannendes und ausgesprochen gutes Dessert. Der Service ist aufmerksam, aber etwas kurz angebunden, die Weinkarte ausgewogen und fair kalkuliert. Wir kommen wieder, dann sitzen wir hoffentlich auf der Panoramaterrasse mit grandiosem Ausblick auf die Lienzer Dolomiten.

à la carte: 19–33 €

Tel.: 04846 62 44
0664 915 91 67

9912 Anras
Dorf 15

www.hotel-pfleger.at
info@hotel-pfleger.at

Do–Mo 12–14 und 18–21 Uhr
✽ variabel

AURACH BEI KITZBÜHEL G4

HALLERWIRT 12/20

Köchin: Beatris Moser

Im Raum Kitzbühel kommt man am Hallerwirt nicht vorbei – und das ist durchaus positiv gemeint. Der prachtvolle Erbhof gleich gegenüber der Auracher Kirche ist eines der ältesten Holzblockhäuser in der Gegend. Seit Generationen wurde es also innerhalb der Familie weitergegeben, nun ist es seit 20 Jahren an Monika und Jürgen Stelzhammer, sich um das Haus zu kümmern und Gastlichkeit auf gehobenem Wirtshausniveau zu erhalten. Was auch Jahr für Jahr gelingt – von den Tiroler Klassikern wie Daumnidei mit Sauerkraut über Wildragout mit Serviettenknödel bis zum Carpaccio vom Jungstierrücken und den sehr guten Steaks. Dass die Preise erhöht wurden, ist sicher der Gegend und Corona zuzuschreiben, aber 41 Euro für eine Hauptspeise liegen in einem Wirtshaus schon über der Schmerzgrenze.

Tel.: 05356 645 02

6371 Aurach bei Kitzbühel
Oberaurach 4

www.hallerwirt.at
willkommen@hallerwirt.at

BRIXLEGG E4

HERRNHAUS 11/20

Koch: Lukas Moigg

Geschichte und Geschichten begegnen dem Gast im historischen Herrnhaus auf Schritt und Tritt. Die jahrhundertelange Historie des Hauses scheint dabei im Hier und Jetzt zu kulminieren und eine zeitgemäße Manifestation zu finden. Die Stuben, etwa die Zirbenstube, sind dabei überaus heimelig. Was auf den Teller kommt, bewegt sich aber zum Teil deutlich abseits einer allzu großen Gemütlichkeit und traditionellen Vertrautheit. Eine ausdifferenzierte Weinkarte ist diesbezüglich der Wegbegleiter hin zu Gerichten mit hohem Qualitätsanspruch, die zwar in der Heimat verwurzelt sind, aber sich gerne weit in die große Welt der Geschmacksmöglichkeiten hinauswagen.

à la carte: 13,40–32,50 €

Tel.: 05337 622 23
6230 Brixlegg
Herrnhausplatz 1
www.herrnhaus.at
kontakt@herrnhaus.at
So–Di 11.30–14 und 17–21,
Mi–Fr 17–21 Uhr
3 Wochen im Juli 2023

SIGWART'S TIROLER WEINSTUBEN ⊘ 17/20

Zur grauen Katze

Köchin: Gertrud Sigwart

Tel.: 05337 633 90

6230 Brixlegg
Marktstraße 40

www.tiroler-weinstuben.at
tiroler-weinstuben@aon.at

Do 17.30–21.30,
Fr–So 12–21.30 Uhr
15. Mai bis 7. Juni 2023

Tradition ist etwas, das in Sigwart's Tiroler Weinstuben eine hohe Bedeutung hat. Der „alte" Wirtshausname – Gasthaus zur grauen Katze – ist daher auch immer noch an der Hauswand zu lesen. Der Name geht auf das Jahr 1774 zurück. Seit 1850 ist die Gaststätte in der Hand der Familie Sigwart. Heute, sechs Generationen später, ist die Tiroler Weinstuben immer noch ein Familienbetrieb, bei dem jeder anpackt und die Rollen trotzdem klar verteilt sind. Traudl Sigwart virtous in der Küche, Anton Sigwart souverän im Service. Wobei Anton nicht nur ein hervorragender Sommelier, sondern auch Jäger und Bienenzüchter ist. Beides, die Jagd wie die Imkerei, hinterlässt auch Spuren im Menü. Die Tiroler Weinstuben sind jedenfalls ein Fels in der kulinarischen Brandung Tirols. Die Menüs wechseln monatlich, Klassiker dürfen länger bleiben. Ein paar Beispiele aus dem Herbstmenü, das die Sigwarts nicht Herbstmenü, sondern „Sommerblues" nennen, gefällig? Die „Waldpilztorte" etwa sind geschichtete Kräutercrêpes mit einer Duxelles aus Waldpilzen und einer Madeira-Glasur. Das Tiroler Reh kommt mit Nusspaunzen, kräftigem Jus und Hollermandl. Bei den Desserts fällt die Wahl schwer. Einerseits wird man die Moosbeernocken mit Almjoghurteis in Tirol besser (und schöner) nicht bekommen, andererseits gibt es die Honigkreation „In Dankbarkeit an Antons Bienchen", eine herrlich-süße Komposition aus Honig-Joghurtmousse, Germteigkrapferl mit Honig-Karamell-Sauce und Montélimar-Nougat, also türkischem Honig. Traudl Sigwarts Küche ist zwar bunt, aber von den Produkten her klar der Heimat und vom Stil klar der französischen Klassik verpflichtet. Wir finden, es reicht. Wer auf so solider Basis auf derart hohem Niveau kocht, hat eine vierte Haube verdient. Wir gratulieren. Und freuen uns auf den nächsten Besuch.

à la carte: 26–66 €

EBBS F3

DER UNTERWIRT

14,5/20

Das kleine Gourmethotel

Koch: Christian Ranacher

Aperitif in einem herrlichen Garten und dann ab in eine der schönsten Gaststuben des Landes. Zwei der vier Steindl-Schwestern sind die Unterwirtinnen und großartige Gastgeberinnen. Hier ist man sofort angekommen. Spannende Menüvarianten (Gourmet, Carte blanche, Klassik mit drei, vier oder fünf Gängen): Wir haben aus jeder Variante gewählt. Alles klingt gut und einiges kommt auch in der erhofften Qualität: Gerstel mit Dotter und Salbei oder das Schwarzfederhuhn mit Pastinake. Bei Gerichten wie Zunge/Jakobsmuschel/Artischocke oder dem Seesaibling mit Rhabarber waren weder Produktqualität noch Komposition auf hohem Niveau. In solch stimmiger Umgebung ist wohl der Fokus auf hyperregionale, saisonale Speisen ein passender Weg. Gute, smarte Weinauswahl und tolle Edelbrände. Man hat hier auf jeden Fall einen gemütlichen Abend – und wir sind sicher: Die Küche wird ihr Potenzial noch weiter ausschöpfen.

à la carte: 22–38 €

Tel.: 05373 422 88
6341 Ebbs
Wildbichler Straße 38
www.unterwirt.at
info@unterwirt.at
Mi 18–21.30, Do–Sa 12–14 und 18–21.30, So 12–21 Uhr
Nov.–Mitte Dez. 2023

ELLMAU F3

KAISERHOF 14,5/20

Koch: Günter Lampert

Seit 2008 sendet die reichweitenstarke TV-Serie „Der Bergdoktor“ die schönsten Bilder der Region Ellmau in den Kitzbüheler Alpen auf den TV-Bildschirm; „Tirol pur“ sozusagen. Der Nobelort Kitzbühel liegt gleich um die Ecke. Günter und Bianca Lampert haben hier, in Ellmau, ein erstklassiges Wohlfühlrefugium geschaffen. Auf gleich fünf Ebenen erstreckt sich der weitläufige Wellness- und Relaxbereich in diesem 2020 nochmals erweiterten Hoteljuwel, Infinitypool auf dem Dach mit imposantem Blick auf das Kaisergebirge und die Kitzbüheler Alpen inklusive. À-la-carte-Gäste kommen ebenso wie Hotelgäste in den Genuss des täglich neuen Gourmetmenüs, ergänzt mit alternativen vegetarischen Angeboten. Das Gericht vom Schwarzfederhuhn Suprême mit Zitrone, Waldpilzen und Kartoffeln möchte man am nächsten Tag gleich wieder probieren. Der Service und die zum Menü empfohlene glasweise Weinbegleitung waren ebenfalls top.

Tel.: 05358 20 22
0664 540 81 20

6352 Ellmau
Harmstätt 8

www.kaiserhof-ellmau.at
info@kaiserhof-ellmau.at

Mi–Sa 18–21.30 Uhr

ERL F3

BLAUE QUELLE

14/20

Hotel Gasthof

Koch: Alexander Struth

Unweit des Festspiel- und Passionsspielhauses findet man ein Traditionsgasthaus, das nicht nur die Besucher der Festspiele Erl für sich entdeckt haben. Wir nehmen Platz im gemütlichen Gastgarten und freuen uns auf das, wofür die „Blaue Quelle" steht: Wirtshausküche im besten Sinn mit österreichischen Klassikern, angereichert um ein paar internationale Gerichte wie das fein-würzige Kräuter-Fisch-Tatar. Aber zurück zu den Klassikern: herrlich das gebackene Kalbsbries mit einer Panade, die besser nicht geraten kann. Und, wir haben Glück, es ist Sonntag und es gibt ofenfrischen, knusprigen Schweinsbraten – ein Gedicht! Das Dessert – Valrhona-Nudeln mit Kirschen – überzeugt weniger. Gute Weinkarte für jede Börse, angenehmer Service. An den Preisen erahnt man bereits das nahe München.

à la carte: 6–56 €

Tel.: 05373 81 28
6343 Erl
Mühlgraben 52
www.blauequelle.at
info@blauequelle.at

Mi–Sa 12–13.30 und 18–21.15,
So 12–13.30 und
17.30–20.30 Uhr
variabel

DRESCH

11,5/20

Gasthaus-Hotel

Koch: Karl Anker

Das Genießergasthaus Dresch macht seinem Namen wieder einmal alle Ehre. Von außen eher unauffällig, umhüllt es einen im Inneren sofort durch seine behagliche Atmosphäre in gekonnt reduziertem Tiroler Stil. Mittlerweile wissen auch die Festspielgäste im nahen Erl, dass es hier gehobene Gasthausküche gibt: bodenständig und heimatverbunden. Die Küche arbeitet mit regionalen Produkten von nah und fern (Lachssaibling aus Mariazell), der Service ist aufmerksam, flink und herzlich. Die Weinkarte entspricht einem Restaurant dieser Güte. Insgesamt ein Haus, in das man gerne einkehrt.

à la carte: 12–35 €

Tel.: 05373 81 29
6343 Erl
Oberweidau 2
www.dresch.at
anker@dresch.at
Mo, Di, Fr 17.30–20.300,
Sa und So 11.30–13.45 und
17.30–20.30 Uhr
variabel

FISS C4

BEEF CLUB

15/20

im Schlosshotel Fiss

Köche: Mathias Seidel & Nikolaus Platteter

In der Urlaubsregion Serfaus-Fiss-Ladis mausert sich der Zwei-Saisonen-Urlaubsort Fiss zum kulinarischen Zentrum des Tals, jedenfalls was die auch für externe Gäste zugänglichen (Hotel-)Restaurants betrifft. Und hier sticht vor allem das „Beef Club" getaufte Fine-Dining-Restaurant des pompös über der Gemeinde gelegenen Schlosshotels Fiss heraus. Das stylish designte Feinspitzrefugium verfügt über eine einsehbare Küche und muss keinen Vergleich in Westösterreich scheuen. Den Start des Menüs machte an diesem Abend eine mehrteilige Amuse-Auswahl aus Kartoffel mit Imperial-Kaviar, Duroc-Schwein mit Passionsfrucht und Gin, Mais, Geflügelleber und knusprige Haut, „Beef", Enten-Germknödel und Tuna mit Mango. Sowohl für Auge und Zunge ein Hochgenuss! Exzellent geriet auch der Menüauftakt mit Saibling und Lauch, Gänseleber mit Birne und Verjus und die Trüffel-Consommé mit Madeira, Knochenmark und Périgord-Trüffel. Das Beef-Club-Team will kulinarisch hoch

Tel.: 05476 63 97
6533 Fiss
Laurschweg 28
www.schlosshotel-fiss.com
service@
schlosshotel-fiss.com
Mi–So 18–21 Uhr

hinaus, was auch der vortrefflich umgesetzte Carbonara-Raviolo mit Eigelb, Wurzelspeck und Spinat sowie auch die auf den Punkt gegarte Seezunge mit Topinambur und Lardo unter Beweis stellten. Nach dem souverän umgesetzten Kalbskopfgericht mit Umoboshi-Plaume und Räuchernage wurde Sake serviert. Auch bei den anderen Getränkeempfehlungen bewies der aufmerksame Service ein gutes Händchen, dem sehr gut bestückten Weinkeller sei gedankt. Der Rehgang war eines der Highlights in diesem Jahr. Camembert mit reifen Feigenaromen und ein Sauerrahm-Dessert mit Limette, weißer Schokolade und Kumquat finalisierten ein herrliches Dinner-Erlebnis.

à la carte: 28–98 €

BRUDERHERZSTUBE

14,5/20

im Hotel Das Marent

Koch: Christian Marent

Küchenchef und Patron Christian Marent hat bei einigen der interessantesten Küchenchefs gelernt. Dass er sein Handwerk versteht, sieht man auf verschiedenen Ebenen. Sein Dinner-Restaurant hat hinsichtlich der Gestaltung nichts von alpinem Kitsch, sondern besticht vielmehr durch eine ausstattungs- und lichtreduzierte Internationalität, wie man sie beispielsweise des Öfteren auch in Spanien vorfindet. Diesem Land auf der Iberischen Halbinsel ist auch der Küchenstil im Restaurant gewidmet. Es ist die wahrscheinlich einzige Adresse im Land, an der so viele Beispiele beziehungsweise Gerichte der (spanischen) Molekularküche angeboten werden. Abwechslung und eine ausgefallene, präzise Kochtechnik sind jedenfalls garantiert. Die Weinkarte ist sehr gut bestückt. Und auch hier dürfen Weinempfehlungen, insbesondere aus Spanien, nicht fehlen. Das Marent bietet ein interessantes Kontrastprogramm zu den anderen Restaurantangeboten in der Region.

Tel.: 05476 203 20

6533 Fiss
Oberer Spelsweg 6

www.bruderherzstube.at
genuss@bruderherzstube.at

Mo–Sa ab 18.30 Uhr

♿

FÜGEN E4

MOUNTAIN LOFT

11/20

Bergstation Spieljoch

Koch: Gian Paolo Pacchiele

Das Mountain Loft ist eigentlich die Bergstation. Die Architektur ist auffällig, mehr noch: spektakulär. Da haben sich die Fügener und die „Spieljochbahner" was einfallen lassen. Die Zillertaler Location bietet sommers wie winters Spaß und Erholung für Kinder, Outdoorfreaks und Bergsportler. Es gibt auch Frühstück, und zwar ein ziemlich gutes. Überhaupt ist die kulinarische Auswahl umfangreich. Unten ein legeres Bistro, oben am Sonnendeck ist eine Pizzeria und im ersten Stock befindet sich das Restaurant, in dem solide Küche mit Pep genossen werden kann.

à la carte: 6,90–60 €

Tel.: 05288 629 91
0676 886 322 22

6263 Fügen
Hochfügenerstraße 77

www.spieljochbahn.at
info@spieljochbahn.at

Mo–So 10–16 Uhr
❄ bis Mitte Dez. 2022,
Mitte April–Mitte Juni 2023

♿

GOING F3

BIO-HOTEL STANGLWIRT 11/20

Koch: Thomas Ritzer

Das Haus am Fuße des Wilden Kaisers hat Kultstatus, das Tiroler Imperium ist dort eigentlich gar nicht mehr wegzudenken. Die Kuhstall-Stube ist sozusagen legendär und dass hier so gut wie gar nichts ohne Reservierung geht, liegt auf der Hand. Kulinarisch orientiert sich das Haus mit seiner eigenen Bio-Landwirtschaft an heimischen Klassikern, der gespannte Bogen zwischen Tradition und Moderne liegt allerdings im Fokus. So gibt es neben bodenständigen Gerichten wie Schlutzkrapfen, Saftgulasch und Schweinsbraten auch zeitgemäße Gemüseküche wie die „Stangl-Bowl" oder frische Burrata auf Brotsalat. Bei den Desserts sind die hausgemachten Strudel immer eine gute Wahl, der vegane Beerenschmarren hinkt diesen aber keinesfalls nach. Die Weinkarte hält 800 Positionen bereit und bietet eine erlesene Mischung aus regionalen und internationalen Gefilden.

à la carte: 6–49 €

Tel.: 05358 20 00
0535 820 007 921

6353 Going
Kaiserweg 1

www.stanglwirt.com
daheim@stanglwirt.com

tgl. 11–22 Uhr

GRÄN C3

DAS MÜLLERS 14,5/20

im Hotel Sonnenhof

Koch: Patrick Müller

Das Müllers ist eines von zwei – im wahren Wortsinn – ausgezeichneten Lokalen im Sonnenhof in Grän. Der Unterschied zwischen den beiden Restaurants: Das Müllers versteht sich als Genießerwirtshaus und ist vielleicht eine Spur bodenständiger. Außerdem kann man dort auch mittags gut essen. Die Gemeinsamkeiten sind qualitativ hochwertige Produkte, eine Leidenschaft fürs Kochen und solides Handwerk. Ganz hervorragend sind übrigens die Wildgerichte. Und weil sich Wirtshausküche und ein Hauch Luxus nicht ausschließen, gibt es auch reichlich Trüffel, Gillardeau-Austern und Stör-Kaviar aus Salzburg.

Tel.: 05675 63 75

6673 Grän
Füssner-Jöchle-Straße 5

www.sonnenhof-tirol.com
post@sonnenhof-tirol.com

Mo und Di 12–17 Uhr,
Mi–So 12–14 und 18.30–21 Uhr
bis 16. Dezember 2022

© Ratko Medienagentur

GOURMETRESTAURANT ALPS & OCEAN 16/20

im Hotel Sonnenhof

Koch: Patrick Müller

Das Gourmetrestaurant Alps & Ocean und die Weinwelt der Brüder Patrick und Rainer Müller sind die Leuchttürme des Hotels Sonnenhof in Grän im Tannheimer Tal. Beide sind Meister ihres Fachs, wovon man sich beim siebengängigen Menü am besten selbst überzeugt. Gestartet wird mit einem Carpaccio von der Jakobsmuschel in einem würzigen Jus. Der Ozean lässt auch beim nächsten Gang grüßen: Der Geschmack der roh marinierten Gelbflossenmakrele wird durch die leichte Säure von Buttermilch noch verstärkt. Die Berge kommen mit einem wunderbaren Kaninchenragout mit Stockschwämmchen zu kulinarischen Ehren. Der Höhepunkt des Abends zeigt sich als pochiertes Ei mit Gänseleber, Topinamburcreme, garniert mit leicht nussigem Sommertrüffel. Das weiße Trüffeleis mit Kaviar beendet gekonnt die Vorspeisen, bevor es zum Hauptgang geht: Filet und Schulter vom Maibock – nicht anders zu erwarten, perfekt gegart und mit kräftigem Jus serviert. Das spektakuläre Ende des Menüs ist das kunstvoll angerichtete Dessert aus dunkler und weißer Schokolade, Himbeeren und Mandeln. Zusammen mit der gekonnt ausgewählten Weinbegleitung vom Chef des Hauses, ein Abend mit Erinnerungspotenzial. Übrigens ist auch die alkoholfreie Begleitung wärmstens zu empfehlen.

Tel.: 05675 63 75
6673 Grän
Füssner-Jöchle-Straße 5
www.sonnenhof-tirol.com
post@sonnenhof-tirol.com
Do–So 18.30–21.30 Uhr
❄ bis 16. Dezember 2022

HOTEL BERGBLICK

Tipp

Authentische Bergblick-Kulinarik bietet das Restaurant des gleichnamigen Hotels, denn hier hat man sich den heimischen Lebensmitteln verschieben. Das Fleisch kommt von der Alm, der Saibling aus dem See und die Äpfel von den Obstbäumen. Dazu gibt es eine große Portion Gastfreundschaft.

à la carte: 8,50–25 €

Tel.: 05675 639 60
6673 Grän
Am Lumberg 20
www.hotelbergblick.at
info@hotelbergblick.at
tgl. 12–21 Uhr

HALL IN TIROL E4

SCHWARZER ADLER® 17/20

Koch: Johannes Nuding

Johannes Nuding ist zurück in seiner Heimatstadt Hall in Tirol – und das mit Pauken und Trompeten. Dabei bedient er gleich zwei Gastrokonzepte im geschmackvoll umgebauten Traditionsgasthaus Schwarzer Adler. Das Bistro Secco und gleich nebenan ein kleines Gourmetrestaurant mit 30 Sitzplätzen, den Schwarzen Adler eben. Das Ambiente ist edel und leger gleichermaßen und schon der erste Gang zeigt, mit welchem Anspruch Nuding ans Werk geht: Er präsentiert eine Symphonie aus feinen Scheiben japanischer Gelbflossenmakrele und Bonito auf einer aromatischen Karfiolcreme und einem Granité aus Amalfizitronen. In die Creme ist Katsuobushi eingearbeitet, jene hauchdünnen Flocken vom getrockneten Bonito, die das Fundament der japanischen Küche bilden. Dazu roh mariniertes Gemüse und Früchte. Mit dem nächsten Gang zeigt Nuding, dass Genialität oft im Einfachen liegt: Borlotti-Bohnen-Kasserole. Die Hülsenfrucht in grasig-grünem Olivenöl und leicht scharfen Chorizowürfeln ist die Basis des mediterran anmutenden Gerichts. Getoppt mit Bouchon-Muschelfleisch, gegrilltem Sepia und fruchtigem, gelbem Paprika. Dazu wird auf einem kleinen Teller eine in Limoncello marinierte Gurke und Zucchini-Minze-Creme gereicht. Jede Zutat behält einen intensiven Eigengeschmack, doch die geballte Wucht der Komposition am Gaumen lässt sich kaum beschreiben. Weiter geht es mit einem Raviolo, gefüllt mit frischen Pfifferlingen, Steinpilzen und Dotter vom pochierten Ei in einer geräucherten Melanzani-Bouillon – Umami lässt grüßen. Dazu wieder ein kleiner Teller – dieses Mal mit einem Tandoori-Champignon und Joghurt. Auch hier lässt einen das fantasievolle Zusammenspiel der Aromen nur staunen. Zum Dessert gibt es Himbeeren mit Roter Bete und Manjari-Schokolade mit Salzkaramell und Haselnüssen. Dazu die Anleitung des Service, wie man den Löffel führen muss, um zum größtmöglichen Geschmackserlebnis zu kommen. Ausgewählte (und attraktiv kalkulierte) Weine machen den Premierenbesuch perfekt – großer Applaus und willkommen zurück in der Heimat!

Tel.: 05223 25122
6060 Hall in Tirol
Eugenstraße 3
www.schwarzeradler-hall.tirol

SECCO® 11,5/20

Koch: Johannes Nuding

Johannes Nuding geht in Hall mit einem Doppelkonzept an den Start: Auf der einen Seite des Adlers, der linken, befindet sich das Fine-Dining-Restaurant. Es ist unter „Schwarzer Adler“ hier im Guide zu finden. Im rechten Gebäudeteil befindet sich das Secco, Johannes Nudings zweites Projekt. Ein entspanntes Bistro mit umwerfenden Gerichten, die nach dem Motto „Sharing is caring“ in der Mitte des Tischs eingestellt und anschließend geteilt werden. Bei Schönwetter kann man die Ruhe und das Haller Altstadtflair auch draußen genießen. Die Gerichte sind so konzipiert, dass man ohne Probleme vier oder fünf davon bestellen kann. Und das sollte man auch.

6060 Hall in Tirol
Eugenstraße 3
www.schwarzeradler-hall.tirol
info@schwarzeradler-hall.tirol

HATTING

NEURAUTER 11/20

Koch: Franz Neurauter

Der Familienbetrieb Neurauter ist weithin für seine herzliche Gastfreundschaft und die Kombination traditioneller Tiroler Gerichte mit modernem Küchenkonzept bekannt. Verwendet werden vorwiegend regionale Produkte benachbarter Bauern – besonderes Augenmerk wird auf die Herkunft von Fleisch und Fisch gelegt. Hervorragend gebratene Gambas al ajillo und Pasta mit frischem schwarzem Trüffel aus Italien schicken den Gaumen in den Süden. Der Zwiebelrostbraten vom heimischen Rind in der Senfkruste, mit knusprigen Röstzwiebeln und hausgemachten Eierspätzle, holen uns nach Tirol zurück. Sehr zu empfehlen ist die Wirtshaus-Trilogie: Zillertaler Ofenleber mit 36 Stunden Sous-vide gegartem Bauch vom Hofschwein und Geschmortes vom Michelfelder Almochsen.

Tel.: 05238 882 54
6402 Hatting
Innstraße 1
www.gasthof-neurauter.at
info@gasthof-neurauter.at
Mo, Do, Fr und So 11.30–13.45
und 17.30–20.30,
So 11.30–16 Uhr
✻ September 2023
♿

HINTERTUX

BERGHOF CRYSTAL ⊘ 14,5/20

Hotel Spa & Sports

Koch: Bastian Dengg

Tel.: 05287 85 85
6293 Hintertux
Hintertux 754
www.berghof.at
info@berghof.at
Do–So 18.30–21 Uhr

Das wunderschöne Hotel Berghof liegt ganz am Ende des Zillertals in Hintertux. Wenn man nicht gerade Hotelgast ist, eine weite Reise, aber eine, die sich definitiv lohnt. In der Küche werkt der junge Küchenchef Sebastian Dengg, hoch ambitioniert und mit großer Leidenschaft. Das Menü umfasst sieben Gänge und zeigt schon auf den ersten Blick, dass die Vorliebe des Chefs darin liegt, traditionelle und heimische Produkte mit höchstem handwerklichem Anspruch zu kredenzen. Der Suppentopf, bestehend aus einer hocharomatischen Rehessenz mit Almkräuterröllchen, ist das erste Highlight des Abends. Umami lässt grüßen. Der nächste Teller – Alpengarnele mit einem Risotto von der Tiroler Gerste mit kräftigem Bergkäse, hausgebeiztem Rohschinken vom Hirsch und einem Kräuterschaum – hat unbedingt das Zeug zum Signature Dish. Zum Hauptgang gibt es Kalb in zwei Varianten, Filet und Bäckchen, beides in perfektem Garzustand. Dazu frische Eierschwammerl und knackigen Wilden Spargel. Zum Dessert bekommen frisch gepflückte Walderdbeeren in einer eisgekühlten Kugel aus Erdbeerschokolade ihren großen Auftritt. Große Kompetenz zeigt sich auch bei den stimmig ausgewählten Weinempfehlungen der Juniorchefin.

à la carte: 8–120 €

HIPPACH/SCHWENDAU E4

SIEGHARD ⊘ 13,5/20

Koch: Markus Bichler

Tel.: 05282 33 09
0676 912 15 75
6283 Hippach/Schwendau
Johann-Sponring-Straße 83
www.sieghard.at
info@sieghard.at
Di–Sa 18–21.30 Uhr
✱ Anfang Nov.–Anfang Dez. 2022

Sie nennen es „Kleines Hotel mit großer Küche“ und liegen dabei ganz richtig. Wobei das mit dem „kleinen“ Hotel Understatement ist. Vor allem, wenn man sich die Pläne für 2023 ansieht, die einen spektakulären Rooftop-Pool beinhalten. Aber zur Küche: Die ist nämlich tatsächlich außergewöhnlich. Ein fünfgängiges Genießermenü (um wohlfeile 95 Euro) das alle Stücke spielt. Gestartet wird mit einem klassischen Rindercarpaccio mit (weniger klassischer, dafür umso besserer) Trüffelmayonnaise.

Bei der Suppe kombiniert die Küche Kürbis mit Kokos und das gebratene Filet vom Wolfsbarsch kommt mit Safran-Miesmuschel-Risotto. Eine spannende wie gelungene Kombination. Richtig gut und ein klares Statement aus der Küche ist dann der Hauptgang. Rosa gebratener Rücken vom Hirschkalb mit Holunderjus, Pastinakencreme und – wieder ein alter Klassiker – Kartoffelpaunzen. Es gibt aber auch ein „Sharing Dinner" mit drei Gängen, das etwas günstiger ist. Und eine Karte, aus der man darüber hinaus noch wählen kann. In Summe sind ein entspannter Abend und Genuss garantiert.

à la carte: 13–40 €

HÖFEN C4

SENNERLAND

11,5/20

Koch: Martin Soyer

Aus dem Schwerpunkt der Kulinarik wird hier kein großes Geheimnis gemacht. Schon beim Betreten des recht großen Betriebs begrüßt uns eine gut gefüllte Käsetheke – und auch die Karte wird von Käse in jeder Ausführung dominiert. Freude bereiteten das pochierte Ei auf Kartoffelpüree und Spinat mit Parmesanschaum und die herzhafte Kaspressknödelsuppe, wohingegen sich just die Käsespätzle doch eher trocken präsentierten. Trost spendeten uns die gebackenen Mäuse in sehr origineller Präsentation, die Erinnerungen an die Oma wachriefen. Eines noch zum Abschluss: Ja, es gibt allerlei Käsegerichte, aber die Karte ist groß und es ist für jeden etwas dabei.

à la carte: 15–39 €

Tel.: 05672 724 00
0664 882 346 81

6604 Höfen
Hauptstraße 26

www.sennerland.at
info@sennerland.at

Di–So 11.30–20.45 Uhr

HOPFGARTEN IM BRIXENTAL F3

RESTAURANT ZEITLOS 12/20

Köchin: Tamara Lerchner

Mittelmeerküche in Tirol? Kann funktionieren, wie Chefköchin Tamara Lerchner im Tiroler Brixental beweist. Denn die Haubenköchin hat es sich zur Aufgabe gemacht, ihre Gäste mit eigens kreierten, abwechslungsreichen und anspruchsvollen Speisen zu verwöhnen. Dafür leitgebend ist für Lerchner die gekonnte Mischung aus mediterranen und alpinen Aromen. Die jeweils herrschende Saison gibt den Ton an. So findet man neben karamellisiertem Büffelmozzarella auf Basilikumcreme bodenständige Gerichte wie ein Wiener Schnitzel und Ambitioniertes wie gebratenes Filet vom Steinbeißer, serviert an Lauchpüree und Paradeiser-Kapern-Butter. Zum Abschluss empfiehlt sich der flaumige Kaiserschmarren. Jene, die es luftiger wollen, greifen zum hausgemachten Sorbet – beides eine gute Wahl. Das Steingewölbe im Restaurantbereich schafft den passenden, eleganten Rahmen.

Tel.: 0676 433 60 55

6361 Hopfgarten im Brixental
Marktgasse 4

www.restaurant-zeitlos.at
monika.pirchmoser@restaurant-zeitlos.at

Di–Sa 16.30–23 Uhr

INNERVILLGRATEN F5

DER GANNERHOF 17/20

Koch: Josef Mühlmann

Aus der Sicht von Genießerinnen und Genießern, die ihrem Genuss mit Verstand und Verantwortung nachgehen, wird Carola und Josef Mühlmanns Gannerhof immer interessanter. Während des Lockdowns hat Josef Mühlmann gemacht, was viele andere (nicht nur Köche) auch gemacht haben: aufgeräumt. Dabei kam eine historische Perle zum Vorschein, eine alte Mühle, die jetzt, liebevoll wiederbelebt, tut, was sie immer tat: mahlen. Aber auch im Menü selbst spiegelt sich ein Geist wider, der die Herzen von (Slow) Foodies erfreut. Am Anfang der Saison Urkarotte (geschmort und mit Hagebutte serviert), Villgrater Saibling, Bauch und Schulter vom Schwarzen Alpenschwein, Gams. Genauer gesagt Osttiroler Gamsrücken in der (ja, genau) Salzkruste mit Kohlsprossenblättern, schwarzer Walnuss und Wacholderessig. Das Menü am Ende der Saison war dann überhaupt der Knaller. Es heißt Ziege – Mühle – Terroir und bietet eine Reihe richtig gelungener Highlights. Etwa die Villgrater Forelle auf Hühnerreduktion und Erdäpfel-Limonen-Creme. Und der Weinkeller? Der ist spannend wie eh und je und bietet Überraschungen ebenso wie solide Klassiker. Kleiner Insider-Tipp: einfach nach der „roten Kiste" fragen und sich überraschen lassen. In Summe ist der Gannerhof mit seinen Aktivitäten, seinem Geist und seiner Energie ein Leuchtturm in der kulinarischen Landschaft Osttirols.

à la carte: 12–32 €

Tel.: 04843 5240
0650 203 70 08

9932 Innervillgraten
Gasse 93

www.gannerhof.at
gannerhof@gannerhof.at

Mi–So ab 18.30 Uhr

INNSBRUCK D4

CAFÉ SACHER INNSBRUCK 11/20

Ein Besuch im Café Sacher ist immer mit einem Blick auf die Kaiserzeit verbunden. Das wunderbare, wenngleich auch etwas verblichene Interieur des geschichtsträchtigen Cafés versetzt den Gast ein wenig ins alte Wien. Das gilt auch für das kulinarische Angebot. Alles, was die traditionelle österreichische Küche zu bieten hat, findet man auf der kleinen, feinen Speisekarte. Wiener Schnitzel, Backhendl, Erdäpfelsuppe und vieles mehr. Empfehlenswert bei einer gemütlichen Einkehr ist – wie kann es anders ein – ein Stück der legendären Sachertorte mit einer der vielen Kaffeevariationen.

Tel.: 0512 565626

6020 Innsbruck
Rennweg 1, kaiserl. Hofburg

www.sacher.com
innsbruck@sacher.com

DAS SCHINDLER

12/20

Café/Bar/Restaurant

Koch: Thomas Knittl

Morgens zum Frühstück, mittags zum schnellen Lunch, nachmittags zu Kaffee und Kuchen und abends zum gemütlichen Dinner: Das Schindler ist ein Lokal für alle Tageszeiten im Herzen Innsbrucks. Saisonalität und Regionalität sind das Credo des Hauses – und das liest sich in der Karte so: Ziegenfrischkäse aus Ampass oder Tiroler Lachsforelle. Das Fleisch stammt vom nahen Bauern, aus dem Umland werden auch Erdäpfel, Käse, Eier und Gemüse geliefert. Das heißt nicht, dass man sich nur auf eine regionale Küche besinnt, man traut sich durchaus auch darüber hinaus. Der Service ist aufmerksam und freundlich, das Angebot an Weinen und Edelbränden beeindruckend.

à la carte: 10–47 €

Tel.: 0512 566 969

6020 Innsbruck
Maria-Theresien-Straße 31

www.dasschindler.at
office@dasschindler.at

Di–Sa 8–21.30 Uhr
Fei

DIE WILDERIN

12,5/20

Köche: Christoph Zingerle & Thomas Michler

„Wir haben das Privileg, über unsere kulinarischen Entscheidungen die Welt für unsere Kinder mit zu formen.“ Wer einen Grundsatz wie diesen für sich wählt, muss sein Metier ernst nehmen. Das Team der Wilderin bezeichnet sich selbst auch als „Jäger“, „Fischer“ und „Sammler“. Wer das Lokal nicht kennt oder bewusst sucht, wird vorbeirennen, was eigentlich schade ist. Denn die Gerichte sind intelligent und durchdacht und die Inhaber im Service schlagfertig und kompetent. Deshalb kann man sich auch getrost ihren Empfehlungen überlassen. Grundsätzlich wird angeboten, was regional und saisonal verfügbar ist. In der Karte findet sich Fleisch „from nose to tail“, also das ganze Tier, wobei Claudia Kogler beim Einkauf gerne auf kleine, verlässliche Partner zurückgreift. Sollte jedenfalls ein Carpaccio vom Haflingerfohlen gerade auf der Karte stehen, dann sollte man nicht lange zögern.

à la carte: 8–32 €

Tel.: 0512 562728
0664 883 875 85

6020 Innsbruck
Seilergasse 5

www.diewilderin.at
info@diewilderin.at

Di–So 17–22 Uhr

FISCHIFF

12,5/20

Koch: Reinhard Hamun

Seit Jahren werken Reinhard Hamun und sein Team im Fischiff an ihrem Ruf. Mit Leidenschaft, Nachdruck und daher auch mit Erfolg. Das Restaurant im Fruchthof ist zu einem Fisch-Hotspot in Innsbruck avanciert. Für ultrafrische Ware sorgt die zum Frischeparadies gehörende Fischabteilung im Fruchthof. Auf der Karte stehen stets frische Austern (Gillardeau, Belon oder Tsarskaya). Wer auf der Karte keinen Fisch findet (was höchst unwahrscheinlich ist), geht einfach raus in den Markt und zeigt, was er haben will. Die Küche bereitet auf Wunsch alles zu, was schwimmt und verfügbar ist.

Tel.: 0512 262664

6020 Innsbruck
Josef-Wilberger-Straße 19

www.fruchthof.at
office@fruchthof.at

Di–Fr 11–21, Sa 9–14 Uhr

GAIA CUISINE

13/20 (2 Hauben)

Koch: Sanyo Nagpal

Das Restaurant liegt am Innufer, auf der gegenüberliegenden Seite der Innsbrucker Altstadt. Im Sommer lockt ein kleiner und stets schattiger und kühler Gastgarten, im Winter modernes, edles Ambiente im Innenraum. Die Küche ist ebenso modern und die Präsentation auf den Tellern entspricht der Klarheit des Interieurs. Wäre die Linie von Sanyo Nagpal ein Wein, es wäre ein klassischer Gemischter Satz. Quasi Fusionsküche vom Feinsten. Asiatisch mit mediterranem Twist oder auch karibisch-alpin. Wie das aussieht? Die Garnele kombiniert Nagpal mit Karotten und Kardamom und einem intensiven Schaum mit Kurkumanoten. Der Muscheleintopf überrascht mit klaren Kokostönen und die Languste (im Ganzen und mit Capellini und blanchiertem Thai-Spargel serviert) nennt er schlicht Caribbean Queen. Während der Saison gibt es übrigens auch perfekt in Szene gesetzte Trüffelgerichte. Sehen lassen kann sich auch die feine Weinkarte.

Tel.: 0512 275674
0676 911 2012

6020 Innsbruck
Höttinger Gasse 6

www.gaiacuisine.at
sanyonagpal@hotmail.com

Di–Sa 17–23 Uhr

IL CONVENTO

12/20 (1 Haube)

Koch: Sem Ciccioni

Italienische Restaurants gibt es zuhauf in Österreich. Doch originale Italiener sind dann schon wieder Mangelware. Umso erfreulicher ist das Convento, das die Gerichte so auf den Tisch bringt, als wäre man in Mailand, Rom oder Bologna – und in dem echtes italienisches Lebensgefühl aufkommt. Insbesondere die Antipasti und Primi sind grandios, ganz gleich, ob mit Fisch, Fleisch oder vegetarisch zubereitet. Viele der Klassiker kennt man aus dem Italienurlaub: Vitello tonnato, Melanzane alla parmigiana, Burattina pugliese, Tiramisu. Die Weinkarte ist klarerweise italienisch geprägt.

à la carte: 14,80–36 €

Tel.: 0512 5813 54
0664 886 552 66

6020 Innsbruck
Burggraben 29

www.ilconvento.at
benvenuto@ilconvento.at

Mo–Sa 11.30–14 und
17.30–23 Uhr
✻ Fei

LICHTBLICK

12,5/20 (1 Haube)

Koch: Gabriel Mauracher

Ein Besuch im Lichtblick mitten in beziehungsweise hoch über der Innsbrucker Altstadt lohnt sehr. Nicht nur, um den genialen Ausblick zu genießen. Auch der Blick auf die kreative Speisekarte mit drei Menüs zahlt sich aus. Die „nacht im lichtblick" entpuppt sich als Volltreffer: lauwarmes Tatar vom Gelbflossenthun mit Kartoffelespuma, Lardo, Croutons und Bio-Eigelb. Danach ein zartes Kotelett vom Duroc-Schwein mit Fregola Sarda, Pak Choi, Feigen und Hibiskus-Jus. Zum Abschluss der Dessert-Klassiker Schokokuchen mit flüssigem Kern, Mais, Popcorn und Salzkaramelleis. Ein Erlebnis.

à la carte: 10–30 €

Tel.: 0512 566 550

6020 Innsbruck
Maria-Theresien-Straße 18/7

www.restaurant-lichtblick.at
office@
restaurant-lichtblick.at

Mo–Sa 11.30–14 und 18–22 Uhr

♿

Bewertungen:

11 bis 12,5 Punkte von 20 Punkten: 1 Haube
13 bis 14,5 Punkte von 20 Punkten: 2 Hauben
15 bis 16,5 Punkte von 20 Punkten: 3 Hauben
17 bis 18,5 Punkte von 20 Punkten: 4 Hauben
19 bis 19,5 Punkte von 20 Punkten: 5 Hauben

ONIRIQ

17,5/20

Koch: Christoph Bickel

Auf Lorbeeren ausruhen? Das ist Christoph Bickels Sache nicht. Und auch nicht die seines Teams. Die neuen Menüs haben eine unfassbare Strahlkraft und zeigen, wie motiviert Bickel und sein Team sind. Quer durch die Monate der vergangenen Saison löste eine Sensation die andere ab. Die Auster (eine pochierte Gillardeau) wird mit Gelber Rübe kombiniert, der Aal davor mit Roter. Das war beides noch im Wintermenü. Der Aal hat es allerdings auch ins Sommermenü geschafft. Im letzten der Grüße aus der Küche schwimmt er in einem herrlich frischen Sud mit eingelegtem Spargel, Edamame und frischem Gundermann aus dem Garten. Ein fulminanter und sehr erfrischender Start. Auch der Hecht. In Würfel geschnitten, zart angeflämmt und mit den letzten Eierschwammerln der Saison in kunstvoll gerollte Kohlrabi-Röllchen gesteckt. Mit Salzzitrone und einer Emulsion aus (dem ganzen) Johannisstrauch. Von der Strategie, ein vegetarisches Menü anzubieten, das man auf Wunsch durch einen Fisch- und einen Fleischgang erweitern kann, ist Christoph Bickel abgerückt. Es gibt ein vegetarisches Menü ebenso wie ein „Fisch und Fleisch"-Menü. Neben den genannten Fischen ist in zweiterem auch noch ein großartiges Bries und ein perfekt ge(b)ratener Rieddeckel vom Cult Beef mit dabei. Bei den Desserts sticht ein Eis mit Butterzopfgeschmack und fermentierten Erdbeeren heraus. Alles in allem Fine Dining vom Feinsten – und die Weinempfehlungen von Nikolai Prachensky sind eine Klasse für sich. Zumal es nicht nur Wein alleine ist, der hier in den Gläsern landet.

Tel.: 0650 451 06 24
6020 Innsbruck
Bürgerstraße 13
www.oniriq.at
restaurant@oniriq.at
Mi–Sa 18–24 Uhr
✱ 24.–30. Dezember 2022

PIPPILOTTA

12/20

Das Pippilotta in Innsbruck ist neu und wie Astrid Lindgren es vielleicht sagen würde: frech, wild und wunderbar. Neu in der Stadt ist auch das Gastrokonzept – denn hier können Menschen mit Behinderung unter der Begleitung von Assistenten einer fixen Beschäftigung nachgehen, die ihren Interessen und Fähigkeiten entspricht. Das bunte Ambiente des Restaurants und die einladenden Texte in der Speisekarte sind perfekt auf das Konzept abgestimmt und setzen auf Inklusion für Menschen, die das als Bereicherung empfinden. Das kulinarische Angebot umfasst eine umfangreiche Frühstückskarte, verschiedene Mittagsmenüs und eine kleine, aber feine Abendkarte. Pippilottas Rat funktioniert definitiv: „Komm' mit Freunden und Familie, mit großem Hunger, mit leerem Akku. Und geh' voller Ideen und guter Laune."

Tel.: 050 434 1112
6020 Innsbruck
Heiliggeiststraße 7-9
www.pippilotta.tirol
reservierung@pippilotta.tirol
Mo–Do 11.30–21, So 9–14 Uhr
✱ Fei

SENSEI

11,5/20

Sushibar

Koch: Dil Kumar Ghamal

Mitten in der Innsbrucker Innenstadt ist die beliebte Sushibar mit dem schicken Ambiente seit vielen Jahren eine verlässliche Anlaufstelle für Fans der japanischen Küche. Neben der Vielfalt von Sushi, Sashimi und Co gibt es auch andere Köstlichkeiten zu genießen. Beispielsweise gebratene Jakobsmuscheln nach Sensei-Art oder das auf den Punkt gegarte Thunfischsteak an Wok-Gemüse. Die Frische und Qualität der Ausgangsprodukte stimmen hier, das Handwerk ebenso – zwei Punkte, die sich gemeinsam mit der Lage durchaus in den Preisen bemerkbar machen. Zu Mittag gibt es preiswerte Menüs. Eine kleine Weinkarte sorgt für passende Begleitung.

à la carte: 8–38 €

Tel.: 0512 562 730
0676 683 15 56

6020 Innsbruck
Maria-Theresien-Straße 11

www.senseisushibar.at
office@senseisushibar.at

tgl. 12–14 und 18–22 Uhr

SITZWOHL IN DER GILMSCHULE

13/20

Restaurant-Bar

Das Sitzwohl im Innsbrucker Stadtforum ist zu jeder Tageszeit eine Empfehlung. Mittags zum perfekten Businesslunch oder abends in stilvollem Ambiente für einen entspannten Tagesausklang. Elisabeth Geisler und Irmgard Sitzwohl als kongeniales Küchenteam verwöhnen ihre Gäste gelungener Weise damit, die mediterrane und internationale Küche mit regionalen, heimischen Köstlichkeiten zu verbinden: Das Carpaccio vom Kwell-Saibling mit Shiitakecreme und Ingwer, die Berglinsensuppe mit gegrillter Salsiccia oder das gerührte Mangosorbet mit Diplomatico Rum und Kokosbusserl sind beste Beispiele. Die Teller schlicht und edel angerichtet, begleitet von einer treffsicheren Weinempfehlung, serviert vom aufmerksamen Service.

à la carte: 15–40 €

Tel.: 0512 562 888

6020 Innsbruck
Im Stadtforum (ehemalige Gilmschule)

www.restaurantsitzwohl.at
info@restaurantsitzwohl.at

Mo–Fr 11.30–14 und 18–22 Uhr

BONSAI ⓝ

Tipp

Sushi Bar

Die Innsbrucker Innenstadt eignet sich hervorragend zum Flanieren. Neben zahlreichen Cafés und Bistros lockt das Bonsai seine Kundschaft anstelle von Krautfleckerl mit herrlich frischen Sushi-Variationen an. Feinstes Sashimi sowie diverse Rolls mit Rindfleisch, Kaviar und Lachs sind besonders beliebt.

Tel.: 0512 3500 06

6020 Innsbruck
Burggraben 17

www.bonsaisushibar.at
info@bonsaisushibar.at

KOSTBAR

Tipp

Die Kostbar erfreut sich vor allem mittags größter Beliebtheit. Findet sich gerade kein Platz in dem gemütlichen Bistro, können alle Gerichte auch problemlos mitgenommen werden. Das Angebot ist vielseitig und überzeugt mit einer guten Mischung aus diversen Kulturen.

Tel.: 0664 350 35 00

6020 Innsbruck
Sparkassenplatz 3

www.kostbar.co.at
office@kostbar.co.at

Mo–Fr 9–15.30 Uhr

ISCHGL B4

ALPENHAUS VIP 12/20

Koch: Manuel Überlackner

Das Alpenhaus ist im Winter für Skifahrer und im Sommer für Wanderer und andere Bergsportler so etwas wie eine Genuss-Schutzhütte am Berg. Quasi ein sicherer Hafen für genussaffine Bergfexe. Die Gerichte gehören zwar zur Klassik der alpinen Bergkost, werden aber auf derart feine und elegante Art zubereitet und präsentiert, dass es eine Freude ist. Die Salzburger Nockerl sind einerseits sehr nah am Original, andererseits mit Moos- und Preiselbeersahne frech tirolerisch interpretiert. Der Zwetschkenröster ist eine Zierde seiner Art und auch die pikanten Gerichte können sich sehen lassen.

à la carte: 22–70 €

Tel.: 05444 606 844
6561 Ischgl
Pardatsch-Idalpe 7
www.ischgl.com/de/Active/Active-Winter/Bergrestaurants/Alpenhaus
restaurant@silvretta.at
tgl. 9–15.30 Uhr
Anfang Mai–Ende Nov. 2023

FLIANA GOURMET 15,5/20

Koch: Andreas Spitzer

Das Fliana Gourmet verspricht gehobene internationale und Tiroler Küche. Man kann zwischen einer kleinen und großen Genussreise wählen – die Anzahl der Gerichte macht den Unterschied. Der zum Essen passende Wein wird vom Sommelier routiniert ausgesucht und fachmännisch kommentiert. Bereits das Amuse-Gueule, eine gebackene Gerstenpraline und eine Grammel-Sellerie-Roulade, löst das Versprechen „Genussreise" ein. Herausragend die Alpenforelle aus dem Ötztal mit Gurke und Sauerrahm und der raffinierteste Gang des Abends: Hummernockerl, gebacken in einem Hummerbiskuit, auf Fenchelkraut und gebackenem Spargel. Aber auch das auf den Punkt gegarte Lamm mit Wildem Brokkoli schmeckt vorzüglich. Das Dessert, ein Ananas-Schoko-Brownie, fällt leider ein bisschen ab.

Tel.: 05444 554 30
6561 Ischgl
Fimbabahnweg 8
www.fliana.com
hotel@fliana.com
Do–Di 19–21 Uhr

HEIMATBÜHNE

15,5/20

im Hotel Trofana Royal

Koch: Martin Sieberer

Das Konzept war von Anfang an klar. Während in der Paznaunerstube am anderen Ende des Hotels Fine Dining zelebriert wird, werden in der Heimatbühne die Klassiker der bürgerlichen Küche des Landes serviert – und das in handwerklicher Perfektion. Das gilt noch immer. Das knusprig gebackene Sonntagshendl aus Zams ist mustergültig und das Paznauner Schafl (ein echter Sieberer-Klassiker) samt Beuschel davon ist sowieso unschlagbar. Richtig gut sind aber auch die regionalen Tiroler Gerichte. Tiroler Leber vom heimischen Milchkalb oder das Reh aus dem Fimbatal. Was allerdings deutlich spürbar ist, ist der Einfluss der Stube auf die Bühne. Mehrere Grüße aus der Küche, darunter durchaus komplexe Amuse-Gueules, als Abschluss Petits Fours und die effektvolle Präsentation eines qualmenden Himbeerdesserts: ausgezeichnet, keine Frage. Aber eine Spur mehr, als man vom ursprünglichen Konzept erwartet. Das Ambiente ist edel und gediegen, die Weine absolut stimmig und gut auf das Menü abgestimmt. Übrigens: Es gäbe auch ein ständig wechselndes Degustationsmenü. Sehr empfehlenswert!

à la carte: 20–40 €

Tel.: 05444 600

6561 Ischgl
Dorfstraße 95

www.trofana-royal.at
office@trofana.at

tgl. 12–14 und 19–21 Uhr
✻ Mai–Juni 2023

Bei der Zusammenstellung dieses Guides ließen wir größtmögliche Sorgfalt walten, trotzdem können Daten falsch oder überholt sein. Eine Haftung können wir auf keinen Fall übernehmen.

KOYA Ⓝ 11/20

in der Trofana Alm

6561 Ischgl
Dorfstraße n91, 1. Stock
www.trofana-alm.at/koya-trofana-alm
alm@trofana.at

Das KOYA ist ein neues gastronomisches Projekt in der Trofana Alm. Das bedeutet: unten, in der Alm, Halligalli, laute Après-Ski-Musik und ausgelassene Stimmung, oben im ersten Stock asiatisch/japanisch inspirierte Brasserie-Küche. Auf der Karte sieht das etwa so aus: Papaya-Mango-Salat mit Chili-Sesam-Dressing, gegrillte Calamari mit Wakame-Salat und Sesamsauce. Bei den Maki und Nigiri gibt es vieles, was das Herz begehrt. Unagi (Aal), üppig mit Mango, Gurke und Shiitakepilz, Hamachi (mit Chili, Ponzu und Avocado). Der Sushi-Stil ist klar „contemporary“. Es gibt aber auch Bodenständiges. Etwa den KOYA Wagyu Burger mit Avocado, Ei und Trüffelmayo.

LUCY WANG 12,5/20

Koch: Raphael Herzog

Tel.: 05444 200 07
6561 Ischgl
Dorfstraße 68
www.lucywang.at
info@lucywang.at
tgl. 16–24 Uhr
Anfang Mai bis Ende Nov. 2023

Mit seinem dunklen, stylishen Interieur und cooler Musik ist das „Lucy Wang“ die richtige Wahl für einen entspannten Abend in geselliger Runde. Die Küche gibt sich urban und spannt den Bogen von der French-Brasserie bis hin zu asiatischen Gerichten. Dabei wird Sushi und Sashimi-Kreationen ein wichtiger Stellenwert eingeräumt. Die verkostete Variante mit Melanzani und Miso-Lack mundet vorzüglich und ist von feinster Sushi-Qualität. Der Tintenfisch mit Kartoffeln spielt leider nicht ganz in dieser Liga, gerät er doch ein wenig zu geschmacklos. Witzig und zum Lokal passend: der Eislutscher mit Goldüberzug. Das Serviceteam ist aufmerksam, die Weinkarte zeigt neben großen Gewächsen auch spezielle, zur Küche passende Weine.

à la carte: 8,50–58 €

PAZNAUNERSTUBE

18/20 🎩🎩🎩🎩

im Hotel Trofana Royal

Koch: Martin Sieberer

MARTIN SIEBERER, KOCH DES JAHRES 2000
SERVICE AWARD 2006

Der Küchenchef, Martin Sieberer, ist eine Institution im Paznaun – wie auch das Trofana Royal. Seit der Eröffnung des 5-Sterne-Superior-Hotels im Jahr 1996 sind Chefkoch Sieberer und das Trofana Royal „ein Paar". Der Wellness-Prunkbau in der Ortsmitte, praktisch neben der Skipiste gelegen, verfügt über verschiedene Bars und Restaurants. Die Paznaunerstube ist dabei das vielfach ausgezeichnete kulinarische Aushängeschild des Hauses. Die gebotene Qualität ist in dieser Stube so verlässlich wie ein Schweizer Uhrwerk. Neben dem „Royal Menü" – auch in einer vegetarischen Variante – hält die Karte eine große Auswahl an À-la-carte-Gerichten zur Auswahl bereit. Egal, wofür man sich entscheidet, der Start verspricht jedenfalls kleine Geschmackserlebnisse von besonderer Raffinesse: Galtürer Bergkäse mit Taschenkrebs und Safran, Fischtaco mit Miso und Yuzu, Portwein-Rehschulter und Steinpilze. Mittlerweile kochen beide Söhne von Martin Sieberer in der Küche mit. Das garantiert Kontinuität auf höchstem Niveau nach Vorgabe des Chefs – auf der Zunge erkennbar etwa bei Bio-Gänseleber mit feiner Brioche oder Ofensellerie mit Rauchaal und Kaviar. Regionale Spezialitäten und Luxusprodukte aus aller Welt ergänzen sich an dieser Adresse. Bretonischer Hummer wird mit Ingwernoten zubereitet, während der geangelte Wolfsbarsch seine geschmackliche Vollendung in Kombination mit Spitzkraut erfährt. Das „Sonntagshenderl" kommt federleicht mit weißem Trüffel aus dem Piemont, Paznauner Steinpilzen und Fregola Sarda daher, bevor der Hauptgang, bestehend aus heimischem Reh mit Feigen, Kastanien und Schwarzwurzel, zum kulinarischen Halali ruft. Auch die Käsekultur wir hier noch hochgehalten. Der Feinschmecker dankt's. Bevor der traditionelle Pralinenwagen an den Tisch geschoben wird, gilt es noch, das Sauerrahmdessert mit Sauerampfer und Himbeere beziehungsweise die Kombination aus Manjari-Schokolade mit Passionsfrucht, Mango und Yuzu ob ihrer Köstlichkeit zu würdigen. Die Weinkarte ist, wen wundert es, top und der zuvorkommende Service setzt des Gasts Glückseligkeit die sprichwörtliche Haube(n) auf.

à la carte: 20–60 €

Tel.: 05444 600
6561 Ischgl
Dorfstraße 95
www.trofana.at
office@trofana.at

Mo–Sa 19–21 Uhr
❄ Mai bis Ende November 2023

SCHLOSSHERRNSTUBE

17/20

im Schlosshotel Ischgl

Koch: Patrick Raaß

Das Schlosshotel Ischgl liegt in ebensolchem Design im Epizentrum des Ski- und Party-Mekkas Ischgl. Schon der Vorplatz des 5-Sterne-Superior-Hotels ist durch die beliebte Champagnerhütte mit einem Anziehungslokal ersten Ranges besetzt. Im Schlosshotel befindet sich auch noch ein Champagnerclub, ein bürgerliches Restaurant mit großer Hotelbar-Halle/Lounge und die rustikal im Tiroler Stil eingerichtete Schlossherrnstube, die das Herz des kulinarischen High-End-Angebots im Haus abbildet. Mit Chef Patrick Raaß zeichnet ein gebürtiger Tiroler für die Gourmetküche verantwortlich. Das Menü kann man auf Wunsch auch individuell aus zwei verschiedenen Menüfolgen zusammenstellen. Zum Brotgedeck gab es gesalzene Butter beziehungsweise Ziegenbutter – selten und großartig zugleich. Das Amuse-Bouche-Potpourri bestand an diesem Tag unter anderem aus einer japanischen Waffel mit Wasabi-Mayonnaise, Teriyaki-Gel und genügend Osietra-Kaviar sowie etlichen anderen Köstlichkeiten. Der „Falscher Trüffel"-Gang (eine aus Selleriecreme „nachgebaute" Trüffelknolle) mit einer Sellerievariation und Pilzen wurde mit Augenzwinkern – als kulinarischer Gag – serviert. Klassisch wurde die Gänseleber eingestellt, gebraten und als Terrine, mit Rhabarber (in Stückchen und als kalter Sud – erstklassig!) und einer superben Briochescheibe. Erfrischend zwischendurch war das Trio aus grünem Shiso, Yuzu und Limette. Beim Steinbutt hatte man leider den richtigen Garpunkt verpasst. Dafür waren die Beilagen – unter anderem ein Romanaherzsalat mit Kürbis- und Miso-Creme vortrefflich. Statt der Rohmilchkäseauswahl (gegen Aufpreis) fiel die Finalauswahl auf Tonkabohneneis, gepaart mit einer Schokoladenvielfalt, Blutorangenaromen, Kardamom-Baiser und Schokoladensoufflé à part. Die Petits Fours zum Schluss, inklusive Zitronentarte mit Verbene (Eisenkraut), Brandteiggebäck, Himbeeressigpraline und geräuchertem (!) Schokoladenbrownie, sollte man keinesfalls auslassen. Der Service war in Bestform. Auch die Weinauswahl kann sich sehen lassen – die Champagnerkarte (Kategorie „Champions League"!) sowieso.

Tel.: 05444 56 33

6561 Ischgl
Dorfstraße 85

www.schlosshotel-ischgl.com
office@schlosshotel-ischgl.com

Fr–Mo 17–23 Uhr
✻ Mai bis Juli und Sept. bis Nov. 2023

SPACE73

14/20

im Hotel Yscla

Koch: Benjamin Parth

„Space to be" steht auf der Website. Das trifft es inhaltlich ganz gut. Aber auch den Geist trifft es. Das Space73 ist jung, modern, spacy und vor allem gut. Es ist Restaurant, Lounge und Café gleichermaßen und sperrt auf, sobald die Skilifte zusperren. Das kulinarische Angebot hat sich leicht verändert, ist ambitioniert und – nicht nur für Ischgl – einzigartig. Es gibt Froschschenkel (entweder klassisch mit Knoblauch und Butter oder als Tempura), einen Vitalteller (Entrecôte vom Rind), gegrillten Hummer und Austern ohne Ende. Und für Naschkatzen einen echten Dessertklassiker: Crêpe Suzette.

à la carte: 15–40 €

Tel.: 05444 527 564

6561 Ischgl
Dorfstraße 73

www.yscla.at
info@yscla.at

Mo–So 16–23 Uhr
✻ Anfang Mai bis Ende November 2023

STIAR

17,5/20

Sport- und Genusshotel Silvretta

Koch: Gunther Döberl

In Kalifornien gibt es eine Tribute-Band namens „The Fab Four“, die den vier Beatles-Bandmitgliedern huldigt. Im Paznaun gehört Stiar-Küchenchef Gunther Döberl zu den „The Fab Four“ der vier Ischgler 4-Hauben-Köche, die das Party-Mekka auch zu einem Anziehungspunkt für Feinschmecker avancieren ließen. Ischgl ist seit Jahren zweifellos die Tiroler Gemeinde mit dem besten Gourmetrestaurant-Angebot. Respekt! Das Stiar wurde knapp neben dem 5-Sterne-Sporthotel Silvretta errichtet, dem diese alpine Genussadresse ersten Ranges angegliedert ist. Regionalität stellt im Restaurant kein Lippenbekenntnis dar. Viele Produkte stammen aus der großen hauseigenen Landwirtschaft. Das Menü-Fingerfood vorweg bestand aus zarten Milzschnitten (!), Kümmel-Sauerrahm-Süppchen (ein Klassiker hier!), Karpfen mit Buttermilchnage und Kaviar aus Salzburger Zucht, Hirschragout mit Périgord-Trüffel sowie Hirsch-Millefeuille aus Paznauner Hirsch-Tatar und Foie gras. Genießerherz, was willst du mehr zum Start? Das (Brot-)Gedeck, obwohl sehr gut und aufwendig gemacht, ist „mit Vorsicht“ – das heißt, in Maßen – zu genießen, denn es könnte den Magen hinsichtlich der noch folgenden alpinen Delikatessen zu sehr ausfüllen. Die hervorragend zubereitete Garnele von Tiroler Provenienz – ganz ohne Antibiotika-Zugabe gezüchtet – wurde mit einer ebenso delikaten Spargelvelouté serviert. Lachsforelle mit Morcheln und ein mundwässerndes Edelstück Alpschwein von der hauseigenen Lareinalm waren Vorboten für ein ausgezeichnet zubereitetes Stubaier Wachtel-Duo aus Keule und Brust, intensiviert durch hervorragenden Wachteljus und Stängelkohl. Lobenswert ist zudem, dass an dieser Adresse noch Käse vor dem Hauptgang angeboten wird. Das kommt immer seltener vor. Die Desserts bestätigen das sehr hohe Küchenniveau, unter anderem eine Apfel-Sauerrahm-Kreation mit Fichtennoten, eine Honig-Milch-Rezeptvariante und eine formidable Buchtel mit ebensolcher Vanillesauce und Germknödelpraline. Der Service rundet den hervorragenden Gesamteindruck stilvoll ab. Ischgl von seiner genussvollen Seite!

Tel.: 05444 52 23
6561 Ischgl
Dorfstraße 74
www.stiar.at
info@sporthotel-silvretta.at
Mi–So 19–20.30 Uhr
Mai bis November 2023

STÜVA

im Genießerhotel Yscla

Koch: Benjamin Parth

19/20

BENJAMIN PARTH, KOCH DES JAHRES 2019

Fast keine kulinarische High-End-Adresse in Ischgl hat auch im Sommer geöffnet. Das Stüva im Hotel Yscla im Ortszentrum bildet da eine angenehme Ausnahme. Hier isst der Gast sowohl im Winter als auch während der Sommerfrische auf allerhöchstem Niveau. Dafür verantwortlich zeichnet einer der talentiertesten jungen Chefs in der Alpenrepublik, Juniorpatron Benjamin Parth. Das Yscla (früher für „Ischgl") bietet im gesamten Haus für fast 200 genussaffine Gäste verschiedene Angebote. Die sehr puristisch eingerichtete Stüva-Stube ist den ganz besonders verwöhnten Feinschmeckern vorbehalten. Übrigens: im Sommer jetzt auch mit gemütlicher Terrasse im ersten Stock (auf Anfrage). Die Amuse bestanden aus einem Goldei, das mit Gurke, Gin und Mousse vom Räucherfisch on top gefüllt war, und aus dem Signature Dish aus Seesaiblingschnitte auf Kartoffelpüree an Enzian-Beurre-blanc. Der Menüstart aus Gänseleberparfait und Geltropfen aus grünem Apfel auf einer transparenten Safran-Honig-Sauce hätte besser nicht sein können. Ein Bild von einem Gericht war das Jakobsmuschel-Carpaccio (eine schöne Reminiszenz an den „kulinarischen Jakobsweg" im Sommer im Paznaun) auf einem Spiegel aus feiner Sauerrahm-Zitronen-Creme und, zentriert platziert, Balik-Lachs mit Kaviar. Das Design und die Drei-Komponenten-Küche der Gerichte ist jeder Weltklasseküche würdig. Ein gekonnt gegartes Langostino mit einem Mango-Chutney on top und Curryschaum war ein weiteres Ausrufezeichen, ebenso wie der mit Nussbutter arrosierte Steinbutt mit einer „Haube" aus gebratenem Rindermark, Austern-Tatar und Orangen-Yuzu-Sauce. Die kleine Rotbarbe war in einer Zucchiniblüte zubereitet und von einer – dieses Mal – fast schon zu kräftigen, mit Sake abgeschmeckten Bouillabaisse begleitet worden. Quasi als Zugabe aus dem Meer gab es dann noch einen genial „glasig" gegarten bretonischen Hummer mit Anisnoten. Auf Weltklasseniveau geriet der Kalbskopf-Gang mit Spargelsalat und einem Duett aus reduziertem Jus von Kalbskopf und Zwiebeln beziehungsweise Wasabischaum. Bei diesem Gang wird der Vegetarier zum Fleischesser – oder beim anschließenden Hauptgang: meisterlich zubereitete Kobe-Beef-Filetscheibe mit Rotweinjus, Petersilienpüree und ein mit Mascarpone gefülltes Knusperstangerl. Der ebenfalls ausgezeichnete Service servierte beste Tropfen aus dem wirklich gut sortieren Weinkeller. Der große Käsewagen ist von Maître Affineur Bernard Antony bestückt und das Dessert-Feuerwerk markierte ein „finale furioso". Resümee: eine Küchenqualität, wie man sie in dieser puristischen und geschmacklichen Souveränität in Österreich nur ganz selten erlebt.

à la carte: 34–56 €

Tel.: 05444 52 75
6561 Ischgl
Dorfstraße 73
www.yscla.at
info@yscla.at
Di–So 19–20.30 Uhr
Anfang Mai–Ende Juni, Anfang September–Ende November 2023

WEINSTUBE

im Schlosshotel Ischgl

Koch: Patrick Raaß

13/20

Die Weinstube im mondänen Schlosshotel in Ischgl ist ein Unikat. Ab Mittag wird hier Pizza gebacken – und zwar in einer Vielfalt und Qualität, wie man sie in Ischgl sonst nicht findet. Später, sobald das À-la-carte-Angebot dazukommt, werden Klassiker der Tiroler Küche mit luxuriösem Twist serviert. Das Carpaccio etwa kommt vom Almochsen mit Basilikumpesto, Rucola und Galtürer Bergkäse. Sämtliche Gerichte zeigen solides Handwerk. Selbst das – scheinbar – profane Wiener Schnitzel (vom Paznauner Milchkalb, in Butterschmalz gebacken und mit Wildpreiselbeeren serviert) ist eine Zierde seiner Art.

Tel.: 05444 56 33
6561 Ischgl
Dorfstraße 85
www.schlosshotel-ischgl.com
office@schlosshotel-ischgl.com
tgl. 12–23 Uhr
Mai–Juli, Sept.–Nov. 2023

JOCHBERG F4

JODLBÜHEL 11/20

Landhotel-Gasthof

Der Gasthof Jodlbühel ist ein Ausflugsziel erster Güte. Die Stuben sind holzvertäfelt, authentisch und ausgesprochen gemütlich. In der Karte finden sich die Klassiker der heimischen Wirtshausküche ebenso wie solide, teils deftige Hüttenkost. Einzigartig ist auch der Gastgarten, in dem eine alte Linde für kühlenden Schatten sorgt. Alles in allem eine uneingeschränkte Empfehlung. Außerdem gibt es im Jodlbühel ein stattliches Weinangebot, das vorwiegend aus österreichischen Weinen besteht und für jeden den passenden Wein bereithält.

à la carte: 16–45 €

Tel.: 05355 52 70
0664 285 08 80

6373 Jochberg
Kitzbüheler Straße 43

info@jodlbuehel.at

Mo, Di, Do, Fr und Sa 17–21,
So 12–14 und 17–21 Uhr
✻ variabel

WIRTSHAUS BÄRENBICHL 11,5/20

Tiroler Wirtshausküche at its best gibt es seit vielen Jahren im gemütlich-rustikalen Gasthaus in Jochberg. Küchenchef Toni Aufschnaiter serviert seinen Gästen Bodenständiges und Klassiker, wie man sie schätzt und liebt: Gerichte wie Schlutzkrapfen, Speckknödel-Suppe oder die legendären Moosbeernocken gehören da genauso dazu wie fangfrische Forelle (Blau oder Müllerin), Wiener Schnitzel oder Heidelbeerschmarren. Ohne viel Chichi, dafür einwandfrei zubereitet und beständig kommen die Speisen hier zu Tisch. Zum Abschluss empfiehlt sich ein hausgebranntes Schnapserl und der eine oder andere Plausch mit dem herzlichen Servicepersonal. Schön, wenn Gastfreundschaft noch gelebt wird wie hier.

Tel.: 05355 53 47

6373 Jochberg
Bärenbichlweg 35

www.baerenbichl.at
michaela.aufschnaiter@
aon.at

Mi–Mo 12–14 und 18–21 Uhr

ALTE WACHT Tipp

Die Familie Zwertetschka begrüßt ihre Gäste in der gemütlichen Stube stets mit Tiroler Gastfreundschaft. Auf den Tisch kommen tagesabhängig unterschiedlichste Gerichte mit jeweiligen Schwerpunkten. Mittwochs ist Schweinsbraten-Tag, am Freitag gibt es Fisch. Der Fokus der Küche liegt auf regionalen Köstlichkeiten und saisonalen Besonderheiten.

à la carte: 10–32 €

Tel.: 05355 52 22

6373 Jochberg
Pass-Thurn-Straße 14

www.alte-wacht.at
gasthof@alte-wacht.at

Mi–Mo 11–21 Uhr
✻ variabel

KALS AM GROSSGLOCKNER G4

GRADONNA 12/20

Mountain Resort Châlets & Hotel

Koch: Michael Karl

Klare Linien, lichtdurchflutete Räume, hohe Fensterfronten und dahinter die atemberaubende Kulisse des Nationalparks Hohe Tauern. Die Grenzen verschwimmen, näher ist man der wilden Natur nur am Lagerfeuer. Der Schwerpunkt der Küche von Michael Karl liegt klarerweise auf Osttiroler Spezialitäten. Aber nicht nur. Spürbar (und auch schmeckbar) ist ein deutlich mediterraner Einfluss. Michael Karls Gerichte sind komplex komponiert und ästhetisch arrangiert. Spannend ist auch die Weinkarte. Hier sind bekannte Namen aus Österreich ebenso gelistet wie (noch) unbekannte Winzer und große Gewächse aus aller Welt.

à la carte: 5,90–35 €

Tel.: 04876 820 00

9981 Kals am Großglockner
Gradonna 1

www.gradonna.at
info@gradonna.at

tgl. 11–17 und 18–21 Uhr
✻ 11. April–15. Juni und
5. Nov.–7. Dez. 2023

KIRCHBERG IN TIROL F4

BISTRO-RESTAURANT ROSENGARTEN 14,5/20

im Hotel Rosengarten

Köche: Benjamin Spielmann & Simon Taxacher

Den hohen kulinarischen Anspruch hat sich der ehemalige 5-Hauben-Koch behalten, aber natürlich werden im Bistro jetzt etwas kleinere Brötchen gebacken. Das Brot, das als Gedeck auf den Tisch kommt, ist übrigens hervorragend. So wie auch die begleitende Salzbutter und das Grammelschmalz. Abends gibt es ein viergängiges Menü mit Schwerpunkt Österreich. Bei der geflämmten Reinanke mit Karfiol, Fenchel und Beurre blanc zeigt sich, dass Simon Taxacher und sein Küchenchef Benjamin Spielmann stimmige Kombinationen mit spielerischer Leichtigkeit beherrschen. Das g'schmackige Metzgerstück statt fadem Filet fürs Steak zu wählen, ist eine schlaue Entscheidung, die auch die Brieftasche freut. So hat man hier auch die Wahl zwischen Wiener Schnitzel vom Kalb oder Schwein. Das Brixentaler Almschwein schmeckt einfach nach „besser". Die Dessertkarte ist klein, aber fein, das Weinangebot groß und ebenfalls fein.

à la carte: 7,50–41 €

Tel.: 05357 42 01
0664 313 81 33

6365 Kirchberg in Tirol
Aschauerstraße 46

www.rosengarten-taxacher.com
welcome@rosengarten-taxacher.com

Do–Mo 12–13.45 und 18–21 Uhr
✻ Anfang April–Ende Mai 2023

♿

STUBN 1972 15/20

in Minglers Sportalm, Gourmet- und Genießerhotel

Koch: Bernhard Hochkogler

Das täglich wechselnde Gourmetmenü von Bernhard Hochkogler in der Stubn 1972 in Minglers Sportalm präsentiert sich gewohnt fantasievoll und kreativ. Präzises Handwerk trifft auf saisonale und regionale Zutaten. Den Start macht ein köstliches Tatar auf Polentaschaum mit winzigen Bohnenröllchen und Eigelbcreme in einem feinen Pilzfond. Es folgt eine goldfarbene Consommé double mit Crêpe-Rouladen, die schmeckt, wie sie muss: intensiv und aromatisch. Weiter geht es mit einem gefüllten Raviolo auf Kartoffelschaum, getoppt von feinem Sommertrüffel. Der Fischgang – saftiges Filet vom Wolfsbarsch – überzeugt mit einer Beilagenkombination aus fruchtigem Tomaten-Ingwer-Ragout und würzigem Fenchel; für die zitronige Note sorgt ein Hauch von Kaffirlimette. Wildliebhaber kommen mit dem heimischen Hirschrückenfilet, zart rosa, voll auf ihre Kosten. Begleitet von sautierten Pfifferlingen, Wildem Brokkoli, Roten Rohnen und einem hervorragenden Jus ein geschmacklich hervorragender Gang. Den süßen Abschluss machen eine Erdbeerminestrone mit Apfel-Verjus und kleine Buchweizen-Topfen-Knödel mit gesalzenem Milcheis. Bei der glasweisen Weinbegleitung kann man sich unbedingt auf die Empfehlungen des Hausherrn verlassen.

Tel.: 05357 27 78

6365 Kirchberg in Tirol
Brandseitweg 26

www.hotel-sportalm.at
info@hotel-sportalm.at

Mi–So 18.30–20.30 Uhr

KITZBÜHEL F4

BERGGERICHT ® 17/20

Koch: Marco Gatterer

Mitten im Kitzbüheler (Fußgänger-)Zentrum befindet sich das neue Gourmethighlight der Tiroler Gamsstadt. Hierher, vorbei an In- und Digestif-Lokalen, kommen Gäste, die die Oper noch über die lukullische Operette stellen. Fine Dining at its best. Dafür garantieren sowohl Küchenchef Marco Gatterer und sein eingespieltes Küchenteam als auch die aufmerksame und freundliche Servicebrigade und der kompetente Sommelier, der gleichermaßen Klassiker und Überraschungen aus dem Weinkeller glasweise empfahl. Dem High-Society-Mekka Tirols tut dieses kulinarische Angebots-Upgrading gut. Auf dem Tisch finden sich feines Tuch und ebensolche Glas- und Besteckkultur. Dem steht die Küche um nichts nach. Der „Tiroler Festschmaus in sieben Gängen" wurde seiner Ankündigung mehr als gerecht. Schon die Aperitif-Happen vorweg und das Amuse-Bouche gleichen einer Kaskade an Gaumen-Glücksmomenten. Der „Den Temperaturen angepasste Germknödel" mit Entenleberkern war ein erstes Ausrufezeichen für eine alpine Küche auf High-End-Niveau. Köstlich auch das Kaisergranat-Tatar mit Rhabarber-Dashi und Bergpfefferöl. Der Kapuzinerblütengang bewies, dass das Küchenteam auch die vegetarische Genussklaviatur beherrscht. Spitzmorcheln mit hervorragender Geflügelrahmsauce und bretonischer Steinbutt wurden zwischendurch serviert. Bei Letzterem hätte man sich einen anderen Garpunkt ebenso vorstellen können. Geschmackssache. Dazu wurde ein Chardonnay „Vintner's Reserve" vom hauseigenen Weingut Kendall-Jackson empfohlen. Vielleicht nicht spektakulär in der Menüansage, aber ein Gedicht auf der Zunge war das Wagyu-Beef mit Erdäpfelpüree. Erstklassig geriet auch das Dessert mit wilden Heidelbeeren, Verjuseis und Estragon-Aromen. Dieses Finalgericht hat das Potenzial zum Signature Dish. Der Sommelier servierte hierzu einen Roten Traminer „Auslese" vom ebenfalls hauseigenen Weingut Schloss Frankenberg und lag auch mit dieser Empfehlung goldrichtig. Die Naschereien zum Abschluss umrahmten einen Gesamteindruck vom Restaurant, der besser kaum sein könnte. Hierher kommt man gerne wieder.

à la carte: 16–59 €

Tel.: 0670 604 54 50
6370 Kitzbühel
Hinterstadt 15
www.berggericht.at
hallo@berggericht.at
Mi–Sa 19–24, So 11–14 Uhr
Mai und Nov. 2023
♿

CHIZZO

13/20

Tel.: 05356 645 00

6370 Kitzbühel
Josef-Herold-Straße 2

www.chizzo.at
service@chizzo.at

tgl. 12–23 Uhr

Das Haus hat eine bewegte Geschichte, ist es doch eines der ältesten in ganz Kitzbühel. Ivan Marzola (Sonnbühel) ist für das kulinarische Konzept verantwortlich – er sorgt nicht nur dafür, dass täglich frische Produkte aus Norditalien geliefert werden, sondern auch für einen modern-kreativen Touch der italienischen Küche. So wurde gegrillter Oktopus auf Erbsencreme mit confierten Tomaten gesetzt, saftig-frische Garnelen auf der heißen Steinplatte gegrillt und serviert und die Fischsuppe auf Gradeser Art nach einem alten Familienrezept gekocht. Die Karte ist extrem umfangreich, die Wahl fiel entsprechend schwer, aber letztendlich haben wir uns auch hier aus gegebenem Anlass etwas vom Preis lenken lassen. Gegrillte Calamari mit Melanzanicreme um 30 Euro, das ist schon etwas über der Schmerzgrenze. Auch das lauwarme Lachsfilet, dank Sous-vide butterzart und mit Zucchini und Joghurt-Wasabi-Sauce serviert, war sehr gelungen, aber trotz eines Preises von 30 Euro eher in Vorspeisengröße dimensioniert. Nichtsdestotrotz: tolle Produktqualität, gekonnt in Szene gesetzt!

à la carte: 20–120 €

LOIS STERN

14/20

Tel.: 05356 748 82
0664 525 49 26

6370 Kitzbühel
Josef-Pirchl-Straße 3

www.loisstern.com
office@loisstern.com

Kokos-Chili-Suppe mit Maishendl und Austernpilzen, Bio-Wildgarnelen im hauchdünnen, krach-knusprigen Tempurateig, butterzartes gegrilltes Rib Eye mit Buschbohnen, Perlzwiebeln und intensiver Five-Spice-Sauce. Ja, das ist alles nicht neu, aber es ist immer noch genauso gut. Lois Stern ist ein Fixstarter am Kitzbüheler Haubenhimmel, Jahr für Jahr begeistert uns die gekonnt exekutierte Fusion von europäischer und asiatischer Küche. Einfach von allem das Beste. Warum soll man etwas ändern, das so gut ist? Das gilt auch für den herzlichen und kompetenten Service. Wir kommen wieder!

NEUWIRT

im Hotel Schwarzer Adler

Koch: Alexander Knelle

14/20

Tel.: 05356 691158

6370 Kitzbühel
Florianigasse 15

www.neuwirtkitz.com
info@neuwirtkitz.com

tgl. 11.30–22 Uhr

Schon beim Betreten des geschmackvoll eingerichteten, traditionsreichen Restaurants – den Neuwirt in Kitzbühel gibt es seit 1844 – bekommt man einen Vorgeschmack auf das, was gleich serviert werden wird. Hier treffen klassische Momente auf Modernität, Kreativität und jede Menge ansteckenden Spirit. Alexander Knelle, und sein Team zeichnen sich für ein außergewöhnliches Küchenkonzept aus. Den „Neuwirt-Klassikern“ wie Fischsuppe mit Lachs, Thunfisch, Muscheln, Langostino und knusprigem Knoblauchbrot oder dem saftigen Landhendl folgen Gerichte, die unter der Bezeichnung „Energy Cuisine“ oder „Modern.Kreativ.Jung“ dem kulinarischen Zeitgeist Rechnung tragen. Das Tataki vom heimischen Rind ist optimal „medium“ gebraten und macht sich überzeugend mit frischem Junglauch, Miso und Trüffelspänen, von denen es jedoch ein paar mehr hätten sein dürfen. Steaks in jeder Gewichtsklasse und mit allen erdenklichen Beilagen bieten Fleischliebhabern, was ihr Herz begehrt. Die Crème brulée zum Abschluss war genau so, wie man sie liebt: knackig, süß und wunderbar vanillig.

à la carte: 7–69 €

SEEBICHL
12,5/20

Hotel & Restaurant

Tel.: 05356 625 25

6370 Kitzbühel
Seebichlweg 37

www.restaurant-seebichl.at
info@restaurant-seebichl.at

Das schwarze Haus am Schwarzsee wurde einst von Alfons Walde entworfen, es mutierte zum provisorischen Schneidestudio der Filmemacherin Leni Riefenstahl und dann zu Kitzbühels erstem Hotel mit Bädern en suite. Sebastian und Max Witzmann wuchsen in dem Haus auf, machten ihre Erfahrungen andernorts und kehrten nach Hause zurück – inklusive Ideen, Ambitionen und viel Fingerspitzengefühl im Gepäck. Mit Möbeln aus den 50er-, 60er- und 70er-Jahren schufen sie die sympathische Antithese zu den klassisch-chicen, alpinen Hotels. Diese setzt sich in der Küche fort: Regionale Zutaten vermischen sich mit neuen Ideen und bewährten Klassikern. Rib-Eye-Tagliata und Topfenkaiserschmarren sollte man einmal probiert haben, aber alleine wegen dem gesmokten Spitzpaprika auf cremiger Polenta und pochiertem Ei sowie dem „Wild & free"-Käsefondue mit Wildalm-Bergkäse und jungem Tilsiter, dazu Vulcano-Schinken, Wurzelbaguette und eingelegte Forelle, würden wir wiederkommen.

TENNERHOF
(?)

Gourmet & Spa de Charme Hotel Kitzbühel

Tel.: 05356 63181

6370 Kitzbühel
Griesenauweg 26

www.tennerhof.com
office@tennerhof.com

SERVICE AWARD 2009

Nach Stefan Lenz' Abgang orientiert sich das Gourmetrestaurant im Tennerhof neu. Nachdem diese Phase noch nicht abgeschlossen ist, setzen wir die Wertung aus und freuen uns auf unseren nächsten Besuch und einen hoffentlich gelungenen Neustart.

HAGSTEIN
Tipp

Tel.: 05356 65216

6370 Kitzbühel
Hagsteinweg 95

www.gasthof-hagstein.at
info@gasthof-hagstein.at

tgl. 10–23 Uhr
variabel

Der Berggasthof liegt inmitten des malerischen Bergpanoramas von Kitzbühel. Neben dem Duft von saftigem Gras und Bergkräutern steigt auch das herrliche Aroma von würzigem Bergkäse und Hirschbraten in Rotweinsauce in die Nase. Den Kaiserschmarren als süßen Abgang darf man sich nicht entgehen lassen.

à la carte: 5–27 €

KUFSTEIN
F3

ALPENROSE
14/20

Tel.: 05372 621 22
0664 916 56 60

6330 Kufstein
Weißachstraße 47

www.alpenrose-kufstein.at
hotel@alpenrose-kufstein.at

Die Alpenrose war schon voriges Jahr in kulinarischer Hinsicht eine der angenehmen Überraschungen. Wir sind sehr froh, dass die Qualität beständig ist. Sehr gute Produkte, feine Saucen, mutiger und kraftvoller Geschmack. Das bleibt die positive Erinnerung bei Gerichten wie der Bouillabaisse, der Dorade, den Ochsenschwanzravioli in Rindsuppe oder einem der tollen Gerichte aus den großen Menüs. Die Weinkarte wurde erweitert und der Service ist weiterhin sehr aufmerksam. Die Alpenrose ist ein idealer kulinarischer Zwischenstopp.

TIROLER HOF KUFSTEIN
12,5/20

Gourmet Wirtshaus im Boutique Hotel Viktorias Home

Köchin: Viktoria Fahringer

Tel.: 0660 623 31 10

6330 Kufstein
Am Rain 16

www.viktoriashome.at
info@viktoriashome.at

Fr–So 11–13.45 und
17.30–20.45 Uhr
variabel

Besucht man das Wirtshaus im Tirolerhof, hat man die Wahl zwischen Klassikern der österreichischen Küche, zubereitet von Papa Fritz, oder innovativen Gerichten auf der Höhe der Zeit, die die Handschrift von Tochter Victoria tragen. Wir konzentrieren uns auf Victorias Küche und sind begeistert. Frische Kräuter und Gemüse dominieren – vom Schrebergarten-Kräutertopfen bis hin zur geschmorten Melanzani. Unglaublich gut sind die Nachspeisen, unter anderem eine Kreation aus dunkler Schokolade, Erdbeere und Rose. Die Weinkarte ist klein, aber fein und schön abgestimmt auf die Gerichte, der Service durch Mama Christa herzlich und kompetent.

à la carte: 15–43 €

KUNDL F3

GASTHAUS KUNDLER KLAMM 12/20

Die Kundler Klamm ist eine Verbindung zwischen dem Inntal und der Wildschönau – man geht etwa eine Stunde pro Richtung. Kommt man von der Wildschönau, spaziert man eine Stunde durch die Klamm, um zum Gasthaus Kundler Klamm zu kommen. Vom Inntal kommend, ist man gleich einmal da. Die Küche ist zwar bodenständig, aber gekocht wird ausschließlich mit hervorragenden Produkten. Die Bärlauchknödel – wenn gerade Saison ist – sind ohne Einschränkung zu empfehlen, ebenso die kreativen Spargelgerichte. Es können sich aber auch die Jausen sehen lassen, etwa die typischen St. Johanner Würstel. Oder die diversen Eisbecher.

Tel.: 05338 206 20
0650 526 29 69

6250 Kundl
Kundler Klamm 49

www.kundlerklamm.at
gasthaus@kundlerklamm.at

Di–So 11.30–18 Uhr
variabel

LADIS C4

R35 BY PATRICK LANDERER 13,5/20

im Hotel „Das Landerer“

Koch: Patrick Landerer

Hoch ambitioniert geht Küchenchef Patrick Landerer in seiner Küche im R35 ans Werk – gerne kombiniert er bodenständige und traditionelle Rezepte aus der Region mit neuen Ideen und kreativem Beiwerk. Geschmacklich genauso spannend, wie es sich liest, ist die Gamssuppe mit Dim-Sum, Liebstöckel und Salzzitrone oder der Almsaibling mit Goldener Bete und Fisser Rollgerste, aufgegossen mit Dashi – einem japanischen Fischsud. Vegetarier haben mit einer vielfältigen Auswahl ihre Freude und kommen voll auf ihre Kosten. Rein vegane Gänge ergänzen den modernen Spirit der Karte und machen großen Spaß. Besonders spannend sind die vier Zubereitungsarten der Petersilienwurzel: geschmort, cremig, mariniert, knusprig – und fein abgestimmt mit würzigem Fenchelöl. Ein luftiges Schokosoufflé als gekonnt süßer Abschluss – und der Abend lässt keine Wünsche offen.

Tel.: 05472 68 30

6532 Ladis
Razilweg 35

www.r35-ladis.com
r35@daslanderer.com

Mo–So 18–22 Uhr

LÄNGENFELD D4

VIER ® 11/20

VIER – Studios & Restaurant

Die vier Elemente – Feuer und Erde, Wasser und Luft – spielen im VIER die Kulinarikhauptrolle. Dieser als rahmensetzender Kunstgriff gemeinte Ordnungsversuch bleibt allerdings eher willkürlich und wenig orientierungsgebend. Denn unabhängig davon, bekommt man es mit einer Küchenphilosophie zu tun, die zwischen hochwertig-traditionell und zeitgenössisch-angesagt schwankt. Im überschaubar großen, zeitgemäß-modernen Lokal, das dennoch eine gewisse Gemütlichkeit ausstrahlt, kann dazu aus einer kleinen, aber durchaus feinen Weinkarte gewählt werden. Insgesamt gelingt vor allem die optische Speiseninszenierung beim Restaurant-Newcomer gut, geschmacklich ist hingegen noch Luft nach oben.

Tel.: 05253 941 00
6444 Längenfeld
Runhof 108
www.vier-studios.at
office@vier-studios.at

LANS D4

WILDER MANN 13,5/20

Gasthof

Koch: Michael Streng

Ein Landgasthaus wie aus dem Bilderbuch ist der Wilde Mann in Lans. Die Gerichte schmecken vorzüglich und das Ambiente ist von gepflegter Tradition. Hier wird seit eh und je mit Herz und Seele die Tiroler Wirtshauskultur gepflegt. Das Ergebnis ist ein Wiener Schnitzel, das meisterhaft in der Butterschmalzpfanne zubereitet und mit Preiselbeeren und einem gemischten Salat serviert wird. Oder eine im Ofen gebratene Hochrippe, punktgenau medium gebraten, mit einer Rösti der Extraklasse und knackigem, gegrilltem Gemüse. Viele Ingredienzen stammen übrigens aus der eigenen Landwirtschaft. Der Service tritt freundlich und selbstbewusst auf.

Tel.: 0512 379 696
6072 Lans
Römerstraße 12
www.wildermann-lans.at
info@wildermann-lans.at
tgl. 11.30–21 Uhr
variabel

LERMOOS C4

180° 11/20

Koch: Theo Hofherr

In Zusammenarbeit mit umliegenden Produzenten gelingt Küchenchef Theo Hofherr im 180° in Lermoos qualitätsorientierte Regionsküche, die an jeweils wechselnden Thementagen bei Tiroler Sushi-Kreationen (Maishendl, Seeforelle, Ziegenkäse), Strudeltagen oder beim Fondueabend zum Ausdruck gebracht wird. Auf der regulären Abendkarte und bei regelmäßig stattfindenden Spezialveranstaltungen gibt es auch Ambitionierteres in Form eines Flying-Menüs oder von Gerichten wie veganem Waldpilzgulasch oder hausgeräuchertem Lammrücken. Das Panorama mit Blick auf die Zugspitze ist im lichtdurchfluteten Restaurant großartig. Die Einrichtung mit Holz und Grautönen ist stilvoll. Und das Gute zum Schluss: Die hausgemachten Süßigkeiten und Pralinen des gelernten Patissiers gibt es in der angrenzenden Konditorei zu erwerben. Im Delikatess-Shop stehen weitere Goodies zum Verkauf bereit. Der Proviant ist also gesichert.

à la carte: 15–35 €

Tel.: 05673 209 31
6631 Lermoos
Silbergasse 1
www.restaurant-180grad.at
180grad@
restaurant-180grad.at
Di–So 12–20 Uhr

POST LERMOOS GENIESSERHOTEL 15/20

Alpine Luxury, Gourmet & SPA

Koch: Thomas Strasser

Wer sich in Tirol „Alpine Luxury, Gourmet & SPA Hotel" nennt, gibt schon einen Hinweis darauf, was man dort erwarten kann. Die 4-Sterne-Superior-Edelherberge Post in Lermoos bietet einen beeindruckenden Panoramablick auf das Zugspitze-Massiv. In diesem Haus sind die kulinarischen Highlights ähnlich hoch wie die Berge rundherum. Das Angebot ist so sehr nachgefragt, dass es zu Saisonspitzen für Außer-Haus-Gäste manchmal schwer ist, in der Gourmetstube einen Platz zu ergattern. Glücklich sind jene, die dann an einem der rund fünf Tische den delikaten Preziosen der Post-Küche entgegenfiebern können. Als Gedeck wird ein Blutwurstbrot gereicht, das dem bekannten Beispiel im viel gepriesenen Restaurant Steirereck im Wiener Stadtpark um nichts nachsteht. Dazu wird eine Reihe von Küchengrüßen in Form kleiner Happen serviert. Alles tadellos und von bester Qualität. Beim Start beeindruckten das Ei mit Trüffel und die Alpengarnele aus Tiroler Zucht mit Kaviar. Obwohl alpin ausgerichtet, zeigt die Küche keine Scheu vor Gerichten von internationaler Prägung. Auf dem Salzstein fand der regional gefischte Saibling seinen lukullischen Auftritt, gefolgt von einem meisterlich gegarten rosa Lammrücken. Kalbinfilet wurde mit Sellerie aus dem Salzteig und Périgord-Trüffel-Kartoffeln genussvoll arrangiert. Ein sehr aufmerksamer Service liefert dazu eine Weinbegleitung aus einer Sammlung von gut 1.000 Weinen. Die Desserts komplettierten den ausgezeichneten Eindruck dieser Feinschmeckeradresse.

à la carte: 11–169 €

Tel.: 05673 228 10
0664 256 49 98

6631 Lermoos
Kirchplatz 6

www.post-lermoos.at
welcome@post-lermoos.at

Mo–Sa 12–13.45 und 18.30–20.45, So 12–13.45 und 18.30–19 Uhr; Post Gourmet Stube Do–Sa ab 19 Uhr

MATREI IN OSTTIROL G4

MONTE DINNERCLUB® 14/20

im Alpenparks Hotel Montana

Koch: David Senfter

Das Pop-up-Restaurant Monte bietet ein interessantes Ambiente und gemütliche Lounge-Ecken, kombiniert mit ausgezeichneter trendiger Küche. Das Fine-Dining-Menü startete mit Happen von Tatar, Schweinebauch, Champignons und Sommertrüffel. Gailtaler Saibling mit Karfiol und Kombucha-Beurre-blanc war ein Genuss, ebenso der weiße Spargel. Zart war der Heilbutt mit Bärlauch und grünem Spargel. Perfekt zubereitet die Gams mit Sellerie, Wildem Brokkoli und fermentierter Bete. Sauerampfer, weiße Schokolade und Rhabarber bildeten den köstlichen Abschluss. Gute Weinempfehlung, kreative Drinks, hauseigener Isel-Gin.

à la carte: 15–45 €

Tel.: 04875 510 20
0664 887 305 55

9971 Matrei in Osttirol
Gereitstraße 2

www.facebook.com/montematrei
monte@alpenparks.at

Fr–Di 18–22 Uhr
✻ April und Nov. 2023

RAUTERSTUBE

15/20

im Hotel Rauter

Koch: Max Van Triel

Die Rauterstube ist – gefühlt – seit Jahrzehnten ein 1-, dann ein 2-Hauben-Restaurant. Aber irgendwas hat sich verändert. Die Gerichte von Max Van Triel, dem Mann am Herd, werden immer feiner, eleganter und präziser. Kurz: Sie werden immer besser. Auch die Dramaturgie des Degustationsmenüs kann sich sehen lassen. Es startet mit gebeizter Forelle mit Holunderbeeren und Buttermilch, wobei man hier zwischen der Forelle und dem Gänseleberparfait mit weißem Port, Brioche und Birne wählen muss. Keine einfache Entscheidung. Zum Glück die einzige. Danach kommen sautierte Steinpilze und gebratener Jungschweinebauch (mit herrlich dichtem Pilzsud) und als Hauptgang Bauch und Schulter vom Osttiroler Milchlamm. Dazu großartige Weinempfehlungen, eindrucksvoller Keller.

à la carte: 15–39 €

Tel.: 04875 66 11
0664 413 96 18

9971 Matrei in Osttirol
Rauterplatz 3

www.rauterstube.at
info@hotel-rauter.at

✻ November 2023, variabel

SALUTI

15/20

Koch: Ernst Moser

Kreative Küche, das beweist Ernst Moser mit seiner „Haubenpizzeria" mit großer Auswahl an Pizza- und Pastagerichten. Hinter dem „Tennisstüberl" verbirgt sich aber auch ein Restaurant mit 3- bis 6-Gänge-Menüs, die auch Anhänger exzellenter Küche vollauf zufriedenstellen. Die Begrüßung erfolgte mit kleinen Köstlichkeiten, ein ausgezeichneter Einstieg zum herausragenden Calamari-Beuscherl mit Kohlrabi, Rieslingrahm und Forellenkaviar. Wohlschmeckende Agnolotti und frischer Trüffel mit Waldpilzen setzten den Genuss fort. Confierte Dolomitenente mit Berglinsen, Pfirsich und Kürbis war von Qualität und Zubereitung hervorragend. Fischliebhaber werden mit feinem Defregger Bergsaibling mit Selleriecreme, Lärchenschaum und getrüffelten Champignons voll überzeugt. Köstlich das abschließende Dessert: Bauerntopfen und weiße Schokolade mit Waldbeeren und Sorbet. Die Weinkarte ist sehr gut zusammengestellt und fällt durch fair kalkulierte Preise auf, positiv auch die große Anzahl an angebotenen Halbflaschen. Sehr freundlicher, kompetenter und umsichtiger Service.

à la carte: 9,50–33 €

Tel.: 04875 67 26
0664 433 161 39

9971 Matrei in Osttirol
Griesstraße 10

www.saluti-matrei.com
pizzeriasaluti@aon.at

Mi–Sa 17.30–22, So 12–14 und 17.30–22 Uhr
✻ variabel

♿

MAURACH AM ACHENSEE E4

MICHL STUB'N 12,5/20

im Hotel Vier Jahreszeiten

Es ist ein runder, sehr klassisch ausgestatteter Raum mit edler Decke, erlesener Tischkultur und einer eindrucksvollen Skulptur samt Säulen in der Mitte des Raums. Das Menü wechselt im Rhythmus der Natur und des Markts und wird – ebenfalls in klassischer Bistro-Manier – auf großen Tafeln präsentiert. Vorweg – die Menüs sind vielfältig, leicht und werden in der Regel von großartigen Weinen begleitet. Jedenfalls sollte man den Empfehlungen des Sommeliers unbedingt Folge leisten. Hin und wieder stehen Innereien auf der Tafel. Sollte das so sein, unbedingt zuschlagen. Auch beim Wild. Oder beim Fisch. Am besten man nimmt überhaupt gleich fünf Gänge.

Tel.: 05243 53 75

6212 Maurach am Achensee
Eggweg 2-3

www.4jahreszeiten.at
hotel@4jahreszeiten.at

Do–Di 18–21 Uhr

MAYRHOFEN E4

HUBER'S BOUTIQUEHOTEL 12,5/20

Koch: Klemens Huber

Seit 2009 ist Klemens Huber Chef am Herd im Betrieb seiner Familie. Seine Stationen davor können sich sehen lassen. Stock Resort, das Lamark von Alexander Fankhauser, ein hervorragendes Haus in Serfaus. Die Wanderjahre haben sich ausgezahlt. Klemens Hubers Küche ist frisch, elegant und gleichzeitig herzhaft. Es sind Teller, auf denen man die Liebe und Leidenschaft zur Kulinarik spürt. Und schmeckt. Dabei bewegt sich Huber gern auch einmal auf neuen Pfaden. Hummer-Zitronengras-Eis? Kein Problem. Im Gegenteil. Prinzenhirsch mit Schokolade-Cannelloni? Ebenfalls postitive Überraschung. Der Mann schaut eindeutig über den Tellerrand hinaus.

Tel.: 05285 625 69

6290 Mayrhofen
Dornaustraße 612

www.hbhotel.at
info@hbhotel.at

ab 18 Uhr
So, Mo

ROCKY 7®

14,5/20

im ZillergrundRock Luxury Mountain Resort

Koch: Alexander Hönigsberger

Das Rocky 7 im ZillergrundRock Resort in einem wildromantischen Seitental des Zillertals ist kein Restaurant, an dem man einfach so vorbeikommt. Da muss man schon ganz gezielt hinwollen. Und das ist keine schwierige Entscheidung, wenn man dort genussreiche Stunden verbringen möchte. Der Stil des Hauses ist auf den Stil der Küche übertragbar. Viel Tradition, gepaart mit kreativer Modernität. Die Gerichte zeigen dem gespannten Genießer deutlich, wo er zu Gast ist: in Tirol nämlich. Hauchdünne Scheiben von sagenhaftem Karreespeck eines Bauern aus der Umgebung, mit frisch gebackenem Brot und „Modlbutter", bieten den gelungenen Einstieg ins Menü. Frischer Wildkräutersalat, langsam geschmorter, superzarter Schweinebauch, mit einem dunkel karamellisierten Bierjus, und eine kräftige Rinderbouillon sind die schöne Einstimmung auf das Hauptgericht. „Nicht Fisch, nicht Fleisch" ist die vegetarische Hauptspeise: Minz-Erbsen-Teigtaschen, abgeschmeckt mit Zitrusaromen, Nussbutter und Grünem Veltliner. Für die Fleischfraktion gibt es perfekt rosa gebratenen Kalbsrücken mit Grießlaibchen. Das Dessert aus warmer Honigmelone mit Eis und knusprigem Crunch ist der sommerliche Frischekick zum Abschluss. Kompliment für eine authentische Küche mit Bodenhaftung auf Feinschmeckerniveau.

Tel.: 05285 623 77

6290 Mayrhofen
Zillergrund 903

www.zillergrund.at
info@zillergrund.at

Mi–Fr 18.30–20 Uhr

♿

ZILLERTALERHOF®

11/20

Alpine Hideaway

Köchin: Silvia Wohlfahrt

Der Zillertalerhof präsentiert sich als romantisches Alpine Hideaway und die Küche entsprechend als Fine Alpine Dining – was zum Glück nicht nur Hotelgäste genießen dürfen. Auch externe Gäste kommen hier, mitten in Mayrhofen, in den Genuss von drei verschiedenen fünfgängigen Gourmetmenüs zur Auswahl. Die langjährige Küchenchefin Silvia Wohlfahrt legt großen Wert auf frische, saisonale und möglichst regionale Zutaten für ihr abwechslungsreiches Speisenangebot. Typisch österreichische Elemente treffen stimmig auf mediterrane oder auch fernöstliche Einflüsse und lassen auch nur einen Abend zur kleinen Genussauszeit werden.

Tel.: 05285 622 65

6290 Mayrhofen
Am Marienbrunnen 341

www.zillertalerhof.at
welcome@zillertalerhof.at

Mo–Sa 18–21 Uhr

♿

NAUDERS

KAMMERLI ⓝ

16,5/20

Köche: Michael Ploner, Oliver Mijic & Jürgen Mathoy

Wow, was für ein Start! Sie werken zu dritt: Michael Ploner, der Juniorchef des Hauses, Olli Mijic und Jürgen Mathoy. Ihr Coach und Mentor, der Tiroler Chefkoch-Cheftrainer, hatte bei der Menügestaltung ebenfalls seine Hände im Spiel. Das Ergebnis des Teamworks: ein sensationelles Fine-Dining-Menü, wie es in Tirol nicht viele gibt. Immer spielerisch zwischen Avantgarde und bodenständiger (französischer) Klassik tänzelnd. Moderne, alpine Küche in der symapthischen, historischen Stube. Im Menü jagt ein Highlight das andere – bis rauf zum Hirsch, der in zwei Gängen serviert wird: erst die Leber, dann der Rücken. Für eines der Desserts im Herbstmenü werden Heidelbeeren fermentiert und zwischen modernen, filigranen Gängen schieben die Jungs so einen Klassiker wie eine herrliche Ballottine aus der Küche. Wenn hier mit dem Tempo und der Leidenschaft weitergekocht wird, wird man vom Kammerli bald noch viel hören.

Tel.: 05473 872 210

6543 Nauders
Unterdorfstraße 196

www.hotel-central.at/de/hotel/gourmet-im-central/kammerli-gourmet
kammerli@hotel-central.at

Do–Sa 18.30–24 Uhr

© Rudi Whylidal

NEUSTIFT IM STUBAITAL — D4

DER HOFERWIRT — 12,5/20

Hotel & Restaurant

Koch: Peter Zittera

Tel.: 05226 22 01

6167 Neustift im Stubaital
Dorf 12

www.hoferwirt.at
info@hoferwirt.at

tgl. 11.30–14 und 17–21 Uhr

Was in der Hoferwirt-Karte gleich am Beginn, auf den ersten Seiten, steht, sind die Partner und die Herkunft der verwendeten Lebensmittel. Man erfährt, dass das Lamm aus Neustift kommt, Reh, Gams und Hirsch liefert entweder die Eigenjagd in Lüsens oder die Jagdgenossenschaft Pinnistal. Nur, was hier nicht wächst und gedeiht, darf von weiter weg kommen. Der Spargel aus der Steiermark etwa. Ganz großartig: die geflämmte Regenbogenforelle (aus der eigenen Zucht), die Suppe aus Waldpilzen oder die Saure Suppe. Die vermutlich beste Kuttelsuppe Tirols, Ost und Nord zusammengenommen.

HUBERTUSSTUBE

17/20

SPA-Hotel Jagdhof Relais & Châteaux

Koch: Boris Meyer

Das Gourmetrestaurant des Hauses gehört zweifellos zu den besten Feinschmeckeradressen in Tirol. Und das renommierte 5-Sterne-Hotel Jagdhof in Neustift im Stubaital feilt stetig weiter an seinem ausgezeichneten Genussprofil. Das hat viel mit Junior-Patron Alban Pfurtscheller zu tun. Er, unterstützt von der gesamten Familie und einem ausgezeichneten Team, arrangiert viele unterschiedlich Kulinarikangebote, beginnend mit gleich vier Halbpension-Menüs (inklusive Low Carb), „Genuss-Gondel" auf der Terrasse, Genusstouren zu Top-Lieferanten in der Region und „Wine & Dine"-Abendes, wofür ein Weinkeller mit circa 1.200 Positionen und 20.000 Flaschen zur Verfügung steht. In der Hubertusstube werden regionale und internationale Zutaten gemischt. Aus Tirol gibt es unter anderem Alpengarnelen (!), Wachteln, diverses Bio-Federvieh und bestes (Stein-)Wild. Nach vier gaumenschmeichelnden Aufmerksamkeiten zum Menüstart folgte Jakobsmuschel mit Dillöl, Schwarzwurzeln und Aromen von roten Weintrauben. Auch das Graupenporridge mit Comté-Hartkäse, ein Klassiker des Hauses, durfte nicht fehlen. Geschmacklich voll auf der Höhe war der Tiroler Kwell-Saibling mit Kohlrabi, Petersiliencreme und einer sagenhaft guten Dashi-Beurre-blanc-Sauce. Die meisterlich gut gegarte „Taube Royal" mit Gewürzbrotknödel und junger Roter Bete im Ganzen und das Reh – aus eigener Jagd – mit „Crue de Cacao"-Kruste und Sellerie waren jeweils von einem kräftigen Tauben- beziehungsweise Reh-Jus begleitet. Küchenhandwerk vom Feinsten. Bei dieser Zubereitungsqualität kann man kaum auf Fleisch verzichten. Als Pre-Dessert wurde ein Kokos-Küchlein mit Mango-Eis gereicht. Auch die zweite Kreation aus der Patisserie, eine Dessert-Komposition aus weißer Valrhona-Schokolade mit Himbeeren beziehungsweise Himbeersorbet, Joghurtcreme und Apfelaromen, wusste zu überzeugen. Zu den am Schluss servierten Fleurons passte gut ein Edelbrand aus der sehr großen Fruchtbrände-Sammlung des Hauses. Diese Adresse bietet sich jeden Tag als lohnendes Restaurantziel an, hat es doch 365 Tage im Jahr geöffnet. Das 5-Sterne-Wellness-Angebot ist ebenfalls erstklassig.

Tel.: 05226 26 66

6167 Neustift im Stubaital
Scheibe 44

www.hotel-jagdhof.at
mail@hotel-jagdhof.at

Mi–So 18.30–20.30 Uhr

♿

NUSSDORF-DEBANT — G5

IM STADL

12,5/20

Koch: Werner Wibmer

Rustikal und kunstsinnig – so präsentiert sich das Ambiente. Ähnlich kann man auch die Küchenlinie des Osttirolers Werner Wibmer umschreiben. Zum einen wird hier eine kulinarische Grundversorgung für die Nachbarschaft geboten, bei der rustikale, bodenständige Gerichte (Grillteller, Pfandl, Burger, Wiener Schnitzel …) in ansprechender Qualität zubereitet werden. Dazu wird zumeist gepflegtes Bier vom Fass getrunken. Zum anderen gibt es ein saisonal wechselndes viergängiges Überraschungsmenü, bei dem man sich durchaus auf Haubenniveau bewegt. Da kommen dann bevorzugt die Schätze, die Sommelier und Serviceleiter Peter Knöbelreiter im Keller hortet, zum Einsatz. Die Nähe zu Italien wird dabei genauso zelebriert (Vitello tonnato, Burratasalat, Tomatengnocchi …) wie die regionalen Spezialitäten aus der unmittelbaren Heimat (Osttiroler Rind, saisonales Gemüse...). Der Mix ergibt eine unkomplizierte Genießerküche, die einfach allen schmeckt. Zum Abschluss muss es natürlich das verführerische Schoko-Nuss-Soufflé sein.

Tel.: 04852 677 27

9990 Nussdorf-Debant
Toni-Egger-Straße 28 a

www.imstadl.at
info@imstadl.at

Di 18–20.30, Mi–So 12–13.30 und 18–20.30 Uhr
variabel

♿

OBERGURGL D5

EDELWEISS & GURGL 11/20

Koch: Christian Weis

Das Edelweiss & Gurgl ist das Gourmetrestaurant im gleichnamigen Hotel in Obergurgl im Ötztal. Neben dieser Stube verfügt das Hotel auch noch über ein Fondue-Restaurant und (für deftige Abende) die Zirbenalm. Im À-la-carte-Restaurant geht es weniger rustikal zu. Im Gegenteil. Feine Tafelkultur, erlesene Weine. Die Küche orientiert sich an heimischen Produkten (das Beste vom Grauvieh und vom Vollmilchkalb, Wildbret, wenn Jagdsaison ist). Geboten werden solides Handwerk und mit Liebe und Akribie angerichtete Teller. Eindrucksvoll ist auch das Angebot für Veganerinnen und Vegetarier.

à la carte: 8–38 €

Tel.: 05256 62 23
6456 Obergurgl
Ramolweg 5
www.edelweiss-gurgl.com
info@edelweiss-gurgl.com
tgl. 18–21 Uhr

PERTISAU E3

WILDERER GOURMETSTUBE 14,5/20

im Hotel Karwendel

Köchin: Stefanie Rieser

Die Wilderer Gourmetstube ist die Wirkstätte von Stefanie Rieser und der kulinarische Hotspot im Hotel Das Karwendel. Und es ist ein Fixstern am gastronomischen Himmel Tirols. Die Küche ist solide, manchmal etwas verspielt, aber immer am Punkt, frisch und ohne Tadel. Die Gerichte sind liebevoll angerichtet, und manche davon werden von der Küchenchefin persönlich mit viel Witz und Charme präsentiert. Die sieben Gänge sind üppig, aber ausgesprochen köstlich und auch von der Menügestaltung her sehr spannend. Wir erinnern uns an eine herrlich schaumige Tomatensuppe. Genauer gesagt aus der fleischigen Ochsenherztomate. In Erinnerung bleibt natürlich auch das spektakuläre Basilikumsorbet, das unter einer futuristisch anmutenden schillernden und hauchdünnen Blase serviert wird, die beim Anstechen platzt und dem Gericht eine außergewöhnliche Note gibt. Die Pralinen am Schluss, der kleine Bär, alles ausgesprochen sympathisch. Die Weinbegleitung macht ebenfalls Freude.

à la carte: 11,50–48 €

Tel.: 05243 52 84
6213 Pertisau
Karwendelstraße 1
www.karwendel-achensee.com
info@karwendel-achensee.com
Mi–Sa 18.30–22 Uhr
✱ Mitte März bis Ende Mai 2023

PFAFFENHOFEN D4

BISTRO HÖLL

12/20

Koch: Christian Schwertner

Irgendwo, ganz weit oben auf der Homepage, schreiben die Betreiber, dass ihnen Stammgäste lieber sind als anonyme Tester. Gute Einstellung, gefällt uns. Aber ob sie eventuell schon einmal daran gedacht haben, dass sich das nicht ausschließt? Unsere Tester sind zwar anonym, aber es sind leidenschaftliche Genießer, vielleicht sogar Stammgäste. Und die sagen uns, dass wir an der Höll nicht vorbeikommen. Mediterranes vom Feinsten, bester Fisch in der Salzkruste, großartige Steaks und die Risotti sind eine Zierde ihrer Art. Das sagen unsere anonymen Tester. Noch ein Bonus: der imposante Blick von der Terrasse auf die Hohe Munde.

Tel.: 0676 409 84 61
6405 Pfaffenhofen
Höll 65
www.bistrohoell.at
valentin@bistrohoell.at
Do–So 11.30–14 und 18–22 Uhr

REITH BEI KITZBÜHEL F3

S'PFANDL

11/20

Koch: Thomas Hagleitner

Ein Tiroler Wirthausklassiker, in dem man sich immer um das Eitzerl mehr bemüht. Allein die Weinauswahl geht weit über ein Standardprogramm hinaus. So ist das Gulasch mit zarten Rinderfiletspitzen gemacht, der Saibling wird in der Papilotte saftig gegart und das Wiener Schnitzel ist knusprig und selbstverständlich vom Kalb. Wir hatten diesmal einen vegetarischen Gast dabei, da war die traditionelle Karte etwas herausfordernd, aber auf unseren Wunsch hat die Küche flexibel reagiert. Alles in allem ein Wirtshaus, in das wir immer wieder gerne kommen. Übrigens: Im Sommer sitzt man in einem ruhigen Gastgarten.

à la carte: 15–39 €

Tel.: 05356 622 71
0676 326 52 35
6370 Reith bei Kitzbühel
Kitzbüheler Straße 69
www.pfandl.co.at
info@pfandl.co.at
Di–So 17–24 Uhr

REITH BEI SEEFELD D4

ZOMM

14/20

im Meilerhof

Koch: Waal Sterneberg

Lust auf ehrliche Küche und authentischen Geschmack? Auf hochwertige Produkte, die entweder frisch in der umliegenden Region eingekauft werden oder aus dem eigenen Garten stammen? Auf eine Speisenzubereitung mit viel kreativem und handwerklichem Können? Auf Fleischverwertung mit höchstem Respekt vor dem Tier? Dann sollte eine Einkehr im ZOMM in Reith bei Seefeld fix eingeplant werden. Wer dazu noch das große Glück hat, just dann zu kommen, wenn gerade frischer Spargel eingetroffen ist, Bärlauch gepflückt wurde und Kalbsbries auf der Tageskarte steht, ist definitiv zu beneiden. Ein empfehlenswerter Start für den ersten Hunger ist übrigens das frisch gebackene knusprige Hausbrot mit verschiedenen Aufstrichen. Neben der kleinen, feinen Karte mit modern interpretierter Wirtshausküche gibt es außergewöhnliche Tagesempfehlungen, bei denen die Qual der Wahl schwerfällt. Ein gutes Glas Wein dazu – und einfach genießen.

à la carte: 15–60 €

Tel.: 05212 32 25
6103 Reith bei Seefeld
Meilerweg 67
www.meilerhof.at
info@meilerhof.at
Fr–Di 12–16 und 17–21 Uhr

REUTTE C3

HOTEL ZUM MOHREN Ⓝ 11/20

Koch: Thomas Ruepp

Es ist eine klassische Wirtshauskarte, die den Gästen im Mohren präsentiert wird. „Solide Klassik", ist man geneigt zu denken und schraubt die Erwartungen eine Spur herunter. Was für ein Fehler! Ja, die Gerichte sind Klassiker und ja, es ist Wirtshausküche. Allerdings vom Feinsten und kaum besser zu machen. Das Tiroler Gröstl ist, so einfach das Gericht sein mag, eine Zierde seiner Art. Der Gamsrücken (gut, das bekommt man jetzt nicht unbedingt in jedem Gasthof) ein Traum. Ebenso die Außerferner Käsespätzle mit Röstzwiebeln und frischem Schnittlauch. Großartig. Im Herbst, wenn „Steakwochen" sind, setzt Thomas Ruepp, der Küchenchef, noch ein paar spezielle Cuts auf das ohnehon schon sensationelle Steak-Menü.

Tel.: 05672 623 45
6600 Reutte
Untermarkt 26
www.hotel-mohren.at
info@hotel-mohren.at

RINN E4

GASTHOF ZUR ARCHE Ⓝ 13/20

Eine gefühlte Ewigkeit haben Günter Eberl und seine Frau den Schwan in Wattens bespielt. Jetzt sind sie übersiedelt: nach Rinn. Eine kleine Gemeinde, nur eine Viertelstunde südöstlich von Innsbruck. Was für ein Gewinn für die Landeshauptstadt. Es ist eine liebevoll eingerichtete, lichtdurchflutete und von klaren Linien geprägte Arche, die sich die Eberls da (um-)gebaut haben. Bei der Küchenlinie blieb Eberl sich treu: eine Slow-Food-affine Küche, bei der das Produkt und seine Frische im Mittelpunkt stehen. Die Arche ist ein Ort der Begegnung, ein wunderbarer Gasthof und ein Platz zum Genießen. Bei Sonnenschein auch auf der herrlichen Terrasse.

Tel.: 05223 228 72
6074 Rinn
Hauptstraße 18
www.zurarche.at

ST. ANTON AM ARLBERG B4

ALPIN GOURMET STUBE 16/20

im Hotel Gletscherblick

Koch: Paul Markovics

Tel.: 05446 32 85
0664 459 61 95

6580 St. Anton am Arlberg
St. Jakober Dorfstraße 35

www.hotel-gletscherblick.at
info@hotel-gletscherblick.at

Mi–So 19–21 Uhr
Mitte April–Mitte Juni und Oktober–November 2023

Modern-alpin eingerichtet und sehr gemütlich, das sind die ersten Eindrücke, die die Gourmet Stube im Hotel Gletscherblick vermittelt. Dass sie ihrem Namen mehr als gerecht wird, zeigt sich im Laufe des Abends in bestechender Art und Weise. Die Weinkarte ist umfangreich und legt den Schwerpunkt auf Österreich. Zudem ist sie mehr als fair kalkuliert. Die Beratung ist sehr kompetent und geht auf die individuellen Wünsche des Gasts ein. Die dargereichten Amuse-Gueules legen die Küchenphilosophie von Paul Markovics sprichwörtlich auf den Tisch: regionale Küche in geschmackvoller, säurebetonter Stilistik, mit hohem Anspruch an die Qualität der Grundprodukte. Das Menü beginnt mit einem Carpaccio vom Dry-Aged-Rind – das Fleisch mürbe, begleitet von eingelegten Arlberger Pfifferlingen. Der nächste Gang lässt bereits den kulinarischen Frühling erahnen mit Spargel, verarbeitet als Mousse und mariniert. Dazu heimische Gerste und eine herrliche Haselnuss-Sherry-Vinaigrette. Auch der Fischgang, eine Lachsforelle mit einem Karotten-Nussbutter-Espuma und einer Passionsfrucht-Vinaigrette, hinterlässt am Gaumen dieses perfekte Zusammenspiel von Frucht und Säure, ohne dass der Geschmack des Fischs in den Hintergrund gerät. Die geschmorte Schweinsbacke mit jungem Kraut kann man mit dem Löffel genießen. Das Milchkalb in zweierlei Form – gebraten und als Ragout – ist köstlich, nicht zuletzt durch die wunderbar eingebettete Trüffelvinaigrette. Meisterlich schließlich das Marillensorbet mit aufgeschlagenem Joghurt und als weiterer Höhepunkt (in einer Abfolge vieler Höhepunkte) ein Apfelsorbet mit einer Praline aus gerösteter Fenchelmousse.

à la carte: 18–38 €

© Michael Huber

ALTE STUBE

13,5/20

im Hotel Schwarzer Adler

Koch: Stephan Dialer

Die alte Gaststube im Schwarzen Adler in St. Anton, eine historische Stube aus dem 16. Jahrhundert, die auf den ersten Blick durch ihre Schönheit besticht, bildet den stimmungsvollen Rahmen für ein vortreffliches Abendessen. Der Gruß aus der Küche in Form einer Rindersulze vom Salatbuffet gerät zwar etwas holprig, aber dann! Das Dreierlei von der Gänseleber mit Himbeeren – eine Gaumenfreude! –, ebenso wie der wunderbar gegarte Arlberger Hirschrücken. Als Abschluss wird ein Kaiserschmarren wie aus dem Lehrbuch serviert: karamellisiert und flaumig. Die Weinkarte bietet eine übersichtliche Auswahl vor allem heimischer Gewächse. Die Bedienung ist aufmerksam, flink und freundlich. Feiner Abend, solide Leistung und damit verdiente Auszeichnung.

à la carte: 20–45 €

Tel.: 05446 22 44
6580 St. Anton am Arlberg
Dorfstraße 35
www.schwarzeradler.com
hotel@schwarzeradler.com
Mo–So 18.30–21 Uhr

RAFFL'S EAT ART

14/20

im Raffl's St. Antoner Hof

Köche: Patrick & Stefan Sagmeister

Zugegeben, es ist schräg. Kunst (recht poppig-bunte) an den Wänden. Manche Teller wirken aufgeräumt, andere chaotisch-fetzig. Kunst auch auf dem Teller. Irgendwie wirkt alles wie „Tattoo-Studio meets Alpensepp". Das ist schrill und das kann man mögen oder nicht. Was aber außer Zweifel steht, sind die Gerichte selbst. Die sind zwar in der Regel ebenfalls experimentell, aber sie gelingen. Daher nennt das Restaurant seine Köche auch nicht Köche, sondern „Kochakrobaten". Die Zutaten sind regional und von erlesener Qualität. Weil, da hören sich die Experimente auf. Bestes Wild, Alpengarnelen aus Hall, Trüffel aus Istrien. In Raffl's Eat Art arbeiten aber nicht nur Koch-, sondern auch Serviceakrobaten, die bei aller Schrägheit auch Kniffe alter Schule draufhaben. Und die Weinkarte? Die ist – arlbergtypisch – von großem Umfang und erstaunlicher Tiefe. Alles in allem geht es in Raffl's Eat Art recht anarchisch zu. Und das ist gut so.

à la carte: 38–88 €

Tel.: 05446 29 10
6580 St. Anton am Arlberg
Arlbergstraße 69
www.raffls.com
hotel@antonerhof.at
tgl. 19–21 Uhr
✻ Mitte April–Mitte Dez. 2023

TANNENHOF

17,5/20

Koch: Gustav Jantscher

HOTEL DES JAHRES 2018

Der Tannenhof am Ortsrand von St. Anton am Arlberg war das erste Hotel in Österreich, das bei der strengen 5-Sterne-Superior-Bewertung die volle Punktzahl erreichte. Von außen betrachtet, könnte man das schmucke Haus für eine der vielen First-Class-Herbergen am Arlberg halten. Aber im Inneren des Hotels zeigt sich der wahre Luxus dieses „Small Luxury Hotels of the World"-Etablissement mit lediglich sieben Suiten, die es in sich haben. Ebenso das Hotel als Ganzes, ein Gegenstrom-Indoorpool inklusive. Kein Wunder, dass es auch bei der Kulinarik an nichts fehlen darf. Der neue Küchenchef, wahrlich kein Unbekannter, schließt naht- und mühelos an das Niveau seines Vorgängers an. Im Tannenhof ist der Gast König, auch was die Anzahl der Gänge betrifft. Wer allerdings lediglich mit drei Gerichten vorliebnimmt, versäumt den Rest des Galaauftritts der Küche. Nach einem imposanten wie tadellosen Gedeck mit vielen kleinen Köstlichkeiten startete das Menü – im Tannenhof standesgemäß – mit Garnele mit nicht zu wenig Kaviar, gefolgt von Fasan mit Herbsttrompete, auch Totentrompete genannt – ein weiteres Lebenszeichen einer herrlichen, alpin-international orientierten High-End-Küche. Weitere Ausrufezeichen waren der zarte Huchen (Donaulachs) mit Austern sowie die Wildessenz mit Steinbock-Leberknödel. Man merkt es: Der Koch ist auch Jäger. Das Kaninchen mit Erbse ging mit einem glücklichen Zungenschlag von dannen. Jantschers Signature Dish – Taube, selbst gezüchtet (!), mit Pak Choi – war für sich allein den Besuch wert. Auch die Kombinationen Kalb mit Trüffel und Gams mit Paprika vermochten dem Feinschmecker zu imponieren. Die Garpunkte und Würznuancen werden scheinbar spielerisch beherrscht. Zum Finale wurden Ziegenkäse mit Mohn und Zwetschke beziehungsweise Schokolade mit Preiselbeeren und Enzianaromen serviert. Der locker-legere und immer kompetente Service hat im Keller eine Auswahl von über 500 Weinpositionen und findet blind die richtigen Tropfen. Für Gäste mit einer weiteren Anfahrt empfiehlt sich eine Anfahrt per Zug. Die Verbindungen sind zahlreich und der Bahnhof befindet sich unweit des Hotels.

à la carte: 22–68 €

Tel.: 05446 303 11
0664 356 36 01

6580 St. Anton am Arlberg
Nassereiner Straße 98

www.hoteltannenhof.net
info@hoteltannenhof.net

Mi–So 12–14.30 und
18.30–22 Uhr
im Sommer geschlossen

VERWALLSTUBE

14,5/20

am Galzig

Koch: Matthias Weinhuber

Die Verwallstube ist ein kulinarischer Anker am Arlberg. Hauptsächlich für Wintersportler aller Art, aber auch für romantisch veranlagte Paare. Die Candle-Light-Dinner hoch droben sind legendär, aber rar. Das Angebot ist solide und auf der Karte stehen die empfehlenswerten Gerichte unter dem Titel „Evergreens". Als da wären: Wiener Schnitzel vom heimischen Kalb mit (mustergültigen) Petersilienkartoffeln, Tafelspitz mit allen Zutaten der Wiener Klassik, also Cremespinat, Röstkartoffeln, Apfelkren und Schnittlauchsauce. Und natürlich – wir sind immerhin am Arlberg – im Ganzen gebratene und vom Service perfekt am Tisch filetierte Seezunge mit Zitronen-Kapern-Butter. Die hohe Schule der Kochkunst Seite an Seite mit einer Service-Meisterschaft der alten Schule. Dass in der Verwallstube auch der Blick in die Weinkarte lohnt, braucht nicht weiter erwähnt werden. Die Positionen entsprechen dem, was in der Region üblich ist. Kurz: Die Karte ist großartig und für ein Bergrestaurant zumindest außergewöhnlich. Achtung: Um in die Verwallstube zu kommen, muss man erst einmal durch das kulinarische Minenfeld des Selbstbedienungsrestaurants.

à la carte: 7,90–44,20 €

Tel.: 05446 235 25 10
0676 846 542 501

6580 St. Anton am Arlberg
Kandaharweg 9

www.verwallstube.at
verwallstube@abbag.com

Fr–Mi 11.30–15 Uhr,
Do 11.30–15 und 19–22 Uhr

ST. CHRISTOPH AM ARLBERG B4

HOSPIZ-ALM 14,5/20

Koch: David Kurz

Als die Hospiz-Alm Mitte Dezember 2021 ihre Tore (wieder) öffnete, war sie geschlagene anderthalb Jahre geschlossen. Trotzdem, oder vielleicht gerade deswegen, steht dort ein hochmotiviertes junges Team am Start. Die Alm ist bestens gerüstet für einen soliden Einkehrschwung (tagsüber) und ein hochfeines Fine-Dining-Erlebnis (abends). Die Karte macht einen leicht verspielten Eindruck, obwohl Klassiker der österreichischen Küche die Hauptrollen spielen. Die Consommé vom Tiroler Almochsen wird mit diversen wohlbekannten Einlagen serviert und ist so kraftvoll und dicht, dass es eine Freude ist. Der Erdäpfel-Vogerl-Salat „Hospiz Alm" ist eigentlich eine Koketterie, kommt der Teller doch neben Ei und Kernöl auch mit einem stattlichen Stück gebackenem Tafelspitz daher. Sämtliche Gerichte tadellos und erfreulich gut. Weinmäßig lässt die Hospiz-Alm bekannterweise ohnehin keine Wünsche offen. Und es ist gut zu wissen, dass auch der Maître, Karl-Heinz Pale, nichts von seinem Humor verloren hat: „Dort, wo jetzt die ganzen Ski stehen, kommt mein dritter Weinkeller hin."

à la carte: 18–64 €

Tel.: 05446 3 625

6580 St. Christoph am Arlberg
St. Christoph 18

www.arlberghospiz.at
service.alm@arlberghospiz.at

tgl. 10–1 Uhr
Ende April–Nov. 2023

ST. JAKOB IN DEFEREGGEN F5

JAKOBISTUB'N 11,5/20

im Hotel Jesacherhof

Der Jesacherhof ist ein schönes Alpinhotel im romantischen Defereggental. In der Jakobistub'n genießt man das Halbpensionsmenü oder Speisen aus einem kleinen À-la-carte-Angebot mit typischen Gerichten wie Wiener Schnitzel, Forellenfilet oder Zwiebelrostbraten. Man kann sich getrost auf das vorgeschlagene Menü einlassen. Alles ist aufmerksam zusammengestellt, auch die Gerichte am Buffet. Hervorzuheben ist mit Sicherheit die mit Bravour kuratierte Weinkarte, in der auch nicht die eine oder andere Rarität fehlt. Freundlicher, aufmerksamer Service.

Tel.: 04873 53 33

9963 St. Jakob in Defereggen
Außerrotte 37

www.jesacherhof.at
info@jesacherhof.at

Bewertungen:

11 bis 12,5 Punkte von 20 Punkten: 1 Haube
13 bis 14,5 Punkte von 20 Punkten: 2 Hauben
15 bis 16,5 Punkte von 20 Punkten: 3 Hauben
17 bis 18,5 Punkte von 20 Punkten: 4 Hauben
19 bis 19,5 Punkte von 20 Punkten: 5 Hauben

ST. JAKOB IN HAUS G3

ESSKULTUR

14/20

by Unterlechner, im Genießerhotel Unterlechner

Koch: Sebastian Jöchl

Das Herzstück des Restaurants heißt genau so: „Herzstück-Menü". Es wird in vier (da versäumt man allerdings einiges), sechs (genau richtig) oder acht (die Luxusvariante) Gängen angeboten. Zum Auftakt gibt es gebeizten Huchen, danach folgt eine intensiv-kraftvolle Wildconsommé mit gebackenen Wildbällchen. Der Höhepunkt, sprich Hauptgang, ist ein Gericht vom Goinger Reh mit Rosenkohl und Nusspüree. Sehr gelungen auch die glasweise Weinbegleitung, wobei es schwerfällt, hier nicht eine fair kalkulierte Flasche zu bestellen. Die Weinkarte bietet zahlreiche Raritäten, die man gerne selbst im Keller liegen hätte.

à la carte: 9–42 €

Tel.: 05354 882 91
0664 225 52 91

6392 St. Jakob In Haus
Reith 23

www.unterlechner.com
anfrage@unterlechner.com

Do–Sa 18–22 Uhr

ST. JOHANN IN TIROL G3

CRYSTAL

13/20

Das Alpenrefugium

Das Crystal liegt in St. Johann in Tirol, ganz nah bei Kitzbühel. Für Bergfexe: zwischen Wildem Kaiser und Kitzbüheler Horn. Sommers wie winters geöffnet und mit kristallklaren Ausblicken gesegnet. Auch kulinarisch hat das Crystal einiges zu bieten. Es gibt zwei Menüs: Das „Deluxe" hat vier Gänge, das „Premium" fünf, wobei hier das Prinzip des „Omakase" gilt. Was auf den Tisch kommt, entscheidet der Chef. Darauf kann man sich allerdings blind verlassen. Die Gerichte im Crystal sind ein solides Zeugnis dafür, dass hier jemand sein Handwerk versteht. Dazu gibt es eine spannende Weinbegleitung, die auch die eine oder andere Überraschung bereithält.

Tel.: 05352 626 30

6380 St. Johann in Tirol
Hornweg 5

www.hotel-crystal.at
info@hotel-crystal.at

POST

12/20

Hotel & Wirtshaus Post

Koch: Benjamin Leitner

Das Hotelrestaurant Post heißt auch externe Gäste willkommen und überzeugt mit einer gekonnten Mischung aus traditioneller Tiroler Küche und zeitgeistigen Wirtshausgerichten, die auch internationale Gefilde betreten. So bietet die Speisekarte neben Klassikern wie Wiener Schnitzel, Frittatensuppe und Apfelstrudel auch Speisen wie Lammcurry mit Gewürzcouscous, hausgemachte Pasta mit Spargel oder Maki mit regionalem Saibling. Interessant ist auch die Tiroler Surf-and-Turf-Variante mit Rindswurst und Forellenfilet. Eine zusätzliche Wochenkarte hält preiswerte Mittagsmenüs bereit und sorgt für Abwechslung. Passendes im Glas findet sich in der gut bestückten Weinkarte. Das Ambiente in den unterschiedlichen Stuben ist stimmig und gemütlich – egal, ob im Kamin- und Poststüberl oder im urbaneren Hofrestaurant.

à la carte: 7–35 €

Tel.: 05352 636 430

6380 St. Johann in Tirol
Speckbacher Straße 1

www.dashotelpost.at
office@dashotelpost.at

Mo–So 12–13.45 und 18–21 Uhr

♿

SCHWOICH F3

BIEROL

12/20

Taproom & Restaurant

Koch: Thomas Moser

Der ursprüngliche Geist des Stöfflbräu – Bier- und Restaurantvorgänger des jetzigen Lokals Bierol Taproom & Restaurant – durchweht noch immer die Räumlichkeiten. Man hat aber behutsam modernisiert und damit den Rustikalcharme auf atmosphärischer und kulinarischer Ebene vertrieben. Statt beispielsweise Schnitzel, Pizza und Lagerbier kommen die hauseigenen Biere, deren Bandbreite von klassisch bis äußerst kreativ reicht, auf den Tisch. Küchenphilosophisch dockt man beim Bodenständigen und Regionalen an, schlägt aber gerne etwa fernöstlich angehauchte Haken oder hebt an sich einfache Gerichte mit Raffinesse und Qualitätsbewusstsein auf eine neue Ebene.

à la carte: 12–34 €

Tel.: 0660 549 00 45

6334 Schwoich
Sonnendorf 27

www.bierol.at
caroline@bierol.at

Do, Fr 17.30–21, Sa, So
11.30–13.30 und 17.30–21 Uhr

SEEFELD D4

ALPIN RESORT SACHER SEEFELD-TIROL 14/20

Das Astoria Resort Seefeld wurde im September 2022 zum Alpin Resort Sacher Seefeld-Tirol umbenannt. Die Tischkultur des chaletartigen, gediegenen Restaurants – und vor allem der Service – sind mustergültig und vorbildlich. Es gibt drei Menüs zur Auswahl, unter anderem ein „Tirol Fine Dining"-Menü und ein vegetarisches Menü. Wir wählen das erste und sind mit dem geflämmten Saibling mit Selleriepüree sehr zufrieden – die Taube en miniature als Brust und Keule ist sehr gut. Das Sorbet einzigartig: Weißbier. Danach kommt ein Seefelder Kalbsfilet mit herrlichem Pfefferjus. Die Ravioli sind handwerklich vielleicht nicht ganz perfekt. Als Abschluss ein Himbeertörtchen mit Himbeerkaviar. Man verlässt das Lokal sehr zufrieden. Die Weinkarte ist umfangreich und entspricht dem Restaurant.

Tel.: 05212 227 20
6100 Seefeld
Geigenbühelstraße 185
www.astoria-seefeld.com
hotel@astoria-seefeld.com

SERFAUS C4

DAS KÖHLE 15/20

KÖHLES CHEFS TABLE by Lukas Neier

Koch: Lukas Neier

Das kulinarische Angebot im „Köhle" in Serfaus ist umfangreich und beeindruckend. „Köhle's Kulinarium" klingt zwar schon recht vielversprechend, wer aber alles, von der Pizza bis zum Chefs Table schon einmal probiert hat, weiß, dass das Versprechen gehalten wird. Alle Angebote sind wunderbar, aber mit dem Chefs Table hat sich Lukas Neier einen Traum erfüllt. Freier Blick auf den Pass, spannende Menüfolge, heimische Produkte, großartige Drinks. Wir haben beim Auftakt im vergangenen Jahr schon geschrieben, dass uns das im Haus geselchte Fleisch, die Fische aus der eigenen Zucht, die Garnele aus Hall sehr beeindruckt haben. Im aktuellen Menü hat Lukas Neier noch einmal an einer Schraube gedreht. Die Gerichte sind noch klarer und präziser geworden, die Interpretationen noch fokussierter. Chapeau. Aufwertung verdient.

Tel.: 05476 6244
6534 Serfaus
Dorfbahnstraße 24
www.das-koehle.at
info@das-koehle.at
Mo, Di, Do, Fr und
Sa 17–21.30 Uhr
Ostern bis Ende Juni 2023

SÖLDEN D4

AD VINUM

13/20

Koch: Ludwig Linser

Das Ad Vinum ist ein Erlebnis. Zum einen ist das Weinangebot – nomen est omen – wirklich beeindruckend. Die Karte zeigt Vielfalt in alle Richtungen. Beim Champagner große Häuser ebenso wie kleine, handwerklich arbeitende Winzer. Bei den Österreichern eine erstaunliche Jahrgangstiefe und auch bei den Italienern ist das Ad Vinum bestens bestückt. Zum anderen steht das Menü dem in nichts nach. Experimentell und doch von sicherer Hand geprägt. Nur ein Beispiel: Der Ötztaler Saibling (Tataki) bekommt Aromen wie Maiwipferl, Honig und Rhabarber an die Seite und beeindruckt so mit einer überraschenden Komplexität.

à la carte: 9–29 €

Tel.: 05254 307 00
6450 Sölden
Schmiedhofstraße 2
www.ad-vinum.at
info@ad-vinum.at
Mo–Fr 18–24 Uhr, variabel

ICE Q

13/20

Koch: Klaus Holzer

AMBIENTE AWARD 2019

„Dem Himmel so nah, dass man ihn anfassen möchte." So steht es prominent in den Unterlagen des ice Q – und das ist nicht übertrieben. Die hohen Glasfronten garantieren eine lichtdurchflutete Stimmung innen und einen atemberaubenden Blick nach draußen. Und die Gerichte? Da gibt sich Küchenchef Klaus Holzer keine Blöße. Die Teller sind raffiniert arrangiert, die Linie elegant und geschmackvoll mit internationalem Twist. Auch die Wein- und Destillatkultur ist für die Höhe ungewöhnlich und kann sich sehen lassen. In Summe ein kulinarisches Erlebnis auf hohem Niveau. Nicht nur höhenmetermäßig.

à la carte: 9–110 €

Tel.: 0664 960 93 68
6450 Sölden
Dorfstraße 115
www.iceq.at
iceq@central-soelden.at
tgl.11.30–15 Uhr
25. April–9. Juni 2023

ÖTZTALER STUBE

15,5/20

Das Central – Alpine. Luxury. Life.

Koch: Michael Kofler

Das Ötztal und noch mehr Sölden sind wahre Hotspots einer internationalen Küche. Wenn da die Ötztaler Stube konsequent regional auftischt, ist das schon ein klares Statement. Das Resultat ist jedenfalls immens spannend. Schon das Amuse-Gueule begeistert durch Kreativität und akkurate Handwerkskunst: Tiroler Speck aus der Tube, Ochsenschwanzsuppe mit getrüffeltem Blätterteigkrapfen, kunstfertig verarbeitete Gänseleber, Erdäpfelaufstrich mit Schnittlauch, Corn-Dog mit österreichischer Wurst, geeistes Olivenöl. Allein der hier gezeigte Elan ist eine Hervorhebung wert. Ein gelungenes Gericht war der Damhirsch, der in zweierlei Form präsentiert wurde: einmal luftgetrocknet als Chip, das zweite Mal rosa gebraten und samtig-weich. Das Wildkräuterpesto ermöglichte einen herrlichen, intensiven Kontrapunkt. Die Herren im Service agierten zuvorkommend und souverän. Die Weinkarte ist beeindruckend und gespickt mit großen Weinen. Unbedingt probieren sollte man den roten Pinot 3000, einen Dreiländerwein dreier Spitzenwinzer aus Österreich, Deutschland und Italien, eigens abgefüllt für das Haus.

à la carte: 18–38 €

Tel.: 05254 226 00

6450 Sölden
Auweg 3

www.central-soelden.com
info@central-soelden.at

Do–So 19–21 Uhr

♿

SÖLL — F3

DIE KRUMMEREI

Tipp

Gut Ding braucht Weile. Unter diesem Motto nimmt man sich im modern gestalteten Gastraum mit rustikalen Holzelementen Zeit und lässt sich mit allen Sinnen auf einen genussvollen Abend ein. Begleitet wird dieser von ausgewählten Weinen aus Österreich sowie Italien und Frankreich.

à la carte: 15–70 €

Tel.: 05333 52 26

6306 Söll
Dorf 7

www.krummerei.at
info@krummerei.at

Fr–Mi 11.30–14.30 und
17.30–20.30 Uhr
Mitte Mai bis Mitte Juni 2023

♿

STEEG/LECHTAL B4

ZIRBENSTUBE „POSTAMT“ 15/20

im Lechquell Hotel Post

Koch: Florian Obwegeser

In der Zirbenstube, dem kulinarischen und holzvertäfelten Herzstück des Hotels Post in Steeg, wurden früher Briefe sortiert. Darum heißt sie auch „Postamt“. Heute schieben hier keine Postbeamten mehr Dienst. Vielmehr ist die Stube die Wirkstätte von Küchenchef Florian Obwegeser und seiner Patissière Jasmin Jehle. Was die beiden hier bieten, hat Strahlkraft, die weit über den Arlberg und das Lechtal hinausgeht. Wann immer möglich, sollte man zu Wildgerichten greifen. Erstens kommt das Wild aus der eigenen Jagd, zweitens versteht es Florian Obwegeser, mit Wildbret umzugehen. Der Rest vom Fest ist solide Klassik mit Pfiff und Verve. Spannend sind auch die regelmäßigen Weindegustationen, bei denen die Gastgeber auf eine stattliche Auswahl zurückgreifen und die hin und wieder auch im nicht weniger stattlichen Gewölbekeller stattfinden. In Summe ein – in kulinarischer Hinsicht – wertvoller Aktivposten im Lechtal und an den Ausläufern des Arlbergs.

Tel.: 05633 53 07
0664 111 15 80

6655 Steeg/Lechtal
Nr. 17

www.poststeeg.at
hotel@poststeeg.at

Do–Sa ab 18.30 Uhr
❄ bis 20. Dez. 2022

STRASSEN G5

STRASSERWIRT 12/20

Herrenansitz zu Tirol

Koch: Werner Gander

Das Menü – je nach Geschmack drei, vier oder fünf Gänge – ist in der Zusammenstellung und in der Machart eindeutig auf die Hausgäste abgestimmt. De facto werden nach Auskunft pro Abend auch nur maximal zwei Tische auswärtigen Gästen angeboten. Das hausgebeizte Lachsforellencarpaccio war gefällig, aber auch nicht mehr. Die Basilikumgnocchi in Parmesansauce folgten der zuvor beschriebenen Logik. Und der Hauptgang? Medaillons vom Milchkalb auf Kartoffelpüree und Zuckerschoten. Eben ein klassisches und ordentliches Halbpensionsgericht. Der Service operiert freundlich, das Weinangebot ist vielfältig und qualitätsgeprägt.

Tel.: 04846 63 54
0664 968 91 52

9918 Strassen
Dorfstraße 28

www.strasserwirt.com
hotel@strasserwirt.com

tgl.18.30–21 Uhr
❄ bis 7. Dez. 2022

STUMM IM ZILLERTAL E4

GUATZESSEN 15,5/20

Koch: Peter Fankhauser

Blumen und Wildkräuter, Pilze und Obst, Kraut und Rüben – alles aus eigener Permakultur – verarbeitet der leidenschaftliche Koch und Perfektionist Peter Fankhauser zu raffinierten, variantenreichen Köstlichkeiten. Egal, ob man ein drei-, fünf- oder siebengängiges Menü wählt, ein Muss ist das Fingerfood – kleine Tartelettes und Küchlein mit warmem Sauerteigbrot –, das als Vorspiel serviert wird. Fulminant der Gruß aus der Küche, ein Wasabi-Rauken-Parfait, und fulminant geht es weiter mit einem kalten Entree, das sich schlicht Kohlrabi nennt. Aber welches Geschmacksuniversum! Und erst der Spargel! Natürlich Wilder Spargel aus dem eigenen Garten und weißer Spargel aus Südtirol mit zweierlei Polenta, Currysauce und Sauce hollandaise. Vieldimensional und filigran angerichtet wie alle Gänge des Menüs. Nach den Ravioli mit Zuckererbsenfüllung auf Spinatbett und Quinoa-Crumble zieht der gelernte Patissier noch einmal alle Register und kombiniert weiße Schokolade mit Roten Ribiseln und einem Dillsorbet – ein vorzügliches Zusammenspiel. Und nicht zu vergessen die feinen Pralinen, die es als Draufgabe gibt. Die kleine Weinkarte ist auf die Küche abgestimmt. „Guatz Essen" – eine Untertreibung! „Beschtes Essen"!

Tel.: 0664 167 03 50
6275 Stumm im Zillertal
Obere März 36
www.guatzessen.at
info@guatzessen.at
Di–Sa 17–21 Uhr
✱ 25. April–17. Mai 2023
♿

LANDGASTHOF LINDE 12/20

WIRTSHAUS DES JAHRES 2020

Der Landgasthof Linde in Stumm ist einer der ältesten in Tirol. Das wunderschöne Ambiente macht schon beim Betreten richtig Lust auf die weithin bekannte Wirtshaus- und Gourmetküche. Tradition und Regionalität verbinden sich mit modernen Elementen. Mit der Variation vom Thunfisch, Erbsenpüree und Wildkräutersalat und dem Tatar vom Linde-Hofrind finden wir einen gelungenen Einstieg. Eine Besonderheit ist das Kalbsbries mit einem feinen Gemüserisotto – nicht immer auf der Karte zu finden und daher unbedingt zu empfehlen. Den süßen, sehr gelungenen Abschluss macht die Nachspeisen-Variation Linde.

Tel.: 05283 2277
6275 Stumm im Zillertal
Dorf 2
www.landgasthof-linde.at
info@landgasthof-linde.at

NESTER

12/20

Metzgerei und Gasthaus

Koch: Georg Hauser

Der Nester in Stumm ist ein Fels in der gastronomischen Brandung des Zillertals. Einer der wenigen Metzgerwirte mit einer noch intakten (und großartigen) Metzgerei. In dieser Metzgerei entstehen herausragende Spezialitäten vom Rotwild, aber auch Highlights wie Lammboxeln oder Zillertaler Ofenleber. Im Restaurant isst man bodenständig und fein gleichermaßen. Zu Recht berühmt seit einer Ewigkeit: die Sulz, die als Vorspeise serviert wird, und zum Schluss der herrlich süßsaure Rhabarber-Scheiterhaufen. Dazwischen Wirtshausklassiker, jeder einzelne eine Zierde seiner Art.

à la carte: 9–60 €

Tel.: 05283 22 64
0664 412 42 58

6275 Stumm im Zillertal
Dorf 24

www.nester.at
info@nester.at

Fr–Mo 11–13.30 und 17.30–21,
Do 17.30–21 Uhr
variabel

TANNHEIM C3

TANNHEIMER STUBE 17/20

Hohenfels – das Genießerhotel

Koch: Markus Pichler

Zwei Jahre lang hatten wir die Bewertung der Tannheimer Stube aussetzen müssen. Umso erfreulicher war es festzustellen, dass Markus Pichler und sein Team das Kochen in der Zwischenzeit nicht verlernt haben. Im Gegenteil. Die Tannheimer Stube setzt genau dort an, wo wir sie vor zwei Jahren aus den Augen verloren: bei soliden 17 Punkten und damit vier Hauben. Die Entscheidung fiel uns jedenfalls leicht. Beim Degustationsmenü kann man zwischen vier, fünf und sechs Gängen wählen. Oder man entscheidet sich für das komplette Menü: Das wären neun Gänge – plus eine Reihe richtig guter Küchengrüße. Dazu sei aber gesagt, dass man sich mit jedem Gang weniger nicht wirklich einen Gefallen tut. Pichlers Stil ist elegant, frisch und leichtfüßig. Und auch nach Genuss des ganzen Reigens ist noch viel von dieser Leichtigkeit zu spüren. Nehmen wir als Beispiel den Steinpilz, der im ersten Drittel des Menüs serviert wird. Zauberhaft angerichtet und mit Pfirsichfond, eingelegten Maiwipferln, Brunnenkresse und Borretsch serviert. Ein Gericht, das Erdverbundenheit und Leichtigkeit gleichermaßen transportiert, perfekte Säureakzente setzt und nebenbei noch großartig schmeckt. Oder gleich danach: der Zander. Auch dieser Gang sehr akkurat präsentiert und spannend interpretiert. Sehr bunt mit Schwarzwurzel, Karotte, Lauch und grünen Mandeln. Der Garpunkt beim Zander selbst perfekt. Ein Gericht, das in Erinnerung bleibt. Das Lamm im Hauptgang kombiniert Pichler mit Wildem Brokkoli, Salzzitrone, Eierschwammerl und fermentiertem Knoblauch. Den Abschluss bildet dann Marille in verschiedenen Erscheinungsformen. Als Praline, als Cornetto (ganz große Klasse!), als Shot (sieht aus wie ein Stamperl Hefeweizen) und klarerweise als Krapferl.

à la carte: 20–45 €

Tel.: 05675 62 86
0676 376 42 09

6675 Tannheim
Kreuzgasse 8

www.hohenfels.at
info@hohenfels.at

Mi–Sa 18–20 Uhr
✻ April, Nov. 2023

TELFS-BUCHEN/SEEFELD D4

INTERALPEN-CHEF'S TABLE

17,5/20

im Interalpen-Hotel Tyrol

Koch: Mario Döring

Ein Abend an einem der beiden Chef's Tables im Interalpen ist ein ganz besonderes Erlebnis. Das beginnt schon bei der Ankunft und beim mondänen Ambiente des luxuriösen Hotels. Um zu den Chef's Tables zu gelangen, ist man im Hotel eine Weile unterwegs. Bei den beiden Hochtischen angekommen, fällt erst einmal die Größe der Küche auf. Zu diesem Zeitpunkt, am Abend, wirkt sie weitläufig und leer. Der Stimmung an den Tischen und am Pass schadet das in keiner Weise. Dafür sorgt einerseits eine Portion Gelassenheit bei Mario Döring und seinem Team, andererseits hat das Menü selbst einen großen Anteil am gelungenen Abend. Die Gerichte von Döring (und auch die Dramaturgie des Menüs selbst) folgen einem spannenden Bogen: regionale Zutaten, avantgardistisch interpretiert und stets mit scharfem Auge für Präzision und Eleganz beim Anrichten. Außerdem stellt Döring höchste Ansprüche an die Produkte, mit denen er seine Teller zaubert. Der Ora-King-Lachs wird mit scheinbar unscheinbaren Zutaten zubereitet. Und trotzdem (oder gerade deshalb) ist dieser Auftakt zum Menü so fulminant. Auch der Hummer ein paar Gänge später, er kommt mit Salzzitrone und Karotte an den Tisch, ist eine Wucht. Ja, der Hauptgang ist Fleisch. Rib-Eye, um genau zu sein, und es ist großartig. Aber die Gänge davor – die, die aus dem Wasser kommen – sind schlicht Weltklasse. Vor allem der Steinbutt, dessen Garpunkt man kaum besser hinkriegen kann. Mit Lauch und Kaviar übrigens. Und die süßen Gänge, die die Patisserie aus der Küche schickt, sind sowieso längst legendär.

Tel.: 0 508 09 30

6410 Telfs-Buchen/Seefeld
Dr.-Hans-Liebherr-Alpenstraße 1

www.interalpen.com
reservation@interalpen.com

tgl. 19–24 Uhr
Mitte März bis Mitte Mai 2023

INTERALPEN-HOTEL TYROL

13/20

À-la-carte-Restaurant

Koch: Mario Döring

Die Grandezza des Interalpen-Hotels ist beeindruckend. Von der weiten Gläserfront des imposanten Speisesaals grüßt der Hausberg Hohe Munde, das Interieur des Speisesaals ist edel und in seiner Weitläufigkeit imposant. Das À-la-carte-Angebot reicht von Salaten und kleinen Speisen über Suppen und Zwischengerichte bis zu Hauptgerichten mit Fisch, Fleisch und Steaks sowie schlussendlich zu den Desserts. Die Linie ist primär international gehalten mit edlen Produkten wie Hummerschwanz und Trüffel – so wie es sich für ein Haus dieser Extraklasse geziemt. So überzeugte auch das Filet vom Atlantiksteinbutt mit Petersilie, Brokkoli und Trüffelmousseline durchaus. Die Küche verschmäht aber auch nicht österreichische Gerichte wie Gulaschsuppe, Tafelspitz, Wiener Schnitzel oder Kaiserschmarren. Typisches Dessert aus Amerika: Cheesecake, verziert mit Beeren und Karamell. Reiche, international bestückte Weinkarte, mit großem Augenmerk auf die Qualitätsweine aus Österreich, aber auch Frankreich und Italien.

à la carte: 19,50–42 €

Tel.: 0043 508 09 30

6410 Telfs-Buchen/Seefeld
Dr.-Hans-Liebherr-Alpenstraße 1

www.interalpen.com
reservation@interalpen.com

tgl. 12–22 Uhr
Mitte März bis Mitte Mai 2023

TRINS D4

PUMAFALLE

Tipp

Koch: Thomas Uhlig

Die Jausenstation Pumafalle ist ein wunderbares Ausflugsziel in Trins im Gschnitztal. Nach einem gemütlichen Spaziergang – vom Parkplatz sind es circa 15 Minuten zu Fuß – ist die Einkehr hier unbedingt empfehlenswert. Die Speisekarte bietet eine kleine Auswahl an heimischen Gerichten. Auf die Verarbeitung regionaler Lebensmittel direkt aus der Umgebung wird viel Wert gelegt. Empfehlenswerte Klassiker sind Kaspressknödel, in der Suppe oder mit Salat, und Schnitzel auf Wiener oder steirische Art. Wer lieber Süßes mag, ist mit einem Stück selbst gemachten Kuchen oder Apfelstrudel sehr gut beraten.

à la carte: 3,20–28,70 €

Tel.: 05275 53 23
0677 629 29 20

6152 Trins
Trins 250

www.pumafalle.at
gasthaus@pumafalle.at

Mi–So 11.30–18 Uhr

TUX E4

BERGFRIED CHEFS TABLE 15,5/20

Aktiv- & Wellnesshotel Bergfried

Koch: Sebastian Stock

Tel.: 05287 872 39
6293 Tux
Lanersbach 483
www.bergfried.at
info@bergfried.at
Di–Sa 19–20 Uhr

Beim Chefs Table im Hotel Bergfried in Tux kann man getrost sagen: Vorhang auf! Analog dem Spruch „Wie man sich bettet ..." lautet das Motto hier: „Wie man sich setzt, so sieht man!". Und zwar – zwischen dunkelroten Vorhängen an Hochtischen platziert – geradewegs in die riesengroße Küche von Chef Sebastian Stock. Die Atmosphäre ist innen wie außen sehr gechillt, die Stimmung könnte nicht besser sein. Das Menü ist auf einer großen Tafel angeschrieben, was aber nicht heißt, dass es genauso kommen muss. Spontane Einlagen sind jederzeit möglich. Nach den spektakulären Grüßen – darunter ein knuspriger Minischweinebraten mit einem Minispinatknödel in einer leichten Parmesansauce – beginnt der Abend mit Tatar und Sashimi von der Eismeerforelle und knackigem, gepickeltem Rettich. Unter dem Korpus eines Seeigels kommen eine Jakobsmuschel, Kräuterseitlinge und Meeresspargel zum Vorschein. Eine leichte Velouté wird dazu angegossen. Man kann an dieser Stelle schon erwähnen, dass Saucen aller Art die absolute Spezialität des jungen Chefkochs sind. Brust und Haxerl von der Taube begeistern mit ihrer Zartheit und dem intensiven Geschmack. Um dem großen Theater gerecht zu bleiben, werden Kalbskopfpralinen auf einem Schädelknochen serviert, dazu gibt es Hirschfilet, Sellerie in diversen Variationen und die berühmte goldene Sauce, die bei keinem Menü fehlen darf. Das „finale grande" kommt jedoch mit dem Dessert von Patissier Pierre. Im Handumdrehen wird vor den Augen der Gäste auf zunächst leeren Schieferplatten eine bunte, zuckersüße, schokoladige Zauberwelt drapiert. Applaus für diese gelungene kulinarische Darbietung!

GENIESSERSTUBE IM ALPENHOF

15/20

Koch: Maximilian Stock

Die Genießerstube im 4-Sterne-Superior-Hotel Alpenhof in Hintertux ist eigentlich ein Stübchen mit einer Handvoll Tische und einer schönen, intimen Atmosphäre. Es gibt ein Menü, das alle drei Monate wechselt und die jeweilige Jahreszeit abbildet. Die Küche setzt kompromisslos auf Regionalität, inklusive einer eigenen Rinderzucht am Holzleitensattel. Bereits das servierte Amuse-Gueule bietet ein Potpourri an Kreativität und Genuss – Stichwort: Kopfsalatcreme mit Wasabi, gebeiztem Saibling und Rapssamenmilch –, legt damit aber auch die Latte hoch für die darauffolgenden Gänge. Es startet mit perfekten Rinderfilet-Röllchen, gefüllt mit Bachkresse und kunstvoll verbunden durch einen Petersilienwurzelring. Auch die gebrannten Almkäse-Ravioli mit gebeiztem Eigelb schmecken köstlich – kleiner Schönheitsfehler: Der dazu servierte Kohlrabi ist etwas zu dominant für den feinen Kaviar. Der Hauptgang, ein Rinder-Brisket auf Zwiebelbett mit Walnusssauce – ein Gedicht. Krönender Abschluss das Dessert: ein Erdbeer-Miso-Sorbet mit einer Erdbeer-Buchweizen-Tarte. Die Weinkarte kann mit dem Können der Küche und vor allem auch der Patisserie nicht ganz Schritt halten. Der Service entspricht dem Niveau des Hauses.

Tel.: 05287 85 50
6293 Tux
Hintertux 750
www.alpenhof.at
info@alpenhof.at
Mi–So 18.30–20 Uhr
✱ 29. April bis 20. Juni 2023

UDERNS E4

DIE GENUSSWERKSTATT

11/20

Die Genusswerkstatt gehört zum Golfclub Zillertal. Das merkt man einerseits an den Tischgesprächen an den Nachbartischen, andererseits aber auch am typischen Golfplatzpanorama, das man auf der Terrasse genießen kann. Das Panorama ist aber nicht das Einzige, das dort zu genießen ist. Die Küche ist entspannt, bodenständig und handwerklich top. Jeden Mittwoch ist Sushi-Abend – und hier hat sich die Genusswerkstatt einen soliden Namen als herausragender Anbieter im Zillertal und dem Tiroler Unterland erarbeitet. Der Sushi-Stil ist modern und „contemporary", die Qualität der Ware erstklassig. Außerdem ist die Weinkarte mehr als ordentlich.

Tel.: 05288 630 005 08
6271 Uderns
Golfstraße 1
www.die-genuss-werkstatt.at
office@die-genuss-werkstatt.at

WATTENS E4

DANIELS KRISTALLWELTEN 11,5/20

Koch: Michael Gruber

Nach einem Besuch der berühmten Kristallwelten lohnt sich der kulinarische Abschluss im Restaurant Daniels Kristallwelten auf dem angrenzenden, großzügigen Areal mitten in Wattens. Auf der Karte finden sich in allen Bereichen ausgefallene internationale, regionale und saisonale Angebote. Manchmal auch als Symbiose – wie beim Steirer Hendl „Indisch" oder beim vegetarischen California-Pita. Besonders beliebt ist der ausgiebige Sonntagsbrunch (unbedingt vorher reservieren!). Aus der hauseigenen Patisserie kommen süße Köstlichkeiten, die auch als Take-away mitgenommen werden können.

à la carte: 4,20–28 €

Tel.: 05224 510 80

6112 Wattens
Kristallweltenstraße 1

www.swarovski.com/kristallwelten
reservations.kristallwelten@swarovski.com

tgl. 12–19.30 Uhr

♿

DAS GRANDER 14/20

Koch: Thomas Grander

Thomas Grander und sein Team sind mit ihrem modernen Restaurant und der großen Sonnenterrasse mitten in Wattens beheimatet. Der erfahrene Küchenchef sprüht vor kreativen Ideen, was sich deutlich in seinen Gourmetmenüs und den gelungenen Überraschungsmenüs widerspiegelt, die tischweise bestellt werden können. Beste Zutaten aus der Region und der Saison sind Granders Credo. Gänge wie der gebeizte heimische Saibling auf leichter Buttermilchsauce, mit Kaviar von Walter Grüll, oder der Wolfsbarsch mit Zuckerschoten, Duftreis und Wildem Spargel überzeugen jeden Fischliebhaber. Fleischfans hingegen kommen mit perfekt gebratener Entenbrust oder Rinderfilet mit dreierlei Zwiebel und Knollenziest auf ihre Kosten. Wer schon mittags Lust auf etwas Besonderes hat, kann zum Businesslunch täglich aus zwei verschiedenen Menüs wählen oder à la carte bestellen.

à la carte: 9–39 €

Tel.: 05224 526 26
0650 354 40 93

6112 Wattens
Dr.-Felix-Bunzl-Straße 6

www.grander-restaurant.at
info@das-grander.at

Mo–Fr 11.30–13.30 und 18–21.30, Sa 18–21 Uhr

♿

ZELL AM ZILLER E4

HELENI 14/20

Koch: Christian Haller

Das Gourmetrestaurant Heleni im Hotel Malis Garten im Zillertal ist genau der richtige Ort für eine kleine kulinarische Auszeit – auch wenn man nicht Hotelgast ist. Das junge Küchenteam setzt konsequent auf Zutaten aus der Region. Die Zubereitungsart ist leicht, modern und international inspiriert. Besonderes Augenmerk liegt dabei auf saisonalem Gemüse und Kräutern aus dem eigenen großen Garten. Vorneweg gesagt: Hier isst das Auge definitiv mit, denn die Teller sind vor allem eines: bunt und fantasievoll. So besticht der Fischgang mit zart gegartem Steinbutt und verschiedenen Sorten der Roten Rübe, kombiniert mit Nashi-Birne, fein abgestimmt mit Shoyu-Sauce und Misopaste. Feine Tranchen von rosa gebratenem Secreto Ibérico harmonieren perfekt mit der roten Garnele und Spitzpaprika. Spannend präsentiert sich das Dessert als süßer Waldorfsalat. Apfel, Sellerie und Walnuss treffen auf feinwürziges Eis und knusprige Baisers im Miniformat. Sowohl die alkoholfreie Begleitung als auch die Weinbegleitung sind stimmig auf das hervorragende Menü abgestimmt.

à la carte: 18–56 €

Tel.: 05282 22 36
0664 223 60 00

6280 Zell am Ziller
Rohrerstraße 5

www.heleni.at
info@zillerseasons.at

Do–Sa 18–21.30 Uhr
✻ variabel

♿

ZELLBERG E4

SCHULHAUS TIROL

14/20

Koch: Stefan Geisler

An diesen Ort zu fahren, ist kein Umweg, sondern der direkte Weg zu einer lukullischen Wohltat. Das Gasthaus wirkt unscheinbar, aber der Eindruck täuscht. Plötzlich sitzt man auf der Terrasse, Blick ins Zillertal, und die ersten Grüße landen auf dem Tisch. Gazpacho, Wagyu, roh und mit Eigelbcreme, Zucchini-Burger. Stopp! Das ist zu gut. Erst mal die Weinkarte: von 2021er Christian Tschida bis 1986er Knoll. Großartig. Forellencarbonara mit Buchenholzraucharoma und Kaviar, Saibling mit Kräuterrisotto, Hirsch. Punktgenauer und ehrlicher Service. Unverkopft, aber smart, mit Herz und deutlich mehr als nur Gefühl. Gipfelsturm mit Gipfelblick: wohlverdiente Aufwertung!

à la carte: 18–40 €

Tel.: 05282 33 76
0664 341 75 61

6277 Zellberg
Zellberg 162

www.schulhaus.tirol
info@schulhaus.tirol

Do–So 18–23 Uhr

♿

ZÖBLEN IM TANNHEIMERTAL C3

MORENT-TYROL

14,5/20

Köchin: Lisa Morent

Als vor ein paar Jahren zum ersten Mal der Wirtshausführer von Slow Food Österreich herauskam, galt Ralph Morent als die Entdeckung schlechthin. Neu war das Gasthaus Morent zu diesem Zeitpunkt nicht. Ein Geheimtipp, noch dazu in einer Region, die nicht gerade ums Eck liegt. Die Familie Morent verkörpert die Idee vom klassischen Tiroler Dorfwirt. Regionalität wird ebenso großgeschrieben wie traditionelle Rezepte und alpiner Charme. Das Gasthaus Morent ist ein Refugium, in dem manchmal die Zeit stillsteht. Und: Der Mann ist Jäger. Also gibt es bei ihm die mit Abstand besten Wildgerichte überhaupt. Wir wissen nicht, wie die nächste Saison im äußersten Winkel Tirols laufen wird. Wir hoffen das Beste und freuen uns auf den nächsten Besuch.

Tel.: 0676 774 70 70

6677 Zöblen im Tannheimertal
Nr. 14

www.morent.at
feinschmecker@morent.at

Do–So 17–21.30 Uhr
variabel

Hochzeit am Hohenlohe-Hof

Der historische Hof und die zugehörige Kapelle wurden liebevoll und authentisch restauriert und mit geschichtsträchtigen Kunstgegenständen ausgestattet. Sie bieten eine unvergleichliche Kulisse für die Zeremonie und für wunderschöne Hochzeitsfotos.

Der inmitten des sanft hügeligen Weinviertels gelegene Hohenlohe-Hof bietet alle Möglichkeiten, Ihre Hochzeit zu einem einzigartigen Erlebnis in einer besonderen Atmosphäre zu machen.

Mit seinen uralten, von Efeu umrankten Mauern, dem Teich und dem Taubenkobel hat der Hochzeitshof einen ganz eigenen Zauber.

Hohenlohe-Hochzeitshof
Guntersdorf 283, 2042 Guntersdorf
+43 1/712 43 84 37
www.hohenlohehof.at

hochzeitamhof

VOR-
ARLBERG

DIE BESTEN

18/20		**GRIGGELER STUBA** Lech am Arlberg	Seite 460
18/20		**KILIAN STUBA** Hirschegg /Kleinwalsertal	Seite 456
17/20		**RESTAURANT IM ALMHOF SCHNEIDER** Lech am Arlberg	Seite 466
16,5/20		**JAKOB & ETHEL IM KLÖSTERLE** Lech am Arlberg	Seite 461
16/20		**MANGOLD** Lochau	Seite 469
16/20		**WEISS** Bregenz	Seite 449
15,5/20		**BIOHOTEL SCHWANEN** Bizau	Seite 446
15,5/20		**FUXBAU** Stuben/Arlberg	Seite 476
15,5/20		**GUTH** Lauterach	Seite 459

LEGENDE

- Orte allgemein
- Orte mit
- Orte mit
- Orte mit
- Orte mit
- Orte mit

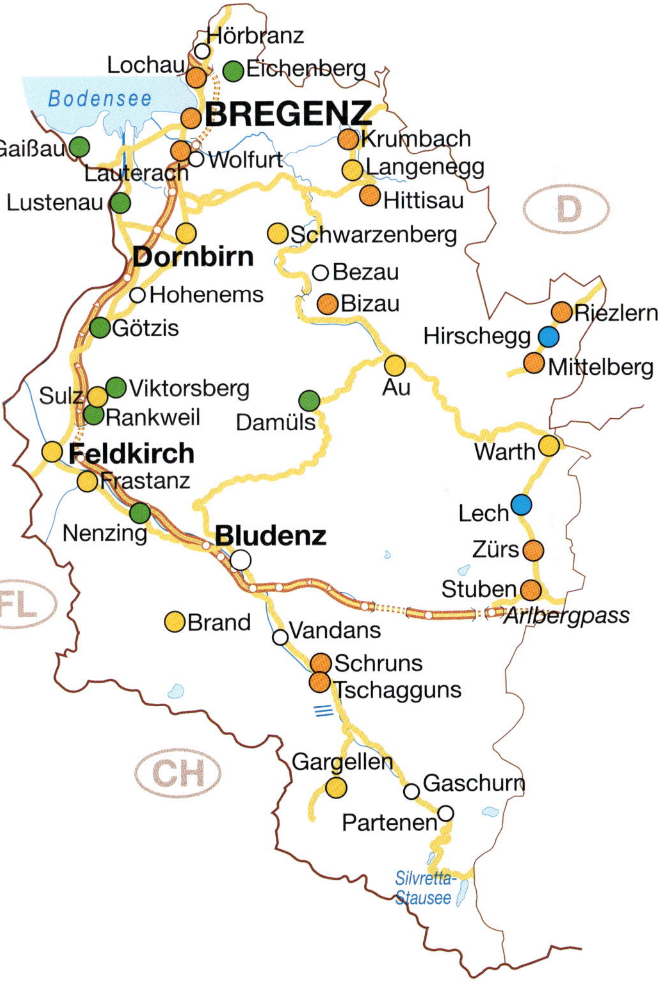

AU IM BREGENZERWALD B4

GASTHAUS LÖWEN Ⓝ 13,5/20

Koch: Gernot Bischofberger

Großartig, was für ein Gasthauskonzept mit angeschlossener Bergbrennerei hier umgesetzt wurde. Küchenzampano Gernot Bischofberger, Servicechef Markus Berbig und Brenner Oliver Huber sowie ihr hervorragendes Team bieten ein Gasthauserlebnis der Sonderklasse. Das wirklich große Haus in Au-Rehmen wurde mit viel Aufwand renoviert und zu einem Gasthausjuwel gestaltet, „Boutique-Schnapshofladen" inklusive. Die Küche schafft scheinbar mühelos den Spagat zwischen regional-alpin bis hin zu international-luxuriös. Neben der bodenständigen Wirtshauskarte mit Zwiebelrostbraten, Knödel, Kalbsleber, Tafelspitz und so weiter, wird in kurzen Abständen wechselnd eine Tageskarte aufgelegt, die es wahrlich in sich hat. Gourmetmenüs („carte blanche") können für (kleinere) Gruppen vorbestellt werden. Dass der Löwen-Küchenchef ein „Schüler" von Spitzenkoch und Landsmann Dieter Koschina war, stellt man alsbald am Gaumen fest. Das Gasthaus Löwen nebst der Kirche hält hier ein „Hochamt des guten Geschmacks" ab.

à la carte: 3,80–35 €

Tel.: 05515 259 64

6883 Au im Bregenzerwald
Rehmen 87

bergbrennerei-loewen.at
office@loewen-au.at

Mi–Sa 11.30–20 Uhr

♿

BIZAU A4

BIOHOTEL SCHWANEN ↗ 15,5/20

Köche: Franziska Hiller & Thorsten Probost

Einkehren im Schwanen ist immer ein Zen-Moment. Manuel Moosbrugger, der Gastgeber und Bio-Gärtner, strahlt Sicherheit, Qualität und Ruhe aus. Aber nicht nur er. Die Gerichte, das Team und auch das Ambiente tun das. Diese Identität des Hauses ist eigen und einzigartig – und dieser Philosophie und Idee hat sich jetzt auch der legendäre Koch und Naturphilosoph Thorsten Probost angeschlossen. Er verändert die Küche nicht, er erweitert, verfeinert und inspiriert die Speisen. Fisch, Fleisch und Gemüse werden in ihrer Hochform präsentiert und ergeben ungesehene Kombinationen, die so vertraut schmecken. Die Highlights unseres Abends: geschmorte Sommerzwiebel mit Brotcreme sowie Königskabeljau mit Fenchel-Tomaten-Kompott. Die Weinkarte ist perfekt und genau auf die Gerichte im Schwanen zusammengestellt. Der internationale Background von Emanuel Moosbrugger (immerhin hat er lange in Top-Häusern wie dem 3-Sterne-Restaurant Benu in San Francisco gewerkt) und die Arbeit in den eigenen Gemüsefeldern bringen eine fantastische Verbindung aus Weltoffenheit, Bodenständigkeit und hohem Anspruch. Chapeau!

à la carte: 6–38 €

Tel.: 05514 2133

6874 Bizau
Kirchdorf 77

www.biohotel-schwanen.com
emanuel@biohotel-schwanen.com

Do–Mo 11.30–13.30 und 17.30–20.30 Uhr

BRAND A4

ALPENSTEAKHAUS 12,5/20

Köche: Janine & Martin Wieland

Einer sehr freundlichen Begrüßung folgte mit Aufstrich, Öl, knusprigem Baguette und einem spannenden Amuse-Gueule ein überraschend feiner Einstieg in den Abend. Aus der digitalen Weinkarte sucht man sich seinen Begleiter zur harmonischen Krensuppe mit Roter Rübe und Apfel. Neben der großen Auswahl an Steaks werden köstliche „Nüdile" mit Saibling serviert. Dann kamen mit Jim Beam geflämmte, perfekt gebratene Rinderfiletspitzen von herausragender Qualität auf den Tisch – serviert mit Chimichurri und rustikalen Röstkartoffeln. Nicht alltägliche, hausgemachte Sorbets und Eis sowie bildhafte Desserts von Tochter Janine beeindrucken zum Abschluss.

Tel.: 0664 915 48 77
6708 Brand
Mühledörfle 75
www.restaurantalpensteakhaus.net
info@alpensteakhaus.at
Di–So 16–24 Uhr

GUFER 55 13/20

Köchin: Andrea Beck

Gemütlich ist es im Gufer 55 – Holz wird in der Stube mit moderner Schlichtheit verbunden. Das Ergebnis hat Wohlfühlcharakter. Nicht unähnlich verhält es sich mit der Karte: Man lehnt sich kulinarisch zwar ein wenig aus dem Fenster – greift hier zu Wasabi, dort zu Riesengarnelen –, bleibt aber im Herzen der Heimat treu. Fein abgestimmt gerät das gastronomische Multikulti von der Roten Bete mit Burrata, Pfirsich, Nüssen und Wasabi. Der karamellisierte Ziegenkäse auf Marille macht süßsauren Spaß. Saibling und Tafelspitz dagegen kommen ganz ohne Nachbarschaftshilfe aus – und punkten trotzdem.

à la carte: 15–37 €

Tel.: 05559 225 50
6708 Brand
Gufer 55
www.gufer55.at
gufer55@aon.at
Mo, Mi, Do und fr 17–21,
Sa, So 11–21 Uhr
❄ bis Mitte Dez. 2022

RESTAURANT HOCHSITZ

Tipp

im Hotel Walliserhof

Die umliegende Natur des Restaurants Hochsitz spiegelt sich im Gastraum wider. Naturbelassen und authentisch ist auch die Küche. Das Wild stammt aus der eigenen Jagd und viele andere Produkte von Nachbarhöfen.

à la carte: 12,50–48 €

Tel.: 05559 241

6708 Brand
Gufer 43

www.walliserhof.at
office@walliserhof.at

Do–So 18–22 Uhr

BREGENZ A3

FALSTAFF

14/20

Cuisino Restaurant Bregenz

Koch: Stefan Lenz

Das Falstaff verströmt internationales Flair, was nicht zuletzt der Unterbringung im Casino geschuldet ist, wo Einheimische wie Urlauber aus aller Herren Länder ihr Glück versuchen. Der Karte sieht man diese Offenheit ebenfalls an: Hier findet sich das klassische Schnitzel neben dem Tataki von der Gelbflossenmakrele oder Schlutzkrapfen neben Medaillons vom Seeteufel. Und auch Vegetarier werden hier nicht nur mit der allzu oft lieblos servierten Pasta mit Gemüsesauce abgespeist. Nein, hier gibt es geräucherten heimischen Karfiol, kombiniert mit asiatischer Currysauce, Cashewkernen und Marillen – dieses Multikulti auf dem Teller macht Freude. Nicht eindeutig in Spanien zu verorten war die Paella mit Edelfischen, die eher an ein Risotto erinnerte – allerdings ein hervorragendes. Dieser kleine geokulinarische Fauxpas ist also zu verzeihen. Unverzeihlich ist einzig die Weinkartenpolitik des Sommeliers. Dass Frauen die Karte aus Prinzip nicht angeboten wird, ist schlicht ärgerlich – und ein wenig provinziell.

à la carte: 6,50–55 €

Tel.: 05574 451 271 25 00

6900 Bregenz
Platz der Wiener
Symphoniker 3

www.falstaffbregenz.at
restaurant.bregenz@
casinos.at

Mo–So 18–23 Uhr
24. Dez. 2022

PETRUS

12,5/20

Koch: Moritz Weymann

Das Petrus in der Bregenzer Innenstadt kann als Café, Brasserie und Restaurant und somit als Gastronomie-Hybrid bezeichnet werden. So wird man unterschiedlichen Ansprüchen gerecht: Der Küchenchef sorgt hier für eine zeitgemäße Interpretation. Neben einfacher Bistro-Küche (etwa Moules-frites) findet sich daher auch Ambitioniertes auf der Karte. Karamellisierten Ziegenkäse gibt es beispielsweise auf lauwarmem Linsenbett mit Pinienkerncreme. Die gebeizte Fjordforelle kommt in erfrischendem Radieschen-Buttermilch-Sud daher – das überzeugt im Geschmack. Die hübsch angerichteten Teller tun dies im Übrigen nicht weniger. Auch beim Saibling geht es über Übliches hinaus: Verjus-Gel und gebackene Passionsfrucht-Grießknödel machen eine gute Figur als Begleitung. Preislich liegen die Speisen im oberen Segment. Die Getränkekarte ist gut sortiert und hält für Wein- und Bierliebhaber Interessantes bereit.

Tel.: 0664 436 94 57

6900 Bregenz
Anton-Schneider-Straße 11

www.petrus-bregenz.at
reservierung@petrus-bregenz.at

WEISS

16/20

Köchin: Milena Broger

Ein Dinner im Weiss macht Spaß wie nie. Falsch! Es macht Spaß wie immer schon. Nur hat man das Gefühl, dass Milena Broger und Erik Pedersen immer besser werden. Ihr „Extravaganza"-Menü besteht aus zehn Gängen – plus zwei spannenden Grüßen aus der Küche. Der Espresso am Schluss ist auch noch dabei. Die Gerichte sind fokussiert, präzise, geschmacklich ausgewogen und dazu wunderschön arrangiert. Den Start macht eine herrlich scharfe Ceviche vom Saibling, bei der eingelegte grüne Erdbeeren saure Akzente setzen. Mädesüß und Kresse runden diesen Auftakt ab. Danach eine Pilzbrühe, eine Suppenpracht mit hauchdünn geschnittenen Kräuterseitlingen als Nudeleinlage und etwas Bärlauch. Yakitori (Anfang zweites Drittel) kommen vegan (mit Pilzen und karamellisiertem Knoblauch) und anders (mit Hühnerherzen, Lardo und Kapernbeeren). Alles in allem ein großartiges Erlebnis. Den Service hat Theresia Feuerstein fest im Griff. Auch die Weinkarte. Die kann sich nämlich ebenfalls sehen lassen. Für das Menü sollte man sich Zeit nehmen. Wenn man die nicht hat: Auch à la carte gibt es Spannendes zu entdecken.

à la carte: 8–16 €

Tel.: 05574 908 59

6900 Bregenz
Anton-Schneider-Straße 5

www.weiss-bregenz.at
hi@weiss-bregenz.at

Fr–Mo 17–23, So 9–14 Uhr

CHEN'S DINING BAR

Tipp

Für asiatische Einflüsse am Bodensee sorgt dieses Restaurant. Die Speisekarte ist gespickt mit japanischen Klassikern, zusätzlich gibt es eine Vielzahl an Thai-Gerichten, die gerne scharf zubereitet werden. Zu den Speisen werden nicht nur heimische Weine, sondern auch edle Tropfen aus Frankreich, Italien und Spanien serviert.

à la carte: 10–60 €

**Tel.: 05574 528 08 11
0664 840 81 18**

6900 Bregenz
Seestraße 6

www.chens-bregenz.at
office@asiagourmet.at

Mo, Mi, Do, Fr und So
11.30–14.30 und 17.30–23.30;
Di und Sa 17.30–23.30 Uhr

DAMÜLS

DAMÜLSER HOF

11/20

Den Titel gibt es hochoffiziell: „schneereichstes Dorf der Welt". Immerhin verzeichnet Damüls jedes Jahr durchschnittlich mehr als neun Meter Schnee. Eine gute Adresse hier ist der Damülser Hof. Der Blick von der Terrasse auf die Bergkette mag einem den Atem verschlagen. Das Restaurant ist elegant mit weiß gedeckten Tischen. Die Küche bleibt klassisch: Tomatensuppe mit Pestotropfen, gebratener Zander auf Erbspüree, Zwiebelrostbraten aus zartem Fleisch und Apfelstrudel – alles tadellos. Der Service agiert flott, die Weinauswahl ist breit und gut sortiert. Angemessen einem Titelträger.

Tel.: 05510 21 00

6884 Damüls
Damüls 147

www.damuelserhof.at
hotel@damuelserhof.at

NEVO Ⓝ

11/20

Koch: Neven Krizman

Damüls hat ein neues, feines Restaurant mit modernem Ambiente für neugierige Genießer – hier verwöhnen Natalie und Neven mit viel Herzblut ihre Gäste. Was auf den Teller kommt, kann sich sehen lassen. Ein Rindsleberparfait mit Brioche, Haselnuss, Birne, Quitte und Heidelbeere vom Feinsten, etwas rustikaler, aber sehr geschmackvoll das „Nevo-Carpaccio". Über Pasta mit Jakobsmuscheln freut sich der Gaumen, beim etwas exotischen Tikka Masala ist noch Luft nach oben. Ausgezeichnete, flaumige Topfenknödel mit Marillenragout überzeugen als Dessert.

à la carte: 4,70–32,50 €

Tel.: 0664 261 69 08
6884 Damüls
Kirchdorf 137
www.nevo-restaurant.at
info@nevo-restaurant.at
Di–So 15–21 Uhr
♿

DORNBIRN A3

DER VERWALTER

13/20

Koch: Gerald Leininger

Schon allein die Lage des Restaurants ist verführerisch, denn es liegt ein wenig versteckt abseits des städtischen Getriebes. Dort, wo Villen statt Wohnsiedlungen zu finden sind und wo man Parks pflegt und nicht bloß Gärten. Der Verwalter hat sich dieser Noblesse aufs Angenehmste angepasst und serviert – sommers auf der Terrasse – Ambitioniert-Leichtes oder Raffiniert-Deftiges. So geht die Ceviche von der Wildgarnele Hand in Hand mit getrüffeltem Beef Tatar und dem klassischen Tafelspitz. Freude macht zum Beispiel der gebeizte Saibling mit Gurke und Melone: ein perfektes Zusammenspiel von Salzigkeit, Süße und Säure. Erfreulich waren auch die Gnocchi mit mediterranem Gemüse und Burrata. Zwar war dazu noch Rucolapesto versprochen. Dass dieses den Weg auf den Teller dann nicht gefunden hat, hat zwar den Gast zum Suchen animiert, wirklich vermisst wurde es aber nicht. Und auch die Desserts brauchen sich nicht zu verstecken. Clever abgestimmt, kommen sie mit einer angenehm minimalistischen Note auf den Teller.

Tel.: 05572 233 79
0664 131 29 80
6850 Dornbirn
Schlossgasse 1
www.zumverwalter.at
hotel@zumverwalter.at
Di–Fr 12–13.30,
Di–Sa, Fei 18–21.30 Uhr

FEIN7 Ⓝ

13/20

Koch: Dominik Nerz

Neu auf dem Restaurantradar des Vorarlberger Unterlandes befindet sich das Fein7. Untergebracht ist das Lokal in einer früheren Textilfabrik-Ikone im Stuonobach in Dornbirn. Der Küchenchef ist ein ehemaliges Profiradsporttalent, hat aber auch in seiner neuen Berufung am Herd viel Potenzial. Das Restaurant ist elegant und stimmig eingerichtet. Ebenso stilsicher verhält es sich mit der Küche. Das Gericht „Flotti Karotti" versprach „das Beste, das einer Karotte passieren kann". Auch das Kokos-Zitronengras-Süppchen und der Steinbutt mit Yuzu – statt Lammkrone oder Rinderfilet „Rossini" – hat uns gefallen. Als vegetarische Alternative wurden Trüffel-Strozzapreti mit konfiertem Eigelb und geflämmtem Käse empfohlen. Das Dessert aus Lemontarte mit Tonkabohne, Milch und Honig war gelungener Abschluss eines Menüs, das von einer kompetenten Weinbegleitung und einem aufmerksamen Service begleitet wurde.

à la carte: 15–85 €

Tel.: 05572 430 056
6850 Dornbirn
Steinebach 7
www.fein7.com
info@fein7.com
Mi–Sa 18–21 Uhr
variabel

HIRSCH IV

11/20

im Hotel Hirschen

In stilvollem Ambiente sitzt man im Restaurant hirsch IV. des Boutiquehotels und wird mit einer zeitgeistigen Regionalküche verwöhnt. So hält die Speisekarte neben einem ansprechenden Fine-Dining-Menü (Mosaik von der Lachsforelle, Blaukrautschaumsuppe mit Haselnussschöberl ...) Saisonales wie Mangoldstrudel und Kräuterrisotto mit Roter Rübe bereit. Weiters dürfen modern interpretierte Klassiker wie das zu Altwiener Backfleisch umfunktionierte Ländle-Beiried oder Sous-vide gegarte Hühnerbrust an Trüffelspinat erwartet werden. Freitags und samstags hat man die Möglichkeit, am heißen Granitstein Rinderfilet und Garnelen zu grillen, dazu wählt man Beilagen, Dips und Saucen. Bei den Desserts gefallen die Eisvariationen mit hausgemachtem Schaumgebäck, die regionale Käseauswahl sollte man sich keinesfalls entgehen lassen. Die Weinkarte ist gut sortiert und hält einiges an Internationalem bereit. Auch bei Alkoholfreiem wird mehr als anderswo üblich geboten.

Tel.: 05572 263 63
6850 Dornbirn
Haselstauderstraße 31
www.hotel-hirschen-dornbirn.at
info@hotel-hirschen.at

EICHENBERG A3

MEHDAFU 12/20

im Hotel Schönblick

Koch: Karlheinz Hehle

Das Mehdafu (Mehr davon!) ist quasi ein Lokal im Lokal, denn nur wenn man schon bei der Reservierung explizit erklärt, sich an einem mehrgängigen Überraschungsmenü erfreuen zu wollen, ist dies auch möglich. Wir saßen dann bunt gemischt mit Erfrischung suchenden Radlern, feiernden Gruppen und À-la-carte-Gästen des Restaurants Schönblick auf der einen atemberaubenden Blick auf den Bodensee bietenden Terrasse und delektierten uns unter anderem an einer gelungenen Vorspeisenvariation vom Bodenseefisch, Ländle-Kalb mit Morcheln und Spargel oder Klassikern aus der Nachspeisenküche. Alles gelingt tadellos, aber ohne große Überraschungen, die man hingegen in der wohlsortierten Weinkarte finden kann.

à la carte: 25–38 €

Tel.: 05574 459 65
0676 939 49 99

6911 Eichenberg
Dorf 6

www.schoenblick.at
hotel.schoenblick@schoenblick.at

Mi–So 17.30–22 Uhr
❄ bis 8. Dez. 2022, 7. Jän.–27. Februar 2023

FELDKIRCH A4

GUTWINSKI 13/20

An dieser Adresse befindet sich „das schönste Hotel" in der Feldkircher Altstadt – mit dem wohl gediegensten Gastgarten im Stadtzentrum. Sehr angenehm dabei, dass der Garten mit eleganten Planen wetterfest gemacht wurde. Das Gutwinski ist mittlerweile eine Feldkircher Institution. Sowohl mittags als auch abends sind die Räumlichkeiten und der Gastgarten sehr belebt, weshalb eine Reservierung empfohlen wird. Ausgesprochen professionell und aufmerksam zeigt sich hier der Service, der gerne auch bei Sonderwünschen behilflich assistiert. Kompliment! Das kulinarische Angebot, von regional bis international, ist auch bei den Liechtensteiner und Schweizer Nachbarn sehr beliebt, was sich bisweilen auf die Angebotskalkulation durchschlägt. Das Weinangebot ist teuer genug. Das macht aber spätestens der gerührte Eiskaffee, eine Hausspezialität, zum Abschluss eines Menüs auf angenehme Weise wieder vergessen.

à la carte: 18–36 €

Tel.: 05522 72175

6800 Feldkirch
Rosengasse 4–6

www.gutwinski.cc
hotel@gutwinski.cc

Di–Sa 12–14 und 18–22 Uhr

ZANONA

12/20

Köchin: Martina Häusle

Das Zanona in der mehr als 800 Jahre alten Montfortstadt Feldkirch ist ein Hybrid aus Café-Konditorei und Restaurant. Die Mittagsplätze für die drei zur Auswahl stehenden Mittagsmenüs sind schnell ausgebucht. Abends hat der Feinspitz beim Reservieren oft mehr Glück. Fast alle Zutaten für die Küche werden auf den beiden Wochenmärkten um die Ecke beziehungsweise beim Metzger des Vertrauens im Ort bezogen. Bis zu sechs kleine Menüs stehen zur Auswahl, die aber auch durch Komponenten aus anderen Menüs aufgestockt werden können. Die Zubereitung der Speisen in diesem Drei-Generationen-Betrieb ist tadellos. Die Menüs werden von süßen Desserts aus der hauseigenen und besten Konditorei-Patisserie des Vorarlberger Oberlands gekrönt.

à la carte: 14–42 €

Tel.: 05522 736 35
0664 385 43 96

6800 Feldkirch
Montfortgasse 3

www.zanona.at
info@zanona.at

Di–Sa 12–13 und 18–21 Uhr

FRASTANZ A4

MIZZIGREEN

13/20

Köchin: Denise Amann

Ob im nüchtern-einfachen Restaurant oder im Kastaniengarten mit bemerkenswerter Aussicht – was bei Denise Amann auf den Teller kommt, überzeugt voll und ganz. Zu Beginn ein geniales Sauerteigroggenbrot mit Kürbiskernen, dazu Kräutercreme mit getrockneten Tomaten und Roter-Linsen-Aufstrich mit Olivenöl, danach Ziegenfrischkäse-Espuma mit süßsauer mariniertem Apfel und Currycrumble – gelungene Köstlichkeiten aus dem Reich von Denise. Man wählt schon bei der Tischbestellung seine drei- oder fünfgängigen Überraschungsmenüs in vegetarisch oder klassisch gehalten mit Gerichten wie fluffig-leichter Bärlauch-Sauerrahm-Mousse mit Radieschen und Kürbiskerncrumble. Der aufmerksame und freundliche Service berät kompetent beim bestellten Menü. Großartig zubereitet die gebratene Goldforelle mit Leindotteröl, vorzüglich der Karfiol, in Pankomehl gebacken, mit Knoblauch-Blattspinat und Karfiolcreme. Für perfekte Harmonie am Gaumen sorgte der Schweinebauch mit Teriyaki und Bärlauchmayonnaise, Spargel und karamellisierten Erdnüssen. Nach der marmorierten Rhabarber-Joghurt-Mousse auf Himbeer-Rhabarber-Ragout, Basilikumeis und Himbeerhippe geht man glücklicher nach Hause, als man gekommen ist.

à la carte: 55–65 €

Tel.: 0699 177 903 12

6820 Frastanz
Mariagrüner Straße 30

www.mizzitant.at
office@mizzitant.at

Mi, Do 11.30–14 und 17.30–23,
Fr, Sa 17.30–23 Uhr

GAISSAU

PATAGONIA Ⓝ

12/20

Das Patagonia gilt als DAS Steakhouse in Vorarlberg beziehungsweise im Vorarlberger Rheintal. Jedenfalls ist es auf diesem hohen Niveau das älteste Fleischspezialitätenrestaurant im Ländle. Nur einen sprichwörtlichen Steinwurf von der Schweizer Grenze entfernt, wird es von der eidgenössischen Kundschaft regelrecht gestürmt. Die doppelt so hohen Fleischpreise in der Schweiz tragen da sicherlich das ihre dazu bei. Das Lokal ist geräumig und chic eingerichtet. Ein großer Holzofengrill ist obligatorisch. Das Team ist gleich einer südamerikanischen Familie und sorgt für die Authentizität an dieser Steakadresse. Spezialitäten wie Botellitas, Empanadas, Chorizo, gebratene Sardinen und Lomo la Plata mit Papas fritas und Ensalada de pepino lassen den Abend zu einer argentinischen Fiesta werden.

Tel.: 05578 715 54

6974 Gaißau
Rheinstraße 97

www.patagonia.at

GARGELLEN A4

MONTAFONER STUBE 13/20

im Hotel Madrisa

Koch: Zdenek Cepera

Es hat immer wieder seinen Reiz, in der heimelig-gemütlichen Montafoner Stube einen Tisch zu bekommen. Bestens beraten vom langjährigen Oberkellner Walter, kommen knuspriges Baguette, köstliche Aufstriche und ein appetitlicher Rindfleischsalat, bevor eine vorzügliche Leberknödelsuppe und ein überzeugender gefüllter Paprika auf Walnusspesto erfreuten. Mit Forellenfilet auf Bärlauchrisotto und Verjusschaum und dem langjährigen Küchenklassiker Entrecôte „Café de Paris" überzeugte Zdenek Cepera ein weiteres Mal mit feiner Abstimmung und zarter Fleischqualität. Ein köstlicher Wachauer Marillenknödel auf Vanillesauce war ein unwiderstehlicher Abschluss.

Tel.: 05557 63 31

6787 Gargellen
Madrisaweg 39

www.madrisahotel.com
gast@madrisahotel.com

Do–Di 11.30–13 und
18.30–20.30 Uhr
✻ bis 15. Dezember 2022

GÖTZIS A4

EL DORADO Ⓝ 12/20

Die Mitte des Vorarlberger Alpenrheintals hat seit 2020 einen veritablen Genussanziehungspunkt mehr. Das El Dorado ist ein argentinisches Steakhouse in Götzis – und am Grill agiert mit Melanie Metzler die Patronin und Chefin in Personalunion. Sie hat langjährige Erfahrung in der gehobenen Steakkultur, was man auf der Zunge mit jedem Bissen erfahren darf. Das Restaurant ist am Ende einer kultivierten Einkaufsmeile – Am Garnmarkt – situiert und avancierte in kürzester Zeit zu einem bevorzugten Hotspot der Fleisch-Foodies in Vorarlberg und aus der benachbarten Schweiz. In der angenehm hohen Lokalräumlichkeit werden eine Vielzahl von Steak- und Pasta-Spezialitäten serviert – immer auf den Punkt zubereitet. Kompliment!

Tel.: 05523 568 06

6840 Götzis
Am Garnmarkt 13

www.eldorado-steakhouse.at
info@eldorado-steakhouse.at

HIRSCHEGG/KLEINWALSERTAL B4

CARNOZET 12,5/20

im Travel Charme Ifen Hotel

Koch: Sascha Kemmerer

Das Carnozet sollte – neben der Kilian Stuba – das solide, bodenständige Restaurant mit österreichischer Wirtshausküche sein. Ist es auch. Aber in einer Qualität, die wirklich beeindruckt und den Abend zu einem Erlebnis macht. Allein schon die „Kräftige Rindsuppe“ (welch Understatement!) mit Grießnockerl vom Riebelmais ist eine Offenbarung. Dann die Rindfleischklassiker (in Form von Gulasch und feinen Siedstücken) und schließlich Rhabarber-Ragout oder eine stattliche Käseauswahl heimischer Sennereien. Sascha Kemmerer, der Küchenchef, kennt seine Partner und Lieferanten und setzt bei den Produkten auf Qualität.

à la carte: 21–45 €

Tel.: 05517 6085 40

6992 Hirschegg/
Kleinwalsertal
Oberseitestraße 6

www.travelcharme.com
ifen@travelcharme.com

täglich 18.30–21 Uhr

♿

KESSLERS WALSERECK® 11/20

im Naturhotel Chesa Valisa

Koch: Andreas Ziep

Kesslers Walsereck ist das Restaurant im Naturhotel Chesa Valisa in Hirschegg im Kleinwalsertal. Die Geschichte des Hauses reicht über ein halbes Jahrtausend zurück. Der Name Chesa Valisa bedeutet „Haus der Walser“. Außerdem ist das Naturhotel Chesa Valisa ein Bio-Hotel, und das fast von der ersten Stunde an. Im Restaurant Kesslers Walsereck sind auch externe Gäste willkommen. Die Küche von Andreas Ziep ist zu 100 Prozent bio-zertifiziert, frisch, kreativ und über die Maßen köstlich. Herrliche Desserts, Vorarlberger Käse als Abschluss und dazu ein ausgesprochen spannendes Weinangebot. Dass auch das 100 Prozent bio ist, versteht sich von selbst.

Tel.: 05517 54 14

6992 Hirschegg /
Kleinwalsertal
Gerbeweg 18

www.naturhotel.at
info@naturhotel.at

KILIAN STUBA 18/20

Köche: Sascha Kemmerer & Hans-Jörg Fink

Das Kleinwalsertal ist die einzige Region in Vorarlberg, die nur über deutsches Staatsgebiet erreichbar ist. Das Tal besteht aus einer Gemeinde mit drei Ortschaften. Und neben einigen hervorragenden Wirtschaften beherbergt die Talschaft im legendären Ifen beziehungsweise 5-Sterne-Hotel Travel Charme Ifen ein Gourmetrestaurant, das zu den besten Adressen in Österreich zählt. Das Ifen ist das „erste Haus" im Tal und verfügt über einen großen Wellnessbereich sowie drei Restaurantangebote. Seit der vornehmlich alpine Teil des kulinarischen Angebots in das neue Zweitrestaurant „Carnozet" verlegt wurde, kann der langjährige Küchenchef Sascha Kemmerer „noch befreiter und internationaler" aufkochen, wobei der Bezug zur Region in vielen Details gewahrt bleibt. Das Gedeck und Amuse bestanden aus einer Variation vom Kürbis, Walser Rinderrohschinken, gesalzener Alpbutter und Sauerteigbrot vom Edelbäcker. Was dann folgte, war Weltklasse: Elsässer Entenmastleber, roh mariniert, mit einer Fruchtvinaigrette aus entsafteter Flugananas, grünem Shisoöl und Sarawak-Pfeffer. Dieses Gericht definiert meisterlich den Begriff „Aromen-Tsunami". Wow! Ein gebratenes Stück Entenleber wurde in einem Folgegang mit kräftigem Jus à part serviert. Die darauffolgende Lachsforelle mit Sauerkraut und Beurre blanc und zweierlei (Lachs-)Kaviar war im Geschmack ebenfalls ausdrucksstark. Hier versteckt man die Aromen nicht hinterm (Ifen-)Berg. Glasig gegarter Sankt Petersfisch wurde geschmacklich mit Maracuja-Hollandaise liiert, während die leicht temperierte Alaska-Königskrabbe mit Krabbenbisque, einer „Mayo Américaine'" obenauf und Imperial on top serviert wurde – vom Gerichtaufbau eine Art „Bremer Stadtmusikanten auf Kilian-Stuba-Art" – und ausgezeichnet mundete. Crêpinette vom Ochsenschlepp (im Schweinsnetz) mit Trüffelsauce, separat ein rosa gebratenes Kalbsfilet und Ochsenmarkknödel konnten sich ebenfalls sehen und herrlich schmecken lassen. Als Hauptgang-Alternative würde sich der Ifen-Klassiker „Walser Rehrücken, am Knochen gebraten, für zwei Personen" anbieten. Das nächste Mal. Schön, dass in diesem Haus mit einem eigenen Wagen die Käsekultur hochgehalten wird. Das Schokoladendessert mit Gewürzkuchen und Marillengel bildete den süßen Abschluss einer ausgezeichneten Küchen- und Service-Performance. Chapeau!

à la carte: 16–65 €

Tel.: 05517 608 541

6992 Hirschegg/
Kleinwalsertal
Oberseitestraße 6

www.travelcharme.com/
ifenhotel
ifen@travelcharme.com

Mi–Sa 18.30–21 Uhr

♿

HITTISAU B3

ERNELE Ⓝ

13,5/20

im Hotel Das Schiff

Koch: Felix Groß

Das beliebte Hotel Das Schiff im Bregenzerwald gönnt sich den Luxus von gleich drei Küchenchefs in einer Küche. Und es funktioniert! Während sich die Seniorchefin hauptverantwortlich um das Wohl der Halbpensionshotelgäste kümmert, werden im Gourmetrestaurant in separaten Stuben und im modern gehaltenen Holzanbau die Wälder Stube 1840 beziehungsweise das Restaurant Ernele von zwei weiteren Küchenchefs bekocht. Letzteres Angebot hat sich der 100-Kilometer-Radius-Regionalküchenphilosophie verschrieben. Hier kommt das Beste aus dem Bregenzerwald und der Region rund um den Bodensee und das Allgäu auf den Teller: „from farm to table" sowie „from nose to tail" – und durchgehend ausgezeichnet zubereitet. Küchenchef Felix Groß begeistert schon seit Jahren viele Stammgäste, weswegen eine Reservierung ratsam ist. Das immer gut gelaunte Serviceteam assistiert mit Rat und gutem Wein. Eine Wohlfühladresse, typisch für den Bregenzerwald.

Tel.: 05513 622 00

6952 Hittisau
Heideggen 311

www.schiff-hittisau.com
info@schiff-hittisau.com

KRONE

15/20

Hotel Gasthof

Koch: Michael Garcia-Lopez

AMBIENTE AWARD 2012

Für viele Besucher stellt die Gemeinde Hittisau das Mekka der gehobenen Kulinarik im Bregenzerwald dar. Einen nicht unwesentlichen Teil zu dieser gastronomischen Erfolgsgeschichte trägt das Hotel Restaurant Krone dar, direkt am Brunnenplatz und vis-a-vis der imposanten Dorfkirche gelegen. Die Krone ist ein architektonisches Handwerkerkunst-Juwel. Jedes Detail im Haus wurde meisterlich gearbeitet. Verschiedene (zeitgenössisch moderne Holz-)Stuben und eine Balkonterrasse mit herrlichem Ausblick laden zum lukullischen Verweilen ein. Auch das Küchen- und Servicehandwerk beherrscht man an dieser Adresse mit Bravour. „Einfach" klingende Zutaten beziehungsweise Gerichte werden hier zu Delikatessen transformiert. Lokaler Schafskäse mit Wassermelone, Oliven und Pesto war ein erstes Halleluja wert. Nicht missen möchte man weder die kräftige Rindssuppe noch die „leichtfüßig daherkommende" Süßkartoffel-Ingwer-Schaumsuppe. Ein Hit auch das Kräuterbackhuhn in Form einer großen, knusprig gebackenen Praline. Wow! Für die geschmorten Schweinsbäckle mit deliziöser Pfefferpolenta und Bohnen gab es Sonderapplaus. Dieses Haus ohne Dessertgenuss zu verlassen, wäre eine Sünde. Der auffallend professionelle und freundliche Service erfüllt gerne auch Sonderwünsche, die im Rahmen des Machbaren sind. Und als i-Punkt im Angebot: die vielleicht beste Weinauswahl im ganzen Tal, seit geraumer Zeit zusammengetragen und jedes Jahr noch besser.

à la carte: 18–39 €

Tel.: 05513 62 01

6952 Hittisau
Am Platz 185

www.krone-hittisau.at
gasthof@krone-hittisau.at

Mo, Di, Fr 18–20.45,
Sa 11.45–13.45 und 18–20.45,
So 11.45–13.45 Uhr
✱ 19. März–6. April, 7.–16. Juli,
5. Nov.–7. Dez. 2023

♿

WÄLDER STUBE 1840

15/20

im Hotel Das Schiff

Koch: Bernd Reimer

Die Wälder Stube 1840 verdankt ihren Namen dem Entstehungsjahr des Hauses. Vor gut 180 Jahren hätten sich die Erbauer aber wohl nicht vorstellen können, dass dieses Lokal einmal zu den Top-Adressen im Bregenzerwald avancieren würde. Dafür verantwortlich zeichnet die Familie Metzler. Fünf Familienmitglieder sorgen sich um das Wohl der lokalen und internationalen Gästeschar. In diesem Haus ist neben dem Wellnessbereich vieles auf das gastronomische Angebot ausgerichtet. Gleich drei Küchenchefs sind in separaten Küchenbereichen für die unterschiedlichen Menükarten zuständig. Und während im moderner gestalteten Restaurant Ernele eine hervorragende Regionalküche (100-Kilometer-Radius) angeboten wird, dürfen in den traditionellen Gourmetstuben die besten Zutaten aus allen Ecken der Welt zur Geltung kommen. Die Gelbflossenmakrele zum Start wurde raffiniert mit Eidotter-Miso aromatisiert. Gänseleber mit Guanaja(-Schokolade) und Brioche war ein weiteres Ausrufezeichen wert – vor der geschmacklich etwas zu gewagten Kombination aus Rote-Bete-Consommé mit Wagyu-Beef und Kaviar. Vortrefflich gerieten die Tagliatelle mit dem letzten Albatrüffel. Anschließend hatte man die Qual der Wahl zwischen „Surf and Turf" aus Hirsch und Hummer oder Dorade mit Räucheraal und Molke-Velouté. Das berühmte Auguste-Escoffier-Dessert „Birne Helene" wurde in einer „Reloaded"-Version serviert. Kompliment an den (Wein-)Service: Das Weinangebot wurde nochmals optimiert.

Tel.: 05513 622 00

6952 Hittisau
Heideggen 311

www.schiff-hittisau.com
info@schiff-hittisau.com

Di–Sa 18–21 Uhr
variabel

KRUMBACH A3

ADLER

14,5/20

Gasthof

Koch: Jürgen Hirschbühl

Die helle, einladend gedeckte, stilvolle Adler-Stube ist ein vielversprechender Platz, um sich den Genüssen der Küche von Jürgen Hirschbühl hinzugeben. Die übersichtliche Karte bietet ausgewählte Gerichte, von Mutter und Tochter charmant serviert. Für erste Erlebnisse sorgten verlockende Brotspezialitäten und als „Grüasle" aus der Küche ein Kräuterraviolo mit Peperoncini und Tomatenschaum. Unvergleichlich im feinen Geschmack, überzeugte ein in Rosmarin geräuchertes Ei mit Nussbutter und Kartoffelschaum, genial im Aussehen und am Gaumen das geschäumte Bärlauchsüppchen mit Tomatencrostini. Auch der Rücken vom Vollmilchkalb mit Bärlauch-Fettuccine und weißem Spargel als harmonischer Kombination gefiel uns außerordentlich gut. Das sanft und zart geschmorte Duroc-Schwein mit Couscous und Minze zeigte sich orientalisch und nicht alltäglich. Zum Abschluss beeindruckte eine Gazpacho von Rhabarber und Himbeeren mit feinem Topfenknödel und Zitronenverbene-Eis. Großartig auch das Moorkräuterbrand-Eis, einfallsreich und cremig das Sauerampfer-Eis.

à la carte: 15–32 €

Tel.: 05513 81 56
0664 534 63 06

6942 Krumbach
Dorf 5

www.adler-krumbach.at
mail@adler-krumbach.at

Mo, Di, Fr, Sa 17.30–21,
So 11.30–14 und 17.30–21 Uhr
Mitte Jän.–Mitte März 2023

SCHULHUS

15/20

Das Schulhus ist zu einer Pilgerstätte für Freunde des guten Geschmacks geworden. Ob auf der ansprechenden Terrasse oder im hellen, freundlichen Restaurant: Hier wird man mit exzellenten Gerichten verwöhnt. Selbst gebackenes Brot, dazu Leindotteröl, und marinierte Lachsforelle mit Koriander sorgten für erste, vorzügliche Eindrücke. Gut ausgesuchte Weine, vorwiegend aus Österreich, erfreuten zu herrlich zarten, köstlichen Ravioli mit Bärlauchfüllung in feiner Limonen-Pfeffer-Sauce und Parmesan, ebenso zu flaumig-delikaten Kaspressknödeln. In perfekter Harmonie kam der gebratene Wels mit mediterranem Gemüse und feinen Rösti auf den Tisch. Etwas trocken geriet dagegen die geschmorte Roulade vom Rind, genial gebraten

Tel.: 05513 83 89

6942 Krumbach
Glatzegg 58

www.schulhus.at
schulhus@aon.at

Do–So 12–13.30 und
18–20.30 Uhr
variabel

dann wieder das Rindsfilet mit Schnittlauchbutter und flaumigem Kartoffel-Kren-Püree. Leicht, erfrischend und lobenswert schließlich das Sanddorn-Orangen-Sorbet und die Orangen-Crème-brulée mit Bitterschokoladeneis und marinierten Orangen zum Abschluss.

à la carte: 18–36 €

LANGENEGG A3

KRONE 14/20

Koch: Manfred Nußbaumer

Die Krone in Langenegg zählt kulinarisch zu den Favoriten im Bregenzerwald. Seit Jahren wird dort auf verlässlich hohem Niveau gekocht, liebevoll angerichtet und freundlich serviert. Wer einen Platz im Gastgarten reserviert, kann sehen, dass Regionalität in der Krone keine Worthülse ist, sondern mit Leidenschaft gelebt wird. Denn gleich neben dem Gast- liegt der Gemüsegarten, und dort gedeihen Salat und Kohlrabi, Karotten und Kräuter in Hülle und Fülle. Verarbeitet werden diese Ingredienzen hauptsächlich zu Gerichten der österreichischen Küche. Superregional ist auch die Crème brulée vom Vorarlberger Bergkäse. Als Vorspeise vor allem für gute Esser geeignet, punktet das Gericht mit Umami pur: Der herzhafte Käse verbindet sich mit der zarten Karamellschicht, dazu gibt es Riebel, die Vorarlberger Variante des Maissterzes. Einfach köstlich. Wunderbar mürbe war der Zwiebelrostbraten. Da erklärt sich, warum dieses Gericht zum Klassiker wurde. Gleiches gilt auch für die geröstete Kalbsleber: zartblättrig und mit frischen Kräutern gebraten.

à la carte: 16–36 €

Tel.: 05513 61 78
0664 541 04 81

6941 Langenegg
Gfäll 107

www.krone-langenegg.at
info@krone-langenegg.at

Mo–Sa 11–13.30 und 17–20,
So 11–13.30 Uhr
variabel

LAUTERACH A3

GUTH 15,5/20

Hinsichtlich der Öffnungszeiten ist das Restaurant Guth „das Steirereck Vorarlbergs". Wie beim Wiener „Vorbild" bleiben auch hier am Samstag und Sonntag die Tore zu. Dank des riesigen Gästezuspruchs während der Woche kann es sich die Betreiberfamilie leisten. Gleich vier Familienmitglieder arbeiten im Betrieb, drei davon in der Küche. Das sorgt für Kontinuität – im vorliegenden Fall löblicherweise auf sehr hohem Niveau. Vom modern gestalteten Gastraum hat man durch die raumhohe Seitenverglasung einen herrlichen Blick hinaus auf den mehrere tausend Quadratmeter großen Garten – neuerdings mit dauerhafter Skulpturenausstellung. Der Gastgarten gehört zu den Gartenhighlights im Gastro-Ländle. Nicht weniger beeindruckend ist die Küche des Hauses. Das Vitello tonnato und die auf Weltklasseniveau zubereiteten Rieslingkutteln gefielen sich am Gaumen um die Wette. Die Kutteln gibt es auch in einer gebratenen Variante. Legendär ist auch das geröstete Kalbslebergericht mit Bilderbuch-Rösti. Alternativ dazu empfehlen sich meisterlich gegarte Fleischspezialitäten von Vorarlberger (Bio-)Bauern und der Fischeinkauf des Tages. Glücklich schätzen kann sich, wer eine der selten angebotenen, weil kaum mehr verfügbaren Egli-Filets aus dem nahen Bodensee auf dem Teller serviert bekommt. Zum Finale bieten sich herrliche Desserts an, wobei dieses Mal die Wahl auf „Weißer Pfirsich mit Pistazieneis" fiel. Superb! Der Weinkeller ist exzellent bestückt – ebenso agiert die freundliche Servicebrigade.

à la carte: 8–42 €

Tel.: 05574 724 70

6923 Lauterach
Wälderstraße 10

www.restaurantguth.at
tisch@restaurantguth.at

Mo–Fr 12–14 und 18–21 Uhr

LECH AM ARLBERG B4

DER BERGHOF 13,5/20

Tel.: 05583 26 35
6764 Lech am Arlberg
Dorf 161
www.derberghof.at
info@derberghof.at

Der Berghof in Lech ist ein sicherer Hafen für Freunde des guten Geschmacks. Das gilt für die Abendmenüs, die den Hotelgästen geboten werden, ebenso wie für die immer wieder stattfindenden Tasting-Menüs von Rick Frank. Aber auch die À-la-carte-Auswahl kann sich sehen lassen. Das Beef Tatar mit geröstetem Lecher Laib und Wachtelei überzeugt ebenso wie der Heilbutt in Limetten-Ingwer-Vinaigrette. Oder später – bei den Hauptgängen – der confierte Kabeljau (mit eingelegter Nashi-Birne, Sellerie und Beurre blanc) und die glacierte Entenbrust (mit Wildem Brokkoli und Sauce Vin Jaune). Unter dem Motto „Von Wald und Wiese" serviert das Berghof-Team hausgemachte Tagliatelle mit DER Waldfrucht schlechthin: Trüffel. Und wer dann noch immer nicht genug hat, kann sich bei den Desserts noch einmal so richtig austoben. „Le Citron" ist eine süßsaure Komposition mit Yuzu, Bergminze, weißer Schokolade und Fingerlimette. „La Noisette" dagegen ist erdiger und deutlich weniger exotisch, steht dem „Citron" aber geschmacklich um nichts nach. Nur schmeckt es eben nach Haselnuss, Karamell und Pekannuss.

FUX 14/20

Restaurant & Bar

Koch: Benjamin Alexander Burger

Tel.: 05583 29 92
6764 Lech am Arlberg
Omesberg 587
www.fux-mi.net
fux@fux-mi.net
Di–So 18–22 Uhr
Mai–Nov. 2023
♿

Was passt besser zu Sushi? Ein feiner Burgunder oder doch ein Jahrgangschampagner? Solche Fragen werden an den Tischen in diesem legeren Restaurant leidenschaftlich diskutiert. Betreiber Peter Strolz führt auch einen blühenden Weinhandel, der sich auf das Beste aus Frankreich spezialisiert hat. Vieles davon kann man auch im Restaurant bestellen, manches sogar glasweise. Das Trinken ist im Fux also zumindest genauso wichtig wie das Essen. Sushi gibt es in vielerlei Variationen. Besonders gut schmeckt uns jene mit Zuger Saibling. Das Repertoire der Küche ist breit gefächert. Neben dem seit Anfang an gepflegten Asia-Schwerpunkt (Kokossuppe, Ponzu-Lachs, Rinder-Tataki, Wok-Gemüse ...) gibt es auch feine Fischgerichte und saftige Steaks, darunter ein sehr exklusives Wagyu-Beef aus Japan. Den passenden Rotwein findet man natürlich auch. Mehrheitstauglich ist das Dessert-Angebot gehalten: Schokoladentarte, Crème brulée oder Nougatmousse schmecken wirklich jedem. Mit seinem etwas anderen kulinarischen Programm und der tollen Weinauswahl spricht das Fux nicht nur auswärtige Gäste an. Hier treffen sich auch die Einheimischen gerne.

à la carte: 20–120 €

GRIGGELER STUBA 18/20

im Burg Vital Resort, Oberlech

Tel.: 05583 3140
6764 Lech am Arlberg
Oberlech 568
www.burgvitalresort.com
restaurant@
burgvitalresort.com

SERVICE AWARD 2010

Das 5-Sterne-Superior-Hotel Burg Vital Resort ist quasi der lukullische Leuchtturm im Ortsteil Oberlech, der gut 300 Meter über dem Ortskern von Lech am Arlberg auf einem Sonnenplateau liegt. Höchste Qualität in allen Belangen ist in diesem Haus Programm. Über drei Restaurants verfügt das Haus – im Sommer 2023 soll noch ein Seafood-Grill-Bistro (auch auf der Terrasse) zum Angebot dazukommen, das dann ebenfalls vom Griggeler-Stuba-Küchenteam versorgt wird. Der Hotelweinkeller – inklusive toller Raritäten – gehört mit zu den besten Weinkellern in Europa und die Kompetenz des Weinservice kann sich hören lassen. Die gesamte Servicebrigade agierte in Hochform, ebenso die Küchencrew. Zum Auftakt gab es Happen im „Geschmackspairing": Weißkraut und Melanzani, Edelzwiebel und Topinambur sowie sehr gereifte Tomaten mit Wasserbüffel-Mozzarella aus dem Ländle. Mit einem Schluck Krug Brut Rosé „21ème Édition" schmeckt das noch gustiöser. Das Thema „Pairing" wird auch in der Menüfolge beibehalten, indem jedem Gericht ein bestimmtes (Würz-)Kraut zugeordnet wird. Das funktioniert! Der Alm-Saibling mit Zirbe und Entenleber wurde beispielsweise mit vietnamesischem

Koriander geschmacklich geadelt. Meerestier-Liebhaber kommen auch beim hervorragenden Carabinero mit Sanddorn und Bergamotte voll auf ihre Rechnung. Amurkarpfen wurde mit Räucheraal und Liebstöckel arrangiert, während Kohlrabi mit Olivenkraut und Morchel das Händchen des Küchenchefs für raffinierte vegetarische Kompositionen bewies. Kaisergranat mit Kaviar war „eine sichere Bank". Aus der Arlberg-Region empfahl sich beim Hauptgang das Reh mit Zahnlavendel und Salzorange. Dazu wurde glasweise ein Château Pavie Macquin „Grand Cru Classé" 2002 empfohlen. Wer kann da widerstehen? Zum Finale hat man die Qual der Wahl zwischen Alpkäse mit Bio-Eidotter (!) beziehungsweise süßem Sauerklee-Dessert mit Rhabarber, Baiser und Zitronenverbene. Ein Pojatz ist, wer eines davon misst. Um einer Verwechslung vorzubeugen, sei an dieser Stelle auch erwähnt, dass das Angebot auf der Winter- beziehungsweise Sommerterrasse nicht das Menü der Griggeler Stube beinhaltet, sondern jenes des ebenfalls ausgezeichneten Restaurants Picea desselben Hauses.

JÄGERSTUBE

15/20

im Hotel Post Lech

Koch: David Wagger

Tel.: 05583 22 06
6764 Lech am Arlberg
Dorf 11
www.postlech.com
info@postlech.com

Es ist so, dass die Jägerstube nicht immer geöffnet hat. Ratsam ist, vorher einfach anzurufen und nach den aktuellen Öffnungszeiten zu fragen. Abschrecken lassen sollte man sich davon aber nicht. Ein Besuch in der traditionsreichen Jägerstube in der Post in Lech zahlt sich nämlich aus und ist ein kulinarisches Erlebnis, das man nicht so schnell vergisst. Das Menü heißt „Das große Post Geheimnis" und startet mit einer Variation von Lecher Waldpilzen mit Rohschinken vom Hirsch. Dann wird eine Consommé von der Taube mit zweierlei Ravioli und eingelegten Vogelbeeren aufgetischt. Ein Gedicht von einer Suppe! Dann Huchen, dann Short Rib. Der Huchen (auf den Punkt) gebraten, das Short Rib 72 Stunden gegart mit verschiedenen Maistexturen, Knoblauchstampf und einer herrlich intensiven Portweinglace. Dass sich auch die Desserts sehen lassen können, brauchen wir nicht zu erwähnen. Vor allem versteht man es in der Postküche, die Gerichte klassisch, elegant und wunderschön anzurichten. Das Weinangebot in der Post ist ohnehin legendär und bedarf keiner weiteren Erwähnung.

JAKOB & ETHEL IM KLÖSTERLE

16,5/20

Köche: Ethel Hoon & Jakob Zeller

ETHEL HOON & JAKOB ZELLER, NEWCOMER DES JAHRES 2021

Tel.: 05583 31 90
6764 Lech am Arlberg
Zug 27
restaurant-kloesterle.at
kloesterle@almhof.at
Mi–Mo 17.30–24 Uhr

Wer es noch nicht geschafft hat, das skandinavisch-nordische Küchenwunder vor Ort zu erleben, hat nun im zum Almhof Schneider ressortierenden Klösterle, einem Walserhaus aus dem 16. Jahrhundert im hintersten Eck von Zug, dazu die Gelegenheit. Was Jakob (Zeller) und Ethel (Hoon) hier im Rahmen ihres vier- bis fünfgängigen Menüs auftischen, ist nahezu einmalig in Österreich. Zum Einstieg Rosenküchle – ein Knuspertraum mit Honig –, dazu ungemein krosse Topinambur-Chips. Ungewöhnlich einfach, einfach ungewöhnlich: Eierstich mit frischem Schnittlauch und Pfefferoni. Die Rein mit Schwarzwurzel und Kastaniengratin würde man am liebsten ausschlecken, um nichts von dieser grandiosen Vorspeise zu verlieren. Große Klasse auch das Milchschaf mit etwas ausdrucksschwachem Wassermelonenrettich und allzu vielen Bohnen. Wunderbar dann wieder die mittlerweile legendäre Kolostrum-Pavlova mit geeistem Birkensirup und einer subtilen Buchweizenwaffel. Natürlich gibt es dazu eine famose glasweise Weinbegleitung. Da nimmt man sogar die teilweise ziemlich unbequemen Sitzgelegenheiten ohne Murren in Kauf.

JOHANNESSTÜBLI

15/20 (3 Hauben)

im Hotel „Goldener Berg“

Koch: Oliver Fleisch

Wie in vielen Häusern in Lech üblich, so befindet sich auch im modernen Hotel Goldener Berg das Gourmetrestaurant in einem traditionell-rustikal eingerichteten, mit hellem Holz vertäfelten Zimmer, hier Johannesstübli genannt. Im großen Kontrast dazu das kulinarische Angebot: zwei beliebig kombinierbare Menüs, bei denen das Vegetarische im Mittelpunkt steht, wenngleich zu fast allen Gerichten Fisch oder Fleisch hinzugefügt werden kann. Dieses innovative, auf Gesundheit, Achtsamkeit und Balance Wert legende Konzept, wie uns Patronne Daniela Pfefferkorn erklärt, begeistert durch die perfekte Umsetzung von Küchenchef Oliver Fleisch. Schon die Kleinigkeiten vorweg – von fermentierten Brotchips mit daraus gewonnenem Bier über gebutterte Radieschen bis zu Törtchen aus Pilzen der Umgebung – bereiteten großes Vergnügen. In diesem Sinne ging es weiter: feine Rote-Rüben-Variation mit schwarzem Sesam-Eis, Yuzu-Gel und köstlichem Räucheraal-Espuma, violettes Kartoffelpüree mit sautiertem Kalbsbries, Kürbisrisotto mit knusprigen Vorarlberger Schnecken, Seidentofu mit feinster Kartoffelcreme und Haselnusstrüffel, dazu ein Filet vom Almochsen. Wir wurden nicht enttäuscht.

Tel.: 05583 220 50

6764 Lech am Arlberg
Oberlech 117

www.goldenerberg.at
happy@goldenerberg.at

tgl. 18.30–22 Uhr
Mai–Ende Nov. 2023

KRISTIANIA RESTAURANT

12/20 (1 Haube)

im Hotel Kristiania Lech

Das Kristiania erfindet sich jedes Jahr neu. Außen die biedere Fassade der 70er-Jahre, innen ein sich ständig veränderndes Feuerwerk an Kunstgegenständen. Patronne Gertrud Schneider liebt es, scheinbar Unmögliches zu kombinieren und ihr Haus umzugestalten und neu einzurichten. Der kulinarische Anspruch gibt sich ein wenig bescheidener. Den internationalen Gästen werden vom nicht immer der deutschen Sprache mächtigen Service nach aufwendigem Gedeck vor allem Klassiker der österreichischen und internationalen Küche geboten, die mitunter sehr ordentlich gelingen (Tafelspitzconsommé, Wildente und -keule), einen manchmal aber etwas ratlos zurücklassen (völlig unmariniertes Rindscarpaccio, Crêpe Suzettes in Gestalt einer kalten, trockenen Palatschinke). Wunderbare Weine! Fragen Sie die Sommelière auch nach ihren glasweisen Schätzen.

Tel.: 05583 256 10

6764 Lech am Arlberg
Omesberg 331

www.kristiania.at
info@kristiania.at

variabel

Bewertungen:

11 bis 12,5 Punkte von 20 Punkten: 1 Haube
13 bis 14,5 Punkte von 20 Punkten: 2 Hauben
15 bis 16,5 Punkte von 20 Punkten: 3 Hauben
17 bis 18,5 Punkte von 20 Punkten: 4 Hauben
19 bis 19,5 Punkte von 20 Punkten: 5 Hauben

KRONE-STUBEN

15/20

im Hotel Die Krone von Lech

Koch: Thomas Hammerschmid

Ein Urlaub in Lech ohne Dinner in den Krone-Stuben ist für viele (Stamm-)Gäste nur das halbe Vergnügen. Die gediegen-gemütliche Atmosphäre, der perfekte Service, die hohe Tischkultur – hier fühlt man sich einfach wohl. In der abwechslungsreichen Karte wird jeder fündig. Zum Nebentisch rollt die beliebte Bauernente heran, doch auch der feine marinierte Hummerschwanz mit Whisky-Ananas und einem schön angerichteten Radicchiosalat sorgt für Freude. Bei der kräftigen Schwarzwurzelsuppe gerieten die Périgord-Trüffel durch die vielen heimischen Pilze geschmacklich etwas ins Hintertreffen, wunderbar dafür die Miéral-Taube mit Sellerie, Mohn und Zwetschken. Stephanie Kühl, schon lange im Hause tätig, hat die – angesichts einer der besten Weinkarten am Arlberg – verantwortungsvolle Position der Sommelière vom legendären, in den Ruhestand gewechselten Willi Hirsch übernommen. Dank Coravin gibt es nun auch eine glasweise Weinbegleitung höchsten Niveaus. Gratulation der Familie Pfefferkorn und dem Küchenchef zur kontinuierlich hohen Leistung!

à la carte: 24–54 €

Tel.: 05583 2 551

6764 Lech am Arlberg
Dorf 13

www.kronelech.at
email@kronelech.at

tgl. 11.30–21.30 Uhr

♿

LA FENICE VOLANTE

13/20

im Hotel Arlberg

Koch: Patrick Tober

Das Ambiente des Restaurants ist gemütlich und elegant zugleich. Dass Küchenchef Patrick Tober die italienische Küche in verschiedenen regionalen Ausprägungen beherrscht, beweist er im La Fenice schon seit vielen Jahren. Tober darf hier mit den besten Produkten kochen – was sich dann allerdings auch bei der finalen Rechnung deutlich zeigt. Der Start fiel mit einer zart-milden Gelbschwanzmakrele mit knusprigem Topinambur perfekt aus. Der Brodo mit Black-Angus-Tatar auf Fettuccine war ebenfalls wunderbar. Weitere Höhepunkte waren ein traumhaft zarter Donauhuchen mit Steinpilzen, der mit einem genialen Buttermilchsud aufgegossen wurde. Auch die elsässische Taube mit Kürbis und Sanddorn war große Klasse. Beide Gerichte klingen jetzt nicht typisch italienisch, doch wer bei so viel Wohlgeschmack über Regionalität ins Grübeln gerät, dem ist nicht zu helfen. Angeboten wird ein großes Menü, das man zwischen fünf und acht Gängen ordern kann. Die Weinauswahl war, so wie man es vom Arlberg kennt, umfangreich, der Service herzlich und aufmerksam.

Tel.: 05583 21340

6764 Lech am Arlberg
Tannberg 187

www.arlberghotel.at
info@arlberghotel.at

LECHTALER STUBE

15/20

im Burg-Hotel Oberlech

Koch: Sebastian Daeche

Die „BURG“ hat jetzt im Herbst durchgehend – und somit insgesamt zehn Monate im Jahr – geöffnet. Das legendäre Hotel auf dem Oberlecher Sonnenplateau ist weit über die Grenzen bekannt. Das ist dem Umstand geschuldet, dass auch viele Bildschirmpersönlichkeiten, insbesondere in der Wintersaison, die beliebte große Restaurantterrasse als Genussoase nutzen. An kaum einer anderen Adresse wird für eine so große Gästezahl auf vergleichbar hohem Küchenniveau gearbeitet. Chapeau! Das ganze Jahr über bietet das Gourmetrestaurant abends dann – neben einer À-la-carte-Karte und inklusive eines „Menü Surprise“ – ein monatlich wechselndes Themenmenü an. Küchenchef Sebastian Daeche und das ausgezeichnete „BURG“-Service- und -Küchenteam servierten unter anderem eine Rosmarinschaumsuppe mit einer wunderbar saftig gebackenen Wachtelpraline, in Heidelbeeren (!) eingelegten Zander mit Holunder und Wildkräutern und eine mit Kalbsbries gefüllte Perlhuhnbrust mit Riesling-Risotto, Paprika und Eierschwammerln. Wer Glück hat, bekommt das weitbekannte „BURG-Beef-Tatar“ vom Senior-Patron und Bürgermeister persönlich am Tisch zubereitet. Der mit mehr als 1.000 verschiedenen Kreszenzen bestückte Weinkeller erfüllt praktisch jeden Wunsch. Egal, ob besondere Jahrgangstiefen oder Großformate von den besten österreichischen Winzern oder edle Tropfen aus den renommierten französischen Weinbauregionen: Hier bleibt praktisch kein Weinwunsch vom kompetenten Service unbedient.

Tel.: 05583 22 91

6764 Lech am Arlberg
Oberlech 266

www.burghotel-lech.com
info@burghotel-lech.com

MONTANA OBERLECH

13,5/20

Koch: Ioannis Doitsis

Das rustikal-elegante Restaurant wird hauptsächlich von Hausgästen besucht. Prinzipiell steht es aber auch auswärtigen Gästen offen, die einmal „fremdgehen“ wollen. Ein guter Grund dafür ist die Liebe der Familie Ortlieb zum Elsass, wohin man familiäre Bande pflegt. Die Verwandtschaft hat dort ein eigenes Weingut. Auch auf der Speisekarte macht sich die Verbundenheit zum östlichen Frankreich bemerkbar. Herrlich altmodische Gerichte wie Schnecken mit Kräuterbutter und eine Straßbourger Gänseleber-Terrine findet man dort. Generell betrachtet ist die Menügestaltung sehr konsensual gestaltet: verschiedene Pastagerichte (darunter auch eines mit Hummer), sehr gutes Beef Tatar, ein bisschen Asiatisches, gebratene Fischfilets und Steaks. Auch bei den Desserts setzt man auf Klassiker: Apfelstrudel, Mousse au Chocolat und glasierter Kaiserschmarren.

à la carte: 35–50 €

Tel.: 05583 24 60

6764 Lech am Arlberg
Oberlech 279

www.montanaoberlech.at
hotel@montanaoberlech.at

tgl. 12–16 und 19–22 Uhr

MURMELI

14,5/20

Koch: Wolfgang Strauss

Eines kann man über das Restaurant schon vorneweg sagen: Das Murmeli ist erfrischend anders. Es sitzt sich auf der Sonnenterrasse zwar genauso schön wie bei vielen anderen Restaurants von Lech, allerdings fühlt es sich bei dem Gastgeberpaar Wolfgang (Küche) und Anne-Marie Strauss (Maître) noch entschleunigter und familiärer an, ohne dass dabei der hohe Fokus auf Qualität verloren geht. Der Blick in die Speisekarte zeigt gleich, dass sich das Restaurant von der Konkurrenz abheben möchte. Viel Mediterranes, manches sogar mit asiatischem Einschlag, und dann wiederum ganz Traditionelles. Eine Mischung, die hier auch gut aufgeht. Wir entscheiden uns als Vorspeise für einen herrlich abgeschmeckten, fast sommerlichen Oktopussalat und eine Bouillabaisse, wie man sie in Österreich nur selten bekommt. Als Hauptspeise dann ein Klassiker des Hauses: die gebratene Kalbsniere mit Rösti. Außerdem eine Lasagne. Beides köstlich. Bevor es zur Nachspeise geht, muss eines noch sein: die beim Nachbartisch abgeschauten Spinatknödel mit geriebenem Bergkäse und zerlassener Butter. Als süßer Abschluss dann noch ein köstlicher Apfelstrudel. Danke und bis bald!

à la carte: 12–64 €

Tel.: 05583 2467

6764 Lech am Arlberg
Oberlech 297

www.murmeli.at
hotel@murmeli.at

tgl. 12–14, 19.30–21 Uhr
variabel

PFEFFERMÜHLE

13/20

Pfefferkorn's Hotel

Koch: Christian Wild

Das Restaurant Pfeffermühle der Familie Pfefferkorn ist einer der traditionsreichsten Betriebe der Region. Dieser Tradition ist man sich auch sehr bewusst. Extravagante Spielereien wird man weder auf der Speise- noch auf der Weinkarte finden. Für das Menü ist Christian Wild verantwortlich, ein weit gereister Chef, der seine Karriere in Klagenfurt begann und zu dessen Stationen die Queen Mary 2 und China ebenso gehören wie der Salzburgerhof und die Vila Joya in Portugal. In Lech sorgt er für Menüs und Gerichte, die einerseits der Klassik verpflichtet, andererseits von Frische und Esprit geprägt sind – und die Nähe zu seiner Heimat widerspiegeln. „Regionalität ohne Dogma" ist die erfrischende Philosophie, bei der Lecher Alpensaibling und heimischer Huchen ebenso auf den Teller kommen wie Carabinero und Kaisergranat. Beim Wein kann der Service aus dem Vollen schöpfen. Wein- und Glaskultur haben hier einen sehr hohen Stellenwert.

à la carte: 12–40 €

Tel.: 05583 252 50

6764 Lech am Arlberg
Nr. 138

www.pfefferkorns.net
info@pfefferkorns.net

Mi–Mo 18.30–23.30 Uhr

PICEA

15/20

im Burg Vital Resort

Koch: Manuel Hofmarcher

Das Picea (lat. für „Föhre/Kiefer") bietet die vielleicht „gesündeste" Fleisch-Gourmetküche in Österreich an. Alle Gerichte sind frei von Weizengluten, Laktose, Soja, Sesam, Muscheln und Erdnüssen. Sämtliche Zubereitungen erfolgen mit Alternativen zu Zucker. Aufgrund der Qualität der Gemüsegerichte könnte man hier aber auch leicht zum Vegetarier werden. Das Restaurant ist eines von gleich drei (!) À-la-carte-Angeboten in diesem 5-Sterne-Superior-Hotel. Im Sommer steht den Gästen eine Sonnenterrasse mit atemberaubendem Blick über das Arlberg-Massiv zur Verfügung. Feinschmecker mit kleinem Hunger kommen allein schon wegen des fulminanten Weinkellers – einer der besten in Österreich – ins Picea, gelegentlicher Petrus-Offenausschank inklusive. Der Butternusskürbis mit Currykraut, Kokosnuss und Pfirsich war gleich zum Start ein Ausrufezeichen, ebenso wie die folgenden vegetarischen Karotten- und Melanzanigerichte, allesamt herrlich mit Kräuteraromen veredelt. Ein weiteres Highlight war das aufgeschlagene Schalottensüppchen mit Zitronen-Thymian und einem (sic!) Supplement-Topf à part, der bald schon leer geschöpft war. Nach einer gekonnt gegarten Reinanke wurde als Hauptgang eine sowohl rosa gebratene als auch geschmorte Taube mit Zahnlavendelaromen, Essig-Brombeeren, Roter Bete und Buddhas Hand aufgetragen. Die Käseauswahl kann sich sehen lassen. Zum Finale kühlte ein wunderbares Erbeer- und Basilikum-Arrangement den Gaumen. Der Service agierte ebenfalls in Bestform.

à la carte: 12–125 €

Tel.: 05583 31 40

6764 Lech am Arlberg
Oberlech 568

www.burgvitalresort.com
office@burgvitalresort.com

tgl. 12–14.30 und
18.30–21.30 Uhr

RESTAURANT IM ALMHOF SCHNEIDER 17/20

Tel.: 05583 35 00

6764 Lech am Arlberg
Tannberg 59

www.almhof.at
info@almhof.at

Dieses mondäne Hoteljuwel liegt leicht erhöht zum Dorfzentrum von Lech. Hier logieren sehr anspruchsvolle internationale Gäste, entsprechend hoch ist das Niveau in allen Abteilungen des Hauses. Selbst im Halbpensionsbereich wird Käse des berühmtesten Affineurs der Welt, Bernard Antony, aufgetischt. Daneben stehen den Hotelgästen wie auch den externen Gästen das österreichische Spezialitätenrestaurant Wunderkammer und die Gourmetstube daneben zur Verfügung. Die modern-alpine Einrichtung, offenes Kaminfeuer, beste Tischkultur und die Restaurantleitung von einem ehemaligen „Sommelier des Jahres" lassen Großes erwarten – und man wird nicht enttäuscht. Dem Amuse, bestehend aus einem federleichten Tartelette mit Pilzeinlage, Hanf-Pesto und Erdäpfel-Chip à part, folgte zum Menüauftakt eine Gänseleber, assistiert von einem frischen Aufguss aus grünem Apfel mit Tannenwipfelöl, mariniertem Apfel und Apfelgel, hauchdünnem Esspapier und Eiscreme von brauner Butter sowie einer Bilderbuch-Briochescheibe. Alle weiteren Gänge übten sich bei der Präsentation in Purismus pur, jeweils mit drei Komponenten, wie beispielsweise die Kombination aus Rote Bete, Feta und Estragon. Der auf den Punkt gegarte Zander wurde auf einer Weltklasse-Knochenmarksauce serviert, die mit Zitronenmelisseöl abgerundet wurde. Dazu gab es Cima di Rapa, sprich Stängelkohl. State of the Art! Das Rind hatte seinen Hauptgang-Auftritt in zwei Teilen: als geschmortes Short Rib mit in Passionsfrucht- und Birnensud gegartem Radicchio und als kurz angebratenes Flank-Steak mit Sellerie. Ergänzt wurden beide Fleischgerichte mit einer erstklassig zubereiteten Rindssauce. Hier wird mit souveränem Purismus auf dem Teller aufgetrumpft. Beachtlich! Als krönender Abschluss erwies sich das Heumilcheis mit Karamellcreme, weißer Yuzu-Schokolade und Yuzu-Gel. Der Weinservice könnte besser nicht sein und wird von einem rundum professionellen und freundlichen Service begleitet. Das Gourmetrestaurant im Hotel Almhof Schneider zählt zweifellos zu den besten Adressen im österreichischen Alpenraum.

à la carte: 26–42 €

ROTE WAND CHEF'S TABLE ?

Tel.: 05583 343 50

6764 Lech am Arlberg
Zug 5

www.rotewand.com
gasthof@rotewand.com

Rote Wand Gourmet Hotel

Koch: Julian Stieger

Max Natmessnig hat mit Ende der Saison die Rote Wand verlassen und kocht jetzt an einem anderen Herd. Wir bedanken uns an dieser Stelle für viele großartige Abende und unvergessliche kulinarische Erlebnisse – wir halten Max Natmessnig für einen der herausragenden Köche des Landes. Leider können wir bei einem derart persönlichen Kochstil keine Wertung abgeben, da der Gault&Millau Restaurantguide zu einem Zeitpunkt von den Lesern genutzt wird, zu dem bereits ein neuer Koch die Verantwortung für die Küche übernommen hat. Max Natmessnigs Nachfolger ist jedenfalls ein Kaliber: Nach seiner Zeit im New Yorker Spitzenrestaurant Eleven Madison Park war Julian Stieger unter anderem Souschef im Geranium in Kopenhagen und zum Schluss Natmessnigs rechte Hand in der Roten Wand. Wir sind sehr gespannt und freuen uns auf unseren ersten Besuch.

ROTE WAND STUBEN

14,5/20

im Rote Wand Gourmet Hotel

Wie erkennt man Stammgäste der Rote Wand Stuben? Sie sind auch im Winter nahezu sommerlich gekleidet. Das hat seinen Grund, denn die Rote Wand ist berühmt für einen kulinarischen Retro-Klassiker: das Fondue. Dieses gibt es es dort in sämtlichen nur erdenklichen Spielarten: mit Fisch, Fleisch, Käse, vegetarisch oder auch mit Schokolade. Und flackern an den Tischen erst einmal die vielen kleinen Fondueflammen, herrscht in der Stube bald ein recht aufgeheiztes Klima. Abseits der Fonduetöpfe wird ambitioniert aufgekocht: Zu empfehlen sind etwa das Kalb mit Spargel oder das Beef Tatar mit Kräutern.

Tel.: 05583 343 50

6764 Lech am Arlberg
Zug 5

www.rotewand.com
gasthof@rotewand.com

SEVERIN*S – THE ALPINE RETREAT

14,5/20

Die größte Herausforderung ist es, im Severin*s Restaurant einen Platz zu ergattern. Das Haus wird sehr exklusiv geführt, entsprechend rar ist das Platzangebot im Restaurant. Die Räumlichkeit ähnelt einem luxuriösen Wohnzimmer mit alpinem Chic. Den Verantwortlichen gelingt es immer wieder, ein aufstrebendes Talent für die Küchenleitung zu engagieren. Der Service agiert aufmerksam und findet stets eine gute Empfehlung aus dem bestens gefüllten Weinkeller, der mit einem überdurchschnittlich großen Angebot von Tropfen aus der Neuen Welt auffällt, insbesondere Rebensäfte aus Kalifornien. Neben Klassikern aus der französischen und österreichischen Küche überzeugte beispielsweise eine superbe französische Zwiebelsuppe mit klassischem Topping und ein handgeschnittenes Beef Tatar von der Rinderschulter mit exzellent knusprig gebratener Kartoffelrösti.

Tel.: 05583 339 070

6764 Lech am Arlberg
Stubenbach 273

www.severins-lech.at
info@severins-lech.at

Mo–Sa 12–14.30 und
18.30–22 Uhr

Bei der Zusammenstellung dieses Guides ließen wir größtmögliche Sorgfalt walten, trotzdem können Daten falsch oder überholt sein. Eine Haftung können wir auf keinen Fall übernehmen.

TANNBERGERHOF

13,5/20

Hotel & Restaurant

Koch: Sebastian Müller

Der Tannbergerhof in der Dorfmitte von Lech war lange Zeit vor allem für seine legendäre, straßenseitige Après-Ski-Bar bekannt. Nachdem das Haus von den Brüdern Johannes und Christoph Pfefferkorn (aus dem Hotel „Die Krone von Lech" vis-à-vis) übernommen wurde, konnte es auf Ganzjahresbetrieb umgestellt werden – ein Novum in dieser weltbekannten Walser-Gemeinde. Das kulinarische Angebot ist ein Hybrid aus gehobenem Gasthaus und alpinem Restaurant. Nach einem angenehmen Gedeck gab es zuerst einen Bauernsalat mit ausgezeichnetem Dressing und auf Wunsch eine gebratene Wachtelbrust dazu – und danach eine sehr kräftige Consommé mit Kaspressknödel. Auf Lachs mit Safran-Blumenkohl folgte das Menü-Highlight: gebratener Rehrücken unter einer Walnusskruste mit einem brillanten Kartoffel-Rosmarin-Gratin. Der Tannbergerhof-Dessertklassiker „Heidelbeerschmarren mit Heidelbeerröster und (Vanille-Mohn-)Eis" durfte zum Finale nicht fehlen. Und on top: eine ordentliche Weinauswahl und ein aufmerksamer Service.

à la carte: 14–46 €

Tel.: 05583 22 02
6764 Lech am Arlberg
Dorf 111
www.tannbergerhof.com
info@tannbergerhof.com
Mo–So 11.30–22 Uhr

WUNDERKAMMER

13,5/20

im Hotel Almhof Schneider

Die Wunderkammer ist die populärste Genussebene im renommierten Almhof Schneider. Zu Besuch kommen Außer-Haus-Gäste ebenso wie die sehr betuchte Hotelklientel, die gerne einmal für einen Abend ihr exklusives Halbpensionsdinner (mit Käseauswahl des berühmten Maître Affineur Bernard Antony) gegen das alpin-österreichische Speisenangebot im beliebten Zweitrestaurant des Hotels tauscht. Das teils rustikale Essen – unter anderem Knochenmark mit Röstbrot à la St. John in London – ist durchwegs von hoher Qualität, die Weinempfehlungen des ehemaligen „Sommelier des Jahres", Josef Neulinger, sowieso. Allein die Kreszenzen aus dem Weinkeller sind einen Besuch wert. Die Wunderkammer wurde vom sehr talentierten Enfant terrible der österreichischen Eat-Art-Kultur, Paul Renner, künstlerisch in Szene gesetzt. Als Alternative bietet sich einen Raum weiter das High-End-Restaurant des Hauses an.

à la carte: 16–42 €

Tel.: 05583 35 00
6764 Lech am Arlberg
Tannberg 59
www.almhof.at
info@almhof.at
täglich 12–16 und 18.30–21 Uhr
April bis Dez. 2023
♿

DIE STUBE

Tipp

im Hotel Arlberg

Einfach gmiadlich, ein wenig urig, aber dennoch heimelig ist das Traditionsgasthaus. Vom Wiener Schnitzel bis zum Kaiserschmarren fehlt auf der Speisekarte der Lecher Stube kein einziger Klassiker der österreichischen Küche. Auch die Weinkarte ist gespickt mit nationalen Qualitätsweinen.

à la carte: 18–149 €

Tel.: 05583 213 40

6764 Lech am Arlberg
Tannberg 187

www.arlberghotel.at
info@arlberghotel.at

tgl. 12–14 und 19–22 Uhr
variabel

RUD-ALPE

Tipp

Umgeben von schönstem Bergpanorama, genießt man auf der Rud-Alpe beste regionale Spezialitäten. Für viele Einheimische aus Lech zählt der donnerstägliche Dry-Aged-Steak-Abend bereits zum wöchentlichen Ritual. Auch Kinder fühlen sich auf dem großflächigen Spielplatz mit Trampolin und Streichelzoo wohl.

à la carte: 10–35 €

Tel.: 05583 41825
0664 922 53 50

6764 Lech am Arlberg
Tannberg 185

www.rud-alpe.at
office@rud-alpe.at

Mo, Mi, Fr, Sa und So 11.30–18, Di und Do 11.30–18 und 19–21 Uhr; im Sommer tgl. 11–21 Uhr
Mai–Juni, Okt.–Nov. 2023

LOCHAU A3

MANGOLD

16/20

Koch: Michael Schwarzenbacher

Im Paradebetrieb der Familie Schwarzenbacher wollte – nachdem wir freundlichst vom sehr umsichtig agierenden Service begrüßt wurden und eine Köstlichkeit aus der lobenswert breit aufgestellten Weinkarte mit Tiefe auserwählt hatten – der Einstand mit rotem Hummus, Radieschen, Topinambur und Salat-Frühlingsgruß „Maison Mangold" mit grünem Gemüse, Spargel und Radieschen – trotz wahrlich gutem Hummus und knackigstem Spargel – nicht wirklich gelingen. Einerseits waren die Salate recht eindimensional zusammengestellt und andererseits war die Marinade so sauer, dass es nicht mehr lustig war. Es konnte also nur besser werden – und das wurde es definitiv bei einer wohlabgeschmeckten Thunfisch-Consommé mit Suchtfaktor Hechtnockerl, einem idealtypischen Tafelspitz mit Bouillongemüse, Schnittlauchsauce, Cremespinat und knuspriger Rösti und dem – den Sommerurlaub vorausnehmenden – Seeteufel nebst Vongole im Bouillabaisse-Fond mit hausgemachter Pasta. Auch der gerührte Eiskaffee und die knusprige Schokolade mit exotischen Früchten zum Abschluss trugen zur Versöhnung entscheidend bei. Bis bald!

à la carte: 9,80–39 €

Tel.: 05574 424 31

6911 Lochau
Pfänderstraße 3

www.restaurant-mangold.at
office@
restaurant-mangold.at

Mi–Sa 12–14 und 18–22 Uhr
variabel

LUSTENAU A4

FREIGEIST 12/20

Koch: Paul Hunger

Ist man nicht ortskundig, will das Freigeist gesucht und gefunden werden. Hat man es geschafft, erlebt man ein speziell zusammengewürfeltes Restaurant und einen idyllisch-gemütlichen Gastgarten inmitten der Stadt, wo köstliche Kreationen für jede Stimmung und jeden Geschmack vom aufmerksamen, freundlichen jungen Mann serviert werden. Man entscheidet sich für ein Menü mit Wahlmöglichkeit: Tatar mit Lardo, Wildkräutern und Chimichurri, marinierter Spargel mit Erdbeeren, gegrillte Rotgarnelen, hausgemachte Agnolotti oder confierter Bauch und Filet vom Wälder Duroc-Schwein, dazu feine Weine aus der ansprechenden Weinkarte. Mangoeis mit Wodka und Chili ist ein besonders erfrischender Abschluss.

à la carte: 8–35 €

Tel.: 05577 830 56
6890 Lustenau
Raiffeisenstraße 4a
www.zum-freigeist.at
meintisch@zum-freigeist.at
Di–Sa 12–14 und 18–22 Uhr

MITTELBERG/KLEINWALSERTAL B4

HALLER'S GENIESSERHOTEL 15/20

Koch: Lovro Balind

Der Kern der Haller'schen Genusserlebnisse sind die beiden „Genussstories": Das sind die Abendmenüs im Hause Haller. Die Menüs wechseln ständig, wie es sich für das kulinarische Angebot für Hotelgäste gehört, aber auch externe Gäste sind willkommen und dürfen sich über eine spannende Menüfolge freuen. Man findet ausgefallene Gerichte wie Ceviche von der Jakobsmuschel mit roten Zwiebeln, Kapern und Pastinakencreme ebenso wie bodenständige Ochsenbacken mit Wildblumenkohl, Rotkrautpüree und Dunkelbierjus. Die „Genussstory II" ist rein vegetarisch und wartet mit großartigen Alternativen auf. Die selbst gemachten Tagliatelle mit Eierschwammerl, Kräuterseitlingen und Parmigiano-Reggiano-Chips sind eine Zierde ihrer Art und die Desserts ein Traum. Beim Haller ist das Genießen übrigens den ganzen Tag möglich: Es beginnt bereits beim Frühstück und endet am Abend in der Weinbar.

à la carte: 11–95 €

Tel.: 05517 55 51
0664 109 75 30
6993 Mittelberg/
Kleinwalsertal
Von-Klenze-Weg 5
www.hallers.at
info@hallers.at
Do–Sa 18–21 Uhr
April–Mai und Nov. 2023

HOHENECK 12,5/20

Wirtshaus

Koch: Jürgen Denk

Ein altes Walser Holzhaus, mitten in Mittelberg. Das Hoheneck ist nichts anderes als ein Refugium und eine kulinarische Perle im Kleinwalsertal. Den Küchenstil bezeichnet Jürgen Denk, der Chefkoch, als „sinnlich-regional". Ein Blick in die Karte bestätigt das in jeglicher Hinsicht. Sogar die Sprache verrät die Kleinwalsertaler Herkunft. „Fisch ond Chruud" ist etwa ein gebratenes Lachsforellenfilet und eine Teigtasche mit geräuchertem Saibling und Sauerkrautsud. Apropos Teigtasche. Die „Mittelberger Fleischkrapfa", handgemachte Maultaschen in Rindsbrühe mit gerösteten Zwiebeln, sind DER Klassiker im Hoheneck. Sollte man probieren.

à la carte: 10–37 €

Tel.: 05517 552 25
6993 Mittelberg/
Kleinwalsertal
Walserstraße 365
www.hoheneck.at
reservieren@hoheneck.at
Mi–Mo 12–22 Uhr
20.–27. Juni 2023

NENZING

DAS HIMMELWÄRTS Ⓝ 12/20

im Resort & Spa Alpencamping Nenzing

Köche: Heinz Farmer & Georg Löser

Der Alpencampingplatz Nenzing fällt nicht umsonst in die Kategorie „Glamping". Tolle Architektur, einzigartige Landschaft, einzelne, in den Hang eingepasste Hobbithäuschen, ein Pool, eine Saunalandschaft und noch einiges mehr. Etwa das

Tel.: 05525 624 91
6710 Nenzing
Garfrenga 1
www.alpencamping.at
office@alpencamping.at
tgl. 17–23 Uhr
bis 8. Dezember 2022

Restaurant Himmelwärts, das sich auf Steak und Fisch konzentriert und auch von jenen aufgesucht wird, die sich nicht dem Glamping verschrieben haben. Wer zum ersten Mal Gast auf dem Alpencampingplatz ist, wird über die traumhafte Terrasse direkt am Pool staunen. Schade nur, dass die Himmelwärts-Gäste dann ins Haus geführt werden und bei hochsommerlichen Temperaturen unter dem rustikalen Dach ein wenig nach Atem ringen müssen. Kulinarisch ist das Restaurant himmlisch – vor allem für Fleischliebhaber. Diese haben die Qual der Wahl bei Rib Eye, Filet, Rumpsteak und Chateaubriand. Wer Fisch essen will, muss sich zwischen Kabeljau und Lachsforelle entscheiden. Ersterer gelingt zwar tadellos, das Selleriepüree ist jedoch eine recht winterliche Beilage. Wie aus dem Bilderbuch gerät dann das Rib Eye: zart schmelzend und – wie bestellt – „medium rare".

à la carte: 6,90–48 €

RANKWEIL A4

GASTHOF MOHREN ⊘ 12,5/20

Herburgers Mohren

Koch: Pascal Lang

Der Gasthof Mohren mausert sich immer mehr zu einem kulinarischen Leuchtturm in der „Slow-Food-Gemeinde" Rankweil im Alpenrheintal Vorarlbergs. Er ist einer von gleich vier Slow-Food-Betrieben in der Basilika-Marktgemeinde. In einem der schönsten Hotelgärten im Rheintal drehen gut zehn verschiedene Hühnerrassen ihre Runden. Die beliebte Restaurantterrasse lädt in der warmen Jahreszeit zum „lukullischen Sonnenbaden" ein. Der langjährige Küchenchef hat kürzlich seinen Meister gemacht und ebenso meisterlich präsentiert sich das von regionalen Produkten dominierte Speisenangebot. Regionale und österreichische Spezialitäten stehen zur Auswahl. Das Fleisch, das von Viehbauern aus der nahen Umgebung bezogen wird, wird größtenteils „from nose to tail" verarbeitet. Hier wird Regionalität intensiv umgesetzt.

à la carte: 7–45 €

Tel.: 05522 442 75
6830 Rankweil
Stiegstraße 17
www.mohren.at
office@mohren.at
Di–Fr 9–14 und 17–24,
Sa 16–24 Uhr
♿

TAFELSPITZ 12/20

Koch: Christoph Marte

Mit herzhaftem Walnussbrot und köstlichem Bärlauchpesto wird man schon zu Beginn verwöhnt, bevor man aus der saisonal-regionalen Karte einen raffiniert zusammengestellten Mango-Gemüse-Salat mit gebratenen Riesengarnelen aussucht. Etwas fest und eiskalt, mit einer charakterarmen Apfel-Walnuss-Vinaigrette überzeugt die Tafelspitzsulz weniger. Vorzüglich, wie man sie gerne hat, die geröstete Kalbsleber mit Rösti, lobenswert ein Lable-Rouge-Lachs mit cremigem Risotto und Spargel. Als erfrischenden Abschluss wählt man hausgemachte Sorbets aus Zitrone, Himbeeren oder schwarzem Holunder.

Tel.: 05522 367 80

6830 Rankweil
Bahnhofstraße 13

www.tafelspitz-lokal.at
info@tafelspitz-lokal.at

Mo–Mi 9–18, Do, Fr 9–23 Uhr

RIEZLERN/KLEINWALSERTAL B4

WALSERSTUBA 15/20

Koch: Jeremias Riezler

Jeremias Riezler ist ein Kleinwalsertaler Original. Stets mit spitzbübischem Lächeln, das manchmal auch ein schelmisches Grinsen ist. Jedenfalls passt es perfekt zum wilden Rauschebart und den strahlenden Augen. Jeremias ist ein Koch, der den Schalk im Nacken sitzen hat. Seine Küche ist bodenständig und erdverbunden, der Region verpflichtet und dabei doch kreativ und manchmal sogar ein wenig verspielt. Nach Stationen in Bad Ragaz (Quellenhof), Velden (Hubertushof) und dem Allgäu (Landhaus Henze) übernahm Riezler die Herdregie im elterlichen Betrieb. Mittlerweile nennt er seine Walserstuba „Bio-Hotel". Von Jakobsmuschel und Steinbutt hat er sich längst verabschiedet. Stattdessen gibt es Krustenbraten (meist vom Allgäuer Schwein und eines der Lieblingsrezepte von Jeremias Riezler), Geschnetzeltes vom Walser Reh und andere regionale Köstlichkeiten, bei denen die Herkunft nah und die Anlieferungswege kurz sind. Riezler bietet verschiedene Menüs, eine feine À-la-carte-Auswahl und auch einen Chef's Table, den „Chuchedisch" mit Blick auf die Küche an. Das Menü „Önsche Walser Chuche" ist dabei eine Hommage ans Kleinwalsertal und an die Vielfalt an Produkten und Lebensmitteln, die die Region bietet. Jedenfalls erwähnenswert ist auch das Weinangebot in der Walserstuba. Der Schwerpunkt liegt klarerweise auf heimischen Tropfen, es gibt aber auch feine Weine aus Italien, der Schweiz und aus Frankreich zu entdecken. Ein Besuch in der Walserstuba ist stets ein kulinarisches Erlebnis, und wenn Jeremias Riezler dann noch aus der Küche herauskommt und zu diskutieren beginnt, wird das garantiert ein intensiver und lustiger Abend.

Tel.: 05517 534 60

6991 Riezlern/Kleinwalsertal
Eggstraße 2

www.walserstuba.at
info@walserstuba.at

Do–So 18.30–20 Uhr
April bis Mai und Mitte Oktober bis Mitte November 2023

SCHRUNS A4

LÖWEN STUBE 15/20

im Löwen Hotel Montafon

Koch: Thomas Carvalho de Sousa

Das Löwen Hotel Montafon in Schruns ist eine Hotelikone des Montafons und wurde im Jahr 2022 nochmals erweitert. Das Haus gehört, ebenso wie das Interalpen-Tyrol Hotel in Telfs in Tirol, zur Liebherr-Gruppe, die auch Hotelanlagen in Irland betreibt. In Schruns ist der langjährige Küchenchef Thomas Carvalho de Sousa für das Gaumenwohl der Gäste verantwortlich. In der gemütlichen, alpin-klassisch mit viel Holz gehaltenen Löwen Stube treffen sich vor allem Gäste aus der Region und aus der deutschen und Schweizer Nachbarschaft. Die seit Jahren hoch motivierten Teams in Küche und Service garantieren für lukullische Erlebnisse und servieren dazu die passenden Tropfen, unter anderem einen herrlichen Chardonnay 2019 aus der Magnumflasche von Winzer Uwe Schneider aus Zizers in der Bündner Herrschaft. Nach einem Flank-Steak-Amuse wurde ein herrliches Aromenduett vom Ötztaler Saibling eingestellt, als Mousse beziehungsweise gebeizt. Garniert war das Gericht mit Rote-Bete-Macarons in Weltklassequalität. Nicht minder mundwässernd geriet die Kombination aus Kohlrabimousse, Senfbalsam, Tiroler Alpengarnele und reichlich Kaviar. Ein Highlight war auch die delikat-rustikale Wildschweinbratwurst. Und dass der Koch auch etwas von Jus beziehungsweise Saucen versteht, hat er beim Kalbsfilet-Gang bewiesen. Beim Finale gelang mit der Kreation „Toblerone mal anders" eine geschmackvolle Referenz an die Schweizer Nachbarn, bei denen das Wellnesshotel (2.500 Quadratmeter Wellnessoase!) verdient hoch im Kurs steht.

Tel.: 05556 71 41
0664 889 778 02

6780 Schruns
Silvrettastraße 8

www.loewen-hotel.com
info@loewen-hotel.com

Mi–Sa 18.30–20.30 Uhr
✻ 10. April bis 17. Mai 2023

SCHWARZENBERG A4

ADLER 13,5/20

Koch: Denis Danka

Der Adler ist eine Wirtshausinstitution im Bregenzerwald, wo man in den traditionellen, gemütlichen Stuben und Stüberln angenehm sitzt und sich kulinarisch verwöhnen lässt. Im Sommer wird der schattige Garten zur kühlen Oase. Aus der nach Preisen gereihten Weinkarte sucht man sich seine Begleiter zur Tafelspitzsulz mit Senfeis und Vogerlsalat oder zum kleinen gebeizten Saibling aus. Auch das knusprige, saftige Backhendl mit Kartoffelsalat und der kross gebratene Saibling waren überzeugend, weniger der gerührte Eiskaffee, da das Vanilleeis in der Küche verblieben ist.

à la carte: 3–34 €

Tel.: 05512 29 66
6867 Schwarzenberg
Hof 15
www.adler-schwarzenberg.at
office@adler-schwarzenberg.at
Di–Fr 11.30–14 und 18–21,
Sa 11.30–21, So 11.30–20 Uhr

ALTE MÜHLE 12,5/20

Köchin: Marietta Wild

Idyllischer geht es kaum! Schon von außen fühlt man sich von der romantisch gelegenen „Alten Mühle" verzaubert und erlebt beim Betreten des kleinen, heimeligen Gastraums mit gerade einmal sechs Tischen keine Enttäuschung. Vom kundigen Sommelier, der den Service souverän alleine schupft, herzlichst empfangen, genossen wir an jenem Abend vorweg einen bestens komponierten Salat „Vier Jahreszeiten" mit Wachtelei und Heumilchkuggele, gefolgt von einer herrlichen Rindssuppe mit perfekten Kräuterflädle (Frittaten) und einem mehr als zarten Kalbssteak mit Spargel, hausgemachten Nudeln und Sauce béarnaise. Zum Abschluss noch eine braune Schokomousse mit Erdbeeren – und schon ist man im Glück. Dazu die perfekte Weinauswahl, die keinen Wunsch offenließ.

à la carte: 22–45 €

Tel.: 05512 37 80
6867 Schwarzenberg
Dorn 138
www.alte-muehle.cc
reservierung@alte-muehle.cc
Do–So 12–13.15 und 18–20 Uhr

HIRSCHEN 14,5/20

Was ist Schwarzenberg doch für ein schmucker Ort! In diesem Ort als eines der schönsten Häuser hervorzustechen, das heißt schon was. Und dieser erfreuliche Anblick setzt sich nahtlos in den niederen, gemütlichen und liebevoll gestalteten Stub'n fort. Aufmerksam betreut vom so jungen wie eloquenten Serviceteam hatten wir vorab die „Qual der Wahl" – bei der Speise-, aber ebenso bei der Weinkarte. Flüssig bestens versorgt, erfreuten wir uns zuerst an dem Käsespätzlegedeck – Mini-Käsespätzle mit Röstzwiebeln und dazu ein Schnaps – und den wunderbaren vegetarischen Kompositionen mit Asia-Touch: gegrillte Tomate mit Shoyu-Beurre-blanc und Zitronenmelisse beziehungsweise Melanzani mit Eigelb, Kräutern und Umeboshi. Wunderbar auch die Rehleber mit Eierschwammerln, die Rindsroulade mit Kartoffelmousseline, der confierte Seesaibling mit Senfgurke und Buttermilch oder die Heidelbeerdatschi mit Vanille und Holunder zu guter Letzt … Alles gelang formidabel, hatte geerdet einen modernen Twist und schrie nach baldiger Wiederkehr mit diesmaliger Übernachtung ob der Weinkarte!

Tel.: 05512 294 40
6867 Schwarzenberg
Hof 14
www.hirschenschwarzenberg.at
info@hirschenschwarzenberg.at
Mo–So 12–17 und 18–20.30 Uhr

SILBERTAL IM MONTAFON B4

PANORAMAGASTHOF KRISTBERG

Tipp

Der westliche Zipfel Österreichs hat kulinarisch einiges zu bieten. Raffiniert werden Zwiebelrostbraten, Montafoner Käsespätzle und gebratener Lachs angerichtet. Man sollte jedoch unbedingt noch ein wenig Platz für den luftigen Kaiserschmarren lassen, der frisch aus dem Ofen kommt.

à la carte: 12,90–25,60 €

Tel.: 05556 722 90
0664 207 96 70

6782 Silbertal im Montafon
Kristbergstraße 47

www.kristberg.at
info@kristberg.at

tgl. 8–18 Uhr
bis 15. Dezember 2022

STUBEN/ARLBERG B4

FUXBAU

15,5/20

Restaurant & Bar

Koch: Markus Gitterle

Das modern-rustikale Lokal hat zuletzt eine Platzerweiterung erhalten, wodurch jetzt noch einige Tische mehr bedient werden können. Die Stammgäste werden es danken, denn auch für sie war es nicht immer leicht, einen Platz zu ergattern. Die hervorragende Alpinküche des Küchenchefs heizt die Nachfrage an. Wie ein roter Faden orientiert man sich in der Küche nach den Leitlinien „from farm/alpst o table" beziehungsweise „from nose to tail". Wenn die Saison dafür ist, kommen gerne auch Steinwildspezialitäten wie beispielsweise ein Steinbock-Kotelett auf die Tageskarte. Aber auch ohne Gams, Murmeltier und Co konnte das Fuxbau-Team beim letzten Besuch – wie immer – überzeugen. Als Einstieg wurde eine herrliche Consommé und Kaninchenragout mit Périgord-Trüffel beziehungsweise Hühnerleber-Crème-brulée mit Bergfeigen sowie Hühnerfilet mit Bergkäse aufgetischt. Da weiß man sofort, wo der Pickel hängt. Bei der gebotenen Qualität dürfen sich die besten Produkte im Menü auch gerne wiederholen, etwa beim Gericht Ei, Spinat, Eierschwammerl und Alba-Trüffel-Schaum oder gebratenes Kaninchen mit zart gegarter Artischocke und Zitrone. Hühnerkeule mit Morcheln und gebratene Entenbrust mit Marille, Fenchel und Lavendel krönten das Menü, welches mit einem Heueis mit Erdbeeren und Rhabarber sein fulminantes Finale erfuhr. Der aufmerksame Service glänzte mit einer passenden Weinbegleitung dazu.

à la carte: 7–44 €

Tel.: 05582 301 884 00

6762 Stuben/Arlberg
Dorfstraße 22

www.restaurant-fuxbau.at
servus@restaurant-fuxbau.at

täglich 11.30–14 und 18.30–21 Uhr
im Sommer: Mo, Di; Mai, Juni, Oktober und November 2023

♿

© Angela Lamprecht – Vorarlberg Tourismus

SULZ A4

ALTES GERICHT 14/20

Koch: Helmut Benner

AMBIENTE AWARD 2020

Wer im Alten Gericht speisen will, muss vorausplanen, denn spontan ist hier kaum ein Tisch zu ergattern. Das Romantikrestaurant steht nicht nur bei Verliebten hoch im Kurs. Der luftige Charme des Gastgartens, aber auch die dunkel-gediegenen Stuben im Inneren des Hauses locken auch jene, die dem Stadium der Romantik bereits entwachsen sind. Aber Vorsicht, frisch verlieben könnte man sich dort sehr wohl – in den Koch. Wer etwa die fermentierte Tomate mit Burrata bestellt, ist gefährdet, sein Herz zu verlieren. Die fleischige Konsistenz der Tomate, gepaart mit einer feinen süßsauren Note, die Cremigkeit der Burrata und der bittere Knack des Radicchio sind ein kleines Meisterwerk. Nicht ganz so stark klopft das Herz des Gasts dann beim Wolfsbarsch mit Erbsen-Minze-Gemüse. Der Fisch knuspert ein wenig stark, und die Grapefruit auf dem Teller wirkt, als hätte sie den Anschluss verloren. Bei der Crème brulée allerdings wird man wieder schwach, denn hier knuspert die hauchdünne Karamellschicht goldrichtig. Dazu werden frisch marinierte Erdbeeren gereicht. Eine Verbindung für die Ewigkeit.

Tel.: 05522 431 11
6832 Sulz
Taverneweg 1
www.altesgericht.at
info@altesgericht.at

Mo, Do und Fr 11.30–13.30 und 17.30–20.30, Sa 11.30–14 und 17.30–20.30, So 11.30–14 und 17.30–19.30 Uhr
2 Wochen im Februar 2023

TSCHAGGUNS A4

MONTAFONER HOF 15/20

Genießerhotel

Der Montafoner Hof ist – zusammen mit dem dazugehörenden, 500 Jahre alten Gasthaus Löwen vis-a-vis – die gastronomische Institution in Tschagguns. Die Wirtsfamilie Tschohl ebenfalls. Zum Ensemble gehören noch ein großer (Event-) „Schopf" und ein sehr schönes Nebengebäude für geschlossene Gesellschaften. Während die Mutter beziehungsweise Großmutter des Hauses mit knapp 80 Jahren noch immer den Cheflöffel im Gasthaus Löwen schwingt, wird im Hotel Montafoner Hof nebenan mit feiner Klinge an Gourmetgerichten gewerkt. Und das kann sich sehen und schmecken lassen. Dem hausgeräucherten Rinderschinken, Schweinebauch und luftgetrockneten Hirschschinken folgte eine Kombination aus Karottenaromen und Wachtel auf dem Teller, inklusive einer an Fois-gras-Aromen erinnernde Wachtel-Eiscreme. Kompliment! Nicht fehlen durfte zwischendurch ein Champignonsüppchen mit Blätterteigstangerl und „Flüssiges Österreich im Suppenteller" in Form einer Rindsuppe mit klassischen Einlagen. Sehr ansprechend war auch der Fischzwischengang mit Wels und Fenchel. Wenn einem in diesem Haus als Tagesempfehlung eine Hirschvariation aus saftig gegartem rosa Hirschrücken, Hirschragout, kleinem Hirschburger und Hirschzunge angeboten wird, wurde das große Los gezogen. Die Wildspezialitäten kommen aus eigener Jagd. Das ausgezeichnete Finale war einem aufwendig zubereiteten Topfen-Erdbeer-Dessert vorbehalten. Ein immer aufmerksamer Service begleitete auf lockere Art durch den mehr als angenehmen Abend. Wir kommen wieder!

à la carte: 6,50–37 €

Tel.: 05556 710 00
6774 Tschagguns
Kreuzgasse 9
www.montafonerhof.com
info@montafonerhof.com

Fr–Di 18.30–20.30 Uhr

VIKTORSBERG

SCHÖNE AUSSICHT

12,5/20

Koch: Robert Ritter

Hoch über dem Rheintal gelegen, macht dieser Gasthof seinem Namen alle Ehre. Ob in den heimeligen Stüberln oder im gefälligen Gastgarten – hier genießt man mit allen Sinnen. Von der Chefin persönlich bestens betreut, sucht man sich aus der überschaubaren, regionalen Karte seine Gerichte aus. Bemerkenswert ist die Weinkarte mit ihrem besonderen Angebot für spezielle Genießer. Dazu gibt es pochiertes Ei mit Spinat und Viktorsberger Safran, Kraftbrühe mit Maultaschen, Rindsroulade mit Kartoffelstampf oder Kalbsleber mit Reis und Salat und zum Dessert Tiramisu im Glas.

à la carte: 18–38 €

Tel.: 05523 64715

6836 Viktorsberg
Klosterweg 7

www.gh-schoeneaussicht.at
info@gh-schoeneaussicht.at

Do 18–21.30, Fr, Sa 11.30–13.30 und 18–21.30,
So 11.30–13.30 Uhr
variabel

WARTH B4

BIBERS

13/20

Restaurant & Bar im Berghotel Biberkopf

Koch: Philip Lochmann

In der Ortsmitte von Warth, im neuen Hotel Biberkopf, befindet sich das innovative Bibers. Ein offenes Restaurant mit Nischen und Ecken im stylishen Design mit viel Holz. Auf der abwechslungsreichen, etwas asiatisch angehauchten Abendkarte findet sich ein passabler Quinoasalat mit Riesengarnele und etwas dick geratene Eierbandnudeln mit schwarzem Trüffel. Der aufmerksame und sehr schnelle Service serviert eine klassische, geschmackvolle Rinderbacke und gegrillten Wolfsbarsch. Der dekonstruierte Apfelstrudel hatte mit seinem Original nicht viel gemeinsam.

Tel.: 05583 418 00

6767 Warth
Warth 28

www.biberkopf.at
office@biberkopf.at

ZÜRS AM ARLBERG B4

DIE ENTE VON ZÜRS®

14,5/20

im Hotel Albona Nova in Zürs am Arlberg

Koch: Alessandro Kondič

Alles neu in der Ente von Zürs, dem mit nur vier Tischen wohl kleinsten Gourmetrestaurant am Arlberg: neuer Küchenchef (Alessandro Kondič), neuer Maître, neue Karte (ausschließlich Menü, vier- oder sechsgängig). Dabei wurde auch der Horizont erweitert: Es muss nicht immer Ente sein. Gut so, wenn die Hauptspeise aus einem traumhaften saftig-fleischig-zarten Wagyu-Beef mit Pastinaken oder einem recht forsch gewürzten Thunfisch bester Qualität besteht. Von hübsch arrangierten, aber nicht ganz harmonischen Pekingenten-Ravioli über eine aus nahezu allen Teilen der Ente bestehenden geschmacksintensiven Consommé bis zum subtilen Entenleberparfait mit Pumpernickel kommt das namensgebende Federvieh aber auch nicht zu kurz. Sehr stimmige Weinbegleitung und wundervolle kreative Desserts von der italienischen Patissière – ein gelungener Wiedereinstieg.

Tel.: 05583 23 41
6763 Zürs am Arlberg
Nr. 217
www.albonanova.at
office@albonanova.at
Mi–Mo 19–22.30 Uhr
✱ bis Mitte Dez. 2022

HIRLANDA

13/20

Einst war das Hirlanda – benannt nach der Urgroßmutter der Gastgeberfamilie – eine kleine Pension. Mit der wachsenden Popularität des Skitourismus wandelte sich auch das Hirlanda. Heute zählt es zu den bekanntesten Betrieben von Zürs. Wer hier absteigt, will Tradition und Bodenständigkeit – und bekommt das auch. Kulinarisch blieb man ebenfalls am Boden. Schnitzelfans sind hier genauso gut aufgehoben wie Freunde von zarten Steaks oder eines rustikalen Burgers. Die Ausflüge in den mediterranen Raum, etwa Gnocchi mit Scamorza und Blattspinat, sind vielleicht noch ein wenig ausbaufähig.

à la carte: 7,70–57 €

Tel.: 05583 22 62
6763 Zürs am Arlberg
Zürs 80
www.hirlanda.at
hotel@hirlanda.at
Do–Mo 11.30–23,
Di und Mo 11–23 Uhr

TIAN®

15/20

im Hotel Edelweiss

Das vielgerühmte Wiener Veggie-Restaurant TIAN hat im mondänen Lech-Zürs am Arlberg eine Dependance errichtet. Das TIAN Bistro ist im Zürser Hotel Edelweiss untergebracht und war ursprünglich als Pop-up-Hybrid aus Restaurant und Bistro konzipiert. Dank des erfolgreichen Starts soll das „TIAN auf Skiurlaub in Zürs“ – so steht es auf der straßenseitigen Außentafel beschrieben – eine Dauerinstitution im Winterskiort werden. Dem Arlberg, reich gesegnet an Feinschmeckeroasen, hat ein rein vegetarisches Restaurantangebot noch gefehlt. TIAN-Chef Paul Ivić , auch schon als „Gemüseflüsterer“ tituliert, aus der Ferne und sein Team vor Ort garantieren fleischlosen Hochgenuss. Hier wird alles „from leaf to root“ serviert – das übersetzte „From nose to tail“-Prinzip für Liebhaber der vegetarischen Küche. Das „Sharing Chef's Garden Menü“ wird tischmittig zum Teilen angerichtet und startete nach einem Amuse-Feuerwerk mit einer Rote-Rübe-Rose mit Kombucha und Kaffeeöl beziehungsweise Eigelb – geräuchert und confiert – mit Erdäpfel-Espuma und Périgord-Trüffel. Es folgte eine im Salzteig gebackene Sellerie mit Sellerie-Lauch-Emulsion und eine Artischocke mit fermentiertem Artischockenblattöl. Alles schmeckt hier so, wie es sich liest: hervorragend! Beim Trüffelrisotto kam die begehrte Knolle aus dem Périgord freundlicherweise nochmals zum Einsatz. Zum Finale hatten sowohl das Kokos-Milchreis-Gericht mit Rotkrautsorbet und Orangenkaramell wie auch das Schokoladentrüffel-Dessert ihren geschmacklich fulminanten Auftritt. Der locker-legere Service servierte die passende Getränkebegleitung mit Weinen abseits vom Mainstream.

Tel.: 05583 26 62
6763 Zürs am Arlberg
Zürs 79
www.edelweiss-arlberg.at
welcome@edelweiss-arlberg.at

Gault&Millau

präsentiert die Jahrgangstabelle

Jahr	Niederösterr.	Burgenland	Steiermark	Wien	Südtirol	Piemont	Toskana	Bordeaux	Burgund	Rioja	Kalifornien
2001	6	6	6	5	5	6	5	5	6	6	7
2002	6	7	6	6	4	4	4	4	6	5	5
2003	5+	7	6	7	5+	6	6	5+	6	5	5
2004	5+	5+	4+	4	5	6	6	5	5	6	5
2005	5	4	5	5	4+	5	4+	6	5+	5+	5+
2006	6	7	5+	6	5	5	6	5	5	4+	4+
2007	5	5	5+	5	5	5	6	4	5	4+	5
2008	4	5	5+	5	4+	5	5	4–6	5	5	4+
2009	7	7	6	6	7	7	7	7	6	6	5
2010	3–5	4–5	5	4–5	5	5	5	7	4	6	4
2011	6	6–7	6	6	5	5	5	4–5	4–5	4–5	4–5
2012	6	6	6	6	5	6	6	4	6+	5	6
2013	6	6	6	6	6	5	5	3	5	4	5
2014	4	4–5	3–4	4	4+	5+	5	5	5	4	6
2015	7	7	7	6	7	6	6	7	7	6	6
2016	5	5	4	7	5	6	6	6	4	6	5
2017	6	7	6	6	5	4	5	4	6	5	6
2018	6	7	6–7	6	6	7	6–7	6	6+	5+	7
2019	7	7	7	7	6	6–7	6–7	6	6	6–7	6–7
2020	6	6–7	5–6	6	5+	6	7	5+	5–6	6	5–6
2021	6	6	6+	6	6	6–7	6–7	5+	5	7	6

0 = abzulehnen; 1 = schlecht; 2 = klein; 3 = mäßig; 4 = gut; 5 = sehr gut; 6 = erstklassig; 7 = hervorragend

1

1070 1070 Wien ... 116
151 Bistro Bar 9073 Klagenfurt ... 156
180° 6631 Lermoos ... 410
1er Beisl im Lexenhof 4865 Nußdorf ... 256
404 dont ask why 1010 Wien ... 116
575 Sagmeister 1030 Wien ... 116

A

A Barraca 1010 Wien ... 56
A'Frisella 1010 Wien ... 56
Ad Vinum 6450 Sölden ... 429
Adler 6867 Schwarzenberg ... 474
Adler 6791 St. Gallenkirch ... 458
Adler 5440 Golling ... 279
Adlerhof 1070 Wien ... 116
Aelium 3100 St. Pölten ... 218
aend 1060 Wien ... 56
aiola Upstairs 8010 Graz ... 334
Albert 1080 Wien ... 56
Ali's Grill 1010 Wien ... 116
Allerley 2540 Bad Vöslau ... 182
Alm Wirtshaus Kleeangerle 9564 Patergassen ... 163
Alma Gastrothèque 1040 Wien ... 57
Almhof 5761 Maria Alm ... 287
Alpenhaus VIP 6561 Ischgl ... 397
Alpenrose 6330 Kufstein ... 408
Alpensteakhaus 6708 Brand ... 447
Alpin Gourmet Stube 6580 St. Anton ... 422
Alpin Resort Sacher Seefeld-Tirol 6100 Seefeld ... 428
Alpine Hideaway Zillertalerhof 6290 Mayrhofen ... 415
Alte Mühle 6867 Schwarzenberg ... 474
Alte Point 9543 Arriach ... 148
Alte Post Südsteiermark 8430 Leibnitz ... 348
Alte Stube 6580 St. Anton ... 423
Alte Wacht 6373 Jochberg ... 404
Altes Backhaus 2700 Wiener Neustadt ... 229
Altes Gericht 6832 Sulz ... 477
Am Pfarrhof 8444 Sankt Andrä ... 357
Amador 1190 Wien ... 57
Amsel 8010 Graz ... 336
An der Kreuzung 2042 Guntersdorf ... 192
Apfelbauer 2761 Miesenbach ... 207
Apron 1030 Wien ... 58
Aqarium 4943 Geinberg ... 244
Arkadia 8750 Judenburg ... 347
Artis 8010 Graz ... 335
Artner 1010 Wien ... 58
arx Restaurant 8973 Rohrmoos-Schladming ... 357
Atelier 5020 Salzburg ... 303
Auerhahn 5020 Salzburg ... 292

B

Babenbergerhof 3370 Ybbs ... 232
Babenbergerhof 2340 Mödling ... 209
Bacher 3512 Mautern ... 206
Bacherlwirt 8490 Bad Radkersburg ... 324
Bärenbichl 6373 Jochberg ... 404
Bärenhof Kolm 3925 Arbesbach ... 180
Bärenwirt 3252 Petzenkirchen ... 214
Bärenwirt 9620 Hermagor ... 156
Bangkok 5020 Salzburg ... 292
Batzenhäusl 5340 St. Gilgen ... 304
Beaulieu 1010 Wien ... 58
BEEF & GLORY 1080 Wien ... 59
Beef Club 6533 Fiss ... 384
beim Krutzler 7522 Heiligenbrunn ... 133
Belly of the Beast 1090 Wien ... 116
Benkei 1030 Wien ... 60
Bergdiele 4060 Leonding ... 248
BERGERGUT 4170 Afiesl ... 238
Bergfried Chefs Table 6293 Tux ... 437
Berggericht 6370 Kitzbühel ... 406
Berghof Crystal 6293 Hintertux ... 390
Berghotel Tulbingerkogel 3001 Mauerbach ... 205
Bergmann 8864 Turrach ... 369
Bergpfeffer 4574 Vorderstoder ... 267
Bertahof 5630 Bad Hofgastein ... 274
Bevanda 2640 Gloggnitz ... 188
Bibers 6767 Warth ... 478
Bierol 6334 Schwoich ... 427
Bio-Hotel Stanglwirt 6353 Going ... 386
BioAlm Wassermann 8511 St. Stefan ... 361
Biohotel Gralhof 9762 Weissensee ... 171
Biohotel Rupertus 5771 Leogang ... 284
Biohotel Schwanen 6874 Bizau ... 446
Bistro Höll 6405 Pfaffenhofen ... 420
Bistro Südsee 9082 Dellach - Maria Wörth ... 151
Bistro-Restaurant Rosengarten 6365 Kirchberg ... 405
Blattschuss 9020 Klagenfurt ... 157
Blaue Gans 7121 Weiden ... 141
Blaue Quelle 6343 Erl ... 383
Blauenstein 3131 Walpersdorf ... 226
Blumentritt 3193 St. Aegyd ... 217
Böhm 3004 Weinzierl ... 227
Boho by Kilger 8463 Leutschach ... 351
Bolena 1080 Wien ... 60
Bonsai 6020 Innsbruck ... 396
Bootshaus 4801 Traunkirchen ... 264
Boxwood 1010 Wien ... 61
Brandstätter 5020 Salzburg ... 292
Brasserie Casino Zögernitz 1190 Wien ... 61
Brasserie Poldie 1020 Wien ... 62
Braunstein – Pauli's Stuben 7083 Purbach ... 138
Breitenfelderhof zur Riegersburg 8313 Riegersburg ... 356
Bristol Lounge 1010 Wien ... 62
Broadmoar 8503 St. Josef ... 358
Brösl 1020 Wien ... 62
Bruder 1060 Wien ... 63
Bruderherzstube 6533 Fiss ... 385

Bründlmayer 3550 Langenlois 203
Brunnauer 5020 Salzburg 292
Brunnwirt 5330 Fuschl 276
Brunnwirt Kassl 9334 Guttaring 155
Bsteh 2064 Wulzeshofen 232
Buberlgut 5020 Salzburg 303
Buchecker & Sohn im Gusshaus 1040 Wien 63
Buchinger – Das Wirtshaus 3713 Harmannsdorf 195
Buchingers Gasthaus 2122 Riedenthal 215
Burg Deutschlandsberg 8530 Deutschlandsberg 326
Burg Landskron 9523 Landskron 159
Buxbaum 1010 Wien 64
By Preslmayer 4020 Linz 250

C

Cafe Kandl 1070 Wien 64
Café Sacher Innsbruck 6020 Innsbruck 392
Café Sacher-Graz 8010 Graz 335
Cantinetta Antinori 1010 Wien 65
Caramé 9220 Velden 169
Carnozet 6992 Hirschegg 455
Caylend 8020 Graz 336
Champa 1230 Wien 65
Charles' & Frank's 4904 Atzbach 240
Chen's Dining Bar 6900 Bregenz 449
Chinabar 1070 Wien 117
Chizzo 6370 Kitzbühel 407
Clementine im Glashaus 1010 Wien 65
Convento 6020 Innsbruck 394
Crystal 6380 St. Johann 426
Csencsits 7512 Kohfidisch 134
Cucina Cipriano 1060 Wien 65
Cuisino Restaurant Baden 2500 Baden 182
Cuisino Restaurant Bregenz 6900 Bregenz 448
Cuisino Restaurant Klessheim 5071 Wals 307
Cuisino Wien 1010 Wien 66

D

Da Max 1010 Wien 121
Da Moritz 1010 Wien 66
Dachsteinblick 5301 Eugendorf 276
Dahoam 5771 Leogang 285
Damülser Hof 6884 Damüls 449
Daniels Kristallwelten 6112 Wattens 439
Dankbarkeit 7141 Podersdorf 137
Das Bräu 4865 Nußdorf 257
das Fritz 7121 Weiden 141
Das Grander 6112 Wattens 439
Das Herrenhaus 9341 Straßburg 167
Das Himmelwärts 6710 Nenzing 470
Das Hobisch 9061 Klagenfurt 157
Das James am Golfplatz 8990 Bad Aussee 321
Das Kappel 8442 Kitzeck 348
Das kleine Paradies 1080 Wien 66
Das Kleine Restaurant 9504 Villach Warmbad 291
Das Köhle 6534 Serfaus 428
Das Kohlmayr 5562 Obertauern 290
Das Kraus 1020 Wien 67
Das Kulinarium 9313 St. Georgen 165
Das Landhof 4020 Linz 250
Das Linsberg 2822 Erlach 185
Das Loewenzahn 9762 Weissensee 172
Das Loft 1020 Wien 67
Das Lokal im Hof 1040 Wien 67
Das Moerisch 9871 Seeboden 166
Das Müllers 6673 Grän 386
das Pfleger 9912 Anras 378
Das Schick 1010 Wien 68
Das Schindler 6020 Innsbruck 393
Das Seekarhaus 5562 Obertauern 290
Das Ursprung 8510 Stainz 364
Das Vogelhaus 9020 Klagenfurt 157
DAS VOGL 5700 Zell Am See 309
Das Wolf 3425 Langenlebarn 202
DELIKATERIE 8344 Bad Gleichenberg 324
Denkenhof Pitterle 3233 Kilb 198
Der Berghof 6764 Lech 460
Der Gannerhof 9932 Innervillgraten 392
Der Hans 8430 Leibnitz 349
Der Hoferwirt 6167 Neustift 417
Der Holzpoldl 4040 Lichtenberg 249
DER JUNGWIRT 2464 Göttlesbrunn 189
Der Luis 8184 Anger 321
Der Ringsmuth 1100 Wien 69
Der Steirer 8010 Graz 342
Der Tschebull 9580 Egg / Faaker See 153
Der Unterwirt 6341 Ebbs 381
Der Verwalter 6850 Dornbirn 450
DEVAL 1010 Wien 70
Didi Dorner im Magnolia 8010 Graz 336
Didilicious 5020 Salzburg 293
Die Amsel 8010 Graz 336
Die Deantnerin 5652 Dienten 275
Die Ente von Zürs 6763 Zürs 479
Die Fischerhütte am Toplitzsee 8993 Grundlsee 345
Die Forelle 9762 Weissensee 173
Die Genusskrämerei 5400 Hallein 281
Die Genusswerkstatt 6271 Uderns 438
Die Gersberg Alm 5020 Salzburg 293
Die Krummerei 6306 Söll 430
Die Möwe 7152 Pamhagen 135
Die Mühle 6020 Innsbruck 364
Die Palette 1020 Wien 117
Die Röhre 4866 Unterach 265
Die Sattlerei 1020 Wien 71
Die Schmauserei 2120 Obersdorf 212
Die Stube 6764 Lech 469
Die Stube im Maximilianhof 4813 Altmünster 239
Die Weinbank – Restaurant 8461 Ehrenhausen 326
Die Weinbank – Wirtshaus 8461 Ehrenhausen 327
die Wilderin 6020 Innsbruck 393

DIE YACHT 9220 Velden 170
Dingelstedt 3 1150 Wien 71
DiningRuhm 1040 Wien 72
DO & CO Albertina 1010 Wien 72
DO & CO Stephansplatz 1010 Wien 73
Döllerer 5440 Golling 278
Döllerers Wirtshaus 5440 Golling 279
Dogenhof 1020 Wien 117
Dolce Vita 9020 Klagenfurt 158
DOOR NO. 8 1070 Wien 73
Dorfschmied 9373 Klein St. Paul 159
Dots at the Leo Grand 1010 Wien 118
Dots Establishment 1060 Wien 74
Dots im Brunnerhof 1190 Wien 118
DOTS Palais 1010 Wien 74
Dresch 6343 Erl 384
Dstrikt 1010 Wien 74
Duspara 1050 Wien 74

E

echt. gut essen. 5771 Leogang 285
Eckel 1190 Wien 75
Edelweiss & Gurgl 6456 Obergurgl 419
Edelweiß Mountain Cuisine 5611 Großarl 280
Edi 4293 Gutau 246
Edler Landhaus Oswald 8522 Groß-St. Florian 343
Edvard 1010 Wien 75
EL DORADO 6840 Götzis 454
El Gaucho 1020 Wien 75
El Gaucho 8010 Graz 337
El Gaucho am Rochusmarkt 1030 Wien 76
El Pescador 8010 Graz 337
Elixhauser Wirt 5161 Elixhausen 275
Ella's Bar. Restaurant 1010 Wien 76
Elzer Stub'n 4292 Lasberg 247
Émile 1010 Wien 76
Ente von Zürs 6763 Zürs 479
Erlhof 5700 Zell Am See 309
Ernele 6952 Hittisau 457
Erzherzog Johann 8990 Bad Aussee 322
ESS:ENZ 5771 Leogang 286
Essdur 1030 Wien 76
Essig's 4020 Linz 251
Esskultur 6392 St. Jakob In Haus 426
Essl 3602 Rührsdorf 216
Esslokal 3493 Hadersdorf 194
Esszimmer 5020 Salzburg 294
Eugen21 1100 Wien 77

F

Fabios 1010 Wien 77
Falstaff 6900 Bregenz 448
Fat George 1220 Wien 77
Federleicht 9100 Völkermarkt 171
Fein7 6850 Dornbirn 451
Fellacher 9564 Patergassen 163
Fenice 6764 Lech 463
Figl 3424 Wolfpassing 230
Figl 3100 St. Pölten 220
Figlmüller 1010 Wien 118
Filippou 1010 Wien 85
Finsterer Stern 1010 Wien 114
Fischerwirt 4432 Ernsthofen 185
Fischiff 6020 Innsbruck 393
Fischrestaurant Kulmer 8190 Birkfeld 324
Flatschers 1070 Wien 118
Fliana Gourmet 6561 Ischgl 397
Floh 3425 Langenlebarn 202
Flora 1070 Wien 78
Florian 8010 Graz 337
Flos Restaurant 5700 Zell Am See 310
Foggy Mix 3830 Waidhofen 226
Fontana Restaurant 2522 Oberwaltersdorf 213
Forelle, Weissensee 9762 Weissensee 173
Forsthaus Wartenfels 5303 Thalgau 306
Forsthofalm 5771 Leogang 286
Forthuber 5222 Munderfing 255
Fortino 4600 Wels 267
Franz Ferdinand 4400 Steyr 263
fredl's 5600 St. Johann 304
Freigeist 6890 Lustenau 470
freindal Wirtschaft 9500 Villach 171
Freyenstein 1180 Wien 80
Friedrichshof 2424 Zurndorf 143
Friesacher 5081 Anif 272
FRITZ & FRIEDRICH 5562 Obertauern 290
Fröhlicher Arbeiter 7143 Apetlon 132
Fromme Helene 1080 Wien 118
Fuchsbau 5071 Wals 307
Fuggerstube 6236 Alpbach 377
Fuhrmann 1080 Wien 78
Fux 6764 Lech 460
Fuxbau 6762 Stuben 476

G

G'Schlössl Murtal 8734 Großlobming 344
Gaia Cuisine 6020 Innsbruck 394
Gallbrunner 8190 Birkfeld 325
Gannerhof 9932 Innervillgraten 392
Gasthaus Adler 5440 Golling 279
Gasthaus an der Kreuzung 2042 Guntersdorf 192
Gasthaus Csencsits 7512 Kohfidisch 134
Gasthaus Figl 3424 Wolfpassing 230
Gasthaus Fuchs 7331 Weppersdorf 142
Gasthaus Haberl 8262 Ilz 346
Gasthaus Herbst 2136 Hanfthal 195
Gasthaus Kaminstube 3900 Schwarzenau 220
Gasthaus Kundler Klamm 6250 Kundl 409
Gasthaus Löwen 6883 Au 446
Gasthaus Pöschl 1010 Wien 78
Gasthaus Seidl 1030 Wien 78

Gasthaus Wolf 1040 Wien ... 79
Gasthaus zum Bergmann 8864 Turrach ... 369
Gasthaus zum Goldenen Schiff 3430 Tulln ... 224
Gasthaus zum Grünen Baum 3264 Gresten ... 190
Gasthaus zur Palme 3364 Neuhofen ... 210
Gasthof Bauböck 4942 Gurten ... 246
Gasthof Goldgasse 5020 Salzburg ... 294
Gasthof Mohren 6830 Rankweil ... 471
Gasthof Pils 3153 Eschenau ... 186
Gasthof Rahofer 4484 Kronstorf ... 247
Gasthof Schäffer 8692 Neuberg ... 353
Gasthof Weisses Rössl 3622 Mühldorf ... 210
Gasthof Zum Dorfschmied 9373 Klein St. Paul ... 159
Gasthof zur Arche 6074 Rinn ... 421
Gaststätte Figl 3100 St. Pölten ... 220
Gaumenkitzel 2880 Kirchberg ... 199
Geiger Alm 8992 Altaussee ... 319
Gelbmanns Gaststube 1160 Wien ... 118
Geniesser-Parkhotel Tristachersee 9908 Amlach/Lienz ... 377
Geniesserei am Markt 8010 Graz ... 343
Geniesserstube im Alpenhof 6293 Tux ... 438
Genussgasthof Willenshofer 8672 St. Kathrein ... 358
Genusskrämerei 5400 Hallein ... 281
Genusstheater 8345 Straden ... 366
Genusstreffpunkt Höfer 8044 Weinitzen ... 370
Genusswerkstatt 6271 Uderns ... 438
Genusswirtschaft 2024 Mailberg ... 203
Genusswirtshaus Bittermann 2464 Göttlesbrunn ... 189
Gersberg Alm 5020 Salzburg ... 293
Gerüchteküche 8010 Graz ... 337
Geschmacks-Tempel 1020 Wien ... 79
Geschwister Rauch – Restaurant 8343 Bad Gleichenberg ... 322
Geschwister Rauch – Wirtshaus 8343 Bad Gleichenberg ... 323
Gesundheitsresort Königsberg 2853 Bad Schönau 181
Glantalerhof 9556 Liebenfels ... 161
Glass Garden 5020 Salzburg ... 294
Gmachl Elixhausen 5161 Elixhausen ... 275
GmoaKeller 1030 Wien ... 79
Gössnitzer 5142 Eggelsberg ... 243
Göttfried 4020 Linz ... 251
Goldader 5580 Tamsweg ... 305
Goldene Kugel 1090 Wien ... 126
Goldener Hirsch 5020 Salzburg ... 295
Goldenes Bründl 2105 Oberrohrbach ... 212
Goldfisch 1080 Wien ... 80
Goldgasse 5020 Salzburg ... 294
Gorfer Natur Gourmet 4451 Garsten ... 244
Gourmet Gasthaus Freyenstein 1180 Wien ... 80
Gourmet Restaurant Hubert Wallner 9082 Dellach/Maria Wörth ... 152
Gourmetrestaurant Alps & Ocean 6673 Grän ... 387
Gozzo 3500 Krems ... 200
Grace 1040 Wien ... 81
Gradonna 9981 Kals ... 404
Grafenwirt 8966 Aich ... 318
Greisslerei beim Taubenkobel 7081 Schützen ... 139
Griggeler Stuba 6764 Lech ... 460
Grossarler Hof 5611 Großarl ... 280
Grünauer 1070 Wien ... 81
Gründler's Geniesserwirtshaus 6215 Achenkirch ... 376
Gründler's Gourmetstüberl 6215 Achenkirch ... 376
Grüner Baum 2225 Zistersdorf ... 233
GuatzEssen 6275 Stumm ... 432
Guest House Vienna 1010 Wien ... 107
Gufer 55 6708 Brand ... 447
Gusto im Wörtherhof 5661 Rauris ... 290
Gut Mariendol 7532 Litzelsdorf ... 135
Gut Oberstockstall 3470 Kirchberg ... 198
Gut Purbach 7083 Purbach ... 138
Guth 6923 Lauterach ... 459
Gutmann 3561 Zöbing ... 233
Gutwinski 6800 Feldkirch ... 452

H

H1117 Höflehner. 8967 Haus ... 346
Habibi & Hawara – EINS 1010 Wien ... 119
Habibi & Hawara Nordbahn 1020 Wien ... 119
Hagstein 6370 Kitzbühel ... 408
Haider 8225 Pöllau ... 353
Haller's Geniesserhotel 6993 Mittelberg ... 470
Hallerwirt 6371 Aurach ... 378
HAN am Stadtpark 1030 Wien ... 119
Hansen 1010 Wien ... 81
Harkamp 8505 St. Nikolai ... 360
Harry's Farm 9581 Ledenitzen ... 160
Haslauerhof 2402 Haslau ... 196
Haus am Hang 5340 St. Gilgen ... 304
Hausbar 1010 Wien ... 81
Hecht! 5622 Goldegg ... 277
Heimatbühne 6561 Ischgl ... 398
Heimlichwirt 7122 Gols ... 133
Heinzle 3610 Weissenkirchen ... 227
HeLeni 6280 Zell ... 439
Herbeck 1180 Wien ... 119
Herberstein 4020 Linz ... 254
Herbst 2136 Hanfthal ... 195
Herkner 1170 Wien ... 96
Herrenhaus 9341 Straßburg ... 167
Herrnhaus 6230 Brixlegg ... 379
Herzig 1150 Wien ... 82
Herzlstubn 5753 Saalbach ... 291
Heuer am Karlsplatz 1040 Wien ... 82
Heunisch & Erben 1030 Wien ... 82
Heurigenhof Bründlmayer 3550 Langenlois ... 203
Heuriger Spaetrot 2352 Gumpoldskirchen ... 191
Hiesinger 3451 Rust ... 217
Hilberger's Beisl 5710 Kaprun ... 283

Himmelreich 3701 Zaussenberg 233
Hinterleithner 3681 Weins 227
Hirlanda 6763 Zürs 479
hirsch IV 6850 Dornbirn 451
HIRSCH28 3920 Gross Gerungs 190
Hirschen 6867 Schwarzenberg 474
Hirschen, Zell am See 5700 Zell Am See 312
Hirter Braukeller 9322 Hirt 156
Hirtzberger 3610 Wösendorf 231
Hoagascht 5542 Flachau 276
Hochsitz 6708 Brand 448
Höfer 8044 Weinitzen 370
Hönigwirt 2860 Kirchschlag 200
Hofbergstubn 8333 Riegersburg 356
Hofmeisterei Hirtzberger 3610 Wösendorf 231
Hofwirt 8732 Seckau 363
Hoheneck 6993 Mittelberg 470
Hohlwegwirt 5400 Hallein-Taxach 282
Hollerkoch 1180 Wien 119
Hopfeld – Dreikönigshof 2000 Stockerau 222
Hospiz-Alm 6580 St. Christoph 425
Hotel Bergblick 6673 Grän 387
Hotel Schachner 3672 Maria Taferl 204
Hotel zum Mohren 6600 Reutte 421
Hotel-Restaurant am Hochfuchs 5301 Eugendorf ... 276
Huber's Boutiquehotel 6290 Mayrhofen 414
Huber's im Fischerwirt 5020 Salzburg 296
Hubertushof 9220 Velden 170
Hubertushof im Garten 9220 Velden 170
HUBERTUSSTUBE 6167 Neustift im Stubaital 418
Hubinger 8622 Thörl 368
Hueber 3282 St. Georgen 218
Hueber der Wirt in Bründl 3282 St. Georgen 218
Huth Gastwirtschaft 1010 Wien 83

I

ice Q 6450 Sölden 429
Iglhauser Schlosshotel 5163 Mattsee 288
Ikarus 5020 Salzburg 296
Iki 1100 Wien 120
Iko 1010 Wien 120
Il Convento 6020 Innsbruck 394
Il Melograno 1010 Wien 83
Im Hofgassl 7071 Rust 139
Im Stadl 9990 Nussdorf-Debant 418
Imlauer Sky – Bar & Restaurant 5020 Salzburg 297
In-Dish 1010 Wien 120
Interalpen-Chef's Table 6410 Telfs-Buchen/Seefeld 435
Interalpen-Hotel Tyrol 6410 Telfs-Buchen/Seefeld ... 436

J

Jägerstube 6764 Lech 461
Jagdhof 2353 Guntramsdorf 192
Jagersberg 9523 Landskron 160
Jaglhof 8462 Gamlitz 332
Jakob & Ethel im Klösterle 6764 Lech 461
Jakobistub'n 9963 St. Jakob 425
Jamek 3610 Weissenkirchen 228
Jausestuba 6764 Lech 467
Jell 3500 Krems 201
Jilly Beach Wörthersee 9210 Pörtschach 163
Jodlbühel 6373 Jochberg 404
JOHANN Genussraum 8970 Schladming 362
Johannesstübli 6764 Lech 462
Johanns Living 8600 Bruck 325
Jola 1010 Wien 83
Joma 1010 Wien 120
jungWIRT 2464 Göttlesbrunn 189

K

Kaiser von Österreich 3500 Krems 201
Kaiserhof 6352 Ellmau 382
Kaiserterrasse 5360 St. Wolfgang 260
Kalteis 3204 Kirchberg 200
Kaminstube 3900 Schwarzenau 220
Kammer5 4974 Ort 258
KAMMERLI 6543 Nauders 416
Kanzleramt 1010 Wien 83
Kappel 8442 Kitzeck 348
Kastell Stegersbach 7551 Stegersbach 141
Kehlberghof 8054 Graz 338
Kellerbauer 5424 Bad Vigaun 274
Keplingerwirt 4172 St. Johann 259
Kesslers Walsereck 6992 Hirschegg 455
Kikko Ba 1040 Wien 84
Kilian Stuba 6992 Hirschegg 456
Kim kocht 1090 Wien 84
Kirchenwirt 5204 Straßwalchen 287
Kirchenwirt Diersbach 4776 Diersbach 243
Kirchenwirt Weissenkirchen 3610 Weissenkirchen . 228
Klee am Hanslteich 1170 Wien 84
Kleines Restaurant 9504 Villach Warmbad 291
Kleinsasserhof 9800 Spittal 167
Kliemstein Vino Vitis 4020 Linz 251
Knappenhof 2651 Reichenau 215
Knappenhof 2651 Reichenau 215
Knappenwirt 8812 Mariahof 352
Kochwerkstatt 9020 Klagenfurt 158
Köhle 6534 Serfaus 428
Königsberg 2853 Bad Schönau 181
Kogel 3 8430 Leibnitz 349
Kollerwirt 9063 Tanzenberg 168
Kommod 1080 Wien 84
Konstantin Filippou 1010 Wien 85
Kornati 8010 Graz 338
Kostbar 6020 Innsbruck 396
KOYA 6561 Ischgl 399
Kräuterreich by Vitus Winkler 5621 St. Veit 304
Krainer 8665 Langenwang 348
Krainer 8665 Langenwang 348
Kraxenberg 4932 Kirchheim 246

Krenn 8951 Trautenfels 368
Kreuzwirt 8463 Leutschach 351
Kristberg 6782 Silbertal 475
Kristiania Restaurant 6764 Lech 462
Krone 6780 Schruns 459
Krone-Stuben 6764 Lech 463
Kropf 9112 Griffen 155
Kulinarium 7 1070 Wien 85
Kulmer 8190 Birkfeld 324
Kundler Klamm 6250 Kundl 409
Kunsthandwerk 9556 Liebenfels 161
Kupfer-Dachl 2801 Katzelsdorf 198

L

L'ORIENT 1020 Wien 86
La Dolce Vita 3100 St. Pölten 218
La Fenice Volante 6764 Lech 463
La Terrasse 9212 Pörtschach, Techelsberg 164
La Torre 9300 St. Veit 166
Labstelle 1010 Wien 86
Lackner 5310 Mondsee 255
Lake's 9210 Pörtschach 164
Landgasthaus Hiesinger 3451 Rust 217
Landgasthaus Winkelhofer 3712 Eggendorf 184
Landgasthaus Zum Edi 4293 Gutau 246
Landgasthof Hinterleithner 3681 Weins 227
Landgasthof Krone 2531 Gaaden 187
Landgasthof Linde 6275 Stumm 432
Landgasthof Mann 3465 Königsbrunn 200
Landhaus Bacher 3512 Mautern 206
Landhaus Rois 8130 Frohnleiten 331
Landhaus zu Appesbach 5360 St. Wolfgang 261
Landhof 4020 Linz 250
Landhotel Agathawirt 4822 Bad Goisern 241
Landhotel Lindenhof 9544 Feld 153
Langostinos 4861 Schörfling 263
Langwies 5424 Bad Vigaun 274
Laufke 8010 Graz 339
Le Rendez-vous 2500 Baden 182
Le Salzgries Paris 1010 Wien 86
LeBüsch 4020 Linz 252
Lechtaler Stube 6764 Lech 464
Leiten 9063 Klagenfurt 159
LENZ Social Dining 1030 Wien 87
Léontine 1030 Wien 87
Lichtblick 6020 Innsbruck 394
Lieblingsfisch 1020 Wien 120
Liebocher Stub'n 8501 Lieboch 352
Liebsteinsky 1010 Wien 87
Liegl am Hiegl 9313 St. Georgen 166
Lieperts 8463 Leutschach 350
Lilli 8350 Fehring 328
LILLI & JOJO 8462 Gamlitz 332
Linde 6275 Stumm 432
Linde 2130 Mistelbach 208
Lindenhof 9544 Feld 153
Linsberg 2822 Erlach 185
Literwirt 8443 Gleinstätten 333
Lobo y Luna 1070 Wien 88
Loca 1010 Wien 88
Löwen Stube 6780 Schruns 473
Loibnerhof 3601 Dürnstein 183
Lois Stern 6370 Kitzbühel 407
Looshaus am Kreuzberg 2650 Payerbach 214
Lounge 81 8344 Bad Gleichenberg 323
Loystubn 9546 Bad Kleinkirchheim 149
Lucy Wang 6020 Innsbruck 399
Ludwig van 1060 Wien 88
Lugeck 1010 Wien 88
Luis 8184 Anger 321
Lukas izakaya 4780 Schärding 262
Lukas Restaurant 4780 Schärding 262
Lurgbauer 8630 St. Sebastian 361
Lustreich 5163 Mattsee 288

M

M32 5020 Salzburg 298
Made in Sud 1040 Wien 89
Mährische Botschaft 2070 Retz 215
Magnothek & Wirtshaus am Zieregg 8461 Ehrenhausen 327
Maka Ramen 1070 Wien 120
Malerwinkl 8361 Fehring 328
Mama & der Bulle 1010 Wien 120
Mama Liu & Sons 1060 Wien 121
Mangia & Ridi 1010 Wien 121
Mangold 6911 Lochau 469
Maninseo 5310 Mondsee 255
Mann 3465 Königsbrunn 200
Marchfelderhof 2232 Deutsch Wagram 183
Marco Simonis Bastei10 1010 Wien 121
Margherita 1010 Wien 123
Market Restaurant 1060 Wien 121
Markterwirt 5541 Altenmarkt 272
MARKTHAUS 3484 Grafenwörth 190
Martinelli 1010 Wien 109
MAST Weinbistro 1090 Wien 89
Materia 1080 Wien 90
MAX – Grill House 1010 Wien 121
Mayer 8954 St. Martin 359
Mayer's Restaurant 5700 Zell Am See 310
MAYREI 8992 Altaussee 320
Mehdafu 6911 Eichenberg 452
Meierei im Stadtpark 1030 Wien 90
Meinklang Hofladen 1050 Wien 121
Meißl 8182 Puch 355
Meissl & Schadn 1010 Wien 90
Meixner's Gastwirtschaft 1100 Wien 91
Melograno 1010 Wien 83
Memori 8054 Graz 339

Mesnerhaus 5570 Mauterndorf 288
Metzgerwirt 9545 Radenthein 165
Michl Stub'n 6212 Maurach 414
Miss Cho 8010 Graz 339
Mitter 3350 Haag-Stadt 193
Mizzigreen 6820 Frastanz 453
Mochi 1020 Wien 91
Modern Korean 1090 Wien 91
Mönichwalderhof 8252 Mönichwald 353
Moerisch 9871 Seeboden 166
MÖRWALD „Toni M." 3483 Feuersbrunn 186
MÖRWALD „Zur Traube" 3483 Feuersbrunn 187
Mohren 6830 Rankweil 471
Mohrenwirt 8020 Graz 339
Mole West 7100 Neusiedl 135
Montafoner Hof 6774 Tschagguns 477
Montafoner Stube 6787 Gargellen 454
Montana Oberlech 6764 Lech 464
MONTE DinnerClub 9971 Matrei 412
Morent-Tyrol 6677 Zöblen 440
Moritz 6845 Hohenems 154
Moser Alm 4281 Mönchdorf 254
Motto am Fluss 1010 Wien 91
Mountain Loft 6263 Fügen 385
Mraz & Sohn 1200 Wien 92
Mühlbacher 5020 Salzburg 298
Mühle 6020 Innsbruck 364
Muhr 2463 Gallbrunn 187
Murmeli 6764 Lech 464
Murnockerl 8431 Gralla 334
Muto 4020 Linz 252

N

Nährer 3141 Rassing 214
Nepomuk 4490 St. Florian 258
Nesslerhof 5611 Großarl 280
NESTER 6275 Stumm 433
Neugebauer 9335 Lölling 162
Neunläuf 2193 Wilfersdorf 229
Neurauter 6402 Hatting 389
Neusacherhof 9762 Weissensee 173
Neuwirt 6370 Kitzbühel 407
Nevo 6884 Damüls 450
Nibelungenhof 3133 Traismauer 223
Nigl 3541 Senftenberg 221
NihonBashi 1010 Wien 92
Nikolaihof 3512 Mautern 206
Nocken Toni 4820 Bad Ischl 242
nullneun 8041 Graz 340

O

o boufés 1010 Wien 92
Obauer 5450 Werfen 308
Obermairs Wirtshaus 4600 Wels 267
Oberstockstall 3470 Kirchberg 198
Ötztaler Stube 6450 Sölden 430
Ois 4120 Neufelden 256
Oliver kocht 8472 Straß 368
ON 1050 Wien 93
ONE NIGHT IN BEIJING 1190 Wien 93
Oniriq 6020 Innsbruck 395
Onyx Restaurant 1010 Wien 94
Opus 1015 Wien 94
Oscar 9020 Klagenfurt 158
Osteria 3100 St. Pölten 219
Osteria d'Atri 1010 Wien 95
Osteria Mangia e Ridi 1010 Wien 121
Osteria Veneta 9020 Klagenfurt 159
Oswald 8522 Groß-St. Florian 343

P

Paco 1090 Wien 95
Palme 3364 Neuhofen 210
Pan e Vin 5020 Salzburg 299
Pannonia 7141 Podersdorf 132
Panorama 5562 Obertauern 290
Panoramagasthof Kristberg 6782 Silbertal 475
Paradoxon 5020 Salzburg 299
Pastamara 1010 Wien 95
Patagonia 6974 Gaißau 453
Patara 1010 Wien 95
Paul & Vitos 1010 Wien 96
Paznaunerstube 6561 Ischgl 400
Pescador 8010 Graz 337
Petrus 6900 Bregenz 449
Pfarrhof Sankt Andrä 8444 Sankt Andrä 357
Pfarrwirt 1190 Wien 96
Pfeffermühle 6764 Lech 465
Pfefferschiff zu Söllheim 5300 Hallwang 282
philipp 8864 Turrach 369
Picea 6764 Lech 465
Pichlmaiers zum Herkner 1170 Wien 96
Pierer 8163 Fladnitz 330
Pils 3153 Eschenau 186
Pino 2340 Mödling 209
Pippilotta 6020 Innsbruck 395
Pitterle 3233 Kilb 198
Plachutta Nussdorf 1190 Wien 96
Plachutta Stammhaus Hietzing 1130 Wien 97
Plachutta Wollzeile 1010 Wien 97
Plachuttas Gasthaus zur Oper 1010 Wien 97
Plachuttas Grünspan 1160 Wien 122
Planter's Club Restaurant 1010 Wien 97
Pöschl 1010 Wien 78
Poldie 1020 Wien 62
Poll's Kaiserterrasse 5360 St. Wolfgang 260
Pollak's Wirtshaus 2074 Unterretzbach 224
Port361 8700 Leoben 350
Post 6380 St. Johann 427
Post Lermoos Geniesserhotel 6631 Lermoos 411
Posthotel 6280 Zell 439

Pramerl & the Wolf 1090 Wien ... 98
Prandtauerhof Gutshofrestaurant 3610 Weissenkirchen ... 228
Prankl 3620 Spitz ... 221
Praterwirt 1020 Wien ... 122
Preslmayer 4020 Linz ... 250
Prilisauer 1140 Wien ... 122
Prosecco by Aigner 5020 Salzburg ... 299
Puchegger-Wirt 2722 Winzendorf ... 229
Pulker's Heuriger 3602 Rührsdorf ... 217
Pumafalle 6152 Trins ... 436
Pure 1020 Wien ... 98
Purkarthofer 8072 Fernitz ... 329
Pusswald 8230 Hartberg ... 346

Q

Q'ero 1010 Wien ... 99

R

R&R Restaurant Hotel Mitterbach 3224 Mitterbach 208
R35 by Patrick Landerer 6532 Ladis ... 409
Raffl's Eat Art 6580 St. Anton ... 423
Rahofer 4400 Steyr ... 263
Rahofer 4484 Kronstorf ... 247
Ramasuri 1020 Wien ... 122
Ranninger am Grottenhof 8430 Leibnitz ... 350
Ratschen 7474 Deutsch Schützen ... 133
Rau 4463 Großraming ... 245
Rauch-Hof 8510 Stainz ... 365
Rauterstube 9971 Matrei ... 413
Regina Margherita 1010 Wien ... 123
Reinhartshuber 5020 Salzburg ... 299
Renner 1190 Wien ... 126
Residenz Wachau 3394 Aggsbach Dorf ... 180
Restaurant am Friedrichshof 2424 Zurndorf ... 143
Restaurant Hochsitz 6708 Brand ... 448
Restaurant im Almhof Schneider 6764 Lech ... 466
Restaurant im Werzer's Badehaus 9210 Pörtschach ... 163
Restaurant Kupferdachl 8141 Premstätten ... 355
Restaurant Lackner 5310 Mondsee ... 255
Restaurant Leiten 9063 Klagenfurt ... 159
Restaurant Schlossberg 8010 Graz ... 340
Restaurant Steirerschlössl 8740 Zeltweg ... 370
Restaurant TwentyTwo 1100 Wien ... 123
Restaurant Weinkuchl 8461 Ehrenhausen ... 328
Restaurant Zeitlos 6361 Hopfgarten ... 392
Restaurant Zirbe 8943 Aigen ... 318
Rettenbachalm 4820 Bad Ischl ... 242
Retter Bio-Restaurant 8225 Pöllauberg ... 354
Retzbacherhof 2074 Unterretzbach ... 224
Reznicek 1090 Wien ... 114
Rinderwahn 1010 Wien ... 123
Ringsmuth 1100 Wien ... 69
Rocky 7 6290 Mayrhofen ... 415
Röhre 4866 Unterach ... 265
Rois 8130 Frohnleiten ... 331
Rosengarten 7202 Bad Sauerbrunn ... 132
Rosengarten 6365 Kirchberg ... 405
Rossbarth 4020 Linz ... 252
Rosso di Acqua e Sole 4020 Linz ... 253
Rote Bar 1010 Wien ... 99
Rote Wand Chef's Table 6764 Lech ... 466
Rote Wand Stuben 6764 Lech ... 467
Royal Bombay Palace 4020 Linz ... 253
Rud-Alpe 6764 Lech ... 469
Rudis Beisl 1050 Wien ... 99

S

's Paul Restaurant 4801 Traunkirchen ... 265
s'Pfandl 6370 Reith ... 420
Sacher – Restaurant „Rote Bar" 1010 Wien ... 99
Sacher – Restaurant Zirbelzimmer 5020 Salzburg .. 300
Sacher Innsbruck 6020 Innsbruck ... 392
Sacher-Graz 8010 Graz ... 335
Safenhof 8271 Bad Waltersdorf ... 324
Sagmeister 1030 Wien ... 116
Sagwirt 5425 Krispl ... 283
Sakai 1080 Wien ... 99
Sakana 8010 Graz ... 340
Salon Marie 8020 Graz ... 341
Saluti 9971 Matrei ... 413
Salzburger Hof Stube 5700 Zell Am See ... 311
Sattlerhof 8462 Gamlitz ... 332
Saziani Stub'n 8345 Straden ... 367
Schachner 3672 Maria Taferl ... 204
Schick 1010 Wien ... 68
Schickh 3511 Furth ... 187
Schiff 6952 Hittisau ... 458
Schiller 2453 Sommerein ... 221
Schindler 6020 Innsbruck ... 393
Schlawiener 1040 Wien ... 100
Schloss Aigen 5026 Salzburg ... 300
Schloss Dürnstein 3601 Dürnstein ... 184
Schloss Gabelhofen 8753 Fohnsdorf ... 331
Schloss Hochhaus 4655 Vorchdorf ... 265
Schloss Kapfenstein 8353 Kapfenstein ... 347
Schloss Mittersill 5730 Mittersill ... 289
Schloss Thalheim 3141 Kapelln ... 197
Schloss-Taverne 8740 Zeltweg ... 371
Schlossberg 8010 Graz ... 340
Schlossherrnstube 6561 Ischgl ... 401
Schlosshotel Rosenau 3924 Rosenau Schloss ... 216
Schlosskeller Südsteiermark 8430 Leibnitz ... 349
Schlosswirt 8225 Pöllau ... 354
Schlosswirt Kornberg 8330 Feldbach ... 329
Schlosswirt zu Anif 5081 Anif ... 273
Schmidhofer im Palais 8010 Graz ... 341
Schmutzer 2722 Winzendorf ... 229
Schnattl 1080 Wien ... 100
Schneiderei 2443 Leithaprodersdorf ... 134

Schöne Aussicht 5023 Salzburg 478
Schreiners Gastwirtschaft 1070 Wien 100
Schubert 1010 Wien 101
Schulhaus Tirol 6277 Zellberg 440
Schulhus 6942 Krumbach 458
Schwaigerlehen – Berngarten 5724 Stuhlfelden 305
Schwanen 6874 Bizau 446
Schwarz 3521 Nöhagen 211
Schwarzer Adler 6060 Hall 388
Schwarzes Kameel 1010 Wien 114
Schwarzwallner 3074 Michelbach 207
Secco 6060 Hall 388
Seebacher 9563 Gnesau 154
Seebichl 6370 Kitzbühel 408
Seefischer 9873 Döbriach 153
Seekarhaus 5562 Obertauern 290
Seensucht 5700 Zell Am See 312
Seespitz 9220 Velden 170
Seesushi 5350 Strobl 305
Seidl 1030 Wien 78
Sennerland 6604 Höfen 391
SENNS.Restaurant 5020 Salzburg 301
Sensei 6020 Innsbruck 396
Servitenwirt 1090 Wien 101
Settimo Cielo 1010 Wien 101
Severin*s – The Alpine Retreat 6764 Lech 467
Shanghai 1010 Wien 102
Shiki Brasserie & Bar 1010 Wien 102
Shiki Japanese Fine Dining 1010 Wien 102
Shokudo Kuishimbo 1060 Wien 103
Sicher Restaurant 9121 Tainach 168
Sieghard 6283 Hippach 390
Sigwart's Tiroler Weinstuben 6230 Brixlegg 380
Silvio Nickol Gourmet Restaurant 1010 Wien 103
Simonis 1010 Wien 121
Sinohouse 1090 Wien 104
Siriuskogl 4820 Bad Ischl 242
Sitzwohl in der Gilmschule 6020 Innsbruck 396
Smørrebrød 5020 Salzburg 303
Sodoma 3430 Tulln 224
Sonnhof 5621 St. Veit 305
Space73 6561 Ischgl 401
Spaetrot 2352 Gumpoldskirchen 191
Spary 8773 Kammern 347
Speisesaal 8020 Graz 341
Spelunke 1020 Wien 104
Sportalm 6365 Kirchberg 405
St. Antoner Hof 6580 St. Anton 423
St. Peter Stiftskulinarium 5020 Salzburg 302
Stadler & Thomas 1070 Wien 104
Stammtisch am Paulustor 8010 Graz 341
Stanglwirt 6353 Going 386
Starcke Haus 8010 Graz 342
Staribacher 8430 Leibnitz 350
Stasta 1230 Wien 104
Steegwirt 4822 Bad Goisern 241
Stegweber 8541 Schwanberg 363
Steirer 8010 Graz 342
Steirereck 8625 Turnau 369
Steirereck im Stadtpark 1030 Wien 105
Steirerstöckl 1180 Wien 124
Stellas 3 1030 Wien 124
Stellas 7 1070 Wien 106
Stern 1110 Wien 124
Sternberg 9241 Wernberg 174
Sternenberg 9571 Sirnitz 167
Stiar 6561 Ischgl 402
Stiftsschmiede 9570 Ossiach 162
Stocker 8755 St. Peter 360
Stockerwirt 2392 Sulz 222
Stomach 1090 Wien 125
Strandcafé 8992 Altaussee 320
Strandhotel am Weissensee 9762 Weissensee 173
Strasserwirt 5020 Salzburg 302
Strasserwirt 5020 Salzburg 431
Ströck-Feierabend 1030 Wien 125
Stube 6764 Lech 469
Stubn 1972 6365 Kirchberg 405
Stüva 6561 Ischgl 403
Stuwer 1020 Wien 106
Sudhaus 8054 Graz 342
Süddeck 3430 Tulln 224
Südufer 2353 Guntramsdorf 193

T

Tafelspitz 6830 Rankweil 472
Tancredi 1040 Wien 106
Tanglberg 4655 Vorchdorf 266
Tannbergerhof 6764 Lech 468
Tannenhof 6580 St. Anton 424
Tannheimer Stube 6675 Tannheim 434
Taubenkobel 7081 Schützen 140
Taubenkobel 7081 Schützen 139
Taverne Schloss Grafenegg 3485 Grafenegg 189
Taxenbacherhof 5660 Taxenbach 306
Tennerhof 6370 Kitzbühel 408
Terra 8510 Stainz 365
Terra Rossa 1160 Wien 106
Terra Sarda 9582 Unteraichwald 168
Terrasse 9212 Pörtschach, Techelsberg 164
Thaller 8423 St. Veit 362
The Bank Brasserie & Bar 1010 Wien 107
The Guesthouse Vienna 1010 Wien 107
The View 1020 Wien 108
Thomas im Johanneshof 2523 Tattendorf 223
Three Trees 1010 Wien 108
TIAN 6763 Zürs 479
TIAN Bistro am Spittelberg 1070 Wien 125
TIAN Restaurant Wien 1010 Wien 108
Tiroler Hof Kufstein 6330 Kufstein 408

Tiroler Weinstuben 6230 Brixlegg 380
Toro Toro 5400 Hallein 281
Torre 9300 St. Veit 166
Toshi 8020 Graz 343
Trattlers Einkehr 9546 Bad Kleinkirchheim 149
Trattoria Martinelli 1010 Wien 109
Trattoria Officina 1040 Wien 109
Treiber 7431 Bad Tatzmannsdorf 132
Triad 2853 Bad Schönau 181
Trippolt Zum Bären 9462 Bad St. Leonhard 150
Tschebull 9580 Egg / Faaker See 153
Tulbingerkogel 3001 Mauerbach 205
Tuya 1010 Wien 110

U

Unkai 1010 Wien 110
Unkai Bar & Sushi 1010 Wien 125
Unterwirt 6341 Ebbs 381
Urbanides 4040 Linz 253

V

Veneta 9020 Klagenfurt 159
Veranda 1070 Wien 110
Verdi 4020 Linz 253
Verdi-Einkehr 4020 Linz 254
Verwallstube 6580 St. Anton 424
Verwalter 6850 Dornbirn 450
Vestibül 1010 Wien 111
Vier 6444 Längenfeld 410
Vier Jahreszeiten im Park 3001 Mauerbach 205
View 1020 Wien 108
Vineyard 3550 Langenlois 203
Vino Vitis im Salzamt 4020 Linz 251
Vinzenz Pauli 3100 St. Pölten 219
Viva la Mamma 1010 Wien 125

W

Wachauer Stube 3390 Melk 207
Wälder Stube 1840 6952 Hittisau 458
Wagner's Wirtshaus 2020 Hollabrunn 196
Waldschänke 4710 Grieskirchen 245
Waldviertlerhof 1050 Wien 125
Wallner 9082 Dellach/Maria Wörth 152
Walserstuba 6991 Riezlern 472
Wassermann 8993 Grundlsee 345
Weiler 2136 Laa 201
Wein & Co 1010 Wien 126
Wein & Co Mariahilferstrasse 1070 Wien 126
Wein & Co Naschmarkt 1060 Wien 126
Weinbank Restaurant 8461 Ehrenhausen 326
Weinbank Wirtshaus 8461 Ehrenhausen 327
Weindlhof 4310 Mauthausen 254
Weindomizil Hagn 2024 Mailberg 204
Weingartl 3040 Neulengbach 211
Weingut Nigl 3541 Senftenberg 221
Weinhaus 3470 Kirchberg 199
Weinstube 6561 Ischgl 403
Weinstube Szemes 7423 Pinkafeld 136
Weinwirt 4672 Bachmanning 240
Weiss 6900 Bregenz 449
Weissenseerhof 9762 Weissensee 173
Weißer Rauchfangkehrer 1010 Wien 115
Weißes Rössl 3622 Mühldorf 210
Wenzel's Genusswerkstatt 4784 Schardenberg 261
Wetter 1160 Wien 111
Weydner Wirtshaus 2295 Oberweiden 213
Weyerhof 5733 Bramberg 275
Weyringer Wallersee 5302 Henndorf 283
Wild 1030 Wien 126
Wilder Mann 6072 Lans 410
Wilderer Gourmetstube 6213 Pertisau 419
Wilderin 6020 Innsbruck 393
Wildling 1080 Wien 111
Willenshofer 8672 St. Kathrein 358
Winkelhofer 3712 Eggendorf 184
Winkler 5202 Neumarkt 289
Winklers zum Posthorn 1030 Wien 112
Wintergarten zur Linde 2130 Mistelbach 208
Winterstellgut 5524 Annaberg 273
Wipp'ls Hofbergstubn 8333 Riegersburg 356
Wir:zhaus 8061 St. Radegund 360
Wirt z'Kraxenberg 4932 Kirchheim 246
Wirtschaft am Markt 1120 Wien 112
Wirtshaus Bärenbichl 6373 Jochberg 404
Wirtshaus im Hofgassl 7071 Rust 139
Wirtshaus im Stainzerhof 8510 Stainz 366
Wirtshaus Poststube 1327 4801 Traunkirchen 265
Wirtshaus Steirereck 8625 Turnau 369
Wirtshaus Wolfgang Maitz 8461 Ehrenhausen 327
Wörtherhof 5661 Rauris 290
Wohnküche 1200 Wien 113
Wolf 3425 Langenlebarn 202
Wolf 1040 Wien 79
Woracziczky 1050 Wien 113
Wunderkammer 6764 Lech 468

Y

YACHT 9220 Velden 170
yaoyao 5020 Salzburg 303

Z

Z'SOM 1040 Wien 113
Zanona 6800 Feldkirch 453
Zazatam 1020 Wien 114
ZeitRAUM 8171 St. Kathrein 359
Ziegelwerk 2485 Wimpassing 142
Ziegelwerk Gasthaus 2485 Wimpassing 142
Zillertalerhof 6290 Mayrhofen 415
Zimmermann's Gasthaus 9762 Weissensee 174
Zirbelzimmer 5020 Salzburg 300
Zirbenstube „Postamt“ 6655 Steeg 431
Zocklwirt 9210 Pörtschach 164

Zomm 6103 Reith 420
Zum Bären 9462 Bad St. Leonhard 150
Zum Blumentritt 3193 St. Aegyd 217
Zum Buberlgut 5020 Salzburg 303
Zum finsteren Stern 1010 Wien 114
Zum Forsthaus 8654 Fischbach.... 329
Zum fröhlichen Arbeiter 7143 Apetlon....132
Zum goldenen Anker 2410 Hainburg 194
Zum Goldenen Löwen 3672 Maria Taferl.... 205
Zum Goldenen Schiff 3430 Tulln 224
Zum grünen Baum 2225 Zistersdorf.... 233
Zum Hirschen 5700 Zell Am See....312
Zum Kaiser von Österreich 3500 Krems....201
Zum Mohren 6600 Reutte 421
Zum Posthorn 1030 Wien....112
Zum Renner 1190 Wien 126
Zum Reznicek 1090 Wien....114
Zum Schwarzen Bären 3644 Emmersdorf 184
Zum Schwarzen Kameel 1010 Wien....114
Zum Topf 3902 Kaltenbach....197
Zum weissen Rauchfangkehrer 1010 Wien....115
Zur Blauen Gans 7121 Weiden 141
Zur Dankbarkeit 7141 Podersdorf....137
Zur goldenen Kugel 1090 Wien....126
Zur Hube 8443 Gleinstätten.... 333
Zur Klause 8673 Ratten.... 356
Zur Linde 8103 Rein.... 356
Zur Linde 8103 Rein.... 202
Zur Nocken Toni 4820 Bad Ischl 242
Zwischenbrückenwirt 1200 Wien 115

NOTIZEN

NOTIZEN

NOTIZEN